U0522780

纯粹理性批判

〔德〕康德 著

王玖兴 主译
王太庆 王树人 陈嘉明 参译

商务印书馆
The Commercial Press

Immanuel Kant
Kritik der reinen Vernunft
Chinese (Simplified Characters) Trade paperback
copyright © 2018 by The Commercial Press.
All Rights Reserved
本书根据 Walter de Gruyter & Co. 1969 年德文版译出

维路兰的培根[*]

《科学的伟大复兴》

　　关于我们自己,我们不说什么。可是对于我们从事的这项业务,我们则愿它不被看作是简单发表一下意见,而被视为一件踏踏实实的工作;通过这件工作大家会发现,我们在这里不是要创立一个什么宗派,也不是要阐明一种偶然触发的思想,而完全是要为人类的福利和尊严奠立基础。其次,还愿大家都对自己同胞的这一公益事业……多方考虑……亲自参与。最后,尤望大家对我们的科学复兴充满信心,相信它不是无边无际、人力不能企及的事情,因为真正说来,它正是要使那无穷的谬误有个尽头,有个合理的终结。[**]

---

　　[*] 维路兰的培根(Baco de Verulamio),即弗兰西斯·培根(Francis Bacon 1561-1626),英国经验论哲学家。——译者注

　　[**] 这是康德在第二版上添加的题词。文中两处虚点,都是康德对培根原话省略的地方。——译者注

目　　录

献词………………………………………………………………… 1
第一版序言………………………………………………………… 2
第二版序言………………………………………………………… 12
第一版　引论……………………………………………………… 35
　Ⅰ　先验哲学的观念…………………………………………… 35
　Ⅱ　先验哲学的划分…………………………………………… 42
第二版　引论……………………………………………………… 44
　Ⅰ　论纯粹知识与经验知识的区别…………………………… 44
　Ⅱ　我们拥有一定的先天知识，就连常识里也决非没有
　　　它们…………………………………………………………… 46
　Ⅲ　哲学需要一门科学来规定一切先天知识的可能、
　　　原则和范围………………………………………………… 49
　Ⅳ　论分析判断与综合判断的区别…………………………… 52
　Ⅴ　理性的一切理论科学里都包含着先天综合判断作为
　　　原则…………………………………………………………… 56
　Ⅵ　纯粹理性的总课题………………………………………… 59
　Ⅶ　名为纯粹理性批判的这门特殊科学的观念和划分…… 64

先验要素论

第一部　先验感知学 ································· 70
　第1节　论空间 ····································· 72
　　关于这个概念的形而上学阐述 ··············· 72
　　空间概念的先验阐述 ··························· 75
　第2节　论时间 ····································· 79
　　关于时间概念的形而上学阐述 ··············· 79
　　关于时间概念的先验阐述 ····················· 81
　　根据上述概念得出的几点结论 ··············· 81
　　说明 ·· 84
　关于先验感知学的几点总按语 ················· 87
第二部　先验逻辑学 ································· 97
　引论　一门先验逻辑学的观念 ················· 97
　　Ⅰ　关于一般逻辑学 ····························· 97
　　Ⅱ　关于先验逻辑学 ···························· 100
　　Ⅲ　普通逻辑学划分为分析法和辩证法 ···· 101
　　Ⅳ　先验逻辑学划分为先验分析法和先验辩证法 ····· 104
　第一分部　先验分析法 ··························· 105
　　第一卷　概念分析法 ··························· 106
　　　第一章　发现一切纯理智概念的线索 ···· 107
　　　　第1节　理智的一般逻辑运用 ············ 107
　　　　第2节　理智在各种判断中的逻辑机能 ··· 109
　　　　第3节　纯理智概念或范畴 ··············· 113

目　录

  第二章　纯理智概念的演绎 …………………… 122
   第1节　一般先验演绎的原则(缺译稿) ………… 122
   第2节　纯粹知性概念的先验演绎(缺译稿) …… 123
 第二卷　原理分析 ……………………………………… 123
  导言　泛论先验判断力 ………………………………… 124
  第一章　论纯粹知性概念的图式机制 ………………… 127
  第二章　一切纯粹知性原理的体系 …………………… 135
   第1节　论一切分析判断的最高原理 …………… 136
   第2节　论一切综合判断的最高原理 …………… 139
   第3节　纯粹知性的一切综合原理的系统表述 … 142
    1. 直观的公理 ……………………………………… 145
    2. 知觉的预测 ……………………………………… 149
    3. 经验的类推 ……………………………………… 158
     A 第一类推　实体的常住性原理 ………… 162
     B 第二类推　依照因果律的时间接续原理 … 169
     C 第三类推　依照交互作用或通体关联
      规律的同时并存原理 ………………… 187
    4. 经验性思维的一般公准 ………………………… 194
     驳斥观念论 ……………………………………… 200
     原理体系的通释 ………………………………… 211
  第三章　泛论一切对象区分为现象和本体的理由
    根据 …………………………………………… 215
  附录　论由知性的经验使用与知性的先验使用混淆
    引起的反思概念的歧义 …………………… 233

关于反思概念的歧义的附注 ………………………… 239
第二分部　先验辩证论 …………………………………… 258
　导论 ……………………………………………………… 258
　　Ⅰ　论先验的假象 …………………………………… 258
　　Ⅱ　论纯粹理性之为先验假象的所在地 …………… 261
　　　　A　泛论理性 …………………………………… 261
　　　　B　论理性的逻辑使用 ………………………… 264
　　　　C　论理性的纯粹使用 ………………………… 266
　第一卷　论纯粹理性的概念 …………………………… 269
　　第1节　泛论理念 ……………………………………… 270
　　第2节　论先验的理念 ………………………………… 276
　　第3节　论先验理念的体系 …………………………… 284
　第二卷　论纯粹理性的辩证推理 ……………………… 288
　　第一章　论纯粹理性的谬误推理 …………………… 290
　　　　驳门德尔松关于灵魂不灭的证明 ……………… 301
　　　　关于消除心理学谬误推理的结束语 …………… 310
　　　　关于从唯理心理学向宇宙论过渡的总按语 …… 311
　　　　关于实体性的第一谬误推理 …………………… 314
　　　　关于单一性的第二谬误推理 …………………… 316
　　　　关于人格性的第三谬误推理 …………………… 323
　　　　关于观念性的第四谬误推理 …………………… 327
　　　　就上述谬误推理综论纯粹心理学 ……………… 337
　　第二章　纯粹理性的二律背反 ……………………… 354
　　　　第1节　宇宙论观念的体系 …………………… 356

第2节	纯粹理性的反题 ……………………	365
	先验观念的第一个争辩 ……………	368
	先验观念的第二个争辩 ……………	374
	先验观念的第三个争辩 ……………	381
	先验观念的第四个争辩 ……………	387
第3节	论理性在它这种争论中的利益 …………	394
第4节	论纯粹理性的那些绝对必能获得解答的先验问题(任务) ……………………	403
第5节	以怀疑的方式表述四个先验观念引起的宇宙论问题 ……………………	409
第6节	先验观念论是消解宇宙论辩证法的关键 ……………………	413
第7节	对理性自身的在宇宙论争论所作的批判性论断 ……………………	418
第8节	纯粹理性在宇宙论观念方面的规范性原理 ……………………	426
第9节	就一切宇宙论的观念,论理性的规范原理的经验性使用 ……………………	431
Ⅰ	消除关于组成一个世界整体的现象之总量的宇宙论观念 ……………………	432
Ⅱ	消除一个在直观中给定了的整体所可进行的分割的总数的宇宙论观念 …………	437
Ⅲ	就其所由推导的原因来消除关于全部世界事件的宇宙论观念 ……………	443

Ⅳ　消除关于现象（就其一般存在而言）的全部
　　　　依存性的宇宙论观念 …………………… 461
　　关于纯粹理性全部二律背反的结束语 ………… 466
　第三章　纯粹理性的理想 ……………………… 467
　　第1节　泛论理想 ………………………………… 467
　　第2节　论先验的理想（先验的原形） ………… 470
　　第3节　论思辨理性在推论一个最高本质的存在时
　　　　　　所用的论据 ……………………………… 480
　　第4节　论关于上帝存在的本体论证明之不可能 … 486
　　第5节　论关于上帝存在的宇宙证明之不可能 … 494
　　第6节　论自然神学证明之不可能 ……………… 508
　　第7节　批判出自理性思辨原理的一切神学 …… 516
　先验辩证论的附录 ……………………………… 524
　　论纯粹理性的理念的规范性使用 ……………… 524
　　论人类理性的自然辩证性质的终极意向 ……… 543

先验方法论

引论 …………………………………………………… 571
第一章　纯粹理性的训练 ……………………………… 573
　第1节　纯粹理性独断使用中的训练 ……………… 575
　第2节　纯粹理性在运用于争辩方面的训练 ……… 592
　　陷于内在冲突的纯粹理性不可能有怀疑性的满足 … 605
　第3节　纯粹理性关于假设的训练 ………………… 612
　第4节　纯粹理性关于证明的训练 ………………… 620

第二章　纯粹理性的准则……………………………………… 629
　第 1 节　理性纯粹使用的最终目的…………………………… 630
　第 2 节　作为纯粹理性最终目的决定根据的至善理想……… 634
　第 3 节　意见、认知与信仰…………………………………… 645
第三章　纯粹理性的建筑术…………………………………… 654
第四章　纯粹理性的历史……………………………………… 668

家属附记………………………………………………………… 672

献给

王国国务大臣

采德利茨男爵阁下

阁下钧鉴!

　　尽自己的力量以促进科学的发展,也就是从事工作以仰符阁下的真正志趣;因为阁下既是职位崇高的科学监护人,又是非常精通业务的科学爱好者,您的志趣一向是与科学进步密切联系着的。我有幸深受阁下信任,认为我能在科学方面有所贡献,因此我感激奋发,也利用我力所能及的些微成就,以表达我对阁下由衷的谢忱。

　　本书的第一版[*],曾蒙阁下不吝垂注。现在我再奉上这第二版,敬请连同我的著述事业的其他一切方面,同样惠予关怀照顾。谨致最崇高的敬意!

阁下最恭顺的仆人
伊曼奴尔·康德
1787年4月23日 科尼斯伯格[**]

---

　　[*] 本书第一版有如下一段话:
　　"一个以思辨工作为生活乐趣的人,没有什么奢望,对他来说,一位豁达而有声望的评判家的一句赞许的话,就是对他辛勤劳动的莫大鼓舞,因为这种操劳虽然用处很大,但不能立即见效,因而目光短浅的人往往完全不加注意。
　　"现在我把这部著作奉献给上述这样一位评判家,请求给予关怀照顾。"——译者注
　　[**] 在第一版上,发信的时间和地点是:"1781年3月29日,科尼斯伯格。"——译者注

第一版序言[*]

人类的理性,在它的某一个知识部门里,有一种特殊的命运:它老是被一些它所不能回避的问题纠缠困扰着,因为这些问题都是由它自己的本性提出来的;而它又不能予以解答,因为这些问题完全越出了人类理性的能力范围。

理性陷入这种困境,并不是它自己的过错。理性开始活动时所依据的原则,都是在经验中无法避而不用的,而且又是经验充分证明有效的。理性从这些原则出发,又受自己本性的驱使,就逐步上升,以探求其更深更远的条件。但理性觉察到这样追溯下去问题层出不穷,它的追溯活动势必永无完成之日,于是它感觉到不得不求助于另外一些原则。这是一些完全越出经验范围的原则,但看来无可置疑的是,连普通常识也同它们契合一致。这样一来,理性就陷于昏暗,遇到种种矛盾:根据这些矛盾,理性固然能推断这背后必有误谬隐藏于某处,但又无法来发现它们,因为理性所使用的这些原则,既然超出了一切经验的界限,也就不再接受任何经验的检验。这个纷争不已的战场,就叫形而上学。

有一个时期,形而上学曾被称为一切科学的女王。如果我们

---

[*] 康德在第二版上删去了这篇序言。——译者注

第一版序言

拿愿望当事实的话,它的研究对象既然特殊重要,这个光荣称号它也确实是当之无愧的。但是时代变了,风尚变了,现在对于它只有无情的轻蔑了;这位年迈的贵夫人备受责骂,惨遭遗弃,只得像海库巴*一样,自怨自艾地叹道:

"不久前,我还是强中之强,
有那么多儿女媳婿,威重四方。
如今啊,被逐出家园,
孤苦无依,好不凄凉"。

奥维德《梅搭茅尔佛斯》**

最初,形而上学的统治是专制的,那是因为它被控制在一些独断论者的手里。可是,它的法制里保有古老的野蛮遗迹,因而内战频仍,它就一步步陷于无政府状态;而怀疑论者们像游牧民族一样,厌恶一切定居生活,不时地摧毁着城市居民的社会。幸而怀疑论者人数不多,没能对独断论者造成多大的妨碍;独断论者们虽然根本未曾有过一致的计划,却一而再地各自想法把形而上学重建起来。到了近代,由于出现了某种人类理智的生理学(著名的洛克创立的),于是形而上学的一切纷争一度好像会彻底结束,对于它的权利主张的合法性,好像会作出完全的判决;但是人们发现,那位自封的女王虽说已被看作出身普通经验的寒门,因而理应怀疑

---

* 海库巴(Hecuba)是罗马史诗中战败国特罗亚的女王。——译者注

** 奥维德(Ovid)是罗马诗人(纪元前43年至纪元后18年),《梅搭茅尔佛斯》(Metamorphose)是他的拉丁文代表诗作。这里的中译是依据伐伦提纳(Valentiner)的德译。——译者注

其妄自僭越的要求；然而它的这个出身谱系事实上是伪造的，所以它仍旧坚持主张它的权利；而这样一来，一切就再度陷入陈腐的独断论，陷入这门科学曾想摆脱的那种备受轻蔑的状态。现在，一切道路都已试验过了，徒劳无功（人们相信是这样），于是科学界笼罩着一种厌恶倦怠和漠不关心的态度，认为形而上学是混乱与黑暗的祸根。但是，形而上学虽然由于人们努力加以误用，变成了黑暗、混乱、无用的东西，同时却是科学即将改弦更张而大放光明的源头，至少也是一个前奏。

然而人们对于这样一些研究硬装出漠不关心的样子是无济于事的，人类的本性决不能对这种研究的对象漠不关心。那些自命为漠不关心的人，尽管想用改变经院语言为通俗腔调的办法把自己打扮得使人认不出本来的面目，可是只要他们一思考，就不可避免地回到他们装作十分蔑视的那些形而上学主张上来了。况且，这种漠不关心的冷淡态度出现于各门科学百花齐放的时期，而且针对的那些科学的知识又是人们一经取得（如果可以取得的话）就决不肯抛弃的，所以，这种漠不关心不能不说是一种值得注意、耐人深思的现象。这种现象显然不是出于思虑肤浅，毋宁是由于我们这个时代的判断力已经成熟①。我们这个时代再也不肯听任虚

---

① 大家时常听到抱怨，说我们这个时代思想方法肤浅，彻底科学衰微。但是我却看不出诸如数学、自然学等具有良好基础的科学有丝毫理由应该受到这种谴责，相反，它们在彻底性上不仅保持了它们昔日的荣誉，新近一个时期甚至还超过了它们昔日的荣誉。在其他知识部门里，我想，只要首先注意把它们的原则加以校正，这样的彻底性也会表现出来的。由于校正原则的工作没做，所以漠不关心、怀疑以至严厉批评反而是一种证据，表明当代的思想方法是彻底的、深刻的。我们这个时代是一切一切都必须受批判的真正的批判时代。宗教，由于它的神圣性，立法，由于它的权威性，通常都不想受批判。但正因为这样，它们都招致了正当的怀疑，而不能得到真诚的尊重，因为理性只肯把真诚的尊重给予那些能够经得起它的公开审查和自由考验的东西。——康德原注

假知识愚弄了,它已经向理性提出要求,要求理性担负起重新进行自我认识这一最艰巨的任务,要求理性设立一个法庭,对理性的合法权益予以批准;反过来,还要对一切毫无根据的僭妄主张,不凭强制命令,而按理性的永恒法则,一一予以批驳。这个法庭不是别的,就是纯粹理性批判本身。

但我所说的批判,并不是对书籍和体系的批判,而是就理性撇开一切经验所取得的一切知识,撇开其中一切经验成分,专对理性能力本身进行的批判;因此这种批判在于一般地判定形而上学到底可能还是不可能,在于规定形而上学的来源、范围和限度是什么。而这一切都要从原则出发。

这条道路是唯一可行而尚未走过的,现在我已走上了这条道路。而且我可以毫不吹嘘地说,通过这条道路,我已找到方法,把至今总是使理性在撇开经验单独使用时陷于支离破碎、自相矛盾的那一切误谬统统消除掉。我并没有以人类理性无能之类的借口进行自我原谅,避而不去解决理性所含的种种问题,相反,我已按照某些原则对它们进行了分解剖析,并且在发现理性对它自己所抱的误解之点以后,以理性完全满意的方式,把它们都给解决了。诚然,那些问题的答案完全不像酷爱独断知识的人们所期望的那样;因为对于那样的求知欲只有魔术才能满足,而我对此道是一窍不通的。不过,我们的理性进行本质规定,其用意本来就不在提供独断知识;哲学的职责,本来就在于消除由误解引起的虚构,当然也随之而破除了许许多多深受赞赏、令人喜爱的狂想。我在从事这项工作时,主要注意力集中在详尽性上,因而我敢大胆地说,所有的形而上学课题,在这里全都得到了解决,或至少找到了解决的钥匙。事实上，纯粹的理性也是一个十分完整的统一体，如果它的某条原则不能解决它自己的本性所提出来的一切问题中的哪怕任何一个，那我们也就只好把这条原则抛弃掉，因为假如真是那样，我们就可坚信无疑地说，该原则对于其余的问题也是统统解决不了的。

A XIV　　我猜想，读者读到我的这段话时，脸上会露出轻蔑厌恶的表情，对我这看来十分矜夸自负的论断不以为然。其实，我这些论断，比起那些在其庸俗透顶的论纲中大言不惭的任何一位普通著作家，都要谦逊得多，因为他们说已证明了灵魂的简单性质，或证明了世界必有一个开端，等等，这就是说，他们自诩能把人类知识扩展到一切可能经验的界限以外去，而我呢，老老实实承认这完全是我力所不及的事情。我是不干这种事情的，我所研究的只限于理性本身和它的纯粹思维；关于理性及其纯思维的详尽知识，我无须远求于身外，因为它们就在我自身以内，俯拾可得，比如说，普通逻辑就是一个近在眼前的实例，它可以把理性的一切简单活动完备地、系统地清理出来。所以现在问题仅仅在于弄清，我如果完全离开经验的材料，不靠经验的支援，究竟可望在纯粹理性方面走到什么地步，搞出多少东西。

　　在我们的批判研究的实质方面，我只说，关于每个论题要达到的完全性（Vollständigkeit），以及关于全部论题（这些论题不是我们随意决定的，而是知识本身的性质强加给我们的）要达到的详尽性（Ausführlichkeit），都是我应该做到的。

A XV　　至于我们的批判研究的形式方面，则还有确定性和明晰性这两点，也应该看作是人们有权向敢于从事这样一种难以捉摸的研究任务的作者提出的两项重要合理要求。

关于确定性,我曾给我自己立过这样的诫律:在这类研究中,不得以任何方式使用臆断(meinen),任何带有哪怕一点类似于假设的东西,都是违禁品,都不得廉价销售,一经发现,定予没收。因为任何一条所谓先天地站得住脚的知识都应该表明自己是绝对必然的,一种规定一切纯粹先天知识的知识当然就更加应该是绝对必然的。它应该是一切必然的(哲学的)确定性的准则,甚至是它们的模范。至于我所勉力承担的任务,是否已经做到了,那要完全留待读者去评断,因为作者只在于提出证据,却不可以在他的评判者面前评论他那些论据的效果。但是,为了不让某些东西无意之中成为削弱证据的原因,作者本人当然可以对那些虽只涉及次要论题却足以引起误解的段落,进行注释,以便及时地防止读者在这种次要论题上的哪怕最微细的疑惑会影响其在主要论题上的判断。

就我所知,过去还没有一种研究,在论证我们称之为知性的那种能力方面,以及在规定其使用规则和限度方面,比我在本书《先验分析论》的第二章《纯粹知性概念的演绎》中所作的那些研究,更为重要。耗费了我绝大部分精力的(但愿我这不是一场徒劳),也正是这些研究。这项考察比较深入,包括两个方面。一方面考察的是纯粹知性的对象,旨在论述纯粹知性的先天概念的客观有效性,使之从概念上可以理解;因为这样,也可以说,这一方面是我的论题的主要组成部分。另一个方面考察的是纯粹知性本身,旨在就知性的可能性及其具有的认识能力,从主观方面来研究它;不过这后一方面的考察虽然对我的主要论题非常重要,本质上却不是我的主要论题的组成部分,因为主要的问题始终是要知道:撇开一切经验,知性和理性究竟能认识什么以及能认识多少,而不是要知道:思维这一能力本身是怎么可能的。这后一方面的研究,仿佛是要给一个现成已有的作用找出它的原因,因而仿佛本身就包含着某种类似于假设的东西(尽管我将在别处表明此中并无假设),而这样一来,仿佛我在这里已擅自进行了臆断,从而不得不听任读者也自行另作臆断。鉴于这种情况,我觉得必须先向读者表白一句:我所作的主观演绎如果说不能使读者产生我所盼望的那种充分确信的话,那么我在本书中主要致力的客观演绎毕竟已取得了完全的力量;关于这一点,92页和93页*上的有关论述,就足能起到这种作用。

最后,关于明晰性,读者首先有权要求我通过概念做到论证上(逻辑上)明晰,然后要求我通过直观亦即通过事例或其他具体阐述做到直觉上(感觉上)明晰。对于前一个要求,我已竭尽心力,尽可能做到了。因为它关系到我的计划的本质,但是它也成了一个偶然的原因,使我对于后一个虽非十分严格却也完全合理的要求没能予以充分满足。我在写书的过程中,对这个问题到底该怎么办才好,几乎一直拿不定主意。我曾觉得举些实例和作些阐述总是必要的,因而在初稿里也确实插进去了一些。但我马上就看出我的任务的规模庞大,我要探究的事项繁多;我发现仅仅这些纯学院式的干巴巴的论述就会使这部书的篇幅太大,觉得如果再用一些只有为了通俗易懂才有必要的事例和阐释使本书更加臃肿,那

---

* 这个页数(92-93)是第一版的页数。——译者注

就很不可取了;何况这种著作根本不适于用作通俗读物,真正懂得科学的人又不那么需要例释来帮助;例释的帮助固然会使读者感到畅快,但就本书来说,甚至会造成事与愿违的情况。修道院长泰拉松(Terrasson)曾说:"如果人们衡量一本书的分量不是按页数的多少,而是按读懂所需要时间的多少,那就可以说,有好多书,假如不是那么薄,本来可以薄得多。"但另一方面,如果人们希图能够掌握一个头绪纷繁而又用一条原则贯串起来的思辨知识整体,那就同样有理由说:有好多书,假如不是那么一心追求明晰,本来可以明晰得多。这是因为,那些足以增进明晰性的辅助手段,固然在局部上会有所帮助,但在整体上却常常会使读者注意力分散,因为它们会使读者不能尽快地对这个整体获得一个概念或鸟瞰,并且由于它们色彩夺目,会使体系的关节或脉络为之模糊,难以认辨,而要想判断一个体系是否完整统一和坚强有力,认清其关节脉络乃是至为重要的事情。 A XIX

  我估计,如果作者决意按现有的这个规划把一部巨大而重要的著作写得完整无缺,得以传诸久远,就能产生不小吸引力,使读者乐于与作者通力合作。事实上,形而上学,就我们要给它规定的概念而言,乃是一切科学中唯一的一门科学,可望在短时间内,只用为量不多但协同一致的努力,就能探究到十分完满的程度,以至于它留待后人去做的工作,只不过是像编写教科书那样不能增添丝毫内容地把一切现有的研究成果各按所好另行编组而已。因为留下待办的,只不过是把我们通过纯粹的理性赢得的一切财富系统地编制一个库存清单罢了。在我们这项研究里,我们不会漏掉任何东西,因为凡是完全由理性自己从自身中产生出来的东西,都 A XX

是无法隐藏得住的,毋宁是,只要我们发现了这些东西的公共原则,理性自身就能把它们全部统统揭露出来。这类知识完全是由纯粹概念组成的,任何属于经验的东西,哪怕是可以导致特定经验的特殊直观,都不会影响这类知识,使它增多和扩大。这类知识既然完全统一,研究的绝对完备无遗就不仅是办得到的,而且是必然的。Tecum habita, et noris quam sit tibi curta supellex*。

A XXI　　这样一个纯粹的(思辨的)理性体系,我希望在一本以自然形而上学为题的书中,由我自己来写;它的篇幅应该还不到现在这个批判的一半,但内容会比这个批判不可比拟地丰富;因为现在这个批判必须首先论述它的可能性的来源和条件,并要清理和平整一片完全荒芜的土地。对于这里的批判,我盼望读者抱有一位裁判者的耐心和公正,但对那本书,我则希望读者给予一位协作者的善意和协助。因为尽管构成体系基础的一切原则都在这本批判里完备无遗地提了出来,但体系本身的展开却要求那些推演出来的概念也一个不缺,这些概念不能通过估计就先天地一下子都列举出来,而必须一个一个地逐步寻找出来。此外,在这本批判里,诸概念的全部综合既已做到穷尽无遗,那么在那本书里,就要把各个概念的分析也做得同样详尽彻底。当然,这一工作是轻而易举的,与其说是一项劳作,还不如说是一种消遣。

A XXII　　我在这里还要说的,就只有几句有关印刷的话了。由于开印日期拖迟了一些,我能看到的校样只有一半光景。在我看到的样

---

　　* 引自罗马诗人柏尔修(Persius, 34-62)的《讽刺诗》第四篇第52行,意是:"环顾你的住宅,就会知道你的家当多么简单。"——译者注

张里,虽发现了几处误排,但除 379 页倒第四行 skeptisch[怀疑的]应作 spezifisch[专门的]一处外,其余的都不致引起含义上的混乱。另外,在 425 至 461 页上的纯粹理性的二论背反,按对照表的方式,把凡属正题的统统印在左边,凡属反题的一概印在右边;我所以改作这样排列,是为了让命题和反命题便于互相比较。

第二版序言[*]

我们对理性领域里的知识所进行的研究工作是否走上了一门科学的可靠道路，这只要检查一下它的后果就能立即弄清楚。如果研究工作在作了种种安排布置之后，刚刚接近目标，就陷于困难而不能前进，或者是，为了达到这个目的，竟不得不时常回头另走别路，或者是，参与这项工作的人们对于如何才会实现其共同目的的方法问题不可能取得一致意见，那么，人们就能完全确信这样一项研究工作还在盲目摸索，还远远没有走上一门科学的可靠道路。我们如果能摸索出这样一条道路，那即便有好多东西当初未加深思即被列为目的，而今不得不当作徒劳无益之举而予以抛弃，那也算得是对理性作了一大贡献。

逻辑自古以来就走上了这种可靠的道路，这是可以从下列事实看出来的：从亚里士多德起，逻辑可说从没需要走过任何一步回头路，如果把清除某些可有可无的细节，或把进一步明确原先的陈述，都不算是对它的改进的话。事实上，那类工作与其说有助于科学的可靠，倒不如说是增加科学的美观。但是在逻辑里还有一个

---

[*] 本篇是康德于1787年为《纯粹理性批判》再版所写的序言，是根据柏林Walter de Gruyter & Co.出版社1968年重印的普鲁士皇家科学院1904年编辑出版的《康德全集》第3卷译出的。——译者注

事实也值得注意,那就是它至今也没能向前迈进一步,从一切现象看来,它显然已经结束、已经完成了。因为,尽管有些近代人曾经想出种种办法去扩展逻辑,比如,有的添进有关各种认识能力(想象力、机智)的心理学章节,有的添进有关知识起源或有关不同客体引起不同确定性(唯心主义,怀疑主义等等)的形而上学章节,有的添进有关偏见或成见(及其起因与克制方法)的人类学章节等等;其实,这些做法都是出于他们对这门科学的真正性质的无知。当人们把科学与科学之间的界限弄得混淆不清时,那不是在扩大科学,而是使科学畸形。至于逻辑的界限,那是已经完全确切规定了的:这门科学仅限于详尽地陈述和严格地证明一切思维(不论是先天的还是经验的,不论什么样的起源或对象,不论在我们心里会遇到的障碍是偶然的还是自然的)的形式规则。

逻辑是取得了很大成就的,这成就应该完全归功于它有明确界限。正由于它有界限,它才有权利甚至有义务把知识的客体以及客体的差别完全撇开不管,从而使知性只能单与自己本身以及与自己的形式打交道。至于理性,既然它不仅与自己本身而且也与客体打交道,那么不言而喻,要走上科学的可靠道路,就必然要困难多了;所以逻辑仿佛是个预备阶段,只算得是科学的入门过道;如果谈到科学知识,则人们在评价知识时,固然要以逻辑为前提,但要取得知识,就不能不到真正的、客观的所谓科学里去寻找。

既然说理性就在科学里,那么我们就必然能在科学里认识到某种先天的东西;理性的认识可以用两种方式同它的对象发生联系,一种是只对其对象以及对象的概念(概念必定另有来历)进行规定,一种是同时也使其对象成为现实的。前一方式的知识是理性的理论知识,后一方式的知识是理性的实践知识。无论理论知识还是实践知识,其中都含有纯粹的部分,这也就是理性完全先天地规定它的客体时所依据的那一部分,其分量不论多少,都必须事先单独论述,而且必须不同那些出自其他来源的东西混为一谈。因为一个生意人,如果不管什么进款都盲目地乱花,以至于日后停业的时候,区别不出哪些进款是可以开销的,哪些是动用不得的,那他就是不善经营的人。

数学和物理学是理性的两门理论知识,其任务都在于先天地规定自己的客体。前者全部是纯粹知识,后者至少部分地是纯粹知识,但这也看出于理性以外其他来源的知识成分有多少。

数学,从人类理性史上所能追溯到的最早时期起,就在令人钦佩的希腊民族中走上了科学的可靠道路。但是大家可不要以为它也像逻辑——在逻辑里理性只与自己打交道——那样是轻而易举地走上或者开辟出那条康庄大道的;我倒是相信,它在长时期里,特别是在埃及人中间,一直处于盲目摸索之中,后来之所以一变而走上了可靠道路,我认为要归功于思维方法上的一场革命,这场革命是某一个数学家在某个尝试过程中幸运地偶然触发的一个想法所引起的。从那个偶发的创见开始,人们就再也不会偏离这个必须遵循的轨道了,科学在一切时代和无限领域里所要采取的可靠道路,就开辟出来和标明出来了。这场远比绕行好望角的海道的发现更为重要的思维方法上的革命,其经历情况以及其幸运的首创者的姓名,都已无史可稽。但是,第欧根尼·拉尔修给我们遗留的传说中,记载着极其微不足道乃至通常认为根本无需证明的一些几何学论证的发明人的据说的名字,这就表明,在数学家们看来，凡有助于发现这条新路从而引起科学变化的那些早期的踪迹，一定都具有极其重大的纪念意义，成了遗忘不掉的事情。第一个论证等腰三角形的人他可以叫泰勒斯，也可以叫随便哪个名字，他的心中肯定闪现过一道亮光，开创过一种新见；因为他发现，他不应该单只追踪他在图形里已见到的东西，也不应该死盯着这个图形的单纯概念，以为从这里就会把图形的种种特性认辨出来，而毋宁必须通过他自己按照概念先天地设想进去并予以展现的那种东西（通过作图），把图形的种种特性提取出来；而且他还发现，为了确有把握地认知某种先天的东西，他就决不可把任何东西附加进这个图形，他所加之于这个图形的，只可是他原先按照自己的概念已经放进图形里去的那种东西的必然推论结果。

至于自然科学，在它踏上科学的阳关大道之前，进程是更加缓慢得多的，因为培根所提的发现科学道路的英明倡议，至今才不过一个半世纪光景；培根的倡议一方面促成了这一发现，另一方面更多地是鼓舞了这一发现，因为在这同样要靠一项突然闪现的思维方法革命才能予以解释的发现上，人们是踏着前人摸索的足迹的。在这里，我只想考察一下自然科学，因为自然科学是以经验原理为根据的科学。

当伽利略让一个具有由他自己选定的重量的球体从斜面上往下滚落的时候，或者当托里拆利让空气托住一个他预先判定是与他已知的一根水柱等重的重量的时候，或者当更晚近的施塔尔从金属和石灰中抽去和放回某种东西、让金属变成石灰和石灰重新变成金属的时候①，所有这些自然科学家的心目中都闪现过一道

---

① 我在这里并不是确切地按照实验方法史的顺序讲的，这个方法起于何时，人们还不太知道。——康德原注

亮光。他们恍然悟解到,理性所洞察到的东西,原来只是它自己按照自己的方案制造出来的那种东西;他们都理解,理性必须带着它自己的那些符合于恒定规律的判断原则,走在前头,强迫自然回答它所提的问题,而决不能完全让自然牵着自己的鼻子走;因为如果不这样,那些并非依照预定计划而观察到的种种偶然现象就根本不会在一条必然性的规律里联系到一起,而必然规律正是理性所寻求和需要的。理性必须一只手拿着唯一能使种种符合一致的现象结合成为规律的那些原则,另一只手拿着它按上述原则设计出来的那种实验,走向自然,向自然请教;不过作为求教者,理性并不是一个小学生,由老师愿意讲什么就只好听什么,而是一位承审法官,强迫证人回答自己提出的问题。所以即使物理学,也应当把它十分有利的思维方法的革命完全归功于这样一种突然闪现的创见;必须以理性本身放进自然中的东西为依据,向自然本身寻找(而不是给它臆造)那种必须在自然本身才能认识到、而单在理性自身中一点也认识不到的东西。这样说来,自然科学是在它经历了好几百年纯粹的盲目摸索,方才被引上一门科学的可靠道路的。

形而上学,这是一门完全孤立的思辨的理性知识,它由于是单纯的概念(而不像数学那样是已被应用于直观的概念),完全超出了经验教导的范围,高高在上,因此在形而上学这里,理性应该说就是它自己的小学生。可是这样一门理性知识,尽管比一切其他理性知识更为古老,尽管在一切其他理性知识都有可能被那横扫一切的野蛮风气完全吞掉的情况下还会继续存在下来,却迄今从没交过好运,未能走上一门科学的可靠道路。因为在它这里,理性即使想对最普通的经验(自以为)已经证实了的那样一些规律进行先天的探讨,也要不断地陷于绝路。在它这里,人们不得不无数次地走回头路,因为人们发现它的道路是南辕北辙,并不通往人们想去的地方;至于说到搞它这一行的人们的意见一致问题,那还差得很远很远,毋宁说它是一片真正注定要由各种势力大显身手的战场,还不曾有任何一位战士能在这里争到哪怕最小的一席之地,能在胜利的基地上站稳特久的阵脚。因而毫无疑问,它的办法至今一直是一种纯粹的盲目摸索,而且最糟糕的是,它是在单纯的概念之间瞎摸。

那么,在形而上学那里,科学的可靠道路仍然没能找到,问题出在哪里呢?难道这样的道路不可能有吗?如果是这样,为什么自然又老是教唆我们的理性去无休止地努力把探索这条道路当成自己最重要的任务之一呢?还有,既然我们的理性在我们求知欲最着重的一个问题上不仅遗弃了我们,而且以假象迷惑了我们,以致终于欺骗了我们,我们还有什么理由信任它呢?再或者说,既然过去走过的道路统统是错的,有什么征兆能使我们指望在继续探索中会比前人幸运些呢?

我倒认为,数学和自然科学都是通过一次一蹴而就的革命成为今天这个样子的,这是两个值得充分注意的先例,很足以发人深思:这两门科学赖以获得那么多好处的那个思维方法上的变革,究竟有些什么本质要点?它们作为理性知识,都与形而上学有类似之处,那么在形而上学里是否至少也可以试着模仿它们的榜样?到现在为止,大家总以为我们的一切认识都应该投合对象;但是在这个假定下,凡是想凭借概念先天地建立某种关于对象的东西以扩展我们知识的一切试验，统统失败了。因此大家不妨试验一下，把对象设想成应该投合我们的认识，看看这样是否会把形而上学的任务完成得比较好些；其实这种设想本来就与我们所盼望的更加一致，因为我们正是盼望能有一种有关对象的先天认识，这先天认识能在对象被给予我们之前，先就确立起某种关于对象的东西。这样，我们的设想就同哥白尼最初的思想非常近似：原先哥白尼曾设想整个星群是围绕着观测者旋转的，可是这样他对天体运动总是解释不好，于是他第一个想到另行试验，让观测者旋转而让星群不动，看看是否可以解释得好些。现在，在形而上学里，关于对象的直观问题，我们也可以进行类似的试验。假如说直观必须去投合对象的状况，那我就看不出人们是怎么能够先天地认识对象的某些状况的；但如果说对象（指感官的客体）必须去投合我们的直观能力的状况，我就完全能够想象这种可能性了。但是因为这些直观总归必须变成认识，我就不能死抱住它们停止不前，而必须将它们作为表象联系到某种作为对象的东西上去，并以表象来规定对象；这样一来，我就只能有两种选择：要么，我设想，我用以完成这项规定工作的那些概念，也都要去投合对象，而在这种情况下，我就由于"我怎么能够先天地知道对象的状况"这一老问题而重新陷入原先的那个困境之中；要么，我设想对象或者经验（两个说法都一样，因为对象，作为被给予的对象，只有在经验中才会得到认识）都要去投合这些概念，而在这个情况下，我就马上看得出一幅比较好办的前景。这是因为经验本身是这样一种认识，它是需要知性的，而知性的规则，我必须假定它还在对象被给予我以前就已经在我心中，因而是先天的，它先天地表现在概念里，所以经验的一切对象都必然地要去投合这些概念,一定要与这些概念符合一致。至于有些对象,是只能而且必须由理性去思维的,根本不能(至少不能像理性思维它们时那样)在经验中被给予我们,因此,对这些对象进行思维(因为它们毕竟应该是可被思维的),将是一种尝试,可以提供极好的试金石来验证我们所设想的新思维方法,从而证明,我们从事物身上先天地认识到的东西,只是我们自己放进事物中去的那种东西①。

这种尝试已如愿以偿地成功了,它已表明形而上学在它的第一部分里(在那里,形而上学所探讨的那些先天概念,都是能够让自己的相应对象同它们自己配合着呈现于经验之中的),可以走向一门科学的可靠道路。因为人们按照这种改变了的思维方法,既能顺理成章地说明先天知识是可能的,又能给作为自然(亦即经验对象的总合)的先天基础的那些规律提出令人信服的证明;而这两点都是按以往的研究办法决不可能办到的。但是,在形而上学的第一部分里,有关我们的先天认识能力的这种演绎,却也产生了一种意想不到的、表面看来对第二部分里所追求的整个目的非常不利的结果,因为结果表明,凭着这种能力,我们决不能越出可能的

---

① 这种从自然科学家那里模仿来的方法,其含义在于在那种可以由一项实验来加以证实或否定的东西里寻找纯粹理性的要素。可是现在,任何一个检验纯粹理性命题(特别当这类命题越出了一切可能经验的界限时)的实验,都不能够像在自然科学里那样同命题的客体打交道,因而这种实验将只能检验我们先天地设想或假定的那些概念和原理,它的办法就是让这些对象[概念和原理]可以从下述两个不同的方面进行考察:一方面当成感性的和知性的对象、经验的对象,而另一方面却当成单纯思维的对象,孤立的、要越出经验界限的理性的对象。如果当我们以这双重的观点看待事物时,它就与纯粹理性的原则协和一致,而当我们从单一的观点去看待事物时,理性就陷入不可避免的自相矛盾,那就表明实验已经判定上述分法是正确的。——康德原注

经验的界限,然而越出经验范围却正是形而上学这门科学最本质的意图或抱负。不过,这里面恰恰包含着一个提供反证的实验,它从反面证明上述那个结果;证明那个对我们先天理性认识的最初评价是真的;那个评价认为,我们先天的理性认识只涉及现象,而不过问事物本身,自在的事物虽然自身是实在的,但却是我们所不知道的。这是因为,驱使我们必然要超越经验和一切现象的界限以外去的那个东西,乃是理性所要求的无条件者,而理性为了要它接在一切有条件者的后面,以完全条件的系列,所以势所必然、理所当然地要求在自在的事物本身中有个无条件者。现在,既然情况是这样:如果人们认定我们的经验知识必须投合那些作为自在物本身的对象,人们思维无条件者时就不能不发生矛盾;反之,如果人们并不认定我们关于事物的表象(这里说的事物是指我们所认知的事物必须投合那些作为自在物本身的对象),而认定这些作为现象的对象必须投合我们的表象方式,人们思维无条件者时就不发生矛盾了;而且,如果因此我们认定无条件者是人们决不能在我们认识的(被给予于我们的)那些事物身上找到,却一定能在未经我们认识的、作为自在物本身的那些事物身上找到的;那么,这就表明我们起初只是为了试验而假设的那种东西乃是确有根据的[①]。可是,尽管在这个超感性事物的领域里思辨理性已经没有

[①] 纯粹理性的这种实验,同化学家们做的那种有时称为还原试验但一般多称为合成法的化学试验,有很多相似之处。形而上学家所作的分析,曾把纯粹先天的知识区分为两种非常不同的要素,一是关于事物现象的,一是关于事物自身或自在物的。辩证法则重新把二者结合起来,使之与无条件者那一必然而合理的观念相一致;它并且认识到其所以能有这种一致,完全是因为有了上述的那个区分,因而那个区分是真的区分。——康德原注

丝毫活动的余地,我们却仍然还可以做些试验,看看是否在理性的实践知识里还有某些资料,可供我们据以对上述无条件者这个超越的合理的理性概念进行规定,并以这样的办法,凭借我们只在实践方面才可能有的先天知识,依着形而上学的心愿,越出一切可能经验的界限。并且,在采取这样的办法进行这样的扩张时,思辨理性无论如何至少已经给我们保留了一块地盘,这块地盘思辨理性自己虽不得插手,却始终并不禁止我们去占用,甚至可以说敦促我们一定要以理性的实践资料,把它填充起来,如果办得到的话[①]。

由此可见,这本纯粹思辨理性的批判,其任务就在于进行上述试验,仿几何学家和自然科学家的先例,给形而上学来一个全面的革命,以根本改变形而上学的传统做法。这本批判乃是一部方法论,并不是一个科学体系本身;但是它不仅在外部界限上,而且在内在结构上都已给形而上学勾画出了整个轮廓。这是因为纯粹思辨理性本身就具有这样的特点:它既能根据它给自己选择思维客体时所用的不同方式测出它自己固有的能力,又能将它给自己提出任务时所用的各种方式详尽无遗地列举出来,所以它应当能给

[①] 就是这样,天体运动的那些基本规律曾给哥白尼当初只当作假说假定下来的东西带来无可更改的确定性,同时还给那维系着宇宙结构的不可见的力量(牛顿的万有引力)提供了证明;假如哥白尼不曾以违反常识但却真实的方式大胆地不再在天体中反而在天体的观察者中去寻找他所观察到的那些运动的话,宇宙结构间的那个不可见的力量也许会永远不被发现的。这里批判中论述的近似于哥白尼的假说的这项思维方法的变革,虽然在本书正文里已经根据我们关于时间空间的表象以及知性的各基本概念的性状得到了证明,证明不是假设性质的,而是确实无疑的,而我在这篇前言里所以也只把它当作假说提出来,这只是为了让这样一种变革的种种初期的纯属假设性质的试验得以引人注意而已。——康德原注

一个形而上学的体系描绘出一幅完整的蓝图;因为就第一方面来说,在先天知识里,除了思维主体从其自身内拿出来的东西之外,没有任何别的东西能被附加到客体上去,就第二方面来说,纯粹思辨理性乃是一个完全独立自足的认识原则的统一体,在这个统一体里如同在一个有机体里一样,每一环节都是为了一切其他环节而存在,一切环节又都为了每一环节而存在,而且其中任何一条原则,如果不曾同时从它与纯粹理性的整个应用的全部关系上加以考察,而只根据它的一项关系就被接受下来,那就不能说是稳妥可靠的。但是,这样,形而上学也就享有研究任何其他客体的理性科学(逻辑不包括在内,因为它只研究思维形式本身)所不能分享的稀有幸运,这就是说,它只要通过这个批判被引上了科学的可靠道路,就能完全掌握与它有关的整个知识领域,从而彻底完成它的业绩,并将此成品作为一份永远无需扩充的产业遗留给后世使用;因为它所要探讨的,纯然是一些[知识]原则,以及由各原则自己规定的那些运用原则的限制。形而上学,既然是一门基础科学,它就必须具有这样充分完满的性质,对于它,下面这句话也一定适用:nil actum reputans, si quid superesset agendum[只要还有事情有待于去做,就算什么事情都没有做]。

  但是现在人们要问,我们以这样一种经过批判净化了但也因此僵化了的形而上学,打算给后世遗留下什么样的财富呢?人们只要浏览一下我们这部著作,相信就会看出,这种形而上学既然使我们的思辨理性永远不敢越出经验的界限,它的用处就只是消极的,而且事实上它这消极的用处也正是它的首要的用处。然而这消极的用处马上就会变成积极的,只要人们认识到,使思辨理性得以敢于越出自己界限的那些原则,其必然要导致的后果,事实上并不是我们理性的应用范围的扩大,仔细想来倒是它的应用范围的缩小;因为这些本来属于感性世界的原则实际上构成一种威胁,要把感性世界的界限无限扩展,从而把纯粹(实践)理性的应用根本挤掉。所以,人们必须确信:纯粹理性绝对必须有一种实践应用(道德应用),而且它在这种实践应用中不可避免地会把自己扩展到感性世界的界限以外去。当然它在向外扩张时无须思辨理性协助,但必须谨防思辨理性阻挠,才不致陷于自相矛盾。那么,人们只要确信了这一点,就能理解,我们这样一种批判,就其限制思辨理性而言,固然是消极的,但由于它由此同时消除了一个障碍,使实践理性的应用不受限制,更不会被吞掉,事实上就有积极的、非常重大的用处了。假如硬说批判的这种功劳没有积极的用处,那就恰恰等于说警察没有积极的用处一样,因为警察的主要职责只不过是对暴力行动采取预防措施,使公民不必互存戒心,各得安居乐业而已。在批判的分析部分里,下列两点已经得到证明:一、时间和空间只是感性直观的形式,也就是说,它们只是作为现象的那些事物的存在条件,二、我们除了拥有能够获得对应的直观的那些知性概念之外,再没有别的知性概念,从而也根本没有能去认识事物的要素,所以我们能够有所认识的对象,就不是作为自在物本身的那种对象,而是作为感性直观之客体的那种对象,亦即现象;这两点既已证明,人们就当然会推出这一结论:理性可能有的一切思辨知识,都只限于纯然属于经验的那些对象。然而,尽管这一点必须予以注意,我们却仍然坚持认为:同是这些对象,即使是作为自在物本身,我们也至少必定能够思维它们,虽说不能认识它们①。因为,假如说自在物本身连被思维也不可能,那就会推论出"现象是无所显现的象"这个荒谬命题来了。现在如果我们假定,我们的批判并没有在作为经验对象的物与作为自在物本身的该物之间作出已证明为必要的区别,那么,因果原则以及自然机制,就必定完全适用于一切事物,因为事物一般说来都是发生作用的原因。而这样一来,我对于同一个东西,比如说,对于人的灵魂,如果不想陷于明显的矛盾的话,就不能既说它的意志是自由的,又说它的意志是也受自然必然性的支配,亦即不自由的;因为我在两个命题里所说的灵魂,指的完全是同一个意义下的,也就是说,指的都是作为一般物(作为自在物本身)的那种灵魂,实际上,在进行批判之前,我也只能如此,不会指什么别的灵魂。但是,如果批判没有搞错,它就教导我们要从两种意义看待客体,一方面可以视之为现象,另一方面可以视之为自在物本身;如果批判对于知性概念的演绎也没有搞错,就是说,因果原则只适用于第一种意义下的事物,只适用于成为经验对象的事物,而同是这些事物,在第二种意义下就不受因果原则的支配,那么,对于这同一个意志,我们一方面认为它在现象界里(在可以看见的行为里)必然遵循自然律,因而是不自

---

① 我要认识一个对象,这就要求我能证明这个对象有可能性,无论根据它的现实性所产生的经验方面的证据来证明也好,或是由理性先天地证明也好。然而我能思维我愿意思维的任何东西,只要我本身不自相矛盾就行,也就是说,尽管我并不能保证我的概念在全部可能性中一定也有一个与之相对应的客体,而只要这个概念是一个可能的思想就行。但要赋予这样一种概念以客观有效性(即现实的可能性,因为前一种可能性只是逻辑的可能性),就需要更多的东西了。不过这更多的东西不一定非在理论性的知识源泉里寻找不可,它也可能存在于实践性的知识源泉里。——康德原注

由的,另一方面认为它既然属于自在物本身,不受自然律支配因而是自由的,这就并不出现矛盾了。诚然,我对于我的灵魂,在后一种意义上,是不能凭思辨理性(更不用说凭经验观察)来认识的,因而对于自由,作为一种能在感性世界产生后果的东西的属性,我也同样不能认识。这是因为像自由这样一种东西,我是只能就其存在,而决不能在时间里确切地认识它的(其所以不可能,是由于我不能给我的概念提供任何直观作为其根据),但是,既然我们的批判已在两种表象(感性的和心智的)之间作出区别,从而对纯粹知性概念和由这些概念引申出的原则作了限制,我就能够思维自由,也就是说,自由的表象至少并不包含任何矛盾。于今我们承认,道德必然设定(最严格意义的)自由为前提,必然视自由为我们意志的属性,因为道德引用我们理性中原来就有的实践原则当作理性的先天论据,而这些实践原则假如没有自由作为前提将是绝对不可能的;但如果人们同时认为,思辨理性已经证明自由是不容思维、不可思议的,那么,上述的那个前提,即道德的前提,当然就必须让位给予它相反的前提,因为相反的前提不像它自己那样明显地含有矛盾,这就是说,自由,以及与自由联在一起的道德(因为它们的反面,除非先已设定自由为前提,否则是不含有矛盾的),就必须让位给自然机制。但是,我在道德问题上并无他求,我只要求自由不自相矛盾,也就是说,至少,毕竟它是可思维的,而并不需要对它再作更深远的洞察,以看出它(从另一个角度上说)并不妨碍自由的行为也具有自然的机制。这样,我认为,道德学说就保住了道德学说的地位,自然学说也保住了自然学说的地位。当然,假如没有批判事先使我们知道,我们对于自在物本身必然一无所知,以及我们所能在理论上认识的一切都只局限于单纯的现象，那么这种各自保全、各行其是的情况是不会出现的。以上这段话是讨论纯粹理性的批判原则的积极作用，在上帝和我们灵魂的单纯性质等等概念上，我们也可以作出同样的分析，但为简明起见，就略而不谈了。所以说，如果我不同时打掉思辨理性自以为无所不知的妄自尊大，我就根本不能设定上帝、自由和不朽，以便我的理性能够有个必要的实践应用，因为思辨理性要表示它非凡的识见，就必然要利用一些实际上仅只适用于可能的经验对象的原则，而这些原则一旦被用到不能成为经验对象的东西上去，就等于实际上使本来不是经验对象的东西变成现象，从而宣布纯粹理性的任何实践的扩大都是不可能的了。因此，我曾不得不扬弃认识，好让信仰有块地盘；形而上学的独断主义，即以为在形而上学里可以不对纯粹理性进行批判就往前闯的那种偏见，乃是一切不信仰的真正源泉，不信仰是反道德的，在任何时候都是极其独断的。因此如果说一部按照纯粹理性批判的准则撰写的系统的形而上学给后世留下一份遗产不能算是什么难能可贵的事，那么这份遗产却也决不是无足轻重的礼物。因为人们既可以借此对理性进行培育，使之一反过去那样无批判地盲目摸索和轻率涉猎，从而踏上可靠的科学道路，又可以借此给好学深思的青年提供一个利用时间的较好的去处。过去青年们受了通常独断论过早的强烈怂恿，竟在自己完全不理解而且同世界上任何人一样决不会有什么见解的那些事物上牵强附会，信口开河，甚至不惜耽误他们学习基础科学的时间、气力去发明什么新思想、新主张；但如果就这份礼物的无可估量的好处来说，最最重要的是让人们以苏格拉底那种通过最清晰的论证以证明对方无知的方式，使一切反道德和反宗教的议论，宣告永远结束。这是因为某种形而上学在世界上是一直存在的，将来肯定也还会有别的形而上学出现，而只要有形而上学，其中就肯定也有纯粹理性的辩证法，因为后者对前者来说是自然而然的。所以，哲学的首要任务就在于以堵塞错误源泉的办法，一劳永逸地把形而上学的一切不利影响统统排除掉。

科学领域里虽然发生了这么重大的变化，思辨理性虽然不得不在其向来幻想的所有物上遭受损失，但是人类关心的普遍事业和世界至今从纯粹理性的教导中所获得的好处，却一如既往地统统还处于有利状态之中，受损失的只是学院的垄断，决不是人类的利益。我想请问最顽强的独断论者一句话：无论从实体的单纯性引申出来的关于死后灵魂不灭的论证也好，或是通过主观的实践必然性与客观的实践必然性之间虽说无力却也细致的区别而阐发出来的关于反机械论的意志自由的论证也好，或是从一个最实在的本体（无常事物的偶然性和第一推动者的必然性的本体）的概念中推演出来的关于上帝存在的论证也好，请问它们从经院哲学那里出笼以后，可曾真正接触到过公众吗？可曾对公众的信心产生过丝毫影响吗？如果说，这种接触或影响并没有发生，而且由于普通人的理智对这么烦琐的思辨感到高深莫测因而也根本不能指望它会发生；或者如果说，关于上述第一点，即对来生的希望，一定完全是由每一个人都能注意到的人类天性之永远不能靠有限时间的现世（因为现世的生命不足以完成人的整个使命）获得满足的那种本性所产生出来的，关于第二点即对自由的意识，是由对抗着种种情欲的要求而明确呈现的那些单纯义务感所推演出来的，最后关于第三点，即对睿智伟大的造物主的信仰（就其有理性根据而言，这乃是在公众中广泛流行的信心），是由自然界到处展现着的庄严瑰伟的秩序、美丽和仁慈所启发出来的，那么就可以说，思辨理性的所有物不仅无所损伤，反而还赢得了声望，因为从今以后，各家经院都懂得它们在一个涉及人的普遍事业的问题上不再妄自以为具有比（最值得我们尊敬的）广大群众所能轻易理解的东西更为深刻、更为渊博的高见，都懂得让自己只限于阐发这些通常可以理解而在道德方面具有充足理由的论据。所以，变革所涉及的只是经院里的狂妄主张，这些经院在这个问题上也像在别的问题上理所当然地所做的那样，总爱使自己成为真理的唯一识货人和保存人，它们只通知公众去使用这些真理，而使用这真理所需的钥匙却始终自己掌握着（quod mecum nescit, solus vult scire videri［他同我一样不知道那件事，却要装作只有他知道］）。可是，变革虽然触及经院哲学，思辨哲学家的一项比较公允的权利要求还是受到了照顾的。那就是说，思辨哲学家始终还是唯一的权威，支配着一门虽非公众所知却对公众有用的科学，即理性批判；因为理性批判永远不能成为通俗的，当然也没有必要是通俗的；因为大众既不愿对那些为了有用的真理而精心设计的论证太伤脑筋，也不愿对那些针对上述论证的同样细致的驳辩多费思虑；与此相反，经院哲学，以及每个达到思辨能力的人，既然不可避免地陷于论证的驳辩两者之中，那么，理性批判就有义务去彻底考察思辨理性的主张，以便一劳永逸地防止争吵不休的丑行，实际上，没有批判，形而上学家们（僧侣们终于也一样）就必将卷入这种纷争，随后他们的说教也必将受其歪曲，甚至或迟或早还必在人民群众中引起混乱。只有通过批判,那些能够变得普遍有害的唯物论、宿命论、无神论以及带有自由色彩的不信、狂信、迷信,以致那些难于涉及公众而主要危及学院哲学的唯心论和怀疑论,才能连根拔掉。如果政府认为照料学术界的事务是分内之事,则提倡自由地从事这种批判,使对理性的探讨能迈出踏实的一步,比起支持可笑的经院哲学专制主义,无论就关怀科学还是就关怀人来说,都要更为明智;这些专制的经院学派,在人们撕破其蜘蛛网时,就大喊大叫,说什么这是危害公众的,其实公众从来就不曾注意过这玩艺儿,因而把它们撕破公众也决不会感觉到什么损失。

批判并不反对理性在它那种作为科学的纯粹知识里使用独断的做法(因为这种知识在任何时候都必要是独断的,就是说,都必定是可以依据先天的可靠原则进行严格证明的),但它反对独断主义,就是说,它反对单从(哲学的)概念出发,按照理性长期惯用的原则,而不考察理性之所以获得这些原则的方式和权利,就径行发展出一种纯粹知识的那种盲目自大的态度。因此可以说,独断主义就是纯粹理性不先批判自己的能力的那种独断的做法。因此,反对独断主义并不就是赞成以通俗为名大搞肤浅空谈,也不是赞成像怀疑主义那样干脆否定整个形而上学;毋宁相反,批判乃是为促成一种彻底的形而上学所必需的先期准备工作,彻底的形而上学,作为科学,必须是独断地、按最高度严格要求而系统地、从而学院式地(非通俗地)建立起来的;我们所以认为对形而上学不能不提出这一要求,乃是因为它有义务以完全先天的、因而使思辨理性充分满意的方式从事它的业务。因此,在执行批判所制订的计划的时候,也就是说,在未来的形而上学体系里,我们总有一天必须采用最伟大的独断论哲学家、著名的伏尔夫的严格方法。伏尔夫曾第一个提供先例（通过这个先例，他已成至今犹存的德国彻底精神的始祖），表明我们如何只要依法确立原则，明确规定概念，运用经得住考验的严格证明，避免在推论中大胆跳跃，就一定能走上科学的可靠道路。正因为这样，假如他曾同时想到先对工具亦即先对纯粹理性本身进行批判，来为自己铺平基地，那他本来是才华卓著，能把形而上学提高到这样一门科学的地位上的。他没想到这一层，确是一个缺点，但这个缺点与其说是他的，还不如说更应算是他那个时代的独断思维的，因此，无论他那个时代的哲学家，还是以前历代的哲学家，都没有什么好互相指责的。至于有些人既反对他的方法同时又反对纯粹理性批判的方法，这样的人不可能有别的想法，干脆是想抛弃科学的一切约束，把工作变成游戏，把确信变成臆断，把哲学变成妄诞。

关于这个第二版，我已利用本书再版的机会，努力在许可的范围之内消除了尽可能多的艰深晦涩之处，因为可能正是这些隐晦艰难的地方使得许多思想敏锐的评论家在评判我这本书时（也许不无我的过失）表现出那么多的误解。至于命题本身，及其证明根据，以及在全书布局的形式方面和详尽程度上，我都没发现什么要改动的；这一方面是由于我在发表之前对它们进行过长时期的审查，另一方面也要归因于事情本身的情况，也就是说，归因于纯粹思辨理性的性质，实际上纯粹思辨理性含有一个真正的有机结构，其中的每一部分都是整体的一个器官，一切部分都是为了每个个别部分而存在，任何一个个别部分又是为了全体而存在，因此结构里不论多小的一个脆弱之处，错误也好，缺点也好，都无可避免地一定会在使用过程中暴露出来。所以这个体系将像我所希望的那样,即使在今后无穷的岁月里,也会继续保持住它这种不可更改性。我之所以对它具有这样的信心,并不是由于盲目自负,而只是因为实验已提供了明白无误的确证;无论从纯粹理性的最小要素出发向纯粹理性的整体推演出去,或者从它的整体(因为整体也是由纯粹理性的终级意图在实践中呈现出来)出发向它的每个部分追溯回来,其结果都是一样,这就是,哪怕试图更改其中仅仅最小的部分,也就立即导致矛盾,不仅是整个体系上的矛盾,而且是一般人类理性上的矛盾。然而,在表述方面,还有许多事情可做,而且,我已竭力使这第二版在这方面有所改进,这些改进,一部分应该有助于消除感性论里的误解,特别是时间概念里的误会,一部分旨在减轻知性概念的演绎的晦涩,一部分为了弥补纯粹知性原理的证明中所谓证据不充分的缺点,最后还有一部分,则在于消除理性心理学中我曾指为"谬误推理"的那些东西所引起的曲解。我在表述方式上的改动只到这里,即是说,只到先验辩证论的第一章的末尾为止,再往后就没改动了①,这是因为时间太短促,而且我也

---

① 真正的增补,当然仅限于证明方式方面,我只能提到 275 页上我所增添的一个对心理学唯心主义的新反驳,和一个对外在直观的客观实在性的严格证明(我相信那也是唯一可能的证明)。唯心主义,从形而上学的主要目的说来,也许还可以算得是无辜的(事实上它并非如此),可是,必须承认我们之外的事物(这里是我们的知识的、甚至我们内在感觉的全部材料的来源)的存在仅仅是基于一种信仰,而当有人对此表示怀疑时又不能拿出令人满意的反证,等等,这毕竟始终是哲学和一般人类理性的一个耻辱。因为如果第 3 行到 17 行的证明的词句中有什么含混不清,那就请把这段话改为:"这种常住的东西,可不能是一种在我之内的直观。因为在我之内所能遇到的那些规定我存在的根据都是些表象,并且它们作为表象,本身都需要有一种与它们不同的常住的东西;而正是联系着这种常住的东西,表象的更替以及我在时间   (转下页)

没发现内行的和公正的评论家对其余的部分曾有什么误解;这些评论家,虽然我没能指名给予应得的赞扬,他们却会在各自的地方

(接上页)（表象就是在时间里更替的)里的存在,才能得到规定。"反对这个证明的人们也许会说:我所直接意识到的,毕竟只是那种在我之内的东西,亦即我关于外在事物的表象,因而究竟在我之外是否存在着与表象相对应的东西的问题,始终还没有解决。可是,我是通过内在**经验**意识到**我在时间里的存在**(从而也意识到这一存在的可规定性)的;而通过内在经验意识到我在时间里的存在,就比单纯地意识到我的表象要更多点东西,但和通过经验意识到我的存在却是同一回事;而对我的存在的经验意识,是只有联系着某种存在于我之外并与我的存在结合在一起的东西,才可加以规定的。因此,意识到我在时间里的存在,和意识到在我之外的某物相联系,是结合着的,是同一回事;因而这种意识是经验,而不是臆造,是感觉,而不是想象力;正是这种意识把外物同我的内在感觉不可分割地结合起来了;因为外在感觉自在地已经就是直观与某种在我之外的现实事物的关联,而外在感觉的实在性之所以不同于想象的,仅仅在于外在的感觉如同这里表明的那样是与内在经验(它是实在性之所以可能的条件)不可分割地联系着的。假如说,我能够把通过**理智直观**对我的存在所作的规定与有关我的存在的**理智意识**同时在"我存在"这一表象(这个表象伴随着我的一切判断和知性行为)里联系起来的话,那么对于上述规定来说,意识到与在我之外的某物相关联,就不会是必要的了。但现在是,上述意识虽然是领先出现的,内在直观(我的存在只能在这里面得到规定)却是感性的、与时间条件结合着的,而且这个规定以及内在经验本身都依存于那不在我之内、因此只在我之外、而我必须视之为与我相关联的某种常住的东西;因此,为了使一般的经验成为可能,外部感官的实在性是与内部感官的实在性必然联系在一起,也就是说,我意识到与我的感官联系着的、在我之外存在着的事物,正如我意识到我本身确定地存在于时间里一样肯定。但是,实际上在我之外的客体究竟同哪些已有的直观相对应,从而使这些直观属于外部**感官**的问题(这些直观应该属于外部感官而不属于想象力),是要按照那些把一般经验(甚至内在经验)与想象力区别开来的规则,就每一个特殊情况来加以判断的;而在这样做时,"实际上有外在经验"这一命题始终是个基础,在这里,我们还可附加说明一句:关于存在着某种常住的东西的表象,同常住的表象并不是一回事情,因为常住的表象不仅可以更替并且随时都在更替着,如同我们的一切表象甚至物质的表象那样,而且它总是与某种常住的东西联系着,因而这种常住的东西必定是不同于我的一切表象的外在事物;而这外在事物的存在必然包含在我自己的存在的规定之中,并同我自己的存在一起构成唯一可能的经验;假如经验不同时(部分地)是外在的,它是根本不会内在地发生的。至于怎么会是这样的呢？这正如我们如何思维时间里常住的东西(常住的东西与更替的东西的同时存在产生变化的概念)那样,在这里不能进一步说明了。——康德原注

自己看出我对他们的意见的重视。但是,表述上的这样一些变动,
必然会给读者带来小小的损失,这是无法避免的,除非把这本书搞
得部头十分庞大;这个损失就是,有好些东西,虽说对于整体的完
满详尽并非本质上重要,但从别的角度看来可能很有用处,许多读
者也许舍不得让它们略去,而现在不是删除就是节略了,为的是像
我们所希望的那样,给这个比较好懂的表述方式腾出篇幅;现在这
个比较好懂的版本,在命题乃至命题的论据上,丝毫没有改动,但
在叙述方法上,到处都与前一版大不一样,这不是通过修修补补所
能办到的。不过这个小小的损失,只要随便对照一下第一版,就能
得到补救,而且由于新版容易理解得多,这点损失将会得到超额的
补偿。我已在各种正式著作(一部分是书评,一部分是专著)里,怀
着感激而喜悦的心情,注意到我们德国的彻底精神并没死绝,只不
过它的声音被自命不凡的所谓思想自由这一时髦叫嚣所暂时压
倒;我还注意到,纯粹理性的科学,是一门规规矩矩的、从而有经久
价值的、最有必要的科学,它所走过的是些荆棘丛生的批判道路,
但路途险阻并没有阻碍英勇明智的人们去掌握它。这些优秀人物
得天独厚,既有深刻彻底的思维能力,又具备显豁晓畅的表达才能
(我自知没有这种才能),我将把我在表述方面随处还留下的缺陷
的修订工作留待他们去完成了;因为就这一方面来说,本书的危险
不在于遭受驳斥,而只在于得不到理解。我自己呢,虽然将密切注
意一切意见,不管来自朋友的还是来自反对者的,以便将来按照这
个预备教程建立体系时加以利用,但从今以后,我不再参加争论
了。这是因为我在做这些工作时已届高年(本月就满六十四岁),
如果还想履行我的计划,发表自然形而上学和道德形而上学以验

证纯粹理性和实践理性的批判的正确性的话,就必须节约我的时间,必须将本书草创阶段在所难免的那些晦涩之处的阐明工作以及本书的整个辩护工作,都寄希望于那些已经以此为己任的英彦了。就个别章句来说,任何一部哲学论著都是可以挑剔的,因为它不能像数学论著那样无懈可击,可是体系的有机结构,作为一个统一体来看,即使并非无可疵议,却也丝毫不会受到危害;事实上,体系如果是新的,就只有少数才华卓著的人才能掌握它的全貌,至于那些对任何新生事物都格格不入的人,真有兴趣把新体系通体透读的,就更加寥寥无几了。如果拿个别的章节断章取义地彼此对照,那就在任何著作(特别是自由发表意见式的著作)里也会挑剔得出一些貌似的矛盾,这些矛盾,在缺乏独立判断能力的人看来,确实会觉得是该著作上笼罩的一层阴影,而对通晓整个思想体系的人来说,则只是些很容易消除掉的东西。而另一方面,一个理论只要本身是站得住脚的,如果有公正、明敏、又深孚众望的人物愿意在短期内给它加以必要的润色,则那些起初对它构成巨大威胁的反复推敲,随着时间的推移,就只会有助于消除它的粗糙,使之文理并茂。

1787 年 4 月于科尼斯贝格

第一版　引论[*]

I　先验哲学的观念

　　经验毫无疑问是我们的知性对感官知觉的原料进行加工时所做出的第一项产品。因此,经验是我们的第一节课,而且源源不竭地给我们接着上新课,我们的子孙万代都可以在这块土地上收获到新的知识,永远不会感到缺乏。然而,我们的知性的活动却决不是局限于经验。经验虽然告诉我们如此这般,却并不告诉我们必然如此,决不能不如此。因此经验也没有向我们提供真正的普遍性,而理性是迫切要求获得这类知识的,它主要是受到经验的激发,并没有从中得到满足。这样一种普遍的、同时又有内在必然性的知识,一定是并不单靠经验,而是本身就明白而确定的。所以我们把这类知识称为先天知识,因为它的反面,即单从经验取得的知识,按照一般的说法,只是后天地或经验地认识到的。

　　我们看到,有一件事非常值得注意,那就是,即便在我们的各样经验当中,也夹杂着另外一些知识,那些知识必定出于先天的来

---

[*] 1781年第一版的原文。——译者注

源,也许只是用来贯串我们的感官表象的。因为如果把经验里属于感官的东西统统去掉,还是剩下一些原始的概念,以及由这些概念派生的判断,它们的形成只能是完全先天的,不依靠任何经验的,因为这些概念和判断使我们能够,至少认为能够,对那些呈现于感官的对象说上几句话,说的比单纯经验所能告诉我们的多些,而且,它们还使一些论断包含着真正的普遍性和严格的必然性,那是单纯经验的知识所不能提供的。

可是有一件事还要重大得多,这就是,有某些知识甚至脱离了一切可能经验的领域,凭着一些在经验里根本不能有相应对象的概念,似乎把我们判断的范围扩大到了全部经验界限之外。

正是在这类越出感官世界之外、不受经验指引、也不受经验检定的知识当中,我们的理性进行着它的各项研究。我们认为这类研究性质重要,目的崇高,远远胜过知性在现象领域内所能学到的一切,因此我们宁愿冒着犯错误的危险,也要大干一场,决不能顾虑重重,或者蔑视一切、态度冷漠,放弃这样一些十分重要的研究。

看来确实很自然,人们刚刚离开经验基地的时候,是不会拿着他们那些不知来历的知识,信赖一些来源不明的原则,也不仔细研究研究,先把基础打结实,就立刻去建筑一座大厦的,而是会早就提出这样的问题:知性怎样能够获得这一切先天的知识?这些先天的知识可以有什么样的范围、有效性和价值?事实上,如果把自然这个字眼了解成公平合理的话,这样做也是最自然不过的事,可是,如果把这个字眼了解成惯常如此的话,不得不长期搁置这项研究又是最自然、最可以理解的事了。因为这类知识的一部分,即数学知识,自古就信用卓著,致使人们对其他部分也抱着很大的期望,虽说那些部分可以具有完全两样的性质。此外,人们跳出了经验圈子的时候,就安然自得,不怕经验的反驳了。人们扩大自己知识的欲望是非常强烈的,只有碰到明显的矛盾,才能使他止步不前。但是这种矛盾也有办法避免,小心翼翼地捏造出一番道理就能混过,不过捏造并不因为避免了矛盾就不是捏造。数学给我们提供了一个光辉的榜样,说明我们可以不依靠经验,在先天知识方面取得多么大的成就。其实数学研究对象和知识的范围,仅限于直观中所能表象的那一些。可是这种情况很容易被忽视,因为这直观本身是可以先天地给予的,因而很难与一个单纯的纯概念分清。由于数学证明了理性的力量,使人们受到鼓励,那种扩大知识的欲望就目无界限了。轻盈的鸽子分开空气自由飞翔的时候感到空气有阻力,可以产生一种想法,以为它在真空里可以飞得痛快得多。柏拉图也是这样,他因为感官世界给知性设下重重障碍,就抛开这个世界,鼓着"相"的翅膀冲向彼岸,闯入纯知性的真空。他没有察觉到自己白费气力,其实寸步未行,因为他是架空的,一定要站在一个支点上,才能挺起腰杆,把气力使出来推动知性。人类理性从事思辨的时候,通常总是尽早建成大厦,然后才研究房基是否打得也很结实。可是后来又寻找各式各样的花言巧语,说基础可靠,叫我们安心,劝我们放弃这种不及时的、有危险的检查工作。我们在建筑的时候之所以毫不担心,毫无顾虑,对表面上的踏实沾沾自喜,是由于我们理性的大部分工作,也许是绝大部分工作,就在于剖析我们已经有的那些关于对象的概念。这种工作给我们带来了一大批知识,这些知识虽然只不过是解释或说明我们那些概念中(尽管还是以混乱的方式)已经想到了的东西,却至少在形式

A 5

A 6

上被评价为新的见解,尽管在实质上或内容上并没有扩大我们已有的概念,而只是剖析了它们。由于这种做法提供了一种真实的先天知识,标志着一种可靠的、有益的进展,理性就不知不觉地打出这个幌子,偷偷地作出一些完全另外一类的论断,在那些论断里理性给特定的概念添加上完全异样的、并且先天的成分,也不知道它是怎样来的,而且想都没有想到这个问题。所以我马上就要来讨论这两类知识的区别。

分析判断与综合判断的区别。主词和宾词的关系,在一切包含这种关系的判断里(我只考虑肯定判断,因为很容易应用到否定判断上去),有两种可能。一种是宾词 B 属于主词 A,作为包含在概念 A 中(以隐蔽的方式)的成分;另一种是 B 完全在概念 A 以外,虽然与 A 相结合。前一种我称为分析判断,后一种我称为综合判断。所以,分析判断(肯定的)就是宾词与主词以等同关系相结合的判断,不以等同关系结合的判断就应当叫综合判断。我们也可以把前者称为说明判断,把后者称为扩大判断,因为前者并没有通过宾词给主词的概念增加任何东西,只是通过分析把主词的概念分解成一些部分概念,那些部分概念是主词的概念里已经(虽然是含糊地)想到了的;与此相反,后者则给主词的概念增加了一个宾词,这是主词的概念里根本没有想到的,也不能通过分析把它从主词的概念里抽出来。例如我说"一切形体都是广延的",这就是一个分析判断。因为我无须跑到我用形体这个词所指的那个概念之外,才发现广延与它结合,我只要分析这个概念,就是说,我只要意识到我一向在其中想到各种花样,就在其中遇到这个宾词了;所以这是一个分析判断。与此相反,如果我说"一切形体都是重的",宾词就完全不是我在一般形体的单纯概念中所想到的东西了。添上这样一个宾词,就造成了一个综合判断。

由此可见,(1)分析判断根本不扩大我们的知识,而是分析我已经有的概念,使它可以为我自己所理解;(2)在综合判断里,除了主词的概念以外,我还必须有另外一样东西(X)作为知性的依赖,才能认识一个不在该概念里、却属于该概念的宾词。 A 8

在经验判断里这是毫无困难的。因为这 X 就是我用一个概念 A 去想的那个对象的全部经验,概念 A 只构成这经验的一部分。因为我虽然并没有在一般形体的概念里纳入重量这个宾词,这个概念却通过全部经验的一部分标志着全部经验,所以我还可以把该经验的其他部分添加到那一部分上,当作属于这个概念的东西。我可以先用分析的办法,通过广延、不可入性、形状等全都在形体的概念里想到的标志,去认识这个概念。现在我扩大我的知识,回顾过去抽出这个形体概念时所依赖的经验,发现重量也是同上面那些标志经常结合在一起的。所以,重量 B 这个宾词之所以能够同形体概念综合起来,依据的就是经验,即那个在概念 A 以外的 X。

可是在那些先天的综合判断里,是根本没有这种方便办法的。如果我应当跑到概念 A 以外去认识另外一个 B 同它相结合,我所依据的是什么?是凭什么才能综合的?因为在这种判断里我是没有那种寻求根据于经验领域内的方便的。举"一切事件都有其原因"这个命题为例。在事件概念里我虽然想到一个存在,在它以前已经有过一段时间,等等,并且可以从其中引出一些分析判断,可是原因概念却完全在事件概念之外,指着一种与事件不同的东西, A 9

它并不包含在那个表象里面。我怎能说一般事件具有着某种与它完全不同的东西,怎能认识到原因概念虽然并不包含在事件概念里,却属于那个概念呢?在这里,知性认为自己在概念 A 以外发现了一个迥然不同的宾词,而这个宾词与 A 相结合,它这样做时,所依据的那个 X 是什么呢?这 X 不能是经验,因为我们举出的这条原则不仅带着最大的普遍性,而且带着彰明较著的必然性,是完全先天地、仅仅凭着概念把这第二个表象添加到第一个表象上去的。我们的先天思辨知识的整个意图,根据的就是这样一些综合的原则,即推广的原则;因为分析判断固然十分重要,而且十分必要,却只是为了求得那种概念明确的,概念明确乃是一种可靠的广泛综合所必需的,那种综合才是真正的新建树。

所以,这里头隐藏着某种秘密①,只有揭开这个秘密,才能在纯知性知识的无边领域里作出切实可靠的进步。那就是:充分普遍地揭示先天综合判断之所以可能的根据,判明那些使各类先天综合判断成为可能的条件,把全部这类知识(它是自成一类的)按照(原初的)来源、划分、范围、界限归成一个体系,并不是粗率地勾出一个轮廓,而是作出全面的、足以用于任何场合的规定。关于综合判断的固有特点,暂时就说这么多。

根据上述的一切,就形成了一门特殊学问的观念,这门学问可以用来进行纯理性的批判。凡是不夹杂任何异样成分的知识,就叫纯的。特别是一种根本不夹杂任何经验或感觉、因而能够完全

---

① 如果有一位古人想到提出这个问题的话,单是这个问题,就会有力地抵制了从古到今的一切纯理性的体系,省得人们由于不知道自己本来应当做些什么事,竟盲目地进行了那么多无谓的尝试。——康德原注

先天地取得的知识，就叫绝对纯的知识。理性就是那种提供先天知识的原理的能力。所以，纯理性就是那种包含着绝对先天地认识的原理的理性。这些原理合在一起，将是纯理性的一件工具：根据这些原理，就能取得一切纯先天知识，那些知识就能实际成立。详尽无遗运用这样一件工具，就会建成一个纯理性的体系。然而，由于这个体系要求很多东西，还不知道到底是不是扩大我们的知识，以及在哪些情况下可以扩大。这样一门仅仅对纯理性进行评判、弄清其来源和界限的学问，我们可以把它看成纯理性体系的入门。这样一个入门是不能称为一种学说的，只能叫作纯理性的批判，它的用处其实只是消极的，并不能用来扩大、只能用来净化我们的理性，使理性免于犯错误，这样就已经收获很大了。有一类知识所探讨的并不是对象，而是我们关于对象的先天概念，我把它称为先验的知识。这样一些概念构成的体系，可以称为先验哲学。可是这种哲学用于开头又还嫌太多。因为这样一门学问必须很全面，既要包括分析知识，又要包括先天综合知识，这样，对于我们现时的目标来说，规模就未免太大，我们要进行的分析仅限于必不可少的，为的是看清先天综合原理的全部范围，那是我们要做的唯一工作。这项研究真正说来我们不能称之为学说，只能说是先验的批判，因为它的目的并不是扩大知识本身，只是订正我们的知识，为一切先天知识提供一块试金石，以测定它们是否有价值；我们现在从事的就是这项研究。因此，这样一个批判是尽可能为纯理性准备一个工具，如果办不到的话，至少是为它准备一个规范，按照这个规范，总有一天可以用分析和综合两种办法把完备的纯理性哲学体系陈述出来，不管这个体系是扩大纯理性的知识的，还是仅

A 12

仅加以限制的。因为这是我们可以办到的,这样一个体系的规模决不能大到没有完成的希望,这一点我们事先已经可以估计得到,因为这里的对象并不是无穷无尽的事物本性,而是对事物本性进行批判的知性,而这个知性又仅仅是关于先天知识的,它的内容我们不必求之于外界,决不能不为我们所发现,以各方面估计,总量是不大的,我们可以全部掌握它,判定它是否有价值,对它作出正确的评价。

II 先验哲学的划分

先验哲学在这里只是一个观念,纯理性的批判应当以建筑师的方式、即根据原理为这种哲学绘出全部蓝图,完全保证这座建筑物的各个组成部分完备、牢固。这个批判本身并不就叫先验哲学,这只是因为它要成为一个完备的体系还必须包含一种详尽的分析,把人类的全部先天知识分析清楚。我们的批判虽然必须全面列举出上述纯知识所包含的全部基本概念,却有理由不去详细分析那些概念本身,也不去全面审查那些概念推导出来的概念,因为:一方面,那种分析并不合乎我们的目的,它并没有我们在综合中遇到的那种疑虑,而我们的全部批判真正说来就是为了综合而进行的;另一方面,负责把那种分析和推导进行得很全面是违背计划的统一性的,我们从自己的目的着眼,可以不做那种工作。况且,只要把那些将来要加以发挥的先天概念摆出来,当作详尽的综合原理,在这个主要的方面做到毫无欠缺,分析那些概念的工作,以及从那些概念进行推导的工作,是很容易补全的。

所以，凡是构成先验哲学的，全都属于纯理性的批判；纯理性的批判是先验哲学的完整观念，但还不就是先验哲学，因为它所作的分析仅限于满足全面评判先天综合知识的需要。

我们划分这样一门学问的时候，要特别注意：不能放进任何包含经验成分的概念，也就是说，先天知识要完完全全是纯的。因此，道德的最高原则和基本概念虽然是先天的知识，却不属于先验哲学的领域，因为它们必须以苦乐、爱好、自由意志等等全部来自经验的概念为前提。所以，先验哲学所研究的乃是纯的、单纯思辨的理性。因为实践方面的东西包含着动机，全都与感情有联系，感情是属于经验的认识来源的。

如果我们要从一般体系的总观点来划分这门学问的话，我们现在讲的这门学问就必须包括：(1)一种纯理性的要素论，(2)一种纯理性的方法论，这两个主要部分又可以各自划分为若干子目，虽说划分的根据在这里还不用讲。在引论或绪言里似乎只须指出：人类的认识有两条主干，也许是从一个共同的、我们所不知道的根上生出来的，这就是感性和知性。对象是由感性给予我们的，是通过知性为我们所思维的。由于感性应当包含某些先天的表象，那些表象构成了对象赖以给予我们的条件，所以感性属于先验哲学。先验感性论不能不属于先验要素论的第一部分，因为人类知识的对象赖以给予我们的那些条件要先于对象赖以为我们所思维的那些条件。

第二版 引论[*]

Ⅰ 论纯粹知识与经验知识的区别

我们的一切知识都起始于经验,这话是毫无疑义的;因为,假如不是对象刺激了我们的感官,一方面使感官自己产生出表象,一方面发动我们的知性活动去比较这些表象,把它们或者联结起来,或者分解开来,从而把感性印象这样的生糙材料加工制作成为一种关于对象的知识,即所谓经验,那么,否则我们的认识能力会是被什么唤醒起来进行活动的呢?所以按时间先后来说,我们的知识没有一项是出现于经验之先的,一切知识都是同经验一起开始的。

但是,我们的一切知识虽然都是起始于经验,却并非因而就是完全出自于经验。因为事情很可能是这样:就连我们的经验知识也是一种合成品,它既含有我们通过印象而感受到的东西,也含有我们固有的认识能力(感官印象对此能力只起激发作用)自己提供

---

[*] 这是本书第二版的引论。与第一版的引论略有不同,其差异之处,详见以下各脚注。——译者注

的东西。而这由我们认识能力提供添加进去的东西，我们如不经过长期锻炼以学会注意它和识别它，是不会把它从基本材料中区别出来的。

因此，至少有这样一个不可根据初步表面现象就立即予以解答而尚待进一步探讨的问题，那就是，有没有一种不依存于经验乃至不依存于一切感官印象的知识呢？这样的知识我们称之为先天的知识，以区别于后天亦即有经验来源的经验的知识。

不过，先天的这个词，要用以表明上述问题的全部含义，还不够确切。因为，人们非常习惯于把许多来源于经验的知识说成是我们先天就会的或先天就有的，因为这些知识虽然不是我们直接从经验中得来而是从一种普遍规则推论出来的，但这普遍规则本身却仍是我们从经验中得来的。比如说，对于一个挖掘自己房基的人，大家会说他能先天地知道他的房子要倒，意思是说，他无须等待房子实际倒塌这一经验，先就知道它要倒。但究其实际，他并不能完全先天地知道这一点。因为，他必定事先通过经验早已知道：物体都是有重量的，一旦失去支持就要坠落下来。

因此我们今后说到先天知识时，指的并不是不依存于这一经验或那一经验的知识，而是绝对不依存于任何经验而独自发生的那些知识。它们的对立面是经验知识，也就是那些只得自后天的只通过经验才可能发生的知识。在先天知识当中，那些没有混杂任何一点经验成分的，称为纯粹的。因此，比如说，"任何一个变动都有它的原因"这一命题虽是先天的，但并不是纯粹的，因为"变动"这个概念是一个只从经验中才能取得的概念。

B 2

B 3

Ⅱ 我们拥有一定的先天知识,就连常识里也决非没有它们

现在的问题是要有个标志,让我们能据以可靠地从经验知识中识别出一种纯粹知识来。经验固然告诉我们某个东西是如此这般的情况,但它不告诉我们该东西必不能是别样的情况。因此第一,如果有一个命题,当我们思维它的时候同时也认定它有必然性,则它就是一个先天判断;除此而外,如果它又不是从一个其本身也具有必然性的命题推论出来的,那它就是绝对的先天判断。第二,经验能给它的判断提供的普遍性,决不是真正的或严格的,而只是假设的和(归纳出来的)比较的普遍性;这样的普遍性,真正说来,只不过表明:就我们到目前为止所知道的而言,没有发现这一规则或那一规则出现例外而已。因此如果一个判断,通过思维,被认定具有严格的普遍性,这就是说,如果它根本不容许有出现例外的可能,那么它就不是从经验里得来,而是绝对先天有效的。所以,经验的普遍性只是对有效性搞了个随心所欲的提级,把在大多数事例中的有效性任意升级为在一切事例中的有效性,比如,"一切物体都有重量"这一命题,就是这样;相反,当一个判断本质上含有严格普遍性时,就表明这个判断有着一种特殊的知识来源,即,它来源于一种先天的认识能力。因此,必然性和严格普遍性乃是识别先天知识的两个可靠标志,而且它们又是互相依存、不可分割的。但是,在应用它们时,有的时候指出判断的偶然性要比指出它

的经验局限性较为容易*，又有些时候，说某一个判断有无限普遍性要比说它有必然性较为明显，所以我建议，上述两个各自都准确可靠的标志，可分别单独使用。

现在，要表明在人类知识中实际存在着一些必然的和最严格意义下普遍的因而纯粹的先天判断，就很容易了。如果谁想从各种科学里寻找例证，他只须看一看所有的数学命题就行了；如果谁想从最普通的知性应用中寻找这样的例证，则"任何变动都必有一个原因"这个命题就是能充当一个；因为在这个命题里，原因概念是那么明显地包含着它与效果相联结的必然性概念和这种因果联结规则的严格普遍性概念，以至于，假如有谁打算像休谟（Hume）当年那样，从当前事物与其先行事物经常伴随出现这一事实中，从我们因这前后伴随的事实而养成起来的那种总爱把该前后相随的表象联结在一起的习惯中（因而即是只从主观的必然性中），推论出原因概念来，那实际上就是要使原因概念不成其为原因概念。其实，无需乎这样一些证明我们知识中实际含有纯粹先天原则的实例，人们也完全能够说清楚，这些原则都是经验本身之所以可能

---

* 这句话在我们翻译所依据的施密特（R. Schmidt）1956年版本上是颠倒着的，照译则应作"有时指出判断的经验局限性要比指出判断的偶然性较为容易"，巴尔尼（J. Barni）的法文译本就是像施密特版原文那样翻译的。但从上下文来看，康德在这里是要说明存在着识别判断的普遍性与必要性各有难易的两种相反情况，作为理由，来建议分别单独使用普遍性或必然性这两个标准，以便遇到哪个标准使用起来方便时，就使用哪一个。因此如果照施密特版原文翻译下来，则"或者"以前和以后的两种情况就相同而不是相反，从而就没有必要建议按其难易分别使用两个标准了。费兴格（Vaihinger）注意到了这一点，主张这句话应该颠倒过来，而且本书的斯密斯（N. K. Smith）的英译本和特来梅萨格（A. Tremesaygues）的法译本也都是颠倒过来翻译的，所以我们采取了现在这个译法。——译者注

的必要条件,因而都是先天的。这是因为,如果形成经验时依据的一切规则,始终总是些经验性的,偶然性的,那么经验本身的确定性是从哪里得来的呢?因此我们是很难把它们当成最初的原则看待的。可是在这里,我们也应感到满意,因为我们已把我们的认识能力的纯粹运用作为一个事实确立下来,并将该纯粹运用的标志指明出来了。但是,有几个先天原则,其根源不仅表现在判断里,而且也表现在概念里。当你们从你们关于一个物体的经验概念中一步一步地去掉它的一切经验性的东西,去掉颜色、软硬、轻重、甚至不可入性时,物体(此时已完全消失了)占有的空间,毕竟还保留在那里,那是你们去除不掉的。同样,当你们从你们关于一个有形或无形的客体的经验概念中,去掉你们通过经验所知道的客体的一切属性时,有一个属性你们却怎么也去除不掉,它使你们把客体思维为实体或依存于一个实体的东西(虽然实体概念要比一般客体的概念含有更多的规定)。因此,这个实体概念既已向你们确证了它的必然性,迫使你们承认了它的必然性,我相信你们就不能不承认:它在你们的先天认识能力中占有它的位置*。

---

* 这第二版的引论,共分七节,是由第一版的分为两节的引论扩充而成的。第二版引论的以上这第一、第二两节,在第一版引论中都没有,是新增补的;相当于这两节的,第一版引论原只有其第一节的开头两小段(原文附译于后);第三节,在第一版原是第一节的第三、四、五段,内容基本一样;第四节,在第一版也有相同的内容并冠有相同的标题,但标题之前未编序数,不独立成节,仍属于其第一节;第五、第六两节,都是新添的,第一版上原来没有;第七节是由第一版引论的两个部分组成的,开头一大段,原是第一版上第一节的最后一段,从第二段起直至末尾,则是第一版引论的第 2 节。

第一版的引论的两节的标题是:Ⅰ. 先验哲学的含义(Idee der Transzendental-Philosophie),Ⅱ. 先验哲学的划分(Einteilung der Transzendental-Philosophie)。

(转下页)

Ⅲ 哲学需要一门科学来规定一切先天知识的可能、原则和范围

有一个比以前所说的一切都还重要得多而应该说一说的情况是:有这样一些知识,它们竟然离开了一切可能经验的领域,好像要凭着在经验中绝对不能有相应对象的一些概念,把我们的判断范围扩展到经验的一切界限以外去。

这类知识,既然超出了感官世界之外,所以经验对它们既不能提供任何指引也不能进行任何核查,而正是在这类知识里,我们的理性进行了种种研究;这些研究,我们认为,比起知性在现象界里

(接上页)　下面是第一版引论的第一节开头两小段的译文。

"毫无疑问,经验是我们的知性对感官知觉这样一些原料(粗糙材料)加工制造出来的第一种产品。因此,经验是我们所受的第一堂教育,而且在前进过程中它会永无穷尽地给我们提供新的教导,因为今后世世代代连绵不断的生活,不会缺少在这片基地上日积月累起来的新知识。虽说这样,经验这片基地却远远不是可以约束我们的知性的唯一活动领域。经验固然告诉我们,那里是个什么什么东西,但它并不说,必然地一定是这样的东西而不能是什么别的。因此,它给予我们的也就不是真正的普遍性[的知识],而理性呢,它由于那么如饥似渴地追求普遍性的知识,所以与其说从经验那里得到了满足,倒不如说是被经验惹动起来更加渴求普遍知识。这样一些普遍性的知识,从性质上说,既然同时都具有内在的必然性,那就必定与经验独立无干,而凭其自身就是明白的和确定的;因而人们称它们为先天的知识;相反,那些全凭经验取得的知识,人们则称之为后天的知识或依据经验而得到的知识。

现在,特别值得注意的事情是:甚至我们的经验里也夹杂着这样一些知识,这些知识必定有它们先天的起源,而且它们的作用也许仅仅在于把我们的感觉表象结合起来。因为当人们把经验里属于感官的一切一切都去除以后,仍然余留下某些原始的概念和某些由此概念产生出来的判断,而这些概念和判断必定完全是与经验独立无干、先天地产生出来的;因为它们使人对呈现于感官之前的那些对象能够说出、或至少相信能够说出比单纯经验所能说的东西更多些,而且它们使一些论断包含有单纯经验知识所不能提供的真正普遍性和严格必然性。"——译者注

所能学到的一切，其重要性都要突出得多，其终极目的也要高尚得多。我们不应由于心存顾虑或由于轻蔑鄙视和漠不关心就把如此事关重要的研究弃置不顾，毋宁应该甘冒受骗上当的风险，把所有这些研究大胆地承担起来*。纯粹理性本身无法回避的这些课题，就是上帝[存在]、[意志]自由和[灵魂]不死。专以解决这些课题为终极目的并已为此做了一切准备的科学，就叫形而上学；形而上学开始进行工作的办法是独断的，即是说，它信心十足地承担起这项任务，而并没事先审查理性到底有没有能力来可靠地解决这一如此重大的课题。

诚然，一般来说，人们离开经验的基地之后，在没经事先仔细检查建筑地基以确保其坚实牢固的情况下，并不会立即凭借仅有的那些不知其从何而来的知识，信赖那些不知其起源于何处的原则，去建造一座高楼大厦，这是一种自然的工作办法。因此人们事先就把问题提出来，以弄清知性是怎么能取得所有这些先天知识的，这些先天知识会有多大范围、多大效准和多大价值。这样做当然是很自然的。事实上，只要我们把"自然的"这个词理解为理当如此的，这就确实是再自然不过的；但是，如果我们把"自然的"这个词另外理解为惯常如此的，那就恰恰相反，再没有比把这种事先考察检查等准备工作长期弃置脑后，更为自然和更可理解的了。这是因为，这些知识中有一部分，例如数学知识，是属于老早就有可靠性的，而这种情况往往使人一厢情愿地指望其他部分知识也

---

* 在第一版引论中，本段到此为止。下面直至段末的话，是第二版引论的。——译者注

有可靠性,虽然这其他部分知识是性质完全不同的东西。还有一层,当人们处于经验范围以外的时候,人们就感到十拿九稳不会遇到经验的抵触了。让人总想扩展自己的知识的那种诱惑力,是那样的强烈,以至于除非在扩展道路上碰到明显的矛盾,人们是不会被迫停止前进的;可是,只要人们小心翼翼地搞些虚构,明显的矛盾又是可以避免的;当然,即使避免了明显的矛盾,虚构并不会因之就不再是虚构。数学提供了一个光辉的例证,说明我们离开经验单在先天知识方面能有多远大的前景。其实数学所研究的对象和知识是范围有限的,只限于能被呈现于直观之中的那一些。可是这个情况不大容易为人注意,因为这里说的直观,其本身是可以先天地被给予我们的,因而它同单纯的纯粹概念几乎很难区别得开。可是理性的力量既然得到了这样一种证明,它的扩展欲望就忘乎所以,不承认知识有任何界限了。轻盈灵便的小鸽子,由于它在冲开空气自由翱翔的时候感到气体有阻力,也许就会产生一个念头,设想,如果在没有气体的真空里飞翔,岂不是会更加轻捷。 B 9
柏拉图正是这样,他由于感官世界把知性约束在狭小的圈子里*,就离开感官世界,鼓动理念的双翼,奋勇飞往彼岸,进入纯粹知性的真空之中。他没料到,白费了好大气力,竟没能前进一步,因为,他的阻力没有了,就仿佛基础没有了,失掉基础就无处立足,无法把力气使出来推动知性了。人类理性在进行思辨时,通常总是尽早把理性的大厦先建造起来,然后才去检查房基是否足够牢固。

---

* "把知性约束在狭小的圈子里"这几个字,在第一版的引论里原是"给知性设置了重重障碍"。——译者注

可是等到大厦已经建成，就会搬出各式各样夸耀基础牢固的美丽言词来安慰我们，或者干脆劝阻我们不要去进行这样一种为时已迟而且冒有风险的检查。但我们之所以在建造期间，漫不经心，无所疑虑，陶醉于表面上的结实，乃是因为我们的理性的大部分甚至绝大部分的工作，在于对我们已从对象那里取得的概念进行分析。这种分析给我们带来一大批知识，而这些知识，虽然只不过是对于已在我们的概念中（还只模模糊糊地）思维过了的那种东西所作的一些阐释或说明，虽然从实质上或内容上说，对我们已有的概念无所增添，毋宁仅只有所剖析，可是，从形式上说，却至少都被认为是些新的见识（见解）。现在，既然这种办法提供了一种实际的先天知识，而这种先天知识又有一条可靠的有用的前进道路，那么理性就不知不觉地在这个幌子下面偷运进来一些全属另一类型的论断，附加到那些与它们性质全异的已有概念上。至于理性究竟是怎么能这样搞法的，没有人知道，而且连想也没有人想过。所以，我想从头来探讨这两类知识的区别。

Ⅳ 论分析判断与综合判断的区别

在一切判断里，我们考虑的总是主词与宾词的关系（我这里只谈肯定判断，是因为以后再把探讨结果应用到否定判断上是很容易的）。它们的关系可能有两种，一种是宾词 B 属于主词 A 之内，作为概念 A（隐蔽地）包含着的成分；一种是宾词 B 完全处于主词 A 之外，虽也与概念 A 联结着。我把前一种关系下的判断叫分析判断，后一种关系下的判断叫综合判断。因此分析判断（肯定的）

是指那样的判断,它们的主词与宾词是在思维中通过同一性联结起来的,至于另外一些判断,其主词与宾词不是在思维中通过同一性联结起来的,应该叫综合判断。分析判断也可叫解释性判断,综合判断又可叫扩充性判断,因为,分析判断并不通过宾词而给主词概念增添任何东西,只不过通过分析把主词概念分解成一些部分概念,而这些部分概念都是在主词概念中已经(虽然只含糊地)思维过了的。相反,综合判断却给主词概念外加上一个宾词,而这个宾词是我们在主词里根本没曾思维过,而且不论怎么分析也不能从主词中抽取出来的。比如我说,"一切物体都有广延",这就是一个分析判断。因为,我不需要跑到我用以表述物体的那个概念以外去寻找那与物体联结在一起的广延,而只须剖析物体概念,亦即只须明确意识到我在物体概念中随时都在思维着的那个繁复情况,就能在其中找到这个宾词;所以它是一个分析判断。相反,如果我说,"一切物体都有重量",那么宾词就是与我在物体的单纯概念中一般所思维的东西完全无干的另外某种东西了。外加了这样一个宾词进去,这个判断就成了一个综合判断。

　　经验判断,就其为经验性的而言,全都是综合的。这是因为,假如把分析判断建立在经验上,那是荒谬的,因为我们分析判断时根本无须走出我的概念以外,也就是说,我并不需要经验来作证人。"物体是有广延的"乃是一个先天地站得住的命题,不是一个经验判断。因为,在我求助于经验之先,我已在主词概念里具备了作这个判断的一切条件,我只要按照矛盾律就能从主词里抽取出宾词,从而也就能意识到这个判断的必然性,而必然性是我从经验那里永远体会不到的。与此相反,我虽然根本没把重量这个宾词包括到一般物体这个概念里去,但物体概念却通过经验的一部分表示着一个经验对象,因而我还可以把该经验的另外一些部分,当作也是属于那个经验对象的,外加到那前一部分上去。一开始,我可以通过广延、不可入性、形状等一切在物体概念中都被思维到的特征,分析地认识物体这个概念。但现在,当我回顾我从中抽取出这个物体概念的那一经验时,发现其中还有重量也始终同上述那些特征联系在一起,于是我就综合地把重量当作宾词添加到那个概念上去。而这样一来,我就把我原先的知识扩大了。因此可以说,经验就是重量这一宾词之所以能够与物体这一概念综合起来的根据,因为两个概念虽然并不是一个包含在另一个里,但作为一个整体的两个部分,也就是说,作为一个由种种直观组成的综合体亦即经验的两个部分,却是互相从属的,虽然只是偶然地互相从属*。

---

* 这一段文字是第二版引论中改写的;第一版引论中原来的文字是下面的两小段。

"由此可见:1)分析判断根本不会使我们的知识有所扩大,只是对我已有的概念进行剖析,使我可以理解;2)在综合判断中,我除了主词概念之外必定还有知性所拥有某种别的东西(X),从而我就以此为根据,把一个并不在主词概念之内的宾词认为是从属于主词概念的东西。

"这在经验判断方面是完全没有困难的。因为这个(X),乃至关于我通过一个概念A所思维的那个对象的全部经验,概念 A 只不过是这全部经验的一个部分。因为,尽管我根本没把重量这个宾词包括在物体概念本身之内,可是这个物体概念却通过一部分经验指示着全部经验,于是我就可以把这同一经验的另外一些部分外加到那前一部分上去,当作都是从属于那个经验对象的。以前,我可以通过广延、不可分性、形状等一切在物体概念中都被思维过的特征,分析地认识物体概念。但现在,当我回顾我从中抽取出这个物体概念的经验时,我发现其中还有重量也始终同上述那些特征联结一起。因此,上述那个经验(X)是处于概念 A 之外的东西,并且是重量这个宾词 B 与物体这个概念 A 可能综合起来的根据"。——译者注但在先天综合判断方面,这种辅助工具是根本没有的。既然我在这种判断里没有从经验领域里找到根据的方便,那么,我想要在概念 A 之外把另外一个 B 认识成为与 A 联结着的,我的依据是什么呢?我这一综合所赖以可能的东西是什么呢?让我们看看"凡发生了的一切事物都有原因"这个命题。在有关某个发生了的事物的概念里,我诚然思维着一个在此之前曾有时间先行驶过等等的实际存在物,并且从这里面可以引出一些分析判断。然而原因概念表示着某种与发生了的事物不同的东西,而且是根本不包含在该事物的表象里的。那么我怎么竟会从一般地发生了的事物就说到某种与之完全不同的东西呢,即怎么竟会把原因概念认识为,虽不包含在[发生了的事物]那个概念之内,却倒是从属于甚至必然从属于该事物概念的呢?那么在这里,当知性相信自己会在概念 A 之外找到了一个与概念 A 完全相异的宾词 B,并认为这宾词 B 是与概念 A 联结着的时候,它所依据的那个未知物＝X 到底是个什么东西呢?经验不能是这个东西,因为这里所引用的原则,不仅带有较大的普遍性,而且还带有显明的必然性,从而是完全先天地、从单纯粹概念出发将这第二表象外加到第一表象上去的。因而可以说,我们的先天思辨认识的整个终极目的,全在于找出这样一种综合的,也就是说,扩展性的原则;因为,分析判断固然十分重要,十分必要,但其所以重要而且必要只在于其能取得一种概念明晰,而概念明晰正是一种可靠的有扩展性的(亦即真正获得新知识的)综合判断所需要的*。

V 理性的一切理论科学里都包含着先天综合判断作为原则

1. **数学判断统统是综合的**。这个命题虽然无可争辩,确定无疑,并且后果非常重要,但看来至今没有受到分析人类理性的人们的注意,甚至实情与他们的全部猜测恰恰相反,因为他们发现数学家的一切推理都是按照矛盾律进行的(这是一切肯定无疑的确定性的本性所要求的),于是就信以为数学的原理也都是按矛盾律认识出来的,其实他们在这一点上是搞错了;因为一个综合命题固然可以根据矛盾律被认识出来,可是,这是在先有了另一个综合命题作为前提时才行,它可以从这另一综合命题推论出来,但单凭那个命题本身,是绝对认识不出来的。

首先必须注意的是,真正的数学命题永远是先天判断而不是经验判断,因为,它们都具有不能得之于经验的必然性。如果有人不同意这个提法,那么好,我就把我的命题限制在纯粹数学之内,

---

* 接在这后面,在第一版的引论里原来还有如下一段。
"所以可以说,这里隐藏有某种秘密(假如古代有人想到哪怕仅仅提一提这个问题,那么单单这个问题的提出,就足够强有力地阻挡古今有过的一切纯粹理性的体系,省却那么多根本不知道自己要干什么而盲目进行的狂妄尝试。——康德注),只要揭开这个秘密,就能在纯粹理性的广无涯际的知识领域里取得进展。这就是说,我们要充分普遍地揭示先天综合判断之所以可能的根据,要深入细致地查清每一先天综合判断所以可能的条件。并且要把这些自成一类的全部知识放在一个体系里,按其起源、部门、范围和界限,不仅进行粗略的轮廓勾划,而且作出详尽的、可供分别使用的规定。关于综合判断的特征,暂且就说这么多。"——译者注

纯粹数学的概念本身就肯定地表明它不包含经验知识,只包含纯粹先天知识。

现在拿7+5=12这个命题来说,一开头,我们确实会设想它是一个单纯的分析命题,设想它是根据矛盾律从7与5之和数的概念里推论出来的。但是,只要我们较为仔细地考察一下,就会发现,7与5的和数这个概念仅只包含着两数合为一数这个联合,而单凭这个联合,我们根本不会思考出由两个数联合而成的这一个数是个什么数。12这个概念,决不会由于我单纯地思考上述那个7与5的联合就被思考出来,不管我对这样一个可能的和数的概念进行多么长时间的分析,我也不会从中找到12这个数。我必须走出这些概念,求助于直观:利用与两个概念中的一个概念相对应的那种直观,比如,与5相对应的我的5个手指,或者(像赛格纳(Segner)在他的算术书里所用的)5个点,从而把直观里呈现出来的5的各个单位一个一个地加到7的概念上。因为我首先抓住7这个数,并利用我的手指这种直观以代替5的概念,然后我就把原先用以构成5这个数的那些单位,在我的意象中一个一个地加到7这个数上,于是我就看见12这个数出现了。当然,我在7+5的和数这个概念里想到过5应该被加到7上,但我想不到相加的这个和数就等于12这个数。所以,算术命题永远是综合的。如果我们拿比较大的数来看,这个提法就会更加清楚,因为较大的数可使我们明确地看到,不管我们把这些概念怎么翻来倒去地折腾,假如不借助于直观,单靠分析我们的概念,我们永远也不会发现和数是多少。

同样,纯粹几何的公理也没有任何一个是分析的。"两点之间直线最短"就是一个综合命题。因为直的概念里并不包含什么量，而只包含一个质。因此最短这个概念完全是外加上去的，是不能通过任何分析从直线这个概念里抽取出来的。所以，在这里，必须求助于直观；只有利用直观的帮助，综合才可能。

不错，几何学家们设定为前提的少数几条公理或基本命题，确实是分析的，它们以矛盾律为根据；但它们像种种同一命题一样，也只充当方法链锁上的环节，而不是充当原理；比如，a＝a，整体等于整体自身，或者如，(a＋b)＞a，整体大于其部分，就是这样。而即便是这些公理或基本命题，虽然它们单凭概念来看就是有效的，但它们之得以在数学里存在，也只是因为它们能在直观里呈现出来。① 在这里，有一种情况通常会使我们相信，这类必然（apodiktisch）判断的宾词本就含在我们的概念里，因而它们都是分析判断，这种情况就是用语含糊。比如一说我们应当给一个既有的概念思维进去某一宾词，好像这个必然性就当真附着在两个概念上了。但问题并不在于我们应当给既有的概念思维进去什么，而在于我们确实(虽只模糊地)给它思维进去了什么，而问题这么一提，就可看到，宾词虽然必然地附属于那个概念，但不是作为在那个概念本身之中而被思维为附属于该概念，而是凭借一个必定要添加到该概念上来的直观，才附属于该概念的。

2. 自然科学(物理学)里含有先天综合判断作为原则。我只想引用"在物体世界的一切变化中物质的量保持不变"或"在运动的一切传递中作用与反作用必定永远相等"这两个命题作为例证。

---

① 下面这些话，在费兴格的版本里是接着上一段的末尾的。——施密特注

这两个命题,不仅其必然性以及其先天起源是明显的,而且它们之是综合命题,也是一目了然的。因为在物质概念里,我不曾思维过物质的持续不变,我所思维的只不过是物质在它占据的空间里的呈现。这样,我在上述命题中就已实际上越出物质概念以外把我原先在物质概念里不曾思维过的东西先天地思维到物质概念里去了。所以,这个命题不是分析的,而是综合的,却又是先天地思维出来的。自然科学的纯粹部分中的其余一些命题,也都是这样。

3. 形而上学,即使我们仅仅视之为一门至今还处于试验阶段之中但因人类理性的本性要求却是必不可少的科学,它也应该包含有先天的综合知识;而且在这门科学里,问题并不在于单单把我们先天具有的关于事物的概念加以分解,从而作些分析性的阐明,而毋宁是,我们想[在它这里]扩大我们的先天知识;而为了扩大先天知识,我们就必定利用会给既有的概念添加其本不含有的那样一些原则,并借助种种先天综合判断,远远地越出既有的概念以外去,以至达到我们的经验也跟随不上了的遥远地步,例如,在"世界必有一个开端"这一类命题里,就是这样。所以,形而上学,至少就其目的而言,是由纯粹先天的综合命题构成的。

VI 纯粹理性的总课题

我们如果能把大批的研究项目归纳于一个公式之下,使之成为一个唯一的课题,那我们的收获就已经非常之大了。因为,把问题简化之后,我们不仅由于可以确切规定自己的任务而使我们的任务易于执行,而且使每一个想审查我们的任务的别人也易于判断我们是否已经完成了我们的预定计划。而纯粹理性的真正课题或任务，实际上就包含在这个问题里："先天的综合判断是怎么可能的？"

形而上学所以至今还停留在一种不可确信、充满矛盾的不稳定状态中，应该完全归咎于从前没有人考虑过这个课题，甚至连分析判断与综合判断的区别也许都不曾有人想到过。而形而上学是能够成立，还是终必消亡，就要看这个课题是得到了解决，还是解决的可能性（这是有待于说明的）已被充分证明为事实上根本不存在。在所有的哲学家中，大卫·休谟（David Hume）算是最接近于触到这个课题，但他对它考虑得远远不够确切，而且没有就它的普遍性进行思考，他只停留在对含有因果关联（因果原理）（Principium causalitatis）的那种综合命题的探讨上，于是自以为已能断定这样一种先天命题是完全不可能的；照他的论断来说，我们称为形而上学的一切一切，归根结底都是一种纯粹的幻觉，只是把事实上完全出自经验而只因习惯的缘故才披上了必然性假象的那种东西当成了所谓理性洞见；假如他看到了我们这个课题的普遍性，他是决不会提出这种足以败坏全部纯粹哲学的主张的，因为那样，他就一定会看出，照他那样论证，就连纯粹数学也不能成立，因为纯粹数学肯定无疑地含有先天综合命题；因而他的健全理智一定不会让他提出那样的主张。

上述课题的解决同时就意味着：使用纯粹理性以建立和发展那包含有一种关于对象的先天理论知识的一切科学，乃是可能的，这就是说，上述课题的解决同时也意味着对下列问题的回答：

纯粹数学是怎么可能的？

纯粹自然学是怎么可能的？

这两门科学既然是实际存在着的东西，那么我们提出它们是怎么可能的这个问题当然合情合理，因为它们之必然可能已由它们的实际存在证明了①。但是，形而上学则不然，它迄今为止的进程是不体面的，就其本质目的而论，过去提出的各种形而上学没有任何一种能够使人据以断言它已是实际存在的，因而这就必然使每一个人都有理由对它的可能性表示怀疑。

可是这种知识就一定意义而言，却也可以认为是被给予了的、实际存在着的。形而上学，即使不能作为一门科学，但作为一种天然秉性（Naturanlage）（一种天生的形而上学［Metaphysica naturalism］）毕竟也是实际存在着的。因为，人类的理性总在不可遏止地向前奔驰，当然，这不是单纯因为受了贪图博学的虚浮愿望所推动，而是因为受了那非追问到底决不罢休的固有需要所驱使；在天生需要的驱使之下，理性前进不已，直到终于提出了这样一些既不能通过理性的任何经验使用来解决，也不能凭经验所提供的任何原则来解决的问题；所以实际上，只要理性发展到了思辨的高度，在任何人那里，在任何时候，都已实际存在着某种形而上学，并且还将永远存在下去。而这样，对形而上学也就有了如下问题：

---

① 有人也许还会对纯粹自然科学的实际存在有所怀疑。但人们只要想一想真正的（经验的）物理学一开头就提出的各式各样的命题，例如关于物质的量的持恒不变，关于惰性，关于作用与反作用相等之类的命题，人们马上就将相信，它们所构成的这一门纯粹的（或理性的）物理学，无论狭义的或广义的，就其整个范围来说，完全有资格被单独提出来，成为一门专门的科学。——康德原注

形而上学,作为天然的秉性,是怎么可能的?

这就是说,纯粹理性向其自己提了出来而又迫于其固有需要由它自己来尽力解答的这种种问题,是怎么从一般人类理性的本性中产生出来的呢?

可是,这些自然发生的问题,例如世界到底有个开端还是从来就永恒存在的,等等,在从来人们对之尝试过的一切解答中,都遇到了无法避免的矛盾。因此,在这些问题上,人们不能只说人有需要形而上学的自然秉性。也就是说,不能只说这是因为人有一种其本身总会产生出这样那样的形而上学来的纯粹理性能力,以就此了事;毋宁是,人们必定有可能在形而上学方面弄个明确无误:即,在形而上学里究竟是要认知其对象呢,抑或不是要认知其对象,这就是说,是要就形而上学问题的对象作出裁决呢,还是要就理性有没有能力对这些对象进行某种判断作出裁决,这也可以说成,是要放心大胆地扩大我们的纯粹理性[的使用范围]呢,还是要给它划出些明确而可靠的界限。从上述的总课题里派生出来的最后这个问题,应该可以表述为:形而上学,作为科学,是怎么可能的?

所以,对理性进行批判,最后必然产生出科学;相反,对理性不加批判地、独断地使用,只会得出一些毫无根据的主张,这样的主张,人们也可提出同样虚假无据的主张与之对抗,这就导致出了怀疑主义。

这门科学也可不至于冗长得令人望而生畏,因为它要探讨的并不是无限庞杂的理性对象,而只是理性本身,只是一些完全从理性自身中孕育出来的课题。这些课题都不是由理性以外的事物的本性向理性提出来的,而是由理性自己的本性给自己提出来的。由于理性对自己具有什么样的能力以对付经验中可能呈现出来的那些对象,先已有了充分了解,那就很容易给总想越出全部经验界限以外的理性应用完全地准确地规定个范围和界限。

因此,我们不仅能够而且必须把至今试图独断地建立形而上学的一切尝试,统统视为等于没有那回事;因为在任何一个这样的形而上学里,分析工作,也就是说,对我们理性中先天就已含有的概念所进行的单纯分解剖析,根本不是真正形而上学的目的,毋宁说只是建立形而上学的一种准备,而这种分析方面的准备工作,对于扩大形而上学的先天综合知识是无能为力的;至于它之所以无助于扩大先天综合知识,是因为它只指出这些概念里包含有什么东西,却并不指明我们是怎么先天地获得这些概念的,而不指明这一点,我们日后在所有知识对象上使用这些概念时,也就不能对其有效的使用作出规定。理性那么多无可否认的、而且在独断方法中也无法避免的自身矛盾,早就使过去的一切形而上学体系都已声名扫地,所以,要放弃过去形而上学提出的所有那些权利主张,乃是无需怎么忍痛牺牲就能办到的事。可是,要想坚定不移、不为内部困难和外部抗拒所动摇,毅然通过一种与过去完全不同的新方法以促进一门人类理性不能缺少的科学,促进一门固可砍掉其一切滋蔓的枝干却决不能拔除其深固的本根的科学,使之有朝一日终能成长得枝叶繁茂、果实累累,是需要很大的坚忍不拔的精神的。*

---

* 第二版引论中新增部分,到此为止。——译者注

Ⅶ 名为纯粹理性批判的这门特殊科学的观念和划分*

从上述的全部讨论中,现在出现了有关一门特殊科学的观念,这门科学可以名为纯粹理性批判**。因为理性就是提供种种先天认识原则的那种能力。由此可见,纯粹理性就是包含着绝对先天认识原则的那种理性。这些原则合在一起,将是纯粹理性的一套工具。根据这些原则,就能取得一切纯粹先天知识,并使这些纯粹的先天知识在现实中展现出来。详尽无疑地应用这样一套工具,就会创造出一个纯粹理性的体系。但是这种体系,任务非常繁重,而且它对于是否有可能扩大我们的知识,以及究竟要在什么情况下可能扩大,至今都还不清楚,所以,我们可以把这样一门仅限于评判纯粹理性、论断其来源与界限的科学,看作是纯粹理性体系的入门。既然是入门,就决不应该叫纯粹理性的理论或学说,只可叫纯粹理性的批判;并且从思辨的角度来看,它确实也只有消极的用处,它不能扩大我们的理性,只能加以净化,以清除其误谬;当然,能做到这一点,也是了不起的收获了。一切知识,凡不涉及对象,而一般地涉及我们凭以认识对象的那种认识方式,只要该认识方

---

* 这个标题是第二版引论中新增的,以下的正文,都是第一版所原有。——译者注

** 这句话在第一版引论中原是:"这门科学可以用来进行纯粹理性的批判。凡是不夹杂异质成分的知识都叫纯粹知识。但根本不夹杂任何经验或感觉,因而完全先天可能的知识,就特别叫作绝对纯粹知识。"——译者注

式是先天可能的,我就称这类知识为先验的知识。* 由这样一些概念组成的一种体系,应该叫先验的哲学。但是先验哲学,作为一个开头,也还是涉及面太广。因为,在这样一门科学里,不得不把全部分析知识和先天综合知识统统包括进去,因此对我们当前的意图来说,它仍然规模过于庞大;因为与我们有关的其实只是先天综合原则,所以,我们需要进行的分析只限于明确全部先天综合原则所必不可少的那些就行了。真正说来,我们现在所从事的这项研究,不能叫作学说,只能称为先验的批判,因为它的用意不在于扩大知识,而只在于校正知识,只想提供一个考验一切先天知识有无价值的试金石。因此,这样一种批判是为纯粹理性尽可能准备一套工具,即使这一点办不到,至少也是为它准备了一部法规,有了这部法规,总有一天准能从分析和综合两个方面把一个完整的纯粹理性哲学体系建立起来,不论它是扩大理性知识的也好,还是仅仅加以限制的也好。至于我们之所以说建立这样的体系是可能的,甚至说这样一种体系不会规模庞大到我们无力予以全部完成,这一点我们事先就能估计得到,因为我们的研究对象并不是那无穷无尽的事物本性,而是识辨事物本性的那个知性,特别又是只与先天知识有关的那一部分知性,它的内容,既然我们无需远求于身外,是不会隐蔽得我们发现不出来的,而且据各方面估计,它们量不大,我们足能掌握其全部,判断其有无价值,给予公正鉴定**。另外,大家更不可指

---

* 第一版上的这句话是:"一切知识凡不涉及对象,而涉及我们关于对象的先天概念的,我就称它们为先验的知识"。——译者注

** 本段在第一版引论里到此为止,以下是第二版引论添加的。——译者注

望我们在这里会批判论述纯粹理性的各种著作和体系,我们批判的只是纯粹理性能力本身。只有以这个批判为根据,人们才有可靠的试金石,以鉴别这个领域里古今著作的哲学价值;如无这个批判,肤浅的哲学史著作家和评论家就只会以其自己同样无根据的论断去批评别人的无根据的论断。*

先验哲学乃是纯粹理性批判根据原则为之设计出完整的建筑计划、并确保其一切建筑部件都完备而可靠的一种科学的观念。它是纯粹理性的一切原则的体系。纯粹理性批判本身之所以还不就叫先验哲学,只是因为它要成为一个完全的体系,必须也包含有关整个人类先天知识的详细分析。当然,我们的批判也必须详尽列举出一切构成上述纯粹知识的基本概念。但它有理由不去详细剖析这些基本概念,也不必去彻底审定从中推导出来的那些概念,一方面这是因为,我们之所以要进行这整个的批判,无非是为了综合,而在综合中会遇到的那种疑难在分析中根本没有,所以对概念进行这种分析就不合乎我们的目的;另一方面因为,这样一种分析和推导如果负责任地推进到彻底完全的地步,就不免要损坏计划的连贯统一,所以就我们的原定计划来说,这项工作大可以省掉。更何况,只要我们把将要列举的那些先天概念作为详尽的综合原则先摆在那里,而且就这个基本目的来说已做到无所欠缺,那么,分析那些先天概念的工作,以及从中推导其他先天概念的工作,是很容易补全的。

---

* 下一段的前头,第一版原有一个小标题"二、先验哲学的划分",二版已删去。——译者注

由此可见,纯粹理性的批判包含有构成先验哲学的一切成分,它是先验哲学完备的观念,然而它还不是先验哲学本身,因为它在分析工作方面做得不多,只做到为充分鉴定先天综合知识所必需的地步。

在划分这样一门科学的时候,最须优先注意的是:决不能让任何含有经验成分的概念混杂进来,也就是说,先天知识一定要是完全纯粹的。因此,道德的最高原则和基本概念,虽然都是先天知识,却并不属于先验哲学范围;因为它们固然不会把全都起源于经验的快乐与苦恼、欲望与嗜好等等概念当成道德诫命的基础,但这些经验性概念,在论述义务概念的时候,或者作为应予克服的障碍物,或者作为不应充当动机的诱惑力,必然要被夹带着写进纯粹伦理的体系里去*。由此可见,先验哲学乃是一门纯粹的、纯属思辨理性的哲学。因为任何实践都包含有动机,动机与感情关联着,而感情则是经验知识的源泉。

如果人们想从一个体系的总观点出发来划分我们现在所撰述的这门科学,那它必须包括两部分:第一,纯粹理性的要素学,第二,纯粹理性的方法学。这两大部分当然还会根据现在尚未提出的理由进一步各再划分章节。看来,在一篇引论里,只要预先提醒这一点就够了:人类认识有两大分支,也许是从我们尚未认识的同一个根子上生长出来的,这就是感性与知性,通过前者,我们取得对象,通过后者,我们思维对象。既然感性包含有先天的表象,而

---

* 从"因为"起到此处这一句话,在第一版引论里略有不同,原是这样:"因为在这里快乐与苦恼、欲望与嗜好以及随意任性等等,全是以经验为来源的概念,一定会被当作前提条件编写进去"。——译者注

先天表象又是我们取得对象的条件,所以感性就应该属于先验哲学。又由于人类知识的对象所赖以被取得的那些条件总比该对象所赖以被思维的那些条件出现在先,所以先验感性论(学)应该属于要素学(论)的第一部分。

先验要素论

第一部　先验感知学

§1*

不管一种知识是以何种方式并凭何种手段关联着对象的，它与对象直接关联所依赖的那种东西，以及作为[关联对象之]手段的那一切思维所集中瞄准的那种东西，总归是直观。但直观只在对象被提供给我们时才发生；而对象之被提供给我们，至少对于我们人来说**，则又只在对象以某种方式刺激了我们的心灵时才是可能的。凭着对象刺激我们心灵这一方式，我们取得种种表象的那种能力（感受性），叫作感性。于是可以说，对象是凭借感性而被提供给我们的，而且唯有感性才给我们提供直观；但直观又被知性所思维，从而由知性中产生出概念。然而一切思维，不论径直地（直接地），还是迂回地（间接地），亦即借助某些标志***，最终必定关联着直观，就我们而言，也就必定关联着感性，因为除经由感性之外，对象不能通过任何别的途径被提供给我们。

只要我们被对象刺激了，该对象就对我们的表象能力产生效果，这种效果就是感觉。通过感觉而与对象发生关联的那种直观，

---

　　*　这分段标号是第二版加的。——译者注
　　**　"至少对我们人来说"是第二版所加。——译者注
　　***　"通过某些标志"是第二版所加。——译者注

叫作经验性直观。经验性直观的无规定对象叫作现象。

现象里有一种成分是与感觉相对应的,我称这种成分为现象的质料,另一种成分是能使现象的庞杂内容被整理出一定关系,我称之为现象的形式。既然在后一成分中众感觉才能被安排整理出一定的形式来,那么后一成分本身当然就不能又是感觉,因此,全部现象的质料固然是后天地被提供给我们的,但现象的形式则必定在我们心灵中全已先天地具备了,因而可以被看作是与一切感觉分离开的。

一切不含有任何感觉成分的表象我都称之为纯粹的(先验意义下的)表象。因此,感性直观的纯粹形式根本是心灵里先天具备的,现象的庞杂内容全都是在这纯粹形式里按一定的关系被直观的。感性的这种纯粹形式本身也叫纯粹的直观。这样,当我从一个物体的表象中抽去知性所思维的东西,如实体、力、可分割性等等,再抽去属于感觉的东西,如不可入性、坚硬、颜色等的时候,这个经验性直观里仍然余留给我某种东西,那就是广延与形状。这两样东西属于纯粹直观,而纯粹直观是先天的,即使没有任何现实的感官对象或感觉,它也作为一种单纯的感性形式存在于我们的心灵里。

研究感性的一切先天原则的科学,我称之为先验感知学*

---

* 世界上现在只有德国人用 Ästhetik 这个名词来表示别国人称为趣味批判[即审美]的那种学问。这种情况起因于卓越分析家鲍姆伽登的一个未能实现的希望,他曾期望能把美的鉴赏置于理性原则之下并将审美的规则提升为一门科学,但他花的气力是白费了。因为设想出来的种种规则或标准,就其最主要的来源而言[1],都只是经验的,因而根本不能充当确定的先天规律以要求我们的趣味判断去遵守它们,相反,我们的趣味判断倒是这些规则或标准是否正确的真正试金石。因此,我认为最好是,或者[2],不再使用 Ästhetik 以称呼趣味批判,而把它留给真正是一门科学的我们这个感知学来使用(这样做也比较符合古人的语义,古人把知识划分为感性认识与知性知识[3]两类,乃是非常有名的),或者,就采取思辨哲学的用法,让 Ästhetik 这个名词有时含有先验意义,有时含有心理学意义。

1)"就其最主要的来源而言"是第二版所加。2)"或者"是第二版所加。3) $\alpha\iota\sigma\theta\eta\tau\alpha$ $\kappa\alpha\iota\ \nu o\eta\tau\alpha$。——译者注

(Transzendentale Ästhetik)。我们必须有这样一门科学来构成先验要素论的第一部分,以与研究纯粹思维原理并被名为先验逻辑学的那一部分分庭抗礼。

在先验感知学里,我们将首先把感性孤立起来,其办法是,我们抽去知性在其中凭自己的概念所思维出来的那一切东西,以至于其中只剩下经验性直观。然后,我们还将从经验性直观里抽出属于感觉的那一切东西,以至于只剩下纯粹的直观以及现象的单纯形式,这是感性唯一能先天提供的。经过这样的考察,我们就发现,存在着感性直观的两种纯粹形式,即先天知识的两种原则,那就是空间和时间。现在我们就来对空间和时间进行探讨。

第 1 节　论空间

§2

关于这个概念的形而上学阐述*

我们通过外官能(我们心灵的一个属性)把对象表象为在我们以外的东西,全部都在空间中。在空间中,对象的形状、大小、相互关系得到了规定,或者可以得到规定。内官能是心灵用以直观自己或者直观自己的内部状态的,它不能使我们把灵魂本身直观为一个客体;然而却有一个特定的形式,只有在那个形式下,我们才能直观灵魂的内部状态,所以,凡是属于内部规定的东西,都是表

---

* 这个标题是第二版加的。——译者注

象在时间关系中的。我们不能把时间表象在外界,正如不能把空间表象在我们内部一样。那么,空间和时间是什么呢？它们是实在的东西吗？是否它们仅仅是事物的规定或关系,然而是那样一种规定,纵然不被直观,本身还是属于事物；或者是那样一种规定,仅仅寄托在直观的形式上,即寄托在我们心灵的主观结构上,没有那种结构,这些宾词就根本不能附在事物上？为了弄清这个问题,我们要[对空间进行考察。]首先对空间概念作出阐述。我所谓阐述(expositio),就是清楚地(虽然不是详尽地)表述一个概念的内容；这阐述里如果表明该概念是先天接受的,那就是形而上学的阐述。

1) 空间并不是从外部经验抽取的经验概念。因为一定要已经有空间表象作根据,才能把某些感觉联系到我以外的东西上去(即联系到在空间中我所不在的一个地点的东西上去),我才能把那些东西表象为彼此外在,彼此并立,因而不仅不同,而且在不同的地点。所以,空间表象不能是通过经验从外部现象的关系中取得的,恰恰相反,那种外部经验本身之所以可能成立,首先只是由于有空间表象。

2) 空间是一个必然的先天表象,是一切外部表象的根据。我们决不能形成一个表象,认为没有空间,虽然我们完全可以设想其中没有任何对象。因此我们把它看成现象之所以能够成立的条件,而不把它看成一个依靠现象的规定,它是一个先天的表象,是外部显现的必然根据。

[3) 这种先天的必然性,是一切几何学原则之所以具有必定确实性的根据,也是它们的先天结构之所以能够成立的根据。这

空间表象如果是后天获得的,是从一般外部经验取得的,数学规定的基本原则就无非是一些知觉了。那它们就具有知觉的全部偶然性了,两点之间只有一直线就不是必然的,而是经验经常告诉我们的了。取自经验的东西,也只有比较的普遍性,即归纳出来的普遍性。所以我们只能说:我们一直观察到现在,还没有发现多于三度的空间。

4)*]3) 空间并不是推论的概念,并不像人们说的那样,是一般事物的各种关系的总概念,而是一个纯直观。因为我们首先就只能表象一个唯一的空间,我们说到许多空间的时候,指的只是同一个唯一空间的各部分。这些部分是唯一的、无所不包的空间的组成部分(可以由它们组成它),也不能先于它,只能了解为在它里面。它本质是唯一的,其中的庞杂以及一般多数空间的总概念,只是建立在对它所作的各种限制上。由此可见,在空间方面,一切关于空间的概念都以一个先天的直观(不是经验的)为基础。因此,一切几何学原则,例如三角形的两条边加起来大于第三条边之类,也决不是从线和三角形的总概念推导出来的,而是从先天的、具有必定确实性的直观引出的。

[5) 我们把空间表象为一个无限的大小。一般的空间概念(它对一尺和一丈一视同仁),是不能在大小方面作出任何规定的。如果不是直观的进程中有无穷性,关系概念中就不会包含一个关系无限原则了。**]

---

* 方括号内这一段是第一版的。——译者注

** 方括号内这一段是第一版的。——译者注

4）我们把空间表象为一个无限的、确定的大小。我们确实必须把每一个概念都想成一个表象，这表象是包含在无限个可能的不同表象里的（作为它们的共同标志），因而统率着那些表象。可是我们却不能把任何一个这样的概念了解成本身中包含着无限个表象。我们对空间也是这样想的（因为空间的一切部分是永远同时的）。所以，那个原始的空间表象是先天的直观，并不是概念。

§3

空间概念的先验阐述*

我所谓先验的阐述，就是说明某个概念是一条原则，可以从这条原则看清其他先天综合知识是可能的。要达到这个目的，需要：(1)实际上这类知识是从那个概念派生出来，(2)只有认定某种方式说明该概念，这些知识才是可能的。

几何学是一门综合而又先天地规定空间各种属性的科学。那么，空间的表象必须是什么，这样一种关于空间的知识才是可能的呢？空间必定原来是直观，因为从一个单纯的概念里，是得不到超出这个概念的命题的，在几何学上，情形就是如此（引论·Ⅴ）。然而这个直观必定是先天的，就是说，必定在我们知觉到某个对象之前，就具备在我们心中，因而必定是纯直观，不是经验的直观。因为几何学命题全部是必定的，就是说，我们思考这类命题的时候，同时意识到它们有必然性，例如空间只有三度之类命题，就是如此；这类命题不能是经验判断，也不能是从经验判断推出来的（引

---

* 本节是第二版加的。——译者注

论·Ⅱ)。

一个先于客体本身、能够据以先天地规定客体的概念的外直观,怎样才能寓于心灵之中呢?显然只有这样:它仅仅作为主体的形式结构位于主体中,使主体为客体所刺激,从而得到客体的直接表象,即直观,也就是说,它仅仅是作为外官能的一般形式寓于我们心中。

只有根据我们这个说明才可以理解,作为一种先天综合知识的几何学是可能的。任何一种说明方式,尽管与我们的说明表面上有几分相似,只要做不到这一点,就可以根据这个标志十分稳妥地把它与我们的说明区别开来。

根据上述概念推出的几点结论

a) 空间根本不代表任何本来物的属性,也不代表本来物的相互关系,也就是说,它并不代表本来物的任何规定,即附属于对象本身的规定,抽去表象的一切主观条件之后仍然剩下的规定。因为属于事物的规定,不管是绝对的,还是相对的,在事物到场之前是无法先天地直观到的。

b) 空间无非只是一切外感官显现的形式,即感性的主观条件,只有在这个条件下,我们才可能有外部直观。因为主体接受对象刺激的那种接受力,必然是先于这些客体的一切直观的,这就很容易理解,一切现象的这个形式,怎样可以在一切实际知觉之前先天地具备在我们心中,怎样可以作为一个必须据以规定一切对象的纯直观,在一切经验之前包含着决定对象关系的原则。

我们只能从人的观点来谈空间、谈广延的东西等等。我们只有在主观的条件下,才能获得外部直观,才可以为对象所刺激;离开了主观条件,空间表象就毫无意义。空间这个宾词,只有在事物向我们显现时,即作为感性的对象时,我们才把它归给事物。我们称为感性的那种感受性质具有恒定形式,就是我们据以直观到对象在我们以外的各种外部关系的一项必要条件,如果从对象里抽出来,那就是一个纯粹直观,名叫空间。我们不能把感性的特殊条件搞成事物之所以可能的条件,只能把它当作事物显现的条件,所以我们完全可以说:空间所包容的,是可以向我们显现为在外的一切事物,并不是不管是否被直观到、也不管被什么主体直观到的一切本来物。因为我们根本不能对其他思维体的直观下判断,无法断定制约它们的条件是不是那些限制我们的直观、对我们普遍有效的条件。如果把对某一判断的限制加到主词的概念上,那个判断就无条件地有效了。"一切事物都在空间中并存"这个命题的有效性所受的限制[只*]是:要把这些事物了解成我们感性直观的对象。如果我们现在把这个条件加到主词概念上说:"一切作为外部现象的事物都在空间里并存",这条规则就普遍有效,没有限制了。因此这些阐述告诉我们:对于可以作为对象呈现在我们面前的事物来说,空间有实在性(即客观有效性);同时,空间又有观念性,对于理性考察事物时,是考察事物本身,抛开我们感性的结构不管的。所以我们主张:空间有经验实在性(对于一切可能的外部经验),然而它[同时**]又有先验观念性,就是说,只要我们把全部经验赖以可能的条件抛开,把空间当成本来物所依据的东西,空间

---

* 方括号内这个字是第一版的。——译者注

** 方括号内这两个字是第一版的。——译者注

就立刻化为乌有了。

除了空间以外，再没有其他主观的、联系到外物的表象，可以称为先天客观的。〔因此我们无法拿其他表象同这个一切外部现象的主观条件相比较。一种酒的美味，并不属于酒这个作为显现者的客体所具有的客观规定，而属于喝酒主体的感官所具有的特殊结构。颜色并不是直观所涉及的形体所具有的性质，只不过是以某种方式受光线刺激的视感官所发生的变态。作为外部客体的条件的空间则相反，必然属于这些客体的现象或直观。滋味和颜色并不是对象赖以成为我们感官的客体的唯一必要条件。它们只是作为我们的特殊组织偶然附加上的结果与现象结合在一起。因此它们也不是先天的表象，而是作为感觉的结果建立在感觉上的，至于美味，甚至是建立在触觉（苦乐）上的。谁也不能先天地具有某种滋味或某种颜色的表象。空间则仅仅涉及直观的纯形式，所以根本不包含任何感觉（任何经验成分），空间的各种样式和规定，是能够、甚至必定能够先天地表象出来，以形成各种形状及其关系的概念的。只有通过空间，事物才可能成为我们的外部对象。*〕因为我们不能从那些表象里引出先天综合命题来，像我们从空间表象里引出的那样（§3）。因此严格说来，那些表象根本没有观念性，虽然它们有一点与空间表象一致之处，即仅仅属于感性的主观结构，如视觉、听觉、触觉等，通过的是色、声、热等感觉，可是这些东西只是感觉，不是直观，因此本身并不能使我们认识客体，尤其不能使我们先天地认识。

---

* 方括号内这一段是第一版的。——译者注

上面这段按语的目的,仅仅在于防止人们想到用一些极不充分的例子来说明我们所主张的空间的观念性,因为颜色、滋味等等当然不能视为事物的性质,只能视为我们主体的变态,这些变态甚至是因人而异的。在这种情况下,那原来本是现象的东西,如一朵玫瑰花,经验的了解把它当成了本来物,其实它在不同的眼睛里可以显出不同的颜色来。空间中各种显现的先验概念则相反,它批判地提醒我们:一般说来,我们在空间中直观到的东西,都不是本来物,空间也不是本来物固有的形式,对象的本来状况我们是根本不知道的,我们所谓外部对象只不过是我们感性的单纯表象,感性的形式是空间,它的真正的相关项,即本来物,我们通过这些表象是根本不认识、也不能认识的,可是这个问题在经验里从来没有提出过。

第2节　论时间

§4

关于时间概念的形而上学阐述[*]

1) 时间不是从任何经验里引出的经验概念。因为如果不是先天地以时间表象为根据,则同时和先后就不会被我们知觉。只有在时间的前提下,我们才能设想有些东西在同一时间里(同时),或者在不同的时间里(先后)。

---

[*] 标题是第二版加的。——译者注

2) 时间是一切直观所依据的一个必然表象。我们从一般显现着眼,是无法把时间本身取消的,虽然我们完全可以把显现从时间里除掉。因此时间是我们先天具备的。只有在时间里,显现的全部实在性才是可能的。显现可以全部消除,时间本身(作为现象之所以可能的总条件)却是不能取消的。

3) 这种先天必然性,既是各条关于时间关系的必定原则之所以可能的根据,也是各条关于一般时间的公则之所以可能的根据。时间只有一度。不同的时间不是同时的,而是先后的(正如不同的空间不是先后的,而是同时的)。这些原则是不能从经验里引出的,因为经验既不会提供严格的普遍性,也不会提供必定的确实性。我们只能说:平常的知觉告诉我们如此;却不能说:必定如此。这些原则起着规则的作用,使一般经验成为可能的,它们在经验之前就教导着我们,不是通过经验。

4) 时间不是一个推论出来的概念,即人们所说的一般概念,而是感性直观的一个纯形式。不同的时间只是同一时间的部分。只能由一个唯一的对象获得的表象,则是直观。"不同的时间不能同时"这个命题,也不是从一个一般概念里推导出来的。这个命题是综合命题,不能只是从概念里推出来的。因此它是直接包含在时间的直观和表象里面的。

5) 时间的无限性只不过意味着:一切具有一定量的时间之所以可能,只是由于我们对一个唯一的根本时间作出种种限制。因此我们所取得的原始时间表象必定是无限制的。时间的各部分本身,某一对象的每一个量,则只有通过限制,才能确定地表象出来,而整个表象必定不是通过概念取得的(因为[先取得的是部分表象*]概念只包含部分表象），倒是概念必须以直接的直观为根据。

§ 5

关于时间概念的先验阐述

这里要请大家参考上面的第3)条，我在那里为了简洁，把真正先验的东西放到形而上学阐述的标题下面了。我在这里还要作一点补充：变化概念以及运动概念（运动就是地点的改变），只有通过时间表象、在时间表象里面才是可能的；如果这个表象不是先天的直观（内部的），我们不管用什么概念，都不能说明为什么可能有一种变化，即互相矛盾的宾词结合在同一客体中（例如：同一件东西既在又不在同一个地点）。只有在时间里面，即以先后的方式两个互相矛盾的规定才能在一件东西里会合。这样，我们的时间概念就说明了那门科学是相当充实的，普通运动学所表述的许多先天综合知识是可能的。

§ 6

根据上述概念得出的几点结论

a）时间并不是一种独立自存的东西，也不是作为客观规定附属于事物的东西，即抽去时间表象中一切主观条件之后剩下来的东西。因为如果是第一种情况，它就是一种并非实际对象，却又实际存在的东西了。如果是第二种情况，作为一种附属于事物本身

---

* 方括号内文字为第一版的。——译者注

的规定或秩序,它就不能先于对象,作为对象的条件了,我们就不能通过一些综合命题先天地认识它、表象它了。其实这后一件事是很容易办到的,因为时间不过是直观赖以在我们心中出现的唯一主观条件,这样,这种内部表象的形式就能在对象出现之前先天地表象出来了。

b) 时间无非是内感官的形式,即对我们自己和我们的内部状态进行表象的形式。因为时间不能是外部现象的规定;它既不是一种形状,也不是位置等等,恰好相反,它是决定各个表象在我们内部状态中的关系的。正因为这种内部直观没有形状,我们就设法用一些类比来弥补这个缺陷,把时间次序设想成一根向无限伸展的线,线上的众多部分构成一个只有一度的系列;我们从这根线的各种属性推想到时间的一切属性,只有一点除外,就是线的各部分是同时的,时间的各部分则永远是先后的。由此可见,时间表象本身是直观,因为它的一切关系都可以借一个外部直观表达出来。

c) 时间是全部一般现象的先天形式条件。空间,是一切外部直观的纯形式,因而仅仅是外部现象的先天条件。时间则相反。因为一切表象,不管是否以外物为对象,本身都是心灵的规定,属于内部状态,这内部状态却是受内部直观的形式条件制约,即受时间制约的,所以时间是全部一般现象的一个先天条件,而且是内部现象(我们灵魂的)的直接条件,正因为如此,也间接地是外部现象的条件。我可以先天地说:一切外部现象都是在空间中,按照空间关系规定的。我也可以依据内感官的原理十分广泛地说:全部一般显现,即一切感官对象,都是在时间中,必然处在时间关系中的。

我们以一种方式在内部直观我们自己,并且通过这个直观把一切外部直观也统统包罗在表象力里面。如果把这种方式抽掉,从而把对象当作本来的东西看待,那就没有什么时间了。时间具有客观有效性,只是从现象方面说的,因为现象就是我们当作我们感官对象看待的物;如果我们抽掉我们直观的感性,抽掉我们特有的那种表象方式,而谈一般的物,时间就不是客观的了。因此时间只是我们(人的)直观的一个主观条件(直观永远是感性的,就是说,直观产生于我们受对象刺激的情况下),本来的时间,离开主体的时间,是根本不存在的。然而尽管如此,从一切现象,即一切可以出现在经验中的物来看,时间却必然是客观的。我们不能说一切事物都在时间里面,因为在一般事物的概念里,是抽掉了直观事物的方式的,那种方式却是使时间进入对象的表象的真正条件。如果把这个条件添加到概念里,说一切作为现象(感性直观的对象)的事物都在时间里面,这条原则就具有十足的客观正确性和先天的普遍性了。

因此我们主张是:时间有经验实在性,就是说,从一切可以为我们的感官所接受的对象来说,时间有客观有效性。既然我们的直观永远是感性的,不符合时间条件的对象就决不能进入我们的经验。有人主张时间有绝对实在性,认为撇开了我们感性直观的形式,时间仍然绝对地附属在事物上,作为事物的条件或属性。我们反对这种主张。那样一些属于本来物的属性,也是决不能通过感官为我们所接受的。这也就是时间的先验观念性,意思就是说,如果抽掉了感性直观的主观条件,时间就化为乌有,既不能作为自存的实体,也不能作为固有的属性归属于本来的(与我们的直观不发生关系的)对象。然而这种观念性也同空间的观念性一样,不能同感觉的各种诈骗相比,因为在那种场合,人们还是把包含虚幻宾词的显现认定为具有客观实在性,这里却完全排除了那种实在性,仅仅认为实在性只是经验的,也就是说,把对象本身只看作显现。关于这一点,可以参考上面第 1 节末尾的按语。

§ 7

说明

我们这个理论承认时间有经验实在性,却否认它有绝对实在性、先验实在性。我听到某些有见识的人一致反对这个理论,因而推想到不习惯这些看法的读者自然一定也反对。反对的理由是:变化是实在的(我们自己的表象有变迁就证明了这一点,虽然有人企图把一切外显现连同其变化统统否定)。只有在时间里才可能有变化,所以时间是实在的东西。答辩是没有什么困难的。我承认整个论证。时间的确是实在的东西,即内直观的实在形式。因此从内经验看,它是有主观实在性的,就是说,我确实有关于时间、关于我的各种时间性规定的表象。因此不能把它看成客体,即把它看成我自己这个客体的表象方式。如果我或者另外一个实体能够不要这个感性的条件直观我自己,那些现在被我表象为变化的规定就会提供出一种知识,其中根本没有时间的表象,因而也没有变化的表象。所以,时间仍然具有经验实在性,作为我们一切经验的条件。按照上述的一切,我们能够否认的只是它的绝对实在性。它不是别的,只是我们内部直观的形式①。如果从其中抽去我们

---

① 我完全可以说:我的各种表象是有先有后的;但这只是说,我意识到它们在一个时间次序中,即按照着内感官的形式。因此时间并不是本来的东西,也不是什么客观上附属于事物的规定。——康德原注

感性的特殊条件,时间概念也就消失了;时间并不附属于对象本身,只是附属于直观各种对象的主体的。

为什么我们这个理论遭到如此一致的反对,而且反对者是那些并不显然反对空间观念性学说的人呢?原因就在于:他们并不希望自己能够证明空间必定有绝对实在性,因为他们受到唯心论的阻碍,按照唯心论的说法,外部对象的实在性是不能得到严格证明的,我们内部感官的对象(我自己和我的状态)则相反,它的实在性是由意识直接说明了的。前一种对象可能只是假相,后一种对象他们认为无可争辩地是实在的东西。他们却没有想到,这两种对象,尽管它们作为表象的实在性是无可争辩的,却都是仅仅属于显现,显现总是受到两方面对待的,一方面是把客体当作本来的东西看待(不管我们直观客体的方式,因此这种方式的性质如何一直没有弄清),另一方面是看到这个对象的直观形式,这形式是不能在对象本身中去寻找,必须在接受对象呈现的主体中去寻找的;虽说它确实而且必然属于这个对象的现象。

因此空间和时间是两个认识来源,我们可以从其中先天地汲取各种综合的知识,例如纯数学就在空间及其关系的知识方面特别提供了一个光辉的范例。空间和时间合在一起,是一切感性直观的纯形式,通过这两个形式,各种先天综合命题才成为可能的。也正是由于这一点(它们只是感性的条件),这两个先天认识来源给自己划定了界限,就是说,它们的应用范围仅限于当作现象看的对象,它们并不表述本来物。只有现象才是它们有效的领域,越出这个领域,就不能客观地应用它们了。而且,空间和时间的这种实在性,也并不妨碍经验知识的可靠,因为这是我们同样确认的,不管这两个形式属于本来物,还是必然仅仅属于我们对那些物的直观。有些人则相反,主张空间和时间有绝对实在性,有的把它们看成自存的实体,有的把它们看成实体固有的属性,可是不管怎样,他们的主张是同经验本身的原则必定抵触的。因为他们如果持第一种看法(持这种看法的通常是数学自然科学家),就必须认定两个永恒无限、独立自存的非物(空间和时间),它们的存在(并不作为实在的东西)只是为了包容一切实在的东西。如果他们持第二种看法(某些形而上学自然科学家就是如此),认为空间和时间是从经验里抽象出来的,但在抽象时弄乱了的现象关系(并存或先后),那就必须否认数学的先天学说在实际事物方面(例如在空间里)有效,至少必须否认那些学说有必定的确实性,因为那种确实性根本不是后天的,而按照这种看法,空间和时间的先天概念只是想象力的创造物,其来源实际上必须在经验中去寻找,想象力用经验里抽象出来的关系造成的东西,虽然包含着其中的普遍成分,如果没有自然加在其中的约束,却是不能成立的。第一种人的所得,在于向数学论断开放了现象领域。可是当理智越出这个领域的时候,他们就正好被这些条件搞得晕头转向了。第二种人的所得,则在后一方面,那就是:当他们企图把对象并不当作现象,而仅仅从对象与理智的关系着眼,来作出关于对象的判断时,空间和时间的表象并不给他们造成障碍;可是他们既不能说出先天的数学知识之所以可能的根据(因为缺少一种真正的、客观有效的先天直观),也无法使经验命题与数学论断必然一致。我们的理论阐明了这两个原始的感性形式的真相,把这两个困难都解除了。

先验感知学只能包含空间和时间这两个要素,这是很明显的,因为其他一切属于感性的概念，包括结合这两个要素的运动概念在内，都要以某种经验成分为前提。因为运动要以关于运动者的知觉为前提。可是在空间本身中并没有什么运动者；所以运动者必须是只有通过经验在空间中发现的东西，即一项经验资料。先验感知学也不能把变化概念列入它的先天资料，因为时间本身是不变的，变化的是在时间中的东西。所以，变化的概念要有一个前提，就是关于某个存在及其各种先后规定的知觉，这也就是经验。

§8
关于先验感知学的几点总按语

I*. 首先需要尽可能清楚地说明，在一般感性知识的根本结构方面，我们的见解到底是什么，以防止各种曲解。

我们要说的是：我们的一切直观，无非是关于现象的表象；我们所直观的物，并不是本来就像我们直观到的那样，它们的关系也不是本来就像它们向我们呈现的那样；如果我们去掉我们的主体，或者只去掉感官的一般主观结构，客体的全部空间时间结构、一切空间时间关系以至空间时间本身，就统统消失了，它们作为现象，是不能自存，只能存在于我们心中的。完全脱离我们感性的这种感受性的，本来的对象究竟是什么样子，我们永远是完全不知道的。我们所知道的只不过是我们知觉对象的方式，这种方式是我们固有的，每个人都应当具有，但不是每个别的实体也都必然具有。

---

* 序号为第二版所加。——译者注

我们关心的只是这种方式。空间和时间是这种方式的纯形式,一般感觉则是质料。只有前者,我们能够先天地认识到,即在任何实际知觉之前认识到,因此称为纯直观;后者则是我们知识中的那样一种成分,它使我们的知识称为后天知识,即经验直观。前者附属于我们的感性,这是绝对必然的,不管我们的感觉属于哪一类;后者可以各式各样。即使我们能把我们这种直观搞得清楚无比,我们也不会因此就接近了对象的本来面目。因为不管怎样,我们可以完全认识的只是我们的直观方式,即我们的感性,而且这种感性永远只能在空间、时间这两个原来附属于主体的条件下进行;至于对象,尽管我们对它的现象认识得一清二楚,我们也决不会因此知道它本来是什么样子,我们认识到的只是现象。

有人认为我们的全部感性无非是对于事物的混乱表象,只是包含着属于本来物的东西,不过夹杂着一大堆各式各样的特色和部分表象,没有把它们有意识地分别开来。这种说法歪曲了感性和现象的概念,把我们关于感性和现象的整个学说说成了空洞无用的东西。表象清楚不清楚,只是逻辑上的区别,与内容毫无关系。常识上所用的正义概念,当然包含着可以通过最精细的思辨分析出来的东西,可是在平常实际使用时,人们是并不意识到这个思想里所包含的那些多种多样的表象的。我们不能因此就说,平常的概念是感性的,包含着一种单纯的现象。因为正义是根本不能呈现的,它的概念是在理智中,代表着一种行为的性质(道德上的),这性质是属于该行为本身的。直观中某一形体的表象则相反,根本不包含任何可以属于对象本身的东西,只包含着某物的现象,以及我们受该物刺激的方式;我们的认识能力所具有的这种接受性，就叫感性，与那种对于对象本身的认识相比，即使我们可以看透对象（现象）的底蕴，也始终有天渊之别。

莱布尼茨和沃尔夫的哲学，给一切探讨我们知识的本性和来源的研究提供一个完全不正确的观点，因为它把感性知识和理智知识的差别仅仅看成逻辑上的，其实这种差别显然是先验的，涉及的并非仅仅是清楚不清楚这个形式，而是这两类知识的来源和内容，我们通过感性不但不能清楚地认识本来物的状况，而且根本不能认识，我们一去掉我们的主观结构，我们所表象的客体以及感性直观带给客体的那些属性就立刻无影无踪，而且无法找到了，因为正是这种主观结构规定了作为现象的客体形式。

此外我们还把现象分为两种成分，一种成分是本质上附属于现象的直观的，对人类的一切感官都有效，另一种成分只是偶然归属于现象的直观，因为它并不是对一般的感性状况有效，只是对某某感官的某种特殊状态或组织有效。人们把前者称为代表对象本身的知识，而把后者仅仅称为对象的现象。这种分别却只是经验的。如果到此止步（通常是这样），并不进而（应当这样）把那种经验直观看成单纯的现象，见到其中根本找不到任何属于本来物的东西，那我们的先验分别就消失了，我们就以为自己认识本来物了，其实我们不管在哪里（感官世界中），甚至在深入研究对象的时候，都只是同现象打交道。我们可以说，虹是边出太阳边下雨时的一个单纯的现象，雨则是本来的东西；这样说也对，不过这只是从物理学的角度，把雨的概念仅仅理解为：这种东西，在一般经验里，不管各种感官的状况如何，总是在直观中被规定成这样而非别样的。可是，如果我们一般地来看这个经验的东西，不管它是否与人类的一切感官全都符合一致,问它是不是代表一个本来的对象(并不是雨点,因为雨点既然是现象,就已经是经验客体),这个涉及表象与对象的关系的问题就是先验的了,不但这些雨点是单纯的现象,连雨点的圆形,甚至降落雨点的空间,都不是本来的东西,而只是我们感性直观的变态或基本形态;先验的客体则是我们始终不知道的。

我们的先验感知学的第二件重要事务,就是不能仅仅作为貌似真实的假设,博得某些人的喜爱,而必须确实无疑,符合一种可以充当工具的理论的起码要求。为了把这种确实性搞得十分明了,我们要选择一个实例,使大家一看就明白确实如此,并且使§3所说的那些话更加好懂*。

假定空间和时间本来是客观的,并且是本来物之所以可能的条件,那就首先可以看到:关于空间和时间,有大量具有先天必定性的综合命题,尤其是空间方面的,我们在这里要把空间当作主要的例子研究。既然大家都知道几何学的命题是先天综合命题,具有必定的确实性,那我就要问:这类命题是从哪里得来的?我们的理智是依靠什么获得这类绝对必然、普遍有效的真理的?没有别的办法,只有通过概念,或者通过直观;这两样东西本身不是先天的就是后天的。后者,即经验概念,以及它们所依据的经验直观,所能提供的综合命题只是那样一种命题,它也只是经验的,即经验命题,因而决不能包含必然性和绝对普遍性,而这两点却是一切几何学命题的特点。第一种办法,也是唯一的办法,则是通过单纯的

---

* "并且使§3所说的那些话更加好懂"为第二版所加。——译者注

概念，或者通过先天的直观，取得这类知识，很明显，从单纯的概念是根本得不到综合知识的，只能得到分析知识。我们只要举这样一个命题："两条直线不能包围一个空间，因而不能构成图形"，设法从直线和二的概念推导出这个命题；或者举"三条直线可以构成一个图形"这个命题，设法单从这些概念推出它。我们不管怎样努力都是白费，我们发现只好求助于直观，几何学就一直是这样做的。那我们就给自己提出一个直观中的对象；这直观又是哪一类的呢？是纯先天直观，还是经验直观？如果是后者，那就决不能从其中得出一个普遍有效的命题，更得不出一个必定的命题，因为普遍性和必定性决不是经验所能提供的。所以我们必须提出一个直观中的先天对象，把我们的综合命题建立在这个对象上面。如果不是我们心里有一种先天的直观能力，如果不是这个主观条件在形式上同时就是这个（外部）直观的客体之所以可能的唯一总先天条件，如果对象（三角形）是本来与我们的主体无关的东西，你怎么能说你的主观条件中那个为建立三角形必须具备的那种东西，必然属于三角形本身？要知道，我们不能给我们的概念（三条线的概念）添加新的东西（图形），那东西必定包含在对象里面，因为对象是先于我们的认识而存在，不是由于我们的认识而存在的。所以，空间（时间也是一样）必定是我们的直观的一个单纯的形式，我们的直观包含着一些先天的条件，只有在这些条件下，物才能成为我们的外部对象，没有这些条件，外部现象就不成其为外部现象。——如果不是这样，我们就根本不能先天地对外部对象构成任何综合判断。因此确确实实，毫无疑问——不仅是可能或大概——：空间和时间，作为一切（外部和内部）经验的必然条件，只是我们一切直观的主观条件,一切对象都与这些条件发生关系,所以是单纯的现象,并不是像那样独立自存的物,也是因为这个缘故,关于物,从现象的形式这一方面,我们可以说许多话,可是关于本来的物,即现象的所谓根本,却一句话都不能说。

Ⅱ*. 我们的理论认为:无论外感官还是内感官,都是带观念性的,因此一切作为现象的感官对象都带观念性。为了证实这个理论,可以特别指出这一点:我们知识中属于直观的一切成分(苦乐感和意志并不是知识,应当除外),都是仅仅包含着单纯的关系,如某一直观中的各个地点(广延),地点的变化(运动),以及决定这种变化的规律(推动力)。至于在地点中出现的东西,或者在物本身中进行地点变化以外的活动的东西,则不是我们通过直观接受的。然而我们通过单纯的关系并不能认识本来物,因此我们可以断定:既然我们通过外感官接受的只是单纯的关系表象,外感官在表象中所能包括的也就只是一个对象与主体的关系,并不是属于本来客体的内部状况。这话也同样适用于内部直观。不但外感官的表象在内部直观中构成了我们填充心灵的合式材料,而且我们把这些表象安放到时间里,时间本身是先于我们在经验中对表象的意识的,是作为我们在心灵中安排表象的那种方式所依据的形式条件的,它已经包含着先后、同时以及与先后者同时(持续)等关系。那种能够先于一切具体思维活动的表象就是直观,如果它所包含的仅仅是关系,那它就是直观的形式,这个形式所表象的东西

---

* 自此处起至本节尾(Ⅱ、Ⅲ、Ⅳ各小段以及"先验感知学的结论")为第二版所加。——译者注

仅限于心灵中所安排的东西,所以它只能是心灵接受自己的活动刺激的方式,即心灵安排自己的表象的方式,心灵自己刺激自己的方式,也就是说,它是一种从形式方面的内感官。既然凡是由一种感官表象出来的东西,作为感官的表象永远是现象,那我们就只好根本不承认有一种内感官,否则那个作为内感官的对象的主体就只能被内感官表象为现象,而不是像它被自己所判断的那样,如果它的直观仅仅是自我活动,即理智活动的话。这里的困难仅仅在于:一个主体怎样能向内直观它自己;然而这种困难是哪一种理论都要遇到的。自我意识(统觉)仅仅是自我的表象,如果主体中的全部杂多东西只是由这种活动自动给予的,内直观就是理智的了。在人身上,自我意识却需要向内知觉到主体中预先接受的庞杂内容,这种在心灵中接受庞杂内容的方式毫无自发性,由于有这点差别,只能称为感性。自我意识的能力如果要探寻(领会)心灵中所存的东西,那就必须刺激心灵,只有以这种方式才能产生出一种自我直观,这种直观的形式则预先具备在心灵中,以时间表象规定着庞杂内容在心灵中结集的方式;因为心灵直观它自己,并不是像它直接自动地表象自己那样,而是按照它在内部受刺激的那种样式,因此是按照它向自己呈现的那样,并非按照它本来的样子。

Ⅲ. 我说:无论外部客体的直观,还是心灵的自我直观,在空间和时间里表象出来的样子,都是它刺激我们感官的样子,即呈现的样子。我这样说的时候,意思并不是说这些对象是单纯的假相。因为在现象中,总是把各个客体,甚至把我们归给客体的各种性质,看成实际上给予的东西,只不过根据这种性质仅仅附属于那个与该对象发生关系的主体的直观方式,我们把这个作为现象的对象与作为客体本身的对象区别开来。所以我不说形体看来只是在我以外,或者我的灵魂看来只是在我的自我意识中;我只是依据空间和时间的性质,把空间与时间设定为形体和灵魂之所以存在的条件,主张时间和空间的性质是在我的表象方式里面,并不在那些本来的客体里面。我如果把应该算作现象的东西搞成了单纯的假相,那就是我的过错了①。不过那种情况的产生,并不是由于我们提出了一条原则,认为我们的一切感性直观都带观念性;倒是相反,如果我们把客观实在性归给了那些表象形式,那就不可避免地要把一切都化为单纯的假相了。如果我们把空间和时间看成两种必须在本来物中才可能找到的性质,如果我们想入非非,不能自拔,以为有两个无限的物,并不是实体,也不是实体实际上固有的东西,然而是存在着的,而且必定是一切事物存在的必然条件;即使除去一切存在的物,它们还是留在那里,那我们就不能责备那位好巴克莱把形体贬为假相了,甚至我们自己的存在,这样一来就搞成依赖时间这个怪物的独立实在性,也就必须同它一道化为纯粹的假相了,不过这种非非之想到现在为止还没有人敢主张。

Ⅳ. 在自然神学中,人们设想一个对象,它不仅对于我们来说

---

① 我们可以把现象的宾词归给客体本身,例如把红色和香味归给玫瑰花;但是决不能把假相归给对象,这正是因为:假相把那种在同感官或一般地同主体的关系中属于对象的东西归给了独立的客体,例如人们当初归给土星的双柄。现象是根本不能在本来的客体上找到的,永远只能在客体同主体的关系中找到,是与客体的表象分不开的东西,因此我们有理由把空间和时间方面的宾词归给感官对象本身,这里并没有假相。反之,如果我把红归给本来的玫瑰花,把双柄归给土星,或者把本来的广延归给一切外部对象,而不考虑这些对象同主体发生的特定关系,也不把我的判断限制在这一点上,那就立刻产生了假相。——康德原注

根本不能是直观的对象,而且对于它自己来说也完全不能是感性直观的对象,人们小心翼翼地从它的全部直观里(因为它的全部知识必定是这一类的直观,不是思维,思维总是有限制的)除去时间和空间这两个条件。可是,如果已经先把空间和时间当成了本来物的形式,而且是那样一种形式,即便把物本身取消了,这形式仍然作为物的存在的先天条件留在那里,那么,又有什么理由那样做呢?因为空间和时间既然是全部一般存在的条件,就必定也是神的存在的条件。如果不想把空间和时间当成一切事物的客观形式,那就只有把它们当成我们外部直观和内部直观的主观形式,这种直观叫感性直观,因为它不是原初的直观,就是说,它不是那样一种本身就向我们提供直观客体的存在的直观(那种直观,就我们所知,是只能属于原初本体的),而是依赖客体的存在的,一定要有客体刺激主体的表象能力,才可能产生这种直观。

我们也不必认定只有人的感性才具有用空间和时间直观的方式;也可能一切有限的思维体在这一点上必然与人一致(虽说我们不能断定),不过这种直观并不能由于普遍有效就不是感性,因为它是派生的(intuitus derivatives),不是原初的(intuitus originarius),因而不是理智的直观,按上述理由看来,理智的直观是只能属于原初本体,决不能属于一个在存在方面和直观方面(它的直观决定它与一定客体相关联的存在)都有所依赖的思维体的。不过,最后的这个按语只能算是说明我们的感知学理论,不能算证明。

先验感知学的结论

现在我们已经有了一项必要的资料,可以用来解决先验哲的总课题:先天综合命题是怎样可能的？这就是纯先天直观:空间和时间。我们在先天判断里要越出所予项概念的时候，在空间和时间里遇到了那个无法在该概念里，却能在相应于该概念的直观里先天地发现,同该概念综合地联在一起的东西。可是由于这个原故,这种判断是只能涉及感官的对象,只能对可能经验的客体有效的。

第二部　先验逻辑学

引论　一门先验逻辑学的观念

I　关于一般逻辑学

我们的知识出于心灵里的两个根本来源：第一个是接受表象的能力（对印象的接受性），第二个是通过这些表象来认识一个对象的能力（产生概念的自发性）。我们通过第一种能力接受一个对象，通过第二种能力把这个对象联系到那个表象（作为单纯的心灵规定）上面来思维。因此，直观和概念构成了我们全部知识的要素，单有概念，没有同它相应的直观，或者单有直观，没有概念，都是不能产生知识的。直观和概念有纯的，也有经验的。如果包含着感觉（感觉以对象实际出现为前提），就是经验的；如果表象中不夹杂感觉，那就是纯的。我们可以把感觉称为感性知识的质料。所以纯直观只包含我们用以直观某物的形式，纯概念只包含我们用以思维一般对象的形式。只有纯直观和纯概念是可能先天地取得的，经验的直观和概念只可能后天取得。

心灵以某种方式受刺激时的那种接受表象的接受性，我们把它称为感性;心灵自动产生表象的那种能力,即产生知识的自发性,则称为理智。我们具有这样一种本性:我们的直观永远只能是感性的,就是说,只包含着我们接受对象刺激的那种方式。我们对感性直观对象进行思维的那种能力,则是理智。这两种属性哪一种也不比对方占优势。没有感性,我们就得不到对象,没有理智,对象就得不到思维。没有内容的思想是空的,没有概念的直观是瞎的。因此我们必须使自己的概念感性化(即在直观中把对象加给概念),也同样必须使自己的直观理智化(即把直观放到概念的统摄下)。这两种能力或本领的机能也是不能互换的。理智不能直观,感官不能思维。只有把它们联合起来,才能产生知识。因此我们不能混淆它们的作用,倒是很有理由把它们仔细划分开来,区别开来。所以我们分立两门学问:一门是研究一般感性规则的学问,即感知学,一门是研究一般理智规则的学问,即逻辑学。

逻辑学又可以从两个角度来研究,可以是研究理智的一般运用的逻辑学,也可以是研究理智的特殊运用的逻辑学。前者包含着绝对必然的思维规则,没有那些规则就根本不能运用理智,因此它只研究理智,不管理智所思维的对象的差别。研究理智的特殊运用的逻辑学所包含的,是正确地思维某类对象的规则。前者可以称为要素逻辑学,后者可以称为某门科学的工具。后者大部分在学校里作为科学的入门在讲授,不过从人类理性的进程看,它是最后出的,那时科学早已完备,只需要订正、改善的最后一道手续,所以才需要它。因为人们必须对某些对象已经有了相当高的认识,才会要求提出一些规则,据以建立一门关于这些对象的科学。

普通逻辑学可以是纯逻辑学,也可以是应用逻辑学。在纯逻辑学中,我们抽去我们运用理智时的一切经验条件,如感官的影响、想象的活动、记忆的规律、习惯的势力、喜爱等等,以及各种偏见的来源,甚至某些知识之所以会在我们心中产生或者被塞到我们心里的全部原因,都要抽去,因为那类东西只是在我们运用理智的某些情况下与理智发生牵涉的,要熟悉那些情况,非有经验不可。一种普通纯逻辑学,必须研究地道的先天原则,它是一个理智规范和理性规范,不过它只管理智和理性运用中的形式方面,不管内容如何(经验的也好,先验的也好)。一种普通逻辑学如果称为应用的,它所研究的则是我们在主观经验条件下运用理智的规则,那些条件是心理学教给我们的。因此它有一些经验的原则,不过它还是不分对象地研究理智的运用,在这一点上它仍然是普通逻辑学。所以它既不是一般理智的规范,也不是特殊科学的工具,而只是常识的一帖清泻剂。

因此,在普通逻辑学里,我们必须把应当构成纯理性学说的部分同构成应用逻辑学(虽然还是普通逻辑学)的那一部分完全分开。真正说来,只有前者才是科学,虽然它又简略又枯燥,像一门理智要素学的经院陈述所要求的那样。在这门学问里,逻辑学家们必须时刻注意两条规则:

1) 作为普通逻辑学,它抽掉了理智知识的全部内容及其对象的差别,仅仅研究单纯的思维形式。

2) 作为纯逻辑学,它没有任何经验的原则,也不(像人们有时认定的那样)从心理学吸取任何东西,因此心理学对理智规范毫无影响。它是一种证明的学说,其中的一切必须完完全全是先天确实的。

至于我所谓的应用逻辑学(不是通常意义的应用逻辑学,那种逻辑学是要包含一些要求按照纯逻辑学所提供的规则加以解答的练习题),则是对理智及其必然运用的规则作出具体的介绍,说明在哪些主体方面的偶然条件下,理智的运用可以受到阻碍,或者得到促进;那些条件全都只是通过经验获知的。应用逻辑学讨论的是注意,注意的障碍和结果,错误的来源,怀疑、犹豫、信服等状态。普通纯逻辑学好比那种仅仅探讨一般自由意志的必然道德规律的纯道德学,应用逻辑学则好比那种本来意义下的修身学,修身学讲述这些道德规律如何受到人所难免的种种感情、欲望、意气的障碍,它是决不能成为一门真正的证明科学的,因为它同那种应用逻辑学一样,要依靠一些经验的、心理的原则。

Ⅱ 关于先验逻辑学

普通逻辑,我们已经说过,是抽掉知识的全部内容,即知识与客体的全部关系,仅仅考察各个知识相互关系中的逻辑形式,即一般思维形式的。可是由于直观有纯的,也有经验的(如先验感知学所指出),关于对象的思维就也能有纯思维与经验思维的分别。既然如此,我们就可以有一种逻辑学,并不抽去知识的全部内容,因为这种逻辑学只容纳我们对各种对象进行纯思维的规则,就会把那种具有经验内容的知识全部排除。这种逻辑学也要研究我们关于对象的知识的来源,因为这种来源是不能归给对象的;普通逻辑学则相反,根本不研究这种知识来源,只是按照理智思维时把表象联结起来使用的那些规则考察表象,不管表象是原来就在我们心里的,还是只能通过经验获得的,所以它只是研究那种可以加给表象的理智形式，不管表象的来源如何。

我在这里作一个诠释，这是影响到以下全部探讨的，请大家务必注意。那就是：我们所谓先验知识，并不是一切先天的知识，而是那样一种知识，我们通过它认识到：某些表象（直观或概念）是以及怎样是纯粹先天地运用的，或纯粹先天地可能的（先验，即［认识到］知识的先天可能或先天运用）。因此，空间并不是一个先验的表象，某个关于空间的先天几何学规定也不是先验的表象，只有认识到这些表象根本不是来自经验，然而能够先天地联系到经验对象上去，这种认识才能称为先验的知识。［认识到］空间运用于一般对象，也同样是先验的；但是这种运用仅限于感官对象，所以称为经验的运用。因此先验与经验的分别只属于知识批判的范围，并不涉及知识同对象的关系。

因此我们希望也许能够有一些概念，可以先天地联系到对象上面去，它们并不是纯的或经验的直观，而是纯思维的活动，即概念，但不是来自经验或感性的概念；这样，我们心里就预先形成了一个观念，要想建立一门研究纯理智、纯理性知识的科学，用来对对象进行完全先天的思维。这样一门科学是确定那类知识的来源、范围和客观有效性的，应当称为先验逻辑学，因为它光研究理智和理性的规律，然而只管先天的对象，不像普通逻辑学那样一把抓，不分经验知识和纯粹理性知识。

Ⅲ 普通逻辑学划分为分析法和辩证法

真理是什么？这个古老而且有名的问题，大家认为可以把逻辑学家们逼到墙角里，弄得他们无法可施，只好拿出一种可怜的循环定义来敷衍,或者被迫承认自己无知,承认自己那门技术无用。真理的正式定义是知识与对象相符,我们在这里接受并且认定这个定义;可是我们要想知道:衡量一切知识的普遍、可靠的标准是什么?

　　一个人如果知道应当提出什么合理的问题,那就已经大大地足以证明他是聪明人、明白人了。如果问题本身就荒唐,还希望人家作出无聊的解答,那就不仅叫提问题的人不光彩,有时候还有一种弊病,叫冒失人听了以后提出荒谬的答案,闹成笑话,像古话说的那样:一个人给公羊挤奶,另一个人拿筛子接着。

　　如果真理就在于某一知识与其对象相符,那就必须以此为准,把这个对象与其他对象区别开来;因为某一知识如果与它的相关对象不相符,即便包含着可以对其他对象有效的成分,它也是虚假的。一个普遍的真理标准,将是对一切知识全都有效的标准,尽管它们的对象有所不同。可是提出这样的标准,就抽掉了知识的全部内容(涉及客体的),而真理涉及的正是这种内容,所以很明显,追问具有这种知识内容的真理有什么标记,是完全不可能的、不合理的,我们根本不可能提出一个充分而又普通的真理标志。既然我们在上面已经把一种知识的内容称为它的质料,那就必须说:从质料方面说,我们无法为知识的真理性寻求什么普遍的标志,因为那是自相矛盾的。

　　如果从单纯的形式方面(撇开全部内容)来看知识,那也很明显:一种逻辑学,既然是陈述普遍必然的理智规则的,就必定要在这些规则中提出真理的各项标准。凡是违背这些规则的,就是虚假的,因为那样一来,理智就同它的普遍思维规则相冲突,因而自相冲突了。这些标准只涉及真理即思维的一般形式,在这一点是完全正确的,但并不是充分的。因为一种知识尽管完全符合逻辑形式,即并不自相矛盾,却仍然可以与对象矛盾。因此,纯粹逻辑的真理标准,即一种知识与理智和理性的普遍形式规律相符,虽然是全部真理的 conditio sine qua non[必要条件],即消极条件,逻辑学所能做的却仅限于此,那种不涉及形式、却涉及内容的错误,逻辑学是没有办法检验出来的。

普通逻辑学把理智和理性的全部形式方面的活动分解为若干要素,把这些要素提出来作为对我们的知识进行全部逻辑评审的原则。所以,逻辑学的这一部分可以称为分析法,正因为如此,至少是检验真理的消极标准,我们必须首先从形式方面,把全部知识放在这些规则下面加以检验,加以评定,然后再从内容方面加以审查,看看它是不是包含着关于对象的积极真理。可是,因为单纯的知识形式不管多么符合逻辑规律,要想以此构成知识的实质(客观)真理性,那还是大大不够,所以谁也不敢单凭逻辑对对象下判断,我们提出某种主张,一定要先不靠逻辑,对对象进行切实的调查,只有这样做了以后,才能根据逻辑规律研究调查材料,看看它在一个有机整体里是如何联系的,如何加以利用的,说得更明白一点,就是单凭逻辑规律加以检验。然而这门技术看起来是很完美的,其中有一种很大的魅力,引诱人们把理智的形式给予我们的一切知识,尽管人们对这些知识的内容还是心中空空如也;于是那门本来只是一种判断规范的普通逻辑学,就被用来当作实际生产客观论断的工具,至少当作幌子使用,其实这是把它误用了。那种被当成工具的普通逻辑学,就叫辩证学。

古人把这个名称用于一门学问或技术,虽然有各式各样的用意,我们根据它的实际用法却可以确凿地断定,他们所谓的辩证学,无非是指一种假相的逻辑学,一种诡辩术,用来使自己的无知、乃至花招得到真理的外貌;于是人们就摹仿一般逻辑所规定的踏实方法,利用它的证明程序来美化那种不踏实的妄想。现在我们可以提出一项既确实又有用的警告:普通逻辑学,如果被看成工具,那就永远是一种假相的逻辑学,即辩证学。因为逻辑学根本不告诉我们知识内容方面的事情,它所讲的只是符合理智的形式条件,而那些形式条件对于对象是完全不置可否的,如果企图把逻辑学当作一种工具(Organon)使用,来扩大增广自己的知识,或者至少装着那样做,最后只会落得个随意耍嘴皮,煞有介事地爱主张什么就主张什么,爱攻击什么就攻击什么。

这样一种学说是与哲学的尊严完全背道而驰的。因此人们宁愿把辩证学这个名称了解成一种辩证假相批判,以此列入逻辑学,我们在这里也愿意这样了解。

Ⅳ 先验逻辑学划分为先验分析法和先验辩证法

在一种先验的逻辑学里,我们是把理智孤立起来(如同上面在先验感知学里把感性孤立起来一样),单从我们的知识里提取出纯粹来自理智的思维部分。这部分纯知识的运用所依据的条件则是:能够把这种知识用上去的是我们在直观里获得的对象。因为如果没有直观,我们的全部知识就没有客体,也就完全是空的了。先验逻辑学里有一个部分,讲述纯理智知识的各种要素,以及我们对对象进行思维时必须使用的那些原则,这一部分就是先验分析法,同时也是一种真理的逻辑学。因为任何知识,只要违反这种逻辑学，就立刻失去全部内容，即失去全部与客体的关系，因而失去全部真理性。可是人们受到一种非常之强的魅力引诱，总想拿这些纯理智的知识和原则单独使用，甚至越出经验的范围，虽说只有经验才能向我们提供质料（客体），那些纯理智概念是只能用于质料的。于是理智就冒着危险，凭着一些牵强附会的空论，对纯理智的那些单纯形式原则作出一种实质的运用，对我们并没有接受的，也许根本不能以任何方式接受的对象不加区别地一律作出判断。逻辑学本来只能是一个规范，用于评判[理智概念的]经验运用，如果把它当成普遍、无限地运用[理智概念]的工具，敢于单凭纯理智对一般对象作出综合的判断、主张和决定，那就是把它误用了。那样一来，纯理智的运用就是辩证的了。因此先验逻辑学的第二部分必须是对这种辩证假象的一个批判，称为先验辩证法，这并不是一种以独断的方式生产这类假相的技术（一种不幸非常流行的形而上学障眼术），而是一种对于理智和理性的超自然运用方面的批判，其目的在于揭露辩证法的那些毫无根据的僭妄要求所造成的欺人假相，抑制它那种单凭先验原则去发现和扩大知识的野心，使辩证法仅仅成为对纯理智的评判，以防纯理智受诡辩的蒙蔽。

第一分部　先验分析法

这种分析法，就是把我们的全部先天知识分解成纯理智知识的要素。这样做的时候要办到以下几点：1)概念是纯概念，不是经验概念。2)概念不属于直观和感性，而属于思维和理智。3)概念是基本概念，是与派生概念或由基本概念组成的概念仔细区别开来的。4)概念表是完备的,是完全填满纯理智的整个领域的。然而,要确实可靠地取得一门科学的这种完备性,不是光凭探索凑上一堆东西,大致归一归总就能办到的;因此只有凭借一个关于先天理智知识的全体观念,对那些构成这种知识的概念的确定的划分,即只有通过那些概念在一个体系里的联系,才可能取得这种完备性。纯理智是不仅与一切经验成分分开,而且与整个感性完全分开的。所以它是一个独立的、自足的、不为任何外加成分所扩大的统一体。所以它的全部知识构成一个体系,统摄于一个观念之下,为一个观念所规定,根据这个体系的完备性和组织性,同时可以测定它所包含的一切知识要素的确切性和真实性。先验逻辑学的这个部分由两卷组成,第一卷包括纯理智的各种概念,第二卷包括它的各种原则。

第一卷　概念分析法

我所谓概念分析法,并不是指对概念进行分析,也不是指哲学研究中惯常使用的那种办法,即按内容剖析所提出的概念,把它们弄清楚,我所指的是一种还没有什么人试过的办法,即剖析理智能力本身,单在先天概念的出生地——理智中探寻先天概念,分析这种能力的一般纯运用,从而查明先天概念之所以可能,因为这是一种先验哲学的本分工作;此外就是对一般哲学中的概念进行逻辑的探讨。因此我们要在人类理智中追索各种纯概念,一直追索到它们最初的根苗,这些根苗是储备在理智里面的,等到最后经验使它们得到了发展的机会,理智又使它们摆脱了附着的经验条件,它们才作为十足的纯概念由理智展示出来。

第二部　先验逻辑学

第一章　发现一切纯理智概念的线索

我们开动一种认识能力的时候,在不同的情况下,就有各种不同的概念产生出来,显示着这种能力,我们用较长的时间、较多的心思去观察这些概念,就可以把它们汇集起来,列成一个比较详细的清单。这种探测工作什么时候可以完成呢?如果用这种非常机械的办法,那可永远无法断定。而且这样一些碰巧发现的概念是乱七八糟地出现的,并没有什么一贯的系统,最后只有按照一些相似之点把它们分成组,按照内容多寡把它们排成系列,从简单的排到比较复杂的,这些系列虽然是以某种方式一板一眼地排成的,却根本不是什么系统。

A 67
B 92

先验哲学有权利,也有义务按照一个原则去寻找它的各种概念,因为那些概念是一干二净地、毫无掺杂地从理智这个绝对统一体里产生出来的,本身必定按照一个概念或观念一环套一环地联成一气。这样一个联系向我们提供了一条规则,我们可以按照这条规则先天地决定每个纯理智概念的位置,以及那些概念合在一起的完备性,这两件事不是随心所欲所能办到的,也不是碰巧可以办到的。

第 1 节　理智的一般逻辑运用

我们在上面只是给理智下了一个消极的定义:一种非感性的认识能力。我们不靠感性是不能享有任何直观的。所以理智不是一种直观的能力。可是除了直观以外没有别的认识方式,只有通过概念去认识。因此任何一种理智的知识,至少是人类理智的知识,都是一种通过概念的知识,不是直观的,而是推理的。一切直

B 93

观,作为感性的东西,是依靠感受的,至于概念,则依靠机能。我所谓机能,就是指把不同的表象安排在一个共同表象下的行动单位。所以,概念是建立在思维的自发性上,正如感性的直观建立在接受印象的感受性上一样。理智利用这些概念的唯一办法,就是通过概念进行判断。除了直观以外,任何表象都不能与对象直接发生关系,所以一个概念决不能直接联系到一个对象上,而是联系到某个关于该对象的其他表象上的(这表象可以是一个直观,也可以本身已经是一个概念)。因此,判断是关于某一对象的间接知识,因而是关于该对象的某个表象的表象。每一判断里都有一个概念,对许多概念有效,那许多概念中又包括某一个表象,是最后与对象直接发生联系的。例如"一切形体都是可分的"这个判断中,可分的概念就联系到一些不同的其他概念上,特别是联系到其中的形体概念上,而形体概念则联系到某些向我们呈现的现象上。这样,这些对象就由可分性的概念间接地表象了。由此可见,所有的判断都是把我们的若干表象统一起来的机能,都是用一个更高的表象,包含着直接的表象和更多的表象,来代替直接表象去认识对象,从而把许多可能的知识集合成一个知识。我们能够把理智的一切活动归结为判断,所以我们可以把一般理智了解为一种从事判断的能力。因为根据以上所述,理智是一种从事思维的能力。思维就是通过概念的认识。概念是作为可能判断的宾词,联系到某一关于尚未判定的对象的表象上面的。所以形体的概念就意味着某种东西,例如金属,这东西是可以通过那个概念得到认识的。因此那个概念只有包含若干其他表象,才能通过那些表象联系到对象上。因此那个概念是宾词,属于一个可能的判断,例如"每样金属都是形体"。因此,我们如果能把各种判断里的各种统一机能完全无缺地陈述出来,我们就能发现理智的全部机能了。下面这一节里将指出这是很容易实现的。

第 2 节 理智在各种判断中的逻辑机能

§9

如果我们抽去一个一般判断的全部内容,只注意其中的单纯理智形式,就会发现思维在判断中的机能可以归结为四个项目,每一项包含三个环节。我们可以把它们恰当地列在下表中:

1
判断的量
全称
特称
单称

2　　　　　　　3
质　　　　　　关系
肯定　　　　　断言
否定　　　　　假言
不定　　　　　选言

4
样式
或然
实然
必然

这种分法看起来与逻辑学家们常用的那种专门分类法有几点分歧,虽然并不是什么本质的分歧,因有必要作几点声明,以防止可能发生的误解:

1) 逻辑学家们说得很对,我们把判断用于推理时,可以把单称判断当作全称判断看待。单称判断是根本没有外延的,正因为如此,它的宾词不能仅仅涉及主词概念所包括的某些东西,而将另一些东西除外。所以它的宾词是毫不除外地适用于主体概念的,全称概念的情况就是这样,它具有一个外延,宾词适用这个外延的全部范围。可是另一方面,如果我们把单称判断与全称判断仅仅当作知识,从量的方面加以比较,那就会看到它们的关系有如单一之于无限,本身是有本质上的不同的。因此,如果我们把单称判断(judicium singulare)当作一般知识,并不仅仅从它的内在效力考虑,而且从它同其他知识相比之下的量的方面来加以评价,它就当然同全称判断(judicium communia)有所区别,应该在一张完备的思维环节总表里(虽然不是在仅仅研究各种判断的相互运用的逻辑学里)占一个特殊位置了。

2) 在一种先验逻辑学里,也必须把不定判断与肯定判断分开,虽然在普通逻辑学里有理由把它算作肯定判断,不列为一个特殊分类环节。普通逻辑学抽掉宾词(哪怕是否定的)的全部内容,只看它是附加在主词上的,还是与主词对立的。先验逻辑学考察判断,则看那种由单纯否定宾词构成的逻辑肯定具有什么价值或内容,给我们的全部知识带来什么好处。我谈到灵魂的时候,如果说它不是会死的,我通过一个否定判断至少避免了一种错误。现在我说"灵魂是不会死的",通过这个命题,在逻辑形式方面,我确实作出了肯定,因为我把灵魂列入了不死者这一不定的范围。既然在可能者的整个范围内,会死者占一个部分,不会死者占另一个部分,我这个命题的意思就无非是说,如果我把会死者全部剔除了,灵魂就是剩下的不定量事物中间的一个。这样一来,我对全部可能者这一不定领域只是作了两点限定:把会死者从其中剔除了,把灵魂列入了那个领域中余下的范围。可是这样剔除了之后,这个领域仍然还是不定的,还可以从其中剔出许多部分,灵魂的概念并不会因此扩大分毫,也不会因此得到什么肯定的规定。因此,这种逻辑范围方面的不定判断,从一般知识内容方面看,实际上只是限定的,就这一点说,在包罗判断中一切思维环节的先验总表中,是不能忽略这种判断的,因为理智在这种判断里所发挥的机能,也许在它的纯先天知识领域内占重要地位。

3) 判断中的全部思维关系就是:a)宾词与主词的关系;b)根据与结论的关系;c)划分开来的知识与全部划分项目的相互关系。在第一类判断中只有两个概念,在第二类判断中是两个判断,在第三类判断中可以看到若干个判断处在相互关系中。假言命题"如果有一种完善的法制,怙恶不悛的坏人就受到惩罚"中,真正说来包含着两个命题的关系,这两个命题就是:"有一种完善的法制"和"怙恶不悛的坏人受到惩罚"。至于这两个命题本身是不是真的,在这里并没有确定。这个判断所考虑的只是推断关系。最后,选言判断包含着两个或多个命题的相互关系,但不是推断关系,而是逻辑上的对立关系,即这个命题的领域排斥那个命题的领域,同时却又是共同关系,即这几个命题合在一起填满这一知识的领域。

因此这种判断包含着某一知识领域的各个部分的关系,即各部分的领域互相补充,合成划分开来的知识的总体,例如:世界的存在要么是由于一种盲目的偶遇,要么是由于内在的必然性,要么是由于一个外在的原因。这几个命题中间的每一个,都占据关于一般世界存在的可能知识的一部分领域,合在一起则占据整个领域。把知识排出其中的一个领域,就意味着把它纳入其余的领域之一;把它纳入某一个领域,则意味着把它排出其余的领域。因此选言判断有某种知识的共同性,这共同性就在于那些知识是互相排斥的,却又通过这种排斥一同决定着真实的知识,因为它们合在一起构成了一个唯一的特定知识的全部内容。为了下面的探讨,我发现有必要附带作这一点声明。

4)判断的样式,是一种十分特殊的判断机能,其固有特点是对于判断的内容毫无贡献(因为除了量、质、关系以外,再没有别的东西构成一个判断的内容),它所涉及的只是系词对于一般思维的价值。在或然判断中,我们认为肯定或否定只是可能的(随意的)。实然判断中的肯定或否定,是被看成实际的(真实的)。至于必然判断的肯定或否定,则被了解为必然的①。因此,以推断关系构成假言判断的那两个判断(前件和后件),以及互斥关系构成选言判断的那些判断,全都只是或然命题。在上面举的例子里,"有一种完善的法制"那个命题就不是实然的口气,而只是一个随意的判断,只是我们可能这样假定而已,只有推断是实然的。因此这种判

---

① 思维在或然判断里有如一种理智机能,在实然判断里有如一种判断力机能,在必然判断里有如一种理性机能。这一点将在下文中得到说明。——康德原注

断也可以显然是虚假的,然而作为或然命题提出,却可以是具有真理性的知识的条件。所以,选言判断中的那个命题:"世界是由于盲目的偶遇而存在的",就只有或然的意义,就是说,我们可以暂时假定这个命题,然而它却有助于(有如在我们能走的一切道路当中指点出一条虚假的道路)发现真实的命题。所以,或然命题是只表现逻辑上的可能性的(并不是客观上的),就是说,是否承认这个命题,可以自由选择,是否把它采纳到理智中,是完全随意的。实然命题所说的是逻辑上的实在性或真实性,比方说,在假言推理中,前件在大前提中是或然的,在小前提中是实然的,表明这个命题是按照理智的规律与理智结合在一起的。必然判断认为此实然判断是这些理智规律本身所决定的,因而是先天肯定的,它就是以这种方式表现出逻辑上的必然性。这里所说的三种情况是逐步体现于理智中的,我们首先以或然的方式判断一件事情,然后以实然的方式认定它是真实的,最后才断定它是与理智不可分割地结合在一起的,即必然的,定然的,所以我们可以把这三种样式机能称为一般思维的三个环节。

第 3 节　纯理智概念或范畴

§10

普通逻辑学,我们已经多次说过,是抽掉知识的全部内容的,它要等别处,不论何处,供给它一些表象,它才把那些表象化为概念,这种工作是通过分析进行的。先验逻辑学则相反,它的面前已经有一种先天的庞杂感性内容,这是先验感知学向它提供的,是给予纯理智概念的一种材料,如果没有这种材料,纯理智概念就没有内容，也就完全是空的了。空间和时间就包含着一种纯直观的先天庞杂内容，却又是我们心灵的感受性的条件，只有在这些条件下，心灵才能感受各种关于对象的表象，因此这些条件也必定总是影响着对象的概念。然而一定要有我们思维的自发性，才能把这个庞杂内容以一定的方式加以检视，加以采纳，加以联结，从而造成一种知识。这种活动，我把它称为综合。

B 103　　我所谓综合活动，从最广的意义说，就是把各种不同的表象集合到一起，把它们的庞杂内容总括在一个知识里。这庞杂的内容如果不是通过经验取得的，而是先天地取得的（例如空间和时间中的庞杂内容），这样一个综合就是纯的。在分析我们的表象之前，必须先取得表象，任何概念，从内容方面说，都是不能通过分析而产生的。对一种庞杂内容进行综合（不管这庞杂内容是经验的还是先天的），才能造成一种知识，虽说这知识起初还是粗糙的、混乱的，还需要分析；真正说来，把知识的各种要素集合起来，结合成为
A 78　某一内容的，只是综合；因此，我们要想判明我们的知识的最初来源，就应当首先注意综合。

　　一般的综合，我们在下文中将会看到，只是想象力的一种作用，想象力是灵魂的一种盲目的、然而不可缺少的机能，没有这种机能，我们就根本不会有任何知识，可是我们很少意识到这种机能。把这种综合加到概念上，是一种属于理智的机能，只有这样，理智才能向我们提供本来意义下的知识。

B 104　　纯综合，即普遍意义下的综合，则向我们提供纯理智概念。我说的这种综合，是建立在一种具有先天综合统一性的基础上的，如我们的计数（在大数目中尤其显著），就是一种依据概念的

综合，因为这种综合是依据一种具有统一性的共同基础进行的（例如十进位概念）。在这个概念下，庞杂内容的综合中就必然会有统一了。

我们通过分析，把各种不同的表象放到一个概念下面（这是普通逻辑学所从事的一项工作）。先验逻辑学所讲的，却不是把表象，而是把对表象的纯综合放在概念上。为了先天地认识一切对象，第一个必须具备的要素是纯直观的庞杂内容；第二个是通过想象力对这种庞杂内容的综合，但是这还不能提供任何知识。要认识一个呈现的对象，还要有第三个要素，这就是以理智为依据的概念，那些概念使这个纯综合得到统一性，其本身无非就是对于这种必然的综合统一性的表象。

把统一性给予一个判断中不同的表象的那种机能，也把统一性给予一个直观中对不同表象的单纯综合，这种统一性，用一般的名词来说，就叫纯理智概念。同一个理智，以同样的一些活动，通过分析的统一，在概念中产生出判断的逻辑形式，也通过一般直观中庞杂内容的综合统一，在自己的表象里放进了一种先验的内容，因此我们把这些表象称为纯理智概念，它们是先天地运用到客体上去的，这是普通逻辑学所办不到的事情。

以这种方式产生的那些先天地用于一般直观对象的纯理智概念，与上表所列一切可能判断中的那些逻辑机能数目刚好相等；因为那些机能完全说明了理智，也全部测定了理智的能力。我们愿意仿照亚里士多德把这些概念称为范畴，因为我们的目的原来同他一样，虽然在实施方面与他大不相同。

范畴表

1

量：

单一

众多

全部

2

质：

实在

否定

限制

3

关系：

寄存与自存的[关系]

(substantia et accidens [实体与偶性])

因果与依赖的[关系]

（原因与结果）

共同体里的[关系]

（能动者与被动者的交互作用）

4

样式：

可能—不可能

存在—不存在

必然—偶然

这张表列举了知性本身先天包含的一切原始纯综合概念，理智之所以只是一种纯理智，也就是由于包含着这些纯概念，因为它只是通过这些概念，才能在直观的庞杂内容中理解到某种东西，即才能思维到一个直观客体。这种分法，是根据一个共同的原则，即判断能力（判断能力与思维能力是一回事），有系统地制定的，并不是凭运气搜索到几个纯概念，支离破碎地拼凑出来的，那种东拼西凑的办法，是永远不能确知纯概念的全数的，因为单凭归纳，不加思量，凑来凑去，永远不会知道为什么纯理智所固有的概念正好是这几个，而不是其他的概念。搜寻这些基本概念的工作，是值得亚里士多德这样一个头脑敏锐的人来做的。可是他由于没有掌握原则，见到概念就信手抓来，先凑上十个，称之为范畴(宾位词)，后来认为又发现了五个，就以后宾位词的名义追加上去，可是他的范畴表仍然不完备。而且他的表里还有一些纯感性的 modi [样式] (quando, ubi, situs [时候、地方、情况]以及 prius, simul [在先、同时])，和一个经验概念(motus [运动])，是根本不属于这个理智系谱的；此外他还把一些派生概念算作原概念(actio, passio [能动、被动])，而把一些原概念完全遗漏了。

关于后一类概念，我们还应当指出：范畴是真正的纯理智原概念，也同样有其纯派生概念，这些派生概念在一个完备的先验哲学体系里是决不能略去的，但我在这里只是试作批判，提一下也就可以了。

我可以把这些纯而派生的理智概念称为纯理智的准宾位词(与宾位词相对)。如果我们有了原来的、原始的概念，那就很容易把派生的、次等的概念添加上去，描出详尽的纯理智系谱图。由于我在这里从事的工作并不是使体系完备，而只是提出一个体系的原则，所以我把这种补充保留给另外一项工作去做。这个目的是很容易达到的，只要手捧本体论教科书，把准宾位词力、能动、被动列在因果范畴下面，把准宾位词出现、阻碍列在共同范畴下面，把准宾位词产生、消灭、变化等等列在几个样式宾位词下面，也就行了。各个范畴与那些纯感性的 modis［样式］结合起来，或者互相结合起来，就产生出一大批派生的先天概念，把这些派生概念指出来，尽可能完备地列举出来，是一件有益的、不无趣味的工作，不过在这里可以不费这分气力了。

  这些范畴的定义，我在这部论著里有意不下，虽然我是有定义可下的。等到后面讲方法学的时候，有了充分的必要，我再对这些概念进行剖析。在一个纯理性体系里，大家当然有理由要求我给这些范畴下定义，可是在这里下定义只会分散我们的视线，使我们不能集中注意研究主题，因为一下定义就会引起怀疑和攻击，为了顾全我们的主要目标，我们完全可以把怀疑和攻击引到另外一个场合去。根据我在上面所说的不多的几句话，可以很清楚地看出，要编出一部带有一切必要说明的完备无缺的词典，不仅可以办得到，而且是一件轻而易举的事情。格子已经划定了，需要的只是把它们填满，有了我们现在这个有系统的正位法，就不难断定哪一个概念本来应当摆在哪个位置上，同时也很容易看出哪些格子还是空的了。

§ 11 *

  我们可以在这个范畴表上看到一些妙处，也许能够对一切理性知识的科学形式起重大的作用。因为这张表对哲学的理论部分有非同小可的用处，甚至有不可缺少的大用：任何科学，只要是建立在先天概念上的，我们就可以根据这张表完备无遗地勾画出这门科学的整体蓝图，并且有系统地按照一定原则划分出它的部分。

---

  * 本节及下一节为第二版所加。——译者注

这一点是不言而喻的,因为这张表里完备无遗地包含了一切基本理智概念,甚至包含了人类理智中概念体系的形式,因而指出了一门计划中的思辨科学的一切环节,以至这些环节的顺序。关于这种情况,我已经在别处①提供了一个样品。下面就是那些按语中的几条。

第一条按语是:这张包含四类理智概念的表,首先可以分为两组,第一组是涉及直观对象的(包括纯直观和经验直观),第二组是涉及这些对象的存在的(包括它们的相互关系和它们与理智的关系)。

第一组可以称为数学范畴组,第二组可以称为力学范畴组。我们看到,第一组是没有相关项的,只有在第二组里才出现相关项。这种分别的根据必定是在理智的本性之中。

第二条按语是:哪一类范畴的数目都一样,都是三个,这也同样是促使我们深思的,因为其他一切通过概念的先天划分法都必定是二分法。此外还有一点值得注意:哪一类的第三个范畴,都是由本类的第二个范畴与第一个范畴结合起来产生的。

所以,全部(全体)无非就是被看成单一的众多,限制无非就是与否定相结合的实在,共同就是互相决定的实体的因果,必然无非就是可能本身所提供的存在。可是我们不要以为这样一来第三个范畴就只是一个派生概念,并不是纯理智的原本概念。因为第一、二两个概念相结合产生第三个概念,这结合需要有一种特殊的理智活动,与第一、二两个概念中起作用的活动不是一回事。所以,

---

① 《自然科学的形而上学原理》。——康德原注

一个数目的概念(数目属于全体范围)并不是有了众多和单一的概念就可以产生的(例如在无穷的表象中);我把一个原因的概念同一个实体的概念二者结合起来,并不能就理解到影响,即一个实体怎样能够成为另一个实体中某物的原因。由此可见,要达到这个目的,一定要有一种特殊的理智活动;其余的情况也都是这样。

第三条按语是:只有一个范畴,即第三类中的共同范畴,与逻辑机能表中的相应形式选言判断比起来,相符的情况不如其余的范畴显著。

为了肯定这种情况也是相符的,我们必须指出:在所有的选言判断中,范围(判断中所包含的各项加在一起)是被设想为一个分成各部分(从属概念)的全体,由于哪一个部分都不能包括在别的部分里面,所以这些部分是被想成彼此同等,而非互相从属的,因此它们的相互决定并不是片面的,像在一个系列中那样,而是交互的,像在一个块团中那样(肯定了一个划分环节,就排除了其余的一切环节,反过来也是一样)。

我们可以在一个由若干事物构成的整体中想到一种相似的联系,因为哪一个事物都不是作为结果从属于作为它的存在原因的另一事物,而是同时地、交互地作为决定其他事物的原因,彼此是同等的(例如一个形体的各部分互相吸引又互相抗阻);这是完全另外一种联系,不同于原因与结果的关系(根据与后果的关系),在那种关系中,后果并不是反过来又决定着根据,并不因此与根据(如世界与创世主)构成一个整体。理智表象一个划分开来的概念的范围时所采取的那种办法,也就是理智把一件事物想成可分时所遵循的办法;前者中的各个环节是互相排斥的,却又结合在一个范围里面,理智也同样把后者的各部分表象为在存在上(作为一些实体)各自独立,却又结合在一个整体里面。

§12

可是在古人的先验哲学中还有一章,包含着一些纯理智概念,虽然不算范畴,却被认为应当算是关于对象的先天概念,可是这样一来它们就会扩大范畴的数目,那是不行的。经院哲学家当中有一句有名的话说出了这些概念:quodlibet ens est unum, verum, bonum [任何实体都是统一的、真的、好的]。这条原则的运用,虽然在结论方面(提供出一些地道的叨唠命题)是非常贫乏的,因此近代人在形而上学里提到它,几乎只是为了维持面子,可是这个经历悠久岁月,看来也很空虚的思想,却很值得我们研究一下它的来源,我们有理由推测它是以某种理智规则为依据,只是被解释错了,那也是常有的事情,古人以为这些概念是物的先验宾词,其实只不过是一切关于一般物的知识的逻辑需要和标准,所依据的是量的范畴,即单一、众多、全部;这些范畴,本来应当从形式的意义上把它们当作一切知识的逻辑要求,事实上古人却只是从实质的意义上把它们当成物自身之所以可能的条件来使用,把这些思维的标准不小心搞成了本来物的属性。在任何关于对象的知识中,都有概念的统一性,这种统一性可以称为质的统一性,因为我们在概念中想到的只是那种把知识的庞杂内容集合起来的统一性,有如一出戏剧、一篇演说、一则寓言中的主题统一性。其次是有结论方面的真实性。从某一概念中推出的真实结论越多,这个概念的客观实在性的标志就越多。这种多可以称为标志的质的众多,这些标志是属于概念这一共同根据的(它们在概念中并不被想成量）。第三是有完满性，这就是这种众多合在一起反过来又归结到概念的统一上，与这个概念而不与任何别的概念完全契合，这可以称为质的完备性（全体性）。由此可见，这三个衡量一般知识的可能性的逻辑标准，在这里只是三个量范畴的转化，其中的单一范畴，在产生量的时候，是只能被认定为完全同质的，现在化为统一性，通过知识的质作为原则，也把异质的知识要素结合在一个意识里面了。因此，衡量一个概念的可能性的标准，也就是这个概念的定义，其中概念的统一性，从概念中可以（zunächst）推导出的一切结论的真实性，以及从概念中引出的东西的完备性，就构成了建立整个概念的必要条件；衡量一项假设的标准，也就是所设定的说明根据的可理解性或统一性（不用辅助假设），从其中推导出的结论的真实性（彼此相符并与经验相符），以及说明根据对这些结论的完备性，就是说，这些结论归结起来不多不少恰好等于假设中所设定的东西，它们是把先天综合地想到的东西用后天分析的方式再提供出来，后者与前者完全契合。——所以说，统一、真实、完满这三个概念根本没有给我们的先验范畴表作出什么补充，这张表是毫无遗漏的；我们把这些概念与客体的关系完全撇开，只是把它们放在使知识本身和合一致的一般逻辑规则下使用而已。

第二章　纯理智概念的演绎

第 1 节　一般先验演绎的原则（缺译稿）

$$§ 13$$

法学家们谈到合法不合法的时候，要把一个案件中的法律根据问题(quid juris)与事实根据问题(quid facti)分开,要求对这两个问题提出证明;他们把前者,即关于合法或有权的证明,称为演绎。我们使用着一批谁也没有异议的经验概念,以为不用演(从这里起缺译稿)

第 2 节 纯粹知性概念的先验演绎(缺译稿)

(本节缺译稿)

第二卷 原理分析

普通逻辑是根据一项与高级认识能力的划分完全对应的基地部局而建筑起来的。这些高级认识能力就是知性、判断力和理性。普通逻辑因而就按通常一律称之为知性的这些心智能力的作用和顺序,在它的分析部分里探讨概念、判断和推理。

这种纯形式的逻辑,由于抽去了一切知识内容(不论是纯粹的还是经验性的),专只考察论辩知识里的一般思维形式,所以在它的分析部分里也能同时为理性找出法规来。理性在形式方面自有它确定的[行动]规则,人们无需去考虑它使用的知识属于何种特殊性质,只要把理性行动分解成为它的组成环节,则这种规则就能先天地被认识出来。

然而先验的逻辑,由于它是限定在一种特定内容上的,确切地说,由于它只限于用在纯粹的先天知识上,在它这分析部分里它就不能仿照普通逻辑那样行事。因为显而易见,理性的先验使用根本没有客观有效性,从而并不属于真理逻辑,亦即不属于分析论部分,而毋宁是,它作为一种假象逻辑,应该以先验辩证论的名称在

A131
B 170

经院式的学术建构中成为一个单独的部分。

于是,知性和判断力都在先验逻辑中找到它们客观有效而又可真正使用的法规,因而属于先验逻辑的分析部分。唯独理性,由于它总想在对象上先天地制造出某种东西,将知识扩大到可能经验的界限以外去,所以它完完全全是辩证的,它的虚假主张根本不隶属于分析论所应包含的那样一种法规。

因此,原理分析论将是一部专为判断力使用的法规,它教导判断力把其中含有先天规则之条件的那些知性概念应用到现象上去。基于这个原因,在我探讨真正的知性原理时,我将采用判断力原理这个标题,以更确切地表明这项任务的性质。

导言 泛论先验判断力

如果知性被一般地说成是规则的能力,那么判断力就是向规则之下归属的能力,也就是说,它是断定某物是否属于某一给定规则(casus datae legis)之下的那种能力。普通逻辑里根本不包含而且也不能包含可为判断力去遵循的规则。这是因为,普通逻辑既然抽去了一切知识内容,它留给自己的任务就只是对概念、判断和推理中的知识的单纯形式进行分析解剖,从而产生出一切知性使用的形式规则来。而如果普通逻辑竟想概括地指示人们如何去向这些规则之下进行归属,亦即如何去断定某物是否归属于这些规则之下,那是万万办不到的,除非进一步再通过一种规则。但是这种规则,正因为它是规则,在适用时就重新需要有判断力的指教。由此可见,虽然知性是能够接受教诲,能够存储规则的东西,然而判断力却是一种特殊的才能,它根本不是可以教诲出来的,毋宁是只可予以操练的东西。因此,它也是所谓天赋智能的特例,缺少了它,任何教导也不能补救;这是因为,教导虽能从见识卓越的外人那里借来大量规则传授给、灌输给一个智力低弱的人,但正确利用这些规则的能力,毕竟须是这个受教者自己所拥有;如果他没有这样一种天赋,那么为了弥补这个缺陷而灌输给他的任何规则,也都不能保证不发生误用①。因此一个医生或一个法官或一个政治学家,可以把病理学或法理学或政治学方面很多优秀的规则熟记在心,以至于足够在各自的学科里充当一名学问扎实的教师,而在应用这些规则时却往往会援引失当,处理错误;其所以如此,不外乎二者,或者是因为他缺少天赋的判断力(尽管并不缺少知性),因而他固然能了解抽象的普遍规则,但不能断定一个具体事例是否属于该普遍规则之下,也或者是因为他没曾通过足够的事例和实践被训练得善于进行这种判断。事例的唯一而重大的用处也就在于磨利或锐化判断力。至于对知性见解的正确性和确切性来说,事例通常反倒会造成一些损害,因为在多数情况下,事例并不像专门术语所要求的那样能充分符合于规则的条件,而且,它们还经常会削弱知性为力争摆脱个别经验环境而专从普遍性上去理解规则时所作的那种努力,因而最终会使知性习惯于将规则不那么当作原理而更多地当作公式来使用。所以说,事例乃是欠缺判断

---

① 缺少判断力,真正说来,就是人们所说的愚蠢,而且这样一种缺陷是决不能补救的。一个迟钝或狭隘的人,如果他欠缺的仅仅是适当程度的知性能力和知性概念,那就完全可以通过学习弥补起来,甚至可成为很有学问的人。但是,通常知性上有缺陷的人往往在判断力上(彼特讲的第二部分,der secunda Petri)也有欠缺,所以人们看到有些很有学问的人在使用他们的知识时经常显露出他们有上述那无可弥补的能力缺陷,就不是什么不平常的事了。——康德原注

力这一天生才能的人为锻炼判断力而决不可少的习步车。

但是，虽然普通逻辑不能为判断力提供什么规则，而先验逻辑的情况却完全不同。先验逻辑的真正任务毋宁说正在于以特定的规则去纠正判断力，确保判断力在使用纯粹知性时不生失误。这是因为，哲学，作为一种理论（Doktrin），要在纯粹先天知识的领域里扩张知性，显然是不必要或者更确切地说是很不适宜的，因为人们在这方面迄今作过的一切尝试，很少或根本没曾取得过什么成就。然而反过来，如果作为一种批判（Kritik），以防止判断力在使用我们拥有的少许纯粹知性概念上不走错路，那么哲学，凭它全套的锐利眼光和检查本领，在这里会被派上大用处的，虽然这样的用处只是消极的。

不过先验哲学具有自己的特性，那就是，它除了在纯粹的知性概念里给定了的那种规则（或者不如说是规则的普遍条件）之外，同时还能先天地指明该规则所适用的事例。先验哲学所以在这方面优越于一切其他富于教诲的科学（数学除外），原因恰恰在于，它所处理的概念都是先天地就同它们的对象联结着的，从而它们的客观有效性不能予以后天说明；因为假如进行后天证明，那就是完全无视这些概念的先天性这一尊严了，相反，先验哲学必须同时以普遍而充分的标志把条件列举出来，以便在这些条件之下能找到与那些概念对应一致的对象，如果没有对象，那些概念都将空无内容，只是些纯逻辑形式而不是纯粹的知性概念了。

这篇先验的判断力理论将包含两章：第一章，探讨纯粹知性概念因之才能被使用的那种感性条件，也就是说，论纯粹知性的图式；第二章，探讨从上述感性条件之下的纯粹知性概念那里先天地演生出来并先天地成为其他知识之基础的那些综合判断,也就是说,论纯粹知性的原理。

第一章　论纯粹知性概念的图式机制

凡一个对象能被归属或统摄于一个概念之下时,那个对象的表象必定和概念是同质的,这就是说,概念必定包含了可以归属于其下的那个对象里被表象出来的东西,因为,通常所谓"一个对象是包含在一个概念之下的",正就是这个含义。一个盘子的经验性概念和一个圆圈的纯几何概念具有同质性,因为几何概念里所思维的那个圆,可以在盘子的经验性概念里被直观。

但是,纯粹的知性概念,如与经验性的(其实一般说来都是感性的)直观对比起来看,完全是不同质的,纯粹的知性概念是在任何直观里决不能碰见的。那么,感性直观之被归属于知性概念以及范畴之被应用于现象,这怎么竟是可能的呢,因为毕竟没有人会说:范畴,例如因果性,也能通过感官被直观到而且是包含在现象里呀?这个非常自然而且重大的问题,实际上,正是促使一项先验判断力理论成为必要的那个原因,因为须要有先验判断力理论来说明,纯粹的知性概念如何一般地可能被应用到现象上去的。至于在一切其他学科里,被凭借着来对对象进行一般性思维的那些概念,和将对象具体地表象成为给定了的东西的那些概念,彼此并不是那么不同、那么异质,所以关于前者应用于后者的问题,并无必要特别提出来讨论。

于是,显而易见,一定有这样一种第三者存在着,这第三者一方面必须与范畴同质,另一方面又必须与现象同质,从而使范畴之应用于现象成为可能。这种中介性的表象必须是纯粹的（没有任何经验性内容），同时却一方面必须是理智的，另一方面又必须是感性的。这样一种表象就是先验的图式。

知性概念本来就含有杂多东西的纯粹综合的统一性。时间，由于它是内感觉的杂多东西[之得以呈现]的形式条件，从而是一切表象之得以联结的形式条件，所以它含有一种纯粹直观里的先天的杂多性。于是，一种先验的时间规定，由于它是普遍的而且是以一条先天规则为依据的，所以是与范畴同质的（时间的统一性是由范畴所构成）。但另一方面，由于时间是包含在杂多东西的每一个经验性表象里的，所以先验的时间规定又是与现象同质的。由此可见，范畴之所以可能应用于众现象，全因有这先验的时间规定以为媒介，凭这作为知性概念之图式的先验的时间规定，现象才被归属于范畴之下。

在看到范畴演绎里所已证明的种种之后，我希望，没有人还会对问题迟疑不决，还说不准究竟这些纯粹知性概念是只可作经验的使用呢，抑或是也可作先验的使用？也就是说，究竟它们是作为某一可能经验的条件而只先天地关涉到现象呢，抑或是作为事物一般之所以可能的条件能够被扩展到对象自己本身（而并不对感性有什么限制）？其所以对上述问题不会再犹豫不决，是因为我们在前面已经看到，首先，如果不是有了一个为这些概念或至少为它们的组成要素而被给定了的对象，则这些概念是完全不可能的，更不能具有任何意义，从而根本不能达到物自身（暂姑且不谈物自身是否可以和如何能够被给予我们的问题）；其次，还因为我们已经看到，对象之被给予我们的唯一办法是靠我们的感性上出现改变；

最后还因为我们已经看到,纯粹的先天概念除了有知性在范畴里表现的功能之外,还必须先天地包含着感性(特别是内感觉)的一些形式条件,而感性的这些形式条件则涵蕴着范畴所赖以能被应用到任何一个对象上去的那个普遍条件。感性的这个形式和纯粹的条件(知性概念被限定只在这个条件之下才可以使用),我们将称之为该知性概念的图式,而知性面对这些图式所作的运作,我们将称之为纯粹知性的图式机制。

图式,就其自身而言,任何时候都只是想象力的一种产物;但想象力的综合,并非意在于取得个别的直观,而毋宁是专为得到感性规定里的统一,所以图式毕竟不同于形象。举例来说,如果我把五个点顺序排列起来,成为……,那么我就得到关于数目五的一个形象。相反,如果我只一般地思维一个数目,不论它是五也好或是一百也好,这种思维所着重表象的就是一种方法,即如何在一个形象里按照某一概念把一个数量(譬如,一千)表象出来的那一种方法,而不那么着重于表象这个形象本身,因为当那个数量是一千的时候我将很难通览它的形象,也很难拿它的形象同概念相对照。那么,这里是对想象力为一个概念创造形象时所作的一种普遍运作进行表象,这种表象我称之为有关这个概念的图式。

真正说来,我们纯粹的感性的概念,都不是以对象的形象为根据,而且以图式为根据的。一个泛指的三角形概念,决不会同任何一个三角形的形象彼此契合,这是因为,形象达不到概念的普遍性,而正是普遍性使得概念适用于一切三角形,无论是直角的或斜角的,一律有效;至于形象,则永远只限于是三角形这个领域的一部分。三角形的图式,不存在于任何别处,只能存在于思想中,而且它是想象力在纯粹空间图形方面进行综合时的一条规则。一个经验对象,或经验对象的一个形象,就更加达不到经验性概念,更有差距了,毋宁是,经验性概念任何时候都直接联结着想象力的图式,以之作为我们的直观在按照一定的普遍概念而进行规定时的一条规则。比如,"狗"这个概念就意味着一条规则,依照这条规则我们的想象力就能概略地(allgemein)描绘出一个四足兽的图形,而不必被局限于我从经验里得来的任何一个唯一的独特的图形上,或者,也不必被局限于我能具体呈现的任何一个可能的形象上。我们的知性在掌握现象及其单纯形式时的这种图式机制(Schematismus),乃是隐藏于人类心灵深处的一种艺术,它的巧妙手法我们很难有朝一日向大自然请教清楚,它很难达到无遮无掩,令人一目了然。所以我们能说的只有这么一些:形象乃是再生性的想象力所拥有经验性能力的一种产品,感性概念(作为空间里的图形)的图式则是先天的纯粹想象力的一种产品,而且这种产品仿佛是一幅由略写字母交织而成的单色图案,通过并且按照这种单色图案,形象才会是可能的,但这些形象永远必须凭借它们所归属的那个图式来同概念相结合,它本身同概念不是完全吻合的。与此相反,一个纯粹的知性概念的图式,决不是能被归属于任何一个形象中去的某种东西,毋宁说,这种图式,它只不过是仿照着一般概念,遵从着范畴所表示的那一条统一规则而进行的纯粹综合;而且,它乃是想象力的一种先验的产品,这产品涉及内感觉的一般规定,即,按照内感觉的形式上(时间上)的条件,考虑着依统觉的统一性应该先天地汇集在一个概念之中的那一切表象而进行的规定。

现在，我们不必继续对纯粹知性概念的先验图式所需要的一般条件去作枯燥无味的分析，我想，最好我们按照范畴的顺序，并结合着范畴，来逐一阐明这些先验图式。

对于外感觉而言，一切分量（quantorum）的纯粹形象是空间，但一般而言，一切感觉对象的纯粹形象是时间，然而种种分量，作为一种知性概念，他们的纯粹图式则是数目，因为数是包含着一一（同质的单位）之连续相加的那样一种表象。由此可见，数目不是什么别的，一般说来，只是一种同质的直观里的众多[东西]的综合为一，而其所以能是多中之一，则由于我在认知直观时就已产生了时间。

实在乃是在纯粹知性概念里对应于一个一般感觉的那种东西，因而，那种东西是这样的：它的概念本身指示着（时间里的）一个存在（Sein），而否定呢，否定的概念则表象着（时间里的）一个不存在。因此，实在与否定这两者所以对立，全由于那同一个时间的情况不同，前者是一个充实了的时间，后者是一个空虚的时间。由于时间只是直观的形式，从而也只是作为现象的那些对象的形式，所以在对象那里对应于感觉的那种东西并不是*作为物自身（实际，实在）的那一切对象的先验实质[或质料]。那么现在，每个感觉都有一个[强弱]程度或分量，它在表象一个对象时，尽管表象是同一个，却可以凭着它强弱的程度而较多或较少地充实这同一个时间，亦即或多或少地充实内部感觉，一直可以少到全无（＝0＝否定）为止。因此，从实在到否定乃是一种关系和关联，或者毋宁说

---

* Smith 根据 Wille 将"是"改为"不是"。——译者注

是一种过渡,这就使每个实在都成了一个可以表象的定量;而且,既然一个实在可被视为填充着时间的某种东西的量,那么就此而言,一个实在的图式,恰恰就是在时间里的那个量的连续而一律的产生[过程],其连续不断和一律不变,正如人们从时间里的具有一定强度的感觉逐渐下降直至感觉消失净尽,或者从全无感觉逐渐上升以达到感觉的一定强度那样。

A 144 　　实体的图式,乃是在时间里实在着的东西的常住性,这就是说,它是在时间里实在着的东西的表象,[因为]时间里实在的东西一般被视为经验性的时间规定的一个根基,它在其他一切东西皆在变换时常住不移。(时间并不流逝,倒是变动不居的东西的存在会在时间里流逝,于是同这本身常住不移的时间在现象界里对应着的,是那就存在而言不可变动的东西,也就是说,实体;惟独联系着实体,现象的先后跟随和同时并存才能按时间加以规定。)

　　原因的图式,以及一个事物的一般所谓因果性的图式,乃是一旦被设定了就总有别的什么东西跟随而来的那种实在的东西。因此,原因的图式就在于众多东西的先后继续,只不过这继续必须是遵从一条规则的。

　　相对于实体之间的种种偶发关系而言,诸实体也有共同协作
B 184 (交互影响)或互为因果,实体的共同协作的图式,就是一个实体的诸规定与另一个实体的诸规定按照一条普遍规则而同时并存。

　　可能性的图式,乃是各个不同表象的综合同种种时间规定之间的一般所谓一致。例如,由于相反的东西不能同时而只能先后存在于一个事物中,所以可能性的图式是一个事物的表象之面对任何一个时间的规定。

现实性的图式是在一个规定时间里的存在。

必然性的图式是在一切时间里的一个对象的存在。

基于上述一切,现在人们见到,每一个范畴的图式所包含的并使之成为可表象者的是怎样的东西了:比如,量的图式,是在连续认知一个对象时时间自身的产生(综合);质的图式,是感觉(知觉)与时间表象的综合,或者说,是时间的填充;关系的图式,是诸知觉在一切时间里(即是说,按照时间规定的一条规则)相互之间的联系;最后,模态的及其诸范畴的图式,则是作为相关者来规定一个对象是否和如何隶属于时间的那个时间自身。由此可见,各个图式只不过是一些各有规则的先天的时间规定,它们* 就一切可能的对象,按范畴的顺序,依次涉及时间系列、时间内容、时间顺序和时间范围。

现在已很明显,知性的图式机制,通过想象力的先验综合,并未完成别的,只不过实现了直观的一切杂多东西在内部感觉中的统一,这样,也就间接地实现了统觉的统一,因为统觉,作为一种功能,正与那作为一种感受的内部感觉彼此对应。于是,纯粹知性概念的图式乃是使知性概念能同客体发生关系,从而获得意义的真实而唯一的条件;因此,范畴归根结底没有别的可能用处,只有一种经验性的使用,因为范畴作为一种先天必然统一的根据(这来源于一切意识在一个原始统觉里的必然联合)只能被用来将一切现象归属于普遍的综合规则之下,并由此而使这些现象适合于在一个经验里彻底联结起来。

---

* "它们"指这些规定,不该作规则。蓝公武、牟宗三皆据英译本误译。——译者注

总之，我们的一切知识都囿于一切可能经验的范围之内，而先行于一切经验性真理并使经验性真理成为可能的那先验性真理，〔其所以有效，〕则正在于它与一切可能经验有着普遍的联系。

然而同样一目了然的毕竟是，虽然感性的图式首先将范畴实现了，可是它们也把范畴束缚了，这就是说，把范畴限制在处于知性以外的（即在感性之内的）条件上了。因此，图式真正说来就是一个对象在与范畴相一致时的现象（Phänomenon）或感性概念（数目是现象之量 Numerus est quantitas phaenomenon，感觉是现象之实在性 sensatio realitas phaenomenon，事物之常住与持续是现象的实体性 constans et perdurabile rerum substantia phaenomenon，永恒乃是现象的必然性 aeternitas necessitas phaenomena，等等）。那么，假如我们去掉一个有束缚作用的条件，则我们就仿佛扩展了那以前受过限制的概念；在此情况下，范畴，就其没有任何感性条件的纯粹意义而言，就应该适用于像事物所是的那样的一般所谓事物，而不是只由范畴的图式去表象像事物所表现的那样的事物，因而可以说范畴具有一种不依赖于任何图式而适用范围广泛得多的意义。实际上，即使去掉一切感性条件之后，纯粹知性概念也确实还留有一种只表示诸表象的单纯统一的逻辑意义，然而就这样的知性概念来说，它是不会有对象的，因而也不会有能从对象那里得到一个概念的那种意义。那么，就拿实体作为例子来说吧，假如人们去掉常住性的感性规定，则实体就会仅仅意味着只能被思维为主词（而不是某种其他东西的一个宾词）的某种东西。这样的表象我不能派上任何用处，因为它根本没告诉我那算得是这样一个首位主词的事物具有哪些规定。因此，诸范围若无图式，就只是一些有关概念的知性功能,并不表象任何对象。范畴之有表象对象这一意义,乃得之于感性;感性将知性实现了,它同时也把知性束缚了。

第二章　一切纯粹知性原理的体系

在前一章里,我们已经联系着一些普遍条件探讨了先验判断力,那是因为先验判断力只在这些普遍条件之下才有权限将纯粹知性概念使用于综合判断。现在,我们的任务在于,把知性带着这种批判性的预见先天地使之实际成立的那些判断,在体系性的联结中加以阐述。毫无疑问,在进行此项阐述时,我们的范畴表必将为我们提供天然而可靠的向导;这是因为,恰恰是这些范畴,它们与可能经验的关系必定先天地构成着一切纯粹知性知识,而且,它们与一般感性的关系又将把知性使用上的一切先验原理统统在一个体系里充分展示出来。

先天的原理所以享有先天原理这个名称,并非仅仅因为它们本身包含了其他判断的根据,毋宁也是因为它们自身不是以更高和更普通的知识为根据的。可是这种特性并不总能使它们得免于一项证明。因为,诚然不错,证明并不能在客观上被进行得[比先天原理]更远,毋宁说[先天原理]即是关于它的客体的一切知识的根据,但是,这一点并不排除有可能甚至有必要去创造一种出自主观源泉的证明,以论证一种关于一般对象的知识的可能性*,因为

---

* 此段 Smith 译本离开原文,大加"修补"(188 页)。蓝本(148 页)、牟本(355 页)皆从 Smith。本译文则仍根据德文原文译出,译者认为文字清晰,义理通顺。(法文版亦据原文译出,但此处中译与之稍有出入。)——译者注

如不这样,则命题[亦即先天原理(der Satz)]就会受到极大嫌疑,疑是一种纯属非法窃取来的论断。

其次,我们将只限于探讨那些与范畴相关联的原理。先验感性论的原理(按照这些原理,空间和时间都是作为现象的那一切事物之所以可能的条件)以及这些原理的局限性(即是指,这些原理不能被应用于事物自身),因而都不属于我们所划定的研究领域之内。同样,数学的原理也不是这个体系的组成部分,因为它们只是从直观那里而不是从纯粹知性概念那里引申出来的;不过,由于它们也都是先天综合判断,所以它们的可能性将在本章的讨论中占有必要的位置,当然,这并不是要去证明它们的正确性和绝对的确定性,此类证明它们根本不需要,而仅仅是为了要把数学原理这样一些先天自明的知识的可能性加以阐释和推演。

然而我们也将必须谈论分析判断的原理,虽然分析判断的原理同我们真正研讨的综合判断的原理是正相对立的,这是因为,恰恰通过对立双方这样两相对照,综合判断的理论才会免除一切误解,并使人对其独特的性质一目了然。

第 1 节 论一切分析判断的最高原理

不管我们的知识具有何种内容,也不管它与客体怎样发生关系,一般而言,我们的一切判断的普遍却又只属消极的条件,乃是:它们都不自相矛盾;如果自相矛盾了,这些判断自身(即使不考虑客体,或者说,对象)也就什么都不是了。但是,我们的判断,即使在并不自相矛盾时,它却也能够以并非对象原有的联结方式去联结各个概念,或者甚至于,当我们没有任何一种根据,无论先天的或是后天的,足以论证这样一种判断为正当合理时,它也照样还能联结概念;那么,由此可知,一个判断,即使在没有任何内在矛盾的时候,也还可以或者是伪误的,或者是无根据的。

可是,"没有任何一个事物应该得到一个同它相矛盾的宾词"这条[先天]原理,叫作矛盾律,它是一切真理的一条普遍的虽然只属消极的标准;当然,它也因此消极性而仅仅属于逻辑,因为它所有效适用的那些知识,只是不涉及其内容的一般而言的知识,而且它只限于宣称:矛盾将会整个地摧毁它们,消除它们。

但矛盾律毕竟也能让人们用来作一种积极的使用,这就是说,它不仅可用以排除虚假和错误(如果这些伪误来自矛盾的话),而且也可用以认识真理。这是因为,如果判断是分析的,那无论是肯定的还是否定的分析判断,它的真理性就将任何时候都能按矛盾律被充分认识出来。因为,在关于客体的知识里本已存在并被作为概念而思维过的那种东西,随时都会正确地把反面的东西否定掉,而概念自身则必然地会被客体肯定下来,因为概念的反面会同客体发生矛盾。

因此,我们必须也让矛盾律成为一切分析知识的普遍而完全充足的原理;但如走得更远些,[超出分析知识的范围,]则它作为真理的一个充足的标准,其权威性和可用性就都不行了。这是因为,"绝没有任何知识能违反它而不毁掉自己"这一事实,固然使这矛盾律成了我们知识的真理性的必要条件,但并没使它成为我们知识的真理性的规定根据(Bestimmungsgrund)。由于我们现在所探讨的真正说来只是我们知识的综合性部分,所以我们固然要随时当心,决不做出违反这条不可侵犯的原理的行动,但在综合性的知识的真理性方面,我们从来不曾指望能从它那里得到什么启示。

但是,这条著名的然而空无内容只属形式的原理,却倒有一个包含着综合成分的公式,显然,这综合成分是出于粗心大意而被全无必要地混杂进来的,这个公式就叫:某事物在同一时间上既是[存在]又不是[存在]乃是不可能的。且不说,用不可能三个字来表达绝对确定性,实在是多此一举,因为从命题的性质来说这是不言而喻的事,我只说,这个命题是被时间条件搅乱了的,它仿佛表示:一个事物=A,既然它就是某个事物=B,它在同一时间上就不能又是非B;但是,这个事物=A完全可以先后轮流着既是=B又是非B嘛。举例来说,一个人,他是年轻的,他不能同时又是年老的;但恰恰这同一个人,他完全可以此一时是年轻的,彼一时是不年轻的,亦即年老的。那么作为一条纯逻辑原理,矛盾律必须根本不把它的诉求局限于时间关系上,所以这样一个公式是与矛盾律的本意完全违背的。这里的误解只是这样引起的:人首先把一个事物的一个宾词从该事物的概念中分离出来,然后将该宾词的反面同该宾词联结起来,这就造成一个矛盾,但这个矛盾并不是反面宾词同主词的矛盾,毋宁只是反面宾词同已与主词综合地结为一体的那个宾词之间的矛盾,而且矛盾只发生于第一宾词与第二宾词在同一时间被设定的时候。如果我说:一个人是没学习过的,他不是有学问的,那我就必须附加上同时这个条件;因为他此一时是没学习过的,彼一时却完全可以是有学问的。但如果我说:没有一个没学习过的人是有学问的,那么命题就是分析的,因为"没学习过"这个特征现在也参与其事一起组成着主词的概念;而这样一来,否定性命题的本性就直接因矛盾律而自明,无须附加同时这个条件了。再说,我在上文所以要修改矛盾律的公式,其原因也就在此:一个分析命题的性质将因此而得以清晰显现。

第 2 节　论一切综合判断的最高原理

说明综合判断的可能性,乃是普通逻辑与之毫不相干甚至连其名称也无须知道的一项课题。但在一种先验逻辑里,这个可能性说明却是最最重要的业务,而且如果要说明的是先天的综合判断的可能性,以及先天的综合判断的有效条件和有效范围,那就可以说是它唯一的课题。因为,先验逻辑只在这项课题任务完成之后,才能完全实现它的目的:规定纯粹知性的范围和界限。

在分析判断里,我守住给定了的概念,以便从这给定概念中抽取出某种东西。如果判断要成为肯定的,我就只给这个概念添加上本来已在它那里思维过了的东西即可,如果判断要成为否定的,我只将与该概念相反的东西清除出去,就行了。然而在综合判断里,我应该从给定的概念那里走出去,以便联系着那给定概念去考察某种与曾在给定概念中被思维过的东西完全不同的其他东西,而给定概念与这某种其他东西的关系,决既不是同一关系,也不是矛盾关系,于是在关系的判断方面,无论是对的还是错的都无法看得出来。

那么姑且承认,人们必须走出一个给定概念以外去,以便拿它与另外一个概念进行综合性的对比,可是这样,就需要有一个第三者,让两个概念能在它那里进行综合。那么作为一切综合判断之媒体的这个第三者是什么呢？它只是一个大团子,里面包含有我们的一切表象,包括内感觉以及内感觉的先天形式,时间。各表象的综合依赖于想象力,但各表象的综合性统一(这是进行判断所需要的)则依赖于统觉的统一。因此,我们将可到这里来寻找综合判断的可能性,而且由于这里的三者[内感觉、想象力和统觉]都包含着先天的表象的源泉,所以纯粹的综合判断的可能性也可以在这里找到说明;其实,出于这些理由,甚至可以说它们三者都将是必要的,如果某一关于对象的知识完全是靠各表象的综合而形成的话。

　　如果某一知识要有客观实在性,即是说,要联结着一个对象,并由此而取得价值和意义,那就无论在什么方式下该对象总必须是能被给定的。没有对象,概念就是空的;通过概念,人们固然进行了思维,但事实上凭着这样的思维,什么也没认识,那毋宁只是以表象作游戏。所谓给定一个对象(如果不是只要它再度被间接地思维一番,而是要它直接地呈现于直观之下),就仅仅意味着,将该对象的表象联接到(不论现实的还是可能的)经验上。就拿空间和时间这两个概念来说呢,尽管它们摆脱净了一切经验性的东西,尽管它们由于是完全先天地被呈现于人心之中因而是十分确定的,可是假如它们必然地要被使用于经验对象上这一点没有明确下来,则它们仍然不会有客观有效性,不会有价值与意义;实际上,它们的表象乃是总与那导生经验对象的再生性想象力联结着的一种单纯图式,没有经验对象,它们就不会有什么意义;而且一切概念,毫无差别都是这样。

　　于是,经验的可能性可以说就是给予我们一切先天知识以客观实在性的那种东西。可是经验成立于诸现象的综合性统一,这就是说，它成立于按照一般现象界的一个对象的诸有关概念而进行的一种综合，没有这种综合，经验就连知识也不是，毋宁只会是一堆片断的知觉，而这些片断知觉，既不会按照一个紧密结合起来的（可能的）意识的诸规则而彼此联成一气，因而，也不会共同一起去符合统觉的先验而必然的统一。所以经验之所得以成立的根据，就在于它的形式方面的先天原理，亦即诸现象进行综合时那些普遍的统一规则，至于统一规则的客观实在性，作为经验的必要条件，任何时候都能在经验中，甚至在经验的可能性中得到证明。但是，在这种关联之外，先天综合命题就都是完全不可能的了，因为那样它们就没有了第三者，即是说没有了对象，而没有对象，它们的诸概念的综合性统一就无处可以证明其客观实在性了*。

因此，虽然我们实际上并不需要任何经验也就能在综合判断里先天地认识许多东西，比如一般而言的空间，以及生产性想象力在空间所描绘的图形，可是，假如空间不可被视为构成外部经验之质料的那些现象的条件，则这种知识就会什么也不是，至多是同幻想玩游戏而已；由此可见，上述的纯粹综合判断都关联着（虽然只是间接地）可能的经验，或者更可以说，都关联着经验的可能性本身，而判断的综合之所以有客观有效性，其根据也完全在于这种关联。

于是，经验，作为经验性的综合，在它具有可能性的情况下，乃是唯一的知识品种，能给予一切其它［非经验性的］综合以实在性；

---

* 英译本 193 页注称此句译出系依 Vaihinger 所改。又见牟本 364 页译注。——译者注

因此之故，非经验性的综合，作为先天的知识，其所以有真理性（与客体符合一致），也只因为它不包含别的，只包含了一般经验的综合性统一所必要的东西。

这样，一切综合判断的最高原理就是：任何一个对象都是在一个可能经验里直观到的那些杂多东西进行综合性统一所必要的条件之一。

这样说来，只要我们把先天直观的形式条件，把想象力的综合，把这种综合在一个先验统觉中的必然统一，都联结到一个可能的经验知识上，则先天综合判断就都是可能的；而且我们坚持认为，一般而言的经验的可能性的诸条件，同时也就是经验的对象的可能性的诸条件，因此之故，这些条件在一个先天综合判断中都具有客观有效性。

第 3 节　纯粹知性的一切综合原理的系统表述

一般而言，任何地方只要有原理在，那就都可以简单归功于纯粹知性。纯粹知性不仅是发生过程中的规则的能力，而且自身就是这样原理的源泉，依照该原理，凡能以对象的面貌呈现于我们面前的一切一切，都必然属于规则之下，必然符合于规则，因为如无这些规则，我们就决不能从现象那里得到一个与该现象相对应的对象的有关知识。即使拿自然规律来说，当它们被看作是知性的经验性使用的原理时，本身也就带有一种必然性的外表，从而至少使人有所猜测，猜测它们都是由先于一切经验而先天有效的那些原理（Gründen）所规定的。但是，一切自然规律，毫无例外，都从属于知性的更高原理，只不过它们只把这些原理应用到现象界的特殊事例上。于是，唯独这些原理才提供包含着一个一般规则的条件以及其样品的那种概念，但经验所提供的则是符合于规则的那种事例。

有一种危险，即，人们会将单纯经验性的原理当成纯粹知性的原理，或者反过来将纯粹知性的原理当成单纯经验性的原理，其实，这种危险是完全可以不出现的。这是因为，根据概念得来的必然性，乃是纯粹知性原理的特征，任何单纯经验性的原理都缺少这种必然性，不论经验性原理怎么样普遍有效，必然性的欠缺还是很容易觉察出来的，所以这种混淆能够很容易得到防止。然而有一些纯粹的先天原理，我却真正很不情愿把它们归属于知性，因为知性是概念的能力，但它们都不是从纯粹概念，而是从纯粹直观（固然也通过知性的媒介）那里引申出来的。这类原理在数学里有，但它们之应用于经验，以及它们的客观有效性，甚至这种先天综合知识的可能性（它的推演），却永远以纯粹知性为根据。

因此，我将不把数学的原理算入我的原理之列，可是尽管如此，我却将把数学原理的可能性和先天客观有效性以之为根据的那些（更高的）原理算入我的原理之列。这些更高的原理可以被视为数学的原理的原理，它们是从概念出发走向直观，而不是从直观出发走向概念。

在纯粹知性概念被应用到可能经验上时，这些概念的综合就或者作数学的使用，或者作动力学的使用：因为知性概念的综合，一部分只涉及直观，一部分则关涉到一个一般现象的存在。但直观的先天条件，在一个可能经验那里，都是绝对必然的，而一个可能的经验性直观，其客体的存在的条件则本身只是偶然的。

因此,数学的使用原理将是无条件必然的,也就是,确凿无疑的,而动力学的使用原理虽也带有先天必然性的品格,但那只是在一个经验里,在经验性思维这个条件下,从而只是中介地间接地如此,所以动力学的使用原理并不含有数学的使用原理所固有的那种直接的自明性(虽然这也无损于它们的与经验普遍联结着的确定性)。不过,这一点在这个原理体系的结尾处将会得到更好的评判。

在编制原理一览表时,范畴表为我们提供了非常自然的提示,因为原理本不过就是范畴在客观使用上的规则。知性的全部原理即如下表:

I
直观的公理

II
知觉的预测

III
经验的类推

IV
一般经验性思维的基准

这些名称都是我精心挑选的,为了要凸显这些原理在自明性(Evidenz)方面和应用实施方面的差别。然而人们马上就将看到,对于按照量的范畴和质的范畴(如果人们只注意它们的形式)形成起来的那些现象的自明性以及先天规定而言,量和质这两组范畴的原理大大有别于另外两组的原理,因为虽然双方都能有一种充分的确定性,但前者[质量两组]能够有一种直观的确定性,后者[另外两组]则只能有一种论辩的确定性。因此我将称呼前者为数学的原理,后者为动力学的原理①。但人们将会注意到,在这里所说的前者中,我并不重视数学原理,同样在后者中也并不重视普通(物理学的)动力学的原理,毋宁只注意那些与内感官(一概不管其中给定了的表象有何差别)联系着的纯粹知性的原理,因为正是通过这些纯粹知性的原理,数学的和动力学的各别原理都才得以可能。因此,我所以那样称呼它们,更多地是考虑了它们的应用,而不那么为了它们的内容。现在,让我按照它们在原理一览表里排列的那同一个次序,来探讨它们。

1. 直观的公理

这些公理的原理是:一切直观都是广延性的量*。

证明:

一切现象,就形式而言,都包含着一个在空间和时间里的直观,而这时空里的直观则为该现象全部提供先天根据。现象之所以能被感知,即是说,它们之所以能被接收于经验性的意识之中,并非依靠什么别的,仅只凭借一定的空间或时间的表象所赖以被

---

① 任何联合(conjunctio),如果不是组合(compositio),那就一定是结合(nexus)。组合是并非必然互相隶属的众多东西的综合,例如一个四方形被一条对角线分割而成的两个三角形,它们本身不是必然互相隶属的;而且凡能予以数学处理的一切同质的东西的综合也都是这类的,也都是组合(这类的综合又能分成集合和聚合,前者适用于广延的量,后者适用于紧密的量)。第二种联合(结合)是必然互相隶属的众多东西的综合,例如,偶性之于某个实体,或效果之于原因——虽是异质的,却被视为先天联结着的;这类的联合,由于不是任意的,又由于它涉及众多东西的存在的联合,我名之为动力学的(而动力学的结合又可分为现象彼此之间的物理学的和先天存在于认识能力中的形而上学的结合)。——此注是康德在第二版所加

* 在第一版里,这句话是这样说的:"纯粹知性的原理:一切现象,在它们的直观里,都是广延性的量"。——译者注

产生的那种众多［东西］的综合，也就是说，仅只凭借同质的东西的组合以及关于这些众多的（同质的）东西的综合性统一的意识。可是，关于一般直观中众多的同质的东西的［综合性统一］*的意识，只要一个客体的表象是通过它才成为可能的，那它就是关于一个量（Quanti）的概念。因此，即便是对于一个客体（作为现象）的知觉，也只凭借了给定的感性直观中众多东西的综合性统一才是可能的，而直观中的这种综合性统一正就是众多的同质的东西组合而成的统一（Einheit）得以在一个量的概念中被思维所凭借的那同一种综合性统一；这就是说，现象全都是量，特别是广延性的量，因为它们必须凭借一种综合才能被表象为空间里或时间里的直观，而这种综合正就是一般的空间或时间被规定所凭借的那同一种综合**。

在一个量里，如果部分的表象致使整体的表象成为可能，因而必然地先行于整体的表象，那我就称呼这种量为广延的量。一条线，不论多么短，如不是在思想里把它画出来，即是说，如果不从一个点起始一步一步地把所有的部分都产生出来并从而把这个直观登录下来，那我就不能在我眼前呈现出这条线来。同样，每一段时间，甚至最短的时间，其情况也是如此。在时间里，我只思维那从一个瞬间到另一个瞬间连续不断的进程，通过其中的一切时段以及这些时段的累积，最终就有一个特定的时间量被产生出来。由于一切现象中的单纯直观要么是空间要么就一定是时间，所以每

---

* "［综合性统一］"是依 Vaihinger 校订原文时所加。——译者注

** 整个这一段，是第二版所加。——译者注

一个现象,作为直观,都是一个广延性的量;这是因为,它只能在感知过程中通过从部分到部分的连续综合而被认识。这样来说,一切现象,在被我们直观时,就都成为(众多先前给定的部分的)集合体了;当然,并非在每一种的量那里都是这种情况,毋宁说只在被我们以广延的方式去表象和感知的那一种的量那里,情况才是如此。

广延数学(几何学)连同它的几何公理,都是以生产性的想象力在创造形象时所进行的这种连续综合为其根据的。唯有在这些几何公理所表述的那些先天感性直观的条件之下,有关外部现象的纯粹概念的图式才能形成:例如,两点之间只有一条直线是可能的,两条直线不能围成一个空间,等等,皆是这样的。上述这些,真正说来,都是只与量(quanta)本身有关涉的公理。

然而一关涉到[特定的]量,即是说,一关涉到"某物有多少分量"这个问题的答案,那可就没有真正意义上的公理了,虽然有好多命题也都是综合的和直接确定的(indemonstrabilia,不可证明的)。这是因为,说,相等的两个量加到相等的两个量上,得到的两个和量是相等的,或者说,从相等的两个量中减去相等的两个量,得到的两个余量是相等的,这里说的都是分析命题,因为我直接意识到一个量的产生与另一个量的产生的全等性;但公理则应当是先天的综合命题。与此相反,自明的数关系命题,虽然都是综合的,但并非像几何命题那样是普遍的,而因此之故,它们也就不能名之为公理,毋宁只能叫作算式。7+5=12 这个命题,不是分析命题。因为,12 这个数既不是我在 7 的表象中所思维的,也不是我在 5 的表象中所思维的,而却是我在两数的组合的表象中所思维的*（可是关于我应该在两数的相加中去思维那个数，则已不是此处要谈论的问题；因为对分析命题而言，问题只在于，我是否在主词的表象中现实地思维过宾词）。但这个命题虽然是综合的，却只是一种个别的命题。因为在这里被人看到的只限于同质的东西（单位）的综合，所以综合在这里只能以一种独特的方式出现，尽管这个数的日后使用是普遍的。当我说：只要三条直线中的两条相加之和大于其中的第三条，则通过这样三条直线就能画成一个三角形，那么此时，我所表达的只是生产性想象力的一种功能，它能把三条线画得长些或者短些，同时能将它们撞接成为各式各样的任意一种夹角。相反，7 这个数，只在一种独特的方式下才是可能的，由 7 与 5 综合而成的 12 这个数，也是如此。所以，诸如此类的命题，人们必不可称之为公理（因为否则公理就会多到无穷无尽），而要把它们叫作算式。

现象数学的这种先验原理大大扩展了我们的先天知识。这是因为，唯独这先验原理才使纯粹数学连同它的全部确切性可以应用于经验对象，若不是有了这条原理，纯粹数学之可应用于经验对象恐怕就不是一件如此不待阐释而自明的事，甚至于早已引出许多矛盾来了。现象并不是事物自己本身（Dinge an sich selbst）。经验性直观只因凭借（空间的和时间的）纯粹直观才是可能的；于是几何学对纯粹直观所主张的，毫无异议地也有效适用于经验性直观，至于说什么，感官对象或许会不遵从空间里的建筑规则（例如，线或角的无限可分割性规则），这类的遁辞，都必须废除。因为

---

* 参见 Barni 法译本上卷 490 页 19 行。——译者注

接受了这类遁词，人们就等于否认空间有客观有效性，从而也就否定了一切数学的客观有效性，并且不再知道数学为什么以及在何种程度上可以应用于现象界了。由于空间和时间是一切直观的两个基本形式，所以众多空间和众多时间的综合就成了这么一回事，它既同时使现象的感知以及每一个外部的经验都成为可能的，其结果，也使一切关于外部经验的对象的知识都成为可能的，换言之，凡数学在纯粹的使用中对前者［即对现象感知的形式条件］已证明了的，必然对后者［即对外部经验对象的知识内容］也适用而有效。凡不承认这一点的一切异议，都只是被错误教育了的理性的胡搅蛮缠，这样的理性，错误地执意把感官的对象都从我们感性的形式条件那里解脱出来，并将它们（尽管它们这些感官对象都纯然是些现象）硬当成已为知性所有了的对象自己本身；如按这种情况来说，则人们固然根本不能先天地认识到有关它们的任何东西，即使通过纯粹的空间概念，也不能综合地认识到有关它们的任何东西，而且那规定纯粹空间概念的科学，几何学，其自身也会是不可能的。

2. 知觉的预测 *

预测的原理是：在一切现象中，凡实在的东西，即成为一个感觉对象的那种东西，皆有密集性的量，也就是说，皆有一个度。

证明：

---

* 在第一版中，这一小节的原文如下："预测一切知觉的那种原理，作为原理，即如下述：在一切现象里，感觉以及在对象中与感觉相对应的那实在的东西，都有一个密集性的量，即，一个度。"——译者注

知觉是经验性的意识,即是说,它是内中同时含有感觉的那种意识。作为知觉的对象,现象并非像空间和时间那样,并不是纯粹的、单纯形式的直观(因为空间和时间自身是根本不能被知觉的)。现象除了包含直观之外,都还包含着形成任何一个客体所需的一般材料(通过这些材料,存在于空间时间中的某种东西才被表象出来);这就是说,它们还包含有感觉方面实在的东西,亦即那单纯主观的表象,而人们从这纯主观表象那里只能意识到主体是受到影响了的,并将该表象一般地联接到一个客体上去。于今,从经验性的意识到纯粹的意识,这中间可能是一个阶梯似的改变进程,以最终至于,经验性意识里实在的东西完全消失,只余留下关于空间和时间里的众多东西的一种单纯形式上的(先验的)意识,因此,从感觉的初始[量],即从纯粹的直观=0起始,直到感觉的任意一个量为止,这中间同样也可能有一个产生各种感觉量的综合(Synthesis)进程。可是,由于感觉自身并不是一种客观的表象,在它那里既遇不到空间直观,也遇不见时间直观,所以感觉将不会有广延性的量;但虽然如此,感觉毕竟是有一种量的(因为在一定的时间里,经验性的意识能从全无[感觉]=0起始,一直增长到有某一给定分量的[感觉],所以感觉之有量乃是这样地体认出来的),只不过它有的是一种密集性的量*;而对应于感觉的这种量,一切知觉对象(只要知觉里含有感觉),就必定各被配给一个密集性的量,也就是说,它们必定各有一个影响感官的度**。

---

* 此处(两分号之间)英译文大改,蓝、牟中译皆从之。——译者注
** 这整个第一大段都是康德在第二版所加。——译者注

任何知识,凡我能用之以先天地认识并规定隶属于经验性知识的那种东西的,都可叫作预见,毫无疑问,这就是伊壁鸠鲁使用他的 προληψις 这个术语所表示的含义。但是由于在现象那里确有某种东西,它从来不曾被先天地认识过,它因而是使经验性知识同先天知识严格区别的东西,说,它即是感觉(作为知觉的材料),那么由此可以断言,感觉真正就是绝对不能被预见的那种东西。反之,我们应该可以把空间里的和时间里的种种纯粹规定,无论关于形象的还是关于分量的,都叫作现象的预见,因为时空里的纯粹规定能把永远要在经验里才会后天地被给出的那种东西先天地表象出来。不过假如,假如真是有某种东西,它竟然在每一个感觉(作为不必伴有独特感觉的一般感觉)那里都能先天地被认知出来,那么这种东西就应该完全值得在一种破例的意义下被叫作预见,因为显然非同寻常,这是抢先在经验出现之前就得到人们只能从经验那里才能得到的有关经验材料的那种东西。而在这里实际情况却就是如此。

仅仅凭借感觉的那种感知(Apprehension),只占有一个瞬间(因为我并没考虑许多感觉的前后接续)。由于感觉是现象里面的某种东西,而对现象里的东西的感知[活动]并不是一个由部分走向整体表象的前后连续的综合进程,所以感觉没有广延性的量;某个瞬间里如果感觉欠缺,这感觉的欠缺就会把该瞬间表象为空的,因而＝0。在经验性直观里,与感觉相对应的东西是实在(realitas phaenomenon),与感觉的欠缺相对应的是否定＝0。但是每一个感觉都会衰变,因此它能变弱以至逐渐消失,所以在现象里的实在与否定之间是一条由许多可能的中间感觉组成的继续不断的关联线,而中间感觉彼此之间的差距总比给定的感觉与零或完全否定之间的差距小些。这就是说,现象里的实在的东西任何时候都有一个量,但这个量在感知里是碰不到的,因为进行感知所凭借的是一瞬间里的单纯感觉,并非依靠许多感觉的连续的综合,因而不是从部分向整体行进。所以,实在的东西诚然有一个量,但有的不是广延性的量。

另有这样一种量,它只是作为一个单一[体]而被感知的,至于众多,在它这里则只有依靠它向否定＝0的逐步接近才能被表象出来,对于这种量,我称之为密集性的量。照这样说,现象里的每一个实在[的东西]都有密集性的量,也就是说,都有一个度。如果人们将这实在当作原因(不论是感觉的原因,或是现象里其他实在的,比如,一个变化的原因)看待,则人们就把被当作原因看待的那个实在的度叫作一个矩,比如说,重力矩,其所以要这样,则是因为度所表示的量不是连续地感知到,而只是一瞬间感知到的。不过,这一点我这里只是顺便触及一下,因为我此时还不讨论因果性。

依上所说,每一个感觉,同样每一个现象界里的实在,它不论多么小,都有一个度,也就是说,都有一个永远还能被削减的密集性的量;而在实在与否定之间,则是一批继续不断连成一串的可能实在和越来越小的可能知觉。任何一种颜色,例如红色,都有一个度,它不管是多小,也还决不是最小的度。这种情形,在温度、重力矩,等等方面,莫非如此。

量有一种特性,即,在众多量那里没有一个部分是可能最小的部分(没有哪个部分是单一的),这种特性就叫作众量的连续性(Kontinuität)。空间和时间都是连续的量(quanta continua),因为人们无法得到空间和时间的一个部分，除非把这个部分围圈在多个限界（多个点和多个瞬间）之间，而这样做的结果只能是，这个部分本身重新又成了一个空间或一个时间。可见，空间只由众空间所构成，时间只由众时间所构成。点和瞬间只是些限界，即是说，只是围圈空间和时间的一些单纯的位置。但这样一些位置，任何时候都须在他们出现之前就先有了它们要去围圈或规定的那些时空直观，这是它们能出现的前提条件，而如果就拿这些以为会在空间或时间之前就能先有的单纯位置，作为构筑部件，去组建空间或时间，那是决不能组建得起来的。人们也可称呼这类的量为流动的量，因为在这类量的产生［过程］中，生产性想象力的综合就是一个时间里的进程，而时间的连续性人们特别惯用"流动"（流逝）这个词来描写。

依上所说，一切现象一般而言都是连续的量，这不管它们就其直观而言是广延性的量也好，或者就单纯的知觉（感觉连同实在）而言是密集性的量也好，都是一样。如果众多的现象中断了综合，这众多的现象真正说来就不是作为一个量的那种现象，而成了许多现象组成的一个集合体，其所以产生出了这种集合体，并非由于某种生产性的综合在单纯地连接不断，而是由于某一种不断地停止进行的综合在重复进行。当我把 13 个塔勒称为一个货币量时，如果我所说的货币量是指一个纯银马克的价值，那我的这个称呼就完全正确；但这个纯银的马克无疑是一个连续性的量，因为在它里面没有任何部分是最小的部分，毋宁每个部分都能构成一个小货币，而这个小货币里又总包含着可构成更小货币的材料。但如果我是把上述那个称呼理解为 13 个圆圆的塔勒，即是说，理解为那么多个硬币（不管它们所含银子的价值是多少），那么我使用一个塔勒的量去称呼，就很不合适了，我毋宁必须称之为一个货币的集合体，也就是说，一些个可以数计的货币。可是，既然一切数目都必须以单一[亦即单位]为根据，那么，那作为单位的现象，就是一个量，而且作为这样一个量就任何时候都是一个连续体。

既然一切现象，不论就其广延方面看，还是就其密集方面看，都是连续性的量，那么，有一个命题说，一切改变或变化（一个事物从一个状态向另一状态的过渡）也都是连续性的，那么这个命题就应该能在这里以数学的明显性很容易被证明出来的，除非一般所谓改变或变化的因果性完全不存在于先验哲学的范围以内，而是以经验性原理为前提的。这是因为，关于这样的命题，即，一个会改变事物状态的亦即会规定事物成为某一给定状态之反面的那种原因是可能有的，知性根本不先天地向我们提供任何启示，而且其所以不提供启示，并非单纯因为知性缺乏洞察力，根本没看到变化的可能性（因为我们在许许多多先天知识中缺乏这样的洞察力），而且因为，虽然变化的原因可以是存在于不可变化者之中的，而可变化性[变化的可能性]则只关涉到唯独经验才能予以指明的某些现象界的规定。但是，由于我们在这里没有我们能现成利用的其他东西，唯一有的是一切可能经验的纯粹的基本概念，其中必定绝对不含经验性的东西，所以我们除非破坏系统的统一，否则对建立于某些基本经验上的普通的自然科学就不能进行预测。

虽然如此，我们却不乏证据，证明我们的这种原理很有作用：它能预测知觉，甚至在一定意义上能弥补知觉的缺欠，因为它能预防会从知觉的欠缺中引出的一切错误结论。

如果知觉里的一切实在都有一个度,而在这个度与否定之间存在着由越来越小的度组成的一条无穷无尽的递减阶梯,同样,如果每一种感官必定各有一定的感觉接受能力的度,那么,我们就不可能有任何知觉,从而也不可能有任何感觉会直接或间接地证明(不论推论多么迂回曲折)现象界里的一种没有任何实在的完全欠缺[空虚],换句话说,那就绝对不能从经验里找得到一种证明,来证明有空的空间或空的时间。这是因为,感性直观里实在东西的完全欠缺,第一,本身是不能被感知到的;第二,它也不能通过任何现象以及现象的实在度的差别被推论出来;甚至也决不可为了说明实在度的差别而被假设下来。因为,即使关于某一空间或某一时间的整个直观都完完全全是实在的,也就是说,其中没有任何一部分是空虚的,可是即使如此,由于每个实在都有它的度,而这个度能在不改变现象的广延量的情况下通过无数等级递减至于全无(虚空),所以空间或时间的充实程度就必定会有无数个不同的度,而且尽管直观的广延量保持不变,不同现象里的密集量则能或者大些或者小些。

我们想举一个这方面的例子。几乎所有的自然研究家,由于部分地通过重量或重力矩,部分地通过对其他运动的物质的抗力矩,认识到了在同样的容积之下各种物质的量彼此有很大的差别,于是异口同声地推断说,这个容积(即现象的广延量)在一切物质(Materien)中都必定是空的,虽然空的多少有不同。但是有谁会想到,绝大多数从事数学和力学研究的这些自然学者们竟是把他们的这种推论单纯建立在一种他们自称极想避免的形而上学前提上呢?他们假设的前提是:空间里的实在(在这里我不愿称呼实在为不可入性或重量,因为这些是经验性的概念)到处是一律的,同一个样子的,只在广延量亦即数量上有所不同。这个前提,他们并没能给举出经验方面的根据,因而完全是形而上学的;与之针锋相对,我现在提出一个先验的证明。我这个证明虽然不应该去解释多个空间在充实方面的差异,但却彻底消除了表示唯独假设空的空间才能解释空间的充实上的差异问题的那个前提的必然性。而且,我的先验证明至少还有解放知性的功劳,使得知性在有必要提出任何一种假说(Hypothese)以解释自然现象时能够自由地以其他方式去思考这种差异性。这是因为,在这里我们看到,不错,相同的两个空间可以被不同的物质完全充实,以至于没有哪一个空间里的任何一个点上不现在着物质;可是,每一个实在[的东西],虽然性质(Qualität)保持不变,却有其物质上(抗力的或重力的)可变的度,在物质尚未变空以至完全消失之前,它的度可以无限地变小,而并不使广延量或数量跟着缩小。因此,充实着一个空间的某一种放射物,比如热,以及现象界里每一种其他实在也同样,能够在不让该空间的哪怕最小的部分变空的情况下无限地减少它的度,而且虽然度变小了,这些较小度的放射物却能和较大度的其他现象同样地充实空间,毫无逊色。在这里,我决无意于主张,按照物质的比重来说的物质差异实际上就是这样子发生的,我只不过想依据一条纯粹知性原理来表明,首先,我们的知觉的本性允许这样一种解释,这样的解释是可能的;其次,人们以为现象界的实在,在度上是同一的,只在其广延量和集合体上有所不同,他们甚至徒劳地通过一条先天的知性原理去坚持这种看法,这都是错误的,我意如此而已。

不过,对于一位习惯于先验反思因而锻炼得遇事审慎的研究人员来说,这种知觉的预测总含有某种令人诧异的东西,总令人不能不对下列问题产生一些疑虑:首先是,怎么知性居然有能力预测一些综合命题,比如,有关现象界一切实在东西的度的命题,从而,又比如,有关感觉的内在差别本身(在抽掉它的经验性质时)的可能性的命题;然后,还有一个并非不值得予以解决的问题,那就是,在这里知性怎么竟能先天地综合地就种种现象发表起意见来呢,甚至能在纯属经验性的东西那里,亦即在涉及感觉的那种东西中,对现象进行预测呢。

感觉的性质任何时候都单纯是经验性的,根本不能先天地予以表象(比如,颜色、味道,等等)。但是,同一般感觉相对应而与否定＝0相对立的那种实在,却只表象着其概念自身含有一个存在(Sein)的某种东西,只意味着一个经验性的意识里的一般的综合[进程]。经验性的意识能在内在感知(Sinn)中从0度被提升到任何一个比0大的度上,以致直观的某一个广延量,例如一个反光平面,它所激起的感觉会同许多个其他反光较弱的平面凑集一起共同激发起来的感觉一样大小。由此可见,人们可以完全抽掉现象的广延量,就一个瞬间里的单纯的感觉,去表象一个从0直到给定的经验性意识为止的步调一律逐级上升的综合进程。因此,虽然一切感觉就其为感觉而言都是后天给出的,但感觉各有一个度这个感觉特性却能先天地被认识到。值得注意的是,在一般的量(Größen)那里,我们只能先天地认识它的一个唯一的性质,即连续性,但在一切的质那里(即在现象界的实在东西那里),我们则只能先天地认识它们的密集性的量,只能先天地认识它们各有一个度,此外再也不能认识别的。认识其余的一切,就都有待于经验。

3. 经验的类推

类推的原理是:经验只是凭借着表示众知觉的一种必然联结的那种表象才可能的。*

证明:

经验是一种经验性的知识,即是说,它是凭借众知觉来规定一个客体的那种知识。它因而是众知觉的一种综合,它本身并不是这些知觉所含有的,它反而包含着一个意识里众多知觉的综合的统一(Einheit);而这种统一乃是一种有关感官客体的知识中的本质的东西,也就是说,是经验(不仅仅是直观或感官感觉)中的本质的东西。可是在经验里,众知觉固然走到了一起,那却只是偶然地,以致从知觉本身出发,既不曾也不能阐明知觉之结合的必然性;因为感知,只是把众多的经验性直观凑集安置在一起而已;在它那里,并没有任何有关必然性的表象,来表示被它凑集安置在时间空间里的那些现象必然地一定要怎么样结合着存在。但由于经验是一种通过众知觉来规定客体的知识,所以在经验里被表象出来的那种众多东西在存在上的关系,就不应该是在时间里被凑集一起的那种关系,而应该是在时间里客观地实有的那种关系;但时间本身不能被知觉,因此,要对时间里众客体的存在进行规定,就只能凭借众客体在一般时间里的联结,这就是说,只能凭借先天地把它们联结在一起的那些概念。可是这些概念同时总带有必然

---

* 第一版里此段文字为:"类推的一般原理是:一切现象,就其存在而言,都先天地受制约于规定一个时间里现象的彼此关系的那些规则"。——译者注

性,所以经验只是通过那关于知觉的必然联结的表象才可能的*。

时间的三个样相是常住、接续和同在。因此现象的一切时间关系共有三种规则,而有鉴于一切时间的统一性,现象的每一存在都是能按此三种规则加以规定的;至于这三种规则本身,则将先行一切经验之前,且一切经靠它们才得以可能。

三种类推的普遍原理是以统觉的必然统一性为根据的——这是就一切可能的经验性意识(亦即知觉)之无不各属于时间的一个片刻而言;由此推论,既然统觉的统一性先天地是经验性意识的基础,那么,上述三种类推的普遍原理就是以一切现象的综合统一性为根据的——这是就众现象在时间里的关系而言。这是因为,原始的统觉所关联的是内感觉(一切表象的总和),尤其是,它先天地关联着的是内感觉的形式,也就是说,是众多经验性意识在时间里的关系。可是所有这么众多的经验性意识都应按照它们的时间关系在原始统觉里被联合起来;因为,这一点乃是统觉的先验统一性所先天要求的,其实凡在我的知识(这就是说,我独有的**知识)范围之内因而能成为我的一个对象的一切一切,都须符合于这个统一性要求。于是,一切知觉的时间关系里的这种被先天规定了的综合统一性就成了这样一条规律:"一切经验性的时间规定都必须受制约于普遍的时间规定的规则";而我们现在要探讨的种种经验类推必定就是这一类的规则。

这些原理具有这样的特性:它们并不关涉众现象以及众现象

---

*　这一整段是第二版增加的文字。——译者注
**　原文 einigen,本译读作 eigenen。——译者注

的经验性直观的综合，而仅仅关涉众现象的存在以及众现象在这种存在上彼此之间的关系。须知，某种东西在现象里被感知时所凭借的那种感知方式，是可以被先天地规定的，因为现象的综合规则能在我们面临的任何一个经验性事例中立即提供出来这种先天的直观，也就是说，能立即使这种先天直观实际进行起来。但现象的存在却不能被先天地认知；而且即使我们沿着这条路一直走到能够推断出任何一个现象的存在的地步，我们毕竟也不会从规定上明确地认识到那个存在，这就是说，我们也不能预见到该存在的经验性直观所以同其他存在的经验性直观彼此区别的那种东西。

以前的两条原理，由于使我们有权把数学应用于现象，我曾称之为数学的原理，它们所关涉的那些现象本来都只是现象的可能性，它们因而指教过我们，说明那些现象，无论基于现象的直观也好，或者基于现象的知觉中实在的东西也好，都是怎么能够按照一种数学的综合规则被产生出来的。因为这样，人们就无论在二者之中的哪一种情况下都能使用数量并能因此把现象作为量来规定。例如，我将能凭着日光亮度大约相当于20万倍的月光亮度，来先天地规定，也就是说，来构成，我们对日光的感觉度。因此，第一批原理我们可称之为构成性的原理。

至于另一些原理，由于要先天地把现象的存在置于规则之下，其情况就必定大不相同。因为，存在是不能构成的，因此它们将只能关涉到存在的关系，只能充当单纯规范性的原理。因此在这里，可以考虑的既不是公理也不是预见，毋宁是这样的情况：当我们这里出现了在一个时间关系中相对于（虽然并不确切的）另一知觉的某一个知觉时，我们将不能先天地说出它是哪样一种知觉，以及它有多大的量，而却能说出，就其存在而言它必然地是在这个时间关系(modo der Zeit)中同另一个知觉关联着的。在哲学里，类推所意指的东西与它在数学里所表象的那种东西很不相同。在数学里那是一些公式，它们表示两个量关系的相等，而且它们永远是构成性的，以至于，当比例的三个项被给定了时，第四项由此也就被给定，即是说，也就被构成了。但在哲学里，类推不是两个量关系的相等，而是两个质关系的相等；在这里，我根据三个给定的项所能认识并先天指明的，只是与一个第四项的关系，而不是这个第四项本身；不过，我倒确实有了一条指明要到经验里寻找这第四项的规则，和一个可据以在经验里找出这第四项的标志。这样，经验的类推将只是这样一种规则，按此规则，经验（并非像知觉自身那样作为一般的经验性直观）的统一性应该起源于众知觉；而且经验的类推，作为有效作用于众对象（亦即众现象）的原理，将不是起构成作用的，而是只起规范作用的。但是，对经验的类推所说的这种情况，也将恰恰就是一般经验性思维的公设的情况；经验性思维的众公设，同时关涉着单纯直观（亦即现象之形式）的综合，知觉（亦即现象之实质）的综合，和经验（亦即这些知觉之关系）的综合；而这些公设的情况所以说与经验的类推的情况一样，乃因为它们也都只是规范性的原理，而且与那些构成性的数学原理也有区别，诚然，在确定性上它们与数学原理并无差异，因为两者都是先天确定的，但在明显性的方式上，也就是说，在明显性的直觉因素上（从而也在证明上），毕竟是彼此不同的。

但是，在一切综合原理那里都曾提醒过而在这里仍须优先指明的一点是：这些类推并非作为知性的先验使用的原理，而只是作为知性的经验使用的原理才具有它们独特的意义和有效性,也只有作为这样的原理才能得到证明的;而且进而言之,众现象不能被迳直地包摄于范畴之下而必须只被包摄于范畴的图式之下。这是因为,假如这些原理要被引用于其上的那些对象,竟是些事物自己本身[Dinge an sich selbst,物自身],那要想先天地综合地认识有关这些对象的任何东西就会是完全不可能的了。可是,这些对象不是什么别的,都只是些现象,一切先天原理最终必定总是归结于要完全认识这些现象,而关于现象的完全的知识恰恰就是我们关于现象的可能经验。因此,上述原理并不能怀有别的目标,只能期望充当现象的综合中经验性知识的统一的条件而已。但现象的综合是只能在纯粹知性概念的图式中被思维的,对于现象综合的统一(作为一般综合的统一),则范畴含有不受任何感性条件束缚的促成功能。于是,我们将因这些原理而有权去单只按照一种同概念的(逻辑的和普遍的)统一性相类比的办法把众现象组合起来,而且因此,我们在原理自身中固然要利用范畴,但在执行中(即在原理被应用于现象时)我们将以范畴的图式,作为范畴使用上的钥匙,来替代原理,或者更明确地说,我们将把范畴的图式,以原理的一种公式的名义,置于范畴之旁,以作为其制约条件。

A 第一类推　实体的常住性原理

在众现象变换不居的情况下实体常住不移,而且实体的量在大自然中既不增多也不减少*。

---

*　这一段的文字在第一版里是:"常住性原理。一切现象都含有某种常住的东西(一个实体),这是客体本身,又含有某种可变的东西,这是该客体的规定,换句话说,这是该客体存在的样式。"——译者注

证明：

一切现象都是在时间里；只在这作为衬底（作为内在直观的常住不移的形式）的时间里，同在性和接续性才能被表象出来。可见时间，即现象的一切变换要在其中才能被思维的这个时间，乃是坚持如一、始终不变的，因为它是这样一种东西，只在这种东西中前后接续性或同时并在性才能被表象为时间本身的两种规定。可是，时间就其自身而言是不能被知觉的。因此，表象着一般时间的那个衬底，必定要在知觉的众对象那里，也就是说，要在众现象那里才会碰到；而且全靠感知了众现象同这个衬底的关系，每一个变换更替或同时并在的情况才能从该衬底上被觉察出来。但一切实在的东西，也就是说，一切属于事物之具体存在（Existenz）的东西，都有它们的衬底，它们的衬底就是实体，凡属于存在（Dasein）的一切东西都只能被思维为实体的一种规定。由此可见，众现象的一切时间关系都只靠它们同一个常住不移的东西发生关系才能予以规定，而这个常住不移的东西就是现象界里的实体，也就是说，就是现象的实在*（das Reale），它作为一切变换更替的东西的衬底，永远保持自身不变。由于实体在存在上不能变换更替，所以它在自然界里的量也就既不增多也不减少**。

我们对众多现象的感知任何时候都是接续着的，因而永远是

---

* 此处的"实在"应该与上文"实在的东西"不同，甚至相反，故原文虽然都是"das Reale"，中文作不同处理。——译者注

** 这段文字是第二版的。第一版的这段文字是这样："第一类推的证明：一切现象都在时间里。时间能规定众现象为有两种方式的存在，或者先后接续，或者同时并在。就前者而言，时间被视为时间系列，就后者而言，时间被视为时间范围。"——译者注

变换着的。因此，单凭我们的感知，我们根本不能确定究竟作为经验之对象的这众多现象是同时并在的还是前后接续着的，因为在这里，众现象没有某种任何时候都存在着的东西作为自己的根据，也就是说，它们没有某种常住而不变的东西作为基础，而任何变换更替和同时并在都不过是那种常住不变的东西的一些存在方式（时间样相）而已。因此任何时间关系都只在常住不变的东西中才是可能的（因为同在性和接续性是时间里仅有的两种关系），这就是说，常住不变的东西乃是时间自身的经验性表象的衬底，一切时间规定都只在这个衬底那里才是可能的。常住不变[永恒性]一般而言已表达了什么是时间——它是一切现象之存在的、一切变换更替的、一切同时并在的永久相关项。这是因为，变换更替并不涉及时间本身，而只涉及时间里的现象（这正如同时并在并不是时间自身的一个样相一样，因为时间里没有什么部分是同时的，毋宁一切部分都是先后的）。假如人们想要给时间自身安排一个先后顺序，那人们就必须设想还有另外一个时间，在那里，这种顺序才会是可能的。先后相续的时间系列的各个不同部分里的实际存在，完全是通过这常住不变的东西才有了一个量，这个量，人们称之为时续(Dauer)。因为，只在单纯的顺序里，实际存在总处于兴衰生灭之中，从来不具有哪怕一点点的量。所以，没有这个常住不变者，就没有时间关系。可是，时间自己本身是不能被知觉到的；因而现象界里的这个常住不变者就是一切时间规定的衬底，从而也就是一切知觉的综合统一所以可能的条件，亦即经验所以可能的条件，而且在这个常住不变者那里，时间里的一切实际存在和一切变换更替，都只能被看作是常住而不变的这个东西的一种存在样相。因此，在一切现象里，常住不变的东西才是对象自身，也就是说，才是实体（phaenomenon），而一切正在变动或能够变动的东西，则只属于这个实体或众多实体如何存在的样式，从而只属于它们的规定。

我发现，在一切时代里，不仅哲学家，而且甚至略具常识的普通人，都已设想过这个永恒性［常住不变的东西］，以作为现象界一切变换更替的一个衬底，也都将承认它永远是无可置疑的，只不过，哲学家在这上面表达了某种较为确切的东西，因为他们说过：在世界上的千变万化之中，实体坚持不变，只有偶态在变换更替。但是，对于这个如此明显的综合命题，我却在任何地方都没见到有人进行过证明，哪怕仅仅一次证明的尝试也罢，甚至于，这个命题能站在纯粹而又完全先天的众自然规律的首席位子上，虽然这是理所当然的，实际上也非常非常罕见。当人们说，实体是常住不变的，这说的确实是一个同语反复的命题。因为我们所以能把实体范畴应用到现象上，唯一的根据就是这个常住［不变］性；而其实呢，关于一切现象里都有某种常住不变的东西（在它那里可变的东西只不过是它的存在规定）这一设想，倒是必须先就得到证明的。但是这样一种证明，进行起来决不能采取教条主义，即是说，决不能从概念出发，因为它要去证明的是一个先天综合命题，而人们从来不曾想到过：这类命题只有同可能的经验关联着才能有效，因而也只有通过经验可能性的一种演绎才能加以证明。因此，这个命题尽管在一切经验那里都被当成根据（因为在经验性知识那里人们感觉到需要它），却是从来未曾证明的，那就没有什么可惊奇的了。

一位哲学家被人问道:烟有多重?他回答说,从被烧的木材的重量中减去剩余的灰烬的重,你就得到烟的重量。哲学家显然已预先设定,质料(实体)即使在火里也并不毁灭而仅只改变一下它的形式,而且他认定这个前提是无可非议的。同样的,"从无生无"这个命题也只是常住不变性的原理[基本命题,Grundsatz]的另外一个结论[引申命题,Folgesatz],或者更确切地说,只是一切现象那里的真正主体的持续存在的另一种说法而已。这是因为,如果在现象那里的被人称为实体的那种东西就是一切时间规定固有的衬底,那么无论过去的还是将来的一切实际存在就都必须唯一无二地依据这个衬底才能加以规定。由此可见,我们所以能将实体这一称号加给一个现象,那只是因为我们已预先设定任何时候有那个现象的存在;诚然,人们用常住不变这个词来表达任何时候都存在这一情况并不那么合适,因为常住不变主要是对未来的时间说的。然而,继续不变的内在必然性同已经常住的必然性毕竟是密不可分地结合着的,所以这个词也还可以沿用下去。无不生有,有不归无(Gigni de nihilo nihil, in nihilum nil posse reverti),这本是古人从来紧密结合着用的两个命题,现在人们有时出于误解把它们分开来,因为人们以为它们关涉的是事物自身,而且以为头一个命题也许会同世界对一个最高原因(甚至也同世界对它的实体)的依存性有所抵触;其实,这种疑虑是多余的,因为这里谈论的只是经验领域里的种种现象;假如我们竟想允许(对实体而言的)新事物发生,那么众现象的统一就会是绝对不可能的了。因为在那种情况下,唯一能表象时间的统一性的那种东西,亦即一切变换更替所赖以通体统一起来的那个衬底的完全同一性,就会丢失了。但这种常住不变毕竟只不过是用以向我们表象现象界里[全体]事物之实际存在的那种样式。

一个实体所有的规定中仅只表示实体存在的诸特殊样式的那些规定,叫作偶态(Akzidenzen)。它们任何时候都是实在的,因为它们关涉到实体的存在(众否定则是只表示实体上某物不存在的那些规定)。而当着人们认定实体上的这些实在的规定(例如,作为物质的一种偶态的运动)具有另一种特殊的存在时,人们就称呼这种存在为依存(Inhärenz),以便与实体的存在相区别,实体的存在通常被称为自存(Subsistenz)。不过这样区别之后,产生了许多误解;所以,要界定偶态,比较确切而且适当的办法就是,单只凭借一个实体的存在以之而被肯定地规定下来的那种样式。但是,由于我们的知性在逻辑的使用时总要有些条件的缘故,人们就无可避免地要把一个实体的存在里能够变换更替的那种东西从坚定不移的实体那里仿佛剥离下来,并在其与真正常住而根本的东西[实体]的关系中来考虑那可变换的东西;可是这样一来,就连实体这个范畴也被归属到关系范畴这一门类之下了,当然,它更多地是作为关系的条件,而不是说它自身就含有一种关系。

改变这个概念的正确理解也是建立在这个常住不变性上的。发生和消灭都不是正在发生或消灭着的那种东西的改变。改变乃是紧跟着同一个对象的某种存在样式之后另一种存在样式的出现。所以,一切自身改变着的东西都是常住不移的,仅只它的状态在变换更替。由于这种变换更替只关涉到既能终止也能起始的那些规定,所以我们可以用一句看来似非而是的话说:唯独常住不变的东西(实体)才会被改变,那流变不居的东西却并不经受改变,它经受的毋宁只是一种变换,即,一些规定终止,而另一些规定起始。

因此,改变只能在实体那里被知觉到,而发生或消灭,本身都绝对不能成为任何可能的知觉,除非它关涉到常住不变者的一个规定,因为,正是这个常住不变者才使从一个状态到另一个状态、从无到有的这种过渡有可能成为表象的,因而这种过渡的表象只有作为常住不变者的变换更替着的众规定才能被经验地认识到。如果你假定,有某种东西绝对刚才开始存在,那你就必须承认有该东西尚未在其中存在的那样一个时刻。但这个时刻你若不把它附着在已经当下存在着的东西上,你还能把它附着在哪里呢?因为先前流逝了的那一个空的时间并不构成我们知觉的对象;但如果你把这个新发生的事物联结到以前就存在而且一直延续存在到新发生的事物为止的那些事物上,那么新发生的事物就只是先前的事物(作为常住不变者)的一个规定了。关于消灭的情况也是这样,因为消灭须有其中不再有现象存在的那样一个时间的经验性表象以为前提。

现象界里的实体都是一切时间规定的衬底。假如有些实体发生了,另一些实体消灭了,那么它们的发生与消灭,就甚至会把我们经验上的时间统一性的唯一条件也摧毁了,而到了那个情况下,众现象就会同两类时间联结起来,存在就会在平行的两类时间之流上漂流,可这是荒谬的。因为,时间只有一个,所有的各类时间必会不是并排着而是接续着被安顿在这一个时间里。

由此可见,常住不变性乃是一条必要条件,只在这个条件之下,现象,作为一可能经验中的事物或对象,才是可规定的。但是这个必要的常住不变性,以及众现象的实质性,它们二者的经验性标准是什么呢？关于这个问题，下文我们将有机会作出必要的说明。

B 第二类推　依照因果律的时间接续原理*

一切改变皆按原因与效果相连结的规律而发生。

证明：

（前面那个原理已经阐明，时间里接续着的一切现象都只是一些改变（Veränderungen），即是说，它们只不过是常住不变的实体具有的众规定的存在或不存在的接续，因此，接续着实体的不存在的那种实体自身的存在，或接续着实体的存在的那种实体自身的不存在，换言之，实体自身的发生或消灭，都是不会有的。这个原理假如当初作如下表述，那也是可以的：众现象的一切变换更替（接续）都只是改变；这是因为，实体的发生或消灭都不是实体的改变，因为改变的概念预设的前提恰恰是要求两个相反的规则所共同隶属的那同一个主体一直存在着从而是常住不变的。——这是先作了一点回顾，下面就进入证明。）

我知觉到，众现象先后接续着，即是说，我知觉到，一个事物状态存在于一个时间，而该状态的反面曾存在于先前一个时间。因而真正说来，是我把时间里的两个知觉连结起来的。可是这项连结并不是单纯的感觉和直观的功劳，这里毋宁是按照时间关系来规定内在感觉的那个想象力的一种综合能力的产品。但想象力能以两种方式把所想的两个状态连结起来，以致在时间里或者是这

---

* 在第一版，此处文字如下："产生原理：每个正在发生亦即开始存在的东西，都以它依照一项规则随之而来的某种东西作为前提"。——译者注

一状态先行,或者是那一状态先行;而因为时间自己本身不能被知觉,于是唯有联系着想象力*,客体里哪个状态先行和哪个状态随后仿佛才能得到经验性规定。于是,我只意识到,是我的想象在安排一个在先另一个在后,而不是客体里一个状态先行于另一个状态;或者换句话说,单单凭借知觉,先后接连着的两个现象的客观关系始终是不曾被规定的。而为了这客观关系能被认知为规定了的,人们必须考虑到:两个状态之间的关系之所以会被规定为必然的,全在于该关系中的哪一个状态在先,哪一个状态在后,以及前后不能颠倒等等,都必然是确定了的。但带有综合统一的必然性的概念只能是一个纯粹知性概念,它不存在于知觉中;而在这里,它就是因果关系的概念,这种关系中的前者[原因]把后者规定为时间中的后果,而不规定之为某种只会在想象中出现的东西(或根本在任何地方都不会被知觉到的东西)。因此,单只由于我们把现象的后果乃至一切改变都归属于因果律之下,所以经验自身,也就是说,关于现象的经验性知识,才是可能的;当然现象自身作为经验的对象也只有符合了该规律才是可能的**。

　　对现象中纷繁杂多的因素的感知,任何时候都是接续着的。各部分的表象一个接续一个。至于它们在对象里是否也前后接续着,那就是第二个应加反思之点,而不是前一原理里已含有的了。不错,人们可以把一切东西,乃至每个表象,只要是人们意识到的,

---

　　* 此处德文原文 sie,可代以时间,也可代以想象力,英译作时间解,我译改之。——译者注

　　** 以上两段是第二版增加的。——译者注

都称为客体*；但客体这个词,在众现象(此处指的并非作为众表象因而即是众客体的那些现象,而是只指示着一个客体的那些现象)那里应该意味着什么,这问题就有待于更深一层的探讨。众现象如果只因作为众表象也就同时即是众意识对象,那么它们同感知,亦即同想象力的综合所作的接纳,就根本没有任何分别,而且人们就必须承认,现象中纷繁杂多的因素在人心里总是接续着产生的。假如众现象是些物自身,那就不会有任何人能以现象中纷繁杂多的因素的表象之前后接续为依据,揣度客体里这些纷繁杂多的东西是怎么样彼此联结着的。这是因为,我们所涉及的毕竟只是我们的表象；要知道物自身(撇开其赖以影响我们的那些表象)是怎么个样子,那完全是超出我们的知识范围以外的事了。可是,虽然现象都不是物自身,它们却是唯一能被提供给我们来认识的那种东西；因此,尽管我们已经知道,纷繁杂多的因素在感知里的表象总是前后接续着的,但我必须同时指明它们在现象自身那里究竟是处于时间上的哪一种联结之中。比如,我们已经知道,我对我面前的这一幢房子的现象里的纷繁杂多的东西的感知,是前后接续的。但问题在于,这幢房子本身的纷繁杂多的部分也是彼此先后接续着的吗,这就理所当然地没有人肯承认了。但是,一旦我把我关于一个对象的众概念提升到具有先验意义的高度,我就立刻看出,这房子根本不是物自身,而只是一种现象,也就是说,一种其先验对象不曾被知的表象；那么在此情况下,现象自身(但这

---

* 原文是 Objekt,康德在本书中经常把 Objekt 和 Gegenstand 两字通用,此处的"客体"意指"对象"。——译者注

并不是物自身)里的纷繁杂多的因素是怎么彼此联结着的这一问题,我如何来理解呢?实际上是,前后接续着的感知里含有的东西,在这里被当成了表象,而我认知了的现象,尽管它只不过是这些表象的一个总和,却被当成了这同一些表象的对象,当成了我从感知的众表象里提取出来的我的那个概念所必须去与之符合一致的那样一种对象。大家马上就要看到,由于认识与客体的符合一致就是真理,所以在这里能被我们追问的只有经验性真理的种种形式条件,而且还将看到,与感知的众表象处于反对关系中的那种现象,若要能被呈现为不同于这些表象的一个感知客体,该现象就只有受制约于这样一条规则才行,这条规则既将该现象同每个其他感知区别开来,又使纷繁杂多的因素的某一种联结方式成为必然的。在现象那里,包含着感知的这种必然性规则的条件的那种东西,就是客体。

现在让我们继续进行我们的业务。所谓某个事物在发生,也就是说,从前不曾有过的某个事物或某一状态现在有了,这种事是不能从经验上被知觉到的,除非在此之前就有一个并不包含该事物或该状态的现象先行出现过;这是因为,接续于一个空的时间之后的那一种现实,亦即没有任何事物状态先行于其前的那一种发生,就像空的时间本身一样不能被感知的。所以对一个新发事件的任何感知都是接续于另一知觉之后的一个知觉。但是,在一切感知的综合那里这种由一个知觉接续另一个知觉的情况,如同我在上文里就一幢房子的现象所展示的那些是一样的,因此,对一个新发事件的感知,还不曾由于前后接续这一点就同其他种类的感知区别开来,有所不同。然而我也注意到了,如果我在含有新发事件的一个现象那里把知觉的先行状态称为 A,后续状态称为 B,那么,感知里的 B 就只能接续于 A 之后,但知觉 A 却不能接续于 B 之后,毋宁只能先行于 B 之前。举例来说,我看见一只顺流而下的船。我对在河流下游位子上的船的知觉是跟随于我对河流上游位子上的船的知觉之后的,要想在这个现象的感知里首先让在下游位子上的船被知觉然后才让在上游位子上的船被知觉,那是不可能的。因此在这里,感知中的众知觉前后接续的顺序是被规定了的,感知是受制约于这个顺序的。可是在前述关于一幢房子的事例中,我在感知里的众知觉,可以从房顶开始到房基终止,但也可以从下部开始到上部终止,同样,我在感知经验性直观中各式各样的东西时,无论从右到左,或者从左到右,也都可以。由此可见,在这些知觉的系列里本就不曾有被规定了的顺序,会迫使我在感知时为了能将纷繁杂多的东西经验地联结起来而非从某处开始不可。但是,在对正发生着的事物进行知觉的时候,这种规则却就任何时刻都会碰到的,而且它使(对于发生着的事物的感知中的)众知觉前后接续的顺序成为必然的。

因此,我在我所探讨的事例里将不得不从现象上的客观接续中推导出感知上的主观接续。因为如果不这样做,则感知上的接续是完全不确定的,而且它也不能将一个现象同别的现象区别开来。单只主观的接续,由于是完全任意的,因而它对客体上纷繁杂多的东西彼此结合的情况就什么也证明不了。因此,客观的接续将体现于现象里纷繁杂多的东西的顺序中,而按照现象里的顺序,对于一种(正在发生的)东西的感知,遵从着一条规则,就接续于对另一种(先行着的)东西的感知之后,只有这样,我才不仅对于我的感知而且对于现象本身,都能理由充分地说:在顺序里一定有一种接续;而这句话也就等于说,我只能让感知恰恰就这样地接续着,此外我不能对感知作任何别样的安排。

按照这样一条规则来说,凡一般地先行于一个新发事件之前的那种事物,本身必定包含有该新发事件必然地在任何情况下都将接续而来所依据的那一条规则的[必要]条件;但反过来,我不能从新发事件倒退,(通过感知)去规定先行于其前的那个事物。这是因为,现象虽然确实总与某一个先行的时点联系着,但它并不从接续于后的时点退往先行于前的时点;相反,从一个给定了的时点走向某个接续而来的时点这一进程却是必然的。因此,由于确实是有某个接续而来的新发事件,故我就不得不将它必然地联系到某个其他先行的东西上,而它就按照一种规则,即是说,以必然的方式,跟着那先行的东西接续而来,这样一来,新发事件,作为受条件制约而成的事物,就提供可靠的信息以证明确实有过某一条件,而条件则规定着新发事件的发生。

让我们设想,假如在一个新发事件之前,不曾有过该新发事件的所必须按照规则随之而来的什么先行的东西,那么,知觉之间的一切前后接续,就只会是存在于感知里的,这就是说,在众知觉里究竟哪个必须先行于前哪个必须接续于后,那完全是主观上的事,而根本不是客观地规定了的。在这种情况下,我们将会只是做了一场与客体毫不相干的表象游戏,这就是说,单凭我们的知觉,我们根本不能按照时间关系把一个现象同其他现象一一区别开来。因为,在感知活动里,不论在前在后,接续反正都是一样的接续,而在现象界里,既然不存在能规定接续的那种事物,因而就无从凭借规定来使某一种接续成为客观的必然的。这样一来,我将不说,在现象界里有两个状态前后接续;宁愿只说,是一个感知接续着另一个感知。可是,一个感知接续着另一个感知,这完全是某种主观的事情,并不涉及客体,所以根本不能算是有关某一对象(即使是现象界里的对象)的知识。

因此,每当我们经验到有某种东西发生的时候,我们总是预先设定,在它之前已有某种东西先行,它是按照一种规则接续于该先行的东西之后发生的。这是因为,假如没预设某种先行的东西以为前提,我就不会谈论客体,不会说它是接续着发生的,因为单纯的在我感知里的接续,如果不是被一条规则规定为与一个先行事物联系着的,那它就没有资格保证任何在客体里的接续。所以,我永远认可并参照着"实际上接续着发生的那些现象都是由在先状态规定了的"这一规则,我才赋予我(感知的)主观的综合以一种客观的价值,而且,就连我之取得关于某个新发事物的经验,也完完全全是在这个前提之下才可能的。

这种说法看来确实像是同人们关于我们知性使用的进程所经常表述的那些见解互相矛盾。因为迄今提出的观点总说,我们首先只是认识到许多新发事件接续于先行现象之后,并比较出各次接续情况的明显一致,然后,受了这比较认识的启发,我们才去发现"任何时候一定的新发事件总接续于一定的现象之后"所依据的那一条规则,而且在上述比较认识的迫使之下,我们才去为自己构造出一个原因的概念。可是这样构成的原因概念,就该完全是经验性的,因而它所提供的关于一切发生的事物都有一个原因的那条规则,就该像经验本身一样是偶然的。在那种情况下,概念的普遍性和必然性就都只是虚构的,并不具备任何真正的普遍有效性,因为它们没有先天的根据,只是建立在归纳上的。但是,这里出现的情况与其他纯粹先天表象(例如空间和时间)的情况是一样的,时空这类先天表象所以能被我们从经验里抽取出来,成为明晰的概念,那只是因为当初它们本是由我们放进经验里去;以使经验通过它们而得以形成的。诚然,规定着新发事件之系列的那一个规则,作为一个原因的概念,是只当我们在经验里使用它时它的表象的逻辑明晰性才可能显现出来的;然而,对该规则的一种认可(或参照),即,将该规则视为时间里众现象综合统一的条件,却毕竟曾是经验自身的根据,所以是先天的,曾先行于经验之前的。

于是,当前主要的事情就是要在我们的事例中指明这么一点:即,我们即使在经验里也从来不让客体有一个新发事件亦即先前没有而现在发生的某个事物接续于其后,而且从来不让这样的接续有别于我们感知的主观接续,除非在当时,事情的基层里有一条规则强迫我们一定要遵守这一知觉顺序而不去遵守别的知觉顺序;可是这就等于说,这时候的强迫,实际上就是首先使一种客体里的接续的表象得以可能的那种东西。

我们有我们内心里的种种表象,我们也能意识到这些表象。但这种意识不管伸展范围有多广大,不管内容有多确切或精密,所含有的却始终只是些表象,即是说,仍然是我们心灵在此一时间关系上或彼一时间关系上的一些内在规定而已。那么,我们如何才能给这些表象外加一个客体呢,或者说,如何能在它们的主观实在性之外,作为它们的变相,再为它们另添某一种连我也不知其为何物的客观实在性呢?须知,客观的意义不能产生于与另外一个(关于人们称之为对象的那种东西的）表象的联系之中，因为，如果要赖与另一表象相联系来产生客观意义，那就会重新发生这一老问题：这个[被联系的]另一表象又是怎么走出其自身并在作为内心状态之规定的它那固有的主观意义之外获得客观意义的呢？可是如果我们来看看与一个对象相联系会怎么样，看看会给我们的众表象带来哪样一种新情况，看看众表象会由此获得什么样子的尊严，那我们就发现，与对象相联系所产生的唯一结果就是，使我们的众表象受制约于一种规则，使它们在某一特定方式之下的结合成为必然的；反过来说那就是，只因我们的众表象在时间关系上的某一特定顺序是必然的，所以这些表象才获得客观意义。

　　在众现象的综合中纷繁杂多的表象任何时候都是前后接续着的。可是依靠这种接续，根本就呈现不出任何客体，因为这种接续在一切感知那里都是共同的，一样的，单凭它，任何东西都无从同其它东西区别开来。然而，一旦我知道或预想到，在此接续中存在着一种联系，一种同表象将按一定规则接续于其后的那先行状态的联系，那就有某种东西呈现出来成为一种新发事件，成为某种正在发生的东西；这就是说，我此时所认识的东西就成了这样一个对象：我必须把这个对象安置到时间里的某一规定了的位子上去，因为按照它的先行状态它不能分配到任何别的位子。因此当我认识到有某种东西正在发生时，这个认识（Vorstellung）里首先就包含了有某种东西先行于前，因为恰恰由于联系着这个先行的东西，现象才获得它的时间关系，即，它才得以存在于它不曾存在于其中的那一先行时间之后。但是，现象所以能获得它在这个时间关系中的特定的位子，则只是由于在先行状态里已预设了它任何时候或者说它按照一条规则总要去接续的那某种东西;由此于是得出两点定论,第一,我不能颠倒顺序,把正在发生的东西放到它去接续的那个东西的前面去,第二,一旦先行的状态已被设定,已经出现,这个规定了的新发事件就会无可回避地必然地接续上来。这样一来,在我们的表象之间就形成了这样一个顺序,在这个顺序里,当前现在的状态(只要已经完成)向我们暗示有某一先行状态是这个既有的新生事物的一个关系者[相关项],虽然是尚未确定的;但这个关系者则以规定者的身份联系着该新生事物,以之为自己的后果,并在时间系列中与之必然地结合着。

于今,如果说,"在先的时间必然地规定继起的时间"(因为我除了通过先行时间之外别无办法来认识后续时间),乃是我们感性的一个必然规律,从而是一切知觉的一个形式条件,那么,"过去时间里的现象规定着后来时间里的每一存在物",以及,"除非过去时间里的现象规定了或者说按照一种规则确立了作为新发事件的那些后来时间里的存在物在时间里的存在,否则后来时间里的存在物就不会发生",就也是对时间系列进行经验性表象的一条不可或缺的规律。因为我们唯有就着种种现象才能经验地认识众时间的关联中的这种连续性。

知性是属于一切经验及其可能性的,它为经验做的首要工作,并不是使对象的表象清晰起来,而是从根本上使一个对象的表象成为可能。它所以能做到这一点,是由于它把时间顺序转交给了众现象及其存在;这是因为,它给其中作为后果的每一个现象,各派定了一个参照着先行的现象而先天地规定了的按时间顺序的位子,假如不是有了按时间顺序的位子,那作为后果的众现象就不会与时间自身符合一致，因为时间自身已为它自己的各个部分都先天地规定了它们的位子。可是位子的这种规定，不能剽窃或采用众现象同绝对时间的关系（因为绝对时间不是知觉的对象），毋宁是倒转过来：众现象必须互相规定自己在时间自身中的位子，并将时间顺序上的这些位子固定成必然的，这就是说，当下发生或继起的东西，必然按照一条普遍规则接续于先行状态里曾经含有的那种东西的后面；于是就形成了这样一个现象的系列，这个现象系列借着知性之力所产生的并使之具有了必然性质的那可能知觉系列里的顺序和恒定关联，恰恰就是一切知觉必在其中各有位子的那内在直观形式（时间）里先天就有的同一个顺序和关联。

因此，知道有某物在发生，这乃是属于每一可能经验的一项知觉；可能的经验所以会成为现实的，则是由于我把现象看作就其位子而言是在时间中被规定了的，从而看作是按照一条规则任何时候都能在知觉的关联中被找到的一种客体。但我们按照时间的接续来规定某个事物时所需的这条规则则是说：新发事件任何时候（也就是说，必然地）接续而来所需的条件，是可以在先行事物中找到的。因此，充足理由原理就是可能经验的根据，亦即就其在时间系列顺序中的关系来看的那些现象的客观知识的根据。

但这个原理的论证根据完全在于下述各个要点。一切经验性知识都含有想象力对纷繁杂多东西进行的综合，这综合任何时候都是连续着的；这就是说，它里面的众表象任何时候都是一个接续着一个。然而想象力里的接续，如就顺序（哪个必在先和哪个必在后）而言，是毫无规定的，因为一个接续着一个的表象所构成的系列固然可以顺着看，也完全可以倒着看。但是，如果这种综合是

（对一个给定现象的纷繁杂多东西的）一种统觉的综合*，则客体上的顺序就是规定了的，或者更确切地说，统觉里的连续综合的顺序，乃是规定着一个客体的那种顺序，因而，哪个东西必须先行，以及在该东西已先行之后哪个别的东西必须接续而来，统统是按照那个顺序进行的。因此我的知觉若是包含关于某一新发事件的知识，即含有当下现实发生的某物的知识，则我的知觉就必定是一个经验性的判断，在经验性判断里我就觉得前后的接续是被规定了的，具体地说，那新发事件仿佛设定先前时间里本有另外一个现象，它是依照一种规则或者说它是必然地接续着该现象而出现的。如果情况相反，我设定了先行的事物，而新发事件却并不必然地接续着该先行事物而来，那我就不得不把这种接续只当作我的想象的一种主观游戏，而且假如我竟然把它表象为某种客观的东西，那我也只能称之为单纯的梦。由此可见，作为一些可能知觉的那众现象之间的关系（依照这种关系，后继的亦即新发生的事物，就其存在而言，在时间上，是必然地或者说依照一种规则被某种先行于前的事物规定了的），明确地说，即现象间原因对后果的关系，乃是我们在知觉的系列方面所作的经验性判断的客观有效性的条件，从而即是知觉系列的经验性真理的条件乃至经验的条件。因此，现象彼此接续中的因果关系这一原理，对于一切处于连续状态中的经验对象也都适用有效，因为这个原理自身乃是这样一种经验所以可能的根据。

---

* Apprehension 疑为 Apperzeption 之误。果尔，则为"统觉的综合"。见 K. Smith：p. 227.（A. 201.）。Max Müller 译为"统觉"。——译者注

但这里还出现了一个疑难之点，必须予以消除，那就是，在我们的公式里，现象之间的因果联结原理，本只适用于众现象的系列接续，可是当我们使用它时，即发现它也适用于众现象的同时并存，因为原因可以和效果是同时的。例如，房间里比室外温暖，我四处寻找原因，发现有一个生着火的炉子。此时，作为原因的这个火炉子跟作为它的效果的房内温暖是同时的；因此，这里的原因和效果，其间并无时间上的系列接续，毋宁它们是同时的，而因果规律却同样适用。其实，自然界里大部分发生作用的原因都跟它们的效果是同时的，效果所以在时间上接续于后，那只因为原因没能在一瞬间就把它的全部效果实现出来。但是，在效果开始出现的那个瞬间里，效果总是与其原因的因果作用同时存在的，因为假如原因早在一瞬间之前就已不复存在，则效果就根本不会发生。在这里，人们必须充分注意，我们所考虑的并非在于时间的流过，而在于时间的顺序：所以即使没有时间流逝，关系依然存在。原因的因果作用与其直接效果之间的时间可以极度短暂（以至于两者同时)，但一个对另一个的关系从时间先后上说却永远仍是可规定的。一个铅球被放在一个填絮了的坐垫上压出一个小凹窝，如果我把这个球看成原因，那么原因就是和效果同时的。不过，通过因果二者在动力联结上的时间关系，我却能将二者加以区别。这是因为，当我把球放在坐垫上时，原先平平整整的坐垫上就接续着出现小凹窝，但当坐垫上有了（我并不知是怎么形成的）一个小凹窝时，却不会接续着出现一个铅球。

由此可见，时间上的接续无疑乃是识别那与先行的原因处于因果关系之中的效果的唯一经验性标准。玻璃杯是水所以上升到高出于水平面之上的原因,尽管两个现象是同时的。因为,一旦我用玻璃杯从一个较大容器里将水舀出来,接续着就出现某种改变,即,水从原在较大容器里所有的那个水平状态改变成为它现在玻璃杯里所呈现的一个内凹面。

这个因果性导生了行为的概念,行为又导生了力的概念,并由此进而导生出主体的概念。可是由于我不想让那些并不扩展而只阐释概念的剖析工作打乱我专门探寻先天综合知识之源泉的批判计划,所以我对这些概念并不进行详尽的论列,而把这项工作留待未来的纯粹理性体系去做,特别是,这样一些分析在迄今出版的这类著名教科书里也已所在多有了。然而,关于[识别]一个实体的经验性标准,我则不能不有所论述,因为看来,要将实体展现出来,通过现象的常住性远不如通过行为来得更方便更容易。

任何地方,只要那里有行为,从而有活动和力,那里也就有实体;而且,众现象的上述旺盛源泉的所在地,也必须只到实体这里来寻找。这个话是说得非常之好,但是,如果人们要搞清楚所谓实体是什么意思,同时还想避免陷入恶性循环,那可就不是什么轻松的事情。人们怎么竟想根据行为直接推论行为者的常住性的呢?这可是实体(现象)的一个非常本质而独特的标志啊。不过,虽然这个问题按通常的办法(只对概念进行分析)会是完全不可能解决的,但像我们前面说过的,问题的解决并没有那么样的困难。因为,行为本已意味着因果主体对其效果的关系;而既然一切效果都体现于当下发生的东西中,从而体现于由时间上的先后连续所标示出的那瞬息可变的东西中,那么,可变的东西的最终主体,就是一切变换不居者的衬垫,就是常住不移者,也就是实体。这是因为,就因果原理而言,行为永远是现象的一切更替变换所依托的第一根据,它因而不能依存于一个本身变换不居的主体中,因为否则,即,如果它依存于其中的是变换不居的东西,那就会需要有另一些行为和曾规定这个变换不居的另外一个主体了。因此之故,行为,作为一个充足的经验性标准,已证明了主体的实体性,完全无需乎我通过知觉的对比再去寻求主体的常住性;更何况,用这种对比的办法,也决不能达到详尽无遗的地步,而详尽无遗却是概念之有分量和有严格普遍有效性所必需的。因为,所谓一切发生与消灭的因果关系的第一主体在现象界里自身不能有生有灭,这乃是一个可靠的论断,它将导致经验上的必然性和存在里的常住性,从而归结到一个实体(作为现象)的概念。

当某个事物发生时,姑不问所发生的是什么,单只这种发生本身就已是一个值得研究的对象。从一个状态的不存在过渡到这个状态的存在,即使假定这个状态在现象界里并不含有任何性质,这一过渡本身也就大有必要加以研究。这种发生,像在上文第一类推中所表明的那样,不涉及实体(因为实体并不发生),而只涉及实体的状态。因而发生只是改变(Veränderung),并不是无中生有(Ursprung aus Nichts)。如果这种从无中自生出来的东西被看作是某一外来原因*的效果,那它就该叫作造物(Schöpfung),而造物是不能作为新发事件被允许立身于现象之林的,因为单是它的可能性也就会完全毁掉经验的统一性;不过,如果我把一切事物都不看作现象,而视之为物自身,视之为单纯知性的对象,那么它们

---

* 此"外来原因",康德意指西方人心目中的造物主,上帝。——译者注

尽管都是些实体,而就其存在来说,它们却可以被看作是依存于外来原因的东西;但是,在那种情况下,所谓依存于外来原因,就会具有完全不同的意义,不适用于作为可能经验之对象的那些现象了。

于是一般说来,如何某物能被改变;如何可能一个时点上的一个状态会被另一个时点上的一个反面状态所接续;对于这种情况我们先天地并无丝毫概念。要想了解这种情况,我们需要有关于现实的力的知识,而这是只能靠经验得来的;例如,我们要有关于运动着的力的知识,或者,其结果也是一样,我们要有关于某些连续的现象(作为连续的运动)的知识,因为连续的现象就表示着这样的力。但是,另一方面,关于每一个改变的形式,关于作为另一新状态之发生的那每一个改变所赖以能够实现的必要条件(不管改变的内容是什么,即是说,不管那被改变了的旧状态是什么),当然,还有,关于新旧状态的连续本身(即关于发生),却都是我们能按因果规律和时间条件予以先天思考的。①

当一个实体从一个状态 a 过渡到另一个状态 b 时,第二状态的时点就不同于第一状态的时点,并接续出现于第一状态的时点之后。同样,第二状态,作为(现象界里的)实在,也不同于其中不曾含有该实在的第一状态,就如 b 不同于零一样;这就是说,当状态 b 即使只就分量而言也不同于状态 a 时,这个改变就是一个 b-a [是 b 而非 a]的发生,因为 b-a 在前一状态中是不曾有的,就此而言,前一状态就是=0。

---

① 大家要认真注意,我这里谈论的并不是一般而言某些关系的改变,而是指状态的改变。因此,当一个物体作等速运动时,它根本不改变它的(运动的)状态,但当它的运动加速或减速时,它则确实在改变它的状态。——康德原注

于是问题来了：一个事物怎么样从一个状态＝a过渡到另一个状态＝b的？两个瞬间之间永远有一段时间，而两个瞬间里的两个状态之间永远有一个是一分量的差别（因为现象的一切部分重新都是一个分量）。因此每个从此一状态向另一状态的过渡，都发生在两个瞬间之间所含的那一段时间里，两个瞬间的前者规定着事物所自出的那个状态，后者规定着事物所到达的状态。因此前后两个瞬间，就成了一个改变的两个时间界限，从而成了两个状态之间的居间状态的两个界限，而且作为这样的界限，就成了整个改变的组成部分。可是每一个改变都有一个原因，而这原因是在该改变显现于其中的那整段时间里发挥着它的因果作用。因此这个原因并不是突然地（一蹴而就或在一个瞬间），而是在一段时间里产生出它的改变，于是，如同时间从起始瞬间a到完成瞬间b那样增长一样，实在（b-a）的分量也是通过最初级与最终级之间所含的一切较小等级而被产生出来的。一切改变都因而只是通过一种连续的因果性行为才可能的，这一连续的因果性行为，就其始终如一而言，就叫一个力矩（Moment）。然而改变不是由这些力矩构成的，毋宁说，改变是通过这些力矩并作为这些力矩的效果被产生出来的。

这就是一切改变的连续性规律。改变的这种连续性规律的根据就在于：无论时间还是时间中的现象，都不是由可能最小的部分所组成，可是事物的状态，却是通过所有的这些部分作为要素，在事物改变时向着事物的第二状态过渡。现象里的实在性彼此的差别，如同时间的分量彼此的差别一样，没有哪一个是最小的；比方说吧，实在性这一新的状态，是从还不曾含有实在性的那个最初状态起始,通过实在性的无数等级逐渐生长出来的,而这无数等级的实在性彼此之间的差别,则统统比 0 与 a* 之间的差别更小。

这个规律或原理在自然科学里会有哪些用处,与我们这里毫不相干。但是,这样一个似乎要扩展我们自然知识的原理如何竟是完全先天地可能的,则实在非常需要我们来深入探讨,尽管从外貌上看这原理无疑是现实而且正确的,以致人们满以为可无需再去追问它是怎么可能了的问题了,然而我们的探讨仍是必要的。这是因为,现在有那么多各式各样毫无根据的狂妄主张,声称能靠纯粹理性来扩展我们的知识,以至于我们不得不采取对此彻底不信任的态度作为我们的普遍原则,凡不具备严密推演提供证据的这类主张,即使有最清晰的独断证明,也一律不相信不承认。

经验性知识的每一度增长以及知觉的每一次进步,不论其对象是现象还是纯粹直观,其本身都不外乎是内感官的规定上的一次扩展,也就是说,是时间里的一次前进。时间中的这种前进规定着一切,而它自身却不是由任何别的东西规定了的;这就是说,每一步的前进都是只在时间里面,并且是由时间的综合所造成的,而非成于综合之前。因此之故,知觉里的每一次向在时间中接续而来的某种事物的过渡,就是由该项知觉的产生而带来的一个时间的规定;而且,由于时间在任何时候以及在它的任何部分里都是一个分量,所以知觉里的每一个过渡同样就是作为一个分量的那每一个知觉的产生,而这种产生则是历经从零起始直至该知觉的特

---

* 此处的 0 代表没有实在性的状态,a 代表初次有了但等级最低的实在性的状态。0 与 a 之间,意指无与有之间。——译者注

定级别之间的一切(其中并无最小的)等级的分量而完成的。那么上述种种就阐明了一点,即,按照改变的形式以先天地认识改变的规律乃是可能的。[因为],我们只是预测我们自己的感知,而我们的感知的形式条件既然是在一切被给予的现象之前就先与我们同在的,那它当然就必定能被先天地认识。

这样一来,正如时间包含着从现存的事物向后继的事物连续不断前进之所以可能的先天感性条件那样,知性,得力于统觉的统一性,也包含着凭借因果系列(系列中的原因会绝无遗误地将效果实现出来并进而使有关时间关系的经验性知识成为在任何时候都普遍地从而客观地有效)以对该时间中的一切现象各自的位子进行连续不断规定之所以可能的先天条件。

C 第三类推　依照交互作用或通体关联规律的同时并存原理

一切实体,只要它们能被知觉为在空间里同时并存的,就都是在普遍的交互作用之中。*

证明:

在经验性直观里,如果有关某一事物的知觉与有关另一事物的知觉能彼此交替地接续出现于对方之后,那么这些事物就是同时并存的或者说同在的(正如在第二原理那里已表明的那样,在现象的时间顺序中,这种彼此交替接续于对方之后的情况是不能发生的)。比如,我能将我的知觉首先指向月亮然后指向地球,或者也可反过来,先指向地球后指向月亮,那是因为,有关这两个对象

---

* 此处第一版原文为:"通体关联关系之原理:一切实体只要它们同时并存,就都处于彻底的通体关联之中,亦即处于交互作用之中。"——译者注

的两个知觉能够彼此交替地接续出现于他方之后,或者用我的说法,则是因为,那两个对象是同时并存的。同时并存就是众多事物在同一个时间中的存在。但是,人们并不能知觉时间自身,因而不能根据众事物都被设定于同一个时间中就推断出有关这些事物的知觉能彼此交替地接续出现于他方之后。须知,感知里的想象力的综合作用,只会显示这些知觉中的任何一个都是这个样子的:当别的知觉不在主体里时它在主体里,或者当它不在主体里时别的知觉在主体里,却不会显示众客体的同时并存,也就是说,不会显示此一客体与彼一客体存在于同一个时间里;而众客体存在于同一时间里,却是众知觉之能彼此交替地接续出现于他方之后所必要的。因此,人们需要先有一个知性概念,即,一个表示这些同时并存着的事物的种种规定之彼此交替接续的知性概念,然后才能说,众知觉之彼此交替地接续着对方是在客体里有根据的,并进而才能表明,同时并存是客观的。可是,如果某一实体所包含的众规定,其根据是包含在别的实体里的,则这种实体间的关系乃是影响的关系,而如果每一个实体都交互地包含着其他实体中的规定的根据,这就是实体间通体关联或交互作用的关系。因此,众实体在空间中的同时并存,除非预先假定实体间有一种交互作用,否则在经验里是不能被认识到的;这个预先假定于是也就是作为经验对象的事物本身之所以可能的条件*。

诚然,众事物只要都存在于同一个时间里,它们就是同时并存的。但人们何以知道它们存在于同一个时间里呢?认知的办法

---

* 此段是第二版加的。——译者注

是，如果这众多的事物在感知中被综合起来的顺序是无所谓的，即是说，既可以从 A 经过 B、C、D 走到 E，也可以倒转过来，从 E 开始走到 A，那么，在此情况下，它们就是存在于同一个时间里的。这是因为，假如它们在时间上有先有后，又假如它们的时间顺序是从 A 开始到 E 终止，那么在知觉的时候，感知要从 E 开始退回到 A 那里去，就不可能了，因为 A 属于已过去的时间，因而已不再能是感知的对象。

可是，如果假设，在作为现象的那众多实体中间，每一个实体都是完全孤立的，即是说，每一个实体都不影响别的实体，也不感受其他实体的交互影响，那么我就能说，这些实体的同时并存不是一个可能知觉的对象，而且，一个实体的存在不能经由任何经验性综合的道路通往另一实体的存在。这是因为，如果你们还没忘记，这些实体都是由一个完全空的空间隔开的，那就会断定，从时间里的一个实体走向另一实体的那个知觉，依靠一个接续于后的知觉的帮助，固然能规定这后一实体的存在，却不能区别这后一实体是客观地接续于前一实体之后的，还是与前一实体同时并存的。

于是，实体 A 和 B 必须在其单纯的存在之外还另有某种东西，以便 A 借以规定 B 在时间中的位置，并反过来以便 B 借以规定 A 在时间中的位置，因为，只有被设想具备了这个条件的那些实体，才能从经验上被显示为同时存在着的。可是唯独即是对方之原因或即是对方的众规定之原因的那种东西，才能规定对方在时间里的位置。因此，要想在任何一个可能经验里认识到同时并存，则每个实体（由于实体只就其众规定而言才能算是一种后果）就必须本身既含有其他实体的某些规定的原因，同时又含有其他实体作为原因所产生的后果,亦即是说,众实体就必须直接或间接处于动力学的通体关联之中。于是,概括言之,凡是关于种种对象的经验,如果它不具备某一情况其本身就不可能形成,那么,这某一情况,对于该经验的种种对象来说,就是必然的。依此,处于彼此彻底交互作用的通体关联之中〔这一情况〕,对于现象界里的一切同时并存着的实体来说,就是必然的。

Gemeinschaft(通体关联)这个词,在我们德文里是多义的,它既可以作拉丁文的 communio 解,也可以作拉丁文的 commercium 解。在这里我们使用了它的后一含义,理解之为一种动力学的通体关联,其实,若不是凭着这通体关联,那就连地区社团(communio spatii)也决不是人们能从经验上认识的。从我们的经验里我们很容易觉察到,只有一切空间位置上接连不断的那些影响,才能将我们的感官从一个对象引向另一个对象;例如,在我们的眼睛与众天体之间照耀着的那个亮光,才使我们与众天体之间出现一种间接的通体关联,并凭借这种通体关联证明了众天体的同时并存;再者,假如不是无处不在的质料让我们有可能去知觉我们的各个位置,我们是不能从经验上改变我们所在的地点(不能知觉到这种改变)的,而质料,则只凭借它在各个位置上的交互影响才能表现出它的同时性,并由此进而(虽然只是间接地)证实那些从最切近直至最遥远的众对象的共同存在。假如没有通体关联,则(有关空间里的现象的)每一知觉都是同其他知觉脱节的、断绝关系的,因而经验性的表象链条,即是说,经验,每当遇到一个新的客体时就要完全从头开始,不能同以前的经验有丝毫的关联或任何时间关系。不过,我决不是想用这种情况来否定空的空间,因为凡是知觉根本达不到、因而没有什么有关同时并存的经验性知识的地方，永远可以是空的空间；但在那种情况下，空的空间就根本不是我们任何可能经验的客体了。

下面的话可以用作阐释。在我们心里，一切作为包含于一个可能经验中的种种现象，都必定存在于统觉的共同体（Gemeinschaft ＝ communio）里；而种种对象，只要被表象为同时存在而又彼此连结着的，就必定在一个时间里交互规定它们自己的位置，并由此进而构成一个整体。这种主观的共同体若是建立在一个客观的根据上，或者说，同作为众实体的众现象联系着，那么有关某一现象的知觉，作为根据，就必定使有关其他现象的知觉成为可能的，反过来，有关其他现象的知觉，也同样必定会使有关那某一现象的知觉成为可能的，而这样一来，众客体就不会被安排成先后接续的（至于作为众感知的那些知觉，则任何时候都是先后接续着），相反，它们就能被表象为同时并存的。然而，这就是一种交互影响，即是说，这就是实体间的一种实在的通体关联（commercium），因而，如果没有它，则经验性的同时并存关系就不能出现于经验中。通过这种通体关联，众现象只要是彼此外在却又互相连结着的，它们就构成一种组合体（compositum reale）；而这类的组合体，则可能是通过多种方式形成起来的。因此，其余的一切关系都由之而生的那三种动力学的关系，就是：[实体属性的]伴随（Inhärenz）关系，[原因结果的]承续（Konsequenz）关系和[通体关联的]组合（Komposition）关系。

Allgemeines zu den Analogien[*]

于是,这三种动力学关系就是三种经验类推[的三种原理]。三种经验类推只不过是依据三种时间样态对时间里众现象的存在进行三种规定,而进行规定所依据的时间样态就是,一、作为一个分量(存在的分量,亦即存在的持续)的那种时间与时间自身之间的关系,二、作为一个(先后接续着的)系列的那种时间之内的关系,最后,作为一切(同时的)存在的一个全体的那种时间之内的关系。时间规定的这种统一,完完全全是动力学的,即是说,时间不能被看作是经验会在其中直接为每个存在规定位置的那种东西,那样的规定是不可能的,因为绝对时间并不是众现象能够赖以被结合在一起的那种知觉对象;相反,知性的规则既然是唯一能让众现象的存在赖之以按时间关系而获得综合性统一的,那就表明,正是这知性规则,它为每一个现象都规定了各自在时间中的位置,而且它的规定是先天的、对一切时间和每一时刻都有效的。

我们从经验性方面理解的所谓自然,实在就是众现象(就其存在而言)按照必然规则亦即按照规律形成起来的现象关联。因此,最初总有某些规律,特别是先天的规律,来首先使一个大自然有可能发生;至于经验性的规律,则是完全借助于经验,而且遵从经验本身当初也因之而才可能的那些原始规律,才能够发生并被发现的。因而真正说来,我们的各种经验类推就在于通过某些指数(Exponenten),来呈现那包括一切的现象关联里面的自然的统一性,而那些指数所表示的,只不过是自身包含着一切存在的那种时

---

[*] 此副标题,见于 Dr. Felix Gross 编《德国文库》版。——译者注

间与只能发生于按规则进行的综合之中的那种统觉的统一两者之间的关系而已。于是，各种经验类推合在一起告诉我们说：一切现象都在一个自然里，而且必定都在一个自然里，因为若不是有了这个先天的统一，则经验的统一，连同经验里对象的规定，就都是不可能的。

不过，对于我们在这些先验的自然规律中使用过的证明方式以及这种证明的特殊性质，最好能有一个注释；这个注释同时作为规则，对于其他想要先天地证明既是理智的又是综合的命题的那一切图谋而言，也必定是非常重要的。如果说，我们曾经想以独断方式，亦即从概念出发，去证明这些经验类推，说得具体些，如果曾想由概念来证明，凡一时存在着的东西都只会出现于那常住不息的东西之中，另外曾想证明，每一新发事件都假定在它之先的状态里含有它按规则要去承续的某种东西以为前提，最后，还想证明，在同时的纷繁众多事物里按规则互相联系着的种种状态都是同时并存的（都处于通体关联之中），那么，所有这些操劳，都已是完全白费心力的了。这是因为，依靠有关事物的单纯概念，那不管我们怎么剖析它们，我们也根本不能从一个对象及其存在到达另一个对象的存在或其存在方式。那么除了单纯概念而外，我们还有什么别的可依靠呢？我们发现了经验的可能性，因为，经验作为一种知识，只要有关种种对象的表象对我们而言是具有客观实在性的，则一切的对象最终必定都能够在它里面被提供给我们。而它这个算是第三者的，其本质形式体现着那涵着一切现象的统觉的综合统一性，于是，我们就在这个第三者里，找到了现象界里一切存在的普遍而必然的时间规定所必备的先天条件，假如没有这些先天

B 264

A 217

条件,那就连经验性的时间规定也是不可能的,而且就在这里,我们还找到了先天综合统一所遵循的规则,借助这些规则,我们曾能预测经验。可是,由于缺少这种方法,而且囿于谬见而妄想从概念出发去证明知性的经验使用所奉为原理的那些综合命题,因而人们曾经非常频繁地,但始终徒劳地,试图为充足理由原理提出证明。至于其余两种类推,人们甚至想都没曾想过,虽然一直在不声不响地使用着①,那是因为当时缺少范畴这一指导线索,而唯独范畴这个导线才能发现并指明无论概念里还是原理里的知性的每一破绽。

4. 经验性思维的一般公准

1. 凡与经验(就直观和概念而言)的形式条件相符合的东西是可能的。

2. 凡与经验的(感觉的)质料条件关联着的东西是现实的。

3. 凡其与现实事物的关联是按经验的普遍条件规定了的东西是必然的(必然地存在着)。

阐释:

模态方面的范畴有一个特点,那就是,它们虽然作为宾词被附

---

① 世界整体当然就是一切现象都联结着存在于其中的那个东西,而这个世界整体的统一性则显然是根据那被暗暗承认了的一切同时并存实体都处于通体关联之中这一原理所推出的一个单纯结论;因为,假如众实体是各自孤立的,那它们就不会作为成分构成一个整体,而且假如它们的联结(众多事物的交互作用)并非仅仅因为它们的同时之故而就已是必然的,那人们就不会能够从同时这一单纯观念上的关系推论出联结那一实在的关系。就像我们在上文有关的地方已经表明的那样:通体关联真正说来乃是有关共存的经验性知识之所以可能的根据,因而实际上,人们只是倒转过来从有关共存的经验性知识反推论那作为其条件的通体关联而已。——康德原注

加到概念上，以当作对客体的规定，却丝毫也不扩大该概念，毋宁仅只表示该概念对认识能力的关系。即使一个事物的概念已经十分完备了，我却仍能盘问这个对象只是可能的，抑或也是现实的，如是现实的，那是否也是必然的？在这样发问时，我并没考虑客体自身里什么更多的规定，毋宁只是问一下，客体（连同其一切规定）同知性以及知性的经验性使用是怎样的关系，同经验性判断力是怎样的关系，还有，同被应用到经验上的理性是怎样的关系而已。

正因此故，模态方面的众原理也只不过是对于在经验性使用中的可能性、现实性和必然性等等概念的一些说明，同时是对于一切范畴只许作经验性使用而不许作先验性使用的一些限制。这是因为，众范畴若不是单只具有逻辑意义，单只分析地展示思维的形式，而是关涉事物的可能性、现实性或必然性，那它们就必须涉及知识对象只在其中才被提供给我们的那种可能的经验及其综合统一性。

这样，事物的可能性的公准就要求事物的概念须与一般而言的经验的形式条件符合一致。可是经验的形式条件，亦即一般而言的经验的客观形式，却包含着认识客体所需要的一切综合。一个自身含有一种综合的概念，如果它所含的这一综合并不是属于经验的，则这个概念就可被视为空概念，与任何对象没有联系；〔反之，如果所含的这一综合是属于经验的，那就是说，〕要么它是来源于经验的，在此情况下该概念就叫经验性概念，要么它是一般经验（经验的形式）所依据的先天条件，则在此情况下该概念就是纯粹概念，不过，纯粹的概念，却也是属于经验的，因为它的对象只在经验里才能被我们遇见。这是因为，经由一个先天综合概念所思维出来的一个对象,如果人们想要判明它是具有可能性性格的,那人们除了从构成经验性对象知识之形式的那种综合上着眼外,还能以何处为依据呢？一个先天综合概念必须不含有矛盾,这固然是概念的一个必要的逻辑条件,然而这个条件,对于判明概念的先天实在性,即是说,对于判明这样一个经由概念思维出来的对象的可能性来说,则是远远不够的。例如,在关于两条直线包围而成的一个图形的概念里,并没有矛盾,因为两条直线的概念以及二直线相接合的概念都不含有对一个图形的否定,毋宁说,二直线围成一个图形的不可能性,并非出于概念本身,而是基于概念在空间里的建构,即是说,其所以不可能,是决定于空间的和空间规定的条件;但这些条件,又有它们本身的客观实在性,即是说,它们又关涉到可能的事物,因为它们本身先天地就含有一般经验的形式。

现在我们想进而展示这个可能性的公准在大范围里的用处和影响。如果我设想有一个事物,它本身常住不易,因而在它那里一切变换更替的东西都只属于它的一个状态,那么,单以这样一个概念为依据,我永远也不能认识到这样一个事物是可能的。或者,我设想出了某种东西,它具有这样的特性：只要它被设定了,出现了,就毫无例外地总有某种别的东西跟随它接续而来,这当然是不管怎么思维也并无矛盾的;然而单凭能被无矛盾地思维这一点是不能判断该特性(因果性)是否会为任何一个可能事物所具有的。最后,我可以设想有这样的一些事物(实体),它们中的一个事物的状态竟在其他事物的状态里引起后果,而且反过来情况也是如此;然而根据这样一些包含着单纯任意的综合的概念,是决不能推知这样的关系是否能为任何哪一些事物所具有的。因此,只是由于这些概念在每一个经验里都先天地表达着众知觉的关系，人们才认知这些概念具有客观实在性，亦即先验真理性；而且，人们之认知它们的先验真理性，固然是独立不依于经验，但却并非独立不依于与一般经验的形式的关系，也并非独立不依于与众对象只在其中才能被经验地认知的那种综合统一性的关系。

但是，如果人们想单只根据知觉给我们提供的质料，来创立有关众实体的、众力量的、众交互作用的全新概念，而不去从经验那里借鉴它们的结合以为榜样，那么人们就会产生一些纯粹的幻想，这些幻想完全没有标志以表明自己有无可能性，因为人们既不是在制造它们时曾遵从经验为导师，也不是从经验那里迳直拿来这些概念。这类虚构的概念如果说是能够具有可能性的性质，它们也并非像范畴那样，作为一切经验所赖以成立的条件而先天地就能够具有，毋宁只是作为由经验本身所产生的这样一些概念，才后天地取得其可能性性质的；而且，它们的可能性必定要么是后天的和经验性的，要么是根本不能为人所认知的。举例言之，设想有一种持续现在于空间之中却又并不占有空间位置的实体（就像有些人早想倡议的那种居于物质与能思维者之间的中间事物那样），或者，设想我们有能预先直观（而非仅仅推论）未来事物的一种特殊的基本心力，再或者，设想人们有一种能同别人（不论相距多远）进行思想沟通的能力，等等，有关这些东西的概念，其可能性是完全无根据的，因为它们不能被建立在经验上以及已知的经验规律上，而它们既然没有经验基础，就只是思想的一种任意结合，尽管本身不含矛盾，却也不能主张自己拥有客观实在性，从而也无权主张人们在上文里任意设想的那样一些对象具有可能性。至于关于实在性,不言而喻,那是人们不借助经验就不可能具体地思维之的,因为它只能关涉到感觉,即是说,它只涉及经验的质料,并不涉及关系的形式,而关系的形式则是人们任何时候都可拿来根据胡思乱想任意摆布的。

但是,我现在暂把其可能性只能根据经验里的现实性来推断的那些事物统统撇开不论,专来考量其可能性是经由先天概念得来的那些事物;而对于这样的事物,我坚持认为,它们单单根据这样一些概念自身是永远不能实现的,毋宁说,它们任何时候所以能够实现,完全由于这些概念被当成了一项经验的种种形式的和客观的条件。

表面看来,一个三角形的可能性好像确实能只靠三角形的概念自身(概念确实是独立不依于经验的)就被认识出来;因为事实上我们能够完全先天地给三角形的概念提出一个对象,即是说,我们能依三角形概念进行构思。但是,我们构思所得的只是一个对象所具有的形式,因而它应该始终只不过是一种想象产物,它的对象有无实现的可能性则始终还是个疑问;而若要确有实现的可能性,它就还需要有某种更多的东西,具体地说,这样一种图形就还需要是在一切经验对象所因以成立的那些真实地道的(lauter)条件之下被构思出来的。那么,有些想法,比如,空间是外部经验的一种先天形式条件,又比如,我们在想象中构思一个三角形时所凭借的那种造型的(bildende)综合恰恰与我们在感知一个现象以便产生一个有关该现象的经验性概念时所使用的那种综合是完全同一个东西,以上这些想法,乃是唯一能使我们把三角形这样一种东西的可能性的表象同它的概念联结起来的。同样,由于连续量的概念乃至一般所谓分量(Größe)的概念统统是综合的,所以这些分量的可能性，从来不是只根据概念本身就显明的，毋宁总是根据已被当成了规定着经验中众对象的一般形式条件的那些概念才显明的。这是因为，对象既然都是在经验中被给予我们的，那么我们要想找到对应于概念的对象，不向经验里找还能向哪里找呢？诚然，我们不必一开始就指向某某经验自身，而单只联系着该经验里某事物所因以被规定为对象的那些一般形式条件，也就能够，完全先天地，认识并表征（charakterisieren）事物的可能性，但是虽然如此，我们之能认识并表征事物的可能性，归根结底还是只因联系了经验，并且是在经验的限界之内进行的。

至于认识事物之现实性的公准，固然要求一种知觉，从而亦即要求经人意识了的感觉；但它并非要求人们对于应该已被知为存在物的那种对象本身直接有所知觉，而是要求人们按照一般地展现着经验中一切实在联结的那些经验类推，去将该对象联系到任何一个现实的知觉上去。

在一个事物的单纯概念里，人们根本见不到什么表明该事物之存在的标志。因为，尽管概念已经十分完备，以至在思维一个事物及其一切内部规定时什么也丝毫不欠缺了，但存在却是和所有这些规定毫不相干的，它所牵连的毋宁是这样的问题：是否因为这样一种事物对我们而言是已给定的，已存在的，所以对它的知觉必要时能够发生在关于它的概念之前。这是因为，概念发生于知觉之前，这意味着事物单只有可能性；而为概念提供质料的知觉，才是现实性的唯一标志。但人们也能在知觉某事物之前，亦即相对而言先天地，就认识该事物的存在，只要该事物是按知觉的经验性结合的种种原理（种种类推）同一些知觉关联着的。因为，在那个情况下，事物的存在毕竟已同我们在一个可能经验里的种种知觉关联起来，我们就能沿着上述类推的线索从我们的种种现实知觉出发达到处于可能知觉系列中的那个事物。正是这样，我们根据对被吸引的铁屑子的知觉，就认识了一种渗透一切物体的磁性物质的存在，虽然按我们器官的现状而言要直接知觉这种磁性物质是不可能的。这是因为，凭我们现有感官的粗钝，诚然无法感知一般的可能经验的形式，但假如我们的感官变得大为精锐，那么按照众感性规律（Gesetzen der Sinnlichkeit）并沿着我们在某一经验中的众知觉之间的脉络，我们也就仍会直接地经验地直观到这种东西的。由此可见，知觉按照经验性规律前进到哪里，我们对事物之存在的认识也就深入到哪里。当然我们如果不从经验出发，或者不按众现象的经验性关联的规律行事，那就不管怎么自我夸耀，说要探讨研究什么什么事物的存在，都是徒劳。但观念论对这些间接证明存在的规则提出了强烈的异议；因此此处很适合于我们对它作一些反驳*。

驳斥观念论

观念论（我指的是质料的观念论）乃是这样一种理论，它宣称在我们之外的空间里种种对象的存在要么是可疑的和不可证明的，要么是假的和不可能的；第一种是笛卡尔的疑问观念论，它宣称只有一个经验性的断言（assertio），即，我在，是无可怀疑的；第二种是巴克莱的独断观念论，它认为空间以及以空间为不可分离的条件的万事万物都是某种就其自身而言不可能的东西，因而认为空间里的事事物物也都是些单纯的想象。如果人们把空间视为

---

* 这最末句以及随后驳斥观念论的文字，都是第二版所加。——译者注

事物自身所有的属性,则独断观念论是不可避免的;因为在那种情况下,空间以及空间为条件的一切,就都是一种无理物(Unding)。但这种观念论的论据已在先验感知学里被我们驳倒了。至于疑问观念论,它在这方面并无什么主张,毋宁只是承认在凭借直接经验以证明我们的存在之外的那种存在上自己无能为力,因而,它是合乎理性的,是符合于在取得充分证明之前不许作出决定性判断这样一种基本哲学思维方式的。因此,我们所需要的证明必须表明,我们对外界事物不仅会进行想象,而且也能取得经验;而要能做到这一点,唯一的办法就在于人们能够证明:即使是笛卡尔认为无可置疑的亦即我们的内在的经验,也只在先有了外在的经验这一前提之下,才是可能有的。

* * *　　* * *　　* * *

论题:

对我自己的存在所产生的那种单纯的但在经验上被规定了的意识,证明着在我以外的空间里的众对象的存在。

证明:

我意识到,我的存在是在时间里被规定了的。一切时间规定都以某种在知觉里常住不易的东西为前提。但这种常住不易的东西不能是在我之内的某种东西,因为我的在时间中的存在恰恰要靠这种常住不易的东西才能予以规定*。这样,要知觉这种常住

---

* 康德在第二版序文 BXL 页的长注中提到这一句话应修改如下:"但这常住不易的东西不能是在我之内的一种直观。因为,规定我的存在的一切根据,凡能在我之内找得到的,都是些表象;而这些表象总要求有不同于它们自己并会接纳它们自身之变动的某种常住不易的东西,这样,众表象在时间里变动着,我的在时间里的存在就可得到规定了。"——译者注

不易的东西,就不是通过一种在我之外的事物的单纯表象而只有通过一种在我之外的事物,才能可能。因此之故,要规定我的在时间中的存在,就只有通过我在我自己之外所知觉的那些现实事物的存在,才有可能。可是,这在时间里的意识必然同关于这种时间规定的可能性的意识结合着,从而它也就同作为时间规定之条件的在我之外的事物的存在必然地结合着;这就是说,对我自己的存在的意识同时就是对在我之外的其他事物的存在的一种直接意识。

注解1:我们在前面的证明中已经看到,观念论所玩的把戏,已以其人之道还治其人之身,而且回报得更为公平。观念论曾认为,唯一的直接的经验是内在经验,外部事物只是从内在经验推论出来的;但这种推论就像人们每次从给定了的效果推论其准确的原因时那样,并不是完全信得过,因为种种表象的产生原因,也许并不是我们所误指的那种种外部事物,它也可能就存在于我们自身之中。不过无论如何现已证明两点:首先,外在经验真正说来是直接的[①],其次,内在经验只有通过外在经验才可能获得,不过这里所说的内在经验,并不是指对我们自己的存在的意识,而却是指

[①] 对外部事物的存在的直接意识,在上述论题中并非被预设,而是被证明了的,这不管我们对这种意识的可能性理解了还是不理解。因不理解这种意识的可能性而引起的问题将是:我们会不会只有内在感觉而并无外在感受?对于外界我们是否只能想象?然而,事情已很清楚,即使只把某物想象为外在的,也就是说,即使只把某物展现给直观里的感受,我们也就已经有了一种外在感受,而且我们凭借这种外在感受必定就直接把一种外在直观的单纯接受性同标志着每一想象活动的那种自发性区别开来。因为,只要我们进行想象,去想象一种外在感受,则这种想象活动也就会把应由想象力规定着的那种直观的能力本身摧毁。——康德原注

我们的存在在时间中的规定。诚然，我在这个表象，因它代表能够伴随一切思维活动的那种意识，所以它自身直接包括着一个主体的存在，但是它还并不包括有关该主体的知识，从而还没有经验性知识，亦即没有经验；因为，属于经验的东西，除了那有关某存在者的思想之外，还须有直观，而且在本事例中须有的直观是内在直观，亦即时间，那是主体必须赖之以被规定的东西，而为了能从时间上对主体进行规定，种种外在对象是必不可少的，因此，可以推知，内在经验本身只可能是间接的，只是通过外在经验才可能的。

注解2：我们的知识能力在时间规定中的一切经验性使用，都同本论题的旨意完全符合一致。因为，我们只有通过同空间里常住不易的东西所保持的外在关系上的改变（运动）（例如，由地球上种种对象衬托出来的太阳运动），才能认识一切时间规定；不仅如此，甚至我们除了单纯的物质之外，就没有什么常住不易的东西能作为直观以充当实体概念的基础；而且，就连这个常住性也不是从外在经验中吸取来的，毋宁是被先天地预设的，是被预设来作为一切时间规定的必要条件，从而也作为认知我们自己的存在是受外在事物的存在所规定这样一种内在感受的必要条件。在我的表象里，关于我自己的意识根本不是一种直观，而是表示一个思维主体的主动性（Selbsttätigkeit）的一种纯理智的表象。因此，这种我就丝毫也不带有直观的品性（Prädikat），而这种我所没有的直观品性，作为是常住不易的，则能充当内在感受里的时间规定的相关项；这情况正像物质方面的，比如说，不可入性，它就充当着对物质的经验性直观的相关项。

注解3：尽管事实上确实须有外在事物的存在，有关我们自身的一定意识才有可能产生,但从这个事实并不能推断,每个有关外在事物的直观性表象同时就包含着该外在事物的存在,因为直观性的表象完全可以是想象力(无论在梦境里还是在幻觉里)的单纯后果;但表象所以能成为直观性的,则只依靠以前的种种外在知觉的再生,而那些知觉,我们已经说过,都是通过外在对象的现实性才可能产生的。那么在这里我们已经证明的应该只是:一般的内在经验只有通过一般的外在经验才是可能的。至于要弄清楚人们信以为真的此一经验或彼一经验是否就不是单纯想象,那就必须拿该经验的独特规定以与一切现实经验的标准规定相对照才行*。

＊＊＊　＊＊＊　　＊＊＊

最后,说到第三公准(Postulat)。第三公准只关涉到现实存在(Dasein)里的实质必然性而无涉于概念联结中纯形式的和逻辑的必然性。由于没有任何感官对象的存在(Existenz)能被完全先天地认识,至多只能相对先天地,即联系着另外的一个已经给出的现实存在(schon gegebenes Dasein),来加以认识,而且,即使在此情况之下,能认识到的也只是那样一种存在,即,它不管在哪里,必定是被包含在以既有的知觉为其一个组成部分的那种经验关联里的,所以,存在的必然性人们永远不能从概念那里认识到,毋宁任何时候都只有根据概念与已被知觉到的事物的结合,依照经验里的普遍规律,才能认识。再者,除了依照因果规律从给定的原因中产生出来的那些效果的出现(Dasein)是必然的之外,再没有在其

---

* 一版上没有,二版上插入的驳斥观念论到此结束。——译者注

他给定现象的条件之下的任何东西的出现(Dasein)能被认为是必然的,因此,我们唯一能够认识的必然性并不是众事物(众实体)的出现(Dasein)的必然性,而是众事物的状态的出现(Dasein)的必然性,而且我们是依据经验性因果律并根据已在知觉中出现了的其他状态认识到那一状态之出现(Dasein)的必然性的。由此可见,必然性的标准就包含在这样一条可能经验的规律里:任何已发生的事物都是由它在现象界里的原因先天规定了的。因此,我们所认识的必然性只是自然界里的我们已知其原因的那些效果的必然性;而且,现实存在*(Dasein)里的必然性这一标志,其适用范围决不超出于可能经验的领域之外,甚至即使在这领域之内,它也并不适用于作为实体的那些事物的存在,因为实体那样的事物永远不能被看待为经验性的效果或正在发生正在出现的某种东西。所以,必然性所关涉的仅仅是按照动力因果律结合而成的种种现象关系以及以因果律为根据从而先天地从任何一个存在物(Dasein)(一个原因)推论出另外一个存在物(Dasein)(一个效果)的那种可能性。一切事物,凡是有生成毁灭的,都是假设为必然的;这是一条原理,它将世界上的一切改变都归属于一种规律之下,即是说,都归属于必然出现(Dasein)这一规则之下,假如不是有了这一规则,那就连大自然也根本不会发生。因此,所谓没有任何事物是经由一个盲目的偶然(Ohngefähr,大概其)而发生的(in mundo non datur casus),这个命题就是一条先天的自然规律;同样,所谓自然界里没有任何必然性是盲目的(non datur fatum),毋宁都是受条

B 280

A 228

---

* Dasein,此处即指上半句里的"自然界"。——译者注

件制约的从而都是可理解的必然性,这个命题也是一条先天的自然规律。这两条规律都使种种改变的运行(das Spiel)受制约于(作为现象的)众事物的本性,或者,换个说法也一样,都使改变的运行受制约于知性的统一,因为众事物只有在知性的统一中才能隶属于一个经验,亦即才能隶属于众现象的综合统一。这两条原理又都是动力学原理。前者实在就是(经验类推之下的)因果原理的一个延续。后者则是模态(Modalität)原理之一,模态给因果规定添加了必然性概念,但这必然性却是属于一个知性规则之下的。

连续性原理不允许众现象(众改变)的系列上有任何脱节(in mundo non datur saltus),但也不允许空间里众经验性直观的集合体中有任何两现象之间的缝隙或断裂(non datur hiatus);因为这样人们才能述说如下命题:凡证明自己是一真空的那种东西,或者甚至只允许真空作为经验性综合的一个组成部分的那种东西,都不能进入经验里去。这是因为,谈到虚空,人们也许可以想到它是在可能经验领域(世界)以外的,所以它不属于单纯知性的审理权限之内,因为单纯知性只就那些有关现有现象对于经验性认识有何用处的问题进行裁决;要审理虚空,那是理想性的理性的一项任务,而这理性是越出可能经验的范围,要对包围在可能经验周边的那种东西进行判断的,所以它必须在先验辩证论里加以探讨。至于上述的这四个命题:即,两个现象之间没有缝隙(in mundo non datur hiatus),现象系列上没有脱节(non datur saltus),没有因盲目的偶然而发生的东西(non datur casus),自然界里没有盲目的必然性(non datur fatum),它们都像一切具有先验起源的原理一样,我们本来很容易就能按照范畴的顺序,为它们理出它们的顺序,指定它们各自的位置,不过,我们的读者对此已经很熟练,自己将会把这件事做起来,或者说,他们将很容易找到自作此事的线索。[所以我在此只强调一点,]这四个命题团结一致,是专为达到一个目的的,那就是,不允许经验性综合里有能够损害知性并损害一切现象之连续性关联,亦即损害知性概念之统一的任何东西。这是因为,一切知觉都必须在经验的统一中各有自己的位置,而唯独在知性里经验的统一才成为可能的。

可能性的领域是否较大于包含着一切现实事物的那个领域,现实性的领域是否又较大于具有必然性的那些事物的总和,这都是些颇为微妙,需要综合解决的问题,但也都是只归理性来审理的问题;因为它们想问的大概是这么一些:究竟是一切事物,亦即一切现象,统统属于一个唯一的经验的总体结构之内(因而,作为这唯一经验之组成部分的每一个现有的知觉,都不能同别的什么现象相联结)呢,抑或是,我的种种知觉能够隶属于不止一个的各自普遍关联着的可能经验呢。知性只依照感性和统觉的种种主观的和形式的条件,为一般经验提供唯一能使经验成为可能的一些规则。至于(除空间和时间之外的)其他直观形式,以及(除凭借概念以思维或认识的那种论辩形式之外的)其他知性形式,纵令它们是可能的,我们毕竟没有任何办法能构思它们理解它们;而且即使我们能够构思它们理解它们,它们终归也不会属于经验,即不会属于我们从中获得种种对象的这唯一一种知识。是否除了一般地属于我们全部可能经验的那些知觉之外还能有别的什么知觉,从而,是否还能有一个完全不同的质料领域,这都不是知性所能裁决的,知性只管现在已有的那些东西的综合。此外,尽管我们凭借我们通常使用的推论制造出了一个如此庞大的可能性王国，以致一切现实事物（一切经验对象）只属于它的一个小小部分，可是我们惯用的这种推论的贫乏性，却是非常引人注目的。比如人们说，一切现实的东西都是可能的；根据这个命题，依照逻辑的换位规则，人们就自然而然地推论出一个单纯的特称命题说：有些可能的东西是现实的，而这个命题似乎进一层又含有这样的意思：有许多可能的东西不是现实的。诚然，表面看来，仿佛人们通过这种推论也就能够迳直地断定，可能事物的数目超过现实事物的数目，因为，要构成现实的东西，还必须有某种东西被添加到可能的东西上去。不过，这种往可能的东西上的添加，我不知道是怎么一回事，因为，要被添加到可能的东西上的那种东西，应该是不可能的。就我的理解而言(zu meinem Verstande)，[可能的东西上]唯一能添加的，就是它除了与经验的形式条件符合一致之外还要有同随便哪一个知觉的结合；而大凡按经验性规律同知觉结合了的东西，就是现实的，即使它并没有直接被知觉。但是如果有人说，只要同我在知觉中被给予了的那种东西彻底关联着，则另外一个现象系列以及多个包罗万象的经验就都会是可能的，这个话，却不能从被给予了的东西那里推论出来，当然，如果不管什么样被给予了的东西都没有，那就更加不消说了，因为不论在什么情况下，没有质料的东西是不得加以思维的。某一事物如果仅仅在其自身也只是可能的那样一些条件之下才是可能的，则该事物就不是在一切方面里都可能的。但是，说到在一切方面都可能的那种绝对可能性，人们（如果想知道的话）就要提出这样的问题，是不是事物的可能性所覆盖的范围比经验所能达到的更为宽广？

这些问题我只是提一提,为了不让常识认为属于知性概念的那种东西里留有欠缺。事实上,绝对可能性(它是在一切方面都可能的)并不是单纯的知性概念,而且无论如何不能作经验性使用,毋宁说,它是专门属于理性的,因理性超越了知性的一切可能的经验性使用。因此,我们必须满足于只作了一点批判性的注解,而把主题留待以后再去进一步阐明。

在我就要结束这个第四点*并连带一起结束纯粹知性的一切原理之体系以前,我还必须提出理由以说明为什么我称呼模态原理为公设(Postulate)。我在这里使用公设这个词,并没有采用新近有些哲学著作家违反着该词的数学本意所赋予该词的这样一种含义:设准(Postulate)就等于硬把一个命题当成无待解释或证明而直接确定无疑的。我没采用此义乃是因为,如果我们在处理一些综合命题时,纵使它们十分明白无误,竟就容许人们不需演绎只听信它们自己冠冕堂皇的主张就赋予它们以无条件的赞同,那么知性的批判功能(die Kritik des Verstandes)岂不就完全作废了;何况,厚颜无耻的狂言妄语是所在多有的,就连广大公众的信仰(当然这种信仰并不是可信赖的东西)也不去反对它们,因此我们的知性就将碰上各种的胡说八道,对于虽不合法却以确信一样的语气要求自己被承认为现实公理的那些意见,就不能不表示赞成。所以,如果一个事物的概念上被综合地添加了一个先天规定,那就必须为这样构成的一个命题附加上一种证明其主张的合法性的程序,如不是一个证明,至少须是一个演绎,必不可少。

---

* die vierte Nummer,按指"经验性思维的一般公准"一节。——译者注

但模态原理都不是客观上综合的,因为人们就一个概念所说的可能性、现实性和必然性这些品性*,对于该概念是丝毫无所扩充的,因而它们在有关对象的表象上也不添加任何东西。但尽管如此,这些原理却仍旧是综合的,由此可见,它们只是主观上综合的,这就是说,它们对一个事物(一个实在的东西)的概念从来不作任何述说,只是为它添加了它出生于其中并栖身于其中的那种认识能力。而惟其如此,每当它,事物的概念,只在知性里同经验的形式条件相结合时,它的对象就叫作可能的;如果它同知觉(作为感官之质料的感觉)关联在一起并通过知觉而被知性所规定,它的客体就是现实的;如果它是经由众知觉按照概念形成起来的关联而被规定的,它的对象就叫作必然的。因此,模态的原理对一个概念本身并不述说什么,它们述说的只是概念所赖以被产生的那种认识能力的行为。可是在数学里,所谓设准(Postutate)就是一个含有综合的实践命题,它只含有我们赖以首先为自己提供一个对象然后产生其概念的那种综合活动,例如,用一根给定的线条从一个给定的地点出发在一个平面上画一个圆圈,即是。而这样一种命题是不能被证明的,因为它所要求的程序恰恰就是我们当初赖以产生该图形之概念的那个程序。由此可见,我们能有同样的权利去设准种种模态原理,因为模态原理根本不丰富[1]它们的事物

---

* Prädikate,宾词,品性,品质。——译者注

[1] 我通过一个事物的现实性所设定的,诚然比通过可能性设定的多,但多的并不在事物里。因为事物在现实性里所能包含的,决不多于它在完全的可能性里所已包含的。所多的勿宁在于:可能性仅仅是把事物设定在它同知性(其经验性使用)的关系里,而现实性则同时又是事物与知觉的联结。——康德原注

概念，毋宁只把事物概念如何同认识能力相结合的那种方式展示出来而已。

原理体系的通释①

一件非常值得注意的事情是，我们不能就单纯的范畴来了解一个事物的可能性，而必须永远拥有一种直观以展现纯粹知性概念的客观实在性。让我们以关系范畴为例，1. 某个事物怎么能只作为主体而不作为其他事物的单纯规定而存在，即是说，它怎么竟只能是实体的呢，2. 为什么某个事物存在了别的某物就必定存在，也就是说，这某个事物怎么就能成了原因的呢，或者，3. 当存在着许多事物时，怎么由于其中之一的存在，某个事物就跟随着其他事物而出现并且反过来其他事物也跟随该事物而出现，而且，怎么由此就能形成一种实体间的通体关联（Gemeinschaft）的呢，所有这些都决不是凭单纯概念就能了解的。这种情况也适用于其余的范畴，例如，一个事物怎么能等于许多事物合在一起，即是说，它怎么能是一个分量（Grösse），等等，也都不是单凭概念就能了解的。因此，只要缺少直观，我们仍旧不知道我们通过种种范畴是否在思维着一个客体，也就不知道是否在不论什么地方能有任何一个客体适合于这些范畴；而且，这样我们就可有根有据地说，范畴本身都不是知识，毋宁只是结合着给定的直观以构造知识的那些思想形式（Gedankenformen）。——出于这同一理由，我们也可以说，凭着单纯范畴决不能构成任何综合命题。例如，我们决不能说在一切存在物（Dasein）里都有实体，这里所谓实体就是只能作为主体而

---

① "原理体系的通释"为第二版所加。

不能作为属性(Prädikat)而存在的那种东西,或者,我们也决不能说每一个事物就是一个量,如此等等,因为只要缺少直观,就没有任何东西能让我们据以超出一个给定的概念,并将该概念同另外的概念联结起来。因此之故,从来也不曾有人能只用纯粹知性概念证明一个综合命题,例如一切偶然存在着的东西都有一个原因这样的命题。人们从来所能做到的只不过是证明,如无因果关系,我们就根本不能理解偶然事物的存在,也就是说,我们就不能先天地通过知性以认识这样一种事物的存在;但根据这个证明,却不能推论说,这因果关系恰恰也就是事物本身之所以可能的条件。如果人们因此而回头来复查我们做过的因果原理证明,那么人们就将发觉,我们所以能够证明"一切不期而然的事物(alles was geschieht),每一偶发事件,都预有一个原因"这条因果原理,那只因为我们是就可能经验的客体来证明的,(即使这样,我们也只能证明它是经验之所以可能的原理,从而是对一个已在经验性直观里给予了的客体的认识的原理,)而不是单靠概念来证明的。诚然,"一切偶然事物都必有一个原因"这一命题,是每个人凭单纯概念就会透彻明白的,因而是不容否认的;但在这个时候,偶然事物这一概念已被另行领会,在此领会下,它已不含有模态范畴(它已不是其非存在(Nichtsein)可被思维的那种东西),而是含有关系范畴的,(成了只能作为另一事物之后果而存在的某种东西),而这样一来,"只能作为后果而存在的东西都有它的原因",当然就是一个自同命题(ein identischer Satz)了。事实上,每当我们要为偶然事物提供实例时,我们总是想到种种改变而不单单想到关于反面

的思想 (Gedanken vom Gegenteil)的可能性[①]。但改变就是新发事件,新发事物本身是通过一个原因才可能的,因而它的反面,它的非存在,则是凭自己就可能的,而这样说来,人们认识偶然性是从某种只作为一个原因之后果才能存在的东西那里认识出来的;因此,当一个事物被认为是偶然的时,如果人们说它有一个原因,则这话就是一个分析命题。

但更加值得注意的是,要想理解事物与范畴相符合的可能性从而展示范畴的客观实在性,我们就不仅需要直观,而且永远需要外在直观。如果我们以纯粹的关系概念为例,我们发现,1. 要想在直观中出现有某种与实体概念相对应的常住不易的东西(并由此而展示这个概念的客观实在性),我们就需要一种空间里的(物质的)直观,因为唯独空间就其规定而言是常住不易的,而时间以及一切内在感受里的东西则是经常流动不居的。2. 要想把改变(Veränderung)作为与因果概念相对应的直观呈现出来,我们就必须以运动作为空间里的改变的实例,甚至唯有通过这种办法,我们才能将纯粹知性不能理解其可能性的那些改变变为可直观的。改变乃是同一个事物的存在中矛盾对立着的众规定的联合。可

[①] 人们能够很容易设想物质的非存在,但古人却并没从物质的非存在推论物质的偶然性。即使一个事物的一个给定状态的存在与非存在之间的交互更替,(一切改变都产生于交互更替,)也决不能根据这个状态的反面的现实性就来证明该状态的偶然性。例如有一个物体在运动之后出现了静止,我们说,这个物体的静止还不能只因为静止是运动的反面就来证明该物体的运动的偶然性。因为在这里,这个反面只是在逻辑上有可能的,而不是在实际上已与对方相反。要想证明物体的运动的偶然性,人们就必须先证明,在该物体运动着的那个先前的时刻里,该物体本就有可能压根儿没有去运动,以致当时就已是静止着的,而不是其后才静止;因为,在运动以后才静止这一情况之下,运动和静止双方完全可以各行其是,并不相反。——康德原注

是，跟随在同一事物的一个给定状态之后怎么竟然可能有一个与该状态对立的状态相继而来，这不仅是没有实例理性就不能理解的，而且是没有直观理性就不能设想的事情；而这种直观就是对于空间里一个点的运动的直观，唯有这个点在不同位置上的存在［作为对立着的众规定的一个连续系列（Folge）］，才能使种种改变成为我们可直观的；这是因为，要想以后能使即便是内在改变也同样成为我们可思维的，我们就必须以比喻的方式，通过一根线条来表象那作为内在感觉之形式的时间，通过这根线条的画出（这是一个动作）来表象我们的内在改变，从而通过一种外在直观来使不同状态下我们自己前后连续的存在成为我们可把捉的；我们必须这样做的根本理由是，一切改变都以在直观里的某种常住不易的东西为前提假定，即使仅仅为了改变能被知觉为改变也须如此，但在内在感觉里却绝对碰不到常住不易的直观。3. 最后，通体关联（Gemeinschaft）这个范畴，就其可能性而言，决不是单纯的理性所能理解的，因而这个概念的客观实在性，如不借助直观，具体说，如不借助空间里面的外在直观，要想被人领会，那是不可能的。这是因为，有些事的可能性人们很难设想，比如说，当有众多实体存在着时，由于其中一个实体的存在，怎么竟能有某种东西（作为后果）跟随而来，交互地影响着别的实体的存在呢？再说，怎么因为在第一个实体里含有某种东西，竟然在其他实体里就必定也含有这单凭其他实体的存在无法解释清楚的某种东西呢？因为，交互影响或通体关联所要求的这种情况，如果是发生于因各求自我保全而陷于完全孤立的那些事物中间，那是根本不可理解的。因此之故，莱布尼茨才给单独由知性来设想的那样一些世界实体间添加了一个通体关联,也就是说,他才需要有一位神出来为众实体居间中介;因为在他看来,众实体的通体关系,如只就其自身的存在来说,确实应该是不可理解的。但是,在我们看来,如果我们让通体关联呈现在空间里,从而呈现在外在直观里,我们就能使(作为现象的那些实体的)通体关联的可能性成为很容易理解的;因为,空间本身本已先天地含有种种形式的外在关系,以作为(处于作用与反作用中的)实在的关系以及通体关联的关系之所以可能的条件。——同样可以很容易看清楚的是,作为分量的那些事物的可能性,以及量的范畴的客观实在性,也都是只在外在直观里才能被呈现出来,并且也专靠这外在直观以后才能被应用到内在感觉上。但为避免烦琐起见,我不得不把这方面的举例工作留给善于深思熟虑的读者自己去做。

以上这整个注释是十分重要的,其重要性不仅在于它证实了我们前面对观念论所作的反驳,而尤其在于,当我们没有外在的经验性直观的帮助而单纯根据内在意识和我们的本性规定来谈论自我认识时,它给我们指出了这样一种认识的可能性上的限界。

因此这一整节的最终结论是,纯粹知性的一切原理不外乎是使经验得以可能的那些先天原理,而且,一切先天综合命题也都是只与经验保持关系,甚至可以说先天综合命题的可能性本身就完全是建立在这种关系上的。

第三章 泛论一切对象区分为现象和本体的理由根据

我们现在已踏遍了纯粹知性的疆土,不仅仔细考察了它的每一个区域,而且还勘测了它的整个幅员,为其中每个事物规定了各自的位置。然而这片疆土是一座孤岛，大自然亲自给它圈定了不可改动的边界。这个真理之邦（一个迷人的名称）的外面，围绕着茫无涯际的海洋，那里波涛汹涌，幻象出没，不时有雾峰隆起，冰山颠倾，仿佛新大陆隐约在望。这就诱使热衷于新发现的航海家们满怀希望，一次一次地辛勤出海探险，他们永远不能放弃其屡屡落空的希望，也永远不能终止他们这探险行动。但是，在我们冒险远航，搜遍海洋的一切角落，以便确知那里是否真有所希望的东西之前，再度翻阅一下我们即将离弃的这片疆土的地图，将是很有用处的，第一，可以想想，这里已有的东西是否无论如何也不能使我们感到满足，或者，在迫不得已的情况下，即在没有任何别处可供我们安身定居时，是否我们必须以本土现有的这些为满足呢？第二，如果要留住下来，那我们可用什么名义占有这个领域，能顶得住一切敌对的主权要求而确保自身安然无恙呢？这些问题，在原理分析的进程中我们都已作过充分的回答，然而，再就这些答案作一个总结式的综述，从而把它们众多环节汇集于一点，毕竟能大大增强我们的信心。

我们已经看见，知性从它自己本身汲取的一切东西，虽然不是从经验那里索借来的，知性对它们却别无他图，完全是为了让它们能在经验上有所使用。纯粹知性的原理，不论是先天的建构性的（如数学原理）也好，抑或单是规范性的（如动力学原理）也好，都不包含什么别的，只包含着为可能经验所需的纯粹图式，这是因为，经验何以会是统一的呢，完全是由于知性向想象力颁给了综合性的统一，因为，一方面，知性首创地自发地向那与统觉联系着的想象力的综合活动颁给了综合性统一，另一方面，作为可能知识的与料(Data)的那些现象,必定先天地就已同这种综合性的统一建立联系并保持一致。但是,虽然这些知性规则不仅先天地都是真的,而且甚至可以说它们乃是一切真理的源泉,亦即我们的知识与客体之符合一致的源泉,而且因此,知性规则本身就包含了经验(作为客体或许会在其中被提供给我们的那个一切知识之总和)之所以可能的根据,然而,在我们看来,只让已知是真的那种东西被陈述出来而不去说清楚人们渴望知道的东西,这毕竟是美中不足,而且如果我们通过这种批判研究学到的东西,只不过是我们在知性的单纯经验性使用中无需如此细致的探讨自身也就完全会行使了的那些,此外没有更多的东西,那么,即使这种深入研究并非全无好处,但好处相对于花费的心血气力,也显然是得不偿失。当然,对于这样的看法,人们可以解释说,就我们知识的扩充而言,任何有好奇心的人都比因循守旧的人缺点要小些,误事要少些,因为保守者往往在尚未着手研究之前就想预先知道研究会有什么用处,殊不知,在进行研究之前,即使用处就摆在眼前,人们也还不会就这用处形成什么概念的。不过,好处倒也确实有一条,那是即使对这种先验的研究最感头痛最觉乏味的初学者也能理解并立即有兴趣的,这条好处就在于:虽然知性专心致力于它自己的经验性使用,并不反思它的特有知识的来源,确实也还能自我感觉良好地继续走下去;但有件大事它却完全无能为力,即是说,它自身并不能规定它的使用限界,也不能知道它整个领域的以里以外都是些什么;而要想办到这一点,那就恰恰需要我们所筹划的深入的研究工作。可是,知性如果不能分辨哪些问题属于、哪些问题不属于它的管辖范围,它就永远不能确保它的权利主张和领域占有,或者还可以说，如果它不断逾越它的疆界（实际上这是不可避免的），迷失于荒诞无稽的梦幻之中，它可以指望得到的就只有多方面凌辱性的当头棒喝（beschämende　Zurechtweisungen）。

因此，有一句断言说，知性只能将它的一切先天原理甚至它的一切概念作经验性使用而决不能作先验的使用，这一断言如能被透彻认识以至深信不疑，成了一个命题，那它就将产生重大的后果。任何原理里的一个概念，说到它的先验的使用，那就是说，它被联系到了一般的而且自在的事物（Dinge überhaupt und an sich selbst），但说到它的经验性使用，则是说，它只被联系到了众现象，亦即某一可能经验的众对象。从这里，人们就不难看出，何以在各种情况下能够实行的只有后者，即只有概念的经验性使用。对于每一个概念，我们都要求它第一，要具有一个概念的（思想的）一般逻辑形式，第二，要具有被给予以与它联系着的那种对象的可能性。没有对象，概念就没有意义并空无内容，尽管它永远还会含有用某种与料以构成一个概念的那种逻辑功能。可是，对象并无别的办法可被给予于一个概念，唯一的办法是在直观里；而如果说有一种纯粹的直观是尚在对象之前就先天可能的，那么这纯粹直观却也只有通过一种经验性直观（纯粹直观只是这种经验性直观的形式），才能获得自己的对象，从而才能取得客观有效性。因此可以说，一切概念，连同一切原理，即使都是先天可能的，终归也都联系着种种经验性直观，即是说，联系着构成可能经验的与料。没有这种与料，它们就根本没有客观有效性，毋宁都是想象力或知性用各自的表象搞出来的一种玩艺儿。我们现在只以数学概念为例，而且首先以在纯粹直观中的数学概念作例子，比如，空间有三个向度,两点之间只能有一条直线,等等。所有这些原理以及数学所研讨的那些对象之表象,虽然完全是先天地在内心里产生的,但如果我们不能总让它们的意义在现象(经验性对象)上展现出来,那它们就会根本不意味任何东西。所以,人们也要求把一种抽象了的概念弄成可感觉的(sinnlich),即是说,将与它相对应的客体展现在直观里,因为没有客体,概念就将始终(如人们所说的)没意思(ohne Sinn),亦即没有意义。数学满足这一要求的办法是构建图形,因图形是一种展现于感官面前的(虽是先天产生的)现象。数学里的分量(Größe)的概念,就是把数目当成它的支柱和含义(Haltung und Sinn),而数目则又以摆在眼前的手指、算盘珠或线条和点当成其支柱和含义。总之,概念永远是先天产生的,同样,出自这些概念的综合性原理或程式,也是先天的;但它们的使用,以及它们同一些名义上的对象的联系,却最终只能落实在经验里,因为它们先天地本就包含着经验(就形式而言)的可能性。

  但对概念的这一总结,也适用于一切范畴以及出自范畴的一切原理;而且关于这一点,在我们下列论述里就清楚地展现出来:这就是说,如果我们不立刻让自己屈身就教于感性条件和现象的形式(由于它们是范畴的唯一对象,所以范畴必然被限定在它们这里),则我们就连一个范畴也不能实在地(real)界定,这就是说,我们就不能让任何一个范畴的客体的可能性变成为可理解的。因为,如果我们去掉这感性条件,范畴就失去了它的一切意义,也就是说,失去它与客体的一切关系,而这样,我们就不能通过任何实例来让自己理解这类概念所代表的究竟是什么样的事物了①。

一般而言的分量*这个概念,是几乎不能下定义的,也许唯一的办法是我们这么说:分量是一个事物的这样一种规定,人们凭借这种规定就能思维而知某个单位在该事物中被置入了多少次。可是这个多少次所根据的是连续重复,也就是说,所根据的是时间以及时间里(同质的东西)的综合。如果人们要想能把实在性定义与否定性相对立的东西,则人们只有总想着一个要么为存在所充满要么空空如也的时间(这个时间是作为一切存在的总和),才行。如果我去掉常住不易性(常住不易性是指一个存在物于任何时间都存在),那么实体概念留给我的就只有逻辑上的主词表象了,而

---

① 此段与下段之间,在原著第一版里原有下列这段文字,在第二版被删去:"在上文列举范畴表时,我们不曾去为每个范畴下定义,因为我们的意图只在说明范畴的系统性使用,下定义没有必要;而且人们对那些可以省略、并非必要的事情也无需承担什么责任。当人们有了概念的任何一个标志就能足够应付,而无须详尽列举构成整个概念的一切标志时,人们不急于为概念下定义,不争取达到概念规定的完整或确切,那并不是借口逃避责任,而是一种并非无足轻重的聪明办事规则。但现在人们发现,这样谨慎从事还有其更深一层的根据,那就是,当时我们即使想为范畴下定义†,我们也是办不到的;因为当人们去掉了为标明范畴为可能经验性使用的概念所需的那一切感性条件,而把范畴当成有关一般事物(从而有关先验性使用)的概念时,则人们就此范畴还可以做的事就只是把判断中的逻辑功能看成为事物自身所以可能的条件,但却丝毫也不能指明这些范畴如何能被应用,如何能有对象,以及如何在空无感性的纯粹知性中能有任何意义和客观有效性。"

† 我这里说的是真实定义,真实定义不仅是将一个事物的名称换为另外较易理解的说法而已,毋宁是,它含有一个清楚的标志,使被定义的对象任何时候都得以可靠地认识,并使说明的概念可便于应用。因此,真实说明将是这么一回事,它不仅使一个概念而且同时使该概念的客观实在性明晰起来。数学的说明都是按照概念把对象在直观里呈现出来的,所以它们属于后一种定义,使概念的客观实在性明晰起来的真实定义。——译者注

* Grösse, magnitude, grandeur. ——译者注

如果我想让这个主词表象实在化,亦即成为实在的,我就要设想它是某种只能作为主体(不是主体的一个属性*)而存在的东西。但是,不仅我根本不知道这个逻辑上的头号概念变成任何一个事物所须具备的条件,而且我也不能从这个概念中得到任何更多的东西,进行丝毫的推论;因为这种设想不曾为这个概念的使用规定任何客体,所以人们根本不知道这个概念究竟指示不指示任何东西。再就原因概念来说,如果我去掉其中的时间(这时间就是某物按照规则跟随另外某物之后出现于其中的那个时间),则我在纯粹的范畴里所能认识到的将只会是:这是从中能够推论出别的某物之存在的那个某物,如此而已;而这样一来,不仅原因与效果根本无法彼此区分,而且由于这个"能够推论"(Schliessenkönnen)所要求的条件我一无所知,所以概念就根本不具备它赖以与任何一个客体相投合的那些规定。有这么一条所谓的原理:一切偶然的东西皆有一个原因。这一教导确实相当郑重其事,仿佛它的尊严就出于它自己本身。可是我问道:你们所谓偶然的,那是什么样的东西?你们回答说,偶然的东西就是这样的东西:它的不存在是可能的。那么我可很乐意知道,如果你们不去设想在现象系列中的一个连续,以及在这个连续中跟随着不存在的一个存在或跟随着存在的一个不存在,即是说,如果你们不去设想一个交互更替(Welchsel),你们想依据什么东西来认识这种不存在的可能性呢;因为,你们说一个事物的不存在并不自相矛盾,而这话乃是借用一个逻辑条件来作搪塞之词,因为这个逻辑条件对概念来说固然是

---

* Prädikat,主词的一个宾词。——译者注

必要的,但对实际的可能性(realen Möglichkeit)而言则是远远不够的;因为虽然我能在思想里去掉每一个存在着的实体而不陷于自相矛盾,但从这里决不能推论到实体在它的存在上有客观偶然性,也就是说,决不能推论到实体在其自身中就有它不存在的可能性。至于通体关联这一概念,很容易估计到的情况就是:既然实体的纯粹范畴和因果作用的纯粹范畴都不容许提出对客体有所规定的说明,众实体之间的关系里的交互因果作用显然同样不能容许这样的说明。无论可能性,还是现实性(Dasein),还是必然性,由于人们总想从纯粹知性那里汲取它们的定义,所以除了使用明显的同语反复之外,至今还不曾有人真能说明它们。这是因为,用概念的逻辑可能性(它只表示概念并不自相矛盾)偷换事物的先验可能性(这要有一个同概念相对应的对象),这是一种障眼术,只能蒙混并满足那些没有阅历的人①。*

---

① 总而言之,所有这些概念,如果我们把一切感性直观全都去掉(感性直观是我们唯一所有的),就没有任何东西可证实它们自己,从而无从表明它们具有实在的可能性;在去掉感性直观以后,剩下来的就只还有逻辑的可能性,也就是说,概念(思想)是可能的;但我们这里谈论的不是概念是否可能,而是概念是否与一个对象联系着,是否意味着什么东西。——康德原注(这个注是第二版所加)

* 此下,原著一版的如下一段文字被删去,兹译作脚注,以供本版读者参考。——译者注

"有一种概念非常奇异乃至荒谬,因为它必能获得一种意义,却不能得到任何说明。我们这里所说的种种范畴就有这种特殊情况:它们只要以普遍的感性条件为媒介,就能有一定的意义并关联于某一对象;但纯粹范畴里的感性条件已被抽去了,它们所包含的只还剩有能将杂多东西归属于一个概念之下的逻辑功能,而单单根据逻辑功能亦即概念的形式,人们根本不能认知任何东西,也不能区别究竟哪个客体是属于该概念形式之下的,因为对象须有感性条件才能归属于概念形式,而恰恰感性条件已被抽除掉。因此,众范畴除了要有纯粹知性概念之外还需要有它们能被应用于一般感性的种种规定(图式),否则它们就不是概念,毋宁只是许许多多思维　　　　(转下页)

从这里得出的无可争议的结论是,纯粹的知性概念永远不能作先验的使用,毋宁任何时候都只能作经验上的使用,而且,纯粹的知性原理只能在同可能经验的普遍条件联系着的情况下与感官对象发生关联,但决不能与一般事物(想不出我们会以何种方式对之进行直观的那种事物)发生关联。

于是,先验分析论取得了这样的重要结果:即,知性所能先天完成的工作至多也不过是预知一般可能经验的形式,而且由于凡不是现象的那种东西就不能是经验的对象,而我们所有的对象又全是在感性里面取得的,所以知性永远不能逾越感性的限界。知性的原理都只是些展示现象的原理;本体论自诩能在一种综合理论里为一般事物提供先天综合的知识(例如,因果原理),实属狂妄自大,所以本体论这个傲慢的名称必须改换为纯粹知性分析论这一谦逊的名称才对。

思维就是将给定了的直观联系到一个对象上的那种行动。如

(接上页) 样式(Arten),通过概念我们会认知一个对象,识别它不同于其他对象,至于这些思维样式则在于为种种可能的直观去思维一个对象,并按任意一种知性功能(在其他需要的条件下)赋予该对象以意义,也就是,给它下定义;而它们本身却是不能被定义的。一般判断的逻辑功能,例如单一与众多,肯定与否定,主词与宾词,除非进行循环论证,都是不能被定义的,因为,定义本身已经就是一个判断,因之其本身必然先已包含着这些功能了。但如果就事物的直观中的繁杂众多必须通过此一个或彼一个逻辑功能来加以思维而言,纯粹范畴就不是什么别的,只是些有关一般事物的表象,比如说,分量(Grösse)是只能通过一个具有量的判断(judicium commune)来思维的那种规定,实在是只能通过一个肯定性判断来思维的那种规定,实体则是这样的东西,在它与直观联系着的时候它必定是一切其他规定的最后主词。但是,要求人们必须利用这一逻辑功能而不利用另一逻辑功能去思维去判断的那种东西究竟是什么样的事物,这仍然是完全没有确定的;所以说,本来范畴所以含有综合作用是为了去综合感性直观,既然没有感性直观这个条件,范畴就根本不与任何确定的客体有关系,不能给客体下定义,因而自己本身就没有客观概念的有效性。

果这个样式的直观是不能给定的,则被直观的对象就只是先验的,而且知性概念也就只作先验的使用,即是说,它只表示一般而言众多东西在思维上的统一。一个纯粹的范畴,既然被抽去了范畴里面的感性直观(这是我们唯一可能有的一种直观)所以可能的一切条件,那它就规定不了任何客体,毋宁只是按不同的模式(modis)表示着对于一个客体的一般思维。可是,当一个概念被使用的时候,还必须另有能使一个对象被包摄于该概念之下的那样一种判断功能,至少也须具有能使某种事物能在直观中呈现出来的那种形式条件。没有判断力的这种条件(图式),那就丧失了一切包摄;因为那就没有任何能被包摄于概念之下的东西了。因此,范畴的单只先验的使用,事实上就根本不是一种使用,它没有规定了的对象,甚至仅从形式上说可被规定的对象也没有。由此可见,纯粹的范畴也还够不上是什么先天综合原理;并且,纯粹的知性原理是只在经验上使用的,从来不作先验的使用;然而越出可能经验的领域以外去,任何地方都不能有先天的综合原理。

于是我们觉得或许最好是把事情表述为这样,凡不含有感性形式条件的纯粹范畴,都只有先验的意义,但没有先验的使用,这是因为,它们(在判断中)失掉了任何使用的全部条件,即是说,失掉了任何一个所谓的对象能被包摄于这个概念之下的种种形式条件,所以它们的先验使用本身就是不可能的。这样说来,它们,作为纯粹的范畴,既然既不应该作经验上的使用,又不能够作先验的使用,那么当它们去掉了一切感性时,它们就根本没有任何使用可言,也就是说,它们就根本不能被应用到任何一个所谓的对象(angeblichen Gegenstand)上去;因而倒不如说,它们只不过是知性被使用于一般对象上的纯粹形式,亦即思维的纯粹形式,而它们作为这样的纯粹形式是不能单独用以思维或规定任何一个客体的。

但这里暗含着一种我们难以避免的错觉,即是说,各个范畴,就它们的起源而言,都不是像空间和时间那两个直观形式那样建立在感性上的,因而它们就仿佛有权利可以超越一切感官对象而扩大应用。但是另一方面,它们也只不过是些思想的形式,它们仅仅含有能先天地把在直观里给定了的纷繁众多东西结合到一个意识里去的那种逻辑能力;因此,如果人们从它们那里抽掉那对我们而言唯一可能的直观,则它们就比上述纯粹感性形式所能具有的意义还要更少,因为感性形式毕竟为人们还至少提供了一种客体;可是我们的知性在处理纷繁众多东西方面所特有的这种联结方式(Verbindungsart),如果没有唯一能为我们提供这些纷繁众多东西的那种直观前来参与其事,那是一点意义也没有的。——不过虽然如此,当我们将我们直观对象时所用的直观方式同对象自身本来的性状区别开来,从而把作为现象(Erscheinung)的某一些对象称呼为感性本质或感性存在体(Sinnenwesen)(现象)(Phaenomena)的时候,在我们的概念里其实已经蕴含了一种对立局面,这就是说,仿佛我们已将这同一些对象(就它们自身性状来说的对象,尽管我们并不去直观它们的性状),也或者,我们已将另外什么可能的事物(这些事物根本不是我们感官的客体,只是由知性思维而成的对象),拿来同上述感性存在体相对立,并称呼它们为知性存在体(Verstandeswesen)、(本体)(Noumena)。那么现在的问题就是:我们的纯粹知性概念难道对这些知性存在体来说就不能有什么意义,就不能是一种认识方式吗?

但在这里,问题刚一开始,我们就遇到了一种含义模棱足以引起严重误解的情况。这就是,知性一方面把在一种关系中的对象称呼为单纯现象,同时又设想有在该种关系之外的一种对象自身*,因此它就设想,它也能为自己构成有关这类对象[对象自身]的概念,可是由于它[知性]除了范畴之外并不提供任何别的概念,于是它退一步设想,这种在后一意义之下的对象应该至少是能通过这些纯粹知性概念[范畴]来加以思维的;但是这样一来,路子就被引错了,这样就误将有关知性存在体的,亦即有关在我们感性之外的一种一般而言的某物的完全不确定的概念,当成是有关我们能通过知性以某些方式加以认识的那种东西的一种确定的概念了。

如果我们把本体理解为不是我们的感性直观之客体的那样一种事物,这就等于我们排除了我们能以感性直观去认识它,那么,这种本体乃是一种消极意义的本体。但如果我们把本体理解为一种非感性直观的客体,这就需要我们承认有一特殊方式的直观,即,理智的(intellektuelle)直观,但理智直观并不是我们所具有的,甚至它的可能性也不是我们所能认知的;然而,惟其如此,这种本体就会是一种积极意义的本体。

关于感性的理论同时也就是关于消极意义的本体的理论,即是说,也就是关于这样一些事物的理论,这些事物,由于同我们的感性直观没有关系,知性就必须不(nicht bloss)把它们思维为现

---

* Gegenstand an sich selbst 或译为"自在的对象"。——译者注

象，而把它们思维为事物自身，但知性在这样抽象它们的同时也就理解到，它既然以这种方式衡量它们，它的种种范畴就不能有任何使用了；因为，范畴只在联系着空间和时间中的众直观的统一时才有意义，甚至范畴所以能通过普遍的先天的联结概念(Verbindungsbegriffe)来规定这种统一，也只是因为空间和时间的单纯观念性。凡我们不能遇到这种时间统一的地方，也就是说，在本体那里，范畴的整个使用，甚至它们的全部意义，就完全停止了；因为，此处就连那些应该与范畴相对应的事物的可能性也根本无法看出来了，其所以如此，兹不赘述，只请读者去参阅我在前章末尾的通释里开头所说的那几句话。但一个事物有无可能性决不是单凭该事物的概念不含矛盾所能证实的，要证实，毋宁全看人们能否为那个概念附加一个同它相对应的直观。因此，如果我们想将范畴应用到不被当成现象看待的对象上，那我们就必须有一种不同于感性直观的直观以为根据，只在这种情况下，对象才会是一种积极意义的本体。可是，由于这样一种直观，即理智的直观，绝对不是我们所具有的认识能力，因而范畴的使用也决不能超出经验对象的范围以外；而且，同感性存在体相对应的固然是知性存在体，然而纵使确有知性存在体，我们感性的直观能力也同它们没有任何关系；至于我们的知性概念，作为用于我们感性直观的单纯思想形式，更是丝毫不会触及它们；所以，被我们称呼为本体的那东西，我们必须理解之为一种只有消极意义的本体*。

---

* 此前四段，在第一版中本为另外七段。为参考起见，把一版的七段译出，附作脚注。（我们没有找到这七个段落的译文手稿，故无法在此给出。——王玖兴家属注）

如果我从一项经验性知识里抽去(通过范畴的)一切思维,那就不会还剩余下有关任何一个对象的知识;因为单凭直观是没有任何东西会被思维的,而且感性在我内部产生了影响这一事实决不会构成这类表象同任何一个客体的关系。但如果,反过来,我从经验性知识里抽去一切直观,则毕竟还会余留下思维形式,即是说,还会留有将一个可能直观里的杂多东西规定成为一个对象的那种规定的样式。这样看来,范畴比感性直观涉及的范围要宽大些,因为范畴只一般地思维各种客体,而不再去过问这些客体可能在其中被给予(于感性)的那种特殊的样式。但范畴并不因此就规定着较大量的一批对象,因为人们不能承认这样一些对象是能够存在的,除非人们预先假定可能有不同于感性直观的一种直观,但我们又绝对无权作这样的假定。

一个概念,如果本身并不含有矛盾,同时作为种种现有概念的一个限定词又同其他知识关联着,但它的客观实在性却无论如何也不能被人认识,那么,这个概念我就称之为未经确证的*概念。关于一个本体的概念,即是说,关于这样一个事物的概念:这个事物决不应该被思维为感官对象,毋宁只应该(凭借纯粹知性)被思维为一个自在之物**,那么,关于这个事物的概念是决无矛盾的;因为人们终究不能断言,感性的直观就一定是唯一可能的直观。再者,这种概念也是必要的,人们既要用它来提醒感性直观不得扩展到自在之物那里去,又要用它来限制感性知识的客观有效性(因

---

* problematischer Begriff,准概念。——译者注
** Ding an sich selbst,事物本身。——译者注

为,感性知识达不到那种余外的东西,其所以叫作本体,恰恰因为人们要凭借它来指明,感性知识不能将自己的领域扩展到知性所思维的每一个东西上去)。最后,这样的本体,其存在的可能性却是完全不可认知的,而且,现象界以外的那个领域,对我们而言是空空的;这就是说,我们有一种未经确证就迳自把自己的范围扩展得比现象界还更宽广的知性,但我们没有[知性]直观,甚至就连关于一种可能的[知性]直观的概念也没有,可是只有依靠这种直观,我们才会在感性领域以外也获得对象,并在感性领域以外也确有保证地使用知性。由此可见,一个本体的概念只是一个界限概念,旨在限制感性的僭越,所以只能消极使用。但虽然如此,本体概念却不是任意编造出来的,它与感性的限制密切关联着,只是不能在感性领域以外有什么积极的建树。

所以,如从积极意义上说,对象决不可以区分为现象和本体,世界决不可以区分为感性世界和知性世界,虽然概念完全可以区分为感觉的和理智的;这是因为,人们不能给本体和知性世界规定任何对象,从而也就不能凭空说本体和知性世界是客观有效的。如果人们撇开感官,那么试问人们有什么办法能理解:我们的种种范畴(它们该是为本体留存下来的唯一一些概念)竟还到处意味着什么东西呢?因为,若要范畴与任何一个对象发生关系,都必须除了仅仅思维的统一之外还另有某种东西,即是说,还必须另有范畴能被应用于其上的一种可能的直观。但虽然如此,本体的概念,(这只是权且接受的东西,)却始终不仅是可以的,允许的,而且作为对感性进行限制的一种概念,也是必不可少的。不过,在此情况之下,本体就不是对我们知性而言的一种特殊的可以思议的对象

(intelligibeler Gegenstand)了,相反,本体所隶属的那种知性本身倒成了一大问题,即是说,这种知性在认识它的对象时并不凭借范畴以论辩(diskursiv)的方式去认识,而是用一种非感性的直观以直觉(intuitiv)的方式去认识,而这样的知性我们实在完全不能设想是可能的。可是这样一来,我们的知性就得到了一种消极的扩展,这就是说,它没受感性所限制,反倒限制了感性,因为它不把自在之物(Dinge an sich selbst)视为现象,而称呼它们为本体。但我们的知性也即刻给自己设下了限制,限制自己不得以任何范畴去认识本体,而只当作一种不曾被知的某物去思维本体。

可是我发现在近人的著作中,可感觉的世界和可思议的世界①这两个名词有了一种完全不同的使用,其含义完全偏离了古人的原义,当然,理解起来并没有什么困难,但其中除了空洞的废话之外也找不到任何东西。按照这种新含义,有些人喜欢把被直观到的那个现象总和称为感性世界,而把被思维为依普遍知性规律关联起来的那个现象总和称为知性世界。比如,对天体进行单纯观察的所谓静观的*天文学,其所设想的就会是前者,感性世界,相反,依照哥白尼的世界体系,或牛顿的重力规律说明天体的所谓理论的天文学,所设想的则会是后者,即,一种可思议的世界。

---

① (mundi sensibilis und intelligibilis)——人们必不可像德国论著里通常惯用的那样,以理智的世界(intellektuelle Welt)代替可思议的世界(mundus intelligibilis);因为只有认识才分理智的或感性的。至于能是各种样式的直观之对象的那种东西,亦即客体,就必须(不顾其发音生硬)被称为可思议的或可感知的(intelligibel oder sensible)。——康德原注

* Kontemplative,按此字与下文的 theoretisch(理论的),在德文原版中位置颠倒。此处系依 Wille 和 Smith 的校订译出。——译者注

但人们所以这样搞文字折腾，只不过要找一个诡辩的借口，即是说，为了自己的方便，故意降低问题的意义，以逃避一个令人厌烦的问题而已。在现象方面，知性和理性当然是可以有所使用的；但问题在于，如果被处理的对象并不是现象（而是本体），即如果该对象自身被思维为只可思议的东西，也就是说，被思维为只有知性接触到而感官根本接触不到的东西，那么对于这样理解之下的对象，知性和理性是否也还有一些使用。问题于是成为这样：是否知性除了经验性使用之外（即使在牛顿所设想的那种世界构造中）可能还有把本体当成自己的对象的那样一种先验的使用呢，对这个问题我们已经作过否定性回答。

因此，如果我们现在说：感官向我们表象的种种对象，都是像它们显现着时那样的对象，而知性给我们提供的种种对象则是像它们存在着时那样的对象，那么，我们这话的后半段说的"它们存在着"，则不可在先验的含义上而只可在经验性的含义上来理解，即是说，知性所提供的对象都必须是被表象为在彻底贯通的现象关联之中的经验对象，而不可按它们存在于与可能经验的关系以及与感官的关系之外的那样，被表象为纯粹知性的对象。这是因为，纯粹知性的对象对我们而言将永远是未知的，甚至于这样一种先验的（异乎寻常的）知识，即，至少与受我们寻常范畴所制约的知识迥异的这样一种知识，是否在任何地方是可能的，这对我们而言也始终是未知的。在我们身上，知性和感性只有通力合作才能规定对象。如果我们把它们分开，我们就或者有无概念的直观，或者有无直观的概念，但在这两种情况下，我们所有的表象我们都不能以之联系于确定的对象。

如果有人在这一切论述之后仍然心存疑虑,不肯断然放弃对范畴的先验使用,那就听他先验地使用范畴于任何一个综合命题上,试一试就是了。我所以没说试试分析命题,乃是因为分析命题并不使知性有什么前进,而且,由于在分析命题里知性只同早在概念里已被思维了的东西打交道,所以究竟该概念自身本就与对象联系着的呢,还是概念只意味着一般的思维统一(思维的统一里完全不含有一个对象如何呈现出来的方式),知性并不去判定;对知性来说,知道它的概念所含有的东西,就足够了;至于概念本身是个什么情况,在它是无所谓的。由于这样,那就让那个人试试任何一个综合的和所谓的先验的命题去吧,比如,一切现在的东西都作为实体或作为一种依存于实体的规定而存在着;一切偶然的东西都作为另一东西的,实即它的原因的效果而存在着,如此等等。现在我要问:既然这些概念之有效并不在于联系了可能经验,而在于联系了事物自身*(本体),那么他从哪里得到这些综合命题的呢?而且,任何时候一个综合命题都要求有个第三者,以便将根本没有逻辑上(分析的)亲属关系的那些概念互相结合起来,那么在这里这个第三者又出自何处呢?事实上,他如不重视知性在经验上的使用,因之如不完全抛弃纯粹的不带感觉的判断,他就将永远证明不了他的命题,不,还不止于此,他甚至要为这样一种纯粹论断的可能性作辩护也办不到。在这种情况之下,关于那些纯粹的、只可思议的对象的概念,就完全不包含如何使这些对象得以应用的种种原理,因为人们设想不出这些对象会以怎么个方式被给予的,至

---

* Dingen un sich selbst,自在之物。——译者注

于总想给这些只可思议的对象保留一席之地的那种未经确证而权且使用的思想(der problematische Gadanke),则像一个空的空间一样,仅只有用于限制经验性原理,其本身却并不包含也不显示经验性原理范围以外的任何一种别的知识客体。

附录　论由知性的经验使用与知性的先验使用混淆引起的反思概念的歧义

反思(Überlegung(reflexio))并不是要直接获得关于对象的概念而去思考这些对象自身时的[那种心态],而是我们准备首先找出我们取得概念所必须的主观条件时的那种心态(Zustand des Gemüts)。它是我们对给定了的表象与我们的各种认知根源之间的关系的意识,只能经由这样的反思意识,众表象与我们各认知根源的相互关系才得以正确规定。在对我们的表象进行任何进一步的探讨之前,首先应该问的是,我们的众表象是在哪种认知能力中结合在一起的?它们赖以彼此联结或互相比较的那种认知能力,是知性呢,还是众感官?有好多判断,其所以被承认乃是出于习惯势力,或者说,它们之结合而成判断是由于人们的偏好;那么这样的判断,既然事先没有进行反思,事后又没经反思加以批判,它们就该说是以知性为根据的判断。当然不是一切判断都需要深入探讨,都需要对其真理性的根据特予关注,例如,"两点之间只能有一条直线"这类的判断,除了它们自己表现出的标志之外就无需乎另再指出更详细的真理标志了。但是一切判断,其实应该说一切比较,都需要一种反思,即,都须对给定了的概念所隶属的那种认知能力进行一种区别。有这样一种行动,凭借它我就能将一般而言的表象间的比较同这种比较实现于其中的那种认知能力结合在一起,而且凭借它我就能区别那些被互相比较的表象是属于纯粹知性的或是属于感性直观的,那么,这种行动我就称之为先验的反思。但在一种[反思]心态中的众概念所以能互相隶属,依赖的是它们有这样一种关系,即,同一与各别,一致与对抗,内在与外在,以及可规定者与规定者(材料与形式)的关系。这种关系是否得到了正确规定,全取决于这些概念是在哪种认知能力中主观地互相隶属的,是在感性中呢,还是在知性中。这是因为,认知能力上的差异会导致人们思维这些概念时思维方式上的重大差异。

在谈论一切客观判断之前,让我们先来比较种种概念,以便为全称判断找出(在一个概念之下的众多表象的)同一性,为了产生特称判断找出它们的各别性,或找出它们能构成肯定判断的一致性和能构成否定判断的对抗性,等等。因此,我们似乎应该称呼上述种种概念为比较概念*。但是,如果问题不在于逻辑形式,而在于概念的内容,即是说,在于究竟众多事物都是同一的呢还是各别的,一致的呢还是对抗的,如此等等,那么,由于这些事物与我们认知能力之间能有一种双重关系,即既可与感性有关系又可与知性有关系,从而众概念如何互相隶属的方式取决于它们在所隶属的那种认知能力中占有的位置。因此,只有先验的反思,也就是说,只有我们对给定了的众表象各与此一认知能力或彼一认知能力的关系有了意识,才能规定众表象之间的相互关系;而且众事物究竟是同一样的还是各别的,是一致的还是对抗的,等等,也不是凭着

---

* Vergleichungsbegriffe (conceptus comparationis). ——译者注

对众概念进行单纯比较(comparatio)就能立即确定下来的,毋宁要凭借一种先验的反思(reflexio),辨别了众概念所隶属的认知能力,才能予以确定。人们因而完全可以说,逻辑反思就是一种单纯的比较,这是因为,在进行逻辑反思时,给定了的众表象所隶属的那种认知能力是完全被排除掉,不予考虑的,因而如单就其在心态中的位置而言,众表象是可以被当成都是一样的东西处理的。但先验的反思,由于关涉到众对象本身,其自身本就含有众表象所以可能互相客观比较的根据,乃是一种与逻辑的反思根本不同的反思;因为在这里,这些表象所隶属的认知能力并不是同一种认知能力。这种先验的反思是一种义务,凡想先天地(a priori)对事物有所判断的人,谁也不能推脱掉它。现在,让我们来履行这一义务,从中取得重大启发,以规定知性自己固有的业务。

1. 同一与各别*。如果一个对象多次呈现在我们面前,但每次都是以同样的内在规定(质和量)呈现的,那么当它充当纯粹知性的对象时,它就总是同一个对象而不是许多个对象,毋宁说,它始终是一个事物(numerica idenditas);但如果这个对象是现象,那它就与概念的比较毫不相干,相反,即使相比较的概念全都是一样的,这个现象既然在同一时间占有各别的空间位置,那么空间位置上的各别,也就是(感官的)对象本身在数目上的各别的一项充足根据了。所以,人们可以撇开两个水滴的一切内在差异(质的和量的)不管,而单凭这两个水滴是同时在各别位置上被直观的这一事实,就足以认定它们是在数目上各别的水滴。莱布尼茨当年曾把

---

* Einerleiheit und Verschiedenheit (Identite et diversite)。——译者注

现象当成事物自身，从而认为现象都是可思议的（intelligibilia）东西，即，都是些纯粹知性的对象（虽然由于有关纯粹知性对象的种种表象扑朔迷离，他仍然称呼这些知性对象为现象），因而他那有关不可区别者定理* 当然是无可驳辩的；但是，真正说来现象都是些感性的对象，既然现象是些感性对象，知性在现象上的使用就并不是纯粹的，毋宁只是经验性的，因此（因为知性作了经验性使用），众多性和数目上的各别性实际上就早已通过那作为外在现象之条件的空间本身提供出来了。这是因为，空间的一个部分，不管它与另一空间部分如何完全相似和相同，它毕竟是在那另一部分之外的，而且它所以是一个各别于另一部分的部分，乃是因为那另一部分添加到它这里来就构成一个更大的空间，因而这种情况必定也适用于同时并存于众多空间位置上的一切事物，不管这些事物在其他方面多么相似和相同。

2. 一致与对抗。实在（realitas noumenon）如果只是由纯粹知性表象出来的，那就不可以设想在两个实在之间会有对抗，即是说，不得设想结合在一个主体中的两个实在会有 3－3＝0 这样互相消除对方之后果的关系。相反，现象界的实在事物（realitas phaenomenon）则理所当然能够互相对抗，即，联合在同一个主体中的一个实物能将另一实物的后果全部地或部分地消除掉；就像两股动力在同一条直线上朝着相反方向前推或后拉一个点那样，或者，如同一场欢乐抵消一项痛苦那样。

---

* des Satz des Nichtzuunterscheidenden（principium identitas indiscernibilium）（无差别者）。——译者注

3. 内在者与外在者。在一个纯粹知性的对象那里,只有(就实际存在而言)与任何不同于自己的东西都没有关系的那种东西才是内在的。相反,空间里的一个现象性实体(substania phaenomenon)的内在的规定,却统统都是关系,因而现象性实体本身完完全全是众多纯粹关系的一个总和。所以我们如要认识空间中的实体,就只有依靠在空间中发挥作用的力,这些力要么是将别的力拉进该空间中来(吸引关系),要么是阻止别的力不得进入该空间去(拒斥关系和不可入性);至于其他构成实体之概念的属性(Eingenschaften),即,构成那在空间中显现为现象并被我们称呼为物质的那种实体之概念的种种属性,我们则并不认识。于是,作为纯粹知性的客体,每个实体所必然具有的就是种种内在的规定以及种种涉及其内在实在性的力。但是,实体内在必然的东西是这些,那么内在偶然的东西(Akzidenze[偶性])是哪一些呢?除了我的内在感官呈现给我的那些东西,即,或者是一种思维或者是类似于思维的东西之外,我还能设想它们是什么呢?由于这种情况,那位一向把实体都看成为本体(Noumena)的莱布尼茨,在他将意味着任何外在关系的一切,其中包括思想里的组合关系,统统排除了以后,就把一切实体乃至一切物质成分都构造成为种种具备表象力的单一主体,简称之为:单子(Monaden)。

4. 质料与形式。这两个概念都是与每一知性使用不可分割地联结着的,所以是一切其他反思的根据。质料是指一般而言的可规定者,形式则指可规定者的规定(两者都是在先验的意义上说的,因为人们已抽除了被给予的东西的一切差异以及该东西所由以被规定的方式)。逻辑学家以前曾称呼普遍的东西为质料,各别的差异为形式。在每个判断里,人们可以称呼(被判断的)众概念为逻辑的质料,称呼概念间(借助于系词)的关系为判断的形式。在每个本质里,本质的成分(essentialia)是质料,各成分所得以在一个事物中结合起来的那种方式是本质性的形式。就一般而言的事物来说,情况也是一样,没经限制的实在被看成一切可能性的质料,而实在所受的限制(否定)则被看成为,按照先验的概念一个事物所赖以有别于其他事物的那种形式。由此可见,知性是首先要求有某种给定了的东西(至少在概念里),以便它随后能以一定的方式去加以规定的。因此,在纯粹知性的概念里,质料先于形式;而且正因这个缘故,莱布尼茨首先设定了具备内在表象力的众事物(诸多单子),以便随后把它们的外在关系和它们的种种状态(即诸表象)的团结共存都建立在事物这个根据上。按照莱布尼茨这个观点,空间的出现只是由于实体之间发生关系,时间的出现是由于实体的种种规定互相联结,于是空间和时间就像是根据的后果那样才可能有的。当然,假如纯粹知性能被直接联系到对象上,假如空间和时间真是事物自身的规定,那么事实上事情也必定就是这个样子。但是,如果空间和时间只是两种感性直观,而我们只是在时空中把一切对象规定为现象,那么直观的形式(作为感性的一种主观性质)就先于一切质料(一切感觉),从而空间和时间就先一切现象和一切经验与料(datis der Erfahrung),而且,甚至于是空间和时间才致使现象和经验与料可能有的。理智的哲学家们(Intellektualphilosoph),由于曾认定我们所直观的那些事物就是它们本来的样子(虽然带有模糊的表象),因而对于形式先于事物本身以及形式规定着事物的可能性这种提法接受不了,心存困惑,那是一种完全正当的评审态度。但是，由于感性直观是一种完全特殊的主观条件，它先天地充当着一切知觉的根据，它的形式是原本的；因此，形式乃是为其自己而出现的东西，而如果像人们依照单纯概念来判断的那样，说物质（或显现出来的事物本身）是它的根据，那是大错特错的，反倒应该说，物质之所以可能乃是因为有现成的一种形式的直观（时间和空间）作为其前提条件。

关于反思概念的歧义的附注

我们分配给每个概念一个如不在感性里就一定在纯粹知性里的位置，这种位置我可以称之为先验的位置。同理，当我们对每个概念应获得的位置（这位置因概念的使用不同而不同）进行判断，并为能给每个概念规定一个位置而按规则发出指示时，这种判断和指示就该叫作先验的定位（transzendentale Topik）。这样一种定位法，既然每时每刻都在区别概念所真正隶属的是哪一认知能力，它就会彻底防止纯粹知性的僭窃使用及其所产生的幻象。人们可以把包含着许多知识的每一个概念，每一个标题，叫作一个逻辑的位置。亚里士多德的逻辑定位法就是建立在这上面的；学校教师和演说家们都曾能对逻辑定位法加以利用，以在一些思维标题中间找出最适合于其现有材料的那个标题，然后，摆出一副确凿有据的架势，或者强词夺理百般狡辩，或者卖弄词藻夸夸其谈。

相反，先验的定位法并不包含什么知识，它只包含有关一切比较与区别的上述四个标题。这四个标题同范畴的区别之处在于：标题并不依据构成对象之概念的那种东西（如分量、实在性等）呈现出对象来，而是在各种各样的表象中呈现出先于事物概念的那种表象比较来。但表象之间的这种比较，首先需要有一种反思，即是说，首先要确定被比较的众事物表象是属于哪个位置上的，它们是纯粹知性思维出来的呢，还是感性在现象中提供的。

概念都能进行逻辑的比较，而无需顾虑它们的客体处于什么位置上，即是说，不管它们的客体是知性所面对的本体，还是感性所面对的现象，都无所谓。但如果我们不仅比较这些概念，而且还想联系着它们的对象来比较，那就首先必须进行先验的反思，以确定该对象是哪种认知能力的对象，是纯粹知性的呢，还是感性的。如不经过这种反思，我使用这些概念就很不安全，其中就会出现一些被误以为真的综合原理，而这些综合原理是批判的理性所不能承认的，因为它们所根据的仅仅是一种先验的歧义，也就是说，仅仅是纯粹知性对象与现象两者的一种混淆。

由于缺少这样一种先验定位法，从而受了反思概念的歧义的欺骗，大名鼎鼎的莱布尼茨曾建立起一个关于世界的理智体系，或者毋宁说，他曾相信，当他让一切对象只同知性相比较，并且只同知性思维的抽象了的形式概念相比较时，他就认识到众事物的内在性状了。在这里，我们的反思概念图表给我们带来了出乎预期的好处：它把莱布尼茨的思想体系在其一切部分中的突出特征以及这个特殊思维方式的主要根据（其实这根据只是一种误解）同时都展现在我们眼前了。他比较一切事物，完全是通过概念与概念相互比较来进行的，他比较出来的差异，当然就只是知性赖以使其纯粹概念彼此互相区别的那些差异。感性直观的种种条件，虽然本身就具备固有的差异，他却并不视之为原始的，因为在他看来，感性只是一种模糊样式的表象，并不是表象的一个特种源泉。至于现象,在他看来,就是关于事物自身的表象,他认为这样的表象诚然不同于那按逻辑形式通过知性而取得的知识,这是因为它通常缺乏剖析,因而就有一些附随表象被吸引混杂到事物的概念里来,但这些混进来的东西知性是懂得如何从事物的概念中抽除出去的。总而言之,莱布尼茨把现象都理智化了。正如洛克(Locke)依其概念发生论(Noogonie)的思想体系(如果允许我利用这个词汇的话)把知性概念统统感性化了,这就是说,洛克认为知性概念不是别的,只是些经验性概念或抽象了的反思概念。这两位伟大人物都不到知性和感性那里去寻找表象的两个完全不同的源泉(知性和感性虽然完全不同,但只在两者结合时才能客观有效地对事物进行判断),他们各自只依赖两者中的一方,认定自己所依赖的一方直接关联着事物自身,而另外那一方所做的事,只不过是把自己依赖的一方的种种表象搞得晦暗模糊,或者,使之显出条理。

莱布尼茨于是对种种感官对象,作为唯独知性才有的种种一般事物,进行了相互比较。第一,他比较这些感官对象,是要知性来判断它们是同一的还是相异的,而既然他一心只注意了它们这些感官对象的概念,并没关注它们在直观中的位置(而对象只在直观中才能出现),而且完全忽视了这些概念的先验的位置(没考虑对象该算是现象之类的还是事物自身之类的东西),那么他的比较就只能说明:他把本只适用于一般事物的概念的他那条"不可区别者"原理,也扩展到感官对象(现象界)上了,而且他因此相信他已大大扩大我们关于自然的知识了。诚然不错,如果我认识一滴水是依据其一切内在规定将它当作一个事物自身来认识的,那么只要这滴水的整个概念和这滴水是同一的[或者说这滴水的概念完全符合于一滴水的一切内在规定],我就不能承认有任何一滴水是与其他一滴水不同。但是,如果这一滴水是空间里的现象,那它就不仅在知性里(在概念之下)有它的位置,而且也在外在感性直观里(在空间里)有它的位置;而在空间里,众物理位置都是与事物的内在规定完全不相干的,[举个例子说吧,]一个位置 b,固然能接纳一个与位置 a 里的另一事物(就内在规定而言)根本不同的事物,也同样能接纳一个与位置 a 里的另一事物完全相似相同的事物。众位置的差异,无须再有任何其他条件,其本身就已足以使众对象(作为众现象)的众多性和区别性不仅成为可能的,而且也成为必然的。所以说,上述莱布尼茨那条原理并不是自然界的规律,只不过是通过众单纯概念来比较众事物时适用的一项分析性规则。

第二,他的"众实在(作为众单纯肯定)在逻辑上彼此决无冲突"的原理,如果就众概念的关系来说,确实是一个完全真的命题,但是,无论就自然界而言还是就任何一个事物自身(对此我们并无任何概念)而言,这条原理都是毫无意义的。这是因为,实际存在着的、实在的冲突,是无处不在的,大凡 A－B=0 的地方,即是说,大凡一个主体所联结的众多实在中的一个实在消除了另一个实在的效果的地方,自然界里的一切障碍和对抗就都在不断地向我们展示着这种冲突;当然,这些障碍和对抗,由于都是建立在各个力上的,我们必须称之为现象性的实在(realitates phaenomena)。力学概论所着重探讨的是力的方向之间的对置,所以它甚至能够指出这种冲突的合乎先天规则的经验性条件,而这种经验性条件则是先验的实在概念所根本不知道的。不错,莱布尼茨先生并没大张旗鼓地把这个命题宣称为一条新的原理,然而,他却利用这个命题提出了种种新的论断,他的追随者们更是直言不讳地把这个命题登录进了他们的莱布尼茨—沃尔夫学说。如果按照这条原理,一切罪恶,比如说,岂不就只是被创造物受了限制的后果了,即是说,岂不就只是些否定性了,因为否定性是唯一和实在性相抵触而有冲突的东西(在一个一般事物的单纯概念里,情况也确实是这样的,但在作为现象的那些事物里却并非如此)。同时,他的门生弟子们又把"一切实在都能无须顾虑任何冲突而联合于一个本质之中"视为不仅是可能的,而且也是自然的;这是因为,他们只承认矛盾的冲突(有了矛盾这种冲突,一个事物的概念本身就被取消了),并不承认一个实在根据足以取消另一实在根据之后果的那种相互拆毁的冲突,而相互拆毁的冲突,我们只有依靠从感性那里获得的条件才能表象之于我们面前。

第三,莱布尼茨的单子论并不具备任何别的根据,其唯一根据就在于,这位哲学家在表象内在东西与外在东西的区别时是单纯联系着知性来表象的。一般而言的实体都必须具有某种内在的东西,内在的东西当然是同一切外在的关系从而也同关系的组合摆脱了任何牵连的。所以说,单一性乃是事物自身内在的东西的基础。但事物自身的内在的态势也不能是由位置、形状、接触或移动构成的(因为这些规定统统是外在的关系);我们因此不能将任何别的内在态势配备给实体,我们所能配备给实体的仅只是我们赖以内在地规定我们感官本身的那种态势,即,众表象的态势。这样,单子就被莱布尼茨装备齐全了;这些单子据说要充当整个宇宙的基本建材,但它们的能动的力却只是由众表象(的态势)产生出来的,因此,确切地说,它们如能有什么真实效用的话那也只限于它们自身之内。

但也正以此故,莱布尼茨为使众实体有可能相互合作共存而提出的那条原理,就不得不是一种预定的和谐,而不能是什么物理的影响。因为,既然一切实体都是内在的,即是说,都只与自己的表象打交道,那么一个实体的表象的态势就同另一个实体的表象的态势根本不能有任何有效的关联,毋宁必须有一个第三者出来作为对一切统统有影响力的原因,致使它们的态势相互对应,而且,它们之能够对应,并非得力于偶然的、在每一各别事例中特地配备的援助者(支援体系(systema assistentiae)),毋宁得力于一个普遍有效的原因的理念所具有的统一性;因为一切实体都必须在这原因理念的统一性中才获得它们的实际存在和常住性,从而也获得合乎普遍规律的交相对应。

第四,莱布尼茨著名的时空学说(他在这个学说里把感性的这两种形式理智化了),完全是从先验反思的同一个错觉中产生出来的。如果我想通过单纯知性来设想事物之间的外在关系,那我设想时就只能求助于一个有关众事物交相作用的概念,而如果我要把同一个事物的一个态势与其另一个态势连接起来,那我就只有依靠前因与后果之间的秩序,才能办到。于是,莱布尼茨就把空间当成为众实体合作共存时的某种秩序,而把时间当成为实体各态势间的动态的连续。但是,空间和时间显然都本身具有而并不依附于事物的那种独特性质,他却说这是出于空间时间概念的混淆,由于这种混淆,本是动态关系的一种单纯形式的那种东西,就被当成了一种本有的、独立自存的，而且存在于事物本身之先的直观。这样一来，在他那里，空间和时间都成了众事物（众实体及其态势）自身所具有的一种只可思议的联结形式（intelligibele Form der Verknüpfung der Dinge an sich selbst），而事物都成了只可思议的实体（intelligibele Substanzen[substantiae noumena]）。虽然他想让这些概念能有效地适用于种种现象，但那是妄想；因为，他不承认感性有自己的直观方式，宁愿到知性里寻找对象的一切表象，包括其经验性表象，他留给感官去担当的可鄙任务，只是对知性的表象进行混淆和歪曲。

但即使我们能通过纯粹知性综合地就事物自身（Dingen an sich selbst）有所言说（其实这是不可能的），那我们所说的东西也根本不能联系到现象上去，因为现象表象出来的并不是事物自身。所以每当我在先验反思中识别现象时，我总是必须只在感性的种种条件之下才来比较我的概念，而且因此空间和时间都将不是事物自身的规定，而只是现象的规定；至于事物自身究竟是什么，我不知道，我也无需去知道，因为从来还没有一个事物能够不是在现象里呈现到我面前来。

其余的反思概念我也都是这样处理。物质是现象性的实体（substantia phaenomenon）。要问物质究竟内在地有些什么，那我只好到物质所占有的空间的一切部分里寻找，到物质所发挥的一切效用里寻找，当然，它发挥的效用永远只能是外在感官的种种现象。所以说，我确实找不到绝对内在的东西，找到的只是纯属相对内在的东西，而相对内在的东西自己又是由外在关系构成的。如果说，按纯粹知性的想法，物质应该有绝对内在的东西，但是，即使

A 277
B 333

有这种东西,它也只是一种单纯的狂想,而狂想无论在哪里都不构成纯粹知性的对象。至于先验的客体,作为我们称之为物质的这种现象的根据,则只是即使有人能向我们谈论它我们也一点不理解其为何物的那样一种东西,因为我们所唯一能理解的,只是其本身带来一种在直观里与我们的话语互相对应的情况的那种东西。有一些怨言,它们说,我们根本就不能看透事物内在的东西,如果它们的含义是抱怨我们不能通过纯粹知性来理解显现于我们面前的这些事物究竟其自身是些什么东西,那么,这些怨言就既不公正也不合理;因为,它们其实是愿望我们不须有感官就能理解事物并直观事物,从而,愿望我们具有一种与人类的认识能力不仅在程度上不同而且就直观而言在种类上也完全不同的认识能力,这等于,愿望我们不是人,而是一种我们不仅不能说出它有什么品性而且就连它是否可能也说不出来的东西。人们依靠对现象的观察和剖析已进入了自然的内部,当然人们并不能知道这样的进入随着时间迁移会前进多远。但是,那些先验的问题,既然他们超越到了自然以外,那我们不论进入自然多深也将永远不能回答他们;即使到了整个自然都已被我们揭秘了的时候,要用一种与我们内在感官的直观不同的其他直观去观察我们自己的心灵,对我们而言也是万万办不到的;因为感性本身的源泉,秘密就在我们心灵里。感性之与一个客体的关联,以及那作为这种统一〔或关联〕之先验根据的东西,无疑是隐藏得很深很深,以致我们(这里说的我们,是指即使我们自己也只能通过内在感官、以之为种种现象来认识的我们)显然不能使用我们通常研究时所用的一种很不合适的工具,去搜寻那不同于历次所发现的种种现象的别种东西;不过,这些现象的非感性的原因毕竟仍是我们非常乐愿探索的。

我们对于从单纯的反思行动中得出的结论所作的这种批判,其所以很有用,不仅在于它清楚地表明了:人们就那些只在知性里互相比较的对象所得出的一切结论都是莫须有的,同时还在于,它证实了我们提出的这一主要论点,即,虽然现象都不属于纯粹知性的对象之列,都不是事物自身,但它们却是唯一的一些对象,只在它们这样的对象身上,我们的知识才能具有客观实在性,即是说,只在它们这里,才有一种对应于概念的直观。

如果我们仅只进行逻辑方面的反思,那我们就只限于将我们的概念在知性里互相比较,以便弄清楚:被比较的两个概念究竟是含有同一内容的,抑或是彼此矛盾的;某种东西是内在地包含于概念中的,还是外在地附加到概念上的;两个概念中哪一个是给定了的概念,哪一个只是为思维那给定了的概念才有效用的一种概念。但是,如果我们将这些概念应用到一个(先验意义上的)一般对象上,而不进一步规定这一对象究竟是一感性直观的对象还是一理智直观的对象,那么,且不说别的,即在一般对象这个概念本身,就已显露出种种限制,以限定这些概念不得作任何经验性的使用,并因此而证明:一个对象,作为一般事物,其表象不仅是不充足的,而且,由于既无感性规定又无经验性条件,也是自相矛盾的;那么在此情况之下,人们就只有两个选择,要么,排除一切对象(如在逻辑里那样),要么,承认有一种对象,即一种须在感性直观的条件之下去思维的对象,可是可被思议的对象(das Intelligibele)将要求我们有一种完全特殊的直观,而这种特殊直观我们并不具有,于是这可被思议的对象对我们而言也就有等于无,只是个空;但另一方面,现象也都不能就是对象自身,这是因为,如果我单纯地设想一般事物,那么外在关系上的差异当然并不构成事情本身的差异,毋宁事物本身的差异倒是外在关系差异的前提条件,而且如果一个事物的概念同另一个事物的概念根本没有什么内在区别,那我就只是把同一个事物放进了不同的关系里而已。再者,当一个单纯的肯定(即一个实在)被添加到另一个单纯肯定上时,积极的东西就只有增多,而绝无任何削减、任何损耗;所以说,一般事物里的实在,并不能互相抵消或冲突,等等。

* * *　　* * *　　* * *

反思的概念,如我们已揭示的,出于某种误解,曾严重影响知性的使用,甚至误导了世界上最具洞察力的哲学家之一〔莱布尼茨〕,让他建立了一个据说无需感官的协助也能规定其对象的所谓理智知识的体系(System intellektueller Erkenntnis)。那么,正以此故,我们剖析反思概念的歧义所以会引出错误原理的那种迷惑人的原因,对于准确可靠地规定并保证知性的使用界限,就具有极大的效用。

人们当然必须说:凡普遍地投合于或违背于一个概念的东西,也投合于或违背于隶属该概念之下的一切特殊概念(dictum de Omni et Nullo);但假如这条逻辑原理改换为这样的说法:凡没有包含在一个普遍概念里的东西,也就没有包含在隶属该普遍概念之下的那些特殊概念里,那么,这样说的原理就不合道理了;因为,特殊概念之所以是特殊概念,正因为这些概念所包含的东西多出于普遍概念所涵蕴的东西。可是，莱布尼茨整个的理智知识体系正是建立在这后一说法的原理上的，所以，他的体系，也就随同这原理的违背事理、连同一切由该原理演生出来的知性使用上的模棱两可，而归于土崩瓦解。

不可区别者[关于同一性的]原理是建立在这样的前提假定上的：如果在有关一个一般事物的概念里某种区别没有被见到，则这种区别也就不能在众事物身上被见到；据此，不可区别者原理就推论说：一切事物，既然不是在它们的概念中（按质或按量）就已彼此有所区别，那么它们就都是完全同一的东西（völlig einerlei [numero eadem]）。这个论断之所以能够得出，乃是因为，在有关任何一个事物的单纯概念那里，该事物的众多必要的直观条件本都是被我们抽除掉了的，但依据上述那一奇特的前提假设，被我们抽掉的东西就被当成了任何地方都见不到、都不能有的东西，从而，事物本身就不得含有该事物的概念所含有的东西以外的任何东西了。

B 338

关于一立方尺的空间的概念，不管我在什么地方思维它，不管我思维它多少次，这个概念自身始终是完全同一个东西。但虽然如此，两个一立方尺，却仅因它们的位置不同，在空间里就是有区别的，这些不同的位置，乃是一立方尺这个概念的客体之所以能被直观到的条件，不过这些直观条件并不属于概念，却完全属于感性。同样，在一个事物的概念里，只要没有否定表述和肯定表述联合在一起，就根本没有矛盾、冲突，而且单纯肯定的概念联合在一起，也决不能产生彼此互相取消的情况。但是，在感性直观里，因为这里是实在的事物（例如运动）被给予于我们的地方，所以这里

A 282

还存留着一些在一般而言的运动的概念里本已抽除掉了的条件（一些相反的运动方向），那么感性直观里的这些条件，就有可能造成一种冲突，一种虽非逻辑矛盾却能使纯正数变为零（＝0）的冲突。因而人们并不能说：因为各个实在的概念之间见不到什么冲突，所以，一切实在之间就都是相互一致的①。

就单纯的概念来说，内在的东西乃是一切关系规定或外在规定的底基（Substratum）。因此，如果我抽掉一切直观条件，而一心专注在关于一个一般事物的概念上，那么我固然能抽掉一切外在关系，却必定还会余留下一个概念，一个关于绝无外在关系而净含内在规定的那种东西的概念。由此，似乎可以推论说：每个事物（实体）里都有某种绝对内在的东西，而这绝对内在的东西在先于一切外在的规定，因为，是有了它，外在规定才是可能的；从这里，似乎又可以说：这种底基是某种本身不再含有任何外在关系的东西，所以是单一的（至于有形体的事物永远只是些关系，至少也是其相互外在的众部分之间的关系）；而且由于我们并不认识绝对内在的规定，我们所认识的内在规定只是通过我们的内在感官认识的，因而，这种底基不仅仅是单一的，而且（按我们的内在感官来类推）也是由众表象规定了的，这就是说，一切事物原本就是些单子

---

① 假如有人在这里想利用通常的遁词来坚持其主张说：至少吧，那些只可思议的实在（realitates Noumena），是不能互相反对的！对，不过这些人毕竟不能不为这类纯粹而非感性的实在举出例证，以便让大家认清，这样一种实在到底是一般呈现点什么东西，还是根本什么东西也不呈现。但任何例证都只能从经验那里援引，而经验所提供的从来没有别的，全都是现象。因此，他们的所谓只可思议的实在并不互相反对那个命题，其含义不过是说：凡只包含肯定性东西的概念，并不包含任何否定性东西；而这样一个命题，我们从来不曾怀疑过。——康德原注

或天然赋有众多表象的单一本质。那么，以上这一连串的论断对不对呢？可以说，假如在我们唯一能赖以取得外在直观对象的那些条件之中除了关于一个一般事物的概念以外不再含有别的什么东西——这些别的东西事实上已被纯粹概念抽除掉了——，则以上论断也都可以说是对的。这是因为，大家都看到，空间里的一种常住现象（不可入的广延），虽然包含的净是关系并不含有丝毫绝对内在的东西，却能够是一切外在知觉的第一底基。通过单纯的概念，我（当然就没有内在的东西）所以不能思维任何外在的东西，那正是因为，关系概念都以绝对给出了的事物为其前提条件，没有给出了的事物，就不可能有关系概念。但是，由于直观里包含有某种在关于一个一般事物的单纯概念里绝对不含有的东西，而这某种东西又产生出一种通过单纯概念决不能认识到的底基，即产生出一个空间，而这空间本身连同它所包含的一切又完全是由形式的或者也由实在的关系构成的，因此，我就不能说：因为如果没有一种绝对内在的东西就不会有任何事物能通过单纯的概念被表象出来，所以这些单纯概念之下所属的那些事物本身里，以及那些事物的直观里，也就不会含有任何不以某种绝对内在东西为根据的外在东西。这是因为，当我们把一切直观条件都抽除了时，在单纯概念里余留下来的固然没有别的，只有外在的东西赖之得以可能的那种一般内在的东西及其相互之间的关系。但是，这种必然性（它完全是建立在抽象上的），在有些事物那里是显现不出来的，其所以显现不出来，乃是因为这些事物是在直观里连同一些并无内在东西作为根据、却表示单纯关系的种种规定而被呈现给我们的，即是说，因为这些事物都不是事物自身，而只是些现象。不论我们在物质身上认识到了什么,它们也都是些关系(我们称之为关系的内在规定的那种东西,也只相对而言是内在的);但在这些关系中间有一些是独立而长住的,一定的对象就是通过这些独立而长住的关系被呈现给我们的。我承认,我抽除了这些关系之后就再也没有什么可思维的东西了,但这个事实并不排除一种(作为现象的)事物的概念,也不排除一种(抽象了的)对象的概念,它所排除的毋宁是可按单纯概念予以规定的那样一种东西的一切可能性,这就是说,排除一种本体(Noumenon)的一切可能性。诚然,说一个事物完完全全是由众关系构成的,这话听起来确实令人震惊,但这样一种事物也就是一种单纯的现象,它决不能通过纯粹范畴来予以思维;它本身是由一般而言的某物同感官之间的单纯关系构成的。同样,当我们从单纯的概念开始时,我们要思维抽象了的事物的关系,就别无他法,只能把一个事物思维为另一事物里众规定的原因;因为这乃是我们的知性有关关系本身的概念。但我们此时既已抽掉了一切直观,则杂多的东西赖以能够相互规定其位置的那一整个的方式,即感性之形式(空间),就丧失掉了,而空间,却是先行于一切经验性因果关系之前的,是一切经验性因果关系的前提条件。

如果我们把只可思议的对象(bloß intelligibele Gegenstände)理解为无需任何感性图式、全凭纯粹范畴就能被认知的那些事物,那么,这类东西是不可能有的。这是因为,我们的一切知性概念之得以客观使用的条件,乃是我们的这个样式的感性直观;是通过了我们这种感性直观,众对象才被呈现给我们的,如果我们抽除了我们的感性直观,则知性概念就同任何一个客体也发生不了关联。

甚至于，即使人们愿意假设不同于我们这种感性直观的另外一种直观，我们的思维机能对这另一种直观而言也不会有任何意义，但是，如果我们把只可思议的对象理解为一种非感性直观的这样一些对象，即，对于这些对象我们的范畴当然完全不能适用，因而我们绝对不能取得有关它们的任何知识（无论直观还是概念），可是这些只有消极意义的本体（Noumena），却倒是我们必须认可的：因为这样的本体并无更多的含义，只不过表示，我们的这种直观不是能应用于一切事物的，它毋宁只适用于我们的感官的对象，因而它的客观有效性是有限制的，而这样一来，它就为某种别的直观留下了余地，也为作为该种直观之对象的那些事物留下了余地。但在这种情况下，有关一个本体的概念乃是一种问题性的（权且作为的）概念，即是说，本体概念所表象的乃是我们既不能说是可能的也不能说是不可能的那样一种事物，因为我们根本不知道除我们的感性直观之外还有什么样的直观，也不知道除范畴之外还有什么样的概念，而感性直观和范畴对于一种非感性的对象而言又都是不合适的。由此可见，我们所以尚不能积极地将我们思维对象的范围扩展到我们感性的条件以外去、而还认可在现象之外另有种种纯粹的思维对象、亦即本体，乃是因为纯粹思维的对象并不具有任何可以言说的积极含义。因为，就范畴而言，人们必须承认，单只范畴还不足以认识事物自身，如果没有感性提供的材料，范畴将只是知性统一（Verstandeseinheit）的主观形式而并无对象。至于思维，它本身诚然不是感官的产物，因而也不受感官的限制，但人们却不能因此立即推论说，它无待于感性帮助本身原就有自己的纯粹的使用，其所以不能，是因为如果那样，思维就该是没有客

B 343

A 287

体的了。人们也不能说,本体就是这样一种客体。这是因为,本体恰恰是个问题性的概念,它所指称的对象是完全不同于我们的直观的另一种直观和完全不同于我们的知性的另一种知性所认知的一种对象,因而它本身就是一个问题。所以说,本体的概念并不是关于一个客体的概念,毋宁是对我们感性的局限性所必然带来的一个问题的答案,这个问题问,有没有完全在感性直观之外的对象呢?问题的答案当然只能是不确定的,这是因为,一方面,感性直观并不是无所区别地涉及一切事物的,它因而是为另外的不同的对象留下余地的,因此,这些其他的对象就不能简捷了当地被否定,说是绝对没有,另一方面,由于它们缺少一种确定的概念(因为没有哪个范畴有能力提供确定的概念),它们也就不能被坚决地肯定,说是些适合于我们知性的对象。

于是,知性限制了感性,却并没因此而扩大自己的领域。因为,在知性警告感性不要擅自涉及事物自身,而只可涉及些现象的时候,知性虽为自己设想了一种[可以涉及的]对象自身,但是这种对象自身被它设想成了一种先验的客体,而先验客体乃是现象的原因,因而本身不是现象,不能作为分量或实在或实体等等予以思维(因为这些概念总需要有感性形式,它们总要在感性形式里才能规定一个对象);因此,究竟知性所设想的先验客体是在我们之内的,抑或也在我们之外,究竟它会随着感性同归于尽,抑或它在感性被消除后仍会保留下来,都是我们完全不知道的。如果由于这种客体的有关表象是非感性的,因而我们愿意称呼这种客体为本体,那我们是有自由去这样称呼它的。但是,由于我们不能将我们的任何一个知性概念应用到它身上,它的表象对我们而言就始终是空的，而且除了能标志出我们感性知识的界限并遗留下一个我们既不能通过可能经验又不能通过纯粹知性予以填充的空间而外，别无任何用处。

所以说，我们对这种纯粹知性所作的批判，并不允许人们在能作为现象而出现于知性面前的那些对象之外，另创一个新的对象领域，也不允许人们沉溺于种种只可思议的世界之中、甚至于不得沉溺于有关它们的概念之中，而不能自拔。人们所以做了不允许做的事，那分明是出于这样一种可以饶恕却不能辩护的错误，即，人们违背了知性的本性，以先验的方式使用了知性，从而要求对象亦即可能的直观必须去符合于概念，而不是要求概念必须去符合于可能的直观（而实际上概念的客观有效性完全依赖于直观）。至于这种错误的起因，则全在于：统觉连同思维一起是先行于众表象的任何可能的确定布局之前的。因此，我们[首先是]一般地思维某个事物；然后我们一方面以感性的方式规定这个某物，另方面却把抽象地（in abstracto）呈现出来的普遍的对象同直观这个对象的这种[感性的]方式区分开来；于是我们这里就只还剩有一种单纯通过思维以规定对象了的方式，而这种方式，诚然只是一种空无内容的逻辑形式，但对我们而言，却好像就是与受了我们的感官限制的直观毫无关涉的那种客体（本体（Noumenon））的一种自身存在的方式。

* * *　　* * *　　* * *

在终结先验分析论以前，我们必须再添加上几句话，这几句话本身虽然并非特别重要，但从体系的完整上看也可说是很需要的。人们建立一门先验哲学时，开头使用的最高概念通常总是划分可能的东西与不可能的东西的那个区分概念。但一切区分都以一个被区分了的概念为其前提条件,因而人们还必须提出一个更高的概念,而这更高的概念就是关于一个一般对象(这对象是权且承认的,它究竟是有抑是无还不曾确定)的概念。范畴乃是唯一涉及一般对象的那些概念,因此确定一个对象究竟是有抑是无的区分工作,将按照范畴的顺序及其导向来进行。

1)与一切、众多、一个等等概念相反对的概念,乃是去了一切或者说没有任何一个(Keines, none, aucum)的概念;因而,一个概念,如果它的对象是根本没有任何一个直观可以被说成为与之相对应的,因而是等于无的,那么,这就是说,该概念是一个无对象的概念(推论中的有)(ens rationis),例如本体。本体并不能算得上是可能的东西,虽然它们也必不能因此而被说成是不可能的东西;再或者比如,某些新的基本力也是这样的,新的基本力,当人们思维它们时,思想里诚然并无矛盾,但人们也想不出经验里曾有它们的实例,因而它们也算不上必定是可能的东西。

2)实在是某物;否定是无物[无],这就是说,它是一种对象欠缺的概念,例如阴影、寒冷(欠缺性的无)(nihil privativum)。

3)并无实体的直观单纯形式,其自身并不是对象,毋宁只是对象(作为现象)的形式条件,例如纯粹空间和纯粹时间(想象中的有)(ens imaginarium)。纯粹空间和纯粹时间固然是可作为形式而加以直观的某物,但本身并不是被直观的对象。

4)一个自相矛盾的概念,既然本身是不能成立的,它的对象就是无[无物],就是不可能的东西,例如双边的直线图形(否定性无)(nihil negativum)。

由此看来,无的概念的这种区分(因为随之而来的就是某物的概念的类似的区分),如要列为图表,就必须这样安置:

无,

作为:

1

无对象的空概念

(推论中的有)

2　　　　　　　　　　　　3

一个概念的空对象　　　　无对象的空直观

(欠缺性的无)　　　　　　(想象中的有)

4

无概念的空对象

(否定性的无)

此表使人看到,思想物(Gedankending)[推论中的有](表中第 1 项)所以不同于无物(Unding)[否定性的无](表中第 4 项),在于前者是不可被算在众可能性之列的,因为它是虚构(虽然并不自相矛盾),而后者是与可能性相反的,因为概念甚至是自己毁掉自己。但两者都是空的概念。反之,欠缺性的无(表中第 2 项)和想象中的有(表中第 3 项)这两者都是对概念而言的空的与料。没有亮光照射到感官上,人们就不能表象黑暗,没有广延性的东西被人知觉,人们就不能表象空间。没有一种实在的东西,无论否定还是直观的单纯形式,就都不是对象。

第二分部　先验辩证论

导论

I　论先验的假象

我们在前面曾一般地把辩证法称为假象的逻辑。这样称呼，并不意味着辩证法是一种或然性学说。因为或然性乃是通过不充分的根据所认识的真理，它的知识固然有缺陷，却并不因之而是虚假的；所以，不必同逻辑的分析部分分离开来；[当然]更没有必要把现象与假象混为一谈。因为无论真理或假象，都不存在于被直观的对象里，毋宁是存在于对象被思维时我们对对象所作的判断里，于是人们固然可以正确地说：感官不犯错误，但感官所以没有错，并不是由于它们每次都作了正确的判断，而是由于它们根本不作判断。所以，无论真理，还是误谬，还是导致误谬的那种假象，都只能发生于判断里，也就是说，只能出现于对象与我们知性之间的关系里。完全符合于知性规律的知识里，没有错误。感官表象里（因为表象根本不包含判断），也没有错误。自然界的任何力量都不能自己偏离它固有的规律。因此，无论知性自己（如无其他原因的影响），还是感觉自己，都不会由其自身而犯错误。知性所以不会自己犯错误，是因为只要它按照它的规律行动，其效果（判断）就必然符合于这些规律；而符合于知性规律乃是一切真理的形式要素。感觉里根本不包含判断，既没有真的判断，也没有错的判断。

那么,既然我们除这两种认识来源之外再没有其他来源,那就可以断言,错误只是由感性对知性施加的不知不觉的影响造成的。而由于感性对知性产生影响,判断的主观根据就与客观根据混合到一起,使客观根据偏离它们的固有性能①。这就像一个运动的物体,它自己固然会永远朝着同一个方向作直线运动,但是如有一种朝另一方向运动的力同时作用于它,则这直线运动便转变为曲线运动了。因此,为了把知性所特有的作用同跟它混在一起的那个力量区别开来,就必须把错误判断看作是,仿佛向两个不同方向影响该判断的那两个力量之间形成的一个夹角的对角线,并把这个组合起来的效用分解成知性的单一效用和感性的单一效用。而这种分解必须在纯粹的先天判断中由先验的思索来实行;通过这样的先验思索,(如已指出那样)就可以给每个表象指明它在与它相应的认识能力中的位置,从而感性对知性的影响也就被区分出来了。

我们的任务不是在这里讨论经验性的假象(例如视觉上的假象),经验性的假象是在本属正确的知性规则作经验性使用时发生的,由于有了经验性假象,判断力就受到想象的影响而被引上了歧途。可是在这里,我们所要讨论的,毋宁只是先验的假象,它所影响的原理都是从来不曾在经验上使用的,假如曾在经验上使用过,那我们倒至少还会有一个检验它们正误的试金石,而实际上,先验的假象诱使我们,让我们不顾一切批判的警告,完全撇开对范畴的

---

① 感性,处在知性的底层,作为知性对之发挥作用的那种客体,乃是真实知识的源泉。但恰恰这同一个感性,当它影响知性的行动,致使知性去进行判断时,却又是误谬的根源。——康德原注

经验性使用，执迷沉浸于纯粹知性的扩大这一幻想之中。我们想把完全限制在可能经验范围之内应用的那些原理，称为内在的原理，而把那些要飞越这个界限之外去的原理，称为超验的原理。不过，我说的飞越可能经验界限，并不是指对范畴作了先验的使用或误用，这样的误用乃是没有受批判适当约束的判断力所犯的一种单纯错误，那是因为判断力没有足够注意纯粹知性唯一可在其中发挥作用的那片领域的界限；而是指这样一些现实的原理，它们期望我们拆毁上述一切界椿，霸占一片全新的、无边无际的领域以为已有。因此，先验的和超验的并不是一回事。纯粹知性的原理，前面我们已说过，只应作经验的使用，而不可作先验的，亦即超越经验界限的使用。但是，一条原理，它抛开这些界限，甚至责令超越这些界限，它就叫超验的原理。如果我们的批判深入到能够揭露这些狂妄自负的原理的假象，那么，与之相对立的那些单纯属于经验使用的原理，就可被称为纯粹知性的内在的原理。

　　逻辑的假象，包含着对理性形式的单纯摹仿（谬误推理的假象），仅仅是由不够重视逻辑规则产生的。因此，一旦逻辑规则受到了更多的重视，它就完全消除了。相反，先验的假象，即使我们进行了揭露，并通过先验的批判看清了它的虚妄，它也仍不消失（例如，下述命题中的假象：世界在时间上必须有一个开端）。其所以如此的原因是，我们的理性（主观上看来这是人类的一种认识能力），本身里就存在着理性使用的基本规则和准则，它们完全具有客观原理的外貌，而这样一来，我们的众概念的某一结合方面的主观必然性，为了知性的方便，就被当成了事物自身的规定方面的一种客观必然性。这是一种完全不可避免的假象[或幻觉]，正如我们不能避免地看到在远处大海中的海面,显得比在岸边的海面更高些一样,因为我们看远处的海是通过比看近岸的海更高的光线;或者,用更突出的例子说,天文学家也不能阻止,月亮在初升时显得更大些,尽管他并不受这种假象欺骗。

因此,先验的辩证将满足于暴露超验判断的假象,同时防范它骗人。但要想它也像逻辑的假象那样自行消失,不再是一个假象,那是先验的辩证永远办不到的。因为,我们所讨论的,是一种天然而不可避免的假象,它本身依据的虽是些主观的原理,而这些主观原理却被偷换成了客观的原理。与此相反,逻辑的辩证,则在消除欺骗性推理时,只论究其遵守原理方面犯下的错误,或探讨其摹拟这些原理时造作出来的假象。所以,存在着一种纯粹理性的天然而不可避免的辩证,这种辩证不是哪一个愚笨的人因缺乏知识胡思乱想出来的,或哪一位诡辩家为了困扰有理性的人们而精心编造出来的;而毋宁是无法摆脱地附着在人的理性上的,并且即使在我们揭露了它的虚幻性之后,它也将继续愚弄理性,不断地使理性瞬息之间堕入种种迷惑,而这些迷惑,都是需要随时予以排除的。

Ⅱ 论纯粹理性之为先验假象的所在地

A 泛论理性

我们的一切认识都是从感觉开始,由此前进到知性,而以理性结束;在理性之上,我们再没有什么更高的能力来加工直观的材料,使之达到思维的最高统一。可是现在要我对这种最高的认识能力加以说明,我却感到有些为难。因为理性,当它抽去知识的一切内容时,固然像知性一样,可以作一种纯形式上的亦即逻辑上的使用。但由于它自身包含着既非得之于感觉也非得之于知性的那某些概念和原理的根源,它就又有一种实际上的使用。诚然,前一种能力〔亦即作形式使用的理性〕,老早就由逻辑学家用间接推理(有别于直接推理)(consequentiis immediatis)的能力来说明了;但后一种能力〔亦即作实际使用的理性〕,它是自身产生概念的,却并没由此而得到理解。因为在这里,既然理性被分成了逻辑的能力和先验的能力,我们就必须找出这些认识源泉的一个更高的概念,把这两个概念统摄起来,并使我们有希望比照着知性概念,让逻辑概念同时成为了解先验概念的钥匙,让知性概念的功能表同时将提供理性概念的谱系图。

在先验逻辑的第一部分,我们曾把知性解释为规则的能力。在这里,我们愿意称呼理性为原理的能力,借以与知性相区别。

原理这个术语,是含义不明确的。在一般情况下,它只指谓着可被用以充当原理的那样一种知识,虽然这种知识就其自己本身以及它的真正起源来说,并不是一条原理。每一个普遍的命题,哪怕它是由经验中归纳出来的,也都能在一项理性推理中充当大前提使用,但它本身并不因此而是一条原理。数学的公理(例如,两点之间只能有一条直线),甚至都是些先天普遍的知识,因而相对于那些能够包容于它们之下的事例来说,它们有理由被称为原理;但我却不能因此说,我是根据原理或从原理中认识到直线本身的这种一般特性的,毋宁只是基于纯粹直观。

因此,我想只把这样一种知识称为从原理里得到的知识,即,在这种知识里,我能通过概念来认识普遍中的特殊。而这样一来,每一个理性推论或三段论式就都是一项从原理推论出来的知识的一种推导形式了。这是因为，任何时候大前提总提供一个概念，这概念的作用就在于，使一切统摄于该概念这一条件之下的东西，都能按某一原理而从该概念里被认识出来。现在，由于任何普遍的知识都能用为三段论式的大前提，并且由于知性向我们供应着这样一些先天的普遍命题，所以，这些命题如就其可能的使用来说，也都可以称为原理。

但是，如果我们按其起源来考察纯粹知性的这些基本命题本身，则我们发现它们并不是什么出自于概念的知识。因为，假如我们不借助（数学里的）纯粹直观，或借助某一可能经验的众条件，则它们甚至根本不会是先天地可能的。"一切发生出来的东西都有其原因"这一基本命题，根本不能从一般发生出来的东西的概念中推导出来，相反，这个基本命题倒显示出，人们是如何能够首先从发生出来的东西那里取得一个有规定的经验概念的。

因此，知性根本不能从概念那里产生综合性知识，而真正说来，正是综合性知识我才径直地称之为原理；然而一般言之，一切普遍的命题，都可以叫作次级的（Komparative）原理。

有一个古老的愿望，它也许有朝一日会实现，可谁也不知要到何年何月，这就是，人们企盼总有一天，会为民法找到它们的原理，以改变它们无穷的纷繁庞杂状态。因为，人们所说的简化立法，其秘密只能存在于原理里。但在这里，法律也都只是对我们的自由所加的条件限制，以便在这些条件下我们的自由得以彻底地自身协调一致；因而，法律所关涉的那某种东西，完全就是我们自己的所作所为。并且通过这种概念，我们自身就能够是那某种东西的原因。但是,要求对象自身,要求事物的本性,去归属于原理之下,并且应按单纯概念而受到规定,这即使不是不可能的事情,至少也是同常识相违背的。但不管事情会出现什么情况(因为我们对这个问题仍待进行探讨),至少有一点已由此弄清楚了,这就是,出自于原理(自身)的知识是与单纯知性的知识完全不同的东西。单纯知性的知识固然在一种原理的形式之下也能先行于别的知识,但它本身(就它是综合性的知识而言),却既不是以单纯的思维为依据,也不是因自身里的概念而含有一种普遍性的东西。

如果说知性是一种凭借规则来统一现象的能力,那么,理性就是将知性规则统一于原理之下的能力。因而,理性从来不首先作用于经验或某个对象,而是首先和知性打交道,以便通过概念赋予知性的杂多知识以一个先天的统一;这种统一可以叫作理性的统一,它同知性所完成的那种统一属于完全不同的类型。

这就是关于理性能力的普遍概念,在完全缺乏实例(例证要在以后才列举)的情况下,它是我们能够提出来的一个尚可令人理解的概念。

B 论理性的逻辑使用

人们通常在直接被认知的东西与只凭推理所认知的东西之间作出区别。在一个由三条直线围成的图形里有三个角,这是直接被认知的。但说这三个角的总和等于两个直角,则只是推论出来的。由于我们经常需要推理,久而久之完全习惯于推理,以致我们最终再也注意不到这种区别,常常把纯属推理得来的某种东西,如在所谓感官错觉时那样,当成直接被认知的东西。在每一推理中,都有一个命题,它是根据,还有另一个命题,那是由前一命题引生出来的结论,最后是一个推断,靠此推断后一命题的真性与前一命题的真性就必然地结合起来了。如果推导出来的判断已经包含在前一命题之中,以至于该判断无需一个第三表象的中介就能从前一命题推导出来,那么,这种推理叫作直接推理(consequentia immendiata);不过我倒乐愿把它称为知性推理。但是,如果除去作为根据的知识之外,尚需另外一个判断,才能产生结论,那么这种推理就叫理性推理。在"一切人都是会死的"这一命题中,本已含有"有些人是会死的","有些会死的东西是人","没有任何一个不会死的东西是一个人"这类命题,于是后面这些命题都是出自一命题的直接推论。相反,"一切学者都是会死的"这一命题,并没包含在基本判断里(因为学者这个概念在该判断中根本没有),它只有借助于一个中间判断才能从基本判断中推导出来。

A 304

在每个理性推理中,我首先通过知性去思维一个规则(大前提)。其次,我通过判断力把一项知识归摄于规则的条件之下(小前提)。最后,我通过规则的宾语(结论),从而先天地通过理性,规定我们的知识。于是,大前提,作为规则,在一项知识与该知识的条件之间所展现的那种关系,就构成理性推理之区分为不同种类的根据。既然各理性推理在相互区分为不同种类时是以判断所显示的知性中的知识关系为准,那么,它们就如同全部的判断一样,也恰恰是三类,那就是定言的、假言的、或选言的理性推理。

B 361

如果像通常发生的那样,把结论作为一个判断提出来,以便看看它是否是从某些现成已有的判断中流出来的,确切地说,看它是否是从人们思维完全另外的对象时所用的那些判断中推导出来的,那么,我就要在知性中寻找这个结论所以成立的道理,看看这个结论之出现于知性中是否是它按照一条普遍规则而从属于某些条件之下。而如果我找到了这样一种条件,并且,如果结论的客体(对象)可以被统摄于该条件之下,那么这个结论就是从那也适用于别种知识对象的规则中推演出来的了。由此可见,理性在推理过程中是力求将高度杂多的知性知识归约为最小数目的原理(普遍的条件),从而使知性知识达到最高的统一。

C 论理性的纯粹使用

人们能将理性孤立起来吗?而且孤立之后的理性,仍然是迳直出自于理性并使理性得以与其对象相关联的那些概念和判断的一个特有的源泉吗?抑或者,理性只是赋予既有知识以某种所谓逻辑形式的一种下级能力,靠此能力,知性知识才得以只与知性知识相互隶属,并且靠此能力,在规则可以比较出高低级时,低级的规则才得以归属于其他较高级的规则(所谓高级规则,是指在其范围内它的条件包着低级规则的条件的那些规则)之下,是这样吗?这是我们现在暂时要探讨一下的问题。事实上,规则的多样性与原理的统一性乃是理性的一项要求,为的是使知性自身彻底连贯,正如知性的要求,在于将杂多的直观归属于概念之下从而使它们结合起来那样。但是,这样一种原理并不为众对象立定规律,它本身并不含有可以认识对象和规定对象的根据,它毋宁只是妥善经理我们知性的存货(Vorrat)的一种主观规律,以便人们通过对知性概念的比较,能在概念的普遍使用上把概念压缩到最小可能的数目,而又不让人们因此就仿佛有权要求众对象自身具有可支援我们的知性去从容进行扩展的那样一种一致性或齐一性，同时也不让人们因此就仿佛有权赋予上述那些格准［主观规律］以客观有效性。一句话，问题是理性自身，也就是说，纯粹理性，是否先天地包含有综合原理和规则，而且这些原理会是怎样组成的？

关于这个问题，在三段论式推理中理性采取的形式的和逻辑的程序，已向我们提供了很充分的提示，指出在我们通过纯粹理性取得的综合性知识里，理性的先验原理将建立在什么样的根据上。

第一，理性推理并不涉及直观，以便使直观归属于规则之下（像知性凭借范畴所作的那样），而是涉及概念和判断。因之，即使纯粹理性涉及对象，那也同对象以及关于对象的直观没有直接关系，毋宁只与知性及其判断发生关系，然后知性及其判断去就近请教感官及其直观，以便规定它［纯粹理性］的这个对象，可见，理性的统一并不是可能经验的统一，而是与可能经验的统一，亦即知性的统一有本质区别。一切发生的东西都有原因，这完全不是一条由理性所认识和预定的原理。这条原理使经验的统一成为可能，却并没从理性那里借用任何东西，理性假如不是有了同可能经验的这种关系，是决不能依据单纯概念就硬搞得出这样一种综合性统一来的。

第二，理性，在其逻辑的使用中，是要找出它的判断（结论）的普遍条件；而理性推理本身，也只不过是一个要将它自己的条件统摄于一个普遍规则（大前提）之下的判断。那么现在，由于这后一规则又受到了理性的同样的驱使，要求只要有关系就必须借助于一个在先的三段推理（Prosyllogismus）把条件的条件找出来，所以人们就看得很清楚，一般而言，理性的独特原理（在逻辑的使用中)就是:为知性的有条件知识找到其无条件者,以完成知性知识的统一。

但是,这个逻辑格准之所以能成为一条纯粹理性的原理,只不过由于人们认为:如果有条件者被给予了,我们有了,那么,相互隶属的众多条件的整个系列(因之这系列本身是无条件的)也就被给予了,这就是说,也就在对象及其联合中包含着了。

但这样一条纯粹理性的原理,显然是综合的;因为,有条件者固然分析地关联着某一条件,但却关联不到无条件者。从这条原理(demsellen)必定也会产生出各种各样的综合命题,关于这些综合命题,纯粹知性是毫无所知的,因为它只和可能经验的对象打交道,而认识这些对象和综合这些对象任何时候都是有条件的。但是,无条件者,如果它现实地发生的话,它可以得到特别的考虑,按照它所以有别于每一有条件者的那一切规定来加以考虑,这样,就必然会为许多先天综合命题提供材料。

但是,从纯粹理性的这个最高原理产生的众原理,就一切现象上看,都将是超验的,也就是说,这最高原理任何时候都不能有适合身份的经验性使用,理性的原理因而将与知性的一切原理全然不同;知性原理的使用完全是内在的,因为知性原理只以经验之得以可能作为自己的课题。那么,现在让我们看看,"条件,无论是现象的综合中的条件,或者甚至是考虑一般事物的那种思维的综合中的条件,它们的系列会一直伸展至于无条件者"那条原理,究竟具有客观真实性,还是没有?那条原理究竟在经验性的知性使用上会得出哪些结论,或许,根本就没有这样的客观有效的理性原理,有的毋宁只是一项逻辑的规范,要求我们逐级上升,趋向越来越高的条件,以接近于条件的完备无遗,从而使我们的知识达到我们最高可能的理性统一?还有,我说,是否理性的这种需要,由于误会已被当成纯粹理性的一条先验原理,进而轻率地将这样一种无限完全性从条件系列那里迁出设定到对象本身中去了?但在这种情况下,是否还曾有哪样的误解和迷妄也偷偷地混进了先从纯粹理性那里取得大前提(其实这种大前提与其说是假设不如说是诉求),然后从经验出发向着经验的条件逐级攀登的那些理性推理中呢?——这些就是我们在先验辩证中要解决的课题。阐明先验辩证,我们想从它埋藏在人类理性深处的源泉入手。我们将把先验辩证分成两个部分。第一部分论纯粹理性超验的概念,第二部分论纯粹理性超验的和辩证的推理。

第一卷 论纯粹理性的概念

不论出自纯粹理性的种种概念的可能性会有怎样一种情形,它们却肯定都不是单纯地反思出来的,而推论出来的概念。知性概念也都是在经验之前并为了经验的缘故被先天地思维了的。但既然它们必然要属于一个可能的经验性意识,它们所包含的就只不过是反映于现象上的那种反思的统一性。唯有通过它们这些知性概念,认识和规定一个对象才是可能的。因而是知性概念首先为推理提供了材料的,在它们之前,没有它们能据以被推导出来的任何有关对象的先天概念会先行存在。反之,知性概念的客观实在性却完全基于这样的事实,即,由于它们构成着一切经验之可以被理智把握的形式,所以在经验里任何时候都必能看出它们的应用。

但是理性概念的名称就已顺带着显示出，理性概念是不会让自己被限制在经验范畴之内的，因为理性概念所关涉的是这样一种知识：每一经验知识都只是这种知识的一部分，(它也许是可能经验的全体，或者是可能经验的经验性综合的全体，)任何现实的经验虽都不曾充分完全到它那样，但每时每刻却都隶属于它。理性概念的用处在于进行［概念地］掌握(Begreifen)正如知性概念的用处在于对知觉进行理解。如果理性概念包含有无条件者，那它们就涉及了一切经验隶属于其下的某种东西。但是这某种东西本身永远不是一个经验对象；这某种东西是理性在推理中自经验出发所趋向的东西，又是理性据以评价和测定其经验性使用程度的东西，但永远不构成经验性综合的一个环节。如果这样一些理性概念，虽然情况如上所述，却仍具有客观有效性，那么它们就能叫作正当推理出来的概念(conceptus ratiocinati)；如其不然，它们至少也是由一个推理假相蒙骗出来的，可以称作强词夺理而成的概念(conceptus ratiocinantes)。但是，由于这种情况要在纯粹理性的辩证推理那一章里才能加以阐述，所以，此处我们还不作论列，而只像我们把纯粹知性概念称为范畴那样，暂且给纯粹理性的概念起一个新的名字，称它为先验的理念。现在我们就来说明这个名称并为之辩护。

第 1 节　泛论理念

我们的语言是很丰富的，可是思想家却时常苦于从中找不到确切适合表达自己概念的词汇；而由于缺乏这样的词汇，他不仅不能得到别人的理解，甚至也不能得到他自己的正确理解。铸造新的词汇,乃是在语言里擅自进行立法,很少有成功的;因而我觉得,最好在我们采取这万不得已的办法之前,先在一种死去的和学过的语言里查看一下,看是否那里现成就有这个概念以及与它相符合的词汇;而且即使该词汇已因首先使用者当年随便滥用而变得含义游移了,那么我们如将该词汇原先固有的意义(当然,人们当初是否确切地有过这个意义也还是个疑问)固定起来,加以利用,毕竟也比我们因令人不解而败坏了自己的[学术]业务,要好得多。

为此之故,如果只有一个独一无二的单词能在其早已沿用的意义下,确切与某一概念相配应,而这个概念同其他意义相近的概念的区别又非常重要,那么,我愿奉劝大家,切不可随便滥用这个词,或者说:切不可仅仅为了要变换一下词藻,就使用这个词当成同义语去替代别的词,相反,一定要小心谨慎地把这个词的独特意义保持住。因为如不这样,则当这个词不再特别受到注意,而混在成堆的、含义偏差很大的其他词汇中间逐渐淹没了的时候,唯有它才能保持下来的那种思想,也就很容易跟着丧失掉。

众所周知,柏拉图是这样使用理念这个词的:他把理念理解为这样的东西,它不仅决不是从感官那里借来的,而且它甚至远远越过了亚里士多德所探讨的知性概念,因为在经验里没有任何与理念全等的东西。在柏拉图那里,理念是事物自身的原型,不像范畴那样只是启开可能经验的钥匙。按照他的意见,理念都是自最高理性那里流出来,然后由人的理性分有了的,但人的理性现在不再处于他的原初状态,毋宁在竭尽努力一定要通过回忆(也叫哲学思维)把现在变得暗淡了的原初的理念召唤回来。我在这里,不想多作什么文献的考证,以确定这位卓越哲学家给他的术语赋予了什么含义。我只提醒注意：毫不稀奇的事情是，比较一位作家在普通谈话里以及著作中就他的研究对象所发表的种种思想，会使人很好地理解他，通过这样比较的理解，甚至比他本人对自己的理解还要更好；因为他不曾充分规定过他的概念，以致他所说的或所想的，有时违背了他的本意。

柏拉图清楚地注意到，我们的认识能力并不仅限于按综合性统一将众现象拼缀起来使之能被看成经验，它还感受到一种更高得多的需要；他还清楚地看到，我们的理性在其天然的奋进中所达到的知识，较之有某个经验对象能够与之完全配应的那种知识要深远得多，但这些知识仍然有其实在性，绝不是单纯的虚构。

柏拉图发现他的理念主要是存在于一切可实践的东西里*，也就是说，存在于以自由为根据的东西里，而自由呢，则又属于作为理性的特有产物的那些知识。谁要想从经验里吸取德行的概念，谁就是想把最多只能用作不完全的说明中的实例的那种东西，当成知识源泉的范型（正像实际上许多人所作的那样），谁就是要把德行搞成一种随时间和环境而变化的不能用为任何规则的含义模糊的怪东西。反之，每一个人都知道当他把某人看成德行的范型或模范时，他却总在自己的心目中有个真正的原始的东西或原型，用以同这个所谓的范型相比较，并且仅仅按照原型来评价该范型，这个原型就是德行的理念。就理念来说，一切可能经验的对象固然都能充当它的实例（实例，在一定程度上就是理性概念所要求的那种东西的可行性的证明），但却不能充当原型（Urbilder）。即

---

* 此处有康德一个脚注，没有找到译文手稿。——王玖兴家属注

使说从来还没有一个人会完全按照纯粹道德理念的内容行事,这也根本不证明在这个思想里有什么空想的东西。因为,虽然如此,一切关于道德上有价值或无价值的判断,都只有凭借这[道德的]理念才是可能的;因此,这道德的理念必然是人们所以能趋向德行完满的基础,尽管人类天性中那些程度不可确定的障碍会使我们同道德上的完满性保持着远远的距离。

柏拉图的理想国,作为只在悠闲思想家头脑里才能达到的那种完满性的一个范例,虽已家喻户晓,而布鲁克*却觉得,柏拉图认为一个君王如果不是分有了理念就决不能进行良好统治,那纯属笑谈。可是,假如我们能进一步探索这个思想,在哲人不再帮助我们的地方通过新的努力把它阐释明白,恐怕会比在无可行性这种贫乏而有害的借口下,把它当作无用之物弃置不顾,要算是较为明智的做法。一部按照法律确保每个人都能自由地与其他人自由地团结共处的关于人类最大自由的宪法(这不是关于最大幸福的宪法,因为最大幸福自会跟随而来),毕竟至少是一个必要的理念;这个理念不仅人们最初起草一部国家宪法时必须以之为根据,而且在制定一切法律时也必须以之为根据;并且,在这期间,人们必须从一开始就排除当前的种种障碍,而这些障碍也许与其说是不可避免地出自人的天性,毋宁更可能是出自立法时对真正的理念的忽视。这是因为,最有害而又最与一位哲学家身份不称的事,莫过于卑鄙地引用表面上[与理念相抵触]的反面经验来作论据了;

---

* Johann Jakob Brucker(1696-1770),此意可参看其所著《Historia Critica Philosophiae》(1742-1744)一卷 726-727 页。——译者注

其实这种反面经验,假如上述那些机制都已适时地按照理念建立起来,而且假如不是那些由于恰恰出自于经验因而粗陋生糙的概念取代了理念的位子,败坏了一切善良意图的话,就根本不会存在的。立法和行政建立的愈是与这个理念一致,刑罚当然就愈会少见,而且,等到立法和行政都有了完满安排时,(正如柏拉图所宣称的)任何刑罚都会变得不必要,就完全是合理的了。再说,即使这种尽善尽美的情况永远不会出现,也毕竟完全不影响理念的正当性,是它树立起这个极限以为原形,才使人类的法制状态得不断日益接近于最大可能的完满。至于人类必须到此止步的那个最高境界究竟在哪里,以及理念与其实现之间必然会留下多大差距,这是任何人都不能够也不应该予以规定的,其所以如此,正因为自由能够超越任何一个规定下来的界限。

但是,不仅在人的理性在其中显示真正因果性以及理念在其中成为(行为及其对象的)主动因的那种东西里,亦即在伦理领域里,而且也在自然本身里,柏拉图都正确地看到了它们之起源于理念的清晰证明。一株植物,一只动物,世界的正规安排,(因而也许还有整个大自然的秩序),在在都清楚地表明,它们只因按照了理念才可能存在的;而且,固然没有任何一个造物,在其存在的个别条件下,曾与它那个种类中的最完满者的理念完全符合,(正如没有人能同他灵魂深处保存的当作自己行为原型的那个"人"的理念完全符合一样,)然而上述那些理念仍然是在最高的知性中单个地、一成不变地、完全彻底地确定了的,而且都是种种事物的始因;至于独一无二的那个理念,那就只有宇宙万物中那些理念结合而成的整体才会与之完全符合了。如果人们撇开柏拉图在表述上过于夸张的东西,那么,哲学家这种精神上的飞跃,即从对宇宙秩序的物质方面进行摸写式的考察上升到按目的亦即按理念进行建筑学上的构建,乃是一种值得尊敬和效仿的努力;但在涉及伦理、立法和宗教的原理的那个方面,即在众理念虽然从来没能在其中得到充分展现却在其中首先使(善的)经验本身成为可能的那个领域里,他的这种精神高扬,实际是一种极为独特的功绩。这种功绩所以没为人们认识,只因为,人们评价它的时候所据以为原理的恰恰是些经验性规则,而经验性规则应该由于充当原理就失去了效准性的。这是因为,在考察自然时,经验为我们提供规则,并且是真理的源泉;但涉及伦理规律时,则经验(不幸!)是假象的母亲,要从已做的事情中吸取关于我应做的事情的规律,或者想以已做的事情去限制应做的事情,都是最应受到谴责的。

所有这些探讨,如果适当进行下去,事实上就构成哲学独特的尊严。不过我们不做这些,我们现在要从事一项工作,它虽不那么光彩夺目,却也并非劳而无功,那就是,为那座庄严的伦理大厦铺平和奠定它的基地。在这个基地上,正在徒劳地但信心十足地挖掘财宝的理性,到处挖得千孔百疮,危及大厦的安全。因此,我们现在不得不去确切地认识纯粹理性的先验应用,以及它的原理和理念,以便能够恰如其分地规定纯粹理性的影响并评估它的价值。然而,在我撇开这个暂时的导言之前,我恳求热心哲学的人们(这里说的比人们通常所说的热心还要多些),如果他们由于这里的和随后的阐述确乎信服了,那就恳请他们按其原意维护理念这个术语,使之不致陷入通常用以胡乱表示各种表象的其余那些术语之中,从而损害科学。其实我们并不缺乏适合于每种表象的名称,我们无需侵犯任何别的名称的所有权。这里就有一个名称的等级表。总类就是一般表象（repraesentatio）。它下面是带有意识的表象，（知觉）(perceptio)。只与主体相关联的一种知觉，作为主体的状态的一种变形，是感觉（sensatio）。而一种客观的知觉就是知识（cognitio）。知识或者是直观（Intuitus），或者是概念（conceptus）。前者直接与对象相联，而且是单个的；后者借助许多事物可以共有一种特征与对象间接相联。概念或者是经验性的概念，或者是纯粹的概念，而纯粹概念，就其单纯起源于知性（而非起源于感性的纯粹意象）而言，叫作综念（Notio）〔或知性概念〕。由知性概念构成而超越了经验的可能性的那一种概念，就是理念（Idee），或理性概念。对于一位已习惯于这种区别的人来说，听到有人把红颜色这个表象称为理念，必定感到不堪忍受。红颜色就连被称为综念（知性概念）也是不可以的。

第 2 节　论先验的理念

先验分析论给我们提供了一个范例，说明知识的单纯逻辑形式如何能包含着纯粹先天概念的起源。这些纯粹先天概念都是能在一切经验出现之先就呈现出对象的，或者毋宁说，它们能在经验出现之先就宣示着能使有关对象的经验性知识成为可能的那种综合统一性。判断的形式（转变成为会综合直观的一个概念）产生出范畴，这些范畴会引导着知性在经验里的一切使用。同样我们也可以期待，理性推理的形式，当它照范畴的榜样被应用于直观的综合统一时，将包含着特殊先天概念的起源。这些特殊的先天概念我们可以称为纯粹的理性概念，或先验理念，它们将按照原理规定着在全部经验的整体中的知性使用。

在理性推理中理性的作用在于按照概念使知识有普遍性，而理性推理本身，则是一种在其条件的整个外延里被先天规定了的判断。"卡乌斯是会死的"这个命题，我本来也能单凭知性就从经验里吸取出来，然而我要找出一个概念（在这里就是指人这个概念），它包含着这个判断的宾语（泛称的断语）所赖以被提出来的那个条件；然后，我将该概念归摄于拥有全部外延的这个条件（所有的人都是会死的）之下；这样，我就把我所探讨的知识（卡乌斯是会死的）规定了。

由此可见，在理性推理的结论里我们所做的，就是把一个我们先前在大前提里已就其整个外延在某一条件下思维过了的宾语，紧接到或限制在某一个对象上。联系着这样一个条件来说，外延的这种至广至大，就叫作普遍性（Universalitas）。与这种普遍性相对应的，在直观的综合里，就是条件的完全性（Universitas）或总体性（Totalität）。因而，先验的理性概念只不过是对一个给定的有条件者而言的条件的完全性的概念。现在，由于唯独无条件者才使条件的完全性成为可能，反过来说，条件的完全性本身永远是无条件的，所以，就无条件者这个概念包含着有条件者的综合的一个根据而言，一个纯粹的理性概念，一般地可以通过无条件者这个概念来加以说明。

于是，知性凭借范畴呈现出的关系有多少种，纯粹的理性概念也就会有多少种，因而我们可以去寻找，第一，一个主体里的定言综合的无条件者；第二，一个系列里众环节的假言综合的无条件者；第三，一个体系里各部分的选言综合的无条件者。

于是,理性推理也就有这么多种,而且每一种都通过上溯推理(Prosyllogismen)前进到无条件者,其中第一种前进到其本身不再是宾语的那个主体;第二种前进到不再设定任何前提的那个前提;第三种前进到一个分割环节大集团,有了这一大团的分割环节,要完成一个概念的分割就无需再有更多的环节了。因此,表示着条件综合中完全性的这些纯粹理性概念,既然都是为了推进知性的统一,如果可能就一直推进到无条件者,那么仅就这项任务而言,它们至少都是必要的,而且是基于人类理性之本性的,虽然除此而外,这些先验概念都缺少一种对它们合适的具体的使用。因而,它们没有别的用处,它们唯一的用处就是给知性指引方向,在它们的指引下,知性把它的使用扩大到了极点,同时也被搞得同自身彻底一致。

但是,当我们在这里谈论条件的完全性和无条件者,说成是一切理性概念的共同称号时,我们又遇到一种我们既不能不用,又由于长期被误用沾染上了模糊含义因而不能稳妥使用的词汇。绝对这个词,就是少数这样的字词之一,它们都是在其原始意义下适用于一个概念,而在同一语言中又没有任何其他字词与该概念确切符合的。因此,一个字词的丧失,或者这样说也一样,一个字词的随意使用,也就必然导致一个概念本身的丧失,而这个概念因为与理性有密切关系,它的丧失是不能不给一切先验评断带来巨大不利的。绝对这个词现在经常被用以表示:某种东西之有效准,之能成为某种东西,是就一个事物自身而论的,亦即就内在的方面说的。在这个意义上,绝对可能的就意味着那种自身(内在地)就可能的东西,而这种东西事实上就是人们就一个对象[的可能性]能说得最少的那种东西。与此相反,绝对这个词有时也被用以表示：某个东西是在一切关系中(不受限制地)都有效准的(例如绝对的统治),而在这个意义上,绝对可能的就将意味着在一切观点下,在一切关系中都是可能的那种东西,而这种东西又是我就一个事物的可能性能说得最多的那种东西。这两种意义,固然有时会凑合在一起,例如,内在不可能的,也是在一切关系中不可能的,从而是绝对不可能的。但是在大多数情形下,这两种意义相距无限辽远。我无论如何不能推断,某物由于自身是可能的,它因而也就是在一切关系中可能的,从而是绝对可能的。好吧,关于绝对的必然性,我将随即就指明,它是决不会在一切情况下都依附于内在必然性,因而人们必须认为它与内在必然性的意义不是等同的。如果某物的反面是内在不可能的,它的反面当然也在一切方面是不可能的,从而这某物本身就是绝对必然的。但我不能反过来推断,如果某物是绝对必然的,它的反面就是内在不可能的,这就是说,我不能断言事物的绝对必然性就是一种内在必然性；因为这种内在必然性在某些情形下是一个完全空洞的词,我们不能给它联结上任何概念；反之,一个东西在(它对一切可能的东西的)一切关系中的必然性概念,则包含着一些完全特殊的规定。那么,既然在思辨哲学中有广泛应用的一个概念的丧失,绝不是哲学家能够漠不关心的,因此,我希望,对于概念所依附的术语进行规定并精心保护,哲学家也将同样不会漠不关心。

因而,我将在这种扩展了的意义上使用绝对这个词,并使之与仅属比较级的东西或在特殊考虑之下而有效准的东西相对立；因为后者是受条件限制的,但前者之有效准是没有限制的。

于是，先验的理性概念任何时候都只指向着条件之综合里的绝对全体，它不达到绝对的，亦即不达到一切关系中的无条件者就决不终止。这是因为，纯粹理性把一切事情都留给知性去做，而知性则首要的是让自己与直观的对象，或者毋宁说，与对象在想象力中的综合发生关系。纯粹理性保留给自己的只有知性概念使用的绝对全体性，并力图把那在范畴中被思维过的综合统一引导出去，一直引向完全的无条件者。因此，人们可以把这种统一称为现象的理性统一，正如可以把范畴所展现的那种统一称为知性统一一样。由此可见，理性只与知性的使用相关联，而且这并不是因为知性使用包含了可能经验的根据（这是因为条件的绝对全体性不是一个在经验中可以使用的概念，因为没有任何经验是无条件的），而是为了给知性使用预定下趋赴某种统一的方向（对这种统一，知性是毫无概念的），以便顺着这个方面走下去，会把涉及每一个对象的一切知性行为都结合起来成为一个绝对的整体。因此，纯粹理性概念的客观使用，任何时候都是超验的，与此同时，纯粹知性概念的客观使用，由于纯知性概念都只适用于可能经验，所以按使用的本性而言任何时候都必定是内在的。

我把理念理解为一种必然的理性概念，同这种概念完全相对应的对象在感官经验里是不能有的。因此，我们现在所考察的纯粹理性概念都是先验的理念。它们都是纯粹理性的概念，因为它们把一切经验知识看成是由条件的一个绝对全体［即，由绝对全部条件］所规定的。它们并不是任意虚构出来的，而是由理性的本性所强行安置的；因而必然地与整个的知性使用关联着。最后，它们是超验的，而且超越于一切经验的界限；因而在任何经验里永远不能出现一个会与先验理念相对应的对象。当人们称呼理性概念为一个理念时，如果是就客体（作为纯粹知性的对象）而言则人们是说了很多，但如就主体（即是说，涉及它在一个经验性条件下的现实）而言却说得很少，其所以说得很少，恰恰因为理念，作为一个准则（Maximum）的概念，是决不能具体地完全契合地加以表述的。可是，由于后者[即，表示该概念现实的方面]真正说来乃是理性的单纯思辨使用的全部用意之所在，而且由于一个概念在人们向它接近的进程中永远不能达到，以至于人们觉得它仿佛是被搞错了，因此，人们对这样一种概念就说，它只是一个理念。既然如此，人们就可以说，一切现象的绝对整体只是一个理念；这是因为，既然我们断然不能形象地表述这种绝对整体，那它就始终仍是一个全无答案的问题。与此相反，在知性*的实践使用中，唯一有关的事情是按规则去实施，因此，实践理性的理念，任何时候都能够被现实地（虽然只部分地）具体地呈现出来；甚至可以说它是理性的任何实践使用所不可缺少的条件。它的实施，任何时候都是受限制的和有缺陷的，但并不是受限制于可规定的界限，因而它的实施任何时候都是受到绝对完全这一概念的影响。由此可见，实践性的理念任何时候都是最有成效的，而且就现实行为而言都是绝对必要的。在它这里，甚至于纯粹理性就有了因果性，以使自己的概念所包含的东西得以实际产生出来；因此，人们就不能对这种智慧轻蔑地说，它只是一个理念。相反，正因为它是使一切可能目的得以必然统一起来的理念，所以它作为原始的，至少作为起限制作用的

---

* Verstand，译者认为，似为 Vernunft（理性）之误。——译者注

条件,必定充当着一切实践行为的规则。

现在,关于先验的理性概念,即使我们一定要说,它们只是一些理念,我们却决不得把它们视为多余的和言之无物的。这是因为,如果说任何客体都不能由它们来加以规定,那么,它们毕竟能从根本上并且不为人觉察地服务于知性,为知性的广泛而一致的使用充当法规。知性通过它们虽说并不会比凭借自己的概念认识到更多的对象,但知性在这种认识中却受到了较好和更进一步的指导。更不用再说,它们或许还能使从自然概念向实践概念的过渡成为可能,或许还能以这种方式为道德理念提供支持并使之与思辨的理性知识发生关联。关于这一切,我们必须留待以后来说明。

现在,按照我们的计划,我们暂时撇开实践理念,只在[理性的]思辨使用上,并且只在比思辨使用更为窄狭的亦即先验的使用上,来考察理性。在这里,我们现在必须踏上我们前面在范畴演绎中走过的那条道路,即是说,必须考察理性知识的逻辑形式,看看是否会由于联系着理性的此一作用或彼一作用把客体自身看成是先天综合地规定了的,从而理性也就成为概念的一个源泉。

理性,作为给予知识以某一逻辑形式的能力,乃是进行推理的能力,也就是(通过把一个可能判断的条件归属于一个给定判断的条件之下)进行间接判断的能力。给定了的判断是普遍的规则(大前提)。将另一个可能判断的条件归属于[普遍]规则的条件之下,乃是小前提。说出在归属了的事例中[普遍]规则的主张[或断言]的那个现实判断,则是结论。因为规则说的是在某一条件之下的某种普遍的东西。现在,规则的条件已在当前事例中出现了。因而那在上述条件下普遍有效准的东西,也就在当前的事例中(本事例含有上述条件)被认为是有效准的。显而易见,理性是通过构成一系列条件的那些知性行为而获得一项知识的。如果我之得到"一切物体皆是可变的"这个命题,仅仅因为我是从较远的知识(在这较远的知识中物体这个概念尚未出现,但该知识却已含有物体这个概念的条件)开始,即从"一切复合的东西皆是可变的"命题开始;然后再从这个命题前进到一项属于前个命题的条件之下的、较近的命题,即"物体都是复合的",最后再从这最先的命题前进到把较远的知识(可变的)与当前的知识联结起来的一个第三命题,于是结果就是:"物体都是可变的";那么,如果过程如此,则我就是通过一系列的条件(大小前提)而达到一项知识(结论)的了。于是,每一个系列,它的指数(直言判断的或假言判断的)既然给定了,就都可以继续延伸,因此这同一个理性行为就发展成了复合推理(ratiocinatio polysyllogistia),而复合推理乃是一个推理系列,它或者在条件方面凭借上溯推理(prosyllogismos),或者在受条件制约而成的有条件者方面凭借前进推理(episyllogismos),都能被无限长远地延续下去。

但我们立刻会明白,诸上溯推理所形成的链条或系列,也就是说,在一项给定了的知识的根据或条件方面所推导出的诸知识的链条或系列,再换句话说,诸理性推理的上升系列,其与理性能力的关系,必定同理性在有条件者方面通过前进推理所走过的进程亦即下降系列之与理性能力的关系,大不相同。这是因为,在前一情形下,知识(结论)在被给与时只是作为有条件的[东西];因此人们要能凭借理性达到该项知识,别无他法,至少需有这样的假定,即,条件方面的系列上的一切环节都已给予了(整系列的前提全都有了);因为只有在这个假定之下,当前的判断才是先天可能的。反之,在有条件者方面,或者说在诸结论方面,人们所思维的就只是一个正在形成中而尚未完全假定或给予了的系列,因而只是一个潜在的进程。因此,如果一项知识被看成是有条件的,那么理性就不得不把上升路线上的条件系列看成是完成了的,全部条件都已给予了的。但如果这同一项知识同时被看成是其他知识的条件,而这些其他知识又相互连接构成一个在下降路线上的结论系列,那么理性对这后续的进程会延伸多远,以及该系列的全体是否可能达到,就完全可以漠不关心的。因为它并不需要这样一个系列来取得它当前的结论,因为当前的结论已通过它先在的根据得到充分规定和保证了。于是情况就可以是,或者,在条件方面前提系列有一个作为最高条件的第一前提,或者,没有这第一前提从而它在先本是没有界限的;那么,无论在哪种情况下,即使我们永远达不到能够完全掌握的地步,这前提系列,却也必定包含着条件的全体,而且,只要有条件者(它是被看作从前提系列中产生出来的一个推论结果),能够是真的,则整个系列就必定无条件地是真的。这乃是理性的一个要求,理性总要宣称它的知识是先天规定了的和必然的,因为该知识或者即是理性知识自身,在此情况下,它就无需任何根据,或者它是推导出来的知识,那它作为一个自身无条件地真的根据系列的一个环节[也必然是真的]。

第 3 节　论先验理念的体系

我们在这里,并不探讨一种逻辑的辩证法(逻辑辩证法抽去知识的一切内容,专只揭露理性推理形式中的虚妄假象);我们要探讨的毋宁是一种先验的辩证法,先验辩证法应当完全先天地包含着出自纯粹理性的某些知识以及推论出来的某些概念的根源,这些由推理得来的概念,由于其对象根本不能由经验提供,因而完全处于纯粹知性的能力之外。我们的知识,无论在推理里的还是在判断里的,其先验的使用必定与其逻辑的使用有着一种自然的关系,而我们已从这种自然关系中断定,只会有三种辩证推理,它们都是同理性能够借以从原则达到知识的那三种推理联系着的,我们还断定,在所有这些推理中,理性的任务就在于,从知性永远不能摆脱的有条件的综合,上升到知性永远不能达到的无条件的综合。

于是,在我们的表象所能有的一切关系中,普遍的东西是:1.同主体的关系;2.同客体的关系,而这些客体,或者作为现象,或者作为一般的思维对象。如果我们把这低层分类同上面的高层分类联系起来,那么,我们既能以之形成概念,又能以之形成理念的这些表象,其全部关系就有三种:1.同主体的关系,2.同现象中各式各样客体的关系,3.同所有的一般事物的关系。

B 391
A 334

一切纯粹概念都一般地与现象的综合统一有关,纯粹理性的概念(先验的理念)则一般地与一切条件的无条件综合统一有关。所以,一切先验的理念将可分为三类:第一类包含思维主体的绝对(无条件的)统一,第二类包含现象的条件系列的绝对统一,第三类包含所有的一般所谓思维对象的条件的绝对统一。

思维主体是心理学的对象,一切现象的总和(世界)是宇宙论的对象,自身包含着一切可被思维的东西之所以可能的最高条件的那种东西（一切本质的本质），则是神学的对象。因而，纯粹理性就为一门先验心灵论*（psychologia rationalis），为一门先验世界论**（cosmologia rationalis），最后还为一门先验上帝论***（Theologia transscendentalis）提供理念。知性尽管是与理性的最高逻辑使用，亦即与一切可以想象到的推理密切联结着，以便从一个知性对象（现象）推进至一切其他对象，一直推进至经验性综合的最远环节，但这三门学问中任何一门的草图，都根本不是由知性绘制的，毋宁完全是纯粹理性的一项纯真的产物，或课题。

哪些模式的纯粹理性概念隶属于一切先验理念的这三个标题之下，这将在下一章里充分说明。它们都沿着范畴的线索前进。这是因为，纯粹理性从不直接与对象关联，而是与对象的知性概念相关联。同样，也只有在说明的进行中才能弄清楚：理性如何全靠它用以进行直言理性推理的那种理性机能的综合使用，会必然达到关于思维主体绝对统一的概念；如何通过假言理性推理里的逻辑程序会必然把得到关于一系列的既有条件中的绝对无条件者的理念；如何通过选言理性推理的单纯形式必然会得出关于一个一切本质之本质的最高理性概念。这一样一种思想，乍一看来，好像是极为荒诞的。

真正说来，在这些先验理念方面进行客观演绎是不可能的，尽管我们在范畴方面曾经能够这样做过。这是因为事实上这些先验理念同任何一个客体都不发生关系，否则它们就会能有与自己相

---

* 唯理心理学。——译者注
** 唯理宇宙论。——译者注
*** 先验神学。——译者注

第二部　先验逻辑学

对应的东西了。其所以如此,恰恰因为它们只是些理念。但是,我们却曾能够从我们理性的本性出发对它们进行一种主观的推论,而且这种推论在本章里已做到了。

显而易见,纯粹理性没有别的意图,它唯一关怀的是条件方面(不论是协同性的,或是依附性的,或是竞争性的条件)的综合的绝对齐全,至于有条件者方面的绝对完满,它则全不在意。因为,纯粹理性所以只需要前者,无非为了要预设整个条件系列,从而将此整个条件系列先天地提供给知性。但是,一旦有了一个齐全地(而且无条件地)给予了的条件,那么要将系列接续下去就不再需要理性的概念了。因为,从条件向着有条件者往下走的每一步,都是知性自己进行的。这样一来,先验理念就只会有用于条件系列的往上升,上升到无条件者,即是说,上升到原理,但在走向有条件者这往下降时,我们的理性固然让知性规律得到了广泛的逻辑使用,却根本没让它们有任何先验的使用,并且,如果我们要就这样一种(前进的)综合的绝对全体构成一个理念,例如,就未来的一切世界变化的整个系列构成一个理念,则这种东西只不过是任意所思的想象物,而并非由理性必然预先设定了的。因为,就有条件者的可能性而言,它的条件的全体固然是预定的前提,但它的后果的全体却不曾预定以为前提。因此,这样一种概念并不是先验的理念,而我们此处所讨论的却只限于先验的理念。

最后,我们也觉察到,在先验的理念之间明显存在着某种联系和统一,而且纯粹理性就是凭借这种联系和统一把它的全部知识结成一个体系。从关于人自身(灵魂)的知识进到关于宇宙万物的知识,再由此而进到关于本原存在[的知识],乃是一个如此自然的进程,以至于这个进程同理性由前提进至结论的逻辑进程显得十分类似①。那么在这里,是否在逻辑程序与先验程序之间真正隐秘地有一种同源关系,作为它们的根据呢,这也是我们必须在这些研究的进展中才来回答的问题之一。暂时,我们已达到了我们的目的,因为,理性的先验概念,在哲学家们的学说中通常总与别的概念混在一起,哲学家们从来没把它们同知性概念适当地加以区别,而现在我们已经能够使它们摆脱这种含混不清的状态,指明它们的起源,确定它们的根本不能再多的规定数目,呈现它们于一个系统的关联之中,从而为纯粹理性标志和限定了一个特殊领域。

第二卷 论纯粹理性的辩证推理

人们可以说,一个单纯先验的理念是这样一种东西,它本身虽然是按照理性的本原规律完全必然地从理性那里产生出来的,它的对象却是人们对之毫无概念的。这是因为,事实上也就可能有这样一种对象,它应该算是符合于理性要求的,但人们对它不可能有任何知性概念,也就是说,人们对它不可能有可在可能经验中被

---

① 形而上学按其研究的固有目的而言,只有三个理念:上帝、自由和灵魂不灭,而且第二个概念与第一个概念的结合,就导致第三个概念,以作为一个必然的结论。这门科学往常所从事的一切,都只是它用以达到这些理念及其实在性的手段。它需要这些理念,并非为了自然科学的缘故,勿宁是为了超越到自然以外去。审查这些理念,会使神学、道德以及通过两者的结合,宗教,乃至我们存在的最高目的,都专只依赖思辨理性的能力,此外不依赖任何别的东西。在对这些理念进行系统的表述时,上述那个排列顺序亦即综合的顺序,可以说是最合适的;但在必须于系统表述之前首先进行的推敲琢磨中,分析的顺序,或者说,与综合顺序相反的顺序,将是更适合于目的的,因为我们要去执行的宏伟计划是,从经验直接为我们提供的东西亦即关于灵魂的知识开始,推进到关于宇宙的知识,再由此一直推进到关于上帝的知识。——康德原注

呈现出来加以直观的那种概念。

不过,假如人们改个说法说,对于与一个理念相对应的对象,我们虽能形成一种权且用之的概念(problematischer Begriff),却不能具有任何知识,那就该是一种少遭误解的较好说法了。

于是,纯粹理性概念的先验的(主观的)实在性,可以说是有根据的,其根据至少在于,我们是被一种必然的理性推理带领到这样一些理念这里来的。这就是说,事实上有一些理性推理并不含有任何经验性前提,通过它们我们就从某种我们已知的东西推论出某种我们对之毫无概念的别的东西,而且我们虽然对这别的东西毫无概念,却由于一种不可避免的假象(Schein)的缘故赋予了它以客观的实在性。这样一些推理,就其结果而言,与其叫作理性的推理,还不如称之为诡辩的(vernünftelnde)推理;可是就其起因来说,它们却也可以享有理性的推理这个名义,因为它们毕竟不是虚构出来的,或偶然发生的,而自理性的本性中产生出来的。它们这些似是而非的东西,都并非出自我们的人为,而源于纯粹理性本身,即使世上最最聪明的人也不能解脱它们;聪明的人,在长期努力之后,也许可以避免推论错误,但不停地愚弄他和折磨他的那些假象,他是永远不能完全摆脱的。

这些辩证推理总共只有三种,而推理种类的这个数目正好和它们的结论所得出的理念的数目一样多。在第一类的理性推理中,我从那丝毫也不含有众多东西的主体的先验概念出发,推论出该主体本身的绝对统一性,但我这样做了之后,却并不会取得关于该主体的任何概念。这样的辩证推理我将称之为先验的谬误推理(Paralogismus)。第二类诡辩的理性推理所关涉的先验概念乃是关于一般给定现象所具备的条件系列之绝对全体的先验概念。由于我在条件系列的无条件综合统一性上所取得的概念任何时候总是自相矛盾的,于是我就推断,与此相反的另一种统一性应该是正确的,虽然我对那另一种统一性也同样毫无概念。理性在这些辩证推理中的状态,我将称之为纯粹理性的二律背反(Antinomie)。最后,在第三类诡辩的理性推理中,我是从可能被我思维的一般对象所具备的那些条件的全体出发,推论出一般事物之所以可能的一切条件的绝对综合统一,也就是说,我是从那些单就其先验概念而言我根本一无所知的事物出发,推论出一个一切本质的本质(das Wesen aller Wesen, ensentium)来,而对这个一切本质的本质,单凭一个先验的(transzendental)*概念我当然是更加一无所知,而且对它的无条件必然性我心目中也不能构成任何概念。这种辩证的理性推理我将称之为纯粹理性的理想。

第一章　论纯粹理性的谬误推理

　　逻辑的谬误推理是这样一种理性推理,即不论它推论出来的内容对不对,它在推理形式上是犯了错误的。但是先验的谬误推理则是这样一种理性推理,它所以在推论形式上犯错误是由于它有一种犯错误的先验根据。而导致推理错误的这种先验根据就存在于人类理性的本性之中,并且它自身还将带来一种虽说并非不可排除但却确实不能回避的假象。

---

　　* transzendental,"先验的",在最初版本中都作 transzendent"超验的",自第四版起改为"先验的"。——译者注

现在，我们遇到了这样一个概念，它在上述的先验概念的总表里没曾被提到，我们却必须认为它是属于那张总表的，而同时又不必因此而改动那张总表的名单，也不必声明该名单并不完全。这个概念，或者如果人们乐意称之为判断也一样，这个概念或判断就是"我思"。显而易见，"我思"乃是一切概念都具有的载体，从而也是先验概念的载体，而且由于它总是和众先验概念一起被掌握，因而它自己同样是先验的；不过它不能有特殊的指称，因为它的用处只在表示一切思维都归属于意识而已。然而"我思"，它不论同经验性的东西（感官印象）如何一丝不沾，却能使我们基于我们的表象力的本性区别出两类对象：一种我，作为能思维者，是内感官的一个对象，叫作心灵，或灵魂（Seele）。其为外感官之对象的那种我，则叫作躯体，或肉体。因此我，即被作为一个能思维者来称呼的那个我，根本上就意味着是心灵学的对象；而且，如果在这心灵学里我并不要求知道更多有关心灵的东西，而只希望知道心灵是不依存于任何经验（经验会详细而具体地规定我）而可从我这个概念里推论出来的东西（因为我出现于一切思维活动之中），那么，这种心灵学就可叫作唯理心灵学或唯理心理学（rationale Seelenlehre）。

B 400
A 342

唯理的心理学真该说是这方面的一项冒大风险的探索，因为只要还有我的思维活动方面哪怕一点点经验性的东西，或者对我的内部状态的任何一点点特殊知觉，被混杂到了这门科学的知识根据里，它就不再是唯理的而是经验的心理学了。因而，我们眼前的这门号称科学的学问乃是建筑在我思这个唯一的命题上的，它到底是有根据还是无根据，我们在这里可以完全实事求是地按照一门先验哲学的本性来进行考察。在这一点上，请读者们切莫表示非议，说我在表述关于思维者自身之知觉的这个命题里已经夹杂了一种内在经验，因而建筑在该命题上的唯理的心理学决不是纯粹的，而是部分地建立于一种经验性原理上的。我所以请大家不要这样非议，乃是因为，这种内在知觉并不是什么别的，只是单纯的统觉：我思，甚至应该说，正是统觉才使一切先验的概念成为可能的，因为在先验概念里说的其实就是：我在思维实体，我在思维原因，等等。这是因为，一般的内在经验及其可能性，或，一般的知觉及其与其他知觉的关系，乃是尚未经过任何特殊区别的、未被经验性规定的东西，不能被看成是关于经验的认识，毋宁必须被看成是关于一般的经验性东西的认识，而且，这是属于研究每一个经验的可能性所进行的那种探索活动之内的事情。而那种探索活动当然是先验的。假如有知觉的最小客体（比如说，哪怕是愉快或不愉快）参加进了自我意识的普遍表象，唯理的心理学就立即变成一种经验性的心理学了。

因此，我思乃是唯理心理学的唯一题材，唯理心理学的全部议论应该都是从这个主题中引申出来的。显而易见，如果说"我思"这个思想同一个对象（我自己）有什么关联，那它也只能是含有这个对象的先验的宾词，而不能有任何别的；因为哪怕最小的一点经验性宾词，也会败坏这门科学完全无关于经验的唯理的纯洁性和独立性。

在这里我们将不得不仅仅遵循范畴的线索前进，只不过，由于这里首先有的是一个事物（Ding），是一个作为思维者的我，所以现在我们虽然不去改变上述范畴表里各范畴的顺序，却将从表象一个事物自身的那种实体范畴开始，然后按范畴的系列倒向逆溯。

因此，唯理心理学的论题（唯理心理学包含的其他一切，不论是些什么，都必须是从它的唯一课题里推导出来的），乃是下述这些：

1

灵魂是实体*

2

就其性质而言
[它是]单一的

3

就其所在的不同时间而言，
[它是]数目上同一的，
即是说，[它是]一（而非多）

4

[它]与空间中众可能对象联系着**

纯粹心理学里的一切概念，都产生于上面这些要素；而且仅仅是通过这些要素的组合，绝没添加一条别的原理。这个实体，仅仅作为内感官的对象，就生出非物质性（Immaterialität）的概念，作为单一的实体，就生出不朽性（Inkorruptibilität）的概念；它的自身同一性，作为理智的实体，就生出人格性（Personalität）的概念；上述三者结合起来，生出精神性（Spiritualität）的概念；同空间里的

---

* 这第一个标题，康德在他私藏的批判原稿里把"心灵是实体"写为"心灵作为实体存在着"。——译者注

** 有的读者如果从这些先验地抽象了的术语中不那么容易看出它们的心理学含义，不理解心灵的最后一个属性为什么属于存在范畴，那么读者将在下文里看到对它们的充分说明和论证。另外，我不得不为在本节里以及全书里引用拉丁术语代替含义相同的德文术语之损坏文体的韵味而表示歉意，我是宁愿让语言的典雅有所欠缺，也不愿因哪怕最小的不可理解而增加阅读上的困难。——译者注

对象联系着,就生出与躯体交互协作(Commerzium)的概念;于是心理学就提出了思维着的实体以作为物质中生命的原理,也就是,提出思维实体以作为灵魂(anima)并作为动物性(Animalität)的根据;而动物性受了精神性的限制,就生出灵魂不灭(Immortalität)的概念。

与这些概念联结着的有一门先验心理学所含有的四项谬误推理,而这门先验的心理学却被人误以为是论述我们的思维者的本性的一门纯粹理性科学。可是对于这个思维者,我们不能提出任何别的东西以为其根据,它的唯一根据只是那单一的而且本身完全空无内容的表象,我;对于这个我,人们甚至不能说它是一个概念,它毋宁只是陪伴着一切概念的一种单纯意识。通过这种意识,思维着的我或他或它(事物),就被表象为只不过是思想的一个先验的主词*=x,这个主词=x只依靠作为其宾词的那些思想才得以被人认识,去掉作为宾词的那些思想,我们对这个主词就绝不能有丝毫的概念了,可是,由于我们任何时候,只要是去判断隶属于这主词=x的某种事物,就必须先就使用主词=x本身这个表象,因此,我们总在围绕着它兜圈子,循环不已;这是一种与它分不开的尴尬局面,其所以如此,乃是因为意识就其自身而言并不是识别任何一个特殊客体的那样一种表象,它毋宁是一般而言的表象的一种形式,如果一般而言的表象即是被称为认识的那种东西的话;因为对于它我唯一能说的是,我思维随便什么东西都非通过它不可。

但从一开始,事情就显得不能不令人惊异:比如说,我进行一

---

* Subjekt,主词,主体。——译者注

般思维时所必备的那种条件,这当然是单属于我的主体的一种情况(Beschaffenheit),可是它竟然对一切进行思维的主体也会是同样有效的;而且,我们竟然敢于把一种断然的和普遍的判断建立在一个看来显然是经验性的命题上,即,我们竟敢说,一切思维者本身的情况,都是像[我的]自我意识向我供述的我本身的情况一样,这不就显得有些蹊跷吗?但其所以如此的原因是:我们必须先天地给种种事物附加上一切必要的属性,以便由这些属性来构成我们思维那些事物时所必须具备的条件。现在,我既然不能通过任何外在经验来获得关于一个思维者的丝毫表象,而只能通过自我意识,于是,诸如此类的对象[被附加于思维者身上的那些属性]都不过是一种转移的结果,是这个我的意识被转移到了别的事物身上,而只是通过这一意识转移,别的事物才被表象为或呈现为思维者。但"我思"这个命题我们在这里只是权且使用;用它,并非看上它或许含有关于一个存在(Dasein)的一种知觉(如笛卡尔说的"我思,故我在"(cogito, ergo sum)),毋宁是从它的单纯可能性着眼的,为的是要看看,从这个如此简单的命题出发究竟会给命题的主词,亦即主体,我(不问该主体此时存在也罢,不存在也罢),灌输上哪些属性。

假如我们除"我思"之外还把更多的东西提出来当成我们关于一般思维者的纯粹理性知识的根据,假如我们把我们对思想活动所作的种种观察以及那些可从思维主体的活动中汲取的自然法则也利用来帮忙,那就要产生出一门经验性的心理学。经验心理学会是一门研究内感官的生理学,它也许能被用以说明内感官的种种现象,却绝不能被用以揭示这样一些根本不属于可能经验(例如,单一的东西)的属性,也不能断然地提出有关一般思维者本性的某种学说;它因此不会是唯理的心理学。

由于权且使用的命题"我思",包含有任何一个知性判断的一般形式,并伴随着一切范畴,以作为各范畴的载体,所以不难看出,从这个命题出发进行的种种推理,都只能是知性的一种不参杂任何经验的先验使用,而且根据上文所说,我们预先就知道不能从这种使用的进程中得到任何有益的概念。因此,现在让我们以批判的眼光,考察纯粹心理学的一切论断,进而深究这种先验使用。不过为简洁起见,在考察各论断时,我们将不作区分,而抓住整体关联一气呵成*。

在开始时,提出下述这几句概论,可以加强我们对这种推理方式的注意,那就是,我认识到某一客体,并不是由于我在单纯地进行思维,毋宁只是由于我为了一切思维赖以成立的那个意识的统一的缘故,在对一个给定的直观进行规定。所以,即使我认识我自己,也不是由于我意识到了我自己在思维着,毋宁是,我认识我自己的时候就是我意识到了我自己的直观在思维功能方面受了规定的时候。因而思维里的一切样态的自我意识,其本身还不是有关客体的知性概念(范畴),而只是一些单纯的逻辑功能,单纯的逻辑功能根本不为思维提供任何可去认识的对象,从而也并不把我自己提供给思维以作为其认识的对象。客体并不是关于能规定的自我的意识,而只是关于可被规定的自我的意识,也就是说,只是关

---

* 此句以下是康德在本书第二版时的修订文字。此处第一版的原文部分亦译出,附在本章"关于从唯理心理学向宇宙论过渡的总按语"一节之后。——译者注

于我的内在直观(这里说的内在直观,是指其众多样相能按思维里统觉的统一性的普遍条件而被联合起来的那种内在直观而言的)的意识。

1. 在一切判断里,我总是构成着判断的那个关系的起规定作用的主体。当人们说,我,思维着的我,在思维中必定总是充当主体,总是充当某种并非像宾词那样可被视为仅仅依附于思维的东西,这说法乃是一个断然无误的甚至自身同一的命题;但这个命题并不意味着:我,作为客体[作为被我思维的我],就是一种对我而言持续存在着的本质或实体。持续存在着的实体,其含蕴要宽广得多,它需要有在思维中根本碰不见的那些与件,或许,如果我简单地把思维着的我视为这样一种东西[持续存在着的实体]的话,需要的或许比我任何时候在它[思维]那里将会碰见的东西还更多。

2. 当人们说,统觉的我,也就是说每个思维中的我,都是一个不能被分解为多个主体的单一者,从而是指一个逻辑上单一的主体,那么,这句话,其意蕴本就含在思维这个概念之中,所以它是一个分析的命题;但这句话并不意味着,思维着的我是一个单一的实体,假如它有那样的含义,它就该是一个综合的命题了。因为,实体的概念总与直观关联着,直观在我这里不是别的什么,它们只能是感性的,从而是完全不属于知性领域,是在知性思维之外的;可是当人们说思维中的我是单一的时所谈到的那种思维,真正说来恰恰就是这里所说的知性的思维。何况,通常要想判定直观所呈现的事物中哪个是实体以及该实体能否(如在物质的众要素那里一样)也是单一的,总需要付出很大操劳才行,而在这里,竟然无须

B 408

我花费丝毫气力,仿佛受到了一项天启一样,就在世上最最贫乏的表象里如此直截了当地得到了它[实体],那岂不是也令人惊奇!

3. 如果命题表示,在我所意识到的那全部的纷繁杂多中间我与我自己保有同一性,则这个命题因其意指已涵蕴于众概念自身之中,乃同样是一个分析的命题。但是,我在主体的一切表象中都能意识到的这种主体的同一性,由于并不关涉到主体因之而出现的客体的那种主体的直观,因而也就不能说是人格的同一性*。主体在一切变动不居的情况中会意识到它自己的实体(作为一个思维着的东西)的同一性,可是对实体的同一性的这种意识却是通过人格的同一性才得以理解的。而要想证明人格的同一性,单靠分析"我思"这个命题应该是不够的,毋宁需要进行各种以给定的直观为根据的综合性判断才行。

4. "我从(包括我的肉体在内的)在我之外的其他事物那里区分出我自己的亦即一个思维着的东西的存在",这同样是一个分析的命题。因为其他的事物就是被我思维为与我不同的那样一些事物。但是凭着这个命题,我却根本不知道,如无(我赖以取得表象的)那些在我之外的事物,这个关于我自己的意识是否根本还说得上是可能的;我也不知道,我是否因而只能作为思维着的东西(而不是作为人)而存在着。

由此可见,对一般思维中的我自身的意识进行分析,丝毫也增加不了关于作为客体的我自身的认识。对一般思维的逻辑剖析,被错误地当成了对客体的形而上学规定。

---

* "人格的同一性",蓝、牟皆据英译误译为"命题"。——译者注

假如真有这样一种可能性,即可能先天地证明,一切能思维的本质[思维着的东西]自身都是单一的实体,作为实体它们因而(出于上述同一个论据)都带有不可分离的人格,并意识到它们的摆脱了一切物质的存在,那么,这种可能性对我们的整个批判而言,就会是一个巨大的甚至唯一的绊脚石。这是因为,假如那样,我们就毕竟跨出了感性世界,踏进了本体的领域,而此时就没有人会否认我们有权在这个领域里继续扩展,继续耕耘,并于吉星高照时在其中安家落户。这是因为,"每一个思维着的东西作为这样一种东西都是单一的实体"这个命题,乃是一个先天综合命题,因为第一,这个命题超越了它所根据的概念,给一般性思维外加了实际存在(Dasein)这个存在方式,第二,又给那个概念外加了一个在任何经验中都根本不能找到的宾词,单一性。这样一来,种种先天综合命题就不仅如我们所主张的那样,作为可能经验之所以可能的原理,只在可能经验的对象上是可行的,可用的了,毋宁是,它们也都能适用于一般性事物和事物自身。而这样的论断,不仅将把我们这全部的批判置于死地,并且势必迫使人们迁就着仍走前人的老路。不过,只要人们切近一些考察问题,这里的危险倒不是那么严重。

贯穿于唯理心理学的全进程中的那一种谬误推理,是由下列三段论式构成的:

- 只能被思维为主体的东西,也只存在着作为主体,并因之而就是实体。
- 现在,一个能思维的本质(即思维着的东西),就其仅被看待为这样一个能思维的本质而言,只能被思维为主体。
- 因此,它[这个能思维的本质]也只存在着作为这样一个主体,也就说,作为实体。

在大前提里人们谈到的那一种东西,既是能被一般地、在任何一种关系中加以思维的,因而也是能就它被呈现于直观中的那个样子加以思维的。但在小前提里人们谈到的却是这样的东西:它把自己看待为仅仅与思维和意识同一性相关联的主体,而并不看待为同时也与它所赖以呈现为思维客体的那种直观相关联的主体。因此,结论是通过中词歧义(per Sophisma fiqurae dictionis)从而通过假推理推论出来的[①]。

在这里我们只要回想一下原理的系统表象之前的那个通释和有关本体的那一节里所说的,就可以清楚地看到,把这个著名的论证破解为一项谬误推论是完全正当的。因为在那里我们已经证明,一种自身能够作为主词而存在却不能作为单纯宾词而存在的事物,其概念自身根本不带有客观实在性,这就是说,我们不能知道这种概念在任何地方会配搭上一个对象,因为我们不能看出这样一种对象存在的可能性,所以这种概念绝对不提供任何知识。因此,要想这种概念在一个实体的名义下会指称一个能被给予[能实际存在]的客体,要想它成为一项知识,它就必须有一种持续存

[①] 思维这个词在两个前提里被使用的意义完全不同。在大前提里,思维关联着一般客体,从而也关联着在直观里呈现出来的客体;但在小前提里,它则只与自我意识联系着,因而这里根本没有被它思维的客体,它表象出来的勿宁只是它同它那作为主体(作为思维形式)的自身的关系。在大前提里谈到的都是只能被思维为主体的事物,但在小前提里谈到的则不是事物,而是思维(因为人们已抽尽一切客体),而在这思维里,自我永远充当意识的主体。因此,在结论里并不能推论出:我只能存在着作为主体,勿宁只能推论出:我在有关我的存在的这思维里只能使用我作为判断的主体;而后面这一推论乃是一个自身同一的命题,它在我的存在方式上绝对展示不出任何东西。——康德原注

在着的直观（这种直观是概念所以有客观实在性的必要条件）作为其根据，亦即必须有对象唯一因之而被给予的那种东西以作为其根据。可是，我们在内在直观里根本没有什么持续存在着的东西，这是因为"我"只是对于我的思维的意识；因而，当我停留于单纯思维时，我们也就缺乏必要条件去把实体的概念亦即自为存在着的主体的概念应用到作为能思维的本质的我们自己身上。而且与此相联系的实体的单一性，就连同实体概念的客观实在性完全消失，并转化成为一般性思维中的自我意识的一种单纯的逻辑上的质的统一性，而不管主体是复合的也罢还是非复合的也罢。

驳门德尔松关于灵魂不灭的证明

这位思虑敏锐的哲学家很快就觉察到，通常被认为可以证明灵魂（如果人们承认它是一种单一的东西的话）不会由于分割而停止存在的那种论证，其中还有一个漏洞，因而达不到确保灵魂必定持续存在这一目的，这个漏洞就是，人们仍然能设想灵魂会由于消失而停止其存在。于是，他在他的著作《菲多》（Phädon）里坚持主张灵魂不会含有这种无常性质，不会归于真正的毁灭时，他不无自豪地论证说，一个单一的东西，其所以绝对不会停止存在，乃是因为，既然单一的东西根本不会减少，不会在其存在上逐渐有所丧失，不会从而渐次地化为乌有（因为它既然没有部分，在其自身中也就没有众多），因此在它存在于其中一瞬间与它不存在于其中的另一瞬间之间就根本不会有[分隔两者的]时间。但是，门德尔松的这种论证灵魂常住不灭的证明是不可能的。因为他没有考虑到，即使人们承认灵魂有这种单一的性质，因为，它并不含有彼此相外的众多,从而并不含有广度上的分量,但人们毕竟不能否认,灵魂也像任何一种存在着的东西那样具有强度上的分量,这就是说,人们总不能否认,在灵魂的一切能力方面,甚至一般而言在构成灵魂之存在的那一切因素方面,灵魂总有一个实在性上的等级或量度,而实在性的这种量度是会通过无限的较小量度而变小的;而且同样,前述的实体(此种事物有无常住不灭性本来就不是已成定论)虽然并非通过它的分割,却会通过它力量的逐渐减弱(Nachlassung, remissio),通过衰变(Elangueszenz)(如果我可以使用这个术语的话),而化为乌有,这也是不能否认的。因为,意识本身既然任何时候都有一个永远还能被减弱被变小的量度①,从而意识之意识其自身的能力,以及一切别的能力,也就都有一个量度,可以永远再减弱再变小。由此可见,作为单纯内感官对象的灵魂,其常住不灭性并没有得到证明,甚至可以说是不可证明的;虽然在人活着的时候灵魂的常住不灭性是不待证明而清晰的,因为,能思维的东西(作为人)在其有生之年里同时又是一个外感官的对象。但唯理心理学家对于灵魂之在生命期间是常住不灭的这一点并不满足,他一定要根据单纯的概念去证明灵魂即使在生命完结

---

① 并非象逻辑学家所说的那样,有清晰性才是一个表象的意识,因为,在众多不清晰的晦暗的表象里也必定都含有某种量度的意识,虽说这种意识还清晰的不足以形成记忆,这是因为,如果完全没有意识,我们就不会在众多晦暗表象的联结里作出任何区别,而[实际上]我们在众多概念的种种特征那里(例如在公平和正当的特征那里以及在音乐家于狂想曲中同时弹奏许多音符时所有的种种特征那里),是能够作出区别的。进一步说,一个表象的意识,如果足以意识到该表象与其他表象的区别,这个表象就是清晰的。如果这个意识虽然充分到足以进行区别,却不足以意识到区别,则该表象就仍然必须被叫作晦暗的。所以,意识有无限多的量度,直到其完全消失。——康德原注

之后也是绝对常住不灭的①。

———————

① 有那样一些人,他们为了引进一种新的可能性,认为自己只要坚持得住,能让别人指不出他们的前提设定里有矛盾,就算做的已经足够,尽了能事。唯理哲学家也就是这样办的,他们自信已洞察到,本来只在活人的经验性直观里才一度出现的那种思维的可能性会在人死之后也还存在。可是所有这些人,一旦遇上另外的可能性,即使这些可能性丝毫并不更为冒进,也都可因之而陷入巨大的困惑。在诸如此类的可能性中,就有一种是由一个单一实体分割为众多实体,以及反过来由众多实体汇合成为一个单一实体的可能性。这是因为,虽然可分割性要以一个组合体为前提,但可分割性所要求的并不一定是由众实体构成的组合体,而完全可以是由同一个实体的(种种能力的)众量度所构成的组合体。这样,正如人们能够设想,灵魂的甚至意识的一切力量和能力消失了一半之后,实体始终还是保留下来的那样,人们也能毫无矛盾地想象,这消失了的一半也是保存着的,不过不是保存在灵魂之内而是保存于灵魂之外;而且人们还能毫无矛盾地设想,在灵魂以内永远只是实在、从而总有一个量度的那一切一切,也就是说,灵魂的丝毫无所缺欠的那整个存在,既然现在已被一分为二,那么自此以后,在灵魂以外就会涌现出一种特殊的实体。这是因为,实体的被分割出来的众多性是事先本来就有的,不过它事先并不是作为实体的众多性,而是作为构成每个实体里的存在分量的那个实在的众多性;而且,实体的单一性当初只是一种存在方式,只因通过这种分割,实体的单一性才转化成了一种存在样相上(Subsistenz)的众多性。但照这样说法,众多的单一实体就应该也能除了失去存在样相上的众多性之外再无任何损失地重新汇合成为一个单一的实体,因为,这个单一实体该会把先前一切实体的实在量度统统包含于自己一身;而且也许(虽然并非通过一种机械的或化学的影响,却是通过机械或化学影响大概只是它的现象的那种未为我们所知的影响)曾给我们提供一种物质之现象的那些单一的实体,能够通过诸如此类动力学的分割法,把父母的灵魂作为强度上的分量加以分割,制造出儿童的灵魂,而同时这父母的灵魂又会通过与同一种类的新材料相结合从而把自己的损失重新补足起来。以上这些胡思乱想,我根本不能承认它们有丝毫价值或有效性,其实就连上文的那些分析原理,也已充分锐利地指明,范畴(包括实体的范畴)除了作单纯经验性使用之外不能作任何别的使用。但如果唯理论者竟然勇气十足,敢于不需任何一点可以形成一个对象的那种常住的直观而单单根据思维能力就去制造一个独立自存的东西,说这仅仅是因为思维里统觉的单一性他从组合体出发无法作出说明,殊不知,他最好是坦然承认他不懂得如何去说明一个能思维者(denkende Natur)的可能性,那么话说回来,唯物论者固然同样不能为了他[要说明]的可能性就去引用经验,但他为什么就没有权利在保留着唯理论者[所要说明]的那形式上的单一性的同时,也以同样的勇气,利用他的种种原理,去作相反的使用[以得出相同的论断]呢?——康德原注

如果我们把我们上述各命题看成是综合地联结着的,就像它们在唯理心理学里为了能对一切能思维的本质(能思维者)都有效准而必须被看成是成体系的那样,又如果我们从关系范畴出发,带着"一切能思维者,说到底,都是些实体"这样一个命题,沿着范畴*的系列回溯下去,直到系列自身成了周而复始的圆圈,那么,我们最终就触到了这些能思维者的存在;而在唯理心理学这个体系里,这些能思维者不仅意识到他们的存在是独立不依于外物的,而且自己也能(在必然属于实体之特性的常住不灭性方面)自主地规定他们的存在。但这样一来,同是这个唯理论的体系,就不可避免地成了唯心论,至少,成了准唯心论(problematischer Idealism),因为如果外物的实际存在对于规定能思维者自己在时间中的实际存在是根本不需要的,那么假设那种从来不能得到证明的外物,岂不也是完全徒劳的。

反之,如果我们按照分析的程序进行,这就是,如果我们把"我思",作为一个自身本已包含着实际存在的命题,当成给定了的,从而是以模态为根据的,然后分析这个命题,以便认清命题的内容,认清这个"我"究竟是否和如何仅仅通过这种内容来规定它在时间或空间中的实际存在,如果是这样,则唯理心理学的诸命题就不会是从一个一般而言的能思维者概念开始,而是从一个现实开始的,并且,从该现实被思维时采取的方式出发,在其中的一切经验性成分去除之后,那属于一般所谓能思维者的东西就会被推论出来,如同下表所列的这样。

---

* derselben,英译作"命题"解亦可。——译者注

1
我思

2
作为主体

3
作为单一的主体

4
在我的思维的每一状态中作为自身同一的主体

　　因为这里的第二个命题里，并没规定，是否我只能作为主体（Subjekt）而存在着和被思维，而不能也作为另外一种东西的宾词而存在着和被思维，所以，主体的概念在这里只有逻辑上的意义，至于它是否会被理解为实体，则还不曾是规定了的。但在第三个命题里，统觉的绝对统一性，亦即单一的我，在构造着思维的那一切联合或分离都与之发生联系的表象里面，则已具有了自己的重要性，虽说我在主体的性状（Beschaffenheit）或存在样相（Subsistenz）方面还没有作任何规定。统觉是某种实在的东西，统觉的单一性本就含蕴于统觉的可能性里。可是空间里没有任何实在的东西是单一的；因为，构成着空间里唯一单一的东西的那些点，都只是些界限，没有什么东西可以作为部分被用来构成空间。由此可见，根据唯物论的原理去说明我（作为单纯的能思维者）的性状是不可能的。但是，由于在第一个命题里我的[实际]存在是被当成给定了的，因为我的存在并不意味着每一个能思维者都存在着（如果那样说法，就会同时涉及它们的存在的绝对必然性，那该是说的太多了)，我的存在毋宁只意味着：我存在着进行思维，因此这个命题是经验性的，并且只就时间里我的种种表象而言才含有我的存在的可规定性。但是在这里，要规定我的存在，我又首先需要有某种常住不灭的东西，而这类常住不灭的东西，当我思维我自己的时候，是我在我的内在直观中根本没有的东西，因此，关于我的存在方式，是作为实体存在着还是作为偶生事物存在着，那是决不可能靠这种单一的自我意识来加以规定的。这样说来，如果唯物论在说明我的存在的方式上是无能为力的，那么唯灵论在这方面也同样是力不从心的，于是结论是，一般地就灵魂的独自存在的可能性而言，我们无论在哪种方式下都不能对我们的灵魂的性状有任何一点认识。

再说，要想凭借意识的统一性（关于意识统一性，我们只是因为我们无可避免地要使用它来使经验成为可能才认识到它的）就走出经验（我们今生的存在）范围以外去，甚至于，要想凭借经验性的、但从一切方式的直观来看却全不确定的命题"我思"，就去扩大我们有关一切能思维者的性质方面的知识，这又怎么会是可能的呢？

因此，唯理心理学从来就不是作为理论，要在我们的自我认识上制造出一些附加品，而是作为纪律（Disziplin），在这个领域里为思辨理性设定种种不可逾越的界限。以便一方面不让自己落入于不承认有灵魂的唯物论的怀抱，另一方面不让自己沉湎于在我们的一生之中找不到任何根据的唯灵论里而不能自拔，而且，它也许还提醒我们，让我们把理性的这种拒绝给好奇的、超越今生之外的问题提供满意答复的情况，视为理性的一种暗示，暗示我们应将我们的自我认知从没完没了的无效的思辨转而使用于实际的有效的探讨,而这种实际的探讨,虽说永远是针对经验对象的,可是它的原理却都出自较高的来源,会把我们的行为规定得如此高尚,以至于仿佛我们的天命(Bestimmung)是无限辽远地超出于经验,超出于今生之上。

由此一切可见,唯理心理学所以产生,压根儿就由于人们对它抱有一种误解。意识的统一性本是众范畴得以成立的根据,而在唯理心理学里却被当成了主体的直观,当成了客体,并被应用上了实体范畴。但实际上,意识的统一性只是思维中的统一性,单凭它是产生不出客体的,因而那任何时候都以既有的直观为前提的实体范畴就不能被应用到它身上,从而这个主体也根本不能被认识。于是可以说,范畴的主体并不会由于它思维了范畴就能获得一个关于它自身(作为范畴的一个客体)的概念;这是因为,要去思维范畴,主体就必须以它的纯粹自我意识作为其根据,而这纯粹的自我意识则应该是先就得到了说明的。同样,主体也并不会由于它自身中含有时间表象初始的根据就能规定它自己在时间中的存在。而如果后者,[即主体规定自己在时间中的存在,]是不可能的,那么前者,即主体通过范畴将它自己规定为一般而言的能思维者,就也是办不到的①。

B 422

---

① "我思",如上所述,是一个经验性命题,而且本身包含着"我在"这个命题。但我不能说,一切思维者都存在;因为假如那样,则思维的特性岂不是将使一切具有思维特性的存在者都成为必然的存在者了。所以,我的存在也不能象笛卡尔所主张的那样被看作是从"我思"命题里推论出来的(因为如说是推论出来的,那就理应事先就有"一切思维者都存在"这个大前提才行),毋宁[我存在着]是 (转下页)

B 423　　那么这样一来,一种试图越出可能经验界限以外却也属于人类最高利益(仅就这一点而言应该归功于思辨哲学)的知识,就销
B 424 声匿迹,徒然令人迷惑而怅惘了;与此同时,严密的批判,既然证明了要独断地将某种有关一个经验对象的东西推到经验界限以外去是不可能的,它就因此而在理性的批判兴趣方面为理性做出了对它并非全不重要的贡献,亦即确保了理性在反对一切反面主张时立于不败之地;至于这一点所以能做到,当然只是因为,要么,人们能够独断地证明他们的命题,要么,如果不能证明,就要找出其所以无力证明的根源,而找出的根源如果是在我们理性的必然界限之内的,那就能使任何一个反对者都不得不遵从那否定一切独断主张的同一条规律了。

　　然而这个局面,对于人们有权乃至于有必要去按照(与思辨理性的使用结合着的)实践理性的使用原理以假定一个未来的人生而言,却并不造成丝毫损失;因为不言而喻,纯粹思辨的证明从来

(接上页)　与"我思[维着]"这个命题相同一的。"我思"这个命题,表示着一个未曾规定的经验性直观,亦即表示着一个未曾规定的知觉,(同时)也表明,那属于感性的感觉早就是这个存在命题的根据),但是"我思"却先于经验而出现,要由经验通过时间方面的范畴才来规定知觉的客体;而在这里存在还不是范畴,这不是范畴的存在,就同一个未经规定的既有了的客体没有关系,而同这样一种东西发生关系:这种东西,人们对它有一个概念,并想从它那里知道它是否在这个概念之外也是设定了的。一个未曾规定的知觉在这里只意味着某种既有了的而且只对一般思维而言是既有了的实在的东西,因而它既不可叫现象,也不是什么事物自身(本体),而勿宁说就是某种实际上存在着的东西,而在"我思"命题中有的就是这样一种东西。因为必须指出,当我把"我思"命题称为一个经验性命题时,我并非因此想说,这个命题里的"我"是一个经验性表象;相反,这种表象是纯粹理智的,因为它属于一般思维所有,不过,没有任何经验性表象来为思维提供材料,"我思"这个行动就不会发生,而经验性的东西只是应用或使用纯粹理智能力的条件。——康德原注

就不曾能对普通的人类理性有过什么影响,纯思辨的证明是安置在一根毛发尖子上的,摇摇欲坠,以至于就连纯思辨证明的高手、行家,也只在他们让证明像陀螺那样不停地自身旋转时,才能将它保持在毛发尖上不掉下来,而且这种证明即使在行家自己的心目中也并不提供任何经久不毁的基础能让人们在上面建造什么东西。至于那些可供世人使用的证明,此时却仍旧保有其一切价值而无所减损,也许还因排除了那些独断假设而在清晰性和天然信心上有所加强;因为这些证明已将理性移置到理性自己特有的领域里,也就是,移置到目的秩序里,当然,目的秩序同时也还是一种自然秩序,但移置到目的秩序里的理性,作为实践能力自身,既然不受自然秩序的条件限制,就有权将目的秩序连同我们自己的存在扩展到经验和今世生活的界限以外去。在当前世界上的一切生物身上,理性找不出有任何器官,任何能力,任何本能*,简言之,任何一种东西是可以缺少的,或不宜于使用的,或不合乎目的的,毋宁说,一切东西无不恰恰适合于其在生命中所负担的使命;而如果人们拿人与当今世界上一切生物的天性相类比,则一定会判定,人是唯一与众不同的造物,唯有人这种造物能够自身含有有关这一切的最终目的。这是因为,人的本性或天赋(在这里不仅包含可供使用的才能和本能,首先指的是人内心里的道德规律)具有远远高出于人在今生今世能从天赋中获取的一切效益和好处之上的价值,比如说,人心里的道德规律甚至于教人去尊重那在情操上不带任何现世利益乃至不顾虚幻的身后声誉的单纯正义感

---

* 原文是 Antrieb(冲动),应是 Trieb 之误。——译者注

(Bewusstsein der Rechtschaffenheit),视之为价值高于一切,而且因此,人能感到自己内心的呼唤,号召自己通过在当前世界里的所作所为以及对众多现世利益的牺牲以使自己有资格成为其在理念中所怀想的那个更好世界的公民。这就是[可供世人使用]证明的强有力的、永远驳不倒的根据或基础,而且它还伴随着对于我们周围一切事物中的目的性的不断扩大的认识,陪随着对于大千世界的不可估量性的展望,并伴随着对于我们知识的可能扩展中的毫无限制性的意识以及一种与之相适应的本能,所以,虽然我们必须放弃我们的意图,不再指望根据有关我们自身的单纯理论性知识就能洞见到我们的存在会必然延续下去,但这个强有力的永远不能驳倒的证明基础仍将永世长存。

关于消除心理学谬误推理的结束语

唯理心理学里的辩证假象是起因于理性(一种纯粹的理解力)的一个观念同有关一个一般而言的思维者的完全无所规定的概念的两相混淆。我为取得[有关我的存在的]一项可能经验而思维我自己,同时我还抽除一切现实经验,于是就推论说,我能在经验之外甚至在我的存在的经验性条件之外意识到我的存在。在这里我是搞混淆了,我把我可能抽除掉我的在经验上规定了的存在,误以为就是我意识到了我这个思维者自身的一种已抽离出来的(abgesondert)可能存在,从而相信在我自身中所认识的实体性主体就是先验的主体;其实,我在思维中所有的只是意识的统一性,而意识的统一性乃是作为认识的单纯形式的那一切规定作用的基础。

说明灵魂与肉体之交互关联的任务，真正说来，并不属于这里所谈的这种心理学，因为这种心理学目的在于证明，即使在这种交互关联之外（即是说，死后）灵魂仍有其人格性，因而就其固有意义来说这种心理学是先验的，它虽然致力于研究一个经验客体，但它所研究的却仅限于已不再是经验的对象时的那种经验客体。不过，对于这个研究课题，我们的理论也能提出充分的答案。这个课题所包含的困难，如众所周知，在于它预先假定内感官的对象（灵魂）与外感官的对象有性质上的差异，说内感官的对象只要时间，而外感官的对象则除时间外也要空间以作为其直观的形式条件。但如果人们想到，这里的两种对象并非有内在的差异，而是只当一方显现于另一方之外时才彼此不同，而且，充当物质的现象之基础的那个东西，作为事物自身，也许可以说不应该是不一样的，那么，这个困难就化为乌有了，余留下来的唯一难题只不过是，两种实体［灵魂与肉体］的交互关联究竟是怎么可能的，可是这个问题的解决，不仅完全超出心理学的领域之外，而且，只要读者参看有关基本力量与能力的分析中所说的那些话就将不难判断，也毫无疑问是超出于人类全部知识领域之外的。

关于从唯理心理学向宇宙论过渡的总按语

"我思"或"我在进行思维"（Ich existiere denkend）这个命题是一个经验性命题。但这样一种命题是以经验性直观为基础，从而也是以被思维了的客体（作为现象）为基础的，因此如果依照我们的理论来看，显然灵魂会在思维里完完全全地转化为现象，而在这样的情况下，我们的意识，作为一种单纯的假象（Schein），实际上就一定涉及不到任何东西。

思维,就其自身而言,纯系逻辑上的功能,因而,纯粹是联结一个单纯可能直观的众多方面的那种自发力,它并不将意识主体展现为现象,因为它根本不考虑直观的方式是感性的还是理智的(intellektuell)。通过这种思维,我把我呈现给我自己。[但因思维而呈现的我]既不是像我存在时那样的我,也不是像我显现于我面前时那样的我,毋宁是,我把我只思维为一种一般而言的、被我抽掉其直观方式的客体。如果在这里我把我呈现为思想的主体或者呈现为思维的基础,那么这些呈现方式就不意味着实体范畴或原因范畴了,因为这些范畴都是已被应用到我们感性直观上了的那些思维(判断)功能,当然,假如我想认识我自己,则感性直观会是必不可少的。可是现在,我要去意识的我,只是进行思维的那个我,而对于我自己的自身(mein eigenes Selbst)是如何出现于直观中的问题我并不考虑,因此,我自身,对于我所思维的那个我而言,或许可以是一个单纯的现象,但对于进行思维的我而言,则不能说是单纯的现象;当我进行单纯的思维时,在关于我自身的意识里,我乃是存在者自身(das Wesen selbst),但是不言而喻,虽然我已被意识为存在者自身,却仍然还没有出现任何有关这存在者自身的东西可供我来思维。

但是"我思"这个命题,只要它的意思是说"我存在着进行思维"[或"我是进行思维"],它就不是单纯的逻辑功能,而应该说,它在存在上规定着主体(这样,主体同时就是客体),并且它没有内感就不能成立,而内感官的直观所提供的客体任何时候都不是事物自身,而仅仅是现象。这样,在"我思"命题里早就不仅含有思维的单纯自发性，而且也含有直观的感觉性，也就是说，我自身的思维已被应用到这同一个主体的感性直观上了。可是在后者，亦即在我自身的思维已被应用于这同一个我自身的感性直观了的情况下，思维着的[我]自身就必然地会去寻找它的逻辑功能之得以被应用于实体、原因等等范畴的使用条件，以便一方面通过自我来指明自己就是客体自身，另一方面也来规定它的存在方式，即是说，也来认识自己就是本体；但这是不可能的，因为内在的经验性直观是感性的，它仅限于提供现象的材料（Data），而这种现象材料丝毫无助于认识纯粹意识之客体的那种已抽离出来的存在，只能有用于取得经验而已。

不过人们还可以假定，在将来某个时候，人们也许不是在经验里，而是在纯粹理性使用方面的某种（并非单纯的逻辑规则而是与我们的存在有关的）先天固定的规律中，会发现有促使我们在我们自己的存在问题上去把我们自己设定为具有立法权力并对这种存在具有规定作用的那样一种动因（Veranlassung），而这种动因将会展现出一种自发力，从而使我们的现实无需乎具备相应的经验性直观条件就会是可规定的；而且在这个时候我们将会领悟到，在有关我们的存在的意识里先天地就含有某种东西，它有鉴于某种内在的能力，能够帮助我们规定我们的通常只在感性上是可规定的那种存在，使之同一个非感性的（当然只是设想中的）世界联系起来。

但是，这种假定不会使唯理心理学里的种种企图前进哪怕最小的一步。因为，我固然会通过首先向我启示道德意识的那种奇妙的能力，获得一项规定我的存在的纯理智的原则，但我要通过

[纯理智原则的]哪些宾词[来规定我的存在]呢？只能通过我必须在感性直观中才能得到的那些宾词；于是，我在这里又重新陷入于我先前在唯理心理学里所处的情况，即我仍然需要种种感性的直观，以便为我所唯一赖以认识我自己的那些知性概念如实体、原因等等赋予以意义；但那些直观绝不能帮助我超出经验的领域之外去。不过，如就这些概念的那种总指向着经验对象的实践使用来说，我倒是有权按照其在理论使用中类似的意义把这些知性概念应用到自由和自由的主体上，因为，我只把这些概念理解为主词与宾词、根据与结论这样一些逻辑功能，而按照这些逻辑功能来规定[自由主体的]行为或功效，行为或功效就被规定得如此之符合那些[道德]规律，以至于道德规律，连同自然规律一起，统统都能按照实体与原因这些范畴来加以说明，虽然道德规律出自于完全另外一种原则。这一点我所以觉得应该说一说，主要只是为了防止误解，因为将我们的自我直观视为现象的那种学说很容易遭到误解，而且，这层意思人们在下文里还将有机会用得着。

*关于实体性的第一谬误推理

实体就是这样的东西：它的表象是我们的判断的绝对主体，因而不能被用为任何一个其他事物的规定。

我，作为一个思维者[或能思维的本质]，是我的一切可能判断的绝对主体，这个关于我自己的表象不能被用为随便哪一个其他事物的宾词。

---

* 自此处起直至本章结束，是二版中已被删去的一版里关于谬误推理部分的原文，附此可备参考。——译者注

因而我，作为思维者（心灵），乃是实体。

纯粹心理学第一误谬推理的批判

我们在先验逻辑学的分析部分里已经指明，纯粹的范畴（其中也包括实体范畴）自己本身（an sich selbest）都没有任何客观意义，除非它们是建立在一个直观上面的；只有以直观为基础，它们，作为综合统一的机能，才能被应用于该直观的杂多性状上。没有直观的杂多性状，它们都只是空无内容的判断机能。对于任何一般事物，我都能说它是实体，这是就我认为它有别于事物的种种宾词和规定而说的。在我们的一切思维中，我乃是这些思维的作为一些单纯规定所与之俱来或天然依附的那个主体，而这个我并不能被用为另外一个事物的规定。因而，每一个人都会必然地把自己本身视为实体，而把思维只视为实体的现实存在的一些偶性（Akzidenzen，属性），视为实体的状态的一些规定。

但这种关于实体的概念，我会如何使用它呢？从实体概念里，我们绝对不能推导出这一情况：我，作为一个思维者，对我自己而言是持续存在着的，既不生成也不消灭；但我的思维者的主体这一实体性概念，对于我之理会上述情况却大有用处，若不是有了上述情况（dass），我就完全可以无需乎这个实体概念的。

这些属性，人们要想从关于一个实体的纯粹范围里推导出来，是万万不能的；相反，如果我们想把可作经验性使用的一个实体概念应用到一个对象上，我们就必须把出自经验的一个给定对象的持存性提供为［推论的］基础。可是在我们的命题里我们并没设置任何经验以为其基础，毋宁是只从关系的概念出发推导出一切思维都与作为其共同主体的我有关系，都是与我俱来的。而且，假如我们直接把思维建立在经验上,我们也将不是通过任何可靠的观察而能说明这样一种持存性的。这是因为,我固然是在一切思想中;但我这个表象却并没联结着足以使自己有别于其他直观之对象的那种直观。因而人们固然能认识到这种表象在一切思维中总是一再出现,却不能认识到它是那些可变的思维更替于其中的一种持存不变的直观。

由此可见,先验心理学的第一个理性推理,当它以思维的常住不变的逻辑主体来混称我们已对那连同思维以俱来的实际主体有了什么认识的时候,它用以帮助我们的只不过是一种号称的新见解。关于这实际上的主体,我们没有也不能有任何知识;这是因为,意识乃是唯一使一切表象成为思想的那种东西,因而我们的一切知觉都必定出现在它这个先验主体里面,因而我们,除了知道它具有"我"的逻辑意义之外,对于作为我以及一切思想之支柱或根据的这个主体本身,是一无所知的,对它没有任何知识。不过同时,只要人们实事求是地承认,我们的这个概念仅限于表示一个理念里的并非实际上的实体,此外一步也不走得更远,或者说,它不会拿诡辩心灵学通常的论断中的任何一条,例如,心灵在千变万化之中甚至在人死以后永远持续不灭,等等,来进行说教,那人们就完全可以容许"心灵是实体"这一命题成立而且有效。

关于单一性的第二谬误推理

某物,凡其行动决不能被视为许多行动着的事物的[行动之]汇合(Konkurrenz)者,就是单一的。

现在,心灵,或者说,思维着的我,就是这样一种东西:因而,它是单一的,等等。

先验心理学第二谬误推理的批判

这是纯粹心理学的一切辩证推理中的阿基里斯*。它不像是独断论者为了使自己的主张具有蒙混一时的合理外表而假造出来的诡辩把戏,毋宁像是经常得住探讨者哪怕最严峻的考验和最深邃的疑虑的一种推理。下面就是这种推理。

每一个组合起来的实体都是许多实体的一个集合体,而一个集合体的行动,或者说,天然附属于一个集合体的东西,则是分属于众实体的那许多行动或许多偶性的一个集合体。诚然,许多行动着的实体汇集起来产生一个效用,这是可能的,只要这效用是外在的效用(比如,一个物体的运动,就是它的一切部分的联合运动)。但就思想来说,由于它是隶属于一个思维者的内在的偶性,情况就大不一样。因为,假定有一个集合体在思维,那就该是这集合体的每一个部分各含有一部分思想,然后由一切部分的思想汇总起来才成为整个的思想。可是事实上这是矛盾的。因为,分属于各个本质的那些表象(例如一个诗句的各个单词)绝对构成不了一整个思想(一个诗句),因而思想不能是天然附属于一个组合起来的东西亦即一个集合体的。于是,思想只可能是在一个实体里,而这个实体,不是许多实体的一个复合体,从而是绝对单一的①。

这个论证的所谓主要论据(nervus probandi)是在如下命题里:许多表象必定是包含在思维着的主体的绝对统一性里才能构

---

* Achilles 是荷马史诗中的强人,除脚后根一处而外,周身刀枪不入。——译者注

① 要赋予这个证明以通常的合乎推论规矩的严密性,那是很容易的。但对我的目的而言,单单摆出证明的根据,尽管是以通俗的方式,也足够了。——康德原注

成一项思想。但没有人能依据概念来证明这个命题。因为,他想从哪里开始来进行这个证明呢?命题是说:一项思想只能是思维者的绝对统一的效用,这个命题不能被认为是分析的。因为,由许多表象构成的那个思想,其统一性是集体的统一,而单按概念来说,它既能同参与其事的诸实体的集体统一(性)有关(像一个物体的运动是物体的一切部分的组合运动那样),也能同主体的绝对统一有关。因此,人们不能按同一性的原则看出,一个组合的思想,就有必须以单一的实体为先决条件的必然性。而同时,也没有人敢于保证自己单从概念出发就能综合地而且完全先天地认识到这同一个命题,只要他明白了我们上文所讲的那个先天综合命题之所以可能的根据。

但是,要从经验出发推导出这个必然的主体统一性,以作为每一个思想之所以可能的条件,那也是不可能的,因为经验并不展现任何必然性,更何况,绝对统一这个概念,远在经验的范围之外。那么,我们能从哪里取得这个全部心理学推理所依据的命题呢?

显而易见,如果人们想了解一个思维者,那就必须把自己放到这个思维者的位子上,也就是,必须用他自己的主体替换他想研究的那个客体(这种情况在其他种类的研究中是没有的),而且,我们所以要求一个思想须有主体的绝对统一性,是因为如不这样,就根本不能说:我思(我思的意思就是使杂多的东西处于一个表象之中)。这是因为,尽管整个的思想可以被分割开来并被分配给许多主体,可是主观的我却不能被分割和分配,这主观的我正是我们为一切思维[活动]预先设定的东西。

因此,在这里,像在前一个谬误推理里一样,统觉的形式命题

"我思",仍然是唯理心理学所以敢于扩大其知识的全部根据。统觉的形式命题固然不是经验的,而是统觉的形式,但统觉却依附于并先行于每一个经验的,虽说这所谓经验永远只是指一般的可能知识而言,因而统觉必须永远被看成可能知识的单纯主观条件,而且我们无权使主观条件变成为一项对象知识之所以可能的条件,亦即无权使之成为关于一般思维者的一个概念;因为除非我们把自己本身以及我们意识的形式放置于每一个其他思维者的位子上,设身处地,我们就不能了解这个思维者。

但是,我自己(作为心灵)的单一性实际上也不是从我思这个命题里推论出来的;毋宁说,我自己的单一性本已包含于每一个思想本身之中。我是单一的这一命题,必须被视为统觉的一种直接表现,如同笛卡尔的推论"我思,故我在"一样,事实上是一同语反复;因为"我思"即是"我是在思维",这直接就说出了"我在"这一现实。我是单一的,意思只不过是说:这个表象"我",本身不含有丝毫杂多,而且是个绝对的(虽然只是逻辑上的)一(Einheit)。

因此,如此著名的心理学证明,只是建立在一个表象的不可分割的统一性上的,而这个表象,如就一个人称来说,它所管辖的只是它的动词。但是很明显,那天然偕以俱来的主词,即使以依附于思想的[主体]我来加以标示,也只被标示为先验的[主体],并没因此指出它这主体的任何属性,或者说,根本没认识或知道有关它的任何东西。它意味着一个一般的某物(先验的主体),它的表象当然必定是单一的,因为人们在它那里没规定任何东西,那么毫无疑问,没有什么东西能被表象得比通过一个单纯某物的概念所表象的更为单一了。不过,一个主体的表象的单一性,并不是人们对主

A 355

体本身的单一性的一种认识,因为,当它[主体]只能由内容完全空洞的名词我(这个名词我可应用到每一个思维着的主体上)来加以标示的时候,它的属性已被完全抽掉了。

肯定无疑的是:我随时都能通过我而设想出主体的一种绝对的、纯属逻辑的单一性,但我并不因此而认识到我这个主体的现实的单一性。命题"我是实体"只意味着我不能具体地(在经验上)予以使用的那种纯粹范畴,同样,我也可以说:我是一个单纯实体,这就是说,这实体的表象绝对不是一个杂多的综合;但这个概念,或者说这个命题也一样,并不告诉我们关于我自己(作为一个经验对象)的一丝一毫的东西,因为实体概念本身只被使用来起综合的功能,它不具有当作基础的直观,从而也没有客体,而且它只适于充当我们的认识的条件,但不适于充当任何一个可以指称的对象。现在,我们想对这个命题的所谓可使用性进行一次试验。

任何人都必定承认,说心灵或灵魂具有单一性这一主张之所以有些价值,就在于我能借此把灵魂这个主体从一切物质那里区分出来,从而使它免遭一切物质都永远逃脱不掉的消灭厄运。其实,上述命题或主张所图谋的也完全是为了能作这种使用,所以,它有时也被表述为:灵魂不是有形体的。可是,既然我能指出:尽管人们可以在一个(基于纯粹范畴的)单纯理性判断的纯粹意义上容许这个唯理心理学头号命题(一切思维者都是单一的实体)具有全部客观有效性,而人们却仍然丝毫不能在判定灵魂与物质的相异或相似方面使用这个命题,那么,这种情况将无异于说:我仿佛已把这个所谓的心理学卓见放逐到全无客观使用实在性的那些理念的领域里去了。

我们已在先验感性论里无可辩驳地证明,物体只是我们外感官的单纯现象,不是事物自身(Ding an sich selbst)。据此,我们就能有权说:我们的思维主体不是有形体的,这也就是说,由于它被表象为我们的内感官的对象,所以它在进行思维时就不能是外感官的对象,不能是空间里的对象。而这无异于说:思维者本身永远不能出现于对我们而言的外在现象中间,或者说,我们不能外在地直观到思维者的思想、意识、欲望等等;因为,所有这些都是呈现给我们内感官的东西。事实上,这种论证显然也是非常自然非常通俗的论证,以至于智力最低劣的人似乎也从来就在使用它,因而很早就已开始把心灵看成与物体完全不同的东西。

但是,虽说广延,不可入性,凝聚和运动等等,总而言之,一切只能由外感官提供的东西,都不是思想、感性、欲望或决心,或者说,它们都不包含这类不是外在直观之对象的东西;但有这样一种东西,它构成着外在现象的根据,它刺激我们的感官使之获得关于时间、物质、形态等等的表象,这某种东西,当它被当作本体,或者更恰当些说,被当作先验对象看待的时候,却完全可以同时也是思想的主体,虽然我们通过我们的外感官受其刺激的那种方式所获得的直观,并不是关于表象、意志等等的直观,而只是关于空间及种种空间规定的直观。可是,这某种东西又不是有广延的,不是不可入的,不是组合起来的,因为所有这些宾词,即使在我们受到了这某种(特别是我们未认识的)客体的刺激时也只涉及感性和关于感性的直观。因此,这些名词根本不让人认识它这某物是哪样一种对象,毋宁只让人知道,它作为这样的某物,是与外感官没有关系而只就自己本身被看待的,因而外在现象的这些宾词对它根本

A 358

A 359 用不上。然而，内感官的宾词，如表象和思维，却同它不发生矛盾。因此，即使人们承认人类心灵的性质是单一的，这单一性也完全不足以把心灵同物质区别开，如果人们愿意把物质单纯视为现象而把心灵视为物质的支柱（Substrati）的话。

假如物质是一种本然之物（Ding an sich selbst）（或者说自在之物，再或者说事物自身），那它作为一种复合的东西就会与那作为一种单一的东西的心灵完全区别开来。但由于物质只是外部现象，而其支柱（支持体）又是不得通过任何可以指称的宾词加以认识的，因此，对于这个支持体，我完全可以承认：虽然它以其刺激我们感官的那种方式在我心中产生了有广延的东西以及复合的东西的直观，它本身却是单一的，我还可以承认：实体就其关系到我们的外感官而言，它带有展延性，就其自己本身而言，它拥有思想，而思想则是可以通过实体自己的内感官而由意识来予以表象的。这样一来，这同一个东西，就一种关系上说，是有形体的，就另一种关系上说，又会是一个思维者，我们虽然不能直观思维者的思想，但

A 360 却能直观思想在现象中的信号（Zeichen）。因此，说唯有心灵（特种的实体）能思维这一说法，就该站不住了；毋宁应该像通常那样地说：人在思维，这就是说，作为外部现象而具有展延的那同一个东西，内在地（就其自身而言）又是一个主体，它不是复合的，而是单一的，并且是在思维着。

但是，如果不作上述假设，事情会怎么样呢？人们就可一般地觉察到这一情况：如果我把心灵理解为一个思维者自身，那么如果我问心灵与物质（它并不是事物自身，而只是我们心中的一种表象）是否属于同一个种类这样的问题，就很不对头了；因为，一个事

物自己本身与只构成该事物的状态的那些规定之具有不同性质，乃是不言而喻的事。

假如我们不拿思维着的我去同物质相比较，而拿它与充当着（我们称之为物质的）外在现象之基础的那种可理解者（Intelligiblen）相比较，那么，由于我们对此可理解者一无所知，我们也就不能说：心灵同它在某个方面是内在地有所区别。

因此，即使我们的主体是凭自己的单一性质才有别于物质这一复合体的，但单一的意识却也不是对我们主体的单一性的认识。

如果说，单一性这个概念，在其唯一可以有用的地方，即，在自我与外在经验的对象对比的时候，丝毫无助于确定自我的本性之所以与众不同的独有特点，而人们竟可仍然认为自己知道思维着的我亦即心灵（这是专为内感官的先验对象用的一个名字）是单一的；那么由此可见，这个名词引申到现实对象上是一点用处也没有的，因而丝毫也不能扩展我们的知识。

这样，整个的唯理心理学连同它的主要支柱就垮台了。在这里如同在别处一样，我们不能希望，只通过概念（但更不能通过我们一切概念的单纯主观形式，意识），而不与可能经验发生关系，就能扩展我们的见识。尤其是，就连单一性这一基本概念也是这样一种概念，它是任何经验里都遇不到的东西，因此根本没有通往它，作为一个客观有效的概念，的道路。

关于人格性的第三谬误推理

凡在不同的时间里始终意识到它的自身（Selbst）是数目上同一的那种东西，就是一个人格。现在，心灵就是在不同的时间里意识其自身是数目上同一的那种东西。所以，心灵是一个人格。

先验心理学第三谬误推理的批判

如果我想通过经验来认识一个外在对象在数目的同一性（Identität），那我就要留意现象里作为主体的、与作为规定的其余一切现象关联着的那个常住不变的东西，并认出该常住不变的东西在其余一切现象变换更替于其中的那段时间里的同一性。可是，我是内感官的一个对象而一切时间都只是内感官的形式，其结果，我就是在一切时间里，即是说，在对我自身所作的内在直观的形式里，把先后对我连续进行的一切规定统统联系到数目上同一的自身（Selbst）上了。照这样说法，灵魂的人格性["灵魂是一个人格"这个命题]就根本说不上是推论出来的，毋宁必须被看成为关于时间里的自我意识的一个完全自身同一的命题了，而且这一点也就是该命题所以先天有效的原因。这是因为，实际上这个命题只不过是说，在我意识到我自己的这整段时间里，我意识到了这整段时间都属于我的自身的统一性；而且为此，不论我是说，这整段时间都存在于我里面亦即存在于个体的统一性里面，抑或说，我连同数目上的同一性都存在于这整段时间里面，其意思都是一样。

因此，人格的同一性是必然能在我自己的意识里碰到的。但如果我从另外一个人的观点来观察我（把我作为他的外部直观的对象），那么这个外在的观察者将首先在时间里考查我，因为在统觉里，时间真正说来只是被呈现在我里面的。可是这位外在观察者，他尽管承认我确实是连同完全的同一性伴随着我的意识里的属于一切时间的一切表象，但他从我出发，仍将推论不出我的自身的客观常住不灭性。这是因为，在这个时候，观察者把我放置于其中的那个时间,并不是在我自己的感性里所碰到的时间,而是在他的感性里所碰到的时间,因此,那同我的意识必然结合着的同一性,并没因之而同他的意识结合着,这就是说,并没同他对我的主体的外部直观结合着。

因此,我的自我意识在不同时间里的同一性,仅只是我的思想和思想关联的一个形式条件。根本不证明我的主体在数目上的同一性。因为在我的主体里,尽管含有我的逻辑上的同一性,却可能是发生了这样一种更替变换,这种变更一方面使主体不能保持住它的同一性,另一方面却让主体始终仍能享有我这同一个称号;而这称呼依旧的我呢,在任何一种其他情况下,甚至在主体已经变换了的时候,却仍能始终保存着先行的主体的思想,也能将此思想传给继起的主体①。

有些古代学派有一个命题说:一切都是流动的,世间没有东西是常住而不变的;这个命题,虽然人们承认实体之后就不能成立了,但它却不是被自我意识的统一性驳倒的。因为我们自己并不能依据我们的意识来判断我们作为心灵到底是不是常住不变的;这是因为,我们只把我们意识到的那种东西算作我们的同一的自

---

① 一个有弹性的球,在直线上撞击一个同样的球,把自己的整个运动连同它的整个状态(如果人们只注意它的空间位置的话)传给了后一个球。如果现在比照着这类物体假设一些实体,其中的一个把种种表象以及对表象的意识灌输给另一个,于是就令人想象出这样一整个系列的实体,它们中的第一个把自己的状态以及对状态的意识传给第二个,第二个把自己的状态连同前一个实体状态传给第三个,而第三个又将所有在先的实体的状态连同它自己的状态以及对它们的意识同样传递下去。最后的那个实体因而将会意识到在它之前已改变了的那个实体的一切状态,以之为它自己的状态,因为在它之前的那个实体连同意识一起都被转移给它了;可是尽管如此,最后的实体却不会就是那存在于这一切状态中的同一个人格。——康德原注

身,所以我们就理所当然地必定判定:在我们所意识到的这整个时间里我们都同是这些我们。但是如果站在一个外人的观点上,我们就还不能宣布这个判断为有效,因为,既然我们在心灵那里除了伴随着和结合着一切表象的那个表象我之外,看不到别的常住不变的现象,那我们就绝对不能断言,这个我(一个单纯的思想)一定不会像它使之一个个连接起来的其余那些思想一样也是流动的。

但值得注意的是,心灵的人格性及前提,常住性,乃至实体性,何以到现在才必须加以证明呢?这是因为,假如我们能够预先设定常住性,那么由此出发,虽然还不能推导出意识的持续性,但至少会推导出在一个常住的主体中会有一个持续的意识这样的可能性,而这一点对于证明人格性,已经是足够的了,因为人格性乃是不因其效用一时中断而自己就立即终止的那种东西。但是,这种常住性,在我们从同一的统觉里推论出我们的自我的数量上的同一性之前,我们是无从得到它的,毋宁相反,它是从自我的数的同一性里才推导出来的。(而且,假如事情发展正常,则那唯一可作经验性使用的实体性概念,一定是跟随在这个常住性之后才出现的。)现在,由于人格的同一性决不是从我的同一性(即,在我认识我自己的那一切时候的意识里我是同一的)里产生出来的,所以在上文我们也没能把心灵的实体性建立在这人格的同一性上。

可是同时,正如实体概念和单一性概念一样,人格性的概念也可以保留下来,只要这概念仅仅是先验的,也就是说,只要它是指称主体的统一性的;(对于主体,我们除知道它的种种规定是因统觉而连结在一起的之外,对它一无所知。)而且唯其如此,这个概念对于实践使用也是既必要又充足的;但我们永远不可再夸耀它,说什么纯粹理性使我们的自我认识扩大了,说什么同一的自我这一单纯概念向我们反映出了主体的一种连绵不断的持续存在;这是因为,这个概念总是围着自己兜圈子,并不帮助我们在任何有关综合知识的问题上有所前进。物质,作为一种事物自身,一种先验的客体,究竟是什么,我们诚然完全不知道;但它的常住性,因为表现为某种外部的东西,作为现象,却是可以被观察到的。但是,当我想在一切表象的交替变换之中观察"我"的时候,我没有别的可供我比较的相关项,有的,又是我自己,以及我的意识的一般条件;因此,对于一切问题,我能给予的回答只不过是些同语反复,因为我是用"我"的概念及其统一性,偷换了我自己作为客体才会具有的那些属性,我这是预先设定了人们要去知道的东西。

关于观念性的第四谬误推理

(关于外在关系的)

一种东西,如果它的存在(Dasein)只能是作为种种已有的知觉的一个原因而被推导出来的,它就只有一种可疑的存在(Existenz);

现在,一切外部的现象都属于这个类型:它们的存在(Dasein)不能直接被知觉,而只能作为已有的知觉的原因而被推导出来;

所以,一切外部感官对象的存在(Dasein)都是可疑的。这种不确定性我称之为外部现象的观念性,而关于这种观念性的学说叫作观念论(Idealism)①,与此相对比,主张外部感官对象具有一

---

① Idealism。当此词与唯物论相对比时,中文亦译为唯心论。——译者注

种可能的确定性的学说,称为二元论。

先验心理学的第四谬误推论的批判

首先让我们来考察前提。我们可以名正言顺地认定,唯独存在于我们自身中的东西才能被知觉,只有我自身的存在才能是单纯知觉的对象。因此,一个在我之外的现实对象的存在(这个"我"字是在理智的意义上使用的)决不是直接出于知觉之中,它毋宁只能是被联想附加给知觉(此处所说知觉,乃是指内在感知的一种变相)以作为知觉的外部原因,从而被推导出来。所以笛卡尔也不无理由地将最严格意义的一切知觉限制于命题"我是"上(这个我是一个思维着的主体[思维者])。因为很明显:外界的东西不在我之内,因而我不能在我的统觉里碰上它,从而也不能在知觉里碰上它,知觉本来只是统觉的规定嘛。

因此真正说来,我不能知觉外物,只能依据我的内部知觉推论出外物的存在,在这个时候我是把我的内部知觉看作效果,而某种外物则是它效果最切近的原因。但是,由一个已有效果去上溯一个特定原因的推论,从来是不可靠的;因为效果可以原出于一个以上的原因。因此,在知觉与其原因的关系方面,究竟这关系是内在的还是外在的,究竟一切所谓外部知觉是否仅仅是我们内感官的一种作用,或者,到底知觉是否同外在现实对象发生关系,以之为自己的原因,这些始终是有疑问的。至少,外在现实对象的存在仅仅是推论出来的,并且冒有招致一切推论都不可靠的危险。相反,内感官的对象(我自身以及我的一切表象)则是直接地被知觉,它的存在丝毫不容置疑。

因此,大家不可把观念论者理解为那样一种人,他否认感官的外界对象的存在;而应理解为这样的人,他只是不承认外在对象的存在可以通过直接知觉来认识,不过他又由此推论出:我们凭借一切可能经验也绝对不能完全确知外在对象的现实性。

那么在我按其骗人假象来陈述我们的谬误推理以前,我必须首先提到,人们有必要区别观念论的两个类型:先验的观念论和经验的观念论。但我把有关一切现象的先验观念论看成为这样一种学说,按照这种学说,我们把一切现象都看作是些单纯的表象,而不视之为事物自身(Dinge an sich selbst),因此时间和空间都只是我们直观的感性形式,而不是客体(作为事物自身)自己本来就有的两种规定或条件。同这种观念论相反的是一种先验实在论,它把时间和空间看成某种自在地(不依存于我们的感性)现成就有的东西。于是先验实在论者就把外界现象(如果人们承认外界现象有现实性)都想象为事物自身,它们不依赖我们和我们的感性而独立存在,因而按纯粹的知性概念来说,它们也就存在于我们之外。其实,这种先验实在论者后来就扮演了经验观念论者的角色,他们首先在感官对象方面错误地假定:既然它们是外在的,它们自己本身就无需乎感官也一定存在,然后他们按照这个观点就发现,我们感官的一切表象,都不足以使我们确知感官对象的现实性。

另一方面,先验观念论者也可以是经验实在论者,因而也可像人们称呼的那样是二元论者,这就是说,他们不必走出单纯自我意识以外去,不必在我的内部的表象的确定性之外,亦即不必在"我思,故我在"之外,假定更多的什么东西,就能承认物质的存在。这是因为,他们把这种物质乃至物质的内在可能性只当成离开我们的感性就什么也不是的那种现象,因此物质在他们那里仅仅是一种表象（直观），这些表象之所以叫作外在的，不是因为它们仿佛同其自己本身本为外在的那些对象联系着，而是因为它们使知觉同空间联系起来，一切东西在空间里都是相互外在的，但空间本身却在我们之内。

我们一开始就已声明我们赞同这种先验观念论。因此我们的学说毫无顾虑地以我们的单纯自我意识为证人，承认物质的存在；并以同样办法，宣布我自身，作为一个思维者，是已经证明了的。因为我毕竟是意识到我的表象的，于是我的表象以及具有这些表象的我，都存在着。但是，外在的对象（物体）都只是些现象，因而也只不过是我的一种表象；表象的对象只是凭着这些表象才是某种东西，离开它们就什么东西也不是。因此，外物之存在着正如我自己之存在着一样，都是靠我的自我意识来当直接证人，两者不同的只是，关于我自己的，亦即关于思维主体的表象，仅仅和内感官联系着，而指示有广延的东西的那些表象，则也同外感官相联系。我没有必要在外在对象的现实性方面进行推论，正如我无需乎在我的内感官对象（我的思想）的现实性方面进行推论一样，因为它们双方都不过是些表象，而表象的直接知觉（意识）同时也就是表象的现实性的一个充足证明。

因此先验观念论者也就是经验实在论者，承认物质作为现象具有一种不可推论而能直接被知觉的现实性。相反，先验实在论必然陷于窘境，眼看着不得不让位于经验观念论，因为它把外感官的对象看成与感官本身不同的东西，而把单纯现象看成某种独立存在于我们之外的东西；在这样的观点下，即使对于我们有关这些东西的表象我们有了最明晰的意识，究竟当表象存在时那与表象相对应的对象是否也就存在,那也还是远远不确定的疑问。相反,在我们的体系里,这些外物亦即物质,不管具有什么形态和什么变相,不外乎是些单纯现象,也就是说,只不过是在我们之内的表象,而这表象的现实性我们是能直接意识到的。

现在,由于就我所知,一切信从经验观念论的心理学家都是先验实在论者,所以他们认为经验观念论极其重要,承认它是涉及人类理性不知如何对付的问题的一种理论,这乃是完全顺理成章的事。因为事实上,如果人们把外在现象看作种种表象,而这些表象又是由它们自己的对象,作为自在地存在于我们之外的事物,在我们之内起作用而产生的,那就谁也不能看出,人们除了通过由效果回溯原因的推论办法而外,如何还能认识这些外在事物的存在,而且即使通过推论,那么原因究竟是在我们之内还是在我们之外,也必然始终是个疑问。当然,人们还可退一步承认,某种在先验的意义下存在于我们之外的东西,是我们的外在直观的原因;但这某种东西并不是我们谈论物质的和物体的表象时所说的那种表象;因为这里表象只是现象,也就是说,只是任何时候只存在于我们之内的一种单纯表象,其现实性之依赖于直接意识,正如关于我自己的思想的意识之依赖于直接意识一样。先验的对象无论是内直观方面的,还是外直观方面的,总一样是未知的。但这里说的也不是先验的对象,而是经验性的对象,如果它呈现在空间里,就叫外在的对象,如果它只呈现于时间关系里,就叫内在的对象;而空间和时间两者都是只在我们之内才会遇到的。

同时,在我们之外这个词具有不可避免的歧义,它有时指某种独立于我们而存在的东西,即事物自身(或者说,自在之物),有时指某种单纯属于外在现象的东西,因此,为了消除在后一意义上这个概念的含混不清,(真正说来,心理学涉及我们外在直观的实在性的问题,就要从这后一意义来理解),我们愿将经验上的外在对象同先验意义上所说的外在对象区别出来,干脆称呼经验上外在的对象为:可在空间里遇见的事物。

空间和时间诚然都是先天的表象,它们早在我们感官的现实对象还没被感觉所规定之前,就已作为我们感性直观的形式与我们同在,以便能在上述那些感性关系之下呈现我们感官的现实对象。但是,这个物质的或实在的东西,这个在空间中被直观的某物,必然地以知觉为前提;如果没有这个显示空间里的东西的现实性的知觉。它是不能由任何想象力凭空制造出来的。因此,感觉乃是联结了这一种感性直观或那一种感性直观、然后标志出空间里的现实性或时间里的现实性的那种东西;一旦有了感觉(当感觉被应用到一般的对象而并不规定该对象时,就叫知觉);我们就能凭着感觉拥有的杂多内容在想象里编造出许多对象,而这些对象一到想象之外就没有任何空间里或时间里的经验性位置了。这种情况,无论对快乐和痛苦这些感觉来说,还是对颜色、温暖等等外在感觉来说,都是肯定无疑的。因此,我们为了能对感性直观的对象进行思维而需要的质料(Stoff),必定是通过知觉而后取得的。是这种知觉呈现或表象着空间里(这次,我们始终专就外直观来说)的某种现实的东西。因为第一,知觉所表象的是一个现实,正如,空间所表象的是一个并列存在的纯可能性;第二,这个现实是被呈现或被表象给外感官的,也就是说,是被表象于空间里的;第三,空间本身只不过是单纯表象,因而没有在空间里被表象的东西,就不能算是空间里现实的①。反之,凡在空间里有了的亦即已由知觉表象了的东西,也就是空间里现实的;因为假如不是在空间里现实地亦即直接地通过经验性直观而已有的东西,那它是不会被虚构出来的,因为人们根本不能先天地捏造直观的实在的东西。

因此,一切外在知觉都直接证明空间里的某种现实的东西,或者它毋宁就是现实的东西本身。在这个意义下,经验实在论是不容置疑的,这就是说,空间里某种现实的东西对应于我们的外在直观。诚然,空间本身,以及它的一切现象(作为表象),只存在于我们之内;但尽管如此,在这个空间里,实在的东西,或者说,其中一切外在直观对象的质料,却是现实地、全非出于虚构就有了的。而且也不可能说,在这个空间里会有(先验意义上的)随便什么在我们之外的东西,因为空间本身在我们的感性之外就没有了。因而最严格的观念论者也不能要求人们证明,有(严格意义上的)在我们之外的对象会与我们的知觉相对应。这是因为,假定真有这样的对象,那它也不能被表象被直观为是在我们之外的,因为这种对象是以空间为前提,而空间(作为一种单纯表象)里的实在的东西只不过是知觉本身。因此,现象之外的实在的东西,只在知觉里才是现实的,在任何其他方式下都不能现实的。

从知觉里能够产生出关于对象的知识,这要么是单凭想象的

---

① 人们必须好好注意这个貌似背理而实属正确的命题:在空间里除了已在那里表象了或呈现了的东西而外没有任何东西。因为空间本身只不过是表象[作用],当然在它那里存在的东西必定是包含在表象里的。而且在空间里除被现实地表象了的东西而外根本没有什么东西。一个必定令人惊异的命题是:一个事物只能存在于关于它自身的表象里,但这个命题在这里并没有什么不顺耳的地方,因为我们探讨的这些事物不是事物自身,而只是些现象,也就是说,只是些表象。——康德原注

作用，要么就是依靠经验。当然，在这个过程里，可能产生与对象不相对应的虚假表象。其中的虚假，有时可归之于想象的欺骗（如在梦里），有时可算作感官的错误（如在所谓错觉中）。为了避免这里面的假象，人们可采用这样一条原则：凡按经验性规律同一个知觉关联着的东西就是现实的。但是这种虚假，以及对此虚假的防范，既关涉到观念论，也关涉到二元论，因为这里所涉及的只是经验的形式。对于经验观念论，作为在我们的外在知觉的客观实在性方面的一种错误疑虑，要进行驳斥，下面这些论点就足够了：首先，外在知觉直接证明了空间里的一种现实性，而这个空间虽然本身只是表象的单纯形式，但对一切外在现象（它们也不是别的，只是些单纯的表象）而言，却具有客观实在性；再说，没有知觉，即使要虚构和做梦，也是不可能的，所以我们的外感官，各按能够借以产生经验的那些质料，都有自己在空间里对应着的现实对象。

　　独断的观念论者是那些否定物质存在的人，怀疑的观念论者则是怀疑物质存在的人，因为他们认为物质存在是不可证明的。独断的观念论者之所以只能否定，是因为他们相信看到了在一般物质的可能性方面存在着矛盾；关于这一点我们现在还无需去探讨，而且综论各种辩证推理的下一节，也将帮助解决这一难题，因为下一节将就理性在有关经验关联的东西的可能性上所形成的种种概念来论述理性的内在矛盾。怀疑的观念论者们，专门攻击我们的主张的根据，并宣称我们自信有直接知觉为根据的那些有关物质存在的游说词是论据不足；可是他们在一定意义上却是人类理性的一批益友，因为比如说，他们迫使我们对普通经验迈出的哪怕最小的一步也睁大眼睛看看，不让我们把也许只是我们骗取来的东西立即当成合法获得的东西纳入我们的财富。这些观念论的构思,在这里带来的效益,现在是一目了然了。它们强迫我们以至如此地步:除非我们甘愿在我们最无关紧要的主张里也陷于困境,否则我们就必须把一切知觉,不论叫内在的也好,叫外在的也好,统统看作是对附着在我们的感性上的那种东西的一种意识,并且必须不把知觉的外在对象看作是些自在之物(或者说,事物自身),毋宁看作是些如同任何其他表象一样能被我们直接意识到的表象。至于这些表象所以叫外在的,那是因为它们所附着的乃是我们称之为外感官的那种感官;外感官的直观是空间,但空间本身却不是什么别的,只是一个样式的内在表象,在这样的内在表象里面有某些知觉在互相联结着的,如此而已。

如果我们把外在对象当成事物自身,那么,要理解我们如何会认识到在我们之外的它[外在对象]的现实性,就绝对不可能了,因为我们是完全以在我们之内的表象为基础的。这是因为我们毕竟不能感觉在我们之外的,而只能感觉在我们之内的东西,而整个自我意识所提供的只不过是关于我们自己的种种规定,于是,怀疑的观念论就迫使我们奔向仍然向我们敞开大门的安全港,求助于一切现象的观念性;而观念性这一论点,我们早在先验感觉论里,并没联系着我们当时尚未能预见到的现在这些后果,就已迳直提了出来。如果现在有人问,是否因此之故在心灵学里就只会有二元论了,答曰:是! 但此处所谓二元论,只是在经验性的意义下理解的;这就是说,在经验的关联中,物质,作为现象里的实体,是实实在在地呈现给外感官的,正如思维着的"我",同样作为现象里的实体,是实实在在地呈现给了内感官的;而且这内外两方面的现象,

A 379

也必定是按规则,即,按实体范畴引进到外在知觉的以及内在知觉的关联之中去以便使之形成经验的那些规则,已经互相联结着的。但是,假如人们像惯常做过的那样要扩大二元论这个概念,想以先验的意义来理解它,那么,无论这二元论,还是与它对立的一个方面唯灵论或另一方面唯物论,就都没有丝毫根据了,因为在扩大概念的时候人们就把概念的规定搞错了,把对象(它们自身是什么,人们始终不知道)的表象方式的差别当成了这些对象自身的差别。由内感官呈现[或表象]在时间里的"我",与在我之外的空间里的对象,两者固然是各别的*完全不同的现象,但它们并不因此就能被认为是完全不同的事物。充当外在现象的以及内在直观之根据的那个先验的客体,既不是物质自身,也不是思维者自身,毋宁是提供关于物质以及关于思维者的经验性概念的那些现象的一个未为我们所知的根据。

如果我们现在像当前这段批判所明显要求我们要做的那样,继续信守前面确定的规则,不将问题扯得更远,而只限于探讨可能经验所能向我们提供的那种经验的客体[或对象],那我们就根本不会让自己梦想要超越到我们感官的对象以外,去探讨我们感官对象自己本身,亦即去探讨它们不与感官发生关系时所是的那种东西了。但如果心理学家把种种现象当成事物自身,他当然可以作为唯物论者单将物质当作自在地存在着的物,也可以作为唯心论者单将思维者当作自在地存在着的物,或者作为二元论者兼将

---

* 此乃按第一版的译出。第二版 spezifisch(各别的)改为 skeptisch(可疑的)。——译者注

两者都当作自在地存在着的物,接纳到自己的学说里去;可是,这样一来,他就被这个误解纠缠住了,永远要去穿凿附会地说明本非物之自身毋宁只是一般所说的物之现象的那种东西如何会自在地存在着。

就上述谬误推理综论纯粹心理学

如果我们拿心灵学(Seelenlehre),作为内感官的生理学,来同物体学(Körperlehre),作为研究外感官对象的科学,进行比较,我们就发现,两者除了都有许多东西能从经验上加以认识外,却还有值得注意的区别,这就是:在物体学里有许多东西可以先天地、从一种有广延而不可入的东西的单纯概念出发来认识,但在心灵学里,从一种进行思维的东西的概念出发,就不能先天地综合地认识任何东西。原因在这里:虽然两者都是现象,外感官面对的现象却有某种不变的或持存的东西,这持存的东西能给变动不居的种种规定提供一个作为它们的根据的基体,亦即一个综合概念,具体言之那就是,一个关于空间和空间中的一个现象的综合概念;至于时间,它是我们内在直观的唯一形式,没有持存不变的东西,从而只让人认识种种规定的变动更替,并不让人认识可加以规定的对象。这是因为,在我们称之为心灵的那种东西里,一切一切都在不断流转之中,没有常住不变的东西,假如人们执意要找出一个的话,那么这唯一不变的东西应该就是单一的我,至于这个我所以是单一的,那是因为这个表象没有内容,也就是,没有杂多,因而它显得好像是在表象着,或者更确切点说,标志着一个单一的客体。这样说来,这个我就必须是这样一种直观,这种直观由于是在进行一般思维时(在一切经验之先)被预先设定的,就作为先天的直观,提供种种综合命题,以便在假如真有可能时,使一种有关一般思维者本性的纯粹理性知识得以成立。但是这个我,既不是关于任何一个对象的概念,同样也不是对任何一个对象的直观,毋宁是意识的单纯形式,而这单纯形式的意识,伴随着两类表象,只在下述情况下,即只当直观里已有另外某种东西为一个有关某一对象的表象提供了质料时,才能抬高这些表象使之成为知识。[而这另外某物是没有的],因此,整个唯理心理学,作为一门力图超越人类理性一切能力的科学,就垮台了;我们也就没有别事可做了,只能沿着经验指出的路线去研究我们的心灵,并且严守界限,不让问题越出于能以可能的内在经验来解释自己的内容的那个界限以外去。

可是,唯理心理学虽然对扩大知识没有用处,尤其是它本身完全是由谬误推理组成的,但如果它仅仅算是对我们辩证推理的、也就是,对通常的自然的人类理性的一种批判考察,那人们就不能否认它有一种重要的消极用处。

A 383　　那么我们为什么需要一门单纯建立在理性原理上的心理学呢?毫无疑问,主要是想要在唯物论的危险面前保全我们的思维主体(denkendes Selbst)。但这个任务却要靠我们提出的那个有关我们的思维主体的理性概念来完成。假如有人以为按照我们提出的概念,有某些恐惧会继续存在,怕物质被取消了,一切思维活动乃至思维者的存在也跟着被取消了,那是大错而特错的,而且那反而更清楚地表明,假如我丢掉思维着的主体,则整个物体世界必定随之消失,因为物体世界只不过是我们主体的感性里的现象和我们主体的种种表象的一类而已。

我承认,通过我提出的关于思维主体的概念,我并没从属性方面对这个思维着的自我有什么更好的认识,我也不能看出它的持存性,甚至也不能看出它是离开那也许会有的外在现象的先验基体而独立存在的,因为先验的基体同思维着的主体一样,对我而言是未知的东西。但虽然如此,我却有可能出于思辨理由以外的别的原因而抱有希望,希望我们的思维主体会在我的现实状态的一切可能变换中保持一个不变的独立存在。在这种情况下,如果我在坦率承认我自己无知的同时,能够击退一个思辨对手的独断性攻击,并能告诉他,在我的主体的性质方面,他决不能知道比我知道的更多,决不能在我坚持我的希望时硬说我的希望没有可能性,那么如果这样,我的收获就已经很大很大了。

于今,从我们心理学概念的这种先验假象产生出来的辩证问题还有三个。这三个问题构成唯理心理学的真正目标,并只能由上述的探讨来作出答案,它们是:(1)关于心灵与一个有机体交互作用(Gemeinschaft)的可能性问题,也就是在人的一生中动物性与心灵状态的交互作用问题;(2)关于这种交互作用的开端问题,亦即关于人诞生时和诞生前的心灵问题;(3)关于这种交互作用的终止问题,亦即关于人死时和死后的心灵问题(灵魂不灭的问题)。

现在我坚持认为,人们相信是在这些问题上所遇见的那一切困难,以及人们在夸耀自己对事物本性拥有超越常识的深刻见解而被视为独断的异议时所遭遇的那些困难,统统是基于一种单纯的幻想(Blendwerk)。基于这种幻想,人们才将只存在于思想里的东西加以实体化,把这种性质的东西当成一种在思维主体之外的现实对象;换句话说,由于这种幻想,人们才把本身只是现象的那种广延，当成即使没有我们的感性也持续存在的外物的一种属性，并把运动当成即使在我们的感官之外也自在地现实地运行着的外物的一种作用。这是因为，物质，它与心灵交互协作的问题虽曾引起那么巨大的疑问，它本身却只不过是一种单纯形式，或者说，只是通过我们称之为外感官的那种直观以呈现一种未为人知的对象时出现的一种特定的表象方式。因此，尽管完全可以有在我们之外的某种东西，它与我们称之为外物的这种现象相对应；但它以这同样的性质或身份，作为现象，并不存在于我们之外，毋宁只作为一个思想存在于我们之内，虽然这个思想会通过上述的外感官被表象为在我们之外。物质、亦即外物，因而，并不意味着一种与内感官的对象（心灵）性质迥异的实体，毋宁只是对那些（自身未为我们所知的）对象的不同显现方式而已，为了与我们认为属于内感官的那些表象相区别，它们的表象我们称之为外感官的表象；虽然这些外感官的表象，也同一切其余的思想一样，只属于思维主体，但它们本身却有令人迷惑的东西，这就是，它们所表象的是空间里的对象，因为它们自己仿佛离开心灵而浮游于心灵之外了，其实，即使它们在其中受到了直观的那个空间，也只不过是一种表象，而这种表象的对应物（Gegenbild），以同样的性质或身份是决不能出现于心灵之外的。现在，问题已不再是心灵与别的在我们之外的已知的和外来的实体相联结的问题，毋宁只是内感官的表象与我们的外在感性的种种变相表象的结合问题，以及这些表象如何在一项经验里按固定规律联系起来的问题了。

当我们将内在现象和外在现象合在一起当成经验里的单纯表象时，我们并不觉得有什么于理不合的地方，也发现不到什么使两种感官的联结(Gemeinschaft)格格不入的东西。然而一旦我们将外在现象当成实实在在的东西,不再当成表象,而视之为既有存在于我们之内的性质、又独立存在于我们之外的那些物(Dinge),并且将它们当作互有关系的现象所显示出来的那些行动(Handlungen)联系到我们的思维主体上,那我们就立即发现,在我们之外起实际作用的那些原因有了一种与它们在我们之内产生的效果互不协调的性格。因为,原因只联结于外感官,而效果则联结着内感官,两者虽然在一个主体里联结在一起,那是极为不同的。因为在我们之外,我们除了位置改变而外没有别的外在效果,除了以产生空间关系为其效果的那些单纯努力而外没有别的力量。但在我们之内,效果都是思想,在思想之间没有位置上的关系,没有运动,没有形态或别的一般空间规定,于是我们在本该显示出内感官里的原因的那些效果身上完全丧失了可以找出原因的线索。但是,我们应该考虑到,呈现在我们面前的那些对象,本身并不是物体,毋宁只是谁也不知其为何物的那种未知对象;运动并不是这些未知原因的效果,毋宁只是它们对我们感官所施加的影响的现象;因而物质和运动两者都不是在我们之外的某种东西,毋宁都是在我们之内的单纯表象;因此,并非在我们之内的物质的运动产生了表象,毋宁是,运动自身(还有物质,物质是由于运动才成为可知的)乃是单纯的表象。于是整个自己制造的困难就终于汇结为如下的问题:是如何和由于哪样的原因,我们的感性里的表象竟能这样互相联结以至于我们称为外在直观的那些直观能够按经验性规律被呈现为在我之外的对象的呢?那么,哪样的问题才根本不含有难以用存在于我们之外的完全异质的有效原因去解释表

A 387

象的起源这样误以为真的困难呢？其实困难就在于我们把一种未为人知的原因的现象当成了在我们之外的原因。而这样做的唯一结局只能是引起混乱。在由于长期习惯而形成了根深蒂固的误解的一些判断里，要想将误解立即纠正得像在没有这类不可避免的错觉来混淆概念的其他事例里所能要求的那样一目了然，那是不可能的。因此，我们的这项使理性摆脱诡辩理论的解放工作，肯定唯以达到足使理性充分满意的那样明晰程度。

我相信，下述论述方式将能促进这种明晰性。

所有的非议共可分为独断的、批判的和怀疑的三类。独断的非议是针对某一命题的驳辩，批判的非议是针对一个命题的证明的驳辩。独断的非议需要对于对象的性状有一种深邃见解，以便提出与原命题对该对象所提主张相反的主张，因而这种非论本身是独断的，并自命在上述对象的性状方面比对方知道的更好。批判的非议根本不需要更充分地认识对象，或者说，无需对对象有更充分的认识，因为它不问命题有无价值，只驳斥证明；它只指明命题的主张无根据，并不表示该主张不正确。怀疑的非议则将命题和反命题一视同仁地互相对立起来，一时认为这一方面是教条，另一方面是对教条的反驳；一时认为另一方面是教条，这一方面是对教条的反驳；因而从外表上看，它对相反的双方的态度都是教条的或独断的，为的是完全去除对对象所作的一切判断。教条的非议，以及怀疑的非议也一样，两者都必须表明它们对自己的对象拥有很多的洞见，足以对该对象的某种东西作肯定的或否定的主张。但批判的非议是另外一种，由于它仅限于表明人们为了自己的主张的缘故而假定下来的东西是无根据的纯杜撰的，所以它在推翻某一理论时使用的办法是:抽掉该理论所僭称的基础,而不在对象的性状方面另提任何主张。

现在,在我们的思维主体与我们之外的事物之间的联结问题上,我们的态度如按我们理性的普通概念来说是独断的,因为我们把这种联结视为不依赖于我们而独立存在的真实的对象;而且我们是按照某种先验二元论这么办的,先验二元论不认为上述外在的现象是隶属于主体的表象,毋宁把表象以及给我们提供表象的那种感性直观,都当作客体,放置于我们之外,使这同思维主体完全隔离开来。现在,这种依伪妄事实作出的推断(Subreption),成了有关心灵与肉体之间的联结的一切理论的基础;从来没有人考问过,这些现象的客观实在性是否完全正确,毋宁把这些现象当成确认了的东西设定为前提条件,然后专门在如何说明它们、理解它们的方式方法上绞尽脑汁,穿凿附会。于今在这个问题上设计出来而且有实际说明可能的体系,通常是下列三种:物理影响说,预定和谐说和超自然参与说。

A 390

后两种说明心灵和物质的联结的体系是立足于对第一种说明的非难上的,第一种说明代表常识的想法,而它们则认为,那作为物质而出现的东西不能凭它的直接影响而成为表象这样一种性质迥异效果的原因。但这样一来,它们就不能将物质这一概念同它们理解为外感官的对象的那种东西联结起来了,因为,物质只不过是现象,从而其自身本来就是由某些外在对象造成的单纯表象,而如果它们能将两者联系起来,那它们说什么外在对象的表象(即,现象)不能是我们内心里的表象的外在原因,就该是一种毫无意义的非难了,因为没有人会忽发奇想,要把自己一度已经承认为单纯表象的东西当作一种外在原因。于是它们后两种体系就必须按照我们的原则将它们的理论表述为：我们的外感官的真正的（先验的）对象不能是我们在物质的名义下所理解的那些表象（现象）的原因。而由于没有人能有根据地说自己在我们外感官的表象的先验原因方面有所认识，所以它们的主张是毫无根据的。但是，物理影响说的所谓改进派先生们，假如想按先验二元论的通常想法，视一般物质为一种物之自身（而不视之为一种未为人知的物的单纯现象），并将他自己的非议集中于表示：这样一种外在对象，既然除了运动的因果作用而外再没有别的因果作用，就永远不能是表象的形成原因，毋宁一定有一个第三本质插入于其间，使〔外在对象与表象〕两者之间出现了如果说不是交互作用至少也是对应与和谐；而如果他们这样做了，那说明他们从自己开始驳辩的时候起就接受了他们的二元论里的物理影响说的根本谬妄，因而他们的驳辩，与其说反驳了物理影响说，倒不如说反驳了他们自己的二元论的前提条件。这是因为，思维者与物质的联结所遇到的一切难题都毫无例外地产生于偷运进来的上述那个二元论的想法：即物质本身不是现象，不是内心里的与某一未为人知的对象相对应的那种单纯表象，而是不靠任何感性而独立存在于我们之外那样的对象自身。

因此，人们不能提出任何独断的非议，以反驳通常流行的物质影响说。因为物质影响说的反对者如果承认物质及其运动是些单纯的现象，因此本身只是些表象，那他就很难或根本不能说我们感性方面的未知对象不能是我们之内的表象的原因；他没有丝毫理由这么说，是因为没有人能确定一个未知的对象能做什么或不能做什么。但是，如果他不想公开地将表象加以实体化，不把它们移到他自己以外去，当成真正的[外]物，那他就必须，按我们上述的证明，必然地承认这个先验的观念论。

不过人们可以提出一种有根据的批判的非议来反驳通常意义下的物理影响说。通常所说的在能思维的和有广延的两种实体之间的那种联结，乃是建立在一种粗率的二元论上的，它将后一种有广延的实体，其实只不过是思维主体的单位纯表象，当成了独立自存的外物。因此，一旦人们揭穿了论证物理影响的根据是莫须有的和不正当的，则这种误以为真的物理影响也就可以完全化为泡影。

因此，有关能思维者与有广延者的联结的那个声名狼藉的问题，如果抽去人们虚构的东西，就只归结为这样一点：外在的直观，亦即空间的直观（其中充满了空间形态和运动），如何在一个一般思维主体里面是可能的？回答这个问题，对任何人说都是不可能的，人们永远不能填补起我们知识里的这个断缝，毋宁只能这样地标志出这个断缝，即，将种种外在现象归因于一个先验的对象，说它是这类外在表象的原因，而我们对这先验对象既一无所知也毫无概念。在经验的领域里，不论遇到什么任务，我们总把上述[外在]现象当作自在的对象来处理，并不关心它们（作为现象）所以可能的最初根据。但如果我们超出经验领域以外去，那就必须有一个先验对象的概念了。

以上是就能思维的本质与有广延的本质之间的联结所进行的种种反思（Erinnerungen）。思维本质在这种联结开始之前（出生前）的状态如何以及在这种联结终止之后（死亡后）的状态如何所

A 393

引起的一切争执或非议,都要直接依据这些反思来解决[或者说,它们的解决乃是这些反思的直接后果]。因此之故,认为思维主体在它与物体联结之前就已能够思维的那种主张,现在就该换成这样的说法:当空间里的某物所赖以显现于我们面前的那类感性尚未起始之前,现在正作为物体而显现着的这同一些先验对象已经就以别的方式受到了直观。另外,认为心灵在它同物体世界的一切联结都停止之后还能继续思维的那种主张,现在就该以这样的方式来表述:当先验的和现时完全未为人知的对象所赖以显现为物质世界的那类感性停止了的时候,还不是对这些先验对象的一切直观也都因此就停止,而且同是这些未为人知的对象完全可能继续被思维主体认识着,当然不再是作为物体而被认识的。

诚然,没有人能为这样一种出于思辨原理的主张提供一丝一毫的根据,甚至也不能论证这种主张的可能性,毋宁只是假定之而已;但同样,也没有人能提出任何有效的独断的反驳意见。这是因为,不管他是谁,他和我或任何别人一样,不能知道外在的物体的种种现象都以什么为其绝对的内在的原因。因此他也没有理由表明他知道种种外在现象的实在性(Wirklichkeit)在现时状态下(在人活着的时候)是以什么为根据,从而也不能表明自己知道一切外在直观的条件亦即思维主体本身在现时状态之后(在人死了的时候)就会终止。

于是可以说,有关我们思维者的性质以及有关思维者与物体世界之联结的性质的一切争论,都只是人们在其一无所知的地方以理性的谬误推理填补了知识断缝所带来的后果;由于人们将自己的思维实体化了,使之成为实实在在的事物,这就既在他们所肯定的方面也在他们所否定的方面产生出了虚构的科学；于是每一个人若不是在任何人都对之毫无概念的那些对象上自以为知道了某些东西，就是把自己的表象当作对象看待，从此就永远在一个暧昧和矛盾的圆圈上打转转。没有别的办法，唯有一种严峻然而公正的批判所特有的清醒冷静，才能把人从这种迷人的幻境中解放出来，这幻境曾以幻想出来的巧言令色使不知多少人沉溺于学说和体系之中而不能自拔；这样一种批判，是将我们思辨的一切权利要求统统限制在可能经验的领域之内，而且这样做的时候既不依靠对反复失败的尝试进行薄情的讥讽，也不依靠对我们理性的局限性发出温情的慨叹，毋宁是依靠那按可靠的原理为这些权利要求作出的界限划定；这种批判把自己带有最大可信赖性的"不得更远"（nihil ulterius）这一禁条，张贴在自然本身所竖立的海枯立斯[①]巨柱上，以昭示我们的理性只可继续航行到经验海岸一直延伸所及的地方为止；我们不能离开经验海岸，一离开就一定闯入茫无涯际的大洋，那里有层出不穷的迷人景观诱人追求，但最终我们不得不绝望地放弃一切艰辛而乏味的徒劳。

* * *　　* * *　　* * *

至此为止，我们很抱歉，一直还没给纯粹理性谬误推论中种种先验的却又自然的假象作一个明晰而概括的阐释，也还没为我们何以将这些谬误推论按照范畴表的顺序作了系统安排而提出理由说明。在本节的开头，我们没能做到这一点，那是因为担心做了会造成晦涩难懂，而且，抢先插话也有些不成体统。现在，我们愿意

[①]　Herkulische，是希腊神话中古希腊勇士。

努力来履行这一义务。

人们可以将一切假象之发生都归结为：思维的主观条件被当成了有关客体的知识。另外，我们在先验辩证论的引论里已经指出，纯粹理性是只同一个给定的有条件者所需的种种条件的综合之全体打交道的，那么，纯粹理性的辩证假象既然不能是经验性的假象，即，不能是任何出现于某一特定的经验性和知识中的经验性假象，因而它就将是关涉着思维的众多条件所共有的那普遍的东西，而且纯粹理性的辩证使用将只有三种情况：

1. 一般思维的条件的综合。
2. 经验性思维的条件的综合。
3. 纯粹思维的条件的综合。

在所有这三种情况下，纯粹理性都只与这些条件综合的绝对全体，也就是说，只与自身没有条件的那个条件打交道。辩证使用上的这种划分也就是先验假象的三重性的根据，这就使得辩证论分成三大部分，并使纯粹理性产生出三种貌似的科学：先验心理学，先验宇宙论和先验神学。我们在这里只涉及其中第一种。

由于我们在一般地思维时，已把思想与任何一个（无论是感官的或是纯粹知性的）客体的关系都抽除掉了，所以一个一般思维的众条件的综合（指上述第一种情况下的），决不是客观的综合，毋宁只是一种思想与主体的综合，但这个主体却被错误地当成了一个关于某一客体的综合性表象。

但由此仍然可见，当辩证地推论出，一切一般思维都有个本身并无条件的条件时，这辩证的推理并没在内容上犯错误（因为它已抽除一切内容或客体），倒不如说，它只在形式上犯了错误，它该被叫作谬误推理。

再者,由于伴随着一切思维的唯一条件、"我",是在"我思"这个普遍命题里面的,所以理性必须与之打交道的"我"这个条件,本身总是无条件的。但"我"这个条件,只不过是我已从其中抽除了一切对象的那每个思想的形式条件,亦即其逻辑统一,可是虽然如此,它却被表象为我所思维的一个对象,也就是,被表象为"我"自己以及"我"的无条件统一。

假如有人一般地向我提问:一个能思维的东西具有些什么样的性状?那我是丝毫也不能先天地知道如何回答这个问题的,因为答案应该是综合的(这是因为,一个分析性答案也许会很好地说明思维本身,但它对这个思维何以会有出现的可能性,其根据何在,则提供不出任何进一步的知识)。然而任何综合性答案都要求有直观,可是直观已在如此高度普遍的问题中被完全排除了。同样,也没有人能回答下列这个具有普遍性的问题:能移动的东西必须是哪样的一种东西?因为,在提出能移动的东西时并没提出具有不可入性的广延(物质)。可是,虽然我不知道如何普遍地一般地回答上述问题,但我却觉得,在个别情况下,在"我思"这个表示自我意识的命题里,我能够作出回答。因为我能说,这个"我"乃是第一主体,也就是,实体,它是单一的,等等。但是当我这样回答时,我所说的笃定都是些完全得自经验的经验性命题,而如无一种普遍的规则来指明一般地先天地进行思维之所以可能的条件,这些经验性命题就决不会包含那一类的、非经验性的宾词。这样一来,起初我就一个能思维者的性质提出的挺像那么回事的看法,当然那是完全依据概念来判断的,于今我觉得很成疑问了,尽管我还

A 399

尚未发现该看法到底错在哪里。

不过,只要我们进一步追溯我给"我"这个一般思维者所列举的这些属性的起源,错误之所在也就不难找到。这些属性不是什么别的,都是些纯粹范畴,我决不能通过它们来思维一个特定的对象,而只通过它们来思维众表象的统一,以便规定众表象的一个对象。单只范畴自己,没有直观作为其基础,并不能给我提供任何有关对象的概念;因为,我只有通过直观先有了对象,然后,才按照范畴来思维该对象。如果我宣称一个事物是现象界里的一个实体,那我就必须事先就已有了关于该事物的直观的种种宾词,然后就这些宾词我从变动不居的东西那里区别出这常住不易的东西,并从仅仅依附的东西那里区别出这自存着的基体(Substratum)(事物自身)(Ding selbst)。如果我称呼一个事物为在现象界里单一的东西,那我的这样称呼就意味着,关于那个事物的直观固然是现象界的一个部分,但该事物自身却是不可分为部分的,等等。可是,如果我所认识的某个事物只在概念里是单一的,而非在现象界里是单一的,那么通过这一认识,实际上我根本就没认识到对象,毋宁只认识了我自己心中就一个不可真正加以直观的事物所构成起来的一般概念。所以我只说:我所思维的某个事物是完全单一的,因为我除了知道有某个事物存在着之外,实在不知道还有更多的什么可说。

现在,我们知道,单纯的统觉(我)是概念里的实体,是概念里的单一的东西,等等,而且,上述那一切心理学定理(Lehrsätze)都因而具有其无可争辩的正确性。然而尽管知道了这一些,人们却并没认识到他们真想知道的有关灵魂的那些东西,因为,这一切宾词都完全不能适用于直观,从而也不能产生可被应用于经验对象的任何后果,因此它们完全是空的。这是因为,有关实体的那个概念并没告诉我,灵魂自身是持续存在着的,也没告诉我,灵魂是种种外在直观的一个组成部分而本身并不能再被分割为部分,因而不能因自然界的任何改变而生成或毁灭;而这些才是灵魂的真正属性,它们才会使灵魂在经验关联中能被我认识,并会在灵魂的起源与归宿问题上给我提供启发。但是,如果我现在就凭着单纯的范畴来说:灵魂是一种单一的实体,那么,这就显而易见,有关实体的这赤裸裸的知性概念,并没包含任何更多的东西,而仅只表示了这么一点要求,即,它这样的一种事物,作为主词自身,应该被设想为不会又是另一事物之宾词的那种东西,因此,从"灵魂是一种单一的实体"这句话里推论不出任何有关常住性或永存性(Beharrlichkeit)的意思,而"单一的"这个附加词当然决不能给灵魂添加上这种常住性或永存性,所以,人们听了我的那句话之后,丝毫也不会多懂得在世间事物变换不居的同时究竟灵魂会有个什么样的遭遇。假如有人能够对我们说,灵魂是物质的一种单一的部分,那我们就能结合着经验在灵魂方面所教导的,从这个命题里推论出灵魂的常住性,以及,和单一的性质联系在一起的,灵魂的不朽性。但是,关于这一点,"我"的概念,在"我思"那个心理学原理里,一个字也没对我们说。

不过,在我们的内部进行着思维的那种东西,总以为它是通过纯粹范畴,特别是通过各类范畴中表现绝对统一的那些纯粹范畴而认识它自己本身的,而它所以这样以为,其原由乃如下所说。统觉本身是范畴之所以可能的根据,至于众范畴,它们则只表象着纷

A 401

繁众多的直观的综合,只要纷繁众多直观在统觉里本是统一的就行。因此,一般而言的自我意识,乃是作为一切统一性之条件的、本身却并无条件的那种东西的表象。因此,对于这种能思维的我(也就是,灵魂;它把自己认识为实体,为单一的东西,为时间中数目上同一的东西,并认识自己为一切其他存在物都必须从中推论出来的那个一切存在物之相关项(Correlatum)),人们就能说,它其实并非通过范畴以认识自己,而是在统觉的绝对统一中,亦即通过自己本身以认识范畴,并通过范畴以认识一切对象。那么现在,道理确实已经昭然若揭:为了一般地认识客体而不得不预先设定的那种东西,我不能把它作为客体来认识;而且,能规定的自我(Selbst)(思维),其不同于可被规定的自我(思维主体),正如知识之不同于对象是一样的。然而,世上还有什么东西,比起把思想的综合中的统一当成该思想的主体中的一种被知觉到的统一的这种假象,更为自然更令人信以为真的呢?这种假象人们可以称之为实体化了的意识的故意歪曲(Subreption, apperceptionis substantiatae)。

如果有人要给唯理心理学的辩证推论中的那种具有正确前提的谬误推理奉赠个逻辑头衔的话,那么这种推理的谬误就能算得上是一种中词混用(sophisma figurae dictionis),因为在这种推理中,大前提由于着眼于范畴的条件就将范畴作了一种单纯的先验使用,但小前提和结论,则由于着眼于该条件所包摄的那个灵魂,又把这同一个范畴作了经验性使用。所以,比如,关于实体性*的

---

* 此词原文为"单一性,Simplizität",依 Adiekes 教改为"Substantialität"。——译者注

谬误推理中的实体概念,是一个纯粹理智的概念,它由于没有感性直观,只能作先验的使用,也就是说,它根本不能作任何使用。但在小前提里,这同一个概念被应用到一切内部经验的对象上,却并没预先设定它被具体应用的条件,亦即并没预先设定它的常住性或永存性以为它被应用的根据,因而,它,这同一个概念,就被作了一种经验性的、但在这里却不可允许的使用。

为了最后在一个纯粹的理性大关联里,能指明一门强词夺理的灵魂学的这一切诡辩主张(dialektische Behauptungen)的系统关联,并表明它们的完整无缺,人们就应注意:统觉要通过一切种类的范畴才得以运转起来,但它的实地展现却只关联着自存性(Subsistenz)、实在性、单一性(不是众多性)和现存性(Existenz)这四个知性概念,因为这四者各在每一类的范畴中充当着该类其余[两个]范畴所以能在一个可能知觉中统一起来的根据;不过在这里,理性把所有这四者都设想为一个能思维者之所以成为可能的一些本身无条件的条件。于是,灵魂认识到它自身是:

1. 关系的无条件统一,即它认识到,它自身不是依附的,而是自存的。

2. 质的无条件统一,即它认识到,它不是一个实在的完整的东西,而是单一的①。

3. 时间中众多的无条件统一,即它认识到,它并非在不同时间里有数目上的不同,而是在不同时间里总是一,并且总是同一个

---

① 在这里,单一的东西又如何与实在性范畴相对应,我现在还不能说明。这在下一章里,当这同一概念被作另外一种理性使用时,将会收到论证。——康德原注

主体。

4. 空间中存在的无条件统一,即它认识到,它不是对于在它之外的众多事物的意识,而只是对它自身的存在的意识,但对其他事物的意识,则只是对它的众表象的意识。

理性是原理的能力。纯粹心理学的种种主张或命题并不包含什么有关灵魂的经验性宾词,倒不如说,如果包含的话,含有的也只是这样一些宾词,它们应该是不靠经验,亦即单凭理性,来规定对象自身的;而且,它们必定是公公平平地都以有关一般思维者(denkende Natur)的原理和普遍概念为根据的。可是实际上并非如此,情况反是这样:有一个个别表象"我思"*,在统治着所有这些宾词;"我思",由于它是(不确定地)表示我的一切经验的一个纯粹公式,就宣称自己是适用于一切思维者的一个普遍命题;而这个命题虽然号称是普遍的,但从一切观点上看却是个别的,于是"我思"就带来了它是一般思维的种种条件的一个绝对的统一这样的假象;而凭着这个假象,它就把自己扩展到比可能经验所能达到的更为广大的范围里去。

第二章 纯粹理性的二律背反

在本书这一部分的引论中我们已经指出:纯粹理性的先验假象都来源于辩证的推论,而辩证推论的图式则是在三种形式的三段推理中由逻辑提供的,这差不多就像范畴都是在一切判断的四种功能中得到它们的逻辑图式一样。这些强合于理性的推论的第

---

* 原文是 Ich bin(我在),应系 Ich denke 之误。——译者注

一种类型，相应于以大前提为原理来表述一个宾词与一个主词的关系的定言推理，探讨的是一切表象的主观条件(主体或心灵)的无条件统一。辩证论证的第二类型，类似于假言推理，以现象中的客观条件的无条件统一作为自己的内容，同样，下章我们要讨论的第三类型，也是以一般所谓对象之所以可能的客观条件的无条件统一为其论题的。

但值得注意的是：先验的谬误推理所制造的是在我们思维主体的观念方面的一种纯然片面的假象(Schein)，而在支持对立面的主张方面则不会从理性概念中产生出一丝一毫的幻相。因此，虽然先验的谬误推理具有不能否认的天生缺陷，即在批判的烈火考验中不管它有什么样对它有利的幻相它自己会彻底化为泡影，但它的好处却是完全在灵物论(Pneumatismus)一边。

当我们将理性应用到现象的客观综合上，情况就大不一样了。在这里，理性企图使它的无条件统一原理连同许多幻相成为有效的，但一这样做，就立即陷入种种矛盾，以至于它不得不在宇宙论方面放弃它的要求。

这里出现了人类理性的一个新现象，这就是，一种完全自然而然的反题(Antithetik)。对这种反题人们用不着去苦心挖掘，也不必人为地设置什么圈套，毋宁是理性自发地而且不可避免地就陷入其中。通过这种反题，理性固然防止了由纯属片面的幻相引起的那种自以为是的信念所造成的麻痹，但同时也受到引诱，或者自暴自弃，由怀疑而绝望，或者刚愎自用，蛮横反对某些主张而不去公正地倾听对方的理由。这两种态度都是健康哲学的死亡，虽然前一种死亡至多还可名之为纯粹理性的无疾而终。

在我们考察因纯粹理性的这种规律间矛盾(二律背反)引起的分裂和混乱之前，我们想先进行一些讨论，以便能够阐释辨明我们处理我们的对象时所用的方法。我将一切先验的观念，凡涉及现象的综合(Synthesis)中的绝对完全的，统统叫作世界概念，这部分地恰是因为这个无条件绝对完全的缘故，因为其本身只是一个观念的那个世界整体(Weltganze)的概念，也是以绝对完全为根据的；部分地是因为，它们(这些世界概念)都只关涉到现象的综合，从而只关涉到经验性的综合，而相反，一切可能事物的条件的综合中的绝对完全则将产生出一种纯粹理性的理想，此理想虽与世界概念有联系却是和它完全不同的。因此，如同纯粹理性的谬误推论给辩证心理学奠定了基础一样，纯粹理性的二律背反给一种号称纯粹的(合理的)宇宙论展示了先验原理，不过并非为了证明该宇宙论是有效的以便采纳之，毋宁是像理性的矛盾这个名称早已揭示的那样，要依据该宇宙论令人眼花缭乱然而纯属虚假的幻相，来指明它是一种不能与现象相一致的观念。

第 1 节　宇宙论观念的体系

为了能按一条原理的系统精确性列举出这些观念，我们必须首先注意，只有知性是能产生纯粹而先验的概念的，理性真正说来不产生任何概念，至多也只使知性概念从一个可能经验所必不可免的限制中解脱出来，进而试图将此概念扩展到经验性事物的界限以外去，虽然它仍和经验性事物结合着。这种情况所以发生，乃是因为，理性要求一个给定的有条件者在条件(即知性把一切现象都归属于其下的那些综合统一的条件)方面无一缺少，绝对完全，并由此而使范畴成为先验的观念,以便让那继续前进直至止于无条件者(这无条件者从来不见于经验中,毋宁只存在于观念中)的经验性综合取得绝对完全性。理性提出这个要求乃是根据这样的原理:如果有条件者是给定了的,则条件的总和,连同那唯一曾使有条件者成为可能的绝对无条件者也是给定了的。于是,第一,先验观念真正说来都将不是别的,只是扩展到了无条件者的那些范畴,而且这些观念将可被纳入按范畴的项目编排起来的一张图表里。但是第二,又并非一切范畴都合乎这样使用,合用的毋宁只是综合所据以构成一个系列的那些范畴,而这一系列乃是与一个有条件者有关的互相从属(而非彼此并列)的条件的系列。绝对的完全性,只在涉及一个给定有条件者的条件的上升系列时,才为理性所要求,因而无论对于后果的下降系列或是对于与这些后果有关的并列条件的集团,理性都不要求它们具有绝对完全性。因为,就给定的有条件者来说,条件都是已经预设了的,而且与有条件者一起也被看作是给定的。相反,由于后果并不使它们的条件成为可能。毋宁是预设它们的条件,所以人们在后果的前进中,或在从给定条件向有条件者的下降中,可以不关心系列是否停止;一般说来,关于系列的完全性问题,根本不是理性的预设。

A 410

B 437

　　这样,人们就必然地把到目前为止完全流逝了的一段时间也设想为给定了的(虽然它不是可由我们规定的)。但谈到未来的时间,由于它不是到达现时的条件,所以在理解现时的时候,不论我们如何去设想未来的时间,是让它在某一点上停住,还是让它长流不息以至无穷,都是完全不相干的。现在假设有一个 m、n、o 系列,其中的 n 被给定为因 m 这个条件而产生的有条件者,但同时又被给定为 o 的条件；这个系列从有条件者 n 朝着 m(l、k、i 等)向上进行，又从条件 n 朝着有条件者 o(p、q、r 等)向下进行：在此情况下我就必须预设向上的系列，以便把 n 视为给定了的，而且按照理性对条件之完全性的要求，n 只是凭借那个向上系列才可能的；但 n 的可能性并不以后继系列 o、p、q、r 为依据，因而 o、p、q、r 这个后继系列也就不能被看作是被给定了的，毋宁只能看作是可被给定的。

我想把条件方面的一系列的综合，即从最近于给定现象的条件推向最远的条件的系列综合，叫作逆溯的综合，而把有条件者〔即受条件制约而产生的东西〕方面的从最近的后果推向最远的后果的那种系列综合，称为顺溯的综合。前者进行于前件(antecedentia)中，后者进行于后件(consequentia)中。因此，宇宙论的观念所争取寻求达到的是逆溯综合的完全，而且它们是在前件中进行，而不是在后件中进行。如果它们争取达到顺溯综合的完全，那就是一个任意的问题而不是纯粹理性的必然问题了，因为要想完全地掌握现象中给定了的东西，我们诚然需要根据，但并不需要后果。

现在，为了按照范畴表来编排观念表，首先让我们来看看我们一切直观的两个原始的量(quanta)，时间和空间。时间自身就是一个系列(而且是一切系列的形式条件)，因而在时间中，就一个既定的现时来说，作为其条件的前件(过去)是可以先天地同它的后件(未来)区别开的。因此，表示一个给定的有条件者的条件系列的绝对完全性的那个先验观念，就只涉及过去了的时间。按照理性的观念，作为一个给定瞬间的条件的那全部流逝了的时间，就必然地被思维为给定了的。但是谈到空间,它则在自身中并没有顺溯和逆溯的区别,因为它的各部分既然同时并存,它就是一个集团,而不是一个系列。当前的瞬间我只能看作是受过去时间所制约而成的有条件者,而决不能视为过去时间的条件,因为当前这一瞬间只是由于流逝了的时间(或更确切地说,由于先行时间的流逝)才出现的。但是,既然空间的各部分不是互相从属而是彼此并列的,那么一个部分就不能是另一部分之所以可能的条件,从而空间就不像时间那样自身就构成一个系列。不过,我们是通过众多的部分空间的综合而感知空间的,而这些部分空间的综合却是个连续的过程,它发生于时间之中,含有一个系列。而且,在汇集成为一个给定空间的众多部分空间(例如一丈里的各尺)的这个系列里,那些因着该给定空间被进一步联想而后加进去的部分空间,总是先前的诸部分空间之所以划分界限的条件,因此,对一个空间的测度也可以看作是对一个给定的有条件者的一种条件系列的综合;其不同只在于,条件所组成的方面同有条件者所隶属的那方面本身并没有区别,因而在空间里逆溯和顺溯就是同一回事。可是,一个部分空间固然不是由另一部分空间所给定,而只是由另一部分空间所限定,但只要这个被限定的部分空间预设了另一部分空间作为它的界限的条件,如此等等,那么我们就必须把每个被限定的空间也看作是受制约的有条件者。这样,从限定作用方面看,空间里的进程也是一种逆溯,关于条件系列里综合的绝对完全性的先验观念也适用于空间,从而我也能像在过去时间里寻求现象的绝对完全那样在空间里寻求现象的绝对完全。至于这种寻求是否可能有一个普遍的答案,我们留待以后讨论。

A 413
B 440

第二，空间里的实在就是这个样子，这就是说，它是物质，是一种受制约而成的有条件者，它的内在条件就是它的诸部分，其部分的部分都是它辽远的条件；于是这里出现了一种逆溯的综合，这综合的绝对完全乃是理性所要求的，而且并不依靠别的，单凭一种完全的分割就能出现；通过完全的分割，物质的实在性就消失得或者至于无有，或者成为不再是物质的东西，即单纯的东西。因此，这里也是有一个条件系列，而且是趋向于无条件者的。

第三，关于现象之间的实际关系的范畴，可以说，实体及其偶性的范畴并不适合于成为一个先验的观念；这就是说，理性没有了可据以向着条件逆溯的根据。这是因为，偶性既然都附着于同一个实体，它们就是彼此并列的，并不构成一个系列。再从偶性对实体的关系来看，它们也不真正是隶属于实体的，毋宁是实体自身的存在方式。于是在这里仍然可以像是一种先验理性的观念的那种东西，或许就是实质性的东西(Substantiale)这个概念了。可是实质性的东西这个概念所说的，无非是关于人们撇开其一切宾词而单单思维其先验主词时才会出现的那种一般而言的对象的概念，于是我们在这里谈论的就只是现象系列里的无条件者了，因此，显而易见，实质性的东西不能构成现象系列的一个环节。这层意思也同样适用于共同体(Gemeinschaft)中的各个实体，它们只是集合到一起来，没有哪一个具有一个系列成员的身份，因为它们并不是互相从属着来充当彼此之所以可能的条件；当然，这个话完全可以对各个空间来说，因为它们的界限从来不是自身划分而总是由别的空间确定的。于是，这里只还剩下因果范畴，它呈现出一个从原因到给定效果的系列，在这个系列里，人们能从作为有条件者的效果上升到作为条件的原因,以回答理性的提问或满足理性的要求。

第四,关于可能的东西、现实的东西和必然的东西等等概念,并不形成一个系列,除非是这样:存在着的偶然的东西必须永远都被看成是受条件制约而成的东西,并且按照知性的规则指出来一个条件,同时又必然地由这个条件指出一个更高的条件,直至理性最终在这个系列的完全体之中才找到无条件的(绝对的)必然性。

于是,如果人们要挑选出会在杂多事物的综合中自己必然形成一个系列的那样一些宇宙论观念,那就只有下列四个与四类范畴相对应的宇宙论观念。

1

包含一切现象的给定整体

在其组成上的绝对完全

2　　　　　　　　　　　3

现象中的一个给定整体　　一般现象在其发生上

在其分割上的绝对完全　　　的绝对完全

4

现象里可变的东西

在其存在的依附性上的

绝对完全

首先,在这里要注意的是,绝对完全这个观念只涉及现象的展现,因而与有关一般事物之整体的纯粹知性概念无关。现象在这里被看作给定了的,而理性所要求的是现象之所以可能的那些条件的绝对完全,如果这些条件构成一个系列的话,从而理性是要求一种绝对（即从一切方面说）完全的综合，以便现象可由此而按知性规律以展现。

其次要注意的是：在条件的这种循系列顺序而逆溯进行的综合中，理性所寻找的真正说来只是无条件者，仿佛也就是那些统统不与进一步预设其他前提的前提所构成的系列里的一种完全性。[因为]如果人们用想象来设想系列的绝对完全，则这个无条件者任何时候都是包含在系列的绝对完全之中的。可是这种绝对完全的综合又只是一个观念；因为人们至少预先不能知道在现象界里这样一种综合是否可能。如果人们撇开感性直观的条件而单靠纯粹知性概念来设想一切，那么人们就可直截了当地说：对一个给定的有条件者而言，其互相隶属的条件的整个系列也是给定了的；因为正是由于有了整个条件系列，有条件者才是给定了的。不过，在现象界里，人们又将遇到因条件如何成为给定的这个方式问题带来的一个特殊难题，这就是说条件之被给定，是靠对直观的杂多进行连续不断的逆溯综合，直至完完全全的地步，可是在感性领域里，这种完全究竟是否可能，却还是一个问题。但是，有关这种完全的观念，毕竟是理性里的东西，它有无可能性去合适地结合诸经验性的概念，那是可以不去管的。于是，由于无条件者是必然地包含于现象里杂多东西的逆溯综合（这逆溯综合是遵循这样一些范畴的引导进行的，这些范畴都把现象设想为一个从条件到给定有条件者的系列）的绝对全体之中的，而人们又可听任这个全体之能否和如何达到的问题悬而不决，因此，理性在这里就采取了从全体的观念出发的道路，尽管真正说来，理性的终极目的是要找到无条件者，不管是整个系列的无条件者也罢，还是系列的一个部分的无条件者也罢。

这个无条件者,人们可从两个观点来设想,或者,设想之为存在于整个系列里的,那就是说,系列里的一切环节都毫无例外地是有条件的,唯独系列的整体是绝对无条件的,这时,逆溯叫作无限的;或者,把绝对无条件者设想为只是系列的一个部分,系列的其余环节都隶属于这个部分,而这个部分本身并无任何其他条件①。在第一种情况下,上升的(a parte priori)系列是无边界(无开端)的,这就是说,是无限的,可是它虽然是整个给定了的,它里面的逆溯进程却是永远没终结的,从而只能在可能的意义上叫它做无限的。在第二种情况下,有一个系列第一环节,这第一环节,就流逝了的时间而言,叫作世界开端,就空间而言,叫作世界边界,就一个在其边界内被给定整体的部分而言,叫作单一者,就原因而言,叫作绝对的自身能动性(自由),就无常可变事物的存在而言,叫作绝对的自然必然性。

我们有两个名词:世界和自然,它们有时彼此通用。世界是指一切现象的数学上的总和以及现象的综合的全部,这全部既包括大的方面的综合也包括小的方面的综合,这就是说,无论通过组成而进行的现象综合还是通过分解而进行的现象综合统统包括在内。

---

① 从条件到一个给定的有条件者这个系列的绝对整体(Ganze)总是无条件的,因为在这系列之外再没有能使它成为有条件者的任何条件。不过,这样一个系列的这种绝对整体只是一个观念,或者更确切地说,只是一个有问题的概念,它的可能性问题,特别是,无条件者如何可以作为我们正在讨论的真正的先验观念而包含于这系列整体之中的方式问题,必须加以探讨。(手稿上没有标明注者)

但这同一个世界,如果被看作力学上的整体,那就叫作自然①,此时人们所重视的不是可构成一个数量的那种空间或时间里的集合,而是现象的当前存在中的统一。这样,已存事物的条件就叫原因,现象界里无条件的因果性就叫自由,相反,有条件的因果性就叫狭义的自然原因。一般存在中的有条件者称为偶然的,其无条件者称为必然的。现象的无条件必然性可以叫作自然必然性。

我们在前面已把这里所讨论的观念名为宇宙论的观念,这一方面是因为,所谓世界乃是指一切现象的全部,我们的观念也都是仅仅针对着现象里面的无条件者的;另一方面也是因为,世界这个词在先验的含义下是指全部现存事物的绝对全体,而我们所唯一注意的是综合的完全(虽然真正说来只是在向条件逆溯中达到的完全)。如果人们考虑到,除此而外这些观念全都是超验的,而且它们按其本性虽然并不超越对象,亦即现象,毋宁仅仅涉及感觉世界,而不及于本体,但它们却驱使综合一直上升到一个超越一切可能经验的地步,那么,我认为人们可以完全恰当地称它们为世界概念。考虑到数学上的无条件者和力学上的无条件者的区别,这是逆溯的目的所在,我想把前二者称为狭义的(宏观世界和微观世界的)世界概念,而将其余二者称为超验的自然概念。这种区别现在还没有特别的重要性,但以后会重要起来。

---

① 自然,被当作形容词(形式地)使用时,意味着一个事物的种种规定之按内在因果原则的关联。相反,作为实体词(质料地)理解时,自然就是因内在因果原则而彻底关联着的那些现象的总体。在前一意义下,人们说的是流动物质例如火等等的自然本性,是只为形容来使用这个词的;相反,当人说到自然的事物时,他想的是一个现存着的整体。(手稿上没有标明注者)

第 2 节　纯粹理性的反题

如果正题是指任何一宗独断的论点,则按我的理解,反题并不是反对方面的一些独断的主张,毋宁是指外表上明显独断的知识之间的(正对反,thesin cum antithesi)矛盾,而且其任一方不比另一方具有要求优先得到承认的权利。反题根本不处理片面主张,毋宁专门就知识的矛盾及其原因来探讨普遍的理性知识。先验的反题是一项关于纯粹理性的二律背反及其原因和结果的研究。如果我们应用我们的理性时不限于将知性原理使用于经验对象上,而冒然将知性原理扩展到经验对象的界限以外去,那就会出现一些强词夺理的论点,它们在经验中既无被证实的希望,也无被驳倒的担忧,其中任何一方不仅就其自身来说没有矛盾,甚至在理性的本性中还找得到它所以必然成立的条件,可是不幸的是,它的对方也拥有支持它那方面主张的同样有效而必然的根据。

于是,随着这样一种纯粹理性的辩证,自然地就出现这些问题:1.在哪些命题下,纯粹理性才会真正不可避免地陷于一种二律背反? 2.这种二律背反是基于哪些原因? 3.理性在这种矛盾下是否以及怎么样还能保有一条通往确定性的途径?

一项纯粹理性的辩证论点,必定含有两个有别于一切诡辩命题的特点。首先,它所讨论的问题,不是人们为了某种主观意图而随便提出来的武断问题,而是人类理性在其前进过程中必然会遇到的问题。第二,它,以及与它相反的论点,从外观上看,没有一经识破即行消失的那种纯属人为造作出来的样子,相反,它俨然具有一种确实是自然而然的并是无可避免的气派;它的这种外观,在人们不再受其欺骗的时候,虽已骗不了人,却还继续起迷惑作用,因而即使可被弄成无害的,但决不能予以根除。

这样一种辩证的学说[或论点],将并不涉及经验概念里的知性统一,而只涉及单纯观念里的理性统一;由于这种辩证学说作为按规则而形成的综合,固然首先要符合于知性,但作为综合的绝对统一,却同时要符合于理性,因此当它对理性统一合适时,它的条件对知性而言将是太大,当它对知性合适时,它的条件对理性而言又太小了;于是,从这里就必定产生出一种不管人们怎么折腾也避免不掉的矛盾。

于是这些牵强附会迎合理性的主张,就开辟了一个辩证的战场,在这个战场上,获准采取攻势的一方,总处于优势,而只被迫从事防守的那一方,一定失败。因此,骁勇的骑士们,不管他们为之战斗的事业是善还是恶,只要他们注意保住进行最后攻击的特权,而非只许抵抗敌方的新突袭,则他们准能赢得胜利的桂冠。人们不难想见,这个角力场上自来就是战斗频仍,以至双方都曾有过许多胜利,但为了决定事业成败的最后胜利,人们总是处心积虑,使对手不得重新拿起武器,以确保为善良事业而战的一方战士能单独掌握战场。但我们,作为公正的仲裁人,必须把战士们为之而战的事业的好坏问题搁置一边,让他们在自己中间自行了结他们的争端。也许在他们尚未两败俱伤却已精疲力竭之后,他们自己会认清他们的争论的无谓,从而作为朋友各自走开。

旁观一场争论,或者更确切地说,自己挑起一场争论的这种方法,不是为了最终判定哪一方对或哪一方不对,而为了研究一下,他们争论的对象会不会只是这样一种幻象,每一方都在枉费心机地捕捉这种幻象,然而即使毫无阻碍地得到了它,谁也不能赢得任何东西；这种办法，我说，人们可以名之为怀疑方法。它完全不同于怀疑主义。怀疑主义是技术上和科学上无知的一种学说，它挖掉一切知识的基础，以便尽可能不让任何地方还留有知识的可靠性和稳固性。至于怀疑的方法，则是力图在双方都认真对待而又以理服人的这样一场争论中，发现误会之点，从而达到确定性；这就像贤明的立法者要从处理讼案的法官们的困惑中吸取教训，以认清自己所立法律中还有哪些缺点哪些不够明确的地方一样。在法律的应用中暴露出来的二律背反，就我们受了限制的智慧而言，乃是对立法工作最好的考验，足以提醒那在抽象思辨时不易觉察自己所犯错误的理性，去多注意其原则规定中的环节。

但是，这种怀疑方法本质上只是先验哲学所特有的，在一切其他研究领域里都勉强可以缺少它，唯独在先验哲学里不能。在数学里若用这个方法就是荒谬的了，因为数学里没有任何错误论点能隐藏得看不出来，因为数学的证明必须总在纯粹直观的指引下通过总是自明的综合来进行。在实验哲学里，一种造成进度迁延的怀疑，确实很有用处，但至少不可能有那种不易被消除的误解，而且最终在经验里必定存在着迟早会被找到的那种消除分歧的最后手段。道德［哲学］至少能在可能的经验里提供它那些也很具体的全部原理以及实际后果，从而避免因抽象而引起的误解。相反，先验的论点，由于都自诩是超出一切可能经验领域的洞见，因而它们的情况就是这样：一方面，它们的抽象综合不是能在任何一种先天直观里提供的，另一方面，它们引起的误解也不是能凭任何一项经验来发现的。这样一来，先验的理性就没有任何其他办法可让人检验，唯一的试金石是进行试验，看看它提出的种种论点

[或主张]能否协调统一;当然,在此之前,要让这些先验论点在自己之间进行自由自在无滞无碍的争辩(论)。那么现在,我们就将这种争辩(论)挨个地例举出来①。

先验观念的第一个争辩

正 题	反 题
世界在时间上有一个开端,就空间来说,也是封闭在边界里的。 证明 　这是因为,如果人们假定,世界没有时间上的开端,那么,在到达任何一个瞬间或时点之前,一个永恒的时间已过完了,那么,由世界上前后接连着的万物状态所形成的一个无限系列,就是已经关闭了。但是,一个系列的无限性正在于由前后连接着的综合所形成的该系列是永远不能完成的,所以,一个无限的完结了的世界系列是不可能的,由此可见,世界的开端乃是世界存在的一个必要条件;这是要证明的第一点。	世界没有开端也没有空间上的边界,世界在时间和空间上都是无限的。 证明 　这是因为人们说,世界有一个开端。所谓开端乃是这样一种存在,在这种存在的前面行进着的时间里是没有任何事物的。因此,就必定有一个不含有世界的时间亦即空的时间在先过了。但是,在一个空的时间里没有任何事物可能发生,因为这样一种时间的任何一部分,都不会在其他部分之前先就拥有无论非存在的或[能发生]存在的任何决定性条件*(不论这条件是由自身还是由别的原因产生的)。因此,世界上许多

---

　① 各二律背反出现的先后是按照上述先验观念的顺序。(手稿上没有标明注者)
　* 原文 vor 一词不通,疑是康德笔误。Erdmann 版改 Vor 为 Für;Valentiner 版改 Vor 为 vor denen;Smith 英译,译为 nother than,皆费解。译者认为 vor 是 or 之误,本译文依 or 译出,文意通顺。——译者注

(续表)

正　题	反　题
关于第二点，人们又假设了一个对立看法，说，世界是同时存在着的事物所构成的一个给定的整体。可是，一个并非在任何一种直观的某个界限之内被给定的量①，它的大小我们没有别的办法思考，只能通过它的各部分的综合来思考，而且这样一种量的全体或总和，也只能通过完满结束了的综合或通过反复地给它添加单位［以至圆满完成］来加以思考②。因此，要把充满一切空间的那个世界视为一个整体，就必须把一个无限世界的各部分的综合看作是完成了的，这就是说，在从头到尾点清一切共存事物时一个无限的时间必须被看作已过完了；这是不可能的。因此，一个无限的现实事物集合体不能被看成	事物系列固然都可有开端，但世界本身不能有开端，由此可见，就过去了的时间而言，世界是无限的。 关于第二点，人们一开始就假定一个相反的看法，说，世界在空间上是有限的、受限制的；照这样说，世界就是处于一个无边无际的空的空间里了。假如这样，就不仅存在着事物在空间中关系，而且也存在着事物对空间的关系。但是，既然世界是一个绝对的全体，在世界之外没有直观的对象，从而也没有这个世界与之发生关系的对应者，那么世界对空的空间的关系也就是世界对无对象的关系。然而，这样一种关系，以及空的空间对世界的限制，就等于零；因而就空间来说，世界是完全无限制的，这就是说，

A 428
B 456

A 429
B 457

---

① 我们可以把一个不确定的量，如果这个量是封闭在边界里的，视为一个整体，而不必通过计算亦即通过其各部分的连续综合来构成这个量的总体。这是因为，边界已经规定了完全性，因为边界把更多的一切东西都切除了。——康德原注

② 在这个事例中，总体概念只不过是对总体的各部分进行了完全综合的一种说法。因为，既然不能从总体的直观得到总体的概念，(这在这个事例中是不可能的)，那么我们就只能通过对其各个部分的综合直至对无限多的综合圆满完成(至少在观念里)来把握这个总体概念。——康德原注

（续表）

正　题	反　题
一个给定的整体，也不能被看成同时给定的。由此可见，一个世界就其广延而言不是无限的，而是封闭在空间广延的边界之内的。这是第二点。	世界在广延上的无限的①。

第一个二律背反的注释

对正题的注释	对反题的注释
在这些互相矛盾着的论证中，我没有制造迷惑，以便进行所谓辩护律师式的证明，律师们的办法是利用对方的疏忽来取得自己的胜利，他们先听任对方有效地援引一条被误解了的法律，以便在反驳这条法律时乘势提出自己的非法权利要求。我们上文的每一个证明，	证明给定的世界系列和世界全体具有无限性的论据是：如情况相反，就必须有一个空的时间和一个空的空间来构成世界的边界。我不是不知道，有人为了反对这个结论想出了种种办法（出路），自称即使不假设世界开端之前有一个绝对时间，或不假定一个扩展到现实世界

---

① 空间只是外部直观的形式（形式直观），不是可以在外地直观到的现实对象。空间，在事物规定（填充或限制）它之前，或者说在事物把适合它的形式的一种经验性直观提供给它之前，它作为绝对的空间，只不过是外部现象的单纯可能性，如果这些外部现象能够或者自己存在或者附加于给定现象上的话。因此，经验性直观并不是由现象和（知觉的和空直观的）空间组合而成的。现象和空间在综合里不是互为对应物，它们只是作为直观的质料和形式在同一个经验性直观里结合着。如果人们把两者拆开（把空间置于一切现象之外），那就产生出外部直观的各种各样空规定，却不是可能的知觉。例如，在无限的空的空间里，世界的动和静，乃是两者关系的一种永远不能被知觉的空规定，因而也是一种纯思想事物的宾词。——康德原注

(续表)

对正题的注释	对反题的注释
都是产生于所争论问题的本性的,丝毫也没有利用双方独断论者的错误结论所可能向我们提供的方便或优势。 　　我本来也可以依照独断论者惯用的办法,预先提出关于一个给定量的无限性的一个颇有漏洞的概念,来从外表上证明正题。比如先说,一个数量,如果不可能有任何比它更大的数量,亦即没有任何比它所包含的单位的数目更多的数量,那它就是无限的。而实际上没有任何数量是最大的,因为任何数量总还可再添加上一个或多个单位。因此,一个无限的给定数量是不可能的,从而一个无限的世界(无论就流逝的系列来说还是就广延来说)也是不可能的,它乃是从两方面受了限制的。我本来就可能这样地进行证明。但是上述概念不符合于人们用以理解无限整体的那个概念。	之前有一个扩展到现实世界之外的绝对空间(这是不可能的),说世界在时间上和空间上有边界,也完全是可能的。我对莱布尼茨学派哲学家这种见解的后一部分是非常满意的。空间只是外部直观的形式,不是可加以外在直观的现实对象,它不是现象的对应者,而是现象本身的形式。空间绝对地(单就它自身而言)不是能对事物的存在有所规定的东西,因为空间根本不是对象,而只是对象所以以可能的形式。因而事物,作为现象,诚然在规定着空间,这就是说,事物确实在使空间的一切可能宾词(大小和关系)中的这一个或那一个宾词隶属于现实;但反过来,空间作为某种独立的东西,在大小上或形状上,都不能规定事物的现实性,因为它本身不是现实的东西。因而一个空间(不管它是满的还是空的)①,

---

① 显而易见,这里要说的是:空的空间,就其以现象为界限而言,以及世界之内的空间也一样,至少同先验的原理不相矛盾;在这个意义下,空的空间可以姑予承认,虽然它的可能性并不能因此立即得到肯定。——康德原注

(续表)

对正题的注释	对反题的注释	
一个无限的整体,并非通过它是多么大来设想的,因而它的概念也不是一个最大量的概念;通过它是多么大所思维的,毋宁只是它与一个随意选定的单位的关系,就这选定的单位而言,它大于一切数目而已。随着选定的单位之或大些或小些,无限的整体也就会或大些或小些;但整体的无限性,既然只表现于它与这给定单位的关系之中,那么通过关系,虽然整体的绝对大小根本不能认识,但整体的无限性却始终保持不变;至于整体的绝对大小,在这里本也就不是要探讨的问题。 　　真正的、亦即先验的无限性概念是这样的意识:一个量,如要予以全部计算清点,则对其所含单位之连续综合的清点是永远不能完成的①。由此得出的完全稳妥可靠的结论是:一直持续到一个给定时点(当前这个	诚然可以为现象所规定,但现象除了它们自己之外却不能为空的空间所界限。对于时间来说,情况亦复如此。可是,即使认可了这一切,无可争辩的仍然是,如果人们承认一个世界边界,无论空间上的还是时间上的,那就必须承认这样两个荒谬的东西:世界之外的空的空间和世界之前的空的时间。 　　人们在寻找狡猾手段以逃避这样的论断:如果世界(在时间上和空间上)有边界,则必定是无限的空虚在大小上规定着现实事物的存在;可是这样的手段,只不过是偷偷地引导人想到谁也不知道是什么的理智世界,而不去想感性世界,想到不以世界里任何其他条件为前提的一般存在而不去想最初的开端(最初的开端是这样一种存在,在它之前,有一个空无所有的	A 433 B 461

① 因此,这个量所包含的给定单位的数量比任何的数都大,而这就是数学上的无限性概念。——康德原注

（续表）

对正题的注释	对反题的注释
时点)的那些前后相续的现实状态所构成的一个永恒（时间），不能是已流完了的；由此可见，世界必定有一个开端。 　　关于正题的第二部分，这里不存在一个无限的却又已过完了的系列这样一种困难。因为一个广延上无限的世界里的众多东西，是同时给予了的。可是在思维这样一种数量的全体时，由于我们不能依靠这个全体自身在直观中构成的边界，我们就必须考虑借助我们的概念；而我们的概念，在这个事例中，不能是从整体起步，走向一定数量的部分，反而是整体的可能性必须由部分与部分的连续综合来证实。现在，这些综合既然必定会构成一个永远不能完成的系列，那么人们就不能在这些综合之前、从而也不能通过这些综合来思维一个全体。这是因为，在这个事例中，全体这一概念所表述的乃是各部分间的一个完成了的综合系列，而这种完成是不可能的，从而完成这一概念也是不可能的。	时间先行着)，想到世界整体的界限而不是去想广延的边界。而且就以这样的办法来避开时间和空间的问题。但是，这里谈的只是现象世界（mundus phaenomenon），还有它的大小，而在现象世界这里，除非抛弃它的本质，否则人们决不能抽掉上述的那些感性条件。感性世界，如果它有边界，它必然是处在无限的空虚之中。如果人们抛开这个无限的空虚，从而抛开作为现象之所以可能的先天条件的那个一般空间，整个的感性世界也就消失了。在我们所讨论的问题里，唯有感性世界是被给予我们了的。理智世界（mundus intelligibilis）只不过是一个一般世界的普通概念，在这个概念里，人们抽掉了对世界进行直观的一切条件，因此就这个概念来说，任何综合命题，不论肯定的还是否定的，都是不可能的。

先验观念的第二个争辩

正 题	反 题
世界上每一个复合实体都是由单一的部分所组成,任何地方除了单一的东西,或者由单一的东西组合而成的那种东西而外,别无他物。 证明 这是因为,如果人们假设,复合的实体都不是由单一的部分组成的;那么,假如从思想里去掉一切组合,那就没有任何组合而成的部分,也没有任何单一的部分(因为假设里就说没有单一的部分),从而就根本没有任何东西还存在着,当然实体也就不会是存在着的了。这样,下述情况就二者必居其一:要么不可能从思想里去掉一切组合,要么在取消组合以后一定还保存下来某些无需任何组合仍能独立存在的东西,亦即单一的东西。但在前一情况下,复合的东西仍然不是由实体组合而成的(因为组合,在实体那里,只是实体的一种偶然关系,实体没有这种关系必定作为独立特存的东西继续存在着)。现在,	世界上没有任何复合事物是由单一的部分组合而成,世界上任何地方也不存在什么单一的东西。 证明 姑且假定,一个复合物(作为实体)是由诸单一部分组成的。由于一切外部关系从而实体的任何组合,都只在空间中才是可能的,那么,复合物是由多少部分组成的,它所占据的空间也就必定是由多少部分组成的。现在,空间不是由单一的部分所组成,而是由诸空间所组成,于是复合物的每一部分必定占据一个空间。但一切复合物的绝对第一个部分是单一的,因而单一部分也占据一个空间。现在,由于每一个占据一个空间的实在事物都自身包含着一批互相外在的杂多的东西,从而是组合而成的,而且它作为一个实在的复合物,并非由偶性所组成(因为偶性都不能没有实体而互相外在),而是由实体组成的;因此,单一的东西就

（续表）

正　题	反　题
既然这种情况与前提矛盾，那就只剩下第二种情况，也就是说，世界上实质性的复合物是由单一的部分组合而成的。 　　从这里直接得出结论：世界上万事万物都是单一的东西，组合不过是它们的外部状态，虽然我们决不能将原素实体从这种结合状态中拆取出来、孤立出来，但理性却必须把原素实体当作一切组合的第一主体来考虑，从而当作组合之前的单一的东西来考虑。	该是一个实体性复合物了；而这是自相矛盾的。 　　反题的第二个命题，即世界上根本不存在什么单一的东西。这话在这里只不过意味着：绝对单一的东西的存在不能由（不论外部的还是内部的）经验或知觉来证实，因而绝对单一的东西乃是一个单纯的观念，它的客观实在性决不能在任何可能经验中得到证实，它不能用以说明现象，它没有对象。这是因为，如果我们承认，这种先验的观念可以找到一个经验的对象，那么，有关这样一个对象的经验性直观就必须被看成这样一种直观，它本身绝对不含有互相外在而又联为一体的那些杂多成分。现在，由于我们不能因为没意识到这些杂多成分就推论说这些杂多成分在一个客体*的某种直观中是完全不可能有的，而杂多成分之不可能，又对证明绝对单一性是

A 437
B 465

---

* 康德在此处将客体与对象通用。——译者注

(续表)

正　题	反　题
	完全必要的,因此可以断言:绝对单一性决不能从任何一种知觉中推论出来。那么既然任何一种可能经验都决不能提供诸如单一的客体之类的东西,而感性世界又必须被看成一切可能经验的总和,由此可见,感性世界里任何地方都没有什么单一的东西。 　　反题的第二个命题比第一个命题涉及的范围大得多,第一命题只是从复合物的直观中排除单一的东西,而第二命题则要从整个自然界消除单一的东西。因此第二命题也就不能凭(复合物的)外部直观的一个给定对象的概念来加以证明,而只能凭这种概念与一般可能经验的关系来加以证明。

第二个二律背反的注释

正题的注释	反题的注释
当我谈到一个必然单一部分组合而成的整体时,我所理解的只是一种实质性整体,真正说来它乃是复合体,	单子论者反对物质(或质料)的无限分割这一命题,说这个命题的论据纯然是数学的;可是单子论者已经受到

第二部 先验逻辑学

（续表）

正题的注释	反题的注释
也就是说，它是由各自孤立着（至少在思想中）而又交互关联着从而聚集在一起的那些杂多成分构成的一个偶然的统一体或单位。空间，真正说来，不应叫复合体，而应叫总体，因为空间的部分只在整体里才可能是部分，而并非空间的整体靠部分而可能成为整体。空间不能叫实在的组合体，至多可以叫观念的组合体。并且这样称呼毕竟也只是一种巧辩。由于空间不是由实体（甚至也不是由实在的偶性）构成的组合体，所以如果我将空间里的一切组合都去掉，那就什么也不剩，就连一个点子也不会余存，因为点只可能是一个空间（亦即一个组合体）的边界。所以，空间和时间都不是由单一的部分组成的。那纯属实体状态的东西（例如变化），尽管它有大小，也不是由单一的东西组成的，这就是说，一定程度的变化，并不是由许多单一的变化积累而成的。我们从组合体来	怀疑，因为他们不愿意承认最最清晰的数学证明足以阐明或洞察空间的本性（事实上空间乃是一切质料之所以可能的形式条件），他们毋宁把数学证明仅仅看作是从抽象而又武断的概念中推导出来的一些不能与现实事物有任何关联的结论。在他们看来，仿佛竟还有可能构想出与原始空间直观中所呈现的直观大不相同的另外一种什么直观似的，仿佛空间的种种先天规定竟会同全靠其充实了空间才可能存在的一切事物〔质料〕简直毫不相干似的。如果人们听从他们的说法，那就不得不在数学的点之外（数学的点是单一的，但它不是空间的部分，毋宁只是某一空间的边界），还另设想有这样一些物理的点，这些点虽然也是单一的，但有一个长处，即作为空间的部分，凭它们自身的单纯积聚，就能充实空间或者说构成空间。在这里，我对这种谬论不想重复

A 440
B 468

(续表)

正题的注释	反题的注释
推论单一的东西,这种推论其实只适用于独立自存的事物。至于状态的种种偶性,都不是独立自存的。因此,如果人们要把证明扩展得太远,毫无区别地使之适用于一切组合体,就如事实上时常发生的那样,那就不仅败坏了单一体之必然是一切实质性组合体的组成部分这一证明,而且因此也轻易地败坏了整个的正题论证。 　　此外,我这里谈论的单一体或单一的东西,是在这个意义上说的:它必然存在于组合体之中,而该组合体又能被分解成为它,以作为自己的组成部分。单子这个词,按莱布尼茨的用法,其真正含义是指作为单一实体而直接存在(比如,在自我意识中)的那种单一的东西,不是指作为组合体的元素而存在的单一的东西;作为组合体之元素的单一体,最好叫作原子。由于我想证明的只是作为组合体的元素的单一实体,所以我本可将第二个二律背反的正题称为先验的原子论,但因原子论长期以来已用以表示和解释物体现象(分子)	那些到处大量可见的通俗明了的驳斥之词,因为这正如要用单纯论辩的概念去强词夺理地否定数学的自明性一样纯属徒劳;因此,我现在只指明一点,即,如果说哲学在这里是和数学掣肘,那就是因为它忘记了这个问题里所涉及的只是种种现象和它们的条件。但在这里,只找出单一物的概念,来替换复合物的纯粹知性概念,那是不够的;毋宁是,应当找到单一物的直观来替换(质料的)复合物的直观,而按照感性规律从而在感官对象身上要找到单一物的直观乃是根本不可能的。因此,对于一种单靠纯粹知性设想出来的由实体组成的整体而言,尽管始终可以说,在该整体的任何组合之前我们必须先有单一体;但这个说法对于实质性现象的总体(totum substantial phaenomenon)而言,就不适用了。因为这种总体,作为空间里的经验性直观,本身具有这样一种必然的特性:即它的部分都不是单一的,这是因为,空间的部分都不是单一的。不过,

A 441
B 469

A 442
B 470

第二部　先验逻辑学

（续表）

正题的注释	反题的注释
的一种特定学说,并且要以经验性概念为前提,所以我想,正题的证明还是叫单子论的辩证原理为好。	单子论者们是足够精明的,早就想出了办法来避免这个困难,这办法就是,他们不把空间当作外部直观对象(即物体)之所以可能的一种前提条件,反而把这些外部直观对象以及各实体间的一般动力关系当作空间之所以可能的前提条件。但是,关于物体,只当它们作为现象时,我们才有关于它们的概念,而作为现象,它们就必然要把空间当作一切外部现象之可能的前提条件,因而这种遁辞,正如前面在先验感性篇中充分剖析了的那样,是白费气力。当然,假如它们这些物体不是现象,而就是事物自己本身,那么单子论者的证明就会是有效的了。第二个辩证主张很特别,它是一条与自身矛盾的独断论主张,它在一切强词夺理的主张中是独一无二的,因为它企图在一个经验对象身上证明我们在前面只算作先验观念的那种东西亦即实体的绝对单一性具有一目了然的现实,也就是说,它企图证明内感官的对象、自我、或正在思维的那种东西,是一种绝对单一的实体。

A 443
B 471

（续表）

正题的注释	反题的注释
	此处不用赘述，因为上文已经详细考虑过了；我就因此只要指出：如果某物只被思维为对象而不在它的直观上外加任何综合性的规定（就像在赤裸裸光溜溜的表象——"我"那里一样），那么这样一种表象里当然就没有什么杂多体以及组合可以为我们所感知。尤有进者，由于我思维这个对象时使用的宾词统统是些内感官的直观，所以在该对象中也就根本不能出现任何东西来表明某一互相外在的杂多体及其实在的组合。于是，只有自我意识具有这样的情况：即，因为那正在思维着的主体同时就是它自己的客体，所以它不能分割它自己，（尽管依附于它身上的诸规定是可以分割的）；这是因为，每一个对象，就它自身方面来看，都是一个绝对的统一体。然而，如果这个主体从外在方面来看，亦即作为一个直观对象来看，那它就确实会在现象本身里显示出某种组合。但如果人们要想知道，究竟直观对象是否含有互相外在的杂多东西，那就必须每时每刻都这样地看待它（总从这个方面来看它）。

先验观念的第三个争辩

正　题	反　题
自然规律所体现的因果性不是能推论出全部世界现象的唯一的因果性,反之,必须承认还有一种以自由来解释世界现象的因果性。 证明 　　如果我们承认,除了按照自然规律的因果性而外,再没有别的因果性,那么凡是发生了的东西,就都必须设定有一个先在的状态以为其前提条件,自己则按照一种规则必然地随着该先在状态接踵而来。但是,先在状态本身必定是某种发生出来的东西,(是在它原先不存在的那个时间里发生或生成的),因为,假如这先在状态是一直就有了的,那它的后继者也就不会是才发生的,而毋宁是自来就有了的。这样,某物因之而发生的那个原因,其因果关系本身就是某种发生出来的东西。而它按自然规律重新须设定一个先在状态及其因果关系以为前提条件,但这个先在状态同样又须设定一个更早的先在状态	没有自由,世界上的一切都是按自然规律发生的。 证明 　　假设有一种先验意义下的自由作世间万物能够因之而发生的一种特殊类型的因果性,即是说,假设有这样一种能力,它能无条件地开始一个状态,从而也能无条件地开始该状态的一系列后果;那就不仅这自发性所带来的一个系列,而且产生该系列的这种自发性本身的规定,亦即因果性,都将是无条件开始的,[或者说,都将有一个无待的开端],这样,按照固定规律进行的这种正在发生着的行动,将不是受什么先行状态所规定的了。但是,每一个行动的开端都假设在先的是一个由尚未行动起来的原因所构成的状态,而行动的一个动力学上的最初开端,假设在先的却是这样一个状态:即它同那先行而尚未有效的原因毫无因果关联,也就是说,它并不是从原因里产生出来的。这样

(续表)

正　题	反　题
为其前提条件，如此上推，永无穷尽。因此，如果一切都是按单纯的自然规律发生的，那么每个时刻就只有一种次先的开端，但永远没有一个最先的开端，而这样一来，先后相继出现的一个个原因所形成的系列就根本是不完全的。可是，自然规律的含义恰恰是：如果没有充分的［完全的］先天规定了的原因，就没有任何事物会发生。于是，说任何因果关系只有符合自然规律才是可能的这样一条命题，如就其毫无限制的普遍性上看，乃是自相矛盾的了，而既然这样，单纯符合自然规律的那种因果关系就不能被承认为唯一的。 　　由此可见，我们还必须承认有事物因之而发生的另一种因果关系，在这种因果关系中该事物的原因无需更由另一个先行的原因按必然规律规定了的，这就是说，必须承认原因的绝对自发性，必须承认一系列按自然规律运行的现象是从自身	一来，先验自由就同因果规律互相抵触了，先验自由所认为的有效原因的前后相续状态之间的这样一种［因果］联结，既然不可能使经验归于统一，从而任何经验里也没有，那就只是一句空话了。 　　这样说来，我们必须在其中寻找世间事物之关联和秩序的那种东西，不是别的，只是自然。不依傍于自然规律的那种自由，固然是对强制的一种解放，但也是对一切规则导引的一种脱离。因为我们不能说，进入世界进程的因果关联中的那些规律不是自然的规律，而是自由的规律。因为，假如世界进程的因果关联是按规律决定了的，那它就不会是自由，毋宁只会是自然。可以说，自然和先验自由各不相同正如有规律和无规律之各不相同一样。自然固然加给知性以沉重负担，使之越来越向原因序列的更高处去寻找世间事物的起源，因为在世界事物

(续表)

正　题	反　题
开始,从而必须承认先验的自由,[因为]如果没有先验自由,那么即使在自然界的运行中,现象的序列,如从原因方面看,也永远是不完全的。	身上的因果关联任何时刻都是有条件的,但为了弥补损失,却保证经验能取得彻底的有规律的统一性;相反,自由这个幻觉诚然应允那在原因锁链上追溯不已的知性得到安息,因为它把知性引向一种从自身开始行动的无条件因果性,但这无条件因果性,由于自由是盲目的,所以就切断了彻底关联的经验之所唯一赖以可能的那种规则的导引。

第三个二律背反的注释

正题的注释	反题的注释
关于自由的先验性观念,诚然远不构成其心理学概念的全部内容,因为其心理学概念的内容大部分是经验性的;毋宁说,它的先验性观念,只表示一个行为的绝对自发性,即只构成该行为之所以应负有行为责任的真正根据。但是,关于自由的先验性观念,却是哲学上的真正绊脚石,会使哲学在承认无条件因果性这类	自然万能论(先验的自然主义)的辩护士,同自由论者们唱反调,在反对自由论者们的诡辩结论时,会以下述方式提出他的命题:你们既然不承认世界上就时间而言有数学上第一的东西,那么们也就没有必要去寻求就因果关系而言动力学上第一的东西了。谁叫你们去想象世界有一个绝对的第一状态,从而想象出

(续表)

正题的注释	反题的注释
东西时遇到不可逾越的种种困难。因此，在关于意志自由的问题上，使思辨理性从来就陷于极大困境的那种东西，真正说来只是先验性的，它只涉及，我们是否必须承认有一种能从自身去开始一个连续着的事物或状态之系列的能力。至于这种能力如何可能的问题，则像自然规律中因果性如何可能的问题一样是不能回答的；因为在因果性方面，我们也同样必须满足于先天地认定这因果性非有不可，尽管我们对某一事物的存在可致使另外某一事物出现的这种可能性完全不理解，而必须全靠经验来认识。如今，在我们能将一切继起状态都当作单纯自然规律的后果看待的时候，仅仅为了可以理解一个世界起源的缘故，我们就已阐明一个现象系列必须有一个	不断繁衍的现象系列各有一个绝对开端，而且因此之故，你们竟可为你们的想象力造出一个落脚点来为无限的自然划定界限？世界上的种种实体，任何时候都是已存在的了；这样一个前提至少对经验的统一性而言是必要的，因此，要承认下面这一点就没有丝毫困难了：诸实体状态的交替，也就是，实体变化状态的一个系列，任何时候都是已存在了的，因而无论在数学上或是在动力学上，都无需去寻找第一开端。[当然]这样一种无穷的繁衍，它并没有其余一切环节仅仅随之而来的那个第一环节，因而如按第一环节是可能的来说，说无穷繁衍是可能的就不可理解了*。但是，如果你们因此就想否认这个自然之谜，那你们就会发现你们不得不否认你们

---

* seiner Möglichkeit nach. 英译 its possibility, its 指什么？指可能性，字性不合，故 Wille 本，将前一 Möglichkeit 改为 "das Wunder。其实此 "seiner" 是指 "第一环节的"，字性合，文义也通了。——译者注

(续表)

正题的注释	反题的注释
出于自由的第一开端了,这是必要的。那么这样一来,既然我们已经证明(虽然并没理解)有完全从自身去开始一个时间中的系列的能力,那我们从现在起也就有权让世界进程中的不同系列按照因果律都能从自身去开始,并有权赋予它们的实体以一种出于自由而行动的能力。但是,我们在这里却不要因一种误解而被蒙蔽住,误以为,由于世界上的事物总有一个先在的状态,世界上的每一个相续系列只能有一个相对的第一开端,因而世界进程中任何系列都不可能有一个绝对的第一开端。这是因为,我们在这里说的不是时间上的绝对第一开端,而是因果上的绝对第一开端。举例来说,我现在在完全自由地、不受必然规定着的自然原因的影响,从我的椅子上站立起来,那么在这个事例及其无穷的自然后果中,就全然(无条件地)开始了一个新的系列,虽然从时间上	同样不能理解的许多综合性的基本情况(基本力量),甚至一般所谓变更的可能性你们也必定感到不好接受。这是因为,假如你们不曾在经验里发现变更是已发生的现实,那么你们就会绝对不能先天地意想出这样一种关于存在和不存在(有和无)的不断接替是如何可能的。 而且,即使退一万步说,为了使世界变动得以开始,姑且可以承认有一种先验的自由能力,那么这种能力至少也必须存在于世界之外(更何况承认在一切可能现象的总体之外还有一种不能呈现于任何可能知觉之中的对象,这总归是一种大胆妄为)。但是,要在世界自身之内赋予种种实体以这样一种能力,则是永远不能允许的,因为那样一来,人们称之为自然的那个按普遍规律而必然互相规定着的诸现象的关联,以及使经验与梦幻得以区别的那个经验性真理的标志,将差不多

(续表)

正题的注释	反题的注释
说这个事例只是一个先行系列的继续。这是因为我这决心和行动根本不构成单纯的自然界作用的一个后果，也不是自然界效力的一项单纯的继续，毋宁说，就这个事件的发生来看，任何具有规定使用的自然原因都没曾对之起到丝毫影响，这个事件固然是跟随着自然原因出现的，但不是由自然原因促成的；因此这个事件，固然在时间上不是一个绝对的第一开端，但就因果方面来说，就必须叫作一个现象系列的无条件第一开端。 理性之需要在自然原因的系列里引进一个出于自由的第一开端，可从下述事实得到一目了然的验证：除伊壁鸠鲁学派外，古代的一切哲学家在说明种种世界运动时，都不得不承认有一个第一推动者，即一个自由行动着的原因，是它首先并从其自身去开始这个状态系列的；因为他们都不曾敢于依据单纯的自然说明一个第一开端是可以理解的。	全部消失。这是因为，由于同时并存着这样一种无规律的自由能力，自然[作为一个有秩序的体系]就成为几乎不再可被思维的东西了；因为自然的规律受无规律的自由能力的影响不断地被更改，因而现象界按照单纯自然所进行的井然有序、整齐划一的演奏，就变得不相连贯、杂乱无章。

先验观念的第四个争辩

正　题	反　题
凡属于世界的某种东西,无论作为世界的部分,或作为世界的原因,总是一种绝对必然的东西。	任何地方,无论在世界之中或在世界之外,都不存在什么绝对必然的东西作为世界的原因。
证明	证明
感性世界,作为一切现象的总和,同时包含有一个变化系列。因为,如果没有这个变化系列,那我们就不会获得作为感性世界所以可能的一个条件的那个时间系列的表象①。但每一个变化都受制于它在时间上先行的条件,而在这个先行条件下该变化是必然的。于是,每一个已存在了的有条件者,就其存在而言,都以一个直到绝对无条件者为止的整个系列为其前提,只有这个绝对无条件者是绝对必然的。于是,当一个变化作为某个绝对必然的东西的后果而存在着时,那个	如果假设,世界本身或在世界之中,有一个必然的东西,那就或者是,在世界变化的系列里有一个开端,它是绝对必然的因而是无原因的,而这是和规定着时间中一切现象的动力学规律相矛盾的;或者是,系列本身没有任何开端,可是,虽然就其每个部分而言它是偶然的、有条件的,但就整体而言则是绝对必然的、无条件的,而这又是自相矛盾的,因为如果系列没有任何一个部分本身是必然的,则这些偶然部分集合而成的一个整体不可能是必然的。

---

① 时间,作为变化之所以可能的形式条件,在客观上是先在于变化的,但在主观上,在现实的意识中,时间的表象,如每个表象一样,则是由于有了种种知觉我们才有的。——康德原注

(续表)

正　題	反　題
绝对必然的东西就必定是存在着的。但是这个必然的东西本身是属于感性世界的。这是因为，假如它是在感性世界之外，那就等于说，世界变化的系列虽从它那里引导出自己的开端，它本身却无须乎属于感性世界；而这是不可能的。因为，既然时间系列的开端只能由某种时间上在先的东西来规定，那么一个变化系列的开端的最高条件就必定在该变化系列尚未存在的那个时间里就存在着了，（因为开端是这样一种东西，在它之前就有一段时间先行，而在这段先行的时间里那将要开始的事物尚不存在）。于是，变化的必然原因的因果性，以及原因自身，就是属于时间的，亦即属于现象的（只在现象那里，时间才可能作为现象的形式而存在）；因此之故，因果性不能被认为是和作为	相反，如果假设，在世界之外有一个绝对必然的世界原因，那么，世界之外的这个必然的世界原因，作为世界变化的原因系列里的最高环节，首先就要开始*致使世界内的变化原因及其系列出现。而这样一来，在世界之外的必然的世界原因也就开始行动了，而且它的因果性也就属于时间之中，但正因为它属于时间之中，它也就属于现象总和之中，亦即属于世界之中了，因此，它自身，也就是说，原因，并不在世界之外；而这个情况则是与前面的假设相矛盾的。由此可见，无论在世界之中，或在世界之外（却与世界有因果联系），都不存在任何绝对必然的东西。

---

* 此处有原著一个脚注，译者标记了但我们没有找到译文手稿。——王玖兴家属

第二部　先验逻辑学

(续表)

正　题	反　题
一切现象之总和的感性世界相脱离的。所以,某种绝对必然的东西是包含在世界自身中的,不论这绝对必然的东西是世界里的整个变化系列,还是该系列的一个部分。	

第四个二律背反的注释

正题的注释	反题的注释
要证明一个必然的东西的存在,我在这里没有别的办法,只可使用宇宙论的论证;宇宙论的论证就是,从现象中的有条件者上溯到概念中的无条件者,同时把这概念中的无条件者看作为[现象]系列的绝对全体的必然条件。可是要想从高于一切的一个最高的东西的单纯观念来证明确有这个必然的东西,那乃是属于另外一种理性原则的事,因而这另一理性原则将必须专门提出来讨论。 纯粹的宇宙论证明在论证一个必然的东西的存在时,并没做到一切,它还遗留下一个悬而未决的问题,那就是,这个必然的东西	在现象系列的上溯过程中,如果人们认为在一个绝对必然的最高原因的存在问题上遇到了困难,那么须知,这些困难并非来自所谓一个事物的必然存在的单纯概念,因而不是本体论上或者说存在论上的困难,毋宁是,由于给一个现象系列设定了一个自身无条件的条件,因而困难是在该无条件者与现象系列的因果关联上发生的,因此之故,必定是宇宙论的,是由经验性规律引发出来的。因为事情自身必定会显示明白:感性世界里的原因系列的上溯过程永远不能终止于一个经验上的无条件的条件上,依据世界状态的偶然性

A 456
B 484

A 457
B 485

(续表)

正题的注释	反题的注释
即是世界本身呢，还是不同于世界的什么东西。这是因为，要说是属于后一情况就需要有一些原则，它们不再是宇宙论上的，不继续运行于现象系列之中，毋宁是些一般说来偶然的东西的概念（单就它们都是知性的对象来看）；另外还需要有一条原理，以便凭借单纯概念去把那些偶然的东西同一个必然的东西联结起来。但这一切都属于一种先验的哲学，此处尚不及论述。 但是，如果人们一旦开始了宇宙论的证明，以现象系列和在现象系列中按经验性因果规律进行的回溯进程作为其证明基础，那么人们以后就不能又跳出这个现象系列，跳到某种根本不属于现象系列之一环节的东西上去。这是因为，就其含义而言，某个东西必然被视为条件，恰恰等于说，有条件者与它的条件的关系是发生在继续前进就会达到这个最高条件的那个系列里。现在，如果这种	（这已为状态的种种变更所证明）而提出来的宇宙论的论证是不利于认为有一个会迳自率先去开创系列的最初原因这样的假设的。 但在这种二律背反中显示出了一种稀奇的对比，那就是，出于同一个证明根据并以同样严密的论证在正题里推论有一个本原的东西，而在反题里却推论没有任何本原的东西。前者说，有一个必然的东西，因为全部过去的时间里包含着一切条件的系列，因而也包含着无条件者（必然的东西），后者说，没有必然的东西，恰恰也因为全部流逝的时间里包含着一切条件（因而这些条件又统统是有条件的）的系列。其所以如此，原因是：第一个论证只着眼于时间中互相规定着的条件系列的绝对总和，因此得到一个无条件者和必然者。第二个论证则相反，注意一切在时间系列中规定了的东西的偶然性（因为，在任何事物之前总有一个先行

(续表)

正题的注释	反题的注释
关系是感性的，因而属于可能经验性的知性使用范围内，那么，最高的条件或原因就只能按感性规律从而只能作为属于时间系列的东西来终结回溯进程，而必然的东西就必须被视为时间系列的最高环节。尽管如此，人们仍然保留了进行这样一种跳槽（μετάβασις εἰς ἄλλο γένος）的自由。人们从世界上的变化推论出经验上的偶然性，亦即推论出这些变化对于在经验上起规定作用的原因的依存性，并且得到一个经验性条件的上升系列；以上这些都是完全正确的。但是，人们由于在这里找不到第一开端和最高环节，于是就突然跳离经验上的偶然性概念，抓住纯粹的范畴，然后由纯粹范畴引出一个只可思议的系列，而该系列的圆满完成则有赖于存在着一个绝对必然的原因；这个必然原因呢，	的时间，而在这个时间中条件本身又被规定为有条件的），因此，一切无条件者和一切绝对的必然者就完全消失了。然而双方的推论方式本身完全符合普通人的理性，普通人的理性正是由于从两个不同观点出发考虑它的对象而不得不经常陷于自相矛盾。梅伦*先生认为两位著名天文学家因选择观点上遇到与此类似的困难而发生的争辩，是一种值得专文加以论述的奇特现象。一位推论说，因为月亮总将同一个面转向地球，所以月亮是围绕它的轴心自转；另一位则推论说，正因为月亮总把同一个面转向地球，所以月亮并不是围绕它的轴心自转。其实，如按各人观察月亮运动所选取的观点来说，两种结论都是对的。

A 461
B 489

---

* 梅伦（J. J. de Mairan），1678—1771。——译者注

(续表)

正题的注释	反题的注释
由于它本就与感性条件无任何联系,它也就从那由自己来开始其因果关联的时间系列中摆脱出来了。但这种做法是完全非法的,这人们可以从以下所述推论出来。 　　就范畴的纯粹意义来说,所谓某物是偶然的,就是指该物的矛盾对立面是可能的。但是人们根本不能从经验上的偶然性推论出只可思议的偶然性。说某个东西改变或变化了,是指它的(即它的状态的)对立面,对另一时间来说是现实的,从而也是可能的;因此,这个对立面并不是先前的状态的矛盾对立面,而要想得到它的矛盾对立面,那就需要在先前的状态所在的那个时间里,在先前的状态所在的地方就能已有它的对立面存在着,但这是从变化这个事实中根本推论不出来的。一个物体,当它运动时,等于 A,进入静止时,等于非 A。那么,尽管一个与 A 状态相反的状态	

(续表)

正题的注释	反题的注释
跟随 A 状态而来,却根本不能推论说 A 的矛盾对立面是可能的,从而说 A 是偶然的;这是因为,要说 A 的矛盾对立面是可能的,那就需要在运行发生的那个时间里,接替运动的那个静止就已能存在于那里了。现在,我们所知道的却仅仅是,静止在随后的时间里是现实的,从而在以前曾是可能的。而一个时候的运动,和另一个时候的静止,两者不是互相矛盾对立的。因此,两个对立规定的前后相续,也就是,变化,按纯粹知性概念,证明不了偶然性,也不能按纯粹知性概念推论出一个必然物的存在。变化只证明经验上的偶然性,也就是说,只证明新状态的自己本身如果没有一个属于先前时间的原因,按因果规律是根本发生不了的。而这样一来,这个原因,即使被视为绝对必然的,也毕竟必定存在于时间之中,属于现象系列。	

第 3 节　论理性在它这种争论中的利益

在这里，我们已看到种种宇宙论观念的全部辩证游戏了。这些观念不得在任何可能经验里得到与它们完全相等的对象，甚至在思维里，理性也不得把它们设想为符合于普遍经验规律的东西；可是它们却不是任意杜撰出来的，相反，如果理性要想撇开一切条件而从无条件的全体上，去掌握那种按照经验规则永远只能予以有条件地规定的那种东西，那么，理性在其继续不断进行经验性综合的过程中，就必然要得出这些观念来。这些依理而巧辩的主张（或论断），都是设法去解决理性的四个天然的无可避免的问题的许多尝试，至于它们所以恰恰只能是这么多，不再多，也不再少，那是因为，先天限定着经验性综合[活动]的那些综合前提的系列，只有四个，没有再多的了。

理性在扩展其自身领域到一切经验界限以外去时所提出的几项冠冕堂皇的僭妄主张（或论断），我们只用一些仅仅包含它们法权主张之根据的干巴巴公式，予以陈述了，而且，为了合乎先验哲学的规矩，我们又从这些僭妄主张身上剥除了一切经验性的东西，虽然这些理性主张只有结合着经验性的东西才能放射出其全部光彩来。但是，哲学在这种应用中，即在继续扩大理性的使用范围中，从经验领域开始，逐渐升腾，竟能达到这样一些崇高观念（Idee），这就显得非常尊严，而且只要它能坚持住它的僭妄主张，它的尊严就会高高凌驾于其他一切人类学问的价值之上，这是因为，它让我们有根据去作最大期待，以盼望终能达到一切理性努力必将自相统一于其中的那些终极目的。有些问题，如：世界是否在时间上有一个起始并在空间上有一个展延的边界,究竟在某个地方或者即在我的思维着的自我之中有一种不可分割和不可摧毁的单一东西抑或在任何地方都只有可分割和可变灭的东西,究竟在我的行为中我是自由的还是如其他东西一样是听从自然和命运摆布的,最后,究竟有一个最高的世界原因,抑或自然事物及其秩序即是我们的一切考察所必须到此止步的那种最终对象,凡此种种,都是数学家甘愿舍弃自己全部知识以换取其解答的那些问题,因为数学知识毕竟不能使数学家在人类最崇高最高尚的目的方面得到任何满足。当然,数学这个人类理性的骄傲,也有它自己的尊严,这是因为数学指引着理性,使之在自然的秩序和规律性中以及在各自然动力的极度统一性中,无论对宏观自然的认识还是对微观自然的认识,都达到了以普通经验为依据的哲学所远远不能企及的地步,因此它就进一步鼓动和怂恿理性,使理性的使用超越到一切经验的范围以外去,同时又为从事这种活动的世界智慧提供最优异的质料,以便在其情况许可时以适宜的直观,来支持它的研究活动。

　　理性怀抱着极大的期望,却发现自己深深陷入于论证与反论证的纠缠之中,以至于为了荣誉甚至为了安全,它既不能对这争论抽身回避,也不能视为儿戏,袖手旁观,更不能下令无条件罢兵言和;因为争论的对象,使它非常感兴趣;它因而没有其他选择余地,只好去仔细考察理性这样自身分裂不和的根源何在,看看事情是否纯由某一误会引起的;诚然,误会剖析讨论清楚之后,也许双方会放弃各自傲慢的权益主张,但这样就会开始出现理性对知性和感性的一段持久而平静的统治。——这种情况,对思辨来说,虽是不幸的,但对人的实践使命来说,也许是一大幸事。

现在让我们暂且撇开这项深入彻底的探讨,先来考虑一下:如果我们不得不表明立场的话,我们会愿意站在哪一边。我们提这个问题,不是要找出真理的逻辑准则,而只是想考查一下我们的兴趣,所以,这样一种查问在辩明争论双方谁更有权利方面并不起什么作用,然而,它仍有用处,它有助于理解,为什么这场争论的参加者们尽管并非对争论对象有什么精辟见解以为理由就加入于一方而不加入另一方,同时它还有助于解释其他一些次要的事情,例如,为什么一方那么狂热激情而另一方面那么冷静坚毅,为什么人们热烈鼓掌欢呼某一方而以先入为主不可调和的成见反对另一方。

但在我们作这种暂时考虑的时候,有一种办法,能把这种考虑所始终坚持遵循的那种观点规定出来,这办法就是,将双方各自据以出发的原理加以比较。人们注意到,在反题主张中间,思维方式是始终如一的,信条或信念是完全一致的,这就是说,不仅在说明世界里的现象时,而且在剖析关于世界本身的先验观念时,都贯彻着一种纯粹经验论的原理。相反,正题方面的主张,除了在现象系列的内部是用经验性的解释方式外,它们还含有理智上的论端(Anfänge)以为其根据,因而它们的信条就不是单一的。但是,我着眼于它们的本质特征,仍想称呼它们为纯粹理性的独断论。

于是,就宇宙论的理性观念的规定来看,我们发现在独断论方面或者说在正题方面,有下列三点情况:

第一,这里有一定的实践利益,这是大凡能理解自己真正利益所在的、理智正常的人都乐愿享有的。比如,说世界有一个起始,说我的思维着的自我具有单一因而不朽的本性,说自我在其随意的行动中又是自由而不受自然强制的,以及说整个世界万物的秩序来源于一个初始存在,一切事物的统一性和合乎目的的联结也都得力于它,等等,这些都是道德和宗教的基石。至于反题,则使我们丧失所有这些支柱,或者至少做出要剥夺我们这些支柱的样子。

第二,理性在正题这方面也有一种思辨上的利益。这是因为,如果人们以正题这样的方式来设定和使用先验观念,那人们既然从无条件者开始,就能完全先天地掌握整个的条件锁链,并理解有条件者所以产生的推演过程,而这是反题办不到的。反题因此就处于非常不利的地位。因为它在其综合的条件问题上不能提出任何能使我们得免于无休止地永远追问下去的那种回答。按照反题的主张,人们必须从一个既定的起点开始,上溯到一个更高的起点,每个部分都引出一个更小的部分,每个事件总还有另一事件以为其原因,而一般存在的条件又都总依靠于别的条件,从来不曾从一个独立自存的事物亦即初始存在那里得到无条件的依靠和支持。

A 467
B 495

第三,这方面也有通俗性的优点,这对正题之深得人心确实是功劳不小的。我们的常识,在理解关于一切综合都有其无条件起点这些观念时,丝毫不感到有什么困难,而且,常识本来就更习惯于自上往下追溯后果而不那么习惯于自下往上追溯根源,所以它在有关绝对第一者的种种概念里(它并不操心于这些概念是否可能)感到怡然自得,并得到了一个可把它的行动路线联结于其上的固定点。因为相反,当常识从有条件者开始没完没了地向着条件上溯的时候,总有一只脚悬在空中,感不到一点安适自在。

就宇宙论观念的规定来看,在经验论方面或者说在反题方面,首先我们发现,纯粹的理性原理没有像道德和宗教所具有的那样一些实践利益,倒不如说,单纯的经验论显然是要剥夺掉道德和宗教的一切力量和影响。因为如果没有一个与世界根本不同的初始存在,如果世界没有开端因而也没有创世者,我们的意志不是自由的,灵魂与物质同样是可分割的和可朽坏的,那么,道德的观念和原则,也就完全丧失了有效性,并且与作为其理论基础的那些先验观念一同归于消灭。

相反,经验论却使理性的思辨利益取得很大优势,而这些优势很有吸引力,比独断论学说会给理性观念提供的优势大得多。按照经验论的原理,知性永远是站在属于自己所有的基地上,即永远只在真正可能的经验的范围里,探索经验的规律,并通过经验规律永无止境地扩大自己确切可靠而又易于掌握的知识。在这里,知性能够而且应该将对象,包括对象自身及其关系,都在直观里展现出来,或者至少也能够并应该将对象在这样一些概念里陈述出来,至于这些概念呢,它们的意象,都是能被清楚明晰地展现于某些既有的类似的直观里的。知性不仅没有必要离开这条自然秩序的锁链去依靠观念,因为观念作为思想物永远不能被呈现为对象,因而是知性所不认识的东西;而且,知性也根本不许可离开它自己的业务,借口什么业务已经完成而跨入于制造观念的理性领域,冲到超验的概念那里去,因为到了那里,知性就不必再按自然规律从事观察和研究,毋宁只要思维和虚构就可以,而有把握不会被自然界的事实所驳倒,因为,知性已不在乎自然事实所提供的证词,反而可以绕过它们的门坎,甚至可使它们屈服于一种更高的权威亦即纯粹理性的权威之下。

因此,经验论者绝不允许把任何一个自然时期当成绝对初始的时期,或者把自己在自然界里的视野的任何一个边界看作最远的边界。经验论者也绝不允许这样的过渡,即从自然的对象这样一些他能用观察和数学加以分析并在直观中予以综合规定的东西(有广延者),过渡到无论感觉还是想象力都决不能具体地将其呈现出来的那种东西(单一者)。还有,经验论者也不同意这样的主张,说人在自然*的深处安置有一种不按自然规律而独立行动的能力(自由),因此人就可节省知性的操劳,使之少承担些依据必然规则探索现象起因的业务。最后,经验论者也不承认人可向自然以外的任何地方去寻找原因(初始存在),因为我们除自然之外不认识任何别的,只有自然才给我们提供对象,并能把它们的规律教给我们。

诚然,如果经验论哲学家提出其反题主张时并无其他用意,只在于抑制那误解了自己真正使命的理性所表现的冒昧和僭妄,只为了不让理性恰恰在卓见和知识停息的地方炫耀卓见和知识,不让理性把对实践利益方面有效的东西吹嘘成能促进思辨利益的东西,以免理性为了自己方便就切断对自然**研究的线索,并借口要扩大知识而把这条研究线索联结到恰恰只能使人认识到自己一无所知的那些先验观念上去;如果经验论者确实以此为满足,那么,

---

* in der Natur,应可另作"人的本性"解。——译者注
** 自然,原为是物理(physischer)。——译者注

我要说,经验论者的原则将是这样一条箴言,它会使人在权益要求上掌握分寸,在论断主张上保持谦虚,同时却凭借我们现成就有的教师亦即凭借经验,将我们的知性扩展到最大可能的地步。这是因为,在这种情况下,为了实践利益起见,理智上的种种预设和信仰,都不会是禁止我们使用的东西,只不过人们不可让它们享有科学知识、理性卓见这类堂皇的称号而已,因为真正的思辨知识,除了经验的对象之外,在任何地方也找不到别的对象,而如果人们超出了经验的界限,则试图取得新型的脱离经验的知识的那种综合,就丧失了它可据以进行活动的直观基础。

然而,如果经验论本身采取独断的态度对待观念(就如常常发生的那样),断然否定有任何超出其直观的知识范围的东西,那么它自己就犯了不谦虚的错误,而这一错误,在这里,因为给理性的实践利益造成了不可弥补的损失,就更应该受到谴责。

这就是伊壁鸠鲁主义[1]同柏拉图主义的对立情况。

对立双方说的都比它们知道的多,只不过,第一方面,伊壁鸠

---

[1] 不过这里有一个问题,就是伊壁鸠鲁是否曾把这些原则当作这些客观的主张提出来过?如果这些原则只不过是理性在思辨使用方面的箴言,那伊壁鸠鲁就因此而表现了比任何其他古代哲人都更为真诚的一种哲学精神。这些箴言规劝我们说,我们着手去解释现象的时候,必须设想,我们所研究的领域是没有受现象世界[在空间上的]边界或[在时间上的]开端所限制的;我们必须承认,世界[所由以组成]的质料,就是当我们通过经验来认识它时必定是的那个样子;我们必须设想,世界上事变的发生没有不是受常住不变的自然规律规定的;最后,我们必须不使用任何不同于世界的原因[来说明世界];所有这些箴言,在今天,对于扩大思辨哲学以及寻求不依赖外因帮助的道德原则来说,都是虽然极少得到遵守却仍然是非常正确的原则,然而我们并不能因此就说那些要求我们在从事单纯思辨的时候不去理会前述独断论命题的人们应该受到谴责,说他们是想否认那些独断论的命题或原则。——康德原注

第二部　先验逻辑学

鲁派,虽然不利于实践,却鼓励和促进了认知,第二方面,柏拉图派,虽然提供了很好的实践原理,却恰恰因此而听任理性在大凡我们可以取得思辨知识的地方,都一味地对自然现象作观念论的解释,从而忘掉对自然现象作物理学的研究。

最后,谈到第三方面,这是人们在争论的双方之间进行临时抉择时可以想见的那个方面,那么,非常稀奇的情况是,经验论竟然完全不得人心。其所以稀奇,是因为人们按理会相信,普通知性[亦即常识的人],将热衷于采用一种估计无需别的仅仅凭借经验知识以及其间的合理关联就能使自己得到满足的论证方案,而不会在先验独断论的逼迫之下上升到最善于思维的人们的理性洞察能力也远远达不到的那些概念那里去。然而,正是在这一点上独断论投合了普通知性之所好。这是因为,一旦到了那里,普通知性就发现,现在即使最博学的人也不能说他有什么比自己更为高明之见了。如果说,普通知性[亦即常识的人]在这上面懂得的很少,或者毫无理解,那么,毕竟也没有任何人能夸口自己对此有什么更多的理解,而且,尽管普通知性在这里不能像别人那样说来有板有眼,头头是道,但他毕竟也能滔滔不绝地一直狡辩下去,因为他是在纯观念中间兜圈子,而恰恰由于人们对纯观念一无所知,所以人们在这上面最能夸夸其谈;相反,涉及对自然的研究,他就不得不三缄其口,默认自己的无知了。因此,怠惰和虚荣心都是赞助独断论原则的强大动力。此外,要去接受自己不能说明其所以然的某种东西作为原则,或者,要去采用自己不能认出其有客观实在性的概念,这对一位哲学家来说,诚然是非常之困难的,但是对普通知性来说,却是一桩再寻常不过的事。普通知性希望有某种东西它

A 473
B 501

可用为可靠的出发点,至于这样一种前提自身有什么理解上的困难,他并不耽心,因为他不懂什么叫理解,所以从来就不知道有什么理解上的困难,而是把他因经常使用而熟悉了的东西当成已经理解了的。终于,在普通知性看来,一切思辨利益,同实践利益相比都成为莫须有的了;忧虑或希望迫使他去承认或相信的那种东西,他都自以为是认识和理解的了。这样,经验论就完全丧失了先验观念化的理性所享有的一切声望,而且不管它含有多么不利于最高实践原则的东西,人们却根本不必担心它会逾越学术范围的界限,会在普通事务上享有哪怕一点点的尊重,会在广大群众中赢得一些些好感。

人类的理性,就其本性而言,带有建构的性质,即是说,它把一切知识看成都是隶属于一个可能的体系的,因而它也只容许这样一些原则;这些原则至少不使一项现有的知识不能在任何一个体系里与其他知识并存不悖。但反题的命题都是这样的:它们使建成一座知识大厦成为完全不可能的事。按它们的说法,在世界的一个状态上面总还有一个更古老的状态,在一个部分里面总还有别的可进一步分割的部分,在每一个事件前面总还有另外一个同样由别的事件产生出来的事件,而且在一般所谓存在物中,所有的都只是有条件的,没有哪一个能被承认为无条件的、最先的存在物。这样说来,既然反题不承认有任何一个最先最初的东西,不承认可迳直充当建筑基础的那种开端,那么要建成一座完整的知识大厦,在这样一些前提之下,是完全不可能的。因此,理性的构建性兴趣(它不要求经验性的统一,而要求纯粹先天的理性的统一),本身就是赞成或支持正题主张的一种天然因素。

但是,假如一个人能弃绝一切兴趣,不计一切后果,只按理性主张的论据内容来考虑种种理性主张,那么,他要是以为除了在对立的学说或主张之间选择其一而外别无摆脱困境的办法,他就会处于一种无休止的摇摆状态之中。今天,他深信不疑:人类的意志是自由的;明天,当他注意到不间断的自然锁链时,他又认为:自由不外是自我欺骗,一切只是自然。不过,他一旦要去行动,这种单纯的思辨理性游戏就会像梦中的幻影一样消失,他就会单依实践的利益选择他的原则了。但是,对于一个反复思考和研究问题的人来说,抽出一定时间专门用以检查自己的理性,从而彻底消除一切偏见,然后把自己的看法公之于众,供别人评断,这毕竟是一种正派的作风,因此,任何一个人,如要把正题命题和反题命题提出来听人审查,让它们在不受威胁的情况下,能够像面对着怀有其自己观点(亦即理论上无力服人的观点)的法官那样,进行自我辩护,那他是不能受人指责,更不能遭人制止的。

第4节 论纯粹理性的那些绝对必能获得解答的先验问题(任务)

自称能解决一切任务、回答一切问题,乃是一种无耻的吹牛和放肆的自负,人们迟早必会因此而完全丧失自信。然而有些科学,就其本性而言,它们领域里出现的每一个问题,凡从人们知道的东西中引出的,都必定是绝对可以回答的,因为答案必定和问题产生于同一个源泉,而且在这里决不允许拿不可避免的无知作为挡箭牌,而毋宁是可以强求解答的。在一切可能的事例中,什么是对的或什么是不对的,按规矩人们必定都能知道,因为对的或不对的事物涉及我们的义务；至于对我们不能知道的事物，我们也没有义务。不过，在解释自然现象时，我们必定还留有很多不确定的东西和许多不可解答的问题，因为我们对自然界所知道的东西，相对于我们要去说明的东西而言，在一切情况下，都是远远不够的。那么现在要问，在先验哲学中，是否会有任何一个问题，它涉及的是纯粹理性已有的某一对象，而它恰恰又是凭这纯粹理性不可能解答的呢？是否人们只要把该对象作为超出于我们一切认识的、绝对不确定的东西，从而把它算入于我们虽有很多有关概念足以提出问题却完全缺欠工具和能力来解答其问题的那类事物之列，就能理直气壮地回避给上述问题作出决定性的解答呢？

那么，我认为，先验哲学是在一切思辨知识中间，唯一具有这样特点的：在它那里，凡涉及纯粹理性所已有的某一对象的任何问题，没有一个是这个人类理性所不能解答的，而且，没有任何借口，如说无知在所难免以及任务艰深叵测等等，能豁免掉其完全彻底解答这个问题的义务；这是因为，正是使我们能够提出问题的那同一个概念，必定也使我们能够解答那个问题，因为像在对的事物和不对的事物那里一样，概念之外根本再没有什么对象。

但在先验哲学里，没有什么别的问题，只有人们有权能要求作出一种涉及对象性质的圆满回答而不允许哲学家借口对象极其艰深从而逃避回答的那些宇宙论的问题，而且这些［有关对象性质的］*问题只能涉及宇宙论的观念。这是因为，对象必定是在经验里给定了的东西，问题只是问对象是否与一个观念符合配称。如

---

* 随英译增一句。——译者注

果[反过来]对象是先验的从而是未知的,那么要是问,比如,某个在我们自身里面显现为思维的那东西(灵魂)本身是不是一种单一的存在物,以及,一切事物总合起来是否有一个绝对必然的原因等等,我们就得为我们的观念各寻找这样一个对象,我们可以承认它对我们而言是未知的,但并不因此就能说它是不可能的①。唯有宇宙论的观念,情况特别,它们能把它们的对象以及那构成其对象之概念所需要的经验性综合,都预先设定为给予了、已有了的,至于它们所引发的问题,不过是查问一下该经验性综合有多么远的进程而已,如果进程长远得包括了绝对全部,则经验性综合就不再是经验性的东西了,因为绝对全部的综合不可能被给定于、或者说出现于任何一项经验里面。那么在这里,既然谈论的只是一种作为可能经验之对象的事物,而不是作为物自身的事物,因此,先验宇宙论的问题。其答案不会存在于任何别处,一定是在观念里。这是因为,问题并不涉及对象自己本身,而且在可能的经验方面,所查问的也不是能够具体地被给定于任何一项经验中的东西,毋宁是存在于经验性综合[进程]所只会接近的那个观念里面的东西。因此,问题必定能完全由观念来予以解答,因为观念乃完全是

A 479
B 507

---

① 诚然,如问一个先验对象会有什么性质,这问题我们是不能回答的,即,不能说,它是什么,但我们又完全可以回答,说,问题本身是莫须有的、不成立的,因为问题的对象没有被提供出来。由此可见,先验心灵学的一切问题,也都是可回答的,而且实际上也都回答了。这是因为,这些问题涉及的是一切内在现象的先验主体,而这先验主体本身不是现象、从而是不曾被作为对象提供出来的,而且,真正说来问题的提出是针对范畴的,可是没有哪个范畴会在先验主体这里碰到它们被应用时所需要的条件。那么这里的情况,有句俗话就说对了,那就是,不回答也是一种回答,意思是说,如问某个事物的性质,而该事物由于完全处于我们所能有的对象的领域之外因而不能凭借任何确定的宾词予以思维,那么这个问题就完全是莫须有的、空的。——康德原注

理性的一种创造物,理性不能推卸责任,把解答推诿给自己并不认知的对象。

说一门科学对它领域内的一切问题(quaestiones domesticae)都能要求并期望找到完全确定的解答,即使直到当时这些确定的解答也许还没有找到,这话并不像初听起来那样奇怪。除了先验哲学以外,还有两种纯粹的理性科学,一是纯属思辨的,一是有实践内容的,它们是:纯粹数学和纯粹道德。人们难道不曾听说,由于人们对条件的必然无知,直径对圆周的确切比例[圆周率],无论就有理数或就无理数来说,已被当作不确定的解答悬搁起来了?因为这个比例,在有理数中已找不到与自己全等的数,而在无理数中与自己全等的数又尚未找到,于是人们就判断说,至少人们已可确定地认识到对它完全确切的解答的不可能性了。而关于这个不可能性,郎伯特(Lambert)已提出了证明*。在伦理的普遍原理中,就不能有什么不确定的东西,因为伦理命题或者是完全空洞无物,或者必须是完全从我们的理性概念引申出来的。相反,自然科学中充满了无穷无尽的猜测,而对于猜测,决不能指望有确定性,因为自然现象乃是独立不依于我们的概念而出现于我们面前的那些对象,对于这些对象来说,钥匙不在我们这里,不在我们的纯粹思维里,毋宁是在我们之外,而正因为这样,在许多场合下钥匙根本找不到,因而可靠的开锁也不能指望。不过在这里,我并不考虑涉及我们纯粹知识之演绎的先验分析的命题,因为我们现在只从

---

* 郎伯特(J. A. Lambert,1728-1777),德国数学家。曾于1768年向柏林科学院提交的一份有关先验数量的备忘录中证明,圆周率是不可测度的。——译者注

判断的对象方面探讨判断的确定性，而不是从我们概念本身的起源方面探讨判断的确定性。

于是，面对着理性的种种问题，纵然我们抱怨我们的理性有很大的局限性，装出有自知之明的谦卑姿态承认问题的解决超出了我们理性的能力范围，那我们也逃脱不了责任，至少也得给问题提出一种批判性的解答，理性待决的问题就有如下这些：世界是亘古以来就存在着，还是有一个开端；宇宙空间是连同其填充物扩展至于无穷的，还是被封闭在一定的边界之内；世界上有某种东西是单一的，还是一切东西都会被无限地分割；有自由地产生和成就出来的东西，还是一切都束缚在自然秩序的锁链上；最后，世界上有某一完全无条件的从而自在必然的东西，还是一切东西按其存在来说都是有条件的因而是外在依存的和自在偶然的。［其所以不能推卸责任，］因为所有这些问题，都涉及一种不能存在于任何别处而只能被给定于我们思想里的对象，也就是说，都涉及现象的综合［进程］的绝对全部。如果在这些问题上，我们从我们自己的概念出发不能说出什么确定的回答，作出什么确定的判断，那么，我们也不可把失败归咎于那对我们藏而不露的东西身上，因为这类东西（由于它是除我们的观念而外在任何别处都找不到的）根本不能被呈现于或给定于我们面前；相反，我们必须在我们的观念自身寻找失败的原因，我们的观念真乃是一道不容解决的难题，在这里我们总是顽固地认定有一个与观念相对应的现实对象。一旦我们的概念自身所含的辩证法有了一个清晰的阐述，我们就立即会在这类问题方面应当作出判断的那种东西上，取得完全的确定性。

A 482
B 510

你们借口说在这些课题上没有确定性，因而不予回答，对此，人们首先至少可以提出这样一些你们不能不明确回答的问题：你们因其难以解决而在这里陷于如此困境的那些观念，都是从哪里来的呢？是不是有些你们需要解释的现象，而按照这些观念，你们要做的就仅仅是去寻找解释那些现象的原理或规则？你们可以假设，自然是完全对你们敞开的，你们直觉里呈现的一切，对你们的感觉乃至意识也都丝毫无所隐藏，可是即使如此，你们也不能凭借任何一项经验来具体地认识你们的观念的对象，（因为要认识你们观念的对象，除了这种完全的直觉之外，还要有一种完成的综合［进程］，以及对此绝对全部的综合进程的意识，而这一点则不是通过任何经验知识所可能的，）因此，你们的问题决不能是为了解释某个既有现象的必要而提出来的，从而也不能看作是对象本身所提出的。这是因为，对象既然不能由可能的经验所给予，所以它永远不能呈现于你们面前。你们虽有一切可能的知觉，却永远停留并禁锢于种种空间的或时间的条件中间，而不能达到无条件的东西那里，以致不能判断这个无条件者究竟是处在综合［系列］的一个绝对开端上，还是可以安置在一个没有任何开端的绝对全部系列里。但是所谓全部，从经验意义上说，任何时候都只是比较而言的。量的绝对全部（宇宙万物），分割的绝对全部，演生的绝对全部，一般存在条件的绝对全部，以及关于这全部究竟是由有限的综合还是由持续至于无限的综合组合而成等等的全部问题，都与可能的经验毫不相干。例如，不论你们假设一个物体是由单一部分所组成，或由永远复合的部分所组成，你们对该物体的现象都不能作丝毫更好些的解释，甚至仅仅另作解释也是不可能的。因为无论单一的现象还是无限的组合，都不能呈现于你们面前。要想说明或解释现象,只有当这些现象之得以说明或解释的条件已在知觉里被给予了的时候才行;然而全部的、凡能在知觉中被给予的那些东西,如果都集合在一起,作为一种绝对的整体来看待,它本身就不是一种知觉*。但是解释或说明这个全部,真正说来,乃是先验理性要承担的课题。

那么,这些课题的解决既然永远不能出现在经验里,你们就不能说,在这里凡可附加于对象的东西就是不确定的。因为你们的对象只在你们的脑子里,在脑子之外对象根本不能有;因此你们要关心的,只是在保持你们自身一致,防止混淆,以免误把你们的观念当成经验地给定了的东西的一种臆想的表象,当成也须按经验规律来认识的对象。所以说,独断论的解决并不是什么不确定的,而是不可能的。至于批判性的解决呢,它可以是完全确定的,但它根本不是客观地考虑问题,毋宁是从问题所根据的知识基础上考虑问题。

第5节 以怀疑的方式表述四个先验观念引起的宇宙论问题

假如我们事先就已知道,对我们的提问做怎么样的独断论回答,都只会更增加我们的无知,把我们从一种不可理解引到另一种不可理解,从一种暗昧转为更大的暗昧,甚或使陷于矛盾之中,那么我们就会宁愿放弃提问也不让独断论式的答案出现。我们的提问如果只是为了得到一个肯定或否定的回答,那么聪明的处理办法是暂时把可以猜想到的解答根据搁置不管,而首先考虑一下答

---

* 依Mellin版,将 eine 读为 keine,因而将"是一种"译为"不是一种"。Smith 英译本亦从之。——译者注

案如是肯定的我们会有什么收获,如是否定的我们又会有什么收获。而且,如果在正反两种情况下结果都是没有意义的,那我们就有理由要求对我们的问题本身作一番批判的检查,看看问题本身是否依据的是一条毫无根据的前提,是否只是在搞一种观念的游戏,而这种观念是虚假的,其虚假性在其应用的后果里比在其各别的表象里暴露得更加清楚。这就是以怀疑的方式来处理那些由纯粹理性向纯粹理性提出的问题时的巨大效益,凭这种怀疑的方式,人们就能轻而易举地摆脱连篇累牍的独断论的废话,以便改用一种清醒的批判,而这种批判,作为一种真正的清泻剂,将能巧妙地清泻掉只会令人妄自以为广识博学的那种错觉。

因此,假如我能预先就从一个宇宙论观念里看得出:不论该观念偏于回溯的现象综合通过中的无条件者的哪一边,它对任何一个知性概念而言都会不是太大就是太小;那么,我就会理解到:一个宇宙论观念,既然它只可指谓着一个不大不小正与一个可能的知性概念相吻合的经验对象,那它就必定是空无所指的,毫无意义的,因为不论我怎么样想使对象去适合于观念,经验的对象同宇宙论的观念也是不相符合的。而且实际上,一切世界概念*情况都是如此,它们也正因为是这样,就使得理性,只要理性执着于它们,不可避免地陷入于二律背反,这是因为:

第一,如果假定,世界没有开端,那么,世界对你们的[世界]概念而言就是太大了;因为你们有关世界的概念是由一个持续不断

---

* 原文为"Weltbegriff"。译者认为康德此处说的"世界概念",等于他前面所说的"宇宙论观念"("kosmologische Idee")。——译者注

的回溯过程构成的,它永远到达不了那流逝了的全部永恒。如果假定,世界有一个开端,那么,它对于你们那由必然的经验性回溯所构成的知性概念而言又太小了,因为,开端总还要设定一个先行的时间以为前提,因而这开端还不是无条件的,而且,知性的经验性使用的规律,总迫使你们还要再找出一个更高的时间条件,因此〔这个时间上有限制的〕世界,对这条规律而言显然是太小了。

关于世界在空间上有多大多小的问题,其两方面的回答,情况也同是这样的。如果世界是无限的、无边界的,则对全部的可能的经验性概念来说这个世界也是太大了。如果它是有限的、有边界的,那你们就有理由再问,是什么东西规定着这个边界的?空虚的空间不是事物的一种自己存在着的相关者,它不能是你们所可驻足停留的那种条件,更不能是构成一项可能经验之一部分的那种经验性条件。(因为谁能经验到绝对空虚呢?)但〔经验的综合总要求达到绝对全部无遗的地步,而〕为了得到经验综合的全部,那就要求无条件者是一个经验的概念。因此,一个有边界的世界,对你们的概念而言,是太小了。

第二,如果每个空间里的现象(物质)都是由无限多的部分所组成,则分割的进程对你们的概念而言任何时候都是太大;而如果空间的分割应在分割进程中的某一环节(单一物)上停止下来,那么,这个空间分割进程,对于无条件者的观念来说,就是太小。因为,这个环节总还留下一个含有更多部分于其中的〔分割〕进程。

第三,如果你们假设,世界上发生的一切东西都不外是按照自然的规律而来的成果,那么,原因的因果性就将永远又是某种发生的东西,它发生着,它必然要求你们向着更高一级的原因回溯,因而它必然使得在先部分的条件系列永不停止地延长。这样,那单纯产生着效果的自然,对于你们用以综合世界上发生的事件的所有概念来说,是太大了。

如果你们承认有时候有由自己发生出来的事件,从而承认有出于自由的产生,那么,按照一条不可避免的自然规律,"为什么"的问题仍将紧跟着你们来,迫使你们按照经验里的因果律,越过自由或者说自发这个点[去寻找原因];于是你们就发现,这样的因果联结,即使是全部,对你们的必然的经验概念来说,也是太小了。

第四,如果你们假设有一个绝对必然的存在(不论它是世界本身,或是世界上的事物,或是世界的始因),那你们就要把它安置在一个距离任何既定时点无限辽远的时间里,因为否则它就是依附于另外一个更早的存在的。但既然如此,这种存在对你们的经验概念来说,是不可企及的,是太大了,以至于无论怎样继续不断的回溯你们也永远不能达到它。

但是,如果按照你们的意见,世界上的一切(不论是作为受条件制约而生的后果或是作为条件)都是偶然的,那么,你们所既有的任何一个存在,对你们的概念来说就是太小。这是因为,你们既有的存在,总迫使你们再去探寻它所依存的那另一个存在。

我们在所有这些情况下都曾说过:世界观念对于经验性回溯过程以及任何可能的知性概念来说,不是太大,就是太小。但为什么我们不曾反过来说:在第一种情况下,[即观念太大时,]总是经验性概念对于观念而言太小,在第二种情况下,[即观念太小时,]总是经验性概念对于观念而言太大呢,而且,为什么我们仿佛把不适称的过失推给经验性的回溯过程,而不曾返过来责备宇宙论的观念,怪它对它自己的目的亦即可能经验而言不是失之于太多就是失之于太少呢?理由在这里:可能的经验是唯一能给我们的概念以实在性的那种东西,没有它,一切概论就只是观念,就没有真实性,同任何对象无关。因此,可能的经验性概念,乃是人们判断观念时必须使用的尺度,以此尺度来辨明观念究竟只是观念和思想产物而已,还是有它的对象在世界上。这是因为,当人们说到某个东西相对于另外某物而言太大或太小时,这被谈到的东西必定只是为了那另外某物的缘故才被设定从而被建立起来的。例如,当一个球通不过一个洞时,人们该怎么说呢:是球太大了,还是洞太小了?这个问题也属于古代辩证学派玩过的把戏。在这个事例中,随便你们怎么说都是一样,因为你们并不知道二者中哪一方是为了对方的缘故而存在的。相反,你们不会说,人对他的衣服而言太高了,毋宁会说,衣服对人而言太短了。

因此,我们现在至少已有理由作这样的怀疑:宇宙论的观念,以及与它们有联系的种种自相矛盾的诡辩主张,也许都是以一种空的、纯然想象出来的概念为根据的,如同这些观念的对象之被呈现于我们面前时那样;而且这种怀疑,现在就已能引导我们走上正确的轨道,足以戳穿那如此长期使我们陷于迷误的幻象了。

第 6 节 先验观念论是消解宇宙论辩证法的关键

我们在先验感性中已充分证明:在空间里或时间里被直观到的一切东西,以及对我们而言任何可能的经验的一切对象,不是别的,都只是现象,也就是说,都是些单纯的表象,而这些表象,除了在我们的思想中呈现为有广延的东西,或成系列的变化而外,其自身并没有独立的存在。这种学说,我们称之为先验的观念论*。从先验意义上说的实在论者,则把我们感性的这些形态变化当成了独立自存的事物,也就是,把单纯的表象当成了事物自身。

如果人们硬要说我们的学说就是早即深受责难的经验的观念论,那真是冤枉了我们。经验的观念论由于承认空间有真正的现实性,而否认或至少怀疑空间里有广延的东西的实际存在,因此提不出在存在问题上真实与幻梦之间有什么足可证明的区别。至于时间里的内感官的现象,经验观念论要把它们看成现实的事物倒是没有困难;甚至可以说经验观念论认为:这种内在的经验,乃是唯一的东西,它能充分证明自己的客体自身(以及这一切时间规定)的现实存在。

相反,我们的先验观念论认为:在空间中直观到的那些外在直观对象,和在时间中内在感官所呈现出来的一切变化一样,也是现实的。这是因为,既然空间是我们称之为外在直观的那种直观的形式,而空间里如果没有对象就根本不会有任何经验性表象,那么,我们就能够而必须承认,空间里有广延的东西也是现实的;而且时间方面的情况也是这样。但是空间,连同时间,以及时空两者之中的一切现象,自己本身并不是事物,只不过是些表象,决不能存在于我们的心灵之外;即便我们心灵的内在的和感性的直观,(作为意识的对象,它的规定是由时间里不同状态的连续系列呈现出来的,)也不是独立自存的那种真正的自我(Selbst),或者说,也

---

* 有时候我也称之为形式的观念论,以区别于实质的观念论,亦即区别于怀疑或否认外物本身存在的那种通常的观念论。在许多情况下,我宁可使用形式的这个词,觉得比用上述先验的那个词还更为适宜。(此注为第二版时补加的)——译者注

不是先验的主体,而毋宁只是在我们并不认识的这种主体的感性中呈现出来的一种现象。这种内在现象,作为一种自身存在着的事物,并不能有实际上的存在,因为内在现象的条件是时间,而时间并不能是事物自身的一种规定。但是,现象在空间里以及时间里的经验真实性,却是有足够保证的;而且,现象在经验上的真实性同现象与幻梦的类似性,是有充分区别的,即使真实的现象和幻梦二者按经验规律可正确而彻底地在一个经验里联结在一起。

因此,经验的对象,决不是自己本身呈现着的,毋宁只是在经验里才出现的,根本不存在于经验之外。比如,说月球上可能有居住者,虽然从来没有人见过他们,这话却必须准许人说,只不过,这话仅仅意味着:在经验的可能进步中我们可能遇到他们而已;这是因为,任何东西,凡按经验进程的规律而与一个知觉前后连接着的,都是现实的。因而月球上的居住者,只要是与我们的现实意识在经验上前后连接着的,就是现实的,虽然他们并非因此而自身就是现实的,也就是说,虽然他们并非离开这个经验进程还是现实的。

现实地呈现给我们的,没有别的东西,我们唯一实有的东西乃是知觉以及从此一知觉到达其他可能知觉的经验进程。这是因为,就自身而言,现象,作为单纯的表象,只在知觉中才是现实的,而知觉事实上无非是一个经验性表象亦即一个现象的现实性。在尚未被知觉之前,就将一个现象称为一个现实事物,这样做法,或者意味着我们必定会在经验进程中遇到这样一个知觉,或者是根本毫无意义的。因为,假如人们说的是一个物自身,那么人们当然可以说它独立于我们的感觉和可能经验而自在地存在着。但我们

A 493
B 521

这里说的只是空间和时间中的一个现象,空间时间两者都不是物自身的规定,毋宁只是我们感性的规定,因此,凡在空间和时间里的东西(现象),自身都不是某物,毋宁是些单纯的表象,它们如果不是被给予我们(在知觉之中),那就是在任何地方也遇不到的。

真正说来,感性的直观能力只是一种接受力,即,在某种方式下受到刺激而有这样一些表象的那种能力,这些表象,彼此的关系乃是空间和时间(我们感性的两个纯形式)的一种纯粹直观,而且,这些表象,只要按经验统一体的规律在空间和时间的关系中联结起来,成为可规定的,它们就叫对象。对于这些表象的非感性原因,那是我们完全不认识的,因此我们不能把这种原因当作客体来直观;因为,这样的对象(即指客体),必定既不是在空间里也不是在时间里(时空二者是作为感性表象的单纯条件)被表象出来的,而没有这时空条件,我们就根本不能考虑任何直观。不过,仅仅为了让我们能有某种东西以与那作为一种接受力的感性互相对应,我们倒可以把一般现象的那只可理解的原因称作先验的客体。于是我们就能将我们全部可能的知觉及其关联,统统归因于这先验的客体,并且说它是先于一切经验而自在地本身就有了的。但是现象,相应于这先验的客体,却不是自在地就有了而是只在这经验里才有的;因为,现象只是些表象,而这些表象,作为知觉,只当知觉按经验统一体的规则同一切其他知觉联结着时,它们才意谓着一个现实的对象。所以人们可以说,过去时间的现实事物,都是出现在经验的先验对象里;但这样的现实事物对我而言只是些对象,在过去时间里才是现实的,这是因为我是这样设想的:一个由可能的知觉按经验性规律(不论沿着历史的线索,或者跟随原因与效果的脚步)形成起来的回溯系列,简言之,世界的进程,会引导出来一个作为当前时间之条件的过去时间系列,可是这过去时间系列之所以被设想为现实的,并非凭它自己本身,只是靠一条可以经验的联结;因此可以说,在我本人存在之前的无量时间里流逝的一切事件,并不意味着什么别的,只是从当前的知觉起始上溯到这当前知觉在时间上受其规定的那些条件为止的这段经验锁链之得以延续的可能性而已。

因此,当我设法就一切时间和一切空间中一切存在着的感性对象进行整个地表象时,那并不是我在经验之前先把这些对象置入于时空中去,毋宁相反,这个表象只是一个关于绝对全部的可能经验的思想而已。唯独在这全部可能的经验中,上述的对象(它们无非是些单纯的表象)才是给定了的、实有了的。当然人们也说,这些对象早在我们的一切经验之前就已存在了,但这个话只意味着:这些对象是在我从知觉出发以后首先第一步所必定迈进其中的那一部分经验里可以遇到的。至于我这样迈进的经验条件的始因(这涉及我在进程的哪个环节上或者说我要前进多远才能遇到这些对象),乃是先验的,因而是我所必然不知道的。但这先验的原因也并不是我所要讨论的,我要讨论的毋宁只是经验进展的规则,靠这个经验进展,这些对象亦即现象,才被呈现在我面前。至于究竟我说:随着经验的进展,我能在空间中遇到一些比我见到过的最远的星体还更远一百倍的星体;或者我说:虽然从来没有一个人见过或者将要看到这些星体,但它们毕竟可能在世界空间或者说宇宙空间中被遇到;这两种说法,其结果是完全一样的。因为,即使这些星体是作为与可能经验毫不相干的物自身而出现的,它们对我而言也等于零,从而也不是对象,因为它们没有包含在经验进程的系列里。唯有在另外的情况下,比如,当这些现象要被用以构成一个关于绝对整体的宇宙论观念时,从而也就是,当事情涉及一个超出可能经验的边界的问题时,那么为防止因误解我们自己的经验概念而不可避免必定产生的那种骗人的幻觉起见,对人们在虚构出来的感官对象的现实性上采取哪种看法进行鉴别区分,才具有重大的意义。

第7节 对理性自身的在宇宙论争论所作的批判性论断

纯粹理性的全部二律背反都出自这样一种辩证的论证:如果有条件者被给予了[或者说有了],则这个有条件者的全部条件的整个系列也就有了,而且,既然我们已经有了作为有条件者的感官对象,我们也就有了感官对象的全部条件系列,如此等等。这是一个其大前提看来十分自然十分明显的理性推理[或称三段论法],通过这个三段论法,构成着一个系列的(在经验的综合过程中的)那些条件有多少差异,就会有多少个宇宙论的观念被引用起来。这些观念于是设定着这些系列的绝对全部,而唯其如此,它们也就使理性不可避免地陷入自相矛盾之中。但是,在揭发这种巧辩的论证中虚假骗人的东西之前,为了让我们恢复本来的态势以更便于从事揭发,我们必须先把论证中将要出现的某些概念予以更正和规定。

首先,下列命题是明确无误毫无疑义的:如果有条件者被给予我们了,则在该有条件者的全部条件系列里进行的一项回溯活动也就因之而被托付给我们了(ist uns aufgegeben);这是因为,这项回溯本就在有条件者的概念里包含了的,比如说,有某种东西,由于它是一个有条件者,它就被联结到一个条件上,而如果这个条件本身又是一个有条件者,那就被联结到一个更远的条件上,如此回溯不止,以至条件系列的一切环节全都被牵涉到。因此,这个命题乃是一个分析命题,丝毫无所畏惧于先验论的批判。理性的一个逻辑公设本就是:通过知性去追溯、并尽可能远地继续追溯一个概念自身本已包含着的它自己与它的条件之间的上述那种联结。

其次,如果有条件者,以及它的条件,都是些事物自身,那么,当有条件者是给予了的时候,不仅那追寻有条件者之条件的回溯[活动]已经托付下来(aufgegeben),而且被回溯的条件实际上已因此而一并被给予了;再者,由于这个情况适用于条件系列的一切环节,所以全系列的每个条件,乃至无条件者,也统统因此而同时一并被给予了,或者毋宁说,被预先假定了,因为,那已被给予了的有条件者是只靠先有了上述条件系列才可能有的。在这里,有条件者同它的条件的综合,乃是单纯知性的一种综合,而单纯知性之表象事物,是照它们如何存在的样子予以表象的,并不关心我们是否能够和如何能够取得关于它们的知识。但相反,如果我所探讨的[不是物自身],是那些作为单纯表象而根本不会被给予的现象,如果我认识不到它们(也就是说,如果我达不到它们本身,因为它们只不过是些经验性知识),那么,我就不能在刚才的意义下说:如果有条件者是被给予了,它的一切条件(作为现象)也就被给予了,因而我也决不能推演出条件系列的绝对全体来。这是因为,现象,在其被掌握时,它们本身只不过是(空间和时间中的)一种经验性综合,因而它们只是被给予于或者说出现于这种综合里的。可是决不能由此而说：一旦有条件者（在现象中）被给予了，则构成它的经验性条件的那种综合也就因此而一并被给予或被预先设定了。毋宁是，综合是在回溯中方才发生，没有回溯就永远没有综合。不过，在有条件者被给予了这样一种情况下，人们倒完全可以说，一项追寻条件的回溯［活动］，也就是，一项在条件方面连续进行的经验性综合［活动］，是被交派下来或托付下来了，而且，通过这种回溯而被给予的那些条件，是不会短缺的。

由上所述，显而易见，宇宙论三段推理的大前提里所用的有条件者，具有一个纯粹范畴的先验意义，而小前提所用的有条件者，则有被应用于单纯现象的一种知性概念的经验意义。因此，在这种推理中就犯有人们称之为立言方式误谬（Sophisma figure dictionis）的那种偷换中词的欺骗。但这种欺骗不是故意作出来的，而是普通理性的一种完全自然的错觉之所致。这是因为，当某种东西作为有条件者被给予了时，我们就（在大前提中）不知不觉地把条件及其系列预设下来了，因为假定一个已给予了的结论所具有的完备的前提，乃不过是一种逻辑上的要求，而且，既然在有条件者与其条件的联结中，并无时间的先后，它们就是作为同时给予了的东西而自在地被预设下来的。再者，在小前提里，把现象既视为物自身，就像在大前提里那样（在那里我将对象唯一赖以能成为给予了的东西的那一切直观条件都抽除了，）又视为提供给单纯知性的对象，也同样是很自然的。但是，在我们这样做的时候，我们已忽视了概念之间的一个重要区别。在大前提里，有条件者与其条件的综合（以及整个的条件系列），本身并没有任何时间上的限制，也没有前后接续的概念。相反，经验性的综合以及（小前提里所包含的)现象里的条件系列,必然是前后接续的,只在时间里一个跟一个先后被给予了的;因此在这里,我不能像在那里一样预设那综合的、以及由综合所呈现的系列的绝对全体,因为在大前提那里,系列的一切环节都是自在地(不带时间条件)被给予了的,但在这小前提里,系列的一切环节只是通过连续的回溯才可能有的,而连续回溯又是只在人们实际从事这项回溯［活动］时才被给予的。

指明正反两种宇宙论主张所共同根据的论证中含有这样的失误之后,我们就有理由,怪责争论的双方都没给他们的主张提供充分论据,从而摒弃他们,置之不理。然而他们却还不能由于双方或其中任何一方在其所主张的论断本身中(在结论里)被确证是错了而就停止争吵。尽管他们没能将论断建立在强有力的论据上,有一点却是再清楚不过的,那就是:既然一方主张世界有一个开端,另一方主张世界没有开端,是从永恒以来就有的,那么,二者中就必有一方是对的。但事情如果是这样,则要判定哪一方对,却是不可能的,因为双方的推理同样的清楚,因而即使在理性法庭上双方被责令相安勿闹,争吵也要依旧持续不停。因此,要想使争论双方都满意,彻底停止争吵,没有别的办法,只能靠他们由于都能振振有词地反驳对方因而最终确切领会到他们为之而争吵的东西原来是个空,原来是某种先验的假象让他们在不可能有现实的地方误看成了现实。这样来处理一桩无法判决的争端的道路,就是我们现在要走的道路。

* * *　　* * *　　* * *

爱利亚学派的芝诺,一位精密细致的辩证论者,早就被柏拉图狠狠地谴责为一个肆无忌惮的诡辩家,因为他为了显示他的本领,曾试图用貌似有力的论证证明一个命题,随后又用别的同样有力的论证把它驳倒。他曾主张,神(在他那里大概只是指世界)既不是有限的,也不是无限的;它既不是运动的,也不是静止的,既不同别的事物相似,也不同别的事物不相似。在那些就此事论断过他的人们看来,他那是想一并否定两个彼此反对的命题,是做不合理的事情。不过在我看来,并没有理由能把此事说成他的劣迹。我将在后面较详细地阐明上述那些命题中的第一个,在这里兹先来谈谈其余的命题:如果他是把神这个字理解为宇宙,那他必定是在说,宇宙既不是一直停留在它的位置上(静止),也不是在改变它的位置(运动),因为一切位置都在宇宙里面,因此宇宙本身并不在任何一个位置上。再说,如果宇宙包含一切存在的东西于其自身,那也就既没有任何其他事物同它不相似,也没有其他事物同它不是不相似,因为除它之外,不存在任何可以同它进行比较的别的东西。[所以,]如果两个彼此反对的判断都以一个不合法或不容许的条件为其前提,那不管它们的争论是什么(肯定不是真正的矛盾),它们双方本身就都站不住脚,因为两个命题中的任何一个所赖以成立的条件都是站不住脚的。

如果有人说,一个物体,要么它气味好闻,要么气味不好闻,那么,这里就可能有一个第三情况发生,那就是,它根本不出气味,因而两个对立的命题可以都是错的。但如果我说,一个物体,要么它是香味的,要么它不是香味的(vel suaveolens vel non suaveolens),那么,这两个判断是互相矛盾对立的,如果第一个判断错了,那就只是第一个判断错了,至于它的矛盾对立面,即第二个判断:"有些物体不是香味的"，则并不错，因为这判断本身也包含着那些根本不出气味的物体。在前面那一对判断中，物体概念的偶然条件（气味）在反面的判断里仍保留下来，没有因反面判断而被取消，所以那一对判断不是矛盾对立的。

由此可见，如果我说，要么世界在空间上是无限的，要么它就不是无限的（non est infinitus），那么，当第一个命题是假的时，它的矛盾对立面，"世界不是无限的"，就必定是真的。因为当我断定第一命题是假的时，我仅只取消了一个无限的世界，并没建立另外一个、有限的世界。但如果我那话的意思是说，要么世界是无限的，要么它就是有限的（非无限的），那么，这两个命题就可能都是假的。因为，我此时是把世界看作一个自在地在其积量的大小上规定了的，因为在反面判断里，我不但取消了世界的无限性以及世界整个的孤立的存在，反而还给世界添加了一个规定，使之成了一个自身即现实的事物；而我对世界的这种论断，同样能是错的，因为被给予于我们的或者说我们所认知的那个世界，可以根本不是一个物自身，当然，也可以在它的积量上既不是无限的也不是有限的。请允许我把这样的对立称为辩证的对立，而把矛盾的对立称为分析的对立。于是，两个互相辩证对立着的判断，能够都是错的，因为其中的一个判断，不仅仅表示与另一判断构成矛盾，而且还表示着比构成矛盾所需要的东西更多的某种东西。

如果人们将"世界在积量的大小上是无限的"和"世界在积量上是有限的"这两个命题，看作是互相矛盾对立的命题，那人们就是在把世界，亦即把整个的现象系列，设想为一种物自身。这是因为，在此情况下，即使我停止在世界的现象系列里进行无限的回溯或有限的回溯，世界也依然存在如故，[要么是无限的，要么是有限的]。但是，如果我撇开这种设想，或者说，撇开这个随之而来的先验假象，不承认世界是一个物自身，那么，两个主张间的矛盾对立就转变为一种单纯辩证的对立了，而且，由于世界根本不脱离我的表象的回溯系列而独立自存，所以世界既不是存在着作为一个自身无限的整体，也不是存在着作为一个自身有限的整体。世界只能在现象系列的经验性回溯中被人们认识到，而就其自身来说，则是决不会为人们遇见的。因此，如果这个系列任何时候都是有条件的，那它就永远也不会是整个地被给予于人们的，而世界就不是一个无条件的整体，世界之存在着也就并非作为这样一个[无条件的]整体而在积量上要么是无限的要么是有限的。

此处关于第一个宇宙论观念所说的，亦即关于现象界里的绝对完全(Totalität)所说的，对一切其他宇宙论观念也都适用。条件系列只能在回溯的综合里被我们遇见，但在现象里，自在地，作为一种在一切回溯活动之前就已呈现出来的固有的事物，是不会被遇见的。因此，我将不得不又说，一个给予了的现象里的诸部分，其数量本身既不是有限的也不是无限的，因为现象并不是什么自身存在着的东西，它的部分呢，首先要靠回溯那些起肢解作用的综合，然后就在这回溯过程中各部分才被呈现出来，而这种回溯，无论作为有限的或作为无限的，是永远不会绝对完整地被给予或者说被呈现于我们之前的。这同样的话也适用于层层堆叠的原因系列，或者说也适用于由有条件的存在上溯到绝对必然的存在的系列，这种系列，就其完全性而言，既永不能被看作是有限的，也永不能被看作是无限的，因为它作为前后隶属的各表象的系列，只存在于动态的回溯中,而在回溯之前,作为独立自存的诸事物的系列,则它自身是根本不能存在的。

按这样说法,纯粹理性在其宇宙论的观念中的二律背反,就被消除了;这是因为,上文已经指明,二律背反纯然是辩证的东西,它是这样一种假象所造成的矛盾,这种假象,其所以产生,是由于人们把只能算是物自身之一条件的那种观念、绝对全部,应用到了众现象身上,而这些现象是只存在于表象里的,并且,如果它们形成一个系列,则只存在于系列的连续回溯里,除此之外,它们就根本不存在。然而,人们倒也可以从这二律背反中获得一种虽非教条性的却属批判性和学理性的真正效益,即是说,可以由此而间接证明现象的先验观念性,假如有人觉得先验感性论里的直接证明还不够充分的话。这间接证明该是由下列二难推论中得来:如果世界是一个自身存在着的整体,那它就要么是有限的,要么是无限的;现在,按上述关于反题和正题两方面的证明,无论说世界是有限的或者说世界是无限的,都是错的;因此,说世界(一切现象的总和)是一个自身存在着的整体,就也是错。由此可见,在我们的表象之外,根本不存在什么所谓现象,而这一点,正是我们想通过现象的先验观念性来说明的。

这个注释很重要,人们可以从中看到,上述四个二律背反的证明,在某个前提下,并不是虚幻的东西而是有根有据的,这个前提就是,众现象或包含这全部现象的那个感性世界,须是些事物自身。但是,从这里引申出来的命题,既然彼此矛盾,这就表明前提里含有错误,而这就导致我们发现了事物的真实品质:它们原来是些感官的对象。于是,先验辩证法固然对怀疑论没有多大帮助,而对怀疑法却大有裨益的;只要人们听任理性论证充分自由地展开,互相诘难,怀疑法就能把先验辩证法当作显示它自己具有巨大用处的一个实例,因为理性论证尽管至终也不会提供人们所寻求的那种东西,但随时都将提供某种有用的、对校正我们的判断有帮助的东西。

第8节　纯粹理性在宇宙论观念方面的规范性原理

由于通过宇宙论关于全体的原理,不可能在感性世界给出一个作为物自身的条件系列的最高极限(Maximum),而只能是在条件系列中进行回溯,所以,上述纯粹理性的原理,在它这样的意义下还保持了它良好的有效性,但其有效并非作为公理(Axiom)以便把客体里的全体性当作现实的,而是作为对知性从而对主体的一个问题,以便按照观念里的完全性,对一个给定了的有条件者进行并持续进行条件系列里的回溯(活动)。因为在感性中,即在空间和时间中,我们在解释既定现象时所能达到的每个条件本身又是受条件限制的,因为这些现象不是绝对无条件限制者所得借以产生的对象自身,而只是经验的表象,它们总要在直观中有它们的条件,而这种条件受空间、时间规定。理性的原理实际上只是一个规则(Regel),这个规则在既定现象的条件系列中提供一个回溯,而这种回溯又绝不允许终止于一个绝对的无条件限制者。这个原理也不是经验之所以可能的原理,不是有关感官对象的经验知识之所以可能的原理,因而不是知性的原理*。因为一切经验都按

---

* 此句蓝本脱。——译者注

照给定的直观受其界限局限,而且也不是理性的建构原理(konstitutives Prinzip),不能扩大感觉世界超出一切可能的经验之外,而只是使经验本身尽可能进步和扩大的原理,根据这个原理,任何经验性限界都不能必定充当绝对的界限,因此,它是这样一个理性的原则,它,作为一个规则,设定我们在回溯中应该做些什么,而不预示(nicht antizipiert),在任何回溯之前,客体自身中就给定了什么。因此,我把它叫作一种规范性的(regulatives)理性原则,与此相反的,条件系列的绝对全体性,作为在客体(现象)中自身既定的,则是一种建构性的宇宙论原则。我正是用这种区别指出了这个原则本不存在,以防止人们像以前不可避免地要犯的,(通过先验地偷换概念)赋予只能用来作为规则的那种观念,以客观的实在性。

为了恰当地规定纯粹理性的这个规则的意义,首先必须注意:这个规则不能说客体是什么,而它倒是能说,经验性回溯应怎样去进行才能达到完全的客体概念。这是因为,假如它能说出客体是什么,那它就是一个建构性的原则,而这是从纯粹理性那里永远不可能产生的。于是人们根本不能企图断言:属于一个给定的有条件者的那些条件所形成的系列,本身是有限的或无限的,因为假如作了这样的断言,那就是说,一个只牵涉到其自己本身的、单纯的绝对全体性(观念)竟想有一个不能在任何经验中被给予[或得到呈现]的对象,同时,一个现象系列竟会被赋予一种与经验性综合毫不相干的客观实在性。于是,理性观念将只为条件系列里的回溯性综合制定一种规则,按此规则,回溯性综合要从有条件者起始通过所有相互隶属的条件,向着无条件者前进,虽然是永远也达不到。这是因为,绝对无条件者是在经验里根本找不到的东西。

为此,当一个系列的综合绝对不能完全的时候,我们首先应将所说的一个系列的综合准确地加以规定。这样打算时,人们通常利用两个术语(名词),尽管这两者在规定的时候,彼此是有某种区别,人们却并不会正确地指出这种区别的根据。数学家专门谈论一种"无限中的进程"(progressus in infinitum)。概念的研究者(哲学家)则不这样,他们只愿意谈论一种"不确定的进程"(progressus in indefinitum)。我为了不浪费时力于检验这样一种区别之所以产生的理由和详论这种区别在使用上是否有效,我愿力争结合着我的意图准确规定这些概念。

对于一根直线,人们可以正当地说,它能被延长至无限,在这里区别"无限的进程"和"不确定的进程"(progressus in indefinitum)可说是一种空洞而纤细的玩意儿(Subtilität)。因为尽管当人们叫你将一根线加以延长时,与其说"无限地延伸",当然不如说"无定地延伸";因为,"无定地延伸"只意味着:你愿意延伸多长,就延伸多长,而"无限地延伸"则意味着,你应该永不停休地延长它(而在这里恰恰没有这个意思)。因此,如果谈论的只是能不能的问题,那么"无定地延伸"乃是完全正确的;因为你能够使直线不断增长以至无限。而且人们只谈论进程的时候,即是说当人们只谈论从条件到有条件者的进程的时候,情形都是如此;这种可能的进程在现象的系列中可以直至无限。从一对父母开始,你能在子孙后裔的下降线上延续下去,你也完全可以认为这条下降线实际上在世界上就是这样延续的。这是因为,在这里,理性永不需要系列有绝对的全体性,因为这样的系列的绝对全体性并没有被预设为条件,仿佛是什么给予的(事实)(datum),而毋宁是被预设为某种有条件者,只是可以被给予、并可被无限地加添上去的东西。

如果问题是,在一系列中从给定的有条件者上升到条件这样一回溯过程要延伸多远,那么情形就完全不一样了。是不是我能说:这是一个直到无限的回归过程,抑或只能说是一个向着无定辽远(in indefinitum)延伸的回归过程,因而是否我可以从现在活着的人起始,沿着他们祖先的系列,上溯至于无限;或者是否只能说:既然无论我回溯到多么远,也不能找出一个经验性根据,以便把这系列看成在某一点上受限制了的,因此,我有权利、同时也有义务,为每一个祖先进一步找出他更远的祖先,虽然我不该也不必设定他们以为前提。

因此我说,如果整体在经验性直观中已被给定了,则这整体的内部条件的系列里的回溯活动是无限的;但是,如果只有系列的一个环节被给定了,而向着绝对全体(性)进展的回溯进程又是从这个给定的环节出发的,那就只会出现一种不确定方式(in indefinitum)的后退过程。因此,谈到(一个物体的)分割,即,一块在其边界之间被给定的物质的分割,也必须说,其进程是至于无限的。这是因为,这块物质是作为一整体地、因而连同它的一切可能的部分、在经验性直观中被给定的。现在,既然这个整体的条件乃是它的部分,而这个部分的条件又是部分的部分,如此等等,而且,既然在这个解构性回溯过程中,绝不会遇到这个条件系列的一个无条件的(不可分割的)环节,那就不仅没有任何一个经验性根据去停止这分割,而且持续的分割过程上那些更远的环节甚至在这更深入的分割之前就在经验上被给定了,这就是说,分割是无限地

A 513
B 541

进行的。相反,一个给定的人的祖先系列就其绝对全体性而言是不会在可能经验中被给定的。但回溯毕竟是从这个世系的每一个环节走向一个更高的环节,因此,人们在世系里不会遇上任何经验性界限来充当一个绝对无条件的环节。而且由于在这里能够充当条件的那些环节也不是早在回溯之前就存在于经验性整体直观中的,那么(所以)这种因分割给定之物而形成的回溯过程就并不是无限的,而寻求可以添加到给定了的环节去的更多的环节只是远近不可确定的,至于这些更多的环节本身,又总只是受有条件地制约而被给定了的。

在两种情况下,不论在无限的(in infinitum)回溯中或在无定的(in indefinitum)回溯中,条件的系列都不是被看成无限地在客体中被给定了的。条件不是些在自己本身中被给定了的那些事物,而只是些作为相互制约的条件、而只在回溯过程中才被给定的那些现象。这样,问题也就不再是:这个条件系列本身有多大,是有限的还是无限的,因为它自身什么东西也不是。问题毋宁是:我们应如何进行经验性回溯,我们应把这经验性回溯继续到多远。此外,关于这种继续的规则,还有一个重要的区别。如果整体已在经验上给定了,则在这整体的内在条件的系列中,回溯至于无限是可能的。但如果整体不是已给定了的,而要通过经验性回溯才能被给定,那我就只能说:向系列里的更高条件进展,以至于无限,是可能的。在前一种情况下,我可以说:这里总有比起我由(解构的)回溯所达到的环节还更多的环节在经验上被给定了;但在第二种情况下,我只能说:我在回溯[活动]中永远还可走得更远,因为没有任何环节作为绝对无条件者在经验上被给定了,因而永远还有一个更高的环节,这乃是可能的,而且对这更高环节的追索乃是必然的。在前一情况下,遇到更多的系列环节是必然的;而在后一情况下,追索更多的环节永远是必然的,因为没有任何经验是绝对地限制了的。这是因为,或者你们没有使你们的经验性回溯受到绝对限制的那种知觉,那么你们就必须不把你们的回溯看成是完成了的;或者,你们有这样一种限制着你们的系列的知觉,那么,这种知觉就不能是你们完成了的系列的一个部分(因为限制者必定与被限制者有区别),于是你们就必须向着这个条件把你们的回溯更向前推进不已,如此等等。

在下一节里,这些陈述将通过其具体应用得到它们应有的阐明。

第9节 就一切宇宙论的观念,论理性的规范原理的经验性使用

我们已多次指明,无论纯粹知性概念还是纯粹理性概念,都不可作先验性的使用,而感性世界里的条件系列之所以被认为具有完全性(Totalität),那仅仅是由于理性作了一种先验性的使用,即,由于理性要求它预先假设之为物自身的那种东西具有这绝对的完全性,然而感性世界里并没有这样的完全性,所以,人们再也不能谈论什么感性世界里的条件系列的绝对积量问题,且不管这些系列是受了限制的也好,还是其自身未受限制的也好,而毋宁只能谈论:当我们从经验出发,朝着它的条件退溯的时候,究竟我们应将这经验性回溯伸展到多远,才能使理性的追问,按理性规则,不前不后,恰恰在与对象相适称的答案那里停留住。

于是，在理性原理，作为各现象［读作事物］*自身的一条建构性原则，已被详尽表明为毫无效准之后，我们就别无选择，只能认定，理性原理，作为一项可能经验的一条连续与积量的规则，具有效准性。再者，如果我们能确信无疑而又清晰无误地记住上述论断，则理性自己与自己的争吵也就完全了结了，因为，通过批判的阐释，不仅理性因之陷于自身分裂的那种假象，已被消除，而且接替假象的那种感觉（Sinn），即，它那里理性就会自身一致起来、而只要对它有所误解就要引起理性冲突的那种感觉，也被启开展现出来了，而且，往常的一条辩证性原理，就变成一条规范性原理了。事实上，这规范性原理，如果按照它的主观含义能被证验自己是在搭配着经验对象以规定知性在经验界里最大可能的使用，那么，情况就会恰恰是这样：仿佛这原理就像一条公理那样（公理不可能来自纯粹理性），先天地规定着对象自身；这是因为，就经验对象而言，即便是公理，它也要看它在我们知性的最可能广泛的经验性使用中起了多大作用，才能在扩充和校正我们的知识方面产生多大影响，更多的影响它也是不能有的。

I 消除关于组成一个世界整体的现象之总量的宇宙论观念

在这里，如同在别的宇宙论问题那里一样，理性的规范原理所根据的命题是：在经验性回溯中，人们不能经验到一个绝对的边

---

* "各现象自身……"，原文是："……der Erscheinungen an aich selbst"。就文意而言，此处的"现象"二字显然是指"事物"。因此，Erdmann 版本作"Erscheinumgen als Dingen an sich selbst"（诸现象作为诸事物自身）；Adickes 版本更直接将现象 Erscheinungen 改为事物 Dinge；Smith 英译本译为"appearances [viewed as things] in themselves"。——译者注

界,即是说,不能经验到其本身在经验上是绝对无条件的那样一种条件。但所以不能有这种经验,其理由在于:这样一种经验,必定包含着现象界所受的一种限制,或者被虚无或者被虚空所限制,而这种限制总应该能在连续不断的回溯中借助一种知觉而碰到;但这种情况是不可能的。

这个命题的意思无非是说,我在经验性回溯过程中,任何时候,都只达到这样一个条件,它,本身必须重新被看成是经验上有条件的;于是,这个命题就包含着这样最终的规则:不管我在上升系列里回溯多久多远,任何时候,我都一定要追问这系列上的一个更高环节,不论该环节会通过经验而为我所认识与否。

因此,为了解决第一个宇宙论任务,无须别的什么,只还需要说定,在朝着世界整体的(时间上和空间上的)绝对积量推进的回溯中,这个从未受过限制的上升[过程]可以叫作趋向于无限的倒退呢,还是只能称为长短不可确定的连续回溯呢(无定的)。

我对于世界的过去一切状态的系列、以及对于世界空间中同时存在的众事物的系列,所具有那种单纯而普遍的表象,并不是什么别的,只是我以尚不确定的方式为自己设想出的一种可能的经验性回溯,而且唯有通过这种回溯,才能为一个给定的知觉产生出这样一种条件系列的概念①。现在,既然我心目中的世界整体,任

---

① "那么,这个世界系列也就既不能大于也不能小于它的概念所唯一依据的那个经验性回溯。而且,由于回溯既不能提供一个确定的无限,也不能提供一个确定的有限(即,肯定受了限制的东西),所以显而易见,我们既不能把世界的积量看成有限的,也不能看成无限的,因为这两种情况都是世界积量赖以得到表象的那个回溯所不能允许的"。——康德原注

何时候都只存在于概念中,而(作为一个整体)决不是在直观里,所以我就不能从世界整体的积量推论出回溯的积量,也不能依据前者[世界整体]来确定后者[回溯],毋宁是,我必定是先通过经验性回溯的积量,然后才在我心目中产生出一个关于世界整体积量的概念。但是,对于经验性回溯,我所知道的一点仅仅是,从条件系列的任何一个给定的环节出发,我必须再在经验上向前推进以至一个更高(更远)的环节。因此,现象整体的积量根本不是绝对地定了下来的,从而人们也就不能说这个回溯是趋于无限的,因为如果该回溯是趋于无限的,那人们就应预见到它尚未达到的那些环节,并且要把那些环节的数量设想成为任何经验性综合也不能达到的那么巨大,因此,这也就是要在确定回溯之前先确定世界积量(即使只消极地确定也罢),而这样做是不可能的。这是因为,世界根本不是通过一个有关世界整体的直观而被给予于我的,因而它的积量也绝不是在回溯之前就被给予于我的。这样一来,关于世界积量,我们就什么也不能说,甚至就连说在它那里有一个无限的回溯也不能说,我们毋宁必须依照确定它里面的经验性回溯的那个规则,去寻找世界积量的概念。但这个规则并不说明更多的东西,它只表示,不管我们在经验现象系列里走到了多远的地方,我们也不应该接受任何一个绝对边界,毋宁是,我们必须使每个作为有条件者的现象,隶属于作为它的条件的另一个现象之下,从而必须进一步使那另一个现象再隶属于它的条件之下;而这样前进,乃是无定的回溯,无定的回溯,由于并不确定客体里的积量,所以是可以与无限的回溯有明确区别的。

于是,无论就过去了的时间而言还是就空间而言,我不能说世界是无限的。因为,这类无限的积量的概念,其积量既是一个给定了的无限,它就是经验上不可能的,因此在谈到世界时(世界作为一个感觉对象),说它是无限的,那也是绝对不可能的。我也不能说,这样一种回溯将推进至于无限,这种回溯是指在一个系列里;从一个给定的知觉起始,向着既在空间里又在过去的时间里会限制该知觉的东西推进的那种回溯,因为回溯要推进至于无限,就得预设无限的世界积量以为前提。可是,我又不能说世界积量是有限的,因为绝对的边界同样是经验上不可能的。这样一来,我对整个的经验对象(感性世界)就什么也不能说,毋宁只对经验及其相应的对象所赖以成立和延续的那种规则,能说点什么。*

因此,关于世界积量的宇宙论问题,其第一个否定性答案乃是:世界没有时间的第一开端,也没有空间的最外边界。

这是因为,假如情况与上述答案相反,则世界就该一方面受空的时间限制,另一方面受空的空间限制。可是世界,作为现象,自身是不能受空的时空两者所限制的(因为现象不是事物之自身),所以,假如这两种世界极限已在一个可能经验中出现了,被给予于我们了,那就必定是由于我们可能有了一种受限制于空的时间或空的空间的限制知觉。但是,这样一种经验[限制知觉],由于完全空无内容,是不可能的。因此,一个绝对的世界边界,不仅在经验上不可能有,而且也是绝对地不可能有的①。

---

* 蓝、牟两译本皆从英译本改动。本译本依 Valendiner 补增一"etwas"。——译者注

① 人们将注意到,这里的证明与上文第一个二律背反的反题中的独断证明,方式完全不同。在那里,我们是按通常的独断的眼光把感觉世界当成一个即在自身之中的、先于一切回溯的、穷尽其所有全部而被给予于我们的东西;并且认为,假如它不是占据了一切时间和一切空间,则它在时间空间中就压根儿任何确定的位子也没有。因此,后果也跟这里的不同,即是说,那里推论的是世界的现实无限性。——康德原注

于是，这里同时就推论出一个肯定的答案：世界现象系列里的回溯，作为世界积量的一种规定，其行进[之远近]是无定的；这等于说，感性世界并没有绝对的积量，而毋宁是，经验性的回溯（只有依靠这经验性回溯，世界才能从其现象方面呈现出来、被给予于我们）却有它自己的规则，那就是，它从一个系列环节出发，以此环节为有条件者，然后或者凭借自己的经验，或者沿着历史的导线，或者依据因果的线索，任何时候，总是向着一个更加远离的环节推进，并且不论推进多远，推进到何处，它总不罢手地扩大它那知性的可能的经验性使用；而致力于知性的经验性使用之扩大，其实，也就是理性在应用自己的原理时的固有而唯一的任务。

这个规则并不预定（vorschreiben）一种确定的经验性回溯，确定的经验性回溯是在某种现象里永无止境地行进的回溯，例如，人们从一个活着的人起始，沿着他祖先的谱系，必须永远逐辈上升，而决不指望达到第一对始祖，又例如，在天体的系列里，必须永远向外扩展，而决不允许遇上一个最边远的太阳；毋宁是，这个规则所要求的只是从现象向现象推进，至于推进所达到的那些现象，即使由于过于微弱而没在我们意识里形成经验，没有产生现实的知觉，那也没关系，因为尽管如此，它们毕竟还是属于可能的经验的范围。

一切开端是在时间里，一切广延的边界是在空间里。但空间和时间都只在感性世界里。因此，唯有世界里的现象是受条件限制的，但世界本身则既不是受条件限制的，也不是在无条件方式下受限制的。

正是因为这个缘故，并且由于世界绝不能整个地被给予于我们,甚至一个给定的有条件者的条件系列,作为世界系列,也不能整个地被给予于我们,所以,关于世界积量的概念,也只是通过回溯,而不是在回溯之前就在一个集合性直观里被给予了的。但是,回溯永远只在于对积量进行确定;因而回溯并不提供任何确定了的概念,也不提供在某种质量方面或许可被说成为无限的那样一种积量的概念;因此,回溯并不是行进至于无限(无限仿佛是给定了的),毋宁是,为了提供一个凭着该回溯才变现实的(经验的)积量,其进程之远近是没有确定的。

Ⅱ 消除一个在直观中给定了的整体所可进行的分割的总数的宇宙论观念

当我分割一个在直观中给定了的整体时,我是从一个有条件者向它的可能性的种种条件推进的。分割为部分(分细或分解),就是在这些条件的系列中进行一种追溯。这个系列的绝对总数只在追溯能达到单纯的部分时才会是给定了的。但如果一切部分在一个继续前进的分解过程中又总是可分割的,那么分割,亦即追溯,就从有条件者向着它的条件推进不已以至无穷,就是无限的;因为条件(亦即部分)都是包含在有条件者自身中的,而由于有条件者是在一个由它的边界包围起来的直观中整个地给定了的,所以它们这些条件也都随同一起被给定了。可是这种追溯却不得像前一个宇宙论观念所允许的那样简单地被称为无限的追溯,因为我要从有条件者向它的条件推进,而这些条件既然在有条件者之外,因而并没有与它同时被给定,而是在经验性的追溯过程中才添加进来的。即使不管这些,我们对这样一种可以分割至于无穷的整体也决不能说它是由无限多的部分组成的。这是因为,虽然一切部分都包含于整体的直观中,但整个的分割[行动]却不包含在整体的直观中,分割只存在于继续的分解或追溯的过程本身,只有追溯才使系列成为现实的。现在,既然这个追溯是无限的,那么它所达到的一切环节(部分)固然作为累积物包含于给定了的整体中,但整个的分割系列并不包含于给定了的整体中,这个分割系列是无限接续着的,绝不是整个的,因此绝不能表示在一个整体中的无限的数量,也绝不能表示其中的无限数量的总括。

这个普遍的阐释首先可以很容易地应用到空间上。每一个在其自身的边界里被直观到的空间就是这样一个整体,其不断分解出来的部分又都是空间,因此是可以无限分割的。

由此也就非常自然地引出第二种应用,即应用到包围在其边界里面的外在现象(物体)上。物体的可分性是以空间的可分性为根据,物体,作为一种有广延的整体,之所以可能就在于空间。所以物体也是可以无限分割的,虽然不能因此就说物体是由无限多的部分组成的。

看起来的确是这样:一个物体虽然是在空间里被表象为实体的,可是在空间里的物体,就空间的可分性规律来说,就不同于空间。这是因为,人们无论如何总得承认,分解永远不能将空间里的一切组合都消除掉,因为如果那样,那就连否则不含任何独立自存之物的空间也不复是什么空间了(这是不可能的);可是,如果说,将物质的一切组合统统从思想上取消掉,以至任何东西也不剩留,那么,这就显然又与一个实体的概念不相符合,因为真正说来,实体乃是一切组合的主体,实体必定会以它的组合要素的状态留存下来,即使这些要素所赖以构成一个物体的那种空间中的结合已被取消也罢。但是，现象中叫作实体的那种东西，与人们通过纯粹知性概念就一个物自身所设想的情况并不一样。现象中的实体不是一种绝对的主体，毋宁是一种稳定的感性形象；它只不过是一个直观，其中没有任何无条件的东西。

但是，虽然这种无限进展的规则，在对一个现象、一种单纯的空间填充，进行再分割时，毫无疑问是适用的，但如果我们要把这个规则在给定了的整体中已以某种方式隔离开来的、从而构成为一个不连续量的那些部分的数量上去，这个规则就不适用了。人们不能设想任何有机组成的整体中，其每一个部分又都是有机组成的，不能设想，人们以这样的方式对其部分进行无限的分解时，总会遇到新的有机组成的部分；总之，说整体即使分割至于无限也仍是有机组成的，这乃是一句根本不可思议的话，虽然人们完全可以设想，物质的各部分，即使分解至于无限，仍能被有机地组合起来。这是因为，空间中的一个给定现象的分割的无限性，根据只在于：通过现象所给定的只是[现象的]可分性，即是说，只给定了[现象所分割的]部分的一个本身绝对不确定的数量，至于部分[之多少]则本身只有通过一再分割才会给定和确定下来，简言之，无限性的根据只在于：整体本身并不是已经分割了的，因而分割（该整体）才能确定整体中部分的数量，而这数量有多大，则要视人们在分割的追溯中愿意前进多远而定。相反，在一个被肢解至于无限的有机体那里，整体因为有机体这个概念就被想象为已经剖分了的，而在进行分割的一切回溯之前，整体里的部分就已有了一个本身既是不定的又是无限的数量，这样人们就陷于自相矛盾；因为这个无限的进展，既被视为一个永不完结的（无限的）系列，而在一个

(不连续的,亦即由肢体组成的)综合体中却又被视为完结了的。无限分割只表示现象是一种连续量(quantum continuum),是与空间的填充分不开的;因为空间的填充正是无限分割性的根据。但是,一旦某物被假定为一个不连续量(quantum discretum),其中的单位的数量就是确定的,因而每个情形中也就等于一个数目。于是,在一个肢解了的物体中究竟有机组成能达到多么深远,只有经验才能确定,而且纵然经验并没准确地达到任何无机的部分,但至少这些无机的部分必定存在于可能的经验之中。然而,一般说来,对一个现象的先验性分割究竟要扩展多远,根本不关经验的事情,这里毋宁有一条理性的原理,那就是:在分解有广延的物体时,按照这种现象的本性,决不把经验性的追溯视为绝对完结了的。

* * *　　* * *　　* * *

数学先验观念之消除的结语和动力学先验观念之消除的预示

当我们通过一个图表里的各种先验观念展现纯粹理性的二律背反时,我们已指明这个争论的原因,并提出平息争论的唯一办法在于宣判对立双方的主张都是错的;而我们这样做时,实际上已把所有的条件统统设想为依空间和时间的关系而归属于受它们制约的那个有条件者了。这是普通常识惯用的前提,也正是上述争论所以产生的全部根源。就这种观点来看,在一个给定了的有条件者的诸多条件所形成的系列中,关于条件总数的一切辩证的表象,完完全全属于同一个类。在那里总有一个系列,其中的条件和作为系列之一环节的有条件者联结着,所以它们都是同类的;那时候的回溯从来不曾被认为是完结了的,或者,假如有人认为是完结了的,那就必定是已把一个本身有条件的环节错误地当成一个最初的环节，从而当成无条件的环节。当然，人们并非总是只从数量大小上考虑客体或者说有条件者，但考虑有条件者的条件系列时却总是只就其数量大小来考虑；而这里于是就出现一种不能通过任何调和而只好通过彻底铲除其症结才能克服的困难，这困难就在于：理性把系列搞得对知性来说不是太长就是太短，于是，知性从来没能与理性的观念配合一致。

但是，在这里我们忽略了一个基本区别，这个区别是客体与客体之间的，亦即理性力图使之提升为观念的那些知性概念之间的，具体说来就是：在我们上面的范畴表里，有两个指的是现象的数学的综合，其余两个是指现象的动力学的综合。迄今为止，忽略这个区别也还完全可以行得通，因为，对一切先验观念进行一般表象时，我们所援引的条件始终仅限于现象中的那些，所以在两个数学的先验观念里我们也就没有任何别的，只有现象中的对象。但是现在，既然我们已前进到动力学的知性概念，而它们应该符合于理性观念，那么上述的区别就变得重要了，它并且在理性所卷入的那场争论中为我们打开了一个崭新的前景。这场争论，在以前，因为双方所根据的都是错误的前提，曾被判处拒不受理，现在，由于动力学的二律背反中也许会出现一种能符合理性要求的前提，那么从这个观点出发，而且，法官又出面补充了曾被误解了的双方法律根据上的不足，那么这场争讼就可能取得和解，使双方皆大欢喜，这是在数学二律背反的争讼中办不到的。

当人们单单考虑条件系列的延伸，只看这些系列是否符合于观念，或者说，只看观念对它们而言是否太大或太小的时候，这些条件系列当然统统是同类的[或者说同质的]。然而，作为这些观念之基础的那种知性概念,则或者只包含一种同类的东西的综合,(在每个数量那里,无论是组合中的或是组合的分割中的,都作了这样假定,)或者也包含一个不同类的东西的综合;这一情况,无论在因果联结的动力学综合里,还是在必然物与偶然物之联结的动力学综合里,至少是可以允许的。

　　由此可见,在现象系列的数学联结里,唯独感性的条件可以参加进来,这就是说,可以参加进来的只有本身即是系列之一个部分的那种条件,别的条件一概不能。相反,动力学的感性条件系列却还允许有一个不同类的条件,这个条件并非系列的一个部分,而是在系列之外的、只可思议的东西;而这样一来,理性就得到了满足,而且,无条件者被安置到现象系列的前头,就既不会因此而打乱永远受条件制约的现象系列,也不会违背着知性的原则去中断现象系列。

　　现在,由于动力学的观念允许有一个在现象以外的现象条件,即允许有一个本身并非现象的条件,这就发生了某种与[数学的]二律背反的结果完全不同的情况,这就是说,数学的二律背反造成的结果是两个辩证对立的主张都不得不被宣判为错误的;而相反,动力学系列中的那些彻底受条件制约的有条件者,由于它们本身与作为现象的那些动力学系列密不可分,却和那在经验上确是无条件的但又是非感性的条件联结着,所以一方面满足了知性,另一方面也满足了理性①。这是因为,以这种或那种方式曾在单纯的

---

①　知性当然不允许现象界里有任何本身是经验上无条件的条件。但是,假如(现象中的)一个有条件者可以设想会有一种并非作为环节而隶属于现象系列的、只可思议的条件,从而至少不致打断经验性的条件系列,那么,这样一种条件,作为经验上无条件的,就应该得到容许,以便经验上的继续追溯不会发生任何中断。——康德原注

现象中寻找一个绝对总数的那些辩证论证已统统站不住脚,理性的命题在这样修正了的意义下却对双方都能是真的;而这种情况,在只与数学上无条件的单位打交道的那些宇宙论观念那里,绝对不能发生,因为,这样一种现象系列的条件,本身既是现象,同时又构成着系列之一环节的,在宇宙论观念那里根本遇不见。

Ⅲ 就其所由推导的原因来消除关于全部世界事件的宇宙论观念

人们对正在发生的事件只能设想两种因果作用,或者是按照自然的,或者是出于自由的。前者乃是感性世界里的一个状态和它按规则跟随于其后的那一个先在状态的联结。于是,由于现象间的因果作用是建立在时间条件上的,所以,即使先在的状态是任何时候都已存在了的,又没曾产生过时间里初次出现的什么后果,那正在发生(或出现)着的事件的原因也就已经发生了因果作用,而且按知性的原则其本身又需要一个原因。

相反,我所理解的自由,就宇宙论上的理解而言,是一种由自己创始一个状态的能力,而它的因果作用并不按自然规律受制约于会在时间上规定它的那另一个原因。在这个意义上,自由是一个纯粹的先验观念,它首先不包含任何从经验借取来的东西,其次,它的对象也不能在任何经验中被给予和被规定;因为有这样一条普遍的规律,甚至也是一切经验之所以可能的规律,那就是,大凡正在发生的事件必有一个原因,当然那些已经发生了或出现了的原因本身的因果作用也必有一个原因;这样一来,整个的经验领域,也不管它扩展多远,就能被变成为一个单纯的自然领域。但是,以这样的办法,却并不能找出因果关系里绝对全部的条件,于是理性就为自己创造了关于一种自发性的观念,说它自己就能开始行动,而并不需要事先得到另外一个原因以便按因果联系的规律再去规定它行动。

非常值得注意的是,这个自由的先验观念乃是自由的实践概念的根据,而且自由的实践概念里的先验观念正是迄今纠缠着自由的可能性问题的种种困难的关键所在。实践意义上的自由,就是摆脱感性冲动之强制的意志(Willkür,心愿)的独立自主性。这是因为,一个意志,就其是由感性动因激发起来的而言,是感性的;如果它能因感性动因而势在必然,则叫作动物性的。人的意志固然是一种感性上的抉择,但不是动物性的,而是自由的,因为感性并不把意志行为搞成必然的,毋宁赋予人一种能力使之摆脱感性冲动的强制,由自己去规定自己。

显而易见,假如感性世界中的一切因果作用都是单纯的自然,那么每个事件就都会按必然的规律被时间里的另一个事件所规定,因此,现象,就它们都对意志起规定作用而言,就必定会把每个行动都当成它们的自然结果,使之成为必然的,那么,扬弃先验的自由同时就会将一切实践的自由都取消了。这是因为实践的自由作了如下的预想:某个事件即使并未发生,而它却应该是已发生了的,[那么这就说明,]那应已发生而尚未发生的某个事件的原因在现象中的因果作用本不是那么强有力以至于使我们意志中的一种因果作用毫无存在余地,而正是我们意志中的这种因果作用,摆脱了上述那个自然原因甚至违背着该自然原因的势力和影响而创造出在时间顺序中按经验规律被规定了的某个事件,从而完全由自己出发创始了一个事件系列。

于是这里就发生了一般说来理性因大胆越出可能的经验边界就会遇到的争辩中所发生的那种情况,即:真正的任务并不是生理学的,而是先验的。因为关于自由的可能性问题,固然牵涉到心理学,但由于这个问题单纯立足于纯粹理性的辩证论证上,问题及其解决就必须只由先验哲学来料理。先验哲学不能拒绝为问题给出满意的回答。为了让先验哲学能做到这一点,我必须首先作一番阐释,以力求较为详细地规定它履行这个任务时的处理办法。

假如现象都是物自身,而空间和时间又是物自身的存在形式,那么,条件和有条件者就会始终都属于同一个系列,都成为这个系列的环节;而这样一来,就我们当前探讨的问题来说,一切先验观念所共有的那种二律背反也就会因之而出现,即是说,这个系列对于知性来说就必定会不是太大就是太小,这是不可避免的。然而,我们在本节和下节里讨论的动力学的理性概念都有这样一个特点:由于它们考察一个对象时并不注意它的积量,而只涉及它的存在,由于人们也可以抽出条件系列的积量,而只考虑其中条件对有条件者的动力学关系,因此,我们在自然和自由的问题上就已经遇到了疑难:自由是否到处总是可能的?如果是,那它能否和自然的因果规律的普遍性并存?再者,说世界上每一个效用都必定不是生于自然就是出于自由,这种说法是一个真正的析取命题吗?还是毋宁说,自然和自由二者可以在同一个事件的不同关系中同时发生?表明感性世界的一切事件都按不可改变的自然规律而彻底联系着的那条原则,作为先验分析论的一条原则,其正确性是已经确立而毋庸置疑的。因而现在的问题只是:虽然如此,是否恰恰在那按自然的规律已被规定了的同一个效用中也还能有出现自由的发生余地？抑或是，自由已被上述那条不可动摇的规则完全排除了？而在这里，那个假定了现象的绝对实在性的、虽然通俗但却错误的前提，立即显示出了它扰乱理性的恶劣影响，因为如果现象都是物自身，那么自由就不可拯救了；自由消失之后，自然就成了每个事件完全的、具有充分规定使用的原因，事件的条件就总是包含在现象的系列里面，而现象及其实效则因受制于自然规律统统是必然的。反之，如果现象都只算是它们事实上所是的那种东西而不只算是更多的什么，即是说，不算是物自身，而算是按经验性规律联结起来的单纯表象，那么现象就必须还另有不是现象的东西作为根据；而这样一种只可思议的原因，就其因果作用而言，是不受现象规定的，虽然它的效用都表现为现象因而可以被其他现象规定。于是，只可思议的原因，连同其因果作用，是在系列之外，而它的种种效用，却在经验性条件的系列之中。于是，效用，就其只可思议的原因而言，可被看作是自由的，就其表现出来的现象而言，却可同时被看作是由现象按自然必然性产生的结果。这样一种区别，在一般地、完全抽象地加以论述时，必定显得极其微细而晦涩，但在应用时它将会把自己阐释清楚。在这里，我只想提请大家注意，一切现象都在一个自然的网络中彻底联结起来这一点，既然是一条不容忽视的规律，那么，假如人们还想顽固地执着于现象的实在性，那就必然会毁掉一切自由。由此可见，即使那些在这个问题上追随流俗意见的人，也从来没能把自然与自由联合起来。

在与自然必然性的普遍规律
相结合的情况下，自由产生因果作用的可能性

我把存在于一个感官对象中而本身并不是现象的那种东西叫

作理智的[可思议的](intelligibel)。因此,如果那种东西在感性世界中必须被看作是现象,在它自己本身中又具有一种并不是感性直观对象的能力,而这种能力正因为不是感性直观对象反而能够是现象的原因,那么,这种东西的因果作用,就可从两个方面来看待:一方面,按照这因果作用之作为一个物自身的行为来看,视之为可思议的,另一方面,按照它作为感性世界中一个现象的效用来看,视之为可感觉的或感觉上的。因此,对于这样一种主体的能力,我们就会形成两个关于它的因果作用的概念,一个可经验的[因果作用],一个可思议的[因果作用]*,二者共同出现于同一个效用之中。从这两方面来思考一个感官对象的能力,是同我们对现象和对可能经验所要形成的任何一种概念也不相矛盾。这是因为,这些概念既然本身都不是事物,它们就必须有一个它们因之而被规定为单纯表象的先验对象来充当它们的根据;因此,没有任何理由阻止我们,不许我们在这个先验对象所赖以表现为现象的那种固有品质之外,也另外赋予该先验对象以一种本身并非现象但其效用却出现于现象界中的因果作用。然而,每一个有效的原因必定有一种性格,也就是说,必有一种关于它的因果作用的规律,否则它就根本不成其为原因。而这样,我们在感性世界里的一个主体那里,首先,会看到它有一种经验或经验上的性格,通过这种性格,主体的行为,作为现象,就会按照不变的自然规律同其他现象彻底联结在一起,并能根据这些其他现象,作为其条件,被推导

---

* 可思议的,原文为 intellektuell,应系 intelligible 之误,但在康德使用时,实则意义相同。——译者注

出来,而且,连同这些其他现象一起,作为环节,构成一个唯一的自然秩序系列。其次,我们还必须容许这个感性世界里的主体具有一种可思议的或理智上的性格,通过这种性格,主体虽然是上述作为现象的那些行为的原因,但这种性格本身并不受制约于任何感性条件,因而本身并不是现象。人们也可能把第一种性格叫作现象中的事物的性格,第二种叫作事物自身的性格。

于是这个能行为的主体,就其理智上的性格而言,不会受制约于时间条件,因为时间只是现象的条件,并不是物自身的条件。在这种主体中不会有行为发生或消失,因而它也不会屈从于所谓一切发生的事物都在(先在状态的)现象中有其原因的那条涉及一切时间规定、一切可变事物的规律。总之,这个主体的因果作用,就其为可思议的、理智上的而言,绝不会置身于致使感性世界里的事件成为必然事件的那些经验性条件的系列之中。诚然,这种可思议的、理智上的性格绝不能直接地被认知,因为我们只能感知那显现出来的东西[现象],但是它却必定会被我们按经验的、经验上的性格加以思维,正如我们一般说来,必须在思想中为现象提出一个先验的对象以充当其根据一样,虽然我们对那先验对象本身是个什么东西一无所知。

那么这个主体,作为现象,就其经验上的性格来说,就会按照一切规定性规律,受制于因果联系之下,而且它因而只会是感性世界的一个部分,其种种效用以及一切其他现象都会从自然里必然地衍生出来。一旦外在现象注入到这个主体里来,一旦主体的经验上的性格亦即它的因果规律,通过经验被认识到了,它的一切行为就必定可以按自然规律来解释;而完全地必然地规定这些行为所需要的一切［条件］，就必定会在一个可能的经验里找到。

但这同一个主体，就其理智上的只可思议的性格来说（虽然我们对这种性格只能有个一般概念），却会必然地被认为是摆脱了感性的一切影响和现象的一切规定；而且，由于在它（就其为本体而言）那里，没有任何事物发生，从而既见不到动力学的时间规定所需要的变化，也见不到它同作为原因的那些现象的联结，因此，这个能动的主体，从它们行为来看，应该说是摆脱了那只在现象世界中才见得到的一切自然必然性而独立自由的。对于这样的主体，人们应可完全正确地说，它从其自身开始了它在感性世界里的种种效用，虽然事实上行为在它那里并不是自己开始的；而且，尽管这个说法是对的，也并不表示感性世界里的种种效用就得以因之而从它们自身开始，因为感性世界里的效用任何时候都是由其先在时间里的经验性条件事先就规定了的；但这些效用毕竟只能凭借可经验的性格（可经验的性格只是可思议的性格的现象）才能被规定，而且只作为自然原因系列的继续才是可能的。因此，自由与自然，在各自的完全意义下，应该会同时存在于同一个行为之中，［因为该行为是自由的还是自然的，］全看人们是将它同它的可思议的原因还是同它的可感觉的原因参照起来看待而定*。

详析一个联系着自然的普遍必然性的自由的宇宙论观念

在前面，我曾觉得，要说明我们的先验问题如何消释，最好首先描绘一张略图，以便大家可以较好地鸟瞰理性在消除这个问题时走过的全过程。现在，我想进而分解理性处理问题所涉及的各

---

* Nachdem，采用 Vortander 版，作 je nachdem 译。——译者注

个要素,逐一地加以考察。

自然规律表示:一切发生出来的事物都有一个原因;而这个原因的因果作用,也就是说,行为,是在时间里在先的,而且从当下才产生出来的那一效果来看,它本身不能是从来就存在着的,而必定是发生出来的。因此,它也有它的原因,并受它那在众现象中的原因所规定;而且这样一来,一个自然秩序里的一切事件,都是被经验地规定了的。这条规律,由于众现象要通过它才能构成一个自然,才能为经验提供对象,所以这是一条知性规律,人们不得以任何借口排除它,或者说,不可让任何一个现象脱离它;因为假如那样,人们就是已把该现象置于一切可能的经验之外,从而使之不同于一切可能经验的对象,成为单纯的思想物,成为一种大脑杜撰。

我们在这里随手提出来考察的,虽然只是一个永远追溯不完其绝对全部条件的原因链条,但这没有什么要紧,并不妨碍我们前进。因为,追溯不完其绝对全部条件这层难题,早在我们概括地论述理性因在现象系列里向无条件者追溯而引起的理性二律背反的时候,就已消除掉了。假如我们甘愿陶醉于先验实在论的迷魂阵中,那就不论是自然还是自由,哪一个也保留不下来。所以现在的问题只是:当人们在一切事件的整个系列中单只看见自然的必然性时,是否还有可能将同一个事件看成一方面是单纯自然的效用,另一方面又是出于自由的效用呢,抑或是,这两种因果作用之间存在着直接矛盾?

诚然,在现象界的众原因中,不能有任何东西会无条件地迳自创始一个系列。每一个行为,作为现象,只要它会产生出一个事件,它本身就是一个事件或结果,而它本身这个事件是以包含其原因在内的另一个状态为其前提的,因此,凡发生出来的一切一切,都只是系列的一个继续,系列里不可能有任何从其自身肇始的开端。这样,时间顺序里的一切自然原因的行为,本身又都是这样的一些效用:这些效用的原因同样也预先就存在于时间顺序里。所以,原先本不存在的东西赖之得以发生的那种肇始性的行为,是决不能指望会在现象的因果关联中找得出来的。

然而,下述论点也是必然的吗? 即是说,如果效用都是些现象,那么它们的、本身也是现象的那个原因,其因果作用就必定只能是经验性的吗? 是不是宁可说更有这样的可能:虽然现象界里的每一个效用都绝对需要按经验性的因果作用的规律同它的原因相联结,但这种经验性的因果作用本身,在丝毫不妨碍它同自然原因相联结的同时,却能够是一种非经验性的但可以思议的、理智上的因果作用的一个效用呢? 这就是说,这种经验性的因果作用本身可以是一个原因的一种从现象上看属于肇始性行为的一个效用,至于该原因的肇始性行为,既然是肇始的,它就并不是现象,但按这种[肇始]能力而言,却是可思议的,虽然它除这一点之外,整个说来,作为自然链条上的一个环节,必须被算作是属于感性世界的。

为了能从自然事件中寻找出自然条件,也就是说,要能找出现象界里的原因,我们需要有关于现象彼此之间的因果作用的规律。而如果这种规律得到了确认,并且没受任何例外所削弱,那么,知性,只要它被经验地使用时不看什么别的而专只看着自然,(它也有权这样做,)则它所能要求拥有的一切,就一应俱全了,它所作的种种物理学上的解释,就畅行无阻了。于是,如果人们假设,在自然原因中间也存在着具有一种只可思议的能力的某种原因,那么,即使其它假设全属胡猜乱想,这一假设也不会对知性有运作上的妨碍;因为,有所行为的这种能力,其规定从来不是建立在经验条件上而是建立在单纯的知性根据上的,而且虽然如此,这个[含有只可思议的能力的]原因所引发的现象界里的行为,却会符合于经验的因果作用的一切规律。这是因为,在这种方式下,行为着的主体,作为现象的原因,会通过它的一切行为的彼此不可分割的依存性而将自己与自然联结到一个链条上,只有这个主体(连同它在现象界里的一切因果作用)的本体*,才会包含着某些这样的条件,当人们要从经验对象向先验对象上溯时,它们是不得不被看作是只可思议的。因为,当我们只在众现象中寻找或许能是原因的那种东西从而遵照自然规则行事时,我们完全尽可以不去关心我们对之一无所知的先验主体里的、会被认为是这些现象及其关联之根据的那种东西。这种只可思议的、理智上的根据,与经验方面的问题毫不相干,毋宁只关涉于纯粹知性中的思维;而且虽然纯粹知性的这种思维和行为的种种效用也都出现于众现象中,这些现象却必定仍能同样根据它们的现象界里的原因而按照自然规律得到完满的解释;因为人们总只关注现象的可经验的性格,视之为最高的解释根据,至于它们的可思议的性格,这本是经验性格的先验原因,人们却往往把它当作不知道的东西完全不加过问,而即使偶尔想到它,那也只是通过可经验的性格,把可经验的性格看作是它的感性标志而已。让我们把这一点应用到经验上去。人是感性世界

---

* "phaenomenon"从 Hartenstein,作"noumenon"译。——译者注

的现象之一,因而也是其因果作用必定从属于经验规律的那些自然原因之一。作为这样一个自然原因,人于是如同一切其它自然事物一样,也有一个可经验的性格。这种可经验的性格,我们是从人所反映或表现在他的行为效用中的力量和能力上看出来的。在无生命的、或有单纯动物性生命的自然界里,我们没有理由设想除了受单纯感性制约的能力之外还有任何别的能力。唯独人,除了全凭感官来认识整个自然界之外,也凭借单纯的统觉来认识他自己,而且是在他决不能视之为感官印象的那些行为和内在规定里认识他自己;于是人自身一方面固然是现象,另一方面,即就其某些能力而言,又是一种只可思议的、理智上的对象,因为人的行为绝不能被看作是感性的接受。我们把这些能力叫作知性和理性。尤其是理性,它同一切经验上受条件制约的力量有着完全独特而突出的区别,因为它单纯按观念来审察它的对象,并依此而规定知性,然后知性就凭它自己的(当然也是纯粹的)概念来在经验上进行使用。

所谓这种理性具有因果作用,或者至少说,我们能设想理性是有因果作用的,这一点,我们根据我们在各种实践中强加给行为力量的那种规则,这就是命令,就看得一清二楚。应该一词表达的是一种必然性,一种必然与整个自然界里从来不曾有过的那种根据之间的联结。知性只能从自然界里认出现有的东西,或已有的东西,或将有的东西。除了这各种时间关系里实际上有的东西之外,要自然界里还应该有别的什么东西,那是不可能的,乃至可以说,如果人们单纯着眼于自然的进程,则应该一词是完全没有意义的。我们根本不能问:自然界里应该发生什么,就如同不能问:一个圆圈应该有什么属性一样,毋宁只能问:自然界里发生了什么,或一个圆圈具有什么属性。

因而应该所表达的乃是这样一种可能的行为,其根据只不过是一个单纯的概念;相反,一个单纯的自然行为,其根据则任何时候都必是一个现象。不过,一个行为如果被认为是应该的,它就无论如何必定在众自然条件中间是可能的;但这些自然条件并不涉及意志的规定本身,毋宁只涉及意志在现象界里的效用和后果。促使我产生愿望的自然根据不论有多少,感性方面的刺激不论有多少,也不会产生应该,而只能产生一种远远尚非必然的、始终要受制约的愿望;相反,应该所表达的是理性,它给愿望树立起尺度和目标,甚至向愿望发出禁令和异议。不论所愿望的是一个单纯感性的对象(快意的东西),或者是一个纯粹理性的对象(善良的东西),理性都不去迁就经验上给定了的根据,都不顺从出现于现象界里的那些事物的秩序,而完全自发地按照观念建立一个自己特有的秩序;理性使众经验性条件符合于这些观念,甚至就根据这些观念去宣称一些根本不曾发生、也许不会发生的行为为必然的;但不管发生或不发生,理性都假定它自己与所有这些行为之间能够有因果作用,因为假如不是有因果作用,理性就不会指望它的观念会在经验界里产生效用了。

现在,让我们停留在这里,让我们承认,所谓理性对经验界确实具有因果作用这一论点至少是可能的,那么,理性,不管它多么是个理性,它也必定表现出一种可经验的品格,因为,每个原因都以一条规则为前提,以便某些现象得按这条规则而跟随产生,成为其效用;同时,每条规则又都要求众效用具有一种齐一性,以当作基础来建立原因(当作一种能力)的概念;而由于原因的概念必须由种种单纯现象来阐明自己,所以我们可以把原因的概念称为原因的经验性的品格,原因的经验性品格是一成不变的,但原因的种种效用却因种种与之相伴随并部分地对之有限制的条件的不同而呈现着可变的形态。

因此,每个人的意志都有一种经验性的品格,而意志的经验性品格不是什么别的,只是人的理性的一种准确的因果作用;因为理性的这种确定的因果作用会通过它在现象界里的种种效用指出一条规则,而我们就能按照这条规则来从种类和程度上推论出各理性根据及其产生的行为,从而判断出人的意志的各主观原理,由于这种经验性品格本身必定是从作为效用的种种现象那里并从提供经验的那个现象规则那里抽取出来的,所以,人在现象界里的一切行为都是由于人的经验性品格并由于其它共同生效的原因而被按照自然秩序规定了的;而且,假如我们能够对人的意志的一切行为探究到穷尽无遗,那就不会有人的任何一个行为是我们所不能准确予以预言、不能根据其先行条件认出是必然的了。因此在这种经验性品格方面,自由是没有的;不过如果我们只想观察,像在人类学里所做的那样,只想探究人的行为的生理动因,则我们却倒只能根据这种经验性品格。

但是如果我们就其与理性的关系来考察这同一些行为,——当然这里说的理性并不是指我们以之说明这些行为的起源的思辨理性,而是指其自身即是这些行为之产生原因的那种理性,——换句话说,如果我们把这些行为与属于实践意向的理性对照着看,那我们就会发现一种与自然秩序完全不同的规则和秩序。因为在这里，那按自然进程已经发生了的、以及按进程的经验性根据不可避免地必定要发生的种种行为，也许是不应该发生的行为。但有时候我们又发现，或者说，我们至少相信能发现，理性的观念已经证明自己在人的作为现象的种种行为方面确实具有因果作用，并且发现，这些行为之所以已发生，并非因为它们是受了经验原因的规定，毋宁因为它们是被理性原因规定了的。

现在，假定人们可以说，理性在现象界里有因果作用；那么，当它［理性］的行为在其经验性品格中（即在感性的方式下）被完全确切地规定了并成为必然的时，这行为还能叫作自由的吗？经验上的品格是在理智上的品格中（即在思维的方式下）被规定的。但理智上的品格我们并不认识，我们毋宁是用现象来标示它，而现象所让人直接认识到的真正说来只是行为的感性方式（经验性品格）①。那么行为，既然它可以被附加到思维方面上去，并以之作为自己的原因，它就完全不是按照经验性规律跟随着该原因而出现的，这就是说，先在于这行为的就不是纯粹理性的条件，而是纯粹理性的诸条件在内在感官的现象界里的种种效用。纯粹理性，作为一种只可思议的、理智的能力，并不带有时间形式，从而也不属于时间顺序的条件之列。在理智的品格中，理性的因果作用并不是在某个时刻发生或开始，以便产生一个效用。因为假如是那

---

① 因此，行为的真正道德性（功与过），乃至我们自己的行为的真正道德性，对我们来说，是完全晦而不明的。说我们负有多大道德责任，只能依据经验性品格来说。其中有多少可归因于自由的效用，有多少可归因单纯的自然和气质上无需负责的缺陷，或气质上幸运的秉赋（merito fortunae），没有人能说清楚，因而也就不能完全公正地予以判决。——康德原注

样,理性的因果作用本身就会是遵从现象界里的自然规律的了(因为自然规律是按时间来规定因果系列的);而且在那种情况下,因果作用就会是自然,而不是自由了。因此,我们将可以说,如果理性能在现象界里有因果作用,那么这因果作用就是这样一种能力:凭借这种能力,一个经验性效用系列方才开始。因为,存在于理性中的那种条件,不是感性的,因而本身无所谓开始。于是在这里,我们在一切经验性系列中没曾见到的那种情况出现了:一个连续的事件系列的条件,本身竟能是经验上无条件的。这是因为,在这里,条件是在现象系列之外(在只可思议的东西中),因而不受制约于任何感性条件,也不遵从先行原因所作的任何时间规定。

虽然如此,这同一个原因在另一种关系中却也属于现象系列。人本身是一个现象。人的意志有一个经验性的品格,这品格是人的一切行为的[经验性的]原因。按照这种品格对人进行规定的那些条件,没有任何一个不是包含于自然效用系列之内并听命于自然规律的,而按照自然规律,凡在时间中发生的东西都决没有经验上无条件的因果作用。因此,没有任何给定了的行为(因为它只作为现象才能被认知)能够无条件地从自身开始。但是就理性而言,人们不能说,在理性于其中规定着意志的那个状态之前,还有规定着那个状态本身的另一个先行状态。因为理性本身不是现象,根本不受制约于任何感性条件,所以,在理性那里,甚至在理性的因果作用那里,并不存在什么时间顺序,因而没有按规则制定时间顺序的任何动力学自然规律能被应用到理性上。

理性因而是人所赖以表现其为人的那一切意志行为的一个持续不变的条件。每个意志行为,在人的经验性的品格中,都是早在它尚未发生之前就规定了的。经验性的品格只是理智性的品格的感性图式。但在理智性品格中，没有所谓在先或在后，其中每个行为，既然没有它与其他现象所保持的时间关系的问题，那就都是纯粹理性的理智性品格的一个直接效用；因此理性是行动自由的，而不是由于外在的或内在的、但时间上总是先行的种种理由或根据而在自然原因的锁链中被动力学地规定了的。而理性的这种自由，人们不能仅仅消极地视之为对经验性条件的摆脱（因为那样一来，理性能力就不再是现象的一种原因了），毋宁也要积极地指明它是由自己肇始一个事件系列的一种能力；那么这就是，理性在它自身里面并不开始什么东西，毋宁作为每个意志行为的一个无条件的条件，它不允许自己有什么时间上先行的条件，但同时它却在现象系列里开始它的效用，只是它决不能成为现象系列里的一个绝对的第一开端。

为了用其在经验性使用上的一个例子来阐明理性的规范原理，（并不是为了证实它，因为这类证明对先验判断来说是无效的，）人们可以举一个意志行为为例，比如说，某人说了在社会上引起一定混乱的一个恶意的谎言。对这个谎言，人们首先要追查它所以产生的动因，然后判断它连同它的后果可在多大程度上归咎于说谎者。在前一意图下，人们彻底地审查他经验性的品格，找出它的由来，查出由于不良的教育，不好的社交，也部分地找到不知廉耻的天生劣根性，部分地出于轻率和粗疏，当然也不放过导致事件发生的偶然原因。人们进行这一切工作时，俨然像是在追查对一个给定的自然效用起决定作用的一系列原因。但是，人们虽然相信该行为是这样被规定了的，却仍然要谴责作案人；而且并不因为他有不幸的天赋,并不因为他有受其影响的环境,甚至并不因为他以前的品行表现,而不去谴责他。这是因为,人们预先就假设自己可以完全不考虑那个人曾是怎么样的一个人,假设可以把过去的条件系列视为没发生过似的,并可以把说谎行为看作没受先前状态的制约,从而是完全无条件的,仿佛作案人完全是由自己开始,作了案并引发一系列后果似的。这项谴责所根据的是一条理性规律,按照这条规律,人们把理性看作这样一个原因:它本来是能够而且应该不顾上述经验性条件而去规定人不采取这个行动,另干别事的;而且,人们并不把理性的因果作用视为只是互相竞争的众作用之一,毋宁把它自身看作是一个充足完满的因果作用,即使感性冲动根本不支持它,甚至对抗它也罢。这一行为既然被归属于作案人的理智上的品格,那么作案人现在,即是说在他说谎的那个时刻,就完全有罪过了;而且不管说谎行为的一切经验条件如何,理性[当时]是充分自由的,所以说谎行为之发生,完全可以归咎于理性的疏忽。

　　这种归咎判断使人很容易看出,在判断时人们有这样一种信念:理性根本不受上述一切感性的影响,它自身并不改变(虽然它的种种现象,即它在它的效用中如何表现自己的那些方式,会有改变),在它那里没有规定后继状态的先在状态,因而它根本不隶属于使现象按自然规律成为必然现象的那感性条件系列。它,理性,对在一切时间环境下的人的一切行为而言,都是现在的和一样的,但它自己不在时间里,不进入它先前不在其中的任何一个新状态;对于每个状态,它都是起规定作用的,但不是可被规定的。所以人们不能问:理性为何没被规定为另外的样子?而只能问:它为什么

A 556
B 584

没通过它的因果作用把现象规定成另外的样子？但回答这个问题是不可能的。这是因为，一个不同的理智品格会给定一个不同的经验品格；而如果我们说：说谎人，不管他整个的、迄今为止所表现的行为如何，他毕竟当初本可不去说这个谎，那么我们这句话仅只意味着，这个谎言是直接处于理性的势力控制之下而已。至于理性，就其因果作用而言，并没有受现象的和时间进程的种种条件所控制；即便拿时间[条件]的差异来说，它固然能在现象与现象彼此之间造成一个主要差异，但由于现象并不是事情本身从而不是原因本身，所以它也不能使那与理性关联着的行为出现差异。

A 557
B 585

由此可见，我们在判断自由行为的因果作用时，只能达到理智上的原因，而不能超过到它以外去；我们能认识到，理智上的原因可以是自由的，这就是说，可以是独立不依于感性而被规定了的，而依这样推断，它可以是众现象的在感性上无条件的条件。但要问为什么理智上的品格在当前的环境下恰恰给出这些现象，给出这样的经验性品格，这就远远超出我们理性的能力所能解答的范围了，甚至仅仅提出这个问题，也已超越了理性的一切权力，因为这就仿佛人们在问：为什么我们外部感性直观的先验对象恰恰只给出空间中的直观，而没给出任何一种别的直观。但是，我们现在根本不必去处理这些当初必须处理的问题了，因为当初的问题只不过是，同一个行为里的自由与自然必然性是否彼此冲突而不能相容，而对于这一点我们已充分答复了，这是因为我们已经指出，行为在自由的意义下既然有可能与一种在其自然必然性的意义下的条件完全不同种类的条件发生关系，那么自然必然性的规律就不影响自由，从而二者就能够各自独立，互不干扰，而同时并存。

***　　***　　***

人们必须很好地注意：我们并没想通过上面的论述证明自由的现实性，把自由说成是包括我们感性世界里现象的原因的那些能力之一。因为假如那样，则不仅上述论证决不会成为一篇只与概念打交道的先验性考察，而且也不会能够论证成功的，因为我们决不能从经验里推论出某种绝不可按经验规律加以思维的东西。再者，我们也从来没想证明自由的可能性，因为这样的证明也不会成功，因为，我们一般说来不依靠实在的根据和因果作用是不能从单纯的先天概念里认识到可能性的。自由在这里只被当作先验的观念看待；而由于这先验观念，理性就想凭着感性上无条件的东西去迳直地开始一个现象界里的条件系列，但这样一来，就卷入了与它自己为知性的经验使用所拟定的规律之间的二律背反了。我们在上文里唯一能说清楚而且我们唯一关心的事情是：这个二律背反是建立在假象上的，自然同那出于自由的因果作用至少是不相矛盾的。

Ⅳ　消除关于现象（就其一般存在而言）的全部依存性的宇宙论观念

在前一节里，我们在动力系列里考察了现象世界的种种变动〔事物〕，在那里，每一个变动状态都从属于另一个变动状态，以之作为自己的原因。而现在，我们只利用这个状态系列当一条导线，以便达到可以是一切可变事物之最高条件的那一个存在，即是说，达到必然的存在者（Wesen）。这里涉及的不是无条件的因果作用，而是实体自身无条件的存在。因而真正说来，我们现在说的这个系列，就其一个环节乃是另一个环节的条件而言，并不是由众直观、而是由众概念组成的系列。

但是,显而易见,既然整个现象界里的一切现象,都是可变的,从而其存在都是有条件的,那么,在由依存性存在组成的系列里,就根本不会有任何一个绝对必然地存在着的无条件的环节。因此也就显而易见:假如现象都是些事物自身,而且唯其如此,它们的条件不论在任何时候都是和受条件制约而成的东西同属于同一个由众直观组成的系列,那么,[在这样的系列里,]永远也不会出现一个必然的存在者,以作为感性世界里众现象所得以存在的条件。

但是,动力学上的回溯含有不同于数学回溯的这样一种独特情况:先说数学的回溯,实际上,它只涉及众部分向一个整体的组合,或一个整体向其各部分的分解,因而这个系列的条件都永远必须被看作是该系列的部分,都是同类的东西,而且都是些现象;至于动力学的回溯,它并不关心由给定部分组成一个无条件整体的可能性,也不关心一个给定整体包含一个无条件部分的可能性,而毋宁是只致力于推导,要从一个状态的原因推导出那个状态,或从必然的存在推导出实体本身的偶然的存在,因此在动力学的回溯里,条件可以不必和受条件制约而成的有条件者一起去构成一个经验性系列。

既然如此,对于我们所面临的这个表面看来的二律背反,我们就还有一条出路:那就是说,一对互相矛盾的命题既然在不同的条件中可以同时都是真的,那么,尽管感性世界的一切事物都是完全偶然的,从而也永远只是经验上有条件的存在;但就整个系列来说,它却也有着一个非经验性的条件,亦即一个无条件的必然的存在者。这是因为,这个绝对必然的存在者,作为理智上[可思议]的条件,根本不会隶属于系列而成为系列的一个环节(甚至不会成为其最高环节),也不会使系列的任何环节成为经验上无条件的,而毋宁会让整个感性世界依然保有它遍及一切环节的那种经验上有条件的存在。于是在这里,使一个无条件存在成为众现象之根据的这种方式,就大不同于前一节里说到的(自由所起的)那种经验上无条件的因果作用。在自由那里,事物本身,作为原因[*],毕竟是属于条件系列的,仅仅它的因果作用才被思维为理智上[可思议]的;但在这里,必然存在者必须被思维为整个地在感性世界的系列之外的(是处于世界的本体(ens extramundanum)),是只可理智上思议的东西,只有这样,它才能避免本身也受制约于一切现象的偶然性和依存性的规律。

于是,理性的规范性原则,就我们这个任务来说就意味着:感性世界里的一切事物都具有经验上有条件的存在,在感性世界里的任何地方也没有哪种属性具有无条件的必然性,这就是说,条件系列里没有一个环节不是我们必须永远期望能在某个可能经验中看到它的经验性条件的,如果我们能够办到的话,我们必须永远为每个环节向某一可能经验里去寻找它的经验性条件,而且我们没有任何权利可从经验系列之外的一个条件推导出某种存在,甚至我们也无权将这种存在视为是在经验系列之内而绝对独立自存的,但尽管如此,我们却又无权否认,整个系列可以是建立在某种理智上[可思议]的存在者里的(这种存在者,由于是理智上的,所以没有任何经验性条件,而毋宁含有这一切现象之所以可能的

---

[*] Substantia phaenomenon,现象性实体。——译者注

根据。）

但是我们并不是想通过上述种种去证明一个理智上的存在者的无条件地必然的存在，甚至也不是仅仅想借此为感性世界里众现象的存在之可能有一个单纯理智上的条件去阐明其可能性，我们的用意毋宁只在于：既然我们限制了理性，不让它偏离经验性条件的线索，去误用超验的、不能具体表述的解释根据，那么另一方面，我们就是也要限制那只可在经验上使用的知性规律，不让它对一般的事物的可能性进行论断，并且不让它将理智上的事物说成是不可能的，尽管我们确实不得使用理智事物以说明现象。因此，上述种种所指明的只是：一切自然事物及其一切经验性条件的普遍偶然性，同一个必然的、诚然纯属理智上的条件的任意假设是完全可以同时并存的，在这两种主张之间可以没有真正的矛盾，从而它们双方都可以是真的，纵然这样一种就知性而言绝对必然的东西*本身可以说是不可能的，但[断言理智上的必然条件（东西）为不可能的]这个结论却决不能由属于感性世界的一切事物的普遍偶然性和依存性中推导出来，同样也不能由表示感性世界的任何环节都不能停止前进而去依靠一个[感性]世界之外的原因的那条原理中推导出来。理性在经验使用上有它的进程，而在先验使用上则自有它特殊的进程。

感性世界所包含的无非是些现象，而现象则是连续不断地受感性条件制约而生的[有条件的]单纯表象；在这里我们既然根本不是以物自身为我们的[探讨]对象，那么，我们之绝对不可离开经

---

* Verstandeswesen，指理智上的必然条件。——译者注

验系列的任何一个环节以跳到感性关联之外去，乃是无足为奇了；因为假如我们可以跳离经验系列的环节，那就等于是把经验系列的环节当成了物自身，物自身是存在于它们的先验根据之外的，所以我们为了到它们之外去寻找它们的存在的原因，是可以离开它们的；像这样的情况，在探究偶然的事物时，当然，最终必定要发生，但在探究事物的单纯表象时，则并不会发生，因为表象的偶然性本身只是一种现象，它所能导致的唯一回溯只是对现象起规定作用的那种回溯，亦即经验性的回溯。但是，如果我们设想：现象亦即感性世界有一种理智上的根据，而且这根据并不带有现象的偶然性，那么，这种设想就既与现象系列里永无止境的经验性回溯不相矛盾，也与现象的贯彻始终的偶然性不相矛盾了。其实，这正是我们在消除表面上的二律背反时曾不得不做的唯一的事情，而且也只有这种方式才是唯一可行的办法。这是因为，当一个有条件者每次受制约而生成时的条件是感性的，因而是属于系列之内的，则这条件本身就又是有条件的，（如同第四个二律背反的反题所表明的那样）。这种情况于是势必或者与那要求有一个无条件者的理性依旧互相矛盾，或者不得不把这个无条件者安置于系列之外，当成理智上可思议的东西，因为理智上可思议的东西的必然性，既不需要也不容许任何经验性条件，因而从现象方面来看它是无条件地必然的。

理性的经验性使用（这涉及感性世界里的存在的条件）并不因为人们承认有一种只可思议的[单纯理智上的]东西就受到干扰，它仍然可按彻底偶然性的原则从经验性条件出发向着种种更高的、当然依旧是经验性的条件逐步前进。但当理性进行涉及目的的纯粹使用时,这条规范原则也同样不排斥人们之承认有一种不在系列之内的理智上的原因。这是因为,理智上的原因指的只是一般的感性系列之所以可能的那种对我们而言单纯先验的和未知的根据,它不依存于感性系列的任何条件因之而是绝对必然地存在着的,所以它的存在根本无碍于现象界普遍的偶然性,因之也无碍于经验性条件系列里永无止境的回溯。

关于纯粹理性全部二律背反的结束语

当我们限定我们的理性概念专只探讨感性世界里的条件之全体,并考察由此而能发生什么有助于理性的情况时,我们的观念诚然都是先验的,但却是宇宙论的。可是一旦我们将无条件者(真正说来这倒是主题)设置在完全处于感性世界之外从而处于一切可能经验之外的那种东西里时,这些观念就成了超验的;它们不仅有用于理性的经验性使用的完成,(理性的经验使用始终是一个永远不能实行却又始终要听从的观念,)而且它们还会完全脱离经验性使用,将自己当成对象,这些对象的质料并不是从经验那里得来的,它们的客观实在性也不是建立在经验系列的完成上,而是建立在纯粹的先天概念上的。这样的一些超验的观念都有一个单纯理智上的对象。当然,这种对象,作为一种除此而外我们对之一无所知的先验客体(Objekt),是可以允许有的。但是,如果我们把它设想为一种可凭借它具有区别作用的和内在的属性(Prädikate)予以规定的东西,则在我们方面,既没有它可以作为不依赖一切经验概念而独立存在的可能性的根据,也没有假设有这样一种对象的任何辩护理由,因此这种东西就是一种单纯思想上的事物了。可是虽然如此,在一切宇宙论观念中间,引起第四个二律背反的那种观念,却迫使我们情不自禁地采取这个步骤。这是因为,现象是在其自身中完全没有存在的根据的,毋宁始终是有条件的,因而众现象的这样一种存在,就强烈要求我们去寻找某种与一切现象大不相同的东西,亦即去寻找一种不再含有现象偶然性的理智上的对象。而我们一旦得到了认可,能在全部感性领域之外承认有一种自身独立存在着的现实,能把现象都只看成是理智对象的种种偶然表象,亦即看成是本身即是理智(Intelligenzen)的那样一些东西的种种偶然的表象,那我们就别无他法,只能采用类比了,依靠类比的办法,我们毕竟还可利用经验概念,对那些我们本来一无所知的理智上的东西,形成起来某些概念。因为,我们除了通过经验而外无法认识偶然的东西,而我们此处谈论的又都是根本不应是经验之对象的那种事物,因而我们将必须从自在地必然的事物出发,从一般事物的纯粹概念出发,来推导有关并非经验之对象的那些事物的知识。因此,我们在感性世界之外采取的第一个步骤,就不得不是从探究绝对必然的存在者开始来取得我们新的知识,从有关绝对必然存在者的概念推导出有关一切只可思议的理智事物的概念。这项尝试我们想在下一章里进行。

A 567
B 595

第三章　纯粹理性的理想

第 1 节　泛论理想

我们从上面的讨论中已经看到,单靠纯粹的知性概念,没有感性条件,是没有任何对象能被呈现给我们的。因为,当这些知性概念缺少客观实在的条件时，它们那里除了单纯的思维形式外就什么别的也没有。当然，如果人们把知性概念应用到现象上，它们就能被具体地呈现出来；因为它们就会真正从现象那里得到构成经验(Erfahrungsbegriffe)概念的素材，而经验概念不是别的，正就是具体的知性概念。但是，理念都比范畴距离客观实在更远；因为理念找不到它们能借以把自己具体呈现出来的任何现象。理念都含有任何可能的经验性知识都不能达到的某种完满性，而且理性觉得只在理念那里才有一种系统的统一性(systematische Einheit)，而系统的统一性是理性想要经验上可能的统一性去尽量接近而从来不曾完全达到的。

但是，我称之为理想的那种东西，看来还比理念距离客观实在更远。我所说的理想，是指这样一种理念，它不仅是具体的，而且是个体的，这就是说，它是只可能由理念来规定、或者甚至实际上已由理念规定了的那种个别的事物。

人这个理念，就其充分完全的意义而言，不仅包含那隶属于人这个自然物并构成着我们的人的概念的一切基本特质(这些基本特质扩展到完全符合于它们的目的地步，应该就是我们关于一个完全的人的理念了)，而且还包含这个概念以外的、隶属于理念的完整规定的一切必要特质；这是因为，在一切对立的宾词中，毕竟只有其中的唯一一个能够适合于"完人"的理念。今天我们说的一个理想，其实就是当年柏拉图所说的一个神圣知性的理念(Idee des göttlichen Verstandes)，就是一个在神圣知性的纯粹直观中的个别对象，就是各种类型的可能本质中之最完全者，和现象界里一切模拟品的原形。

但我们即使不把自己抬举得那么崇高,我们也必须承认,人的理性里不仅包有理念,而且也含有理想;这些理想(作为规范原理)诚然不像柏拉图的理念那样具有创造力量,但却具有实践力量(作为规范原理),而且是某些行为的完满性之所以可能的根据。道德方面的概念都不是绝对纯粹的理性概念,因为它们的最终根据是某种经验性的东西(快乐或痛苦)。当然,它们,这些道德概念,作为理性用以约束那本身全无规律的自由的一种原理(也就是说,如果只从它们的形式方面着眼),是完全可以充当纯粹理性概念的实例的。德行,以及与之联系着的那种绝对纯粹的人类智慧,都是些理念。但是,(斯多噶主义的)智者,则是一种理想,就是说,知者是一个仅仅存在于思想之中却与智慧理念完全契合的人。如果说理念所提供的是通则,那么在这样的情况下理想所充当的就是模拟品的完满规定的原型,而且除了这种在我们心目中的神圣的人的行为之外,我们就没有任何别的行为准绳可让我们据以评比自己、论断自己、从而改善自己,虽然这个行为准绳是我们永远达不到的。这些理想,尽管人们不大愿意承认它们有客观实在性(存在)(Existenz),但由于上述的缘故,毕竟不能看成纯粹的空想,倒是应该说,它们给理性提供了一个必不可少的标准;因为理性为了评价和衡量不完满者的等级和缺陷,正需要有个关于各个种类中的最完全者的概念。然而要想把理想在一个实例中亦即在现象界里实现出来,就像比如说把智者在一篇小说里描绘出来那样,那是办不到的,而且不仅办不到,其本身还含有某种荒谬的和毫无启迪意义的东西,因为不断地破坏着理念里的完满性的那些自然界的限制,使得实现理想这样一种尝试中的一切幻想统统成为不可能,从而使存在于理念之中的那个善(das Gute)甚至成为可疑的和近于纯属虚构的东西。

这就是理性的理想的真实情况。理想在任何时候都必须建立在有规定的概念上,都必定充当我们评判所依据的或行动所遵循的通则和原型。至于想象力的产物,情况就完全不同了。对于想象出来的东西,没有人能提供一个可理解的概念来加以说明,它们仿佛是些完全称号的略写字母,即,只是些孤立各别的、并无任何所谓规则的笔触,它们组合起来,与其说是一幅有规定的画面,倒不如说是以各种不同经验为画料描绘的一幅缥缈的幻景。这样一些想象物,就是画家和相面术士自称其心中出现的那种东西,而且应该是他们的实际作品或论断的一种只可意会不可言传的影形。它们可以,当然只是很不恰当地,被称为感性的理想,因为它们应该是可能的经验性直观的一种达不到的模型,当然它们并不提供任何可据以进行说明和检验的规则。

与此相反,理性之所以怀有它的理想,则是为了按照先天的规则进行充分完满的规定;因此理性就设想出一种按原理来说完全可予以规定的对象,虽然进行这种规定所需的充足条件在经验里是没有的,因而概念本身是超验的。

第 2 节　论先验的理想(先验的原形)

每一个概念,就其本身并不包含的东西而言,都是没经规定的,都是隶属于可规定性原理的,属于可规定性原理的概念,就是每两个互相矛盾对立的宾词中只有一个是可以归属于它的那种概念。至于可规定性原理本身,则是以矛盾律为根据,因而是一个单纯的逻辑原理;它抽除知识的一切内容,只关注知识的逻辑形式。

然而,每一个事物,就其可能性而言,则另外还隶属于完全规定原理;而按照完全规定原理的说法,事物的各与自己的反面相对立的一切可能的宾词,其中必有一个是归属于[或适合于]该一事物的。完全规定原理并不单纯以矛盾律为根据,因为,它之看待每一事物,除了考虑其与两个互相对立的宾词的关系以外,还考虑其与一般事物的全部可能性(亦即一般事物的一切宾词的总和)的关系,而且由于它把一般事物的全部可能性设定为先天的前提条件,它就把每一个事物设想成为仿佛该事物是从一般事物的全部可能性中抽取出其所参与的那个份额以当作其自己的可能性①。这样一来,完全规定原理就涉及了内容,而不单纯涉及逻辑形式。这就是说,它是使一个事物的完全概念所由构成的那一切宾词得以综合的原理,而不单纯是通过每两个矛盾对立的宾词中的一个以形成分析性表象的原理;而且它还包含着一个先验的前提,这个先验的前提预先设定有实现[一般事物的]一切可能性的质料,当然,这实现[一切事物的]一切可能性的先天的质料,就包含着实现每个事物的特殊可能性的事件(Data)。

"任何存在着的事物都是完全规定了的"这一命题,不仅意味着每两个已有的互相对立的宾词中只有一个能隶属于该一事物,

---

① 通过完全规定原理,每一个事物就都与一个共同的相关项,即,全部可能性,发生着关系;而如果全部可能性(即是说,一切可能宾词的质料)会出现于某一个事物的理念之中,则它就会通过完全规定原理的根据的同一性而证明一切可能事物都有一种类同性(Affinität)。每一个概念的可规定性都隶属于排除两个对立宾词之间的中间宾词的原理[即,排中律]的普遍性(Allgemeinheit),至于一个事物的规定,则隶属于一切可能宾词的全体性(Allheit)或总和。——康德原注

而且还意味着一切可能的宾词中总有一个会隶属于该一事物；通过这一命题，不仅宾词彼此之间进行逻辑的比较，而且事物本身也与一切可能宾词的总和进行先验的比较。因而这个命题所要表示的就是这么多含义：为了完全认识一个事物，人们必须认识一切可能的事物，并通过对一切可能事物的认识来规定该一事物，不论这个规定是肯定的也好，还是否定的也好。由此可见，完全的规定乃是一个我们永远不能按其总和（Totalität）而予以具体表述的概念，因而是以这样一种理念为根据的，这种理念，只存在于那为知性制定其充分使用之规则的理性之中。

可是，虽然"一切可能性的总和（Inbegriff）"这一理念（这里说的一切可能性的总和，作为条件，乃是每一事物得以完全规定的根据），如从构成总和的那些宾词来说，其本身还是没被规定的，而且通过这个理念我们所一般地思维的也只不过是一切可能的宾词的一个总和，但是，经过仔细考察，我们却发现，这个理念，作为原始概念（Urbegriff），它已排除了这样一大批宾词；它们或者是作为推演出来的东西由其它宾词给定了的，或者是与其它宾词彼此不能同时并存的，而且我们还会发现，这个理念已把自己净化成为一个先天地完全规定了的概念，而且经过这种净化，它就成了关于一个个别对象的概念。而关于一个个别对象的概念，则是由单纯的理念完全规定了的，所以必须叫作纯粹理性的一个理想。

可是，当我们考察一切可能的宾词时，如果不仅仅逻辑地、而且也先验地、即是说，也结合着可以被先天地思维为属于它们的那种内容来考察，则我们发现，通过某些宾词呈现出来的是一个存在（Sein），而通过另一些宾词呈现出来的则是一个单纯的不存在

(Nichtsein)。逻辑上的否定,这是单凭小小的一个"不"字所表示的否定,它真正说来永远牵涉不到一个概念,而只涉及一个概念在判断里与另一个概念的关系,因而它要根据一个概念的内容去描述该概念,那是远远不能胜任的。比如说"不会死的(Nichtsterblich)"这个词,它绝不能使人认识到它所表示的是对象上的一个单纯的不存在,毋宁它根本不涉及任何内容。与此相反,一个先验的否定则意味着自己本身的不存在,是与先验的肯定相对立的,而先验的肯定是这样一种东西,它的概念本身就已表示了一个存在,因而它就叫作实在(事实)(Realität〔Sachheit〕),因为只有通过实在,而且只有在实在所达到的范围内,对象才是某种东西(事物);至于与先验的肯定相对立的那种否定,则意味着一种单纯的欠缺,在任何情况下,只要所思维的单单是这种否定,则呈现出来的就是一切事物的扬弃。

所以没有任何人能确切地思维一个否定,除非他有与之相反的肯定作为基础。天生的盲人不能产生丝毫关于黑暗的表象,因为他没有关于光明的表象;野蛮人不懂得什么叫贫困,因为他没享受过富裕①。无知的人没有关于他自己之无知的概念,因为他不曾有过关于知识的概念,如此等等。因而可以说,一切否定物的概念也都同样是推论出来的,而实在的东西,则都含有能使一切事物成为可能并得以完全规定的那种事件和所谓的质料,或者说先验

A 575
B 603

---

① 天文学家们的观察和计算,告诉了我们许许多多令人称奇的东西,但其中最最重要的教训则是,它给我们揭示了我们无知的无底深渊。假如不是有了这种天文知识,人类理性决不会对我们的无知的深渊具有这么深刻的认识,而且对这无知深渊进行反省,就必定在规定我们理性的终极使用上产生巨大的改变。——康德原注

的内容。

因此，如果在理性里进行的完全规定，是以一种先验的基体（Substratum）为根据的（这个先验基体仿佛是全套质料的堆栈，事物的一切可能的宾词都可从它那里提取出来），那么这先验的基体就不是什么别的，只是关于一个全部实在（omnitudo realitatis）的理念。在这种情况下，一切真正的否定就不是什么别的，只不过是限制；假如不是有了未受限制的东西（全部）作为根据，否定就应该不能被称作限制。

但是，一个事物自身的概念，其所以在我们面前呈现为被完全规定了的，也是由于它具有这全部的实在；而且关于一个实在的本质（entis realissimi）的概念就是关于一个个别本质［或个体］的概念，因为在互相对立的一切可能的宾词中，只有一个，即只有绝对隶属于存在的那一个宾词，会出现于个别本质的规定之中，因此可以说，一切存在物所必有的完全规定，是以一种先验的理想为根据，并以此先验的理想构成其所以可能的最高和最完全的实质条件，而任何对于一般对象的思维，按对象的内容来说，都必定被引回到这个条件上来。但这个先验的理想也是人类理性所能有的唯一真正的理想，因为只有在这种情况下，一个关于某一事物的、自身普遍的概念，才会通过自己本身而被完全规定并作为某一个体的表象而得到承认。

理性对一个概念所作的逻辑规定，是建立在一种选言理性推论上的，选言理性推论的大前提，包含一个逻辑划分（即，对于一个一般概念的整个领域进行区分），其小前提在于限制这个领域，将其限制到一个部分上。而结论则在于通过这个限制出来的部分给予该概念以规定。一个关于一般实在的普遍概念,是不能先天地被划分的,因为如果不靠经验,人们就认识不出包含于上述的类实在中的任何特定的种实在。因此可以说,要对一切事物进行完全规定,其所预设的先验大前提不是什么别的,只不过是关于一切实在的总和的表象,一切实在的总和这一表象是这样的一种概念,它不仅把一切宾词都按照它们的先验内容统辖于自身之下,并且把它们都统摄于自身之内;至于对每个个别概念进行完全规定,则在于对上述实在的全部进行限制,即是说,使全部实在的一些部分归属于事物,把其余的部分给排除掉,而这种限制实在的办法,与选言推理的大前提中的"要么[这样]——要么[那样]"以及与小前提之利用划分开来的各部分中的一部分来对对象进行规定,是彼此一致的。因此,当理性把先验的理想当成自己规定一切可能事物的根据时,理性的使用,是同理性在选言推理中所采取的使用办法性质类似的,而这一点,正就是我在前面对一切先验的理念进行划分时所依据的那条原理,一切先验理念都是按照该原理以与三种理性推理彼此平行和互相对应的方式产生出来的。

  理性为了实现它自己的这个意图,即,为了要仅仅把事物的必要的完全规定给自己呈现或表象出来,它无需乎有一个符合于理想的本质的存在作为前提,而只须有一个符合于理想的本质的理念作为前提,就能从完全规定的一个无条件的整体中推论出其有条件的亦即有所限制的整体来,这是不言而喻的。因此可以说,理想是一切事物的原始形象或原型,所有一切事物,作为有缺陷的模拟品,都要从原型那里取得其赖以可能的质料,而且它们虽说或多或少地接近于原型,却永远无限辽远地达不到原型。

A 578
B 606

这样一来，种种事物（从内容上说，事物都是繁复的综合体）的一切可能性，就都被视为是引申出来的，只有包含一切实在于其自身之中的那个事物，其可能性才被看作是原始的。这是因为，所有一切否定，既然都是其他一切本质可赖以与最实在的本质相区别的唯一宾词，它们就都仅仅是对一个较大的实在以至于对最高的实在所作的限制，因此它们都以这最高的实在为前提，并且，就内容来说，都纯然是从这最高实在那里引申出来的。事物的一切不同样态，乃是对那作为事物的共同基体的最高实在概念的多种限制方式，这正如一切不同形象一样，一切不同形象之所以可能，也只因为它们都是对无限空间所作的不同限制方式。因此，只存在于理性之中的理性的理想的对象，也叫原始本质（ens originarium），如就没有什么东西超出其上而言，也叫最高本质（ens summum），再者，如就一切别的本质都作为受制约的或有条件的东西隶属于它之下而言，也叫一切本质的本质（ens entium）。但是，所有这些名称，并不表示一个现实对象对种种其它事物的客观关系，毋宁只表示理念对种种概念的关系，而这就使我们在一个如此高贵优越的本质存在的问题上，处于完全无知之中。

我们也不能说，一个原始本质是由许多衍生本质构成的，因为每一个衍生本质都以原始本质为前提，因而都不能构成原始本质；而因为原始本质不能说是由许多衍生本质构成的，所以原始本质这个理想，将不得不被设想为单一的。

因此，一切其他可能的本质固然都是从这个原始本质引申出来的，可是确切地说，这种引申也将不能被视为是对原始本质的最高实在的一种限制，就仿佛是对它的一种划分一样。这是因为，假如那样,原始本质就会被看作仅仅是诸多衍生本质的一个集合体,而照上面所说,这是不可能的,虽然我们在一开始的粗略的草图里曾经这样表述过。相反,最高实在之充当一切可能事物的根据,应该说,并不是作为它们的总和,而是作为一种本原;可能事物所以有它们的繁复性,不是由于原始本质本身受了限制,而是由于原始本质已充分展开,充分展开以后的原始本质也包含我们的全部感性以及现象界的一切实在,虽然我们的感性和现象界的实在,作为一种成分,不能包含于最高本质的理念之中。

那么,如果我们更加深入地探索我们的这个理念,以至于把它加以实体化,我们就将能以最高实在这一单纯概念来规定原始本质,把它规定为一种唯一的、单一的、自足的、永恒的,如此等等的东西,一句话,我们就将能以一切范畴(Prädikamente),按原始本质的绝对完全性,给原始本质作出规定。这样一种本质的概念,就是关于上帝、关于先验知性中所思维的那个上帝的概念,而这样一来,纯粹理性的理想就成了一门先验神学的对象,这是我在上文里也谈到过的。

可是,先验理念的这种使用,应该说,已经逾越了先验理念自己的规定及其许可的界限。因为,理性当初只让先验理念作为关于一切实在的概念,去充当一般事物的完全规定的根据,并没要求所有这些实在都是客观给定了的,更没要求它们构成一种事物。这种事物纯粹是虚构,正是由于这种虚构,我们才把我们的理念的繁复内容集合到一个理想亦即一个特殊本质里使之实现出来的,实际上我们根本没有权利这样做,甚至我们连承认这样一种假设的可能性也是无权的;而且同样,从这样一种理想里衍生出来的种

A 580
B 608

种推论，对于一般事物的完全规定（当初正是为了要对事物作完全规定的缘故我们才需要理念）也是既漠不相干，又不产生丝毫的影响。

仅仅描述我们的理性的进程及其辩证法，那还是不够的，人们必须也努力去发现这辩证法的种种源泉，以便能说明这种假象本身，亦即能说明一种知性现象；因为，我们所谈论的理想，是建立在一种自然的、并非纯属武断的理念上的。因此我要问：理性怎么能把种种事物的一切可能性都看作是从一个唯一的充当根据的可能性那里，也就是说，从最高实在的可能性那里引申出来的呢？然后，理性又怎么能把最高实在的可能性预先假定为包含于一个特殊的原始本质里的呢？

问题的答案已在先验分析的论述中自行表明出来了。感官对象的可能性乃是这些对象同我们的思维的一种关系，在这里面，有的东西（指的是经验形式）可以先天地被思维出来，但构成质料的那种东西，即，现象里的实在（指与感觉相对应的东西），则必须是被给定的，因为假如不是被给定的，它就不可被思维，从而它的可能性也就不可被表象。这样一个感官对象，只有在它与现象里的一切宾词相对比并通过这些宾词而肯定地或否定地被表象出来时，它才能得到完全的规定。但是，在这里面，构成着（现象中的）事物本身的那种东西，也就是说，实在的东西，既然必须是被给定的（假如不是被给定的，它就根本不可被思维）；而那样一种东西，即，一切现象事物的实在得以在其中被给定的那种东西，既然又是统一的包罗万象的经验，那么，使一切感官对象得以可能的那种质料，就必定被预先设定为在一个总和中给定了的，因为经验对象的一切可能性、对象彼此之间的差别以及它们的完全规定,全都以这个总和之受限制为依据。这样一来,我们事实上除了感官对象就没有别的对象会呈现于我们之前,感官对象除了在一种可能经验的体系中就不会在别的地方呈现于我们面前了;因此,一个对象如果不把一切经验实在的总和预先设定为它自己之所以可能的条件,则它对我们说来就不是一个对象了。出于一种天然的幻觉,我们总把实质上仅仅适用于作为我们感官对象的那些事物的原理看成是一条必定普遍适用于一切事物的原理。因此,我们抛弃了[对实在总和的]这种限制之后,我们就将把我们对事物亦即现象的可能性所具有的种种概念的经验原理,一般地当成为众事物之所以可能的一条先验原理。

但我们所以会这样将这个关于一切实在总和的理念加以实体化,乃是出于这样一个过程,即我们把知性在经验使用上的单个的统一体(distributive Einheit)辩证地变换为一种经验整体这样的集合的统一体(kollektive Einheit),并依据这种经验整体在我们心目中设想出一个包含一切经验实在于自身中的个别事物,然后,这个个别事物又通过我们刚谈过的那种先验的偷换程序,把自己调换成了关于这样一个事物的概念,这个事物居于一切事物的可能性的顶端,并给一切事物的完全规定提供实在的条件①。

A 583
B 611

---

① 于是,最实在的本质这一理想,虽说纯然是一个表象,却首先已被实在化了,即是说,已被搞成了客体,然后,被实体化了,最后,又通过理性的一种完成其统一体的自然进程而像我们随即要讲的那样,甚至被人格化了;这是因为,规范性的经验统一体,其得以成立并不在于现象本身(并不单靠感性),勿宁在于知性在一种统觉中对纷纭繁复的感性现象所作的联结,而且这样,最高实在的统一体和一切事物的完全可规定性(可能性)就仿佛是存在于一种最高的知性、一种有睿智的人格之中的了。——康德原注

第 3 节 论思辨理性在推论一个最高本质的存在时所用的论据

尽管理性有这样的迫切需要，要设定某种东西当作前提，以便知性在完全规定其自己的概念时可以以之为充分根据，但理性毕竟十分容易看出这样一种前提的理想性质和纯属虚构的性质，以至于假如不是受了另外的驱使它是不会仅因上述需要就言听计从地把它自己的单纯思维产品直接看成是一种现实的东西的；那么可能驱使理性这样做的另外原因是什么呢，无非是理性想要在它从给定了的有条件者朝向一个无条件者的回溯旅途中的某个地方找到它可以驻足停息之所，当然，无条件者，就其自身及其单纯概念而言，并不是现实地给定了的东西，但只有它(无条件者)才能终结或者说完成由各自趋向其根据的那些条件所排成的系列［让理性得以休憩］。这就是每一个人的理性甚至最普通的人的理性的自然活动进程，虽然这个进程不是每一个人的理性都能坚持走到底的。理性不从概念开始，而是从普遍经验开始，因而它是以某种存在着的东西作为基础。但这个基础。如果不建立在绝对必然的东西的稳固磐石上，它就会塌陷下去。而磐石自身呢，如果它的旁边和底层还有空隙，如果它没有把一切空隙都充塞起来因而没有再提"为何"这一疑问的余地，也就是说，如果按实在来说它不是无限的，那么它也就要因没有支持而悬空而倾覆的。

只要某种东西存在着，不管这东西是什么，我们也就必须承认：有不管一种什么东西在必然地存在着。因为，偶然的东西只存在于作为它的原因的另外一个东西的条件之下，而这另外一个东西又继续适用这个论断，如此递演，终将推论出一个非偶然的并恰恰由于非偶然而无条件地必然地存在着的原因。这就是理性逐步进展以至推论出原始本质所采用的论据。

理性在寻找关于一个本质的概念，这个本质理当具有实际存在(das Dasein)的特点亦即无条件的必然性，可是理性所以寻找关于这个本质的概念，却并非为了要从该本质的概念里先天地推论出该本质的实际存在，(因为，如果它敢于那样做，它就只须一般地在单纯概念之间进行研究而无须设定一个给定了的实际存在作为基础了，)而毋宁是为了在可能事物的一切概念中找出其本身与绝对必然性不发生丝毫矛盾的那个概念来。因为，早在第一步推论里理性就已认定："必有一种什么东西在绝对必然地存在着"是确切论证了的。只要理性能把一切与这个必然性不相容的东西都排除掉，只剩下一样东西，则不管人们是否能理解这个东西的必然性，也就是说，不论人们能否单从这个东西的概念里引申出它的必然性来，这个东西(这个本质)，总归就是绝对必然的本质。

那么这样的本质，既然它的概念里本就含有解答一切"为何"的"为此"，既然它在任何情况下和在任何角度上都无所欠缺，既然它对一切事物都是以充当其条件，那么它恰恰因此似乎就是理当具有绝对必然性的那个本质，因为它既然具备着对一切可能事物的一切条件，它本身就不需要任何条件，甚至可以说它是不能有任何条件的，因此，至少在一个方面它满足了无条件的必然性这一概念的要求，而在这个方面是没有任何别的概念，能比得上它的，因为别的概念都有缺陷，需要补足，显现不出与一切进一步的条件独立无依这一特征。诚然，我们从这里还不能可靠地推论说，自身中并不含有最高的和在一切方面都很完全的条件的那种东西，就其实际存在而言，一定就是有条件的；但毕竟可以说，它并不具备无条件的存在物所独有的特征，而理性正是掌握了这个特征才能通过一个先天概念认识出某一本质是无条件的本质。

于是可以说，在一切可能事物的概念中，一个具有最高实在的本质的概念该是最最符合于一种无条件必然的本质的概念。而且，如果说这个最高实在的本质的概念也不能完全满足无条件必然本质的概念的要求，那我们也别无选择；我们毋宁感到不得不坚持这个概念，因为对一个必然本质的存在，我们决不可以弃置不顾，等闲视之。但是当我们承认有这个必然本质的存在时，我们却在整个可能领域里找不到任何东西能对这样一种出类拔萃的存在提出一项比较有根有据的权利主张。

那么这就是人类理性的自然进程的情况。首先，理性使自己深信总有一个不管什么样的必然本质实际存在着。然后它从这个实际存在里认识到一种无条件的实际存在。再后它寻找关于不依任何条件而独立自存者的概念，并在本身即是一切其它东西的充足条件亦即本身包含着一切实在的那个东西身上找到了这种概念。但一切一切，或者说全部，既然不曾受到限制，那就是绝对的统一体，它含有一个统一的本质亦即最高的本质于自身，而这样，人类理性就得出结论：最高本质，作为一切事物的原始根据，是绝对必然地实际存在着的。

如果问题在于作出决断，也就是说，如果关于总有一个不管什么样的必然本质是实际存在着这一点已经得到了承认，而在人们要把这个实际存在安置于何处的问题上人们必须明确表态这一点也得到了同意，那么，人们就不能否认［最高本质］这个概念是有一定根据的；因为在这种情况下，人们已不能作出更好的选择，甚至应该说人们已根本没有选择余地，而毋宁不得不对全部实在的绝对统一体投一张赞成票，承认它是一切可能事物的最初源泉。但是，如果没有什么迫使我们非作决断不可，如果我们在论据的全部重量迫使我们鼓掌赞同之前宁愿让这整个的事情搁置一下，换句话说，如果问题只在于评断，仅在评断我们到底对这个课题知道了多少，估量我们自以为知道了的到底是怎么回事，那么，上述的结论就显得远远不是那么顺理成章无懈可击，而是需要特殊恩宠来弥补它权利主张上的缺点了。

因为，如果我们让事情完全像在这里我们见到的这个样子出现的话，也就是说，如果第一，我从随便一个什么给定了的存在（这也许只是我自己的存在）出发，作出一个合理的推论，就会推出有一个无条件必然的本质实际存在着，第二，由于我不得不把一个包含一切实在，当然也包含一切条件于自身的本质，看作是绝对无条件的本质，我就因此而找到了符合于绝对必然性的那种事物的概念；那么尽管这样，我毕竟根本不能从这里就推论说，一个受了限制的本质，由于它不具有最高实在，它的概念就是与绝对必然性不相容的。因为，虽然我在该本质的概念里找不到无条件者（无条件者乃是条件的全体在自身里带着的东西），我却决不能推论说，该本质的实际存在一定就因此而是有条件的；这正如我在一个假言推理中不能说，哪里没有某一条件（这里指的是，就众概念而言的完全性这一条件）（nämlich hier der Vollständigkeit nach Begriffen），哪里也就没有有条件者一样。相反，我们保有充分自由可以承认一切其余的受限制的本质也都是无条件必然的，尽管

A 588
B 616

从我们对它们[这些有条件的本质]所形成的一般概念里推论不出它们的必然性来。可是,这样一来,这种论据就该不会帮我们对一个必然本质的属性取得任何概念,而且在一切方面都不会起任何作用。

但虽然如此,这种论据仍旧保有一定的重要性,它所享有的威望还不至于因这种客观上的不足就立即被剥夺掉。因为,如果人们设想,存在着这样一些义务,这些义务在理性的理念中是完全正确的,但在它们被应用于我们本身时是缺乏一切实在的,换句话说,除非预先设定一个能赋予实践规律以效用和强势的最高本质,它们是没有推动力的,那么,在这种情况下,人们就应承认,也还存在着一种要遵守概念的义务,这种义务所遵守的种种概念,即使客观上有所不足,但按我们理性的尺度来说却占压倒优势,何况就我们所知道的而言再没有什么别的比它们更好,更有证明力。在这里,既然有了要作抉择的责任心,再外加以实践要求,这就会迫使思辨理性改变其犹豫不决所形成的不偏不倚态度,甚至可以说,理性在这样的推动原因即使只是很不周全的见解的驱使之下,假如还不听从这些至少在我们看来再好不过的根据以作出它的判断,那它作为最缜密的法官,就会拿不出任何自我辩解的理由。

这种论据虽然由于具有偶然事物的内在理由不充足的性质而实际上是先验的论据,但它却非常简单而自然,以至当它呈现于人们面前时就连最普通的人也感觉到它很合适。人们看见事物都在生成毁灭,变化相循,于是推论它们或者至少它们的状态必定各有原因。但是人们对经验里可能出现的每一个原因,又都可以同样追问它的原因。那么,最终的(oberste)原因应该是在哪里才合适呢？我们觉得最好把它安排在同时又是最高的(höchste)原因的那个地方,即,安置在其本身原来就包含着每个可能效果的充足理由而其概念又很容易由包罗万象者的唯一特征"完全性"(Vollkommenheit)来予以标明的那个本质里。这个最高原因,现在,我们就认为是绝对必然的,因为我们发现我们之一直要上升到它那里去,以及我们之无权再超越它而到更远处去,都是绝对必然的。因为这样,我们在一切民族那里都能透过它们最愚昧的多神教看出一神教闪烁的微光,而它们那里所以闪出一神教的光芒,并非起于反省和深思,毋宁只是出于越来越变得可以理解了的普通知性的一种自然进程。

从思辨理性出发,只可能有三种证明上帝存在的论证方式。

在这个问题上人们可以采取的途径是:或者从确定的经验和由此经验所认识到的我们感官世界的特殊性状开始,然后按照因果律从经验一直上升到世界以外的最高原因;或者是,只以不确定的经验亦即随便一种什么实际存在(Dasein)充当论证的经验性基础;最后,或者是,抛掉一切经验,完全先天地从单纯概念出发,推论有一个最高原因的存在。第一种是物然神学的证明,第二种是宇宙论的证明,第三种是本体论的证明。再多的证明方式是没有的,而且也不可能有。

A 591
B 619

我将阐明,理性不论采取哪一条证明途径,经验的也像先验的一样,都搞不出什么名堂来,而且理性展开其双翼,单凭思辨的力量,企图飞越至于感官世界以外去,那也是枉费心机。至于叙述这些证明方式时不得不排列的先后顺序,则是与理性本身逐步扩张开时所经历的顺序也就是我们当初陈述理性时所采用的顺序,恰恰相反。这是因为,经验虽然给理性提供了它进行这种努力的第一动因,但只有先验的概念才会指引理性去进行它的这种努力,并在所有这样的尝试中揭示出理性预先设定的目标。因此,我将从考察先验的证明开始,然后再来看看为增强先验证明的论证力量而外加上的经验成分,到底能起点什么作用。

第 4 节 论关于上帝存在*的本体论证明之不可能

人们从以上的论述中很容易看出,关于一个绝对必然的本质的概念,乃是一个纯粹的理性概念,换句话说,是一个单纯的理念;至于单纯的理念,它的客观实在还远没有因为理性需要它而就是已经证明了的,另外,它也仅仅向我们暗示了某种我们反正不可能达到的完全性,所以真正说来它的用处与其说在于扩大知性,使之认识一种新对象,倒不如说在于限制知性。那么这就发生这样奇怪而矛盾的情况了:一方面,从一种一般给定了的实际存在出发,向某一个绝对必然的实际存在推论,看起来是既有强制性又是正确无误的,而另一方面我们又发现,知性在为自己制造关于这样一种绝对必然性概念时所需的一切条件,都是同我们完全抵触的。

一切时代里的人都大谈什么绝对必然的本质,却很少有人用力去了解一个这种类型的事物是否和怎么样能够被人思维出来的,大家毋宁主要是竭力要证明这个东西的实际存在。诚然,要给这个概念下个定义,那很容易,因为比如我们就可说它是这么一种

---

* "存在",原文是 Dasein,与 Existenz 义通,指实际上的存在,与概念上并不自相矛盾因而逻辑上可能的那种存在不同,有人译为"限有"、"定在",此处为行文方便,而且不至发生歧义,姑且简译为"存在"。——译者注

东西：它的不存在是不可能的；但是，这样的名词解释并不使人对于一些条件知道得更清楚些，而正是这些条件，使一个事物的不存在之被看作是绝对不可思议的，成了事属必然的*，而且真正说来，这些条件也就是人们为了弄清楚我们通过这个概念到底会不会思维出某种事物来所想知道的那种东西。这是因为，单凭"无条件的"这个词，把理性要将某物看成是必然的时所永远需要的那一切条件都撇开抛掉，这还远远不能使我了解，究竟我通过"无条件必然的本质"这一概念还思维点什么，抑或根本什么也不思维了。

还有一层，这个起初纯属瞎说而最后竟完全流行了的概念，人们认为它已通过一系列的实例得到了充分的说明，以至于任何对它更进一步的探索追问，由于它已很好理解，看起来都是完全不必要的了。几何里的每一个命题，比如"三角形有三个角"这样的命题，都是绝对必然的；而因为这样，人们就大谈一种完全超出于我们知性领域之外的对象，仿佛对于该对象的概念所表述的那种东西已完全理解了似的。

所有引用过的例证，毫无例外，都只是从判断那里而不是从事物及其实际存在那里援引过来的。然而判断的无条件必然性，并不是实事（der Sachen）的绝对必然性。因为判断的绝对必然性只是实事的或者说判断里的宾词的一种有条件的必然性。上述那个几何命题不曾说，三个角是绝对必然的，而是说，在这样的条件下：即，当一个三角形实际存在着（或给定了）时，该三角形的三个角也

---

* "必然的"一词在有些版本中作"不可能的"（如 R. Schmidt 的"哲学丛书"版等）。本书译法是依 Noiré 的考证，而英语 Smith 等也是这样理解的。——译者注

必然地实际存在在那里，可是虽然如此，这种逻辑必然性却已表明具有一种非常巨大的幻觉力量，以至于，每当人们对于一个事物产生出一个先天的概念，而这个概念又被人任意设想为本身就包含着实际存在时，人们就总是相信从这里能够可靠地作出如下推断：既然这个概念的客体必然地具有实际存在，换句话说，只要我设定这个客体是给定了的，是实际存在着的，那么，这个客体的实际存在也就必然地按同一性规则被设定为给定了的，而这样一来，这个本质本身就是无条件必然的，因为，该本质的实际存在，在任何一个被接受了的概念里，只要我设定了这个概念的对象，就已经被连带思维过，已经包含在那个概念里了。

如果我取消一个同一性判断里的宾词而保留其主词，那就出现矛盾，而我因此就要说：宾词必然地隶属于主词。但是，如果我取消主词也连带取消其宾词，那就不发生矛盾：因为再也没有什么可以与之矛盾的东西了。设定一个三角形却否定它的三个角，这是矛盾的；但在取消三角形的同时也取消其三个角，就没有矛盾。绝对必然的本质的概念，其情况也恰恰就是这样。如果你们取消绝对必然本质的实际存在，那你们就随同它本身连它的一切宾词都取消了；那么，矛盾还会从哪里来呢？外在方面，没有什么会与之发生矛盾的东西，因为事物的必然性不应该是外在的；内在方面，也没有什么会与之发生矛盾，因为你们通过取消事物本身同时也把一切内在的东西取消了。上帝是全能的，这是一个必然判断。如果你们设定一个上帝，也就是说，设定下无限的本质，而这无限本质又同它自己的概念相同一，那么，"全能的"就不能被取消掉。但如果你们说：没有上帝，则无论上帝的全能还是它的随便什么其他宾词,就都不是给定了的;因为一切宾词连同主词一起已被统统取消,而这个思想里就显不出丝毫的矛盾来了。

你们因此已经看到,如果我把一个判断的宾词连同主词一起予以取消或否定,那就不管宾词是什么,都决不会发生内在矛盾。那么现在,你们已再也没有别的办法,你们已不得不说:有一些主词,它们根本不能被否定,因而必然是永远存在着的。可是,这就等于说:有一些绝对必然的主词;而这个提法,正就是我对其正确性发生怀疑而你们想对其可能性予以指明的那个前提。因为,我不能对于那本身连同其一切宾词一起都已被取消却还会遗留下矛盾来的事物产生丝毫概念,而且除了矛盾而外,单凭纯粹先天概念,我就没有什么别的可被当作不可能性的标志了。

你们不顾所有这些任何人都不能否认的普遍结论,用一个事例作为事实上的证据,向我反驳说:确有这样一个唯一的概念,它的对象的不存在或否定本身就是自相矛盾的,而这个概念就是关于最最实在的本质的概念。你们说,这最最实在的本质具有一切实在;你们理直气壮地认为这样一个本质是可能的(在这一点上我暂时同意你们,虽然一个并不矛盾的概念还远远不能就证明该概念的对象是可能的)①。现在,一切实在里既然也包括了实际存在,那么实际存在就是包含在一个可能的事物的概念里的了。于

---

① 概念,只要不自相矛盾,就总是可能的。这就是可能性的逻辑标志,而且概念的对象同否定性的无物(nihil negativum)也就凭这个标志来区别。不过,虽然如此,如果概念所由产生的那个综合体的客观实在没有特别地被呈现出来,则概念仍然可以是一个空的概念;而客观实在的呈现,如上所述,是依靠可能经验的原理而不是依靠分析原理、矛盾律的。这是一个警告,提醒大家切不要从概念的(逻辑的)可能性直接推论事物的(实在的)可能性。——康德原注

是你们认为,如果这个事物被否定[或不存在],则该事物的内在可能性就被否定,而该事物的内在可能性的被否定或不存在,则是矛盾的。

我的回答是:当你们不管以哪种隐蔽的名义早在你们单凭可能性所设想出来的一个事物的概念里夹杂进了这个事物的实际存在(Existenz)的概念时,你们就已经犯了自相矛盾的错误。我看,即使大家容忍你们把事物的实际存在的概念夹进事物的概念里去,你们表面上好像是胜利了,实际上却什么也没说出来;因为你们只不过搞了一次同义异语的反复陈述[或简称同语反复]。我请问你们,这个或那个事物[实际]存在着(我姑且向你们承认,这个或那个事物,不管是什么样的东西,总是可能的)这一命题,请问它是一个分析命题呢,还是一个综合命题?如果它是一个分析命题,则你们并没通过事物的实际存在给你们关于事物的思想增添任何东西进去,可是在这种情况下,二者就必居其一,要么,存在于你们心目中的那个思想就是事物本身,要么,你们预先就设定了一个隶属于可能性的实际存在,然后又装模作样地从内在可能性中把这个实际存在推论出来,这不是一句空洞的同语反复又是什么呢?事物概念里的实在(Realität)和宾词概念里的实际存在(Existenz),含义不同,所以依靠实在这个词是不解决任何问题的。因为,你们把一切设定(不管你们所设定的是什么)都叫作实在,那你们也是把事物及其一切宾词都在主词的概念里设定了,当成是现实的,至于在宾词里,你们只不过把设定了的东西重申一遍而已。与此相反,如果你们也像每一个有理性的人必定乐于承认的那样承认,一切存在命题(Existenzialsatz)都是综合的,那么,你们又怎么竟会认为实际存在这个宾词不可能被无矛盾地否定掉呢？因为真正说来,[不存在是矛盾的]这个特点恰恰是分析命题的个性之所在,所以是唯独分析命题才有的。

我已发现,你们把一个逻辑宾词和一个实在宾词(即,对一个事物的规定)混淆了,从中产生的幻觉几乎使你们把一切善意的开导都当成耳旁风听不进了,假如不是这样,那我倒确实会指望,用严格规定实际存在这个概念的办法,会直截了当地把这种无聊的论证彻底了结。逻辑宾词,是不论什么都可以充当的,甚至主词自己也能转化为宾词;因为逻辑是除去一切内容的。但是规定,则是另外一种宾词,它是外加到主词的概念上面来的,它使主词概念增大。因此它必定不是主词概念里本已含有的。

存在*显然不是一个实在宾词,这就是说,它是一个关于这样一种东西的概念,这种东西能够附加到一个事物的概念上去。它只是一个事物或某些规定自己本身的设定作用(Position)。在逻辑的使用上,它只是一个判断的系词。"上帝是万能的"这个命题,包含两个各自有其客体的概念:上帝与万能;至于"是"这个小小的字,就不再是一个宾词,而只是把宾词以关系的方式设定到主词上去的那个东西。现在,如果我把主词(上帝)及其一切宾词(其中也包括万能)结合起来,说:上帝是[存在着的],或者说,有一个上帝,那么在我这样说时并没给上帝的概念设定任何新的宾词,毋宁是设定了那连同其一切宾词的主词本身,同时设定了那与我的概念

---

* 德文的 Sein 这个字,在中文里表示"存在着某物"一语中的"存在"、"有某物"一语中的"有"、"是某物"一语中的"是"。——译者注

联系着的对象。概念与对象两者包含的东西必定完全一样多,所以没有任何另外的东西能附加到那仅仅表示可能性的概念上去,至于概念所以仅仅表示可能性,那是因为我通过"它是[存在着的]"这句话把该概念的对象设想为无条件给定了的。而这样说来,现实的东西就不比单纯可能的东西多包含点什么。一百个现实的塔勒*并不比一百个可能的塔勒多含一丝一毫的内容。因为,既然一百个可能的塔勒所说的是概念,而一百个现实的塔勒表示的是对象和该对象的设定,那么,假如对象比概念所含的内容多些,则我的概念就不代表整个对象,从而也就不是一个与该对象相适称的概念了。然而,就我的财产状况来说,有一百个现实的塔勒就是比有一百个塔勒的单纯概念(亦即一百个塔勒的可能性)多些。这是因为,对象事实上并不是单纯分析地包含于我的概念之中,而是综合地附加于我的概念之外(对我的状态的一种规定)。却又并不因为我的概念之外的这个"存在"而使我所思维的这一百个塔勒的内容有丝毫增加。

于是可以说,当我思维一个事物时,不论我用哪些和多少宾词(甚至以完全的规定)来思维它,而且即使我还外加"这个事物是[存在着的]"这一想法,这个事物也不会另外增添一丝一毫。因为不然的话,存在着的就不会是我在概念中所思维的那个事物而是比它内含更多的事物,我也就不能说,存在着的恰恰就是我的概念的对象了。甚至于,即使我把一个事物的一切实在除了一个实在之外统统设想到了,那么,尽管我说"这样一个有缺陷的事物是存

---

* 塔勒,Taler,德国货币名。——译者注

在着的",那个欠缺的实在也不会就被外加到该事物上来,毋宁该事物仍旧像我设想的那样有缺陷地存在在那里,否则那存在着的就该是与我所设想的东西不同的某种别的事物了。现在,如果我所设想的一个本质是没有任何缺陷的最高实在,那它实际上是否存在,始终还是一个问题。因为,即使在我的概念方面关于事物的一般可能的实在内容一点也不缺少,可是在其与我的整个思维状态的关系方面毕竟还缺少点什么,那就是,我还不能断言,关于这种客体的知识是否也后天可能。而在这里,造成主要困难的原因也就显露出来了。假如这里谈论的是一种感官对象,那我就能不把事物的实际存在同事物的单纯概念混淆起来。这是因为,通过概念,感官对象只被思维为与一种可能的经验的知识所具有的种种普遍规定互相一致,但通过存在,则感官对象就被思维为包括于全部经验的体系或结构之中的;另一方面,对象的概念,通过其与全部经验的内容的结合,并不增加一丝一毫,但我的思维,通过这同样的结合,则多获得了一种可能的知觉。与此相反,如果我们只想通过纯粹范畴来思维存在,那我们列举不出区别实际存在与单纯可能的任何标志,就不足为奇了。

A 601
B 629

因此,我们就一个对象形成起来的概念,不论包含什么性质和多少数量的内容,如果我们想让这个对象具有实际存在,我们就必须走出它的概念以外去。就感官对象来说,要使它们取得实际存在,是依靠它们按照经验规律同我的任何一种知觉取得关联;但就纯粹思维的对象来说,那就根本没有可以认识它们的实际存在的途径了,因为,它们的实际存在必须完全先天地加以认识,但我们关于任何实际存在的意识(不论是直接通过知觉得来的还是通过那使某物与知觉结合的种种推论得来的），完全是隶属于或包括于经验统一体的，一种在经验统一体这个领域之外的实际存在，虽不能直截了当地说是不可能，却是我们无从论证其可能的一种前提假设。

关于最高本质的概念，是一个在许多方面都很有用的理念；但正因为它是单纯理念，它就完全没有能力凭它自己本身去扩大我们在实际存在着的东西方面的知识。它甚至连在一种比实际存在着的东西更多些的东西的可能性方面，也不能让我们有任何启发，可能性的分析标志是：种种单纯的设定作用（种种实在）并不产生矛盾，这个标志，毫无疑义，最高本质是具有的；但是，一切实在属性之在一个事物中的结合，乃是一种综合，关于综合的可能性我们并不能作出先天的判断，因为对我们而言实在都不是个别地（spezifisch）给定了的，而且即使是个别给定了的，在这里也决没进行判断的余地，因为综合知识的可能性的标志永远必须在经验里寻找，而一个理念的对象又不可能隶属于经验；因此，鼎鼎大名的莱布尼茨远远没有完成他所自诩的事业，即是说，他并没像他所说的那样先天地看出一个这样崇高这样理想的本质的可能性。

因此可以说，笛卡尔的那么著名的本体论证明，为了从概念出发论证一个最高本质的实际存在所做的一切辛勤劳动，统统白费了。一个人从单纯的理念出发不能增添识见，正如发财心切的商人想在他存款数额上附加几个零之不能增添财富一样。

第 5 节　论关于上帝存在的宇宙论证明之不可能

想从一个任意制作出来的理念里，提炼出与该理念相对应的对象的实际存在，那是极其不自然的做法，而且纯粹是经院哲学的一种花样翻新。事实上，假如不是我们的理性先就有了一种迫切需要，想要一般地假定有某种必然的东西作为实际存在的基础，以便人们在推论的上升道路上可以有个停顿休憩之所，而且假如不是理性有鉴于这种必然性一定是无条件地和先天地确定无疑的，因而被迫不得不去寻找一种概念，靠这种概念，(如果可能,)去满足上述要求，并让人能够完全以先天的方式认识一种实际存在，那么，人们本来是决不会采取上述那种做法，以进行探索的。这种概念，人们曾相信自己已经找到了，相信它就是最实在的本质的理念，而且这样一来，最实在的本质这一理念，其所以被人使用，显然只是为了更加确切地认识必然的本质，也就是说，只是为了更加确切地认识人们通过别的途径早已深信其是必然实际存在着的那个东西，如此而已。可是理性的这个自然的进程，被人掩蔽了，人们并不终止于这个概念，反而试图从这个概念开始，以便从这里推论出其实际存在的必然性来，而这个概念当初的使命却仅仅在于补充这个必然性。于是，那不幸的本体论证明就从这里产生了出来，这样产生的本体论证明，既满足不了自然的和健康的知性要求，也经受不住严格认真的科学考验。

A 604
B 632

　　宇宙论证明，这是我们现在所要探讨的，也同本体论证明一样，仍然依靠绝对必然性与最高实在性的密切联系，但又与本体论证明不同，它并不是从最高实在性出发，以推论实际存在的必然性，而是从随便一个本质的先已给定了的无条件必然性出发，以推论该本质的无限实在性；并且，这样一来，它就将一切事物都导入于这样一种推论的轨道，这种推论轨道，我虽不知它究竟是合理的，还是强词夺理的，却至少是颇为自然的，它不仅能说服普通的知性,而且也对思辨的知性具有最大的说服力;另外,它显然还给自然神学的一切证明规定了最初的基本的准则,这些基本准则虽然会受到各式各样浮光掠影的屈映和掩蔽,却是人们向来所遵循的,而且将来也要遵循。莱布尼茨又曾称之为"由世界的偶然性出发的(a contingentia mundi)证明"的这种证明,我们想在下面要加以陈述,并予以考察。

这种证明是这样推论的:如果有某个东西(本质)实际存在着,那就必定也有一个绝对必然的本质实际存在着。现在,既然至少我自己实际存在着,那么,就有一个绝对必然的本质实际存在着。这里,小前提包含一宗经验,大前提包含的是由一宗一般经验出发推导出必然本质的实际存在这样一种推论①。因此真正说来,这种证明是从经验开始的,因而不是完全先天的,或者说,不是本体论的;而既然一切可能经验的对象叫作世界[或者说宇宙],所以这种证明就被称为宇宙论的证明。另一方面,既然这种证明不涉及经验对象的任何特殊性状(当前这个世界是靠经验对象的种种特殊性状才与可能的任何其他世界区别开来的),所以顾名思义,单从它的称呼上也就能看出,它不同于自然神学的证明,自然神学的证明,需要有对我们这个感性世界的特殊性状所作的种种观察以作为其论证根据。

---

① 这个推论是众所周知的,以至于完全没有在这里详细叙述的必要。它以所谓先验的因果自然律为根据,这先验因果律是说:任何偶然事物都有它的原因,同样,这个原因如果又是偶然的,它就必定又有一个原因,而如此递进,这些排成一串的原因形成起来的原因系列,最后就必定终止于一个绝对必然的原因,如不达到这个绝对必然原因,则原因系列是永不完满,永无止境的。——康德原注

现在,宇宙论证明又进一步推论说:必然本质[或者说,必然存在着的事物]只能以唯一一种方式加以规定,这就是说,就其全部可能的对立宾词而言,它只能通过互相对立的宾词中的一个宾词来加以规定,而这样说来,它必然是通过它自己的概念而完全地规定了的。可是,只有唯一一个概念可能对事物作先天的完全的规定,这个概念就是最最实在的本质这一概念;因此可以说,最最实在的本质这一概念,乃是必然的本质所赖以可被思维的那个唯一概念,而这就是说,有一个最高的本质必然地实际存在着。

这种宇宙论证明里蒐集了这么多诡辩性的命题,因此在我们看来,思辨理性在这里是使出了它全套的辩证手法,要制造一个最大可能的先验假象。不过对于这些诡辩命题,我们想暂且不去考察它们,先只来揭露一下思辨理性的一项诡计,思辨理性正是凭着这项诡计把一种旧论证加以乔装打扮,当成一种新论证推荐出来,并炫耀自己得到了一方是纯粹理性和另一方是经验证据这两种见证人的一致同意。其实在这里,见证人只有前者一个,只不过前一见证人更换了衣裳,改变了腔调,使人以为它真是后一见证人而已。宇宙论的证明为了使自己根基牢固,于是让自己立足于经验上面,并通过它之立足于经验,以造成一种冠冕堂皇的外表,仿佛它与那完全信赖于纯粹先天概念的本体论证明并不是一回事似的。然而宇宙论证明之利用这种经验,只是为了向前迈出唯一一步,即是说,仅仅为了一般地表明一个必然本质具有实际存在。经验性的证据不能进一步告诉我们究竟这个必然本质实际上具有哪些属性,相反,在这个问题上理性已与经验证据彻底分手,转向纯粹概念,开始探索一个绝对必然本质必然地具有哪些属性,换句话说，理性已转而研究一切可能事物中哪一事物是本身包含着绝对必然性的必要条件的。现在既然理性相信这些必要条件不存在于任何别处而唯独存在于一个最最实在的本质的概念里，于是就可以推论说，这个最最实在的本质的概念就是绝对必然的本质。但是显而易见的是，在这里，人们已预先假定，最最实在的本质的概念能够充分满足实际存在着的绝对必然性的概念，这就是说，人们已预先假定由前者亦即最高实在性那里可以推导出后者亦即绝对必然性来；可是，"从最高实在性以推论绝对必然性"这条曾为本体论证明采用过而于今在宇宙论证明里又被接受过来当作论证根据的原则，倒恰恰是人们本想在宇宙论证明中加以避免的。因为绝对必然性是一种出自单纯概念的实际存在。如果我现在说，最最实在的本质这个概念是唯一一个对必然的实际存在相适应相贯通的概念，那么我就必须也承认，从前者（最实在的本质）中可以推论出后者（必然的实际存在）。因此真正说来，这种论证不是别的，恰恰就是在所谓的宇宙论证明中继续充分发挥其证明作用的那种从单纯概念出发的本体论证明，其中虽然说到经验，那完全是多余的，充其量，是为了给我们引导出绝对必然性这个概念，但决不是为了使我们能就一个特定事物去阐明绝对必然性。因为只要我们想这么做，我们就必须摆脱一切经验，转向纯粹概念，去从中找出本身真正包含着绝对必然本质的可能条件的那个概念。但是，如果说通过这样的办法看出来的只是一个绝对必然本质的可能性，那么，这个本质的实际存在也已同时得到阐明了；因为可能性的论证是说：在一切可能的本质中总有一个本质是带有绝对必然性的，而这就是说，绝对必然地实际存在着这一个本质。

第二部 先验逻辑学

推论里包含的一切误谬虚妄的东西，只要人们把推论过程按规矩严格地展现在面前，是极容易识破的。下面我们就来摆一摆推论过程。

如果"每一个绝对必然的本质同时也是最最实在的本质"这个命题是正确的；（认定这个命题是正确的，这乃是宇宙论证明的精髓(nervus probandi)）；那么这个命题就必定像一切肯定命题那样至少局部地（per accidens）可以换位；而换位之后这个命题就成为："有些个最最实在的本质同时也是绝对必然的本质"。可是，一个最最实在的本质绝对不会与另一个最最实在的本质有丝毫差别，而且，凡对这个概念所包的有些个本质能够说的话，对于该概念所包的一切本质也就都能说。因此（在这种情况下），我也就能把上述命题予以简单地换位，说道："每一个最最实在的本质都是一个必然的本质"。那么现在，既然这个命题完全是由它的纯粹先天概念而定性的，则最最实在的本质这一单纯概念也就必定带有整个命题所具有的绝对必然性；这正就是本体论证明所坚持而宇宙论证明本来不想承认的，可是，宇宙论证明在进行推论时却又总把它当作依据，虽然是以隐蔽的方式。

这样，思辨理性为了证明最高本质的实际存在而采取的第二条道路，就不仅同第一条道路同样是骗人的，而且还应该说是犯有论点不中肯(ignoratio elenchi)的错误，因为它应许要带我们走上一条新路，可是作了小小的迂回之后，重新把我们引回到了我们因它而放弃的那条老路上去。

我前不久说过，这种宇宙论论证里隐藏有大量假装冒充辩证法的东西，先验批判能够轻而易举地把它们揭发出来，予以摧毁。

因此现在，我将只限于把这些骗人的原理列举出来，至于进一步探讨它们，消除它们，我就想留待训练有素的读者去做了。

举例来说，这类骗人的东西就有：1）先验原理，即，据之以从偶然事物推论出一个原因的那种原理。其实这种原理只在感官世界里才有作用，一到感官世界外面那就连意义都没有。因为，关于偶然事物的纯理智的概念，本身绝对产生不出像因果关系这样的综合命题，因果律如果不是在感官世界中，就既无意义又无用处；然而在宇宙论证明里，像因果关系这样的先验原理，据说其用处恰恰在于能使人超越到感官世界以外去。2）推论，即，根据感官世界里层层深入的原因之不可能构成永无尽头的无限系列，从而推论必有一个最初的原因。实际上理性使用方面的原理，即使在经验世界里面也并不容许我们对之进行这样的推论，至于把一个最初原因远送到因果链锁决不能延伸到的经验世界以外去，我们就更加无权那么做了。3）理性的虚妄自满。理性自满是因为它完成了因果系列，而因果系列之得以完成，实际上是因为人们最终抛弃了一切条件（如果没有条件，则任何必然性概念也不能成立），并在抛弃了条件因而再也不能进一步有所理解时就把这个"再也不能有所理解"当成了自己的概念的一种完成。4）概念的混淆，即一个综合一切或包罗万象而无内在矛盾的实在的逻辑可能性与其先验可能性的互相混淆。其实，先验可能性需要有一条原理，以保证这样一种综合确实办得到，而这条原理本身却又只能有效于可能的经验领域。如此等等。

宇宙论证明的精心部署，完全是为了要避免从单纯概念出发去先天地证明一个必然本质的实际存在，（从单纯概念出发的证明不可能不是本体论式的证明,)但是我们自己知道,要办到这一点我们是完全无能为力的。为了避免从单纯概念出发,我们就从一个被当作(一般经验的)基础的现实存在出发,在可能范围内,去推论出该现实存在的某一绝对必然的条件。在这种情况下,我们是无需乎说明这个绝对必然条件是如何如何可能的,因为既然它已被证明是实际存在在那里,则关于它存在的可能性问题就完全不必要了。现在,如果我们想进一步规定这个必然本质的性质,我们所寻求的就不是那种充足条件,以便从其概念来把捉其实际存在的必然性;因为假如我们能这样做,我们本就该用不着设定什么经验的前提了;不,我们要知道的只是消极的条件(condito sine qua non),没有这消极条件,一个本质就不会绝对必然。在一切从其给定的后果以追溯其根源的其他推论中,事情大概就是这个样子,但在我们这个推论中,不幸出现了这样的情况:绝对必然性所应具备的条件只能存在于一个唯一的本质里,这个本质因而必定包含绝对必然性所需要的一切于其自己概念之中,并且由于这种情况,这个本质就使先天地推论其绝对必然性成为可能;这也就是说,我应该也能反过来推论,说:(最高实在)这个概念所包括的任何事物,都是绝对必然的,而如果我不能这样反过来推论,(事实上如果我要避免本体论证明,我就必须承认我不能这样推论,)那就说明我在我的新途径上已陷入"此路不通",而且我始终还是待在我出发的原地没动。诚然,最高本质这个概念能够解答由一个事物的种种内在规定所引起的一切先天问题,而且它因此也就是一个独一无二的完善无缺的东西,因为概念固然是普遍的,却同时也把最高本质标明为一切可能事物中的一个个体了。但是,最高本质的概念根本不能解答关于它自己的实际存在问题,而解决这个问题才真正是原先提问的用意所在;而且,当初在有人已承认一个必然本质的实际存在而只还想要弄清在一切事物中究竟哪一个事物应被看作是这必然本质的时候,人们也不曾能够解答说:"这里的这一个,就是必然本质。"

当然,在理性寻找其解释说明的统一根据时,为了减轻理性负担,完全可以允许人们承认(或假设)有一个最完满的本质的实际存在,以作为一切可能后果的原因。但是,假如人们因此竟然说必然地实际存在着这样一个本质,那就不再是以谦逊的态度表述的一种许可的假设,而是以僭妄的方式宣称的一种断然的确信了;因为,凡人们扬言是绝对必然地认识到了的东西,关于该东西的知识,也就必定带有绝对必然性。

先验理想的整个任务就在于:要么为绝对必然性寻找一个概念,要么为某一事物的概念找到它的绝对必然性。能做到前者,就一定也能做到后者,反之亦然。因为理性只认为就其概念而言是必然的那种东西才是绝对必然的。然而这两项任务,既完全超越了我们为在这一点上满足我们的知性而能作的最大努力,也完全超越了我们因知性无能而设法安慰知性时所能做的一切尝试。

无条件的必然性,作为一切事物的最后支持者,乃是我们绝不可少的必要物,但对人的理性说来,却是一个真正的无底深渊。永恒性尽管被哈勒*描绘得那么高深叵测,却也不像必然性这样深

---

* Allrecht von Haller(1708-1777),是瑞士出生的医学及社会问题作家,著有《Die Alpen》(1729)等著名田园诗作。——译者注

邃无底令人头昏目眩,因为它只度量事物的长久,并不支持事物的存在。有一种思想是人们不能不去想它而一想到却又忍受不了的,那就是,"被我们设想为一切可能事物中最高的那个东西,它仿佛在自言自语地说:'我是永恒地存在着的,在我之外什么也没有,有也只不过是因我的缘故而有的;然而我是从哪里来的呢?'"在这里,我们的一切一切都失去支持而跌落下去了,具有最大完满性的东西也像具有最小完满性的东西一样,毫无任何凭借,纯然是飘浮在思辨理性面前的;而且无论是最完满的东西或是最不完满的东西,思辨理性都可泰然听任它们消逝掉而自己不致感到任何损失。

有好多自然力量,它们的实际存在虽已通过某些效果显示出来,但对我们来说,它们本身仍旧是些不可探究的东西;因为我们不能对它们进行充分深远的跟踪观察。那作为现象之基础的先验的客体,以及我们的感性何以具有这些而不具有另一些最高条件的理由根据,对我们来说,都是并且都始终是不可探究的,而且事情本身尽管已是给定了的,明摆着的,却就是不曾得到我们洞察理会。然而一个纯粹理性的理想,则不能说是不可探究的,因为它为它自己的实在性无须呈交任何别的信任证书,而只说这是理性的需要就行了,理性需要凭借它来完成综合一切的统一。于是我们可以说,纯粹理性的理想,既然根本还不曾被给定为一个可予以思维的对象,那它也就不像对象那样是不可探究的;毋宁相反,作为单纯的理念,它必定能在理性的本性之中找到它的席位,达到它的消解,因而必定是可探究的;因为,理性之所以为理性,恰恰在于能给我们的一切概念、意见和主张,无论是基于客观根据也好,还是(当它们只是假象时)基于主观根据也好,作出估计,说明理由。

A 614
B 642

为论证一个必然本质的存在所作的种种先验证明中的辩证假象的发现与说明

至今试验过的两种证明，都是先验的，即是说，都是撇开经验原理的。因为，宇宙论的证明虽然以一种一般经验为基础，但它进行论证却不是从该经验的任何一项特殊性状出发，而是从在一般经验意识给定了的某一个实际存在身上体现出来的那些纯粹理性原理出发的，并且，它甚至于抛掉实际存在这一引线，以便让自己完全建立在纯粹概念上。那么要问，这两种先验证明里的辩证而又自然的现象，即，把必然性和最高实在性两个概念结合在一起并使本来只能是个观念的东西得以实在起来体现出来的这样一种现象，是什么原因导致的呢？人们无可避免地要在一切实际存在着的事物中间承认有某种东西[的实际存在]本是必然的，同时又在面对这种自身必然的东西的实际存在时如同面对一个无底深渊时一样却步不前，那么，这个无可避免，是出于什么原因呢？人们怎么能使理性在这件事情上保持自身一致，从一方面羞羞答答地承认别方面又反反复复地从否认这一摇摆不定中解脱出来，建立起稳定的见解呢？

在这里，特别值得注意的一点是，只要人们假定有某种东西实际存在着，那就不能不推论说，也有某种东西是必然地实际存在着。宇宙论的论证就是建立在这种完全自然的（虽然还不因此而就是可靠的）推论上的。与此相反，不管我假定某一事物有一个什么样的概念，我总发现，我绝不能把这个事物的实际存在设想为绝对必然的，而且不论实际存在着的是什么样的东西，这东西总不能妨碍我去思维它的不存在，因此，我虽然不能不假定一般实际存在着的东西身上确有某种必然的东西,但我不能把任何个别的(einziges Ding)事物思维为本身就是必然的。这就是说:如果不假定有一个必然的本质,则我在倒推实际存在事物的条件时就没完没了,永远不能终结,可是我又永远不能从一个必然的本质开始。

如果我必须为一般地实际存在着的事物思维出个必然的东西来,而我又无权把任何事物自己本身思维为必然的,那就无可避免地从中得出这样的结论:必然性和偶然性必定是与事物本身无干的,因为否则就要出现矛盾了。而这样一来,这两条原理就应该说没有一条是客观的,它们毋宁至多只能是理性的两条主观原理:即,一方面要为一切被给定为实际存在着的事物寻找某种必然的东西,即是说,不为实际存在着的事物找到一个先天地完满终结了的说明就永不罢休,但另一方面又并不希望达到这个完满终结,即是说,决不承认有任何经验的东西是无条件的,从而永不停止自己进一步的推论。在这个意义下,两条原理所要满足的只是理性的形式兴趣,它们完全能够作为启发性的和规范性的东西而相辅相成,双双并存。因为,一条原理说,你们要对自然界进行这样的哲学思索:把整个实际存在着的东西思维为仿佛背后有着一个必然的最初的根据,以便你们的知识能具有成体系的统一性,而这是因为你们将这样一种观念亦即将臆造的最高根据视为重于一切;但另一条原理又警告说,你们不要把任何一个涉及事物之实际存在的规定当成是这样一种最高根据,即是说,当成是绝对必然的,毋宁要让进一步推论的道路永远对你们敞开着,因而任何时候都还要把这类规定当作有条件的东西看待。但是,如果从事物身上认识到的一切东西我们都必须视之为有条件地必然的,那也就没有任何(尽管是经验上给定了的)事物能被看作是绝对必然的了。

但这就引出如下的论断:我们不能不认定绝对必然[存在着]的东西是在世界之外;因为它据说只充当最大可能的现象统一体[或世界]的一个原则,亦即充当其[所以存在的]最高根据,而原则或最高根据我们在世界之内是永远达不到的,因为,第二条规则命令我们在任何时候都要把统一体的一切经验性原因看作是推论出来的东西。

古代哲学家们曾把自然的各种形式看作是偶然的,而把物质依照普通理性的见解看成是原始的和必然的。但是,假如他们不是把物质相对于现象看成是现象的基体,而就它的实际存在去考虑它自己本身,则绝对必然性这一观念就该立即消逝了的。因为没有任何东西强迫理性必须去考虑物质的实际存在,相反,理性每时每刻都可毫无争议地在思想中把物质的实际存在扬弃掉;何况绝对必然性本来也就是单独存在于思想中的。因此,当时这种主张的背后,必定有着一定的规范原则作为根据。事实上,就连延展性和不可入性,(两者一起构成着物质概念),也是现象统一体的最高经验性原则,它们由于在经验上是无条件的,本身就具有规范原则的属性,但尽管如此,由于构成物质实在性的每一物质规定,包括不可入性在内,都是一种效果(一种行为),而效果又必定有它的原因,因而都永远还是推论出来的东西,所以物质毕竟不是适宜于表示一个必然本质的观念,它不适宜于表示全部推论出来的东西的统一体的一个原则;这是因为,物质的每一个实在属性,作为推论出来的,都只是有条件地必然的,从而都自在地是可被扬弃的,而既然物质的实在属性能被扬弃掉，则物质的整个实际存在也就会被扬弃掉，（假如物质的实际存在扬弃不掉，那我们就该是已经从经验上达到统一体的最高根据了，这却是第二条规范原则所禁止的，）而由此就可推论说：物质，以及一般地说凡属世界上的东西，并不适宜于作为观念以表示一个必然本质亦即一个最大经验统一体的单纯原则；必然本质毋宁必须被设置于世界之外，因为当必然本质存在于世界之外的时候，我们就既能心安理得地永远从别的现象推论世界上的每一现象及其实际存在，仿佛必然本质根本没有似的，同时又能永无休止地向前推论，以求达到推论的完满终结，仿佛必然本质这样一种东西，作为一个最高根据，是早已设定了似的。

A 619
B 647

按照上述种种考察，最高本质这一理想并不是什么别的，只不过是理性的一个规范性原则，理性遵从这个原则就把世界上的全部关联看成仿佛是出自于一个完满自足的必然原因似的，以便在其说明整个世界关联时使用系统的而且按普遍规律来说又是必然的统一性这个规则能有所根据；最高本质这一理想并不是一项主张，并不坚持认为有一种自身必然的实际存在。然而同时，通过一种先验的偷换（Unterschiebung），这个形式原则却无可避免地要被表象为实质原则，这个统一性要被思维为实体化了的。因为最高本质的情况如同空间的情况一样。空间（各种形体只不过是空间的不同分割）本是使一切形体成为可能的条件，它尽管只是一个感性原则，却恰恰因为是感性原则而被当成是某种自为地绝对必然存在着的东西和一个自在地先天给定了的对象。同样，由于自然界的成体系的统一体决不能被提供出来当成我们理性的一条经验上的使用原则,除非我们把一个最实在的本质亦即最高的原因这一观念当作推论根据,所以,完全自然的是:这种观念将被表象为一种现实的对象,而这种现实对象又因为自己是最高条件而将被表象为必然的东西,于是,一个规范性的原则变成了一种构成性的原则。这种偷换,在我现在把相对于世界来说曾是绝对(无条件地)必然的这个最高本质当作是自为存在着的事物时,暴露得非常明显,因为最高本质的必然性不能通过任何概念来把握,因此当它在我们的理性中出现时,它必定只是作为思维的形式条件,而不是作为实际存在的实质性的(materiale)和实体化了的条件。

第6节 论自然神学证明之不可能

既然无论关于一般事物的概念,或是关于任何一种一般实际存在的经验,都不能满足我们的论证要求,那就只还剩下一个办法,只好试试看,一种特定的经验(bestimmte Erfahrung),亦即对当前世界里的事物的经验,它们的性状和秩序,是否会提供一条论证根据。以帮助我们准能取得有关一个最高本质实际存在的确信。这样一种证明,我们将称之为自然神学的证明。假如这种证明也不可能,那可无论如何再也不可能找到一种令人满意的单纯思辨理性证明,以论证与我们的先验观念相符合的那样一个本质的实际存在了。

经过以上所有的论述,人们将立即看出,这个要求可望得到非常简易非常确切的答案。因为,什么时候能够有过完全符合于观念的经验呢?观念的特点正在于,任何经验都永远不会同它完全契合。一个必然而又自足的初始本质,其先验的观念是那么广大无垠，那么高出于一切永远有条件的经验事物之上，以至于，人们一方面永远不能在经验中找到足够的材料去填充这样一种概念，另一方面，人们又总在有条件的事物中到处摸索，总是徒劳地在其中寻求无条件者，其实这无条件者，任何经验性综合的任何规律都不曾为我们提供过有关它的例证或哪怕一丝一毫的线索。

假如最高本质就在这个条件链锁之内，那它本身就是条件系列的一个环节，那它就会像在它之前的那些较低条件一样，还要求更进一步的探讨，以寻找其更高的根据。相反，如果人们要把它从这个条件链锁中分出来，视之为不包括于自然原因系列之内的一种单纯理智上的本质，那么，理性能建起什么样的桥梁来跨越鸿沟，达到那个本质呢？因为从效果向原因过渡的一切规律，甚至我们一般知识的一切综合与扩大，都只不过是建立在可能的经验上、从而建立在感官世界里的对象上的，只有联系到感官世界它们才能有意义。

当前现实世界，无论就空间的无限性或就空间的无穷分割来探究，都给我们展现出一座不可估量的广大舞台，它如此品物繁多而又秩序井然，如此目的深邃而又形象美妙，以至于尽管我们软弱无力的知性能够对它有所认识，但面对着这么不可胜数的巨大奇迹，一切语言也都丧失其形容能力，一切数字也都丧失其计量作用，乃至我们的思想也要丧失其一切界定功能，终而至于，我们对全局的判断也必然因惊讶而归于默缄，当然，惊讶时越是一语不发，实际上就越是有深意寓于不言之中。普天之下，我们看见的到处都是效果与原因、目的与手段的链锁，都是生成与毁灭的规律性，而且由于没有任何东西是自己使自己进入到它现在所处的状

A 622
B 650

态中的,所以每一事物都继续不断地指引我们去寻求另一事物以作为它的原因,而这另一事物又必然同样提出进一步的问题,追究进一步的原因,那么,这样推演下去,如果我们不承认有某种东西存在于这些无限的偶然事物之外,作为初始的独立的自为存在着的东西支持着偶然事物,同时作为其起源的原因以保证偶然事物的持续存在,则整个世界,一切事物,就将必然陷入于虚无的深渊之中。这个相对于世界万物的最高原因,我们应把它设想为多么巨大的东西呢?世界,我们既不知道它的整个内容有多少,也不懂得以之与一切可能事物相比较来估量它的分量是多大。但是,既然我们从因果关系上说需要一个最远的和最高的本质,那么有什么东西会阻碍我们使之不按完满性的等级把一个最远和最高的本质置于一切其它可能事物之上呢?如果我们把这个本质设想或表象为一种联合一切可能完满性于一身的统一实体,则只要以一个抽象的概念进行疏略的勾画,那就很容易办到这样一点,亦即很容易置这个本质于世界万物之上;至于这个抽象概念,它既有利于我们理性关于尽量少用原则的那一要求,本身又不自相矛盾,甚至还有助于理性凭借秩序和目的这样的观念所提供的导线以扩展其在经验之内的使用范围,却又与任何经验都不发生决定性的抵触。

这种证明,不管在什么时代,它的名字都应该受到尊敬。它是最古老、最清楚和最适合于普通人的理性的一种证明。它鼓舞人们研究自然,而它本身又因自然研究而得以实际存在并不断获得新的力量。它给我们本身没曾发现其目的和寓意的那些观察研究送去目的和寓意,并通过其原则上处于自然以外的一种特殊统一体这样的线索,以扩大我们的自然知识。但这些扩大了的自然知识，又反作用于它的原因，亦即反作用于促使其出现的那个观念，并增强人们对于最高创始者的信心，直至使之成为一种不由自主的信念。

因此，谁若是想使这种证明的声誉遭受某种损失，那不仅是自取烦恼，而且也是完全徒劳。理性，既然通过一些虽然只属经验范围却在理性手中日益增多的如此强有力的论证根据，正在不断上升提高，它就决不会被刁钻诡谲的思辨的怀疑压抑下去，以至于亲眼看见自然的神妙和世界的庄严而竟不能从仿佛白昼幻梦中那样从犹豫迟疑的无谓思虑中自拔出来，决不会不继续高举自己，以便将自己从伟大推向伟大直至最最伟大，从有条件者推向其条件直至于无条件的最高创造者。

然而，尽管我们对这种证明的合理性和有用性不能提出任何异议，毋宁应该对它加以推崇和鼓励，我们却并不能因此就同意它有如下的权利主张，即扬言这种证明已到了断然的确信，应受到无需特别恩宠或外来支援的赞许；而且，假如我们降低一下调门，将一位大言不惭的说理专家的独断语言改用温和而谦逊的声调，说这种证明是一种足以令人心安理得又不绝对强人屈从的信仰，那么，这又何损于这种证明的大好事业呢？因此，我认为，自然神学证明本身永远不能独自表明有一个最高本质实际存在着，要补救这个缺陷，要证明最高本质的实际存在，它毋宁任何时候都必须求助于本体论证明（其实自然神学的证明只是本体论的证明的一个引线），从而我还认为，只要世界上还有任何一种思辨的证明，则本体论证明包含的论据就始终仍是人类理性不能等闲视之的那唯一可能的论证根据。

． ． ． ． ． ． ．

自然神学的证明包含下列几个要点:1)世界上到处都有清晰的迹象,显示世界有一个按确定的目的并由高度的智慧安排好了的秩序,它作为一个整体不仅内容上无比繁复,而且规模上无限庞大。2)对于世界万物来说,这个有目的的秩序是完全外来的东西,只是偶然附加到它们身上的,这就是说,假如世界万物不是由一个调度安置的理性原则在那里按照基础观念为了实现终极目的而完全有意地选择和安排好了的话,就它们的本性来说,它们自己是不会通过各种各样自相统一的手段通力合作地凑成一定的终极目的的。3)于是实际存在着一个(或一个以上的)崇高而智慧的原因,它不仅作为盲目运营而无所不能的大自然凭其富饶而必然是世界的本原,并且还作为智慧凭其自由而必然是世界的原因。4)这个原因的统一性,可以从世界的各个部分,作为人工产物的各个零件,交相关联而成的统一性中推论出来,在我们观察能力所及的范围内,推论带有确定性,但超出观察范围以外,则按类比原理,推论只有概然性。

在这里我们不必同自然理性就它的结论争论不休。自然理性得出它的结论,是因为它根据一些自然产物和人类工艺产物之间的类似性(当人工强制自然迫使其不按自己的目的而迁就我们的目的行事时,工艺产物就制造出来),亦即根据自然产物与房屋、船只、钟表等等之间的相似性,进行类比,从而得出结论说,自然的底层同样也有像知性和意志这样一种支配工艺产品的因果关系。对此我们不去争辩。我只说,如果自然理性还要将自由运作着的大自然的内在可能性(正是大自然的内在可能性才使一切工艺也许甚至理性自身成为可能的)视为是从另外一种工艺哪怕是超人的工艺那里,衍生出来的(这种推论也许不会经受得住最锐利的先验批判),那人们可就必然承认,任何时候如果我们要[为大自然]提名一个原因的话,我们除了采用同那些我们唯一充分认识其原因与效果的目的性人工产物相类比的办法之外,没有能做得更为准确可靠的办法。假如理性抛开它所认识的因果关系,转而信赖一些它不认识的、隐晦不清的、不能证明的说明根据,那它就可以说是对它自己不能负责。

按照这种推论来说,自然界万事万物所呈现的目的与和谐,应该只证明了形式的偶然性,并不证明实质(Materie)的偶然性,亦即并不证明世界里的实体的偶然性;因为要证明实体的偶然性,就将另有要求,就要能够证明:如果世界万物就其实体而言不是由一个最高智慧创造的,其自身就能够按普遍规律呈现出这样的秩序与一致;可是要作这样的证明,则又需要另有与那对照人类工艺的类推法的论证根据完全不同的论证根据。所以说,这种证明最多也只能表明有一个经常受自己加工的材料的性能所限制的世界建筑师,而不能表明有一个一切都由其自己的观念所主宰的世界造物主;而这种情况是远远不足以完成人们当前肩负的伟大任务,即不足以证明有一个完满自足的初始本质。假如我们想要证明实质本身的偶然性,我们就不得不求助于先验的论证,而先验的论证恰恰是我们在这里要回避的。

因此这种推论就从世界上随处可见的秩序性和目的性这样一种完全偶然状态,推论出一个与之相适称的原因的实际存在。但关于这个原因的概念,必须能使我们对该原因有某种确切的认识,因而这原因概念就不能是别的,只能是关于这样一个本质的概念,这个本质是有一切权能、一切智慧等等，一句话，它作为一个完满自足的本质具有最大的完满性。因为，关于非常巨大的、令人惊讶的、不可估量的权能和才智之类的宾词，根本不是确切的概念，它们并不真正告诉我们事物自身是怎么个样子，毋宁只是观察者在表述他以自身及其理解能力与之相对比的那个对象的巨大分量时使用的一些对比表象（Verhältnisvorstellung），而无论他夸大对象也好，或是相对于该对象而小视主体也好，这些对比表象的作用都是一样，都只表示对分量的高度赞赏。至于要表述一个一般事物的（完满性的）分量，则除了如此整个把捉可能完满性并在概念中单纯彻底规定全部的实在性的这种概念外，就再没有别的确切概念。

现在我们不指望会有人敢于承认自己认清了他所观察的那个世界分量（规模上和内容上）与最高权能的对比关系、世界秩序与最高智慧的对比关系、世界的统一性与初始造物主的绝对统一性的对比关系，等等。因此自然神学不能提供任何有关最高世界原因的确切概念，从而不足以构成一项作为宗教之基础的神学原则。

循着经验的道路走向绝对的整体，那是根本不可能的。可是人们在自然神学的证明中所采取的却正是这样一些步骤。那么人们会以什么办法来跨渡［经验与绝对之间］这么宽广的鸿沟呢？

当人们对世界创造者的伟大、智慧、权能等等感到惊奇叹赏而又不能继续前进的时候，就突然舍弃了这个在经验性的证明根据上进行的论证，转向那个同样一开始时就从世界秩序性和目的性推论出来的世界偶然性。然后又从世界偶然出发，单凭一些先验概念，进而断定实际上存在着一个绝对的必然本质，并从第一原因的绝对必然性的概念出发，推论出一个关于必然本质的彻底规定了的或正在规定着的概念，亦即关于一个无所不适的实在的概念。由此可见，自然神学的证明在它自己的拓荒事业中陷于停顿之后突然间一跳就跳到宇宙论的证明那里去；而且由于宇宙论证明仅只是一种隐蔽的本体论证明，所以自然神学的证明实际上完全是凭借纯粹理性才能如愿以偿的，尽管它一开始就否认与纯粹理性有任何因缘并将一切结论都置于一目了然的经验证明的基础上。

这样，自然神学证明的主张者们就没有丝毫理由可以轻视先验的证明方式，可以像妄自以为明察秋毫的自然考察家鄙视胡思乱想者的虚构体制那样鄙视先验的证明方式。因为，只要他们愿意考察自己的论证过程，他们就会发现，当他们在自然和经验的基地上前进了一段路程后眼见着他们的理想所憧憬的那个对象始终还像原来一样辽远的时候，他们突然跳离这个基地，转入于单纯可能性的王国里去，希望在那里凭借观念的羽翼，飞近他们靠一切经验研究都不曾达到的那个东西。在他们通过这样大力飞跃而终于以为得到了稳固的立足点之后，他们就把从此已经确定了的概念（这概念他们是怎么取得的他们并不知道）扩展及于创造的整个领域，并且相当悲惨地、有失其对象之身份地用经验去阐明理想，去阐明这完全由纯粹理性产生出来的东西，而决不愿意承认他们之所以能认识理想或设定理想走的是经验以外的另一条途径。

那么，由此可见，在论证一个单一本原或最高本质的实际存在时，自然神学的证明是以宇宙论证明为根据，而宇宙论的证明又以本体论证明为根据；而且思辨理性既然除了这三条道路之外再也

A 630
B 658

没有别的道路可走,那么单就纯粹理性概念来说,本体论证明就是唯一可能的证明,如果人世间还可能有一种证明以论证一个高高凌驾于智性的一切经验应用之上的命题的话。

第 7 节　批判出自理性思辨原理的一切神学

我如果把神学理解为关于初始本质的知识,则它或者是出于单纯理性的神学,或者是出于[上帝]启示的神学。理性的神学,在思维它自己的对象时,又或者只通过纯粹理性,只凭借先验概念,或者通过一个它从自然(及我们的灵魂)那里借来的概念,以作为最高智慧,前者叫作先验的神学,后者该当叫作自然的神学。凡仅仅承认一种先验神学的人叫作理神论者(Deist),凡同时也承认一种自然神学的人,就叫作有神论者(Theist)。理神论者认为我们至多只能通过单纯理性认识到一个初始本质的实际存在,而我们关于这个实始本质的概念则只是先验的,也就是说,只是关于这样一种本质的,这种本质具有一切实在性,但人们对它的实在性却不能详细规定。有神论者认为理性能够按照自然类比的办法详细规定它的对象,也就是说,它能把它的对象规定为这样一种本质,这种本质因知性和自由而包含万物本原于自身。于是理神论者把原始本质表象为世界的原因,(究竟是由于它的本性的必然还是由于自由,仍然没有决定,)有神论者则把它表象为世界的始创者。

先验的神学,或者企图根据一种普泛经验(并不对经验所隶属的那个世界进行详细规定)推导出初始本质的实际存在,那它就被称为宇宙论神学(Kosmotheologie);或者相信通过单纯的概念而无须丝毫经验的援助就能认识初始本质的实际存在,那它就被称为本体论神学(Ontotheologie)。

自然的神学(natürliche Theologie)是根据当前世界里(在这个世界里,有两种带有自己的规则的因果关系必须予以承认,它们是自然和自由)呈现出来的性状、秩序和统一,以推论出一个世界始创者的特有性质和实际存在。因此它之从当前世界上升到最高智慧,是或者把最高智慧视为整个自然界的秩序与完满性的原理,或者视之为道德界的秩序与完满性的原理。在前一情况下,它叫物理神学(Physikotheologie),在后一情况下,它叫道德神学(Moraltheologie)①。

由于人们习惯于把上帝这一概念不单理解为一种盲目运作的永恒的自然,不视之为万物的本根,而毋宁总把它理解为一种最高的本质,而这最高本质由于具有知性与自由应该是万物的始创者,而且,我们感兴趣的也只有这种概念,所以,严格说来,人们可以认定理神论者没有对上帝的任何信仰,理神论者仅只是提出了关于一个初始本质或最高原因的主张。可是,由于人们不可以因为某人不敢冒然主张某种东西就指责他想要否认那某种东西,所以,比较宽厚公允的说法是:理神论者信仰一个上帝,而有神论者则信仰一个活着的上帝(summam intelligentiam)。现在,让我们来找出理性的所有这些尝试的可能来源。

我在这里满足于这样的解释:理论知识是我赖以认识某种实际存在着的东西的一种知识,而实践知识则是我赖以想象某种应

---

① Moraltheologie,(道德神学)并不是神学道德学,因为神学的道德学所包含的伦理规律预先设定着一个最高世界主宰的实际存在,相反,道德神学是对一个最高本质之实际存在的确信,而这种确信是植基于伦理规律上的。——康德原注

该实际存在的东西的一种知识。按照这种解释,理性的理论使用就是我赖以先天地(亦即必然地)认识某种东西存在着的那种使用,而理性的实践使用则是某种应该出现的东西赖以被先天地认识到的那种使用。现在,如果说无论"有某种东西存在"还是"应该有某种东西发生"都是确定无疑的只不过这种不容置疑的确定性是有条件的,那么,确定性所需要的某一特定的条件就可以或者是绝对必要的,或者是只作为任意的偶然的东西而被预设为前提的。在前一情况下,条件是被定设(per thesin)的,在后一情况下,条件是被假设(per hypothesin)的。现在,由于实际上存在着种种实践规律,而这些实践规律(亦即道德规律)都是绝对必然的,那么如果它们把任何一种实际存在必然地预设为它们的约束力所以可能的条件,这种实际存在就必定是定设起来的,这是因为,据以推论出这一特定条件的那个有条件者,其本身已先天地被认识为绝对必然的。将来我们还要指明,道德规律不仅预设一个最高本质的实际存在以为其前提,而且由于从另外的角度来看它们都是绝对必然的,所以它们有权,当然只就实践而言有权,定设这最高本质的实际存在;现在,让我们把这一类的推论暂且搁置,容后再论。

当我们的探讨对象只是实际存在着的东西而不是应该存在的东西时,我们经验里有过的任何有条件的东西既然在任何时候都被思维为偶然的,那么这有条件的东西所需要的条件因而也就不能被认为是绝对必然的,相反,它只不过是一个对于理性地认识那有条件者说来相当必要的、或者说颇为需要的,但就其自己本身并且先天地说来,则纯属武断的前提。所以假如我们在理论知识中认识到了某一事物的绝对必然性,那也只能是根据先天概念认识到的,而且决不能被当作是与经验所提供的某个实际存在关联着的那样一种原因的绝对必然性。

理论知识所涉及的对象或对象的概念,都是人们不能在经验中达到的,因而理论知识是思辨的知识。与它对立的是自然知识,自然知识涉及的则只限于人们在可能的经验中能够达到的对象或对象的宾词。

从已发生的事物亦即经验上偶然的东西出发,以倒推这个后果所由产生的原因,这是一条自然知识的原理,而不是思辨知识的原理,因为,如果人们将这样一条本身包含着可能经验的条件的原理加以抽象,抽除其中一切经验性的东西,把它一般地应用于偶然事物上去,那就不再留有丝毫足以为这样一个综合命题进行辩护的余地,那就令人再也看不出我怎么能从某种实际存在着的东西过渡到某种与之完全不同的东西(所谓原因)的了。甚至可以说,在这样一种单纯的思辨使用中,原因的概念也像偶然事物的概念一样,就丧失了可以具体把握客观实在性的任何意义。

所以,如果从世界上的事物的实际存在去推论它们的原因,这种推理就不属于理性的自然使用,而属于理性的思辨使用;因为前者,理性的自然使用,并不在于把众事物自身(众实体)联系到某种原因上,而只在于把已发生的东西,即,把经验性的偶然的事物状态联系到某种原因上;而就其实际存在这个角度以断言实体自身(质料)是偶然的,那就一定是一种单纯思辨的理性知识了。而即使这里说的只是世界的形式、世界的结合与更替的方式,但如果我想要从中推论出一种与世界完全不同的原因来,那也会仍然是一种单纯思辨理性的判断,因为这里的对象根本不是可能经验的一个客体。但假如这样做了,则那只在经验领域之内有效而在经验领域之外不能使用甚至没有意义的因果性原理就完全背离了它的规定、它的使用。

所以我坚持认为,在神学方面,理性要作单纯思辨使用的一切企图,都毫无成果,并且按其内在情况来说,都空虚无效;而理性的自然使用,其原理既然又根本不导致神学,因此如果人们不以道德规律为基础,或者人们不以道德规律为导线,那就根本不能有理性的神学这个东西。因为,知性的一切综合原理,都是属于内在使用的;但要认识最高本质,则要求一种超验使用,而要作超验使用,我们的知性完全不具备资格。如果在经验范围内行之有效的因果规律真能通往初始本质,这初始本质就一定也是经验对象的链锁上的一环;而假如初始本质也像一切现象一样是经验对象链锁上的环节,那它本身就也是有条件的了。另外,即使人们允许我们凭借效果对其原因的动力关系规律,跳跃到经验的界限以外去,那么这种办法又能给我们提供什么样的概念呢?显然不会是关于最高本质的概念,因为经验绝不会给我们提供一切可能效果中最大的效果(因为最大效果还应该提出关于它的原因的证件来)。如果为了不在我们理性里留下任何空虚的东西,允许我们用最高完满性和原始必然性这样一种单纯的观念把完全规定中的这个缺陷填补起来,那么,出于善意,固然可以容许我们这样做,但并非根据提出了无可争议的证明这一权利,要求我们去这样做。因此自然神学的证明,也许确实能给别的证明(如果真有其他证明的话)壮壮声势,因为它使思辨同直观结合起来,但就其本身来说,它只不过为知性取得神学知识进行了准备,指明了径直而自然的方向,它自己却并不能完成这项任务。

由此可见,先验的问题只可以有先验的解答,即是说,这类解答只可以完全根据先天的概念而不得夹杂丝毫的经验成分。但是在这里,问题显然是综合性的,它要求我们把知识扩展到一切经验界限以外去,也就是说,它要求我们认识这样一个本质的实际存在,这个本质虽同我们的某个单纯观念相对应,而该单纯观念却绝对找不到与自己相对应的任何经验事物。可是,按照我们的上述证明,一切先天的综合知识,都只在它们表示着一项可能经验的形式条件时才可能成立,而且一切原理因而也都只有内在的效力,即是说,它们只与经验性知识的对象或者说现象,发生联系。所以说,在建立一种单纯思辨理性神学方面,即使使用了先验的办法,仍是一无所获。

A 638
B 666

但是,即使人们宁愿对分析论的上述一切证明都抱怀疑的态度,也不愿让自己对如此长期使用的种种论据的重要性失去信心,那人们也毕竟不能拒不满足我提的要求,我的要求是,人们既然自信能以单纯观念的力量飞越到一切可能的经验以外去,那他们至少对于他们怎么样以及凭借什么灵感能够做到这一点的问题总该作些自我辩解吧。我想请求大家原谅,恕我不去搞什么新的证明,或什么旧证明的翻新改造。这是因为,在这方面人们确实没有很多可供选择的证明方式,因为一切方式的单纯思辨证明归根结底都归结于唯一的同一种证明,即本体论的证明,因而我无需害怕会因那些撇掉感性独断地拥护理性的人们在证明上足智多谋花样繁多而感到尴尬。而且我也不在乎自己被看成一个仿佛非常好争辩的人物,我决不回避挑战,我要在每一个这类尝试中揭发其误谬推

A 639
B 667

论从而戳穿他们的僭妄。可是,那些一旦听惯了种种独断论说教的人们,永远也不会彻底抛弃其侥幸成功的希望,因此,我还是坚持我那唯一的温和要求,要求人们一般地、从人类知性的本性出发、结合着所有其余的知识来源,进行一些自我辩解,以说明人们怎么意想完全先天地扩大他们的知识,并且扩展至于这样的地方,在那里,任何可能经验从而任何手段都不足以保证由我们自己设想出来的任何一个概念准有它的客观实在性。不管知性是以什么方式取的一个概念,概念的对象的实际存在终究断断不能通过分析从而在概念里找出来,因为人们所以认识到客体的实际存在,恰恰是由于,这个客体是被设定在思想[亦即关于该客体的概念]自身之外的(daß dieses außer dem Gedanken an sich selbst gesetzt ist)。所以说,从一个概念自身出发,而不通过经验性的联系,(但任何时候,通过经验性的联系,呈现出来的也只是些现象,)竟要发现种种新的对象和超乎寻常的(überschwenglicher)本质,那是完全不可能的。

  但是理性,在它作单纯思辨使用的时候,虽然远远不足以达成这样一项伟大意图,即,不足以证明一个最高本质的实际存在,但当有关最高本质的实际存在的知识或许通过别的途径能够取得的时候,理性毕竟还是非常有用的:可以对这种知识进行校正,可以使之同其自身并同每一个可理解的意图协调一致,还可以将一切与初始本质的概念有抵触的东西以及夹杂于其中的一切经验性限制因素予以清洗。

  这样,先验的神学虽然有它不足的一面,却仍然有消极的用处,还是很重要的,而且,当我们的理性单单探讨那些以先验准则为其唯一准则的纯粹观念时，它是我们理性的一位常任的监察官。因为，如果一个至高无上和完满自足的本质亦即最高智慧（oberster Intelligenz）的前提假定，在另外某种关系上，也许在实践的关系上，一旦毫无异议地保住了自己的有效性，那么最重要的事情就该是：把这个概念，作为关于一个必然而又极端实在的本质的概念，从其先验的方面予以明确规定，并把那与最高实在性相抵触的东西、属于单纯现象的（属于广义的拟人论的）东西去掉，而且同时还要将一切反面主张，不论是无神论的、还是理神论的、还是拟人论的，统统予以清除；在这样一种批判性探讨中，清除反面主张是非常容易的，因为人类理性，既然出于某些理由，在正面主张这类本质的实际存在时显得完全无能，那么同是这些理由，就必然也足以证明人类理性在提出任何一种反面主张方面也是无能为力的。因为，比如说，"并不存在什么作为万物本原的最高本质"，或是说，"最高本质并不具备这样一些属性中的任何一个，因为这些属性只是我们就其后果，类比着一个思维本质的种种动力学上实在的属性设想出来的"，或者说，"这些属性，即使真是属于最高本质所有，它们也不能不遭受到感性对我们通过经验认识到的那些智慧[亦即思维本质]所必然施加的一切限制"，如此等等，那么这类的[反面]见解，人们怎么能凭借理性的纯粹思辨来取得呢？

A 641
B 669

这样看来，最高本质，就其对理性的纯粹思辨使用而言，始终还是一个单纯的理想，但它倒是一个毫无瑕疵的理想、一个使全部人类知识登峰造极的概念；这个概念的客观实在性，靠纯粹思辨这条道路固然得不到证明，但也不可能被否定；而且，如果有朝一日真出现一种能够弥补这个缺陷的道德神学，那么，以前只是权且用之的先验神学,到那时候,将由于它之规定它的概念,由于它之不断检查那深受感性欺骗而时常与其固有观念不相一致的理性,就证明自己是不可或缺的东西了。必然,无限,统一,世界以外的实际存在(这里不是指世界灵魂),没有时间条件的永恒,没有空间条件的遍在,全能,等等,都是些纯先验的宾词,而且因此,这些先验宾词所共有的那个纯化了的、为任何一种神学所如此必不可少的概念,就只能来自先验的神学。

先验辩证论的附录

论纯粹理性的理念的规范性使用

纯粹理性的一切辩证尝试,其结局都不仅证实我们在先验分析论里已经证明的东西,即不仅证实了我们那些想把我们导向可能经验领域以外去的种种推论都是骗人的和无稽的,而且还特别使我们懂得,人的理性具有一种想要逾越经验领域界限的自然倾向,以及先验理念之于理性正如范畴之于知性一样都是自然而然的;当然,两者也有差别,那就是,范畴导致真理,导致我们的概念与客体的符合一致,而理念则产生赤裸却又不可抗拒的假象,而假象造成的错觉是人们通过最锐利的批判也几乎摆脱不掉的。

凡是在我们的力量(Kräfte)的本性中有根有据的东西,只要我们能防止某种误解并找出我们力量的固有方向,就必定是合乎目的并适合我们能力的正确使用的。因此,先验的理念,不论从哪个角度来估计,都将有它们良好的因之而是内在的使用,虽然它们可能在应用的时候成了超验的并因之而成了骗人的东西,如果它们的意义被误解并且它们本身被当成了现实事物的概念的话。这是因为，当人们或者把理念迳直地应用于被以为与该理念相对应的对象上，或者只把理念应用于(知性对其必须与之打交道的那些对象所采取的)一般知性使用上的时候，并非理念自身因之能够或者是飞越(überfliegend)全部可能经验的(超验的)，或者是属于经验之本土的(einheimisch)(内在的)，毋宁只是理念的使用，它能够或者是从全部可能经验那里飞离出去的，或者是经验里土生土长的；任何时候，偷换的错误，总是出于判断力的欠缺，决不能归咎于知性或理性。

理性绝不直接涉及任何对象，它毋宁只涉及知性，并通过知性而关涉到它自己在经验上的使用问题；因而它并不创造(有关客体的)概念，而仅仅调整它们，赋予它们以它们在其最大可能广度上时亦即在与全部条件系列发生关联时才能具有的那样一种统一；这种统一，知性是根本不关心的，知性所关心的毋宁只是条件系列所由以按照种种概念而结成条件系列的那种联合。所以理性，真正说来，只有知性及其合乎目的的使用，才是它自己行为的对象；而且它也同知性一样，知性通过概念把客体中的杂多统一起来，它则通过理念把概念方面的杂多统一起来，因为它给知性的行为规定了目标，要它们去争取某种集合性的统一(kollektive Einheit)，否则它们是只致力于分布性的统一的(distributive Einheit)。

A 644
B 672

因此我坚持认为，先验理念决不可在构成方面有任何使用，即是说，任何对象的概念都不会是通过它们而构成的，而且在人们认为某些对象的概念是由它们所构成时，它们只不过是些进行诡辩的(vernünftelnde)(辩证的)概念而已。但是与此相反，它们在规范方面却有卓越的、不可少的、完全必要的使用,即,它们可被用来将知性导向一个特定目标,从而使知性的一切规则的线索都汇集到一个点上去;而这个点,虽然只是一个观念,一个想象焦点,换言之,虽然完全是在可能经验的界限以外的,因而知性概念实际上都不是从它那里出来的,但它终究有它的用处,它能为知性概念除可能最大的广延而外提供可能最大的统一。诚然,这个点会给我们造成错觉,使我们觉得仿佛这些线索都是从一个本身居于一切可能经验知识的领域以外的对象那里来的(就像映入镜子里的东西被看成是在镜子背后那样),可是尽管这样,如果我们想在摆在我们眼前的对象之外同时还看到离它们很远的、在我们背后的对象,或者就我们此刻讨论的问题来说,如果我们想将知性调教得能够超越一切给定的经验(全部可能经验的一部分)以外去,使之也能达到可能最大的和最广阔的扩展,那么,这种错觉(人们能够防止它骗人)就是不可缺少的完全必要的。

如果我们纵览我们全部范围的知性知识,我们就发现,理性为知性知识所特地规定并力争其能实现的东西,乃是知性知识的系统性,亦即种种知性知识根据一条原理而形成起来的关联。这种理性的统一,永远预先假设着一个理念,即是说,永远设定一个有关知识整体的形式的观念以为其前提,而这个知识整体则是先行于特定的部分知识之前并包含着足以先天地规定每个知识部分在其余知识之中的地位和关系的那些条件的。因此这个观念要求知性知识具有完全的统一,由于有了这种统一,知性知识就不仅仅是一个偶然事物的集团,而成了一个按必然规律联系到一起来的体系。人们不能说这个理念是一种有关对象的概念,它毋宁是一种关于这些对象概念的彻底统一性的概念,当然这个彻底统一性是指能为知性充当规则的那种统一性。类似这样的理性概念并不是从自然界里提取出来的,毋宁是,我们要求自然界去符合于这些理念,而每当自然与这些理念不相对应的时候,我们就认为是我们的知识有缺陷。人们承认,纯土、纯水、纯气之类的东西是很难找得到的,但人们却仍然需要关于纯土之类东西的概念(就其纯粹性而言,这些概念起源于理性),以便对每个这样的自然原因在制造现象时所参与的份额进行如实的规定;而这样一来,人们就把一切物质分别纳入于土(作为单纯的重量)、盐和可燃物(作为力量),以及水和气作为溶剂(水和气是前几种东西借以发挥作用的东西),以便按照一个机制的理念,来说明各种物质彼此不同的化学作用。因为尽管人们实际上并没这么说过,但理性对于自然研究的分类之具有影响,则是很容易看出来的。

如果理性是一种由普遍事物以推论特殊事物的能力,那就可能出现两种非此即彼的推论情况,一种是普遍者本是自身确定无疑的和实际存在的,此时就只还要求判断力来进行归属,特殊者就通过这种归属而被必然地规定下来。这种情况我愿名之为理性的确断性使用。另一种是,普遍者只是权且认可地接受下来的东西,只是一种空的观念,特殊者是确定无疑的,不过推出这个结论所依据的规则,其普遍性还是一个问题;那么这就要有许多本身全都确定无疑的特殊事例来试验这规则,看它们是否都是从这规则得出来的;如果有迹象表明,一切可提出进行试验的特殊事例都是从它这里得出来的,那就推论规则具有普遍性,但根据规则的普遍性,以后就可进而推论一切事例,甚至可推论尚未出现的事例。这种情况我愿名之为理性假设性使用。

理性的假设性使用，既然以充当其基础的那些理念亦即权且用之的(problematische)概念为根据，真正说来，它就不是构成性的，就是说，它的性能并不是这样的：仿佛通过它，在人们以一切严格性来进行判断时，作为未经证明的假定而被采用的那个普遍规则，其真理性就会推论出来；不是的。这是因为，要以一个权且采用的原理[按指规则]所推论出的一切后果来证明该原理的普遍性，那人们如何去尽知该原理的一切可能后果呢？毋宁说，理性的假设性使用，只是规范性的，为的是要通过它，在可能的情况下，把统一性带进特殊知识中去，并使规则因之而接近普遍性。

因此，理性的假设性使用是旨在使知性知识具有系统的统一性，而统一性乃是规则的真理性的试金石。但是，系统的统一(作为空的理念)仅仅是一种设计出来的统一，人们决不可把它看成已经给定的东西，而毋宁必须把它当作问题看待；但设计出来的统一自有它的用处，它有助于为繁纷杂多的特殊的知性使用找到一条原理，并从而把这条原理也引导到那些并没给定的事例上去，使他们成为互有关联的。

但我们从这里仅仅看到，杂多的知性知识的系统统一或者说理性的统一，乃是这样一条逻辑的原理，它在知性独自建立不起规则时通过理念来帮助知性建立规则，同时为各种不同的知性规则找出立足于单一原理的(系统的)一致性，并通过这个一致性建立最可能广泛的关联。但是，如果要断言对象的本性或那将对象认识为对象的知性的本性是自身注定要有系统统一性的，如果要断言人们在一定程度上不管理性有无这样一种兴趣也能先天地设定这种统一性，并能进一步说，一切可能的知性知识（包括经验知识在内）都具有理性统一性，都隶属于它们从其中被推论出来的那一共同原理而不管它们彼此多么不同，那么，这就是一种先验的理性原则的事了；先验理性原则不仅会把系统的统一性，作为方法，搞成主观上和逻辑上必然的，而且会把它搞成客观上必然的。

这一点我们可用一个理性使用的事例予以阐明。在按照知性概念区别出来的各种统一性里，一个实体的被称为力的那种因果的统一性也是其中之一。一个实体的各种不同表现或现象，初看起来显得那么参差不一，以致人们起初不能不以为实际存在着像呈现出来的效果一样多的实体力，就像以为在人的心灵中实际存在着感觉、意识、想象、记忆、机智、辨别力、嗜好、欲望等等那样。从一开始，逻辑里的一条格言就要求我们将这些力进行比较，找出其间隐藏着的同一性，从而把这种表面上的差异尽可能予以缩小，并且要求我们仔细看看，是否与意识结合起来的想象、记忆、机智、辨别力也许根本就是知性和理性。基本力（Grundkraft）是否真实存在，虽然逻辑根本不能论断，但基本力这一理念，却至少是在人们对各种各样的力进行系统的表述时心中的一个问题。理性的逻辑原理要求人们尽可能地搞出这种统一性来。而且在这一种力与那一种力的现象之间愈能找到同一性，则这些现象就愈可能不是什么别的，而只是比较起来可被称为它们的基本力的那同一种力的不同表现。人们对待别的力，也都是这样办的。

A 649
B 677

相对的基本力必须再被比较，以便找出它们的一致性，从而使它们更近于一种唯一的、极端的、亦即绝对的基本力。但这种理性统一仅仅是假设性的。人们并不坚持认为，这样一种理性统一——

定会在实际中碰到,相反,倒是认为,为了理性的利益,即,为了给经验所能提供的许许多多规则建立某些原理,人们必须寻求理性统一,而且只要可能就以这样的方式给知识注入系统的统一性。

但如果人们留心一下知性的先验使用,那就会看到,基本力这一理念本身不仅作为问题是注定要作假设性的使用,而且还表示自己有客观实在,通过它这客观实在,一个实体的各种力的系统统一性得以设定,一种理性的证实原理得以建立。这是因为,即使我们一次也没寻找过各种各样力的一致性,甚至我们为寻找而白费了一切气力,徒劳无功,那我们毕竟也已预先假定:这样一种一致性将是可以找得到的实际存在的东西,而且不仅在上述的事例中由于有实体的统一性,情况是这样,就是在那些有着许多(当然在一定程度上是一样的)实体的事例中,比如有关一般物质的问题,理性也是预先假定各式各样力的系统统一性的;因为,特殊的自然规律总隶属于比较普遍的自然规律,而原理的节约不仅是理性的经济原则,并且成了自然的内在规律。

事实上,假如不是预行假设了一种先验的原理,作为依据,从而先天地把理性赋予规则的系统统一性看作是与客体本身联结着的、必然的,那么,如何能有这样一种统一性的逻辑的原理,实在也是不好理解的。这是因为,假如理性可以同样方便地承认,各种的力并非同质而是各式各样的,从它们那里推论出来的系统统一性是不合乎自然的,那么,理性在它的逻辑使用上有什么权利可以要求人们把自然呈现于我们面前的各式各样的力当作一种隐蔽的统一性看待并将这些力从与之有关的某种基本力那里推导出来呢?因为在这种情况下,理性就是在违背它自己的使命行事,就是想制造一种完全与自然的本性相矛盾的理念。同样，人们也不能说，这种统一性是理性依据理性原理先前就从偶然的自然状态那里推断而知的东西。这是因为，要求人们去寻求[自然]统一性的那种理性规律，乃是一种必然的规律；因为没有这种规律就根本无理性可言，但没有理性就不会有知性的系统使用，而没有知性的系统使用就不会有经验真理的充足标准；于是，为了保证经验真理有充足标准，我们就不能不预行假定那自然的系统统一性完全是客观有效的和必然的。

我们发现，这些先验的预设也以令人惊讶的方式暗含在对此并不经常注意或并不乐愿承认的那些哲学家的基本思想之中。比如，个别事物的一切纷繁杂乱的表现，并不排斥种的同一性，并不排斥它们隶属于同一个种；又如，许许多多的种必须被看成是为数较少的属的不同规定，而这些属又必须被看成是更高级的类等等的不同规定；还有，只要经验概念都能从更高级更普遍的概念中推导出来，我们就必须给一切可能的经验性概念找出一定的系统统一性；如上种种，乃是一种如果没有它也就没有任何理性使用的经院规则或逻辑原理，因为，只当事物的特殊属性所从属的那些事物的普遍属性被设定为基础的时候，我们才能根据普遍，以推论特殊。

A 652
B 680

但是，在"如非必不得已，决不加多原则"（entia praeter necessitatem non esse multiplicanda）这一著名的经院哲学格言里，本就假设着：这样一种统一性或协调一致性在自然界里也是有的。格言的意思是说，事物自身的性质就给理性的统一性提供了材料，而无数的表面差别，不应阻碍我们猜想在差别的背后有着基本特性的统一性（千差万别的表现只能是通过许多不同的规定而从这些基本特性中推演出来的）。这种统一性虽然只是一种观念，但人类却在任何时代都在追求它；而且人类追求它的欲望是那样如饥似渴，以致使人觉得有必要予以缓和而不是再去进行刺激。化学家们能把所有的盐划分为酸性的和碱性的两个大类，那已经是很了不起的事，现在，他们甚至又在想把这种区别看成仅仅是同一个基本材料的一种变相或不同表现。土*（石头以至于金属的质料）是各种各样的，化学家们已经设法一步一步把它们归结为三类乃至两类，但他们还不以此为满足，他们还不免要猜想是否在这些变相的背后只有唯一一个类，而且甚至猜想，是否土和盐也都出自一个共同的原理。人们也许愿意相信，这只不过是理性为了尽可能多节省气力而采取的一种经济手法，只不过是理性的一种假设性尝试，设想这样做假如成功就能使原先预设的那些理由根据取得现实可能性（Wahrscheinlichkeit）。然而，这样一种自私的意图是很容易同理念区别开来的，因为理念的含义是说，每个人都预先假定，理性的这种统一性是符合于自然的本性的，而且理性在这里虽不能规定这种统一性的界限，但对统一性不是在乞求，而且在命令。

假如我们面前呈现的种种现象之间真有那么巨大的差别——我不想就形式方面说，因为形式上它们可能彼此类似，而是就内容方面，即按存在着的东西的多样性（Mannigfaltigkeit）来说——以至于即使人类最敏锐的知性也不能通过彼此对比从中找出最小的

---

* 在 Hartenstein 版中，土（Erde）作矿（Erzen）。——译者注

一点类似性(Ähnlichkeit)(这种情况是完全可以想见的),那就根本不会有逻辑上类的规律,甚至也不会有关于类的概念或任何一种普遍概念,乃至可以说,根本不会有知性,因为知性只和普遍概念打交道。这样说来,既然逻辑上类的原理应该是被应用于自然(我这里说的自然仅指呈现于我们面前的那些对象而言)的,则逻辑的类原理就预先设定着一条先验的原理。而按照这先验原理,一个可能经验的杂多性中就必然预先设定着同样性(Gleichartigkeit)(虽然我们不能先天地规定同样到什么程度),因为没有同样性就不可能有经验性概念,从而不可能有任何经验。

同逻辑上的类原理相对立的是另外一条原理,那就是,种(Art)的原理;类原理设定着同一性,种原理则需要多样性和众事物的彼此差异,尽管同一个类之下的事物之间也有互相一致之处,而且,种原理还规定知性要像注意同一性那样注意多样性。这条(属于洞察力或者说区别力的)原理,大大限制了前一条(属于机智的)原理的粗略疏忽;于是理性在这里就表现出一种双重的、互相矛盾的兴趣,一方面是就类的(普遍性)而关注其处延的兴趣,另一方面是就种的多样性(规定性)而关注其内容的兴趣,因为知性在前一兴趣中着重思维的是它的概念之下的东西,而在后一兴趣中则更多地是思维它的概念之内的。这种情况也表现于自然研究家们大不相同的思维方式上,其中有些人(主要是些思辨家),他们仿佛对不一致怀有敌意,总是眼盯着类的统一性,另外一些人,主要是些看重经验的人,他们不断地争取把自然分裂成如此多种多样的东西,以至于人们几乎不能不放弃其按普遍原理来判断现象的希望。

这后一种思维方式,显然也有一条逻辑原理作根据,这条原理旨在使一切知识达到系统的完满程度,它要求我们从类开始,往下走,走到类之下所包含的多种多样的东西,以这样的办法,力求系统得到扩张,正如在前一种思维方式下那样,我们以类为目标,往上走,力争系统变得简练(Einfalt)。这是因为,我们如从标志一个类的那种概念的领域出发,我们就看不出该领域能划分到什么程度,这正像我们从物质所占据的那个空间出发,看不出该空间能划分到什么地步一样。于是,每一个类要求不同的种,而每一个种又要求不同的亚种,而且,由于没有哪一个亚种不总是又有一个领域(作为一个公共概念的外延),所以理性在其整个扩展过程中就要求不把任何一个种视为自身是最低层的种,因为种既然终究总是一个概念,而概念只包含着不同事物所共有的那种东西,不能是彻底地穷尽地规定了的,从而也不能是迳直地联系着一个个体的,所以它自己下面任何时候必定包涵着别的概念或者说,亚种。这个分化规律当可表述为:"繁复不得无故削减"(entium varietates non temere esse minuendas)。

然而人们很容易看到,就连这条逻辑规律,假如没有一条先验的分化规律作为根据,也是全无意义毫无用处的;诚然,它并不要求能够成为我们对象的那些事物在差异上有现实的无限性,因为逻辑规律仅仅肯定逻辑领域在其可能的分化上有不确定性,因而并无缘由提出上述要求;但它毕竟是在强制知性,使之在我们遇到的每一个种的下面找出亚种,就每一个区别身上找出更细微的区别。这是因为,假如没有较低级的概念,也就不会有较高级的概念。那么现在,知性既然只靠概念来认识一切,就不管它在分化工作上走多么远，它永远不会依靠单纯的直观，毋宁总是依靠较低级的概念。这样，要认识完全规定了的现象（这只有通过知性才可能做到），就要求对知性的概念进行一种不可中止进行的分化，并要求向着那些一直尚未被触动的差异前进不已，而这些差异却是在种概念里，特别在类概念里已抽除了的。

这条分化规律也不能是从经验那里借用过来的，因为经验不能给人一这么辽阔的展望。经验性的分化［活动］，如果它不是在前就有先验的分化规律作为一条理性原理引导着它去寻找差异，甚至在感官觉察不到差异时还引导着它去继续猜想确有差异存在，那它就会立即停止它对种种差异事物的区别的。具有吸收性能的土，分为石灰土和盐酸土不同的两种，而要发现这一点，就需要先有一条理性的规则，强使知性承担起任务去寻找这差别；这就是说，由于理性预先把自然设定得如此内容丰富，以致知性不得不猜想准会有这样的差别。实际上，我们之拥有知性，固然是因有自然界的种种客体自身都是同质的东西这一条件，同样也是因有自然界里包含着千差万别这一前提假定；因为，正是那些可被概括于一个概念中的东西的杂多性，成全了那个概念的使用，也成全了我们知性的运作。

A 657
B 685

这样说来，理性为知性准备其运作场地是通过这些原理：1. 繁杂的东西在较高一级的类之下的同质性（Gleichartigkeit）；2. 同样的东西在较低一级的种之下的变异性（Varietät）；3. 为了完成系统的统一性而外加上一条：一切概念的亲属性（Affinität）；这最后一条原理使不同的东西通过阶段性的成长而形成一条从每一个种过渡到别的种的连续的通道。我们可称它们为形式上的均质性

A 658
B 686

(Homogenität)原理，分殊性(Spezifikation)原理和连续性原理。最后一条原理是在人们既上升到较高级的类又下降到较低级的种从而完成了理念里的系统性关联之后，把前两条原理联合统一起来才因而产生的；因为这时候，一切杂多的东西都彼此有亲属关系，因为，它们通过一级一级扩大了的规定，全都出身于同一个唯一的最高的类。

人们可以将这三条逻辑原理之下的系统统一性这样形象地描述，使之一目了然，即，人们可将任何一个概念看成一个点，这个点，作为一位观察者的立足点，有它自己的视野，即是说，它有一大批呈现于眼前仿佛是从那里俯瞰到的事物。这个视野之内必定能呈现出不计其数的点，其中每一个点又有它自己较狭小的视野；这就是说，按照分殊性原理，每个种包含一些亚种，因而逻辑视野只包含作为其亚种的较小的逻辑视野，而并不是由不具广延的一些点（一些个体）构成的。但是，相对于众多不同的视野，亦即相对于由同样众多概念规定下来的众多的类，可以设想有一个公共的视野，作为一个中心点，从这里俯瞰全部所有各个视野，而这个公共的视野就是较高级的类；直至最后，那最高级的类就是从最高概念的立足点出发规定下来的、包含类、种、亚种这一切杂多于其自身的那个普遍而真实的视野。

这个最高立足点是同质性规律引导出来的，一切低级立足点及其最大变异是分殊性规律引导出来的。但由于这样一来，一切可能概念的全部领域之内没有任何空（无内涵）的东西，而在这个领域之外又不可能有任何东西，于是从上述那个普遍视野及其彻底化分的前提中就产生出这样一条基本规律：non datur vacuum formarum,这就是说,不存在仿佛各个孤立(通过一个空的间隙)彼此隔离着的原始的最初的类,毋宁是,所有各种各样的类都只是一个唯一的最高的普遍的类的分支;而从这条原则里就产生出它的直接结论:datur continuum formarum*,即是说,一切种的差异都彼此接界,它们不可通过一个飞跃就互相过渡,毋宁只通过各级更小的差异人们才能从一个差异到达另一个差异。总而言之,在理性看来,没有哪一个种或亚种能说自己是最接近于另外一个种的种,其间总还可能有居间的种,这一居间种同第一个种和同第二个种的差别,就比第一、第二两个种彼此之间的差别更小。

这样,第一条规律防止我们在各个原始的类的杂多性中流连忘返,提醒我们注意同质性;相反,第二条规律又限制这种追求简约(Einhelligkeit)的倾向,要我们在应用我们的普通概念于个体之前先区别出其中的亚种。第三条规律将前两者联合起来,因为它要求即使在最高度的繁杂众多中,也要通过从一个种到另一个种的过渡,以看出其中的同质性,指出不同分支之间有一种亲属关系,因为它们全都是从同一根主干上生长出来的。

然而这条关于"种(逻辑形式)(formarum logicarum)的连续性(continui specierum)"的逻辑规律,是以一条关于"自然中的连续性(lex continui in natura)"的先验规律为前提的。假如没有这条先验的规律,则基于上述要求而进行的知性使用就只会被导入歧途,因为种连续性也许会走一条恰恰与自然[连续性]相反的道路。这条规律因而必须建立在纯粹先验的基础上,而非经验性的

---

* "形式之间有连续性"。——译者注

基础上。这是因为,假如是建立在经验性基础上,那么规律的出现就应迟于系统的出现;但实际上倒是先有规律,才使得自然知识具有系统性的。此外,这些规律也不是背后藏有这样的意图,即,想要拿它们作为一些单纯尝试来进行一种验证;当然,如果其中真有这种关联(Zusammenhang),则这种关联就确实提出了强有力的理由,使人坚信假设地设想出来的统一性是有根据的,而且它们对这种意图来说也确有它们的用处。但是,这些规律让人清楚地看到:它们是把基本原因的节省、效果的繁多以及随之而来的各自然环节之间的亲属关系本身,都判断为既适合于理性又符合于自然的,因而这些原理[按指规律],其被采纳使用,是由于它们本身的直接推荐,并不是单纯用为方法上的称手工具。

但显而易见,这种形式连续性乃是一个单纯的理念,经验里根本找不到一个与它完全契合的对象。这首先是因为,自然里的种,实际上都已划分过了,因而它们本身必定构成一个不连续量(quantum discretum),假如种与种的亲缘关系上阶梯状的进程是连续的,则任何两个给定的种之间包含的居间环节必定是真正无限的,而这是不可能的;而且还因为,我们根本不能对这种规律作任何确定的经验性使用,因为它没有指明亲属关系的任何一点标志,可让我们据以知道在追寻其差异性的等级系列上须走多远,而毋宁仅仅笼统地指示我们必须去寻找之而已。

如果我们将现在列举的这些原理予以顺序颠倒,按照经验性使用的顺序来排列,则系统的统一性的众原理就会排成:杂多性、亲属性和统一性,而其中任何一个都将被视为一个达到了其最高级完满性的理念。理性设定首先被应用于经验的那些知识,以为其前提，进而按照那走得比经验所能到达的更远得多的理念，去寻求知性知识的统一性。杂多东西的亲属性，虽然保有其中的差异，但在统一性原则之下，不仅仅涉及事物，而且更多地还涉及事物的单纯性和力量。因此，比如说吧，如果我们通过一项（尚未完全校正的）经验得到的印象是，行星的运行是呈现圆圈形的，而后来我们发现有些偏差现象，于是我们猜想这些偏差出自于那样一种运行，那种运行按照一条恒定的规律、经过无限多个居间等级之后，能够改变圆圈，使之变成包括我们所见的这一种在内的各种疲软的圆形轨道，这就是说，行星的种种运动，凡不是圆圈形的，都将或多或少地接近于圆圈的特性，终于成为椭圆形。彗星在其运行轨道上表现了更大的偏差，因为它们就我们观察所及，根本不在一个圆圈上回头转；但我们认为它们走的该是一条与椭圆形近似的抛物线的轨道，而且，如果椭圆形的长轴延伸得非常之远，那就怎么也观察不到它同抛物线有什么差别的。这样，在上述那些原理的指引下，我们就发现了这些轨道的类型上的统一性，从而又发现了一切行星运动规律的原因上的统一性，即万有引力。然后从这里出发，我们扩大我们的战果，设法用同一个原理来解释上述规则的一切变异和偏差；最后，甚至于外加上绝非经验所能证实的更多的东西，即，按照亲属性规则去思考彗星的双曲线轨道；在这种轨道上，彗星完全脱离我们的太阳系，从太阳奔向太阳，从而在它们的运行中把由同一个推动力联结着的、对我们说来无边无际的那个世界体系的更遥远的部分，也都联合统一起来。

A 663
B 691

就这些原理而言，值得特别注意而且唯一与我们有关的一点是：它们看来都是先验的，它们包含的单纯理念虽都是理性在其经验性使用时所向往追求的,但这种向往追求,却仿佛在渐近线上,只能逐渐接近而永远达到不了。这些原理,作为先天综合命题,虽是客观的,但只具有一种不确定的效准;它们为可能经验的规则效劳着,在经验的加工方面作为新发明的原理也幸运地被实际使用着,但人们不能对它们进行先验的演绎;进行先验的演绎,这在理念方面任何时候都不可能,乃是上文已经证明了的。

　　早在先验分析论里我们已在知性原理中间区分出动力学的原理,亦即对直观而言的单纯规范性原理,以区别于数学的原理,数学原理对直观而言是建构性的原理。不过,区别出来的这些动力学规律虽然对直观而言只是规范性的,但对经验而言却是建构性的,因为正是它们才使概念成为先天可能的,而如果没有概念就根本无经验可言。相反,纯粹理性的原理,即使在经验性概念方面也都不能是建构性的,因为这些原理得不到与自己相对应的感性图式,从而它们不能有任何具体的对象。现在,既然我们排除了它们(作为构成性原理)的这样一种经验性使用,那我们如何还能保证它们有一种规范性使用并保证其规范性使用有一定的客观有效性呢?而且不保证客观有效性的规范性使用又能有什么样的意义呢?

　　对理性而言知性是它的一种对象,正如对知性而言感性是它的一种对象一样。理性要做的一件事情是使知性的一切可能的经验性行为的统一成为有系统的,知性要做的一件事情则是通过概念将众多的现象连结起来置之于经验性的规律之下。但知性的行为,如果没有众感性图式,就都是不确定的,同样,理性的统一,如果考虑到知性在系统地联合其众概念时所要求的那些条件,以及知性在联合方面所做到的程度等等,则(理性的统一)其本身也是不确定的。不过,虽然我们不能为一切知性概念的周全而又系统的统一找到直观里的任何图式,却能够而且必定能够为之找到一种这样图式的类似物,而这类似物就是知性知识在一条原理里可分解与联合的极项或准则(Maximum)这个理念。这是因为,最大而又绝对完全的东西,由于造成众多不确定情况的那一切限制条件都已排除,是能够予以确定地思维的。于是可以说,理性的理念就是感性图式的一种类似物,差别只在于,知性概念应用于理性图式,不像范畴应用于感性图式那样会产生一项关于对象本身的知识,毋宁只产生一条关于一切知性使用的系统统一性的规则或原理。现在,由于每一条为知性先天地确立其使用上的彻底统一性的原理也都(虽然间接地)对经验对象有效准,那么因此,纯粹理性的种种原理,也都将在经验对象方面具有客观实在性;不过,它们在经验对象上具有客观实在性,并非为了去规定经验对象上的什么东西,毋宁只是为了指明一种办法,让知性在作确定的经验性使用时能够达到自身完全和谐,这种办法就是使知性的使用尽可能地关联着彻底统一性这一原理,并以该原理为其进行的依据。

一切主观原理,凡不是出自客体的性状而是出自理性的兴趣的(理性切望有关该客体的知识达到某种可能的完全),我都称之为理性的准则(Maximum)。于是就有思辨理性的准则,它们完全是建立在理性的思辨兴趣上的,虽然看起来它们好像是些客观的原理。

如果单纯的规范性原理被看待为建构性原理,那它们作为客观的原理就能是彼此冲突的;但如果人们只把它们看待为种种准则,那就没有真正的冲突,有的,只不过是引起思维方式分歧的理性兴趣上的差异。实际上,理性只有一种唯一的兴趣,理性的准则之间的冲突只是为满足这种兴趣而采取的不同方法之间的相互制约。

就这样,此一理性人(Vernünftler)的兴趣可以(依分化原理)侧重于杂多性,而彼一理性人的兴趣可以(依聚合原理)侧重于统一性。他们每一个人都相信自己是根据对客体的理解作出判断的,殊不知,判断所根据的只是对两条原理中的一条多点或少点的执着;而且没有哪一条原理真有客观基础,其基础毋宁只是理性的兴趣,所以最好不称它们为原理,而可以称之为准则。我见到许多有见解的人,他们为了人、动物或植物、甚至矿物体的特征发生争论,有些人,比如说,认为民族各有特殊的和基于血统的特性,家庭和种族等等,也各有确定的和遗传上的差异,而与此相反,另外有些人则认定,在这种事件上大自然给出的禀赋是完完全全一样的,一切差别都是出于外在偶然的因素,那么在此情况之下,我当然只好去考察对象的性状,可是经过考察我才理解到,对双方而言,这分歧隐藏得太深,以至于他们单根据对客体本性的认识都不能发言。因为争论的来由不是什么别的而只是理性的双重兴趣,即是说,有些人关心或者也可以说迷恋理性兴趣的这一方面,另一些人则关心理性兴趣的另一方面,而自然杂多性和自然统一性这两个准则,虽有差别,其实是完全可以统一起来的;但是,只要它们一天被当成为客观的洞见,它们就一天不仅引起争端,而且还造成足以长期阻滞真理前进的障碍,直到最终,才找到一种手段,来统一这种自相抗争的兴趣,并使理性就此感到满意。

这同样的情况也出现于对一条有争议的规律的赞同和反对上,这条规律就是由莱布尼茨*首创、经波奈**完善的万物连续阶梯律("Gesetz der kontinuierlichen Stufenleiter der Geschöpfe");它实际上只是以理性兴趣为基础的亲缘性原理的一种延伸,因为人们对大自然的安排部署所进行的观察和深入探究,都根本不能证明它是一项客观的主张。这是因为,连续阶梯上的各个台阶,像经验所提示的那样,彼此相距是非常之远的;而且在我们这里以为是微小的差距(特别是有大量的繁杂事物时,要找出某些类似的或近似的东西总是很容易的),可在自然本身中通常都是非常宽阔的鸿沟,以至于通过这样一些观察,根本不会有任何东西可被认为是大自然的终极意向(Absichten)。但相反,[万物连续阶梯律,]如果作为按照以理性兴趣为基础的亲缘性原理去探寻大自然里的秩序的一种方法,如果作为据以衡量这样一种自然秩序在一般自然界里究竟有根有据到何种程度(诚然这是不确定的)的一种准则,那么它,作为方法,作为准则,倒确实是理性的一条合法而且优异的规范性原理;它作为规范性原理,适用的范围远比经验或观察所能达到的要更为宽广,只不过,它并不规定任何东西,毋宁只给理性标示出取得系统统一性的道路。

论人类理性的自然辩证性质的终极意向

纯粹理性的理念,就其自身来说,都绝对不能是辩证的,至于

---

* Gottfried Wilhelm Leibniz (1646-1716),所著《人类理智新论》(1704),中文版,1982。——译者注

** Charles Bonnet (1720-1793),所著《自然考察》。——译者注

它们那里竟然出现一种骗人假象,那必定只是来自对它们的错误使用。这是因为,它们都是我们的理性出于本性提交给我们的,而理性,维护我们思辨的一切权益主张的这个最高法庭,不可能自身原本就包含着欺骗和虚幻的东西。所以可想而知,在我们理性的自然规划中,理念都将负有各自的美好而且合乎目的的使用。可是粗野的诡辩家们,竟照惯例大叫大嚷,说它们那里既不和谐又有矛盾,而且他们并无能力深入了解理性的核心计划,却还对理性的安排部署肆意诋毁。殊不知,就连他们之能够自我保全,甚至他们能有教养去申诉理性和罪责理性,也都还应该归功于理性对他们施加的善意影响。

一个先天概念,如果人们没有对它进行先验的演绎,那就不能确有把握地利用它。纯粹理性的概念,诚然不允许像范畴那样进行演绎,但它们只要具有一些哪怕不确定的客观效准,而不仅仅是些空洞的思想物[Gedankendinge(entia rationis ratiocinantis)],则对它们进行某种演绎就一定是可能的,当然我们须承认,它们的演绎同人们能就范畴所作的演绎有很大区别。对理念进行演绎乃是对纯粹理性的批判工作的完成,而现在我们要做的就是这件事。

某种东西在被提供给我们的理性时,是作为一个直截了当(schlechthin)的对象,还是只作为理念里的对象,这中间有很大的区别。在前一情况下,我们的概念就要去规定那个对象,在后一情况下,该东西实际上只是一个图式,它没有直接对象,甚至连假想的对象也没有,它的用处毋宁只在于将其他一些对象,借助它们同这个理念的关系,按照它们的系统统一性,间接地呈现给我们,所以我说,一个最高智慧的概念乃是一个单纯的理念,这就是说,这种概念的客观实在性不在于它直接地联系着一个对象（因为在这样的意义下我们无法为它的客观有效性作辩护），它毋宁只是一个按最大理性统一性的种种条件安排得井然有序的图式，只是关于一个一般事物的概念的图式，而这图式的用处则只在保持我们理性的经验性使用中有最大的系统统一性，因为人们是把经验对象看成仿佛从想象出来的这种理念对象中推导出来的，仿佛这想象出来的理念对象是经验对象的根据或原因。于是，举例言之，这就等于说，世界上的种种事物必须这样来看待，即仿佛它们都是从一个最高智慧那里获得其实际存在（Dasein）的。而这样说来，理念就真正只是一种具有启发作用的概念，而不是一种进行直接证明的概念，它的任务不在于指出一个对象是如何构成的，而在于启示我们应如何在它的指引下去探究众经验对象的一般性状和联系。现在，既然人们已能指明，三种先验理念（心灵学的、宇宙论的、神学的）虽然没有直接联系到与它们相对应的对象及其规定，却能在这样一种理念里的对象的前提设定下把理性的一切经验性使用规则引向系统的统一，并能随时扩大经验知识而决不会因而违反系统统一性，那么，这就可以断言，按照这样的理念行事，乃是理性的一条必要的准则。而且这就是思辨理性的一切理念的先验演绎；不过这些理念并非作为构成性原理去扩大我们的知识以便认识比经验所能提供的更多的对象，而是作为规范性原理，旨在使一般经验性知识的杂多东西达到系统的统一，从而使经验性知识会在其自己的界限之内得到扩建和整顿，而如果没有这样的理念，单单使用知性原理，这是办不到的。

　　我想把这种情况说得更清楚些。依照上述作为原理的那些理念,我们第一,在心灵学里,想以内在经验为引线,把一切现象、行为和我们心灵的感受,都如此结合起来,以至于我们的心灵仿佛真是一个单一的实体,而心灵,作为实体,带着同一个人格,(至少在有生之年里)是始终不变地存在着,至于心灵的种种状态(身体的种种状态只属于心灵状态的外部条件),则继续不断地更替着。第二,在宇宙论里,我们必须在一个永远不能完成的探索过程中追寻内部和外部自然现象的条件,仿佛这个条件系列本身是无穷无尽的,没有一个最初的或最高的端项;尽管我们并不因此而否认在一切现象之外会存在它们的只可思议(intelligibelen)的第一根据,但我们永远不可援引这些理由根据来解释自然,因为我们对它们毫无所知。第三,也是最后,在神学方面,我们必须将只可属于可能经验之关联的一切事物看待为这样:仿佛它们构成了一个绝对的、但完全不能独立自存,而且始终仍在感官世界之内受条件制约的统一体,但与此同时,仿佛一切现象的总和(感官世界本身)在其自身之外还有一个唯一的、最高的、完满自足的根据,即,一个俨然独立自存的、起源的、创造性的理性,而正是联系着这样的理性,我们才把我们的理性的全部经验性使用,在其最大可能的扩张中,安排成这样:仿佛种种对象都是自己从一切理性的那上述原型(jenem Urbild aller Vernunft)产生出来的。这就是说,灵魂的种种内在现象,我们并不是由一个单一的思维实体推导出来的,毋宁是依照一个单一的本质*这个理念,彼此交互推导出来的;世界的秩序及其系统的统一性,我们并不是由一个最高的智慧推导出来,

---

* Wesen,存在者。——译者注

毋宁是从一个最最明智的原因这一理念那里得到了理性可以遵循的规则，按此规则，理性才在连结世界上的原因与后果时获得最好的使用，从而达到自己最大的满足。

现在已没有任何障碍来阻止我们设定这些理念也是客观的和实在着的了；不错，其中宇宙论的理念是例外，如果理性也把宇宙论理念加以实体化，则理性就会陷入二律背反；至于心灵学的理念和神学的理念，根本不包含这类的东西，既然在它们那里没有任何矛盾，那么，如何还能有人反对我们硬说它们没有客观实在性呢？因为在它们是否可能有客观实在性的问题上，正如我们因所知甚少而不能予以肯定一样，他们也因为所知甚少是不能予以否定的。不过，谁若是想承认某个事物，而其理由只是说，并不存在与该事物相抵触的积极障碍，则这还是论据不足的，同样，如果我们单凭思辨理性为完成其本身业务而乐愿提供的那些单纯信用（bloßen Kredit），就把超越我们一切概念之上从而确乎不同任何概念相矛盾的那些思想性本质*，当成种种现实的和确定的对象引进过来，那也是不能允许的。这样说来，我们应该承认的并不是这些思想性本质自身，而毋宁只是它们作为一种图式的那种实在性（它们乃是一切自然知识的系统统一性这一规范原理的一种图式）；因此，当它们被设定为［知识的］根据时，它们只应作为现实事物的类似物（Analoga），而不应作为现实事物自身。这样，我们就从理念的对象身上取消了这样一些条件，这些条件固然限制我们知性所提供的概念，但又唯独它们才可能使我们对任何一个事物能形成一

A 674
B 702

---

* Gedankenwesen，康德在这里是用这个词以指称"理念"。——译者注

个确定的概念。那么现在,我们所设想的东西就是这样一种某物,如就它自身是什么而言,我们连一点点概念也没有,但我们却能设想,它同一切现象的总和之间有着一种与现象彼此之间所有的关系相类似的关系。

如果我们在这种意义上承认这样一些理想性的本质(idealische Wesen),那么真正说来我们并没因此扩大我们的认识以达到可能经验的客体以外去,我们只不过借助系统的统一扩大了可能经验的经验性的统一;至于向我们提供这系统性统一之图式的那种理念,由于提供的只是图式,所以本身不算是构成性原理,只起了规范性原理的作用。这是因为,诚然我们设置了与理念相对应的一个事物,一个某物,或一个现实的本质,但此事并没有说,我们曾想以超验的*概念来扩大我们关于事物的知识,因为被设置的这种本质,是只在理念里,而不是就它自身被设置为根据,因此这只是为了用以表示系统性统一,即表示应该充当我们理性的经验性使用之规范的那种系统性统一,却根本不是为了要用以在这方面构成某种东西,不论这东西是系统性统一的根据也罢,或是作为系统性统一的原因的这样一种本质的内在特性也罢。

这样说来,单纯思辨的理性提供给我们的关于上帝的那个先验的和唯一确定的概念,就其最严格意义而言,乃是一个理神论的(deistisch)概念,即是说,理性就连这样一种概念的客观有效性也不向我们提供,它提供给我们的仅仅是一切经验性实在的东西所据以取得其最高必然统一性的那个某物的理念,而那个某物,我们

---

* transzendent,在第四版上此字作 transzendental(先验的)。——译者注

是没有别的办法可以设想它的，只能通过类比法把它比为按理性规律而言应是万物之因的那样一个现实实体。事实上，只要我们真要随时随地都把该某物思维为一种特殊的对象，而不乐愿满足于以之为理性的规范性原理的单纯理念，并想解脱人类知性过于繁重的任务，免得理性去艰难地完成思维的一切条件，那么我们也就必须采取这种做法。但是这种做法，却同谋求我们知识的完全系统统一性的意向又不一致了，而谋求知识的系统统一性的意向，至少是理性不加限制的。

于是就出现这样的局面：如果我假定有一个神性的本质，那么我固然无论对这个神性本质的最大完满性的内在可能，或是对它的实际存在的绝对必然，都没有丝毫概念，但此时却能给涉及偶然事态的一切其他问题一个满意解答，并能使理性在其作经验性使用时所寻求的最大统一性方面感到最充分的满意，可是又不能使理性在这个前提假设方面感到丝毫满意。这种局面就证明，致使理性有权利从一个远远超出自己领域之上的观点出发去在一个完全的整体中考察其对象的那种动力，乃是理性的思辨兴趣而不是理性的真知灼见。

A 676
B 704

现在我们看到，在同一个前提假设那里，思维方式是有差别的，这差别虽然细微，但在先验哲学里却意义重大。我可以有充分根据相对地设定某个东西，却无权去绝对地设定它。如果该东西是一条单纯的规范原理，这种区别就显得特别清楚，因为我们能认识这规范原理的必然性本身，却不能认识它的必然性的根源，而我们所以要给其必然性设定一个最高根据，只是为了我们设想原理的普遍性时要比我们，比如说，设想一个与单纯而先验的理念相应的东西是存在着的时更为确定。这是因为,在后者中我决不能就其自身来认定这个东西的实际存在,因为我能凭以确定地设想任何一个对象的那些概念都达不到这里,而且我的概念的客观有效性所需具备的条件都被理念本身排除掉了。实在性、实体性、因果性的概念,乃至实际存在中的必然性的概念,统统是用以使有关一个对象的经验性知识成为可能的东西,如不使用它们,它们就根本不具有规定任何客体的意义了。可是它们固然可被用来说明感官世界里的事物的可能性,却不能用以说明一个世界整体本身的可能性,因为说明世界本身的根据一定是在世界之外,从而一定不会是一个可能经验的对象。于是,我尽管可以相对于感官世界去假定这样一个不可概念把握的东西、一个单纯理念的对象,却不能就其自身假设这个东西。这是因为,既然我的理性的最大可能的经验性使用是以一个(我随后就要较确切论述的关于完全系统统一性的)理念作为根据,而这个理念又虽对经验中的统一性之接近于其最大可能程度是不可缺少完全必要的,但它自身却绝对不能在经验中得到表述,因此,我将不仅有权而且有必要将这理念现实化,即,为它设定一个现实的对象;但我所设定的这个现实对象只是一个一般的某物,关于这个某物自身我是一无所知的,我只把它当作上述系统统一性的一个根据,并联系着系统统一性让它具有同经验性使用中的知性概念所具有的类似的特性。于是我就类比着世界里的实在事物,类比着实体性、因果性和必然性,设想一个具有上述一切特性的最完全的本质,而且,由于这个理念是植基于我的理性上的,我就能将凭着最大和谐和最大统一的理念而成为整个世界之原因的这个本质设想为独立自存的理性;这样说来,我所以排除一切能限制理念的条件,完全是为了在这样一个初始根据的庇荫之下,使整个世界里杂多的东西可能达到系统的统一,并凭借这系统的统一而使理性可能进行最大可能的经验性使用,因为我把世界上一切联结都看成仿佛是我们的理性只是其微小摹本的那样一个最高理性的种种部署了。在这个时候,我设想这个最高本质完全是凭借那些真正说来只在感性世界里才能应用的概念;但由于我就连使用上述那个先验的前提假定也只不过是作相对的使用,即是说,也只认为它会为最大可能的经验统一性提供依托,所以我就敢于心安理得地凭借那些只属于感官世界的特性去思维一个我认为与[感官]世界有别的本质。这是因为,我根本不要求,也无权要求按照我的理念的这个对象自身所会是的那个样子去认识它,因为我对它没有任何概念;而且,即使是关于实在性、实体性、因果性以至实际存在中的必然性等等概念,如果我带同它们一起冲到感官领域以外去,那它们也就丧失一切意义,成为一些空无内容的概念称号。我所以设想一个自在地本是我完全不认识的东西同世界整体的最大系统统一性之间有联系,仅仅是为了要将这个本质制造成为我的理性的最大可能的经验性使用中的规范原理的图式。

　　如果我们现在把眼光转向我们理念的先验对象,那我们就看到,凭借实在性、实体性、因果性等等概念我们并不能预先设定该先验对象自身的现实性,因为这些概念一点也不能应用于某种与感官世界根本不同的东西身上。因此,理性之假定一个最高本质以作为最终原因,那只是相对地假设,是为了让感官世界有系统统一性而设想的,而且理性所设想的乃是我们对其自身究为何物毫无概念的那样一个在理念里的单纯的某物。那么通过这样的阐释,我们于联系着作为存在者而被呈现给感官的那种东西时,何以需要有个表示一个自身必然的初始本质(但关于此初始本质及其绝对必然性我们却决不能有丝毫概念)的理念,其道理也就不言而喻了。

到此为止,我们已能一目了然地看清整个先验辩证法的结果,并能确切地规定只因误解和疏忽才有辩证性质的那些纯粹理性理念的终极意向了。实际上,纯粹理性跟它自身没有什么事可做,而且也不能有什么别的事务,因为它所面临的不是要求经验概念之统一的那些对象,而是要求理性概念之统一的,即要求一条原理里的关联之统一的那些知性知识。理性的统一乃是系统的统一;这种系统性统一,对理性而言,并非客观地充当一条原理,以便扩展理性遍及于众对象,而是主观地作为准则,以便扩展理性遍及于有关对象的一切可能的经验性知识。不过虽然如此,理性能向经验上的知性使用提供的那种系统性关联,不仅促进知性使用的推广,同时也保证知性使用的正确;从这个意义上说,这样一种系统性统一原理也是客观的,只不过是以不确定的方式*,即不是作为建构性原理要在它的直接对象方面规定某种东西,而是作为单纯规范性原理和准则,以便凭借知性所不知道的那些新途径的开辟,去无限地(不确定地)促进和巩固理性的经验性使用,而同时又确保同经验性使用的规律不发生任何抵触。

但是理性不能以别的办法去思维这种系统性统一,唯一的方

---

* auf unbestimmte Art(principium vagum,模糊原理)。——译者注

式是给这系统性统一的理念思维出一个对象,不过,这是一种任何经验都不能给予的对象,因为经验永远提供不出一个体现完全的系统性统一的事例。因而,这样一种理性的东西、理性本质*,显然只是一个理念,其自身决不能无条件地被当成某种现实的东西,毋宁只是权且被设定为根据(因为我们不能通过任何知性概念达到它),以便感官世界里事事物物的一切结合,都可被看作是仿佛有这个理性本质以作为其根据;理性所以给出这个东西,其意图完全是为了让系统性统一可建立在这个东西上面,以便有根有据,因为系统性统一,对理性而言,是决不可缺少的,对知性而言,是在一切方式下都能够促进却决不会妨碍其获取经验性知识的。

假如人们将理念当成是肯定或即便只是假设一个人们想去使之充当系统性世界秩序之根据的现实事物,那就完全误解了这个理念的意义了,其实,对于那不能以概念来把握的世界秩序之根据本身究竟具有哪样的性状,人们是根本不加考虑,听其悬而不决的;人们只是为自己设定一个理念,作为观点,以便能从这个观点出发去扩展上述那个对理性非常要紧对知性非常有益的统一性;总而言之,这个先验的东西只是上述规范性原理的图式,凭借这个图式理性自己就把系统的统一性扩展到一切经验上去。

这样一种理念的第一个客体就是我自己,就是只被看成能思维的自然的那个我。如果我想查明一个能思维的本质在其自在地存在着时具有哪些特性,那我就必须向经验那里去查问;可是所有的范畴,除非它们已在感性直观有了图式,否则我是连其中任何一

---

* 属于理性的东西,Vernunftwesen(ens rationis ratiocinatae)。——译者注

个也不能应用到这个对象上的。这样说来,我就永远也得不到一切内在感官现象的一个系统性统一了。于是,理性不再使用这个不能引导我们继续前进的(有关心灵的现实性状的)经验概念,改而使用一切思维活动的经验性统一的概念,而且由于它设想这种统一是无条件的和初始性的,它就把一切思维的经验性统一的概念当成为一个理性概念(理念),即一个关于自身不变(自己同一)而与身外其他现实事物又贯通一气的单一实体的理念,换言之,当成为一个关于单一而独立自存的智慧(Intelligenz)的理念。但即使这样,理性心目中所有的也只不过是些说明种种心灵现象之系统性统一的原理,借此去把一切规定都看成是在一个唯一的主体之中的,把一切力量尽可能看成是从一个唯一的基本力中引生出来的,把一切变化看成是属于同一个恒定不变的本质的种种状态,并把空间里的一切现象都表象为与思维活动完全不同的东西。上述的实体单一性等等,只应该是属于这条规范原理的图式,并没被预设为心灵特性的现实根据。这是因为,这些心灵特性也可建立在完全不同的其他根据上,尽管这些根据我们根本不认识,这正如我们通过这些假定的宾词也不能真正认识心灵自身一样,即使我们曾经认定这些宾词是绝对适用于心灵的也罢;因为它们所构成的是一种单纯的理念,而理念是根本不能予以具体表象的。这样的一种心灵学理念,只要我们注意不把它当成某种比单纯理念更多的东西,即,只把它当成比较合适于理性使用来系统地说明我们心灵现象的东西,那它带给我们的就只能是巨大的好处。这是因为,在对只属于内在感官的东西的说明中,既无属于躯体现象的完全是另一类型的经验性规律掺杂进来,也没让关于心灵之创生、毁灭和再生等等轻率的假说介入其中，因而对这种内在感官对象的考察是完全洁净的，丝毫没有混进不同种类的特质，特别是，理性的探讨还被安排得尽可能将这个课题里的种种说明根据都归结于一条唯一的原理上；而要实现这一切，最好的、甚至唯一的办法就是通过仿佛是一种现实事物的那样一种图式。心理学的理念也只能意味着一个规范性概念的图式，不能是什么别的。因为即使我只想问一问：心灵是否自身是一种精神性自然，这个问题也毫无意义。这是因为，在使用这样一个概念时，我不仅去除了躯体性自然，而且根本就去除了一切自然，也就是说，去除了属于任何一项可能经验的一切宾词，当然也去除了为这样一种概念思维出一个对象来所必需的那一切条件；可是唯其如此[恰恰由于去除了上述一切]，人们才说，这个概念具有它的意义。

单纯思辨理性的第二个规范性理念是一般而言的世界概念。因为真正说来自然只是理性因之而需要规范性原理的那个唯一给定了的客体。这个自然是双重的，一方面是能思维的自然，一方面又是有躯体的自然。不过对于后者，我们不需要理念，即，不需要一种超过经验之上的表象，以便按它的内在可能性去思维它，也就是说，不需要去规定众范畴如何应用在它身上；同时，在它这里也不可能有理念，因为在它这里我们只受感性直观领导，它不像心灵学的基本概念（我）那样先天地就包含有一定的思维形式，即思维的统一性。因而在我们看来，余留给纯粹理性的没有别的，仅仅是个一般而言的自然，以及此自然中符合于某一原理的全部条件。这些条件经过它们中间环节的推演就排成条件系列，而这条件系列的绝对全部就是一个理念；诚然，这种理念在理性的经验性使用中永远不能完全实现,但它却能充当行动规则,指定我们对这个条件系列应该如何看待,即,指明我们无论以回溯的方式或上升的方式说明种种给定了的现象时总应该视之为这样:仿佛系列自身本是无限的,也就是说,是无穷无尽的(in indefinitum)。但是,当理性自己被看成是能规定的原因时,比如在自由中,从而在实践原理那里,仿佛我们面对的就不是一个感官客体,而是一个纯粹知性的客体;那么此时,条件就可以不再被设定于现象系统之内,毋宁可以被设定于现象系列之外,而且状态的系列就可被看成是仿佛(经由一个可理解的原因)简捷了当地起始了的。所有这些都表明,宇宙论的理念只不过是些规范性原理,它们不具备建构性能,与一个现实的全部的上述系列的设定毫不相干。至于这个论题的其他探讨,可请参看纯粹理性的二律背反里与此有关的部分。

纯粹理性的第三个理念是关于上帝的理性概念,准确地说,这第三个理念包含着一个纯属相对的假定,从而把一个本质假定为一切宇宙论系列的唯一而充足的原因。这个理念的对象,我们没有丝毫根据去直截了当地予以承认(或者说,就其自身予以假定)(an sich zu supponieren);这是因为,什么东西能使我们有能力或有权利根据一个单纯的概念自身就相信或认定存在着像该概念所说的那样一个最最完全的本质,并按照它的本性相信它[的存在]是绝对必然的呢?难道不是由于联系着我们的世界,这个假定才能是必然的吗?现在我们看得很清楚,关于这个本质的理念,像一切思辨理念一样,只不过想表示,理性要求人们按系统性统一这一原理去看待世界上的一切联结,从而仿佛世界上的一切联结统统是从一个唯一的无所不包的本质、从一个最高的完全自足的原因那里产生出来的。由此可见,提出这样的要求,理性的意向只在于让它扩展其经验性使用时能有它自己的形式性规则而已,绝不是想要扩展到经验性使用的任何界限以外去,所以说,这个理念里并不暗含有它被使用于可能经验时所需的那种建构性原理。

这个完全以理性概念为依据的最高的形式统一乃是事物的目的性的(zweckmäßige)统一。理性的思辨兴趣使人必然把世界上的一切部署看成仿佛都是从一个最高理性的意向中萌生出来的。因为这样一个原理为我们那被应用于经验领域的理性开展了全新的前景,让它按目的论的规律去联结世界上的事物,从而达到世间万物的最大系统性统一。所以,预设一个最高智慧作为世界整体的唯一原因(但当然只是指在理念里),这对理性而言,任何时候都能有百利而无一弊。因为如果我们在考察(圆形而略扁平的)[①]地球的形式,山岳湖海等等的形状时,预先假设它们都是出于一个世界创始者的聪明意图,那我们就能在这条路上搞出大量的发现。只要我们将这个假设只当成一条纯规范性的原理,那即使出现错误也不会给我造成损害。因为从这里无论如何也不会出现大不了的事,至多,当我们期望有一种目的论的关联(nexus finalis)时只发现了机械的或物理的关联(nexus effectivus),那么在此情况下,我们只会因没能多找到一例统一而怅然若失,却并不会损害理性

---

① 地球的球状带来的好处是众所周知的,但很少有人知道,地球变扁,呈扁圆体有什么好处;只有扁圆的地球才能阻止大陆隆起(乃至由地震引起的较小山岭的隆起)致使地轴不断地在不长的时间里产生明显的偏斜;这好像是地球在赤道线上膨胀,形成了一条无比庞大的山岭地带,以至任何其他山岳的振动都决不能明显地变更该山岭地带相对于地轴的位置。可是这样巧妙安排的结构,人们却毫不迟疑地说是由当初地球的流体物质的平衡所致。——康德原注

在经验性使用中的理性统一。甚至一般说来,即使这样的挫折,也根本不能影响普通的目的论的意向中的规律自身。因为,当一位解剖学家设想一个动物的某一肢体具有一种目的,而人们已能清楚地表明并无此事时,我们固然可以认定该科学家搞错了,但要根据这样一个事例就证明一个自然设置(Natureinrichtung)(不管它是什么东西都行)绝对没有目的,那是根本不可能的。唯其如此,(医生们的)生理学也凭借那只能由纯粹理性提出来的一条原理,把它关于有机体四肢结构的目的的极其有限的经验性知识大加扩展,扩展得如此广泛,以致人们能完全果断地同时又在一切有理解力的人同意之下假定:动物身上的每一肢节都有它的用处和良好意向;而如果我们说以前的前提假定是建构性的,那就走得太远,超出至今的观察所能授权我们去做的以外去了。由此可见,这个前提假定只不过是理性的一条规范性原理,为的是要凭借最高世界原因的目的性因果关系这一理念以达到最高的系统性统一,因为这最高的世界原因,作为最高的智慧,按最明智的意图行动,仿佛就是世间万物的原因。

但如果我们不坚持限制理性于单纯规范性的使用上,理性就将误入各式各样的歧途,以至于脱离那必然构成的它的进程之特征的经验基地,并越过经验基地冲进不可理解不可探究的东西那里去,而一旦升入那样的高空,俯首下望,理性就发现自己已与符合于经验使用的一切一切完全隔绝,因而必然变得头晕目眩。

当人使用最高本质这一理念时,如不仅限于用以起规范作用,而违背理念的本性用以起建构作用,则由此产生的第一个缺点就是使理性怠惰[faule Vernunft(ignava ratio),懒惰的理性]①。任何原理,只要它使人认为自己对自然的研究,不管是哪方面的,已经彻底完成,从而理性只好停下来休息,仿佛它的任务已全部处理完毕,那我们就可称呼这条原理是使理性怠惰的原理。心灵学的理念就是如此,如果它被用作建构性原理来解释我们心灵现象,甚至还把我们关于心灵的知识扩展到一切经验以外去(以至于死后的心灵状态),那当然使理性感到舒适方便,但同时也就把理性在经验指引下对自然界的使用完全败坏,彻底毁掉了。正是这样,独断的唯灵论者就用他认为在自我中直接感觉到的那种能思维的实体的统一,来说明历经状态变换而自身保持不变的那种人格的统一,就用他对我们思维主体的非物质本性的意识等等,来说明我们对只在我们死后才发生的那些事物的兴趣,并且免除了他自己以物理上的理由来说明我们这些内心现象之原因的一切经验性研究(Naturuntersuchung);因为他仿佛奉到了超验理性的一道命令,要他为了自己的舒适安逸,不惜牺牲一切真知灼见的代价,将经验的内在知识源泉弃诸不顾。这种不利的后果,在对我们关于一个最高智慧的理念采取的独断观点那里,以及在错误地建立于这独断观点上的自然神学体系(theologisches System der natur(Physikotheologie))那里,都更加一目了然。因为在那里,一切从自然中流露出来的、往往也只由我们自己外加给自然的那些目的,

---

① 古代辩家就曾这样称呼一种骗人的推论。这种推论说:如果你的命运注定你会从这种疾病中康复过来,那不论就医与否你总会康复的。西塞罗说,这种推论所以得此称号,是因为如果我们听从这种推论,理性在生活里就根本没有使用的余地了。这也就是我所以用这同样称号来称呼纯粹理性的诡辩论证的原因。——康德原注

统统会帮助我们,使我们在探索原因时感到相当舒服,即是说,它们会让我们不必在物质机制的普遍规律中去寻找原因,而迳直地把原因看成是最高智慧的不可思议的心意;而且,当我们放弃使用理性的时候(要使用理性,我们毕竟只有从自然界的秩序及其变化系列那里按照其中的内在普遍规律才能找到使用的线索),它们还会让我们以为理性业已完成了它的艰辛任务。但这种缺点是可以避免的。只要我们不是从目的论的观点出发单只考察大自然的一些局部,比如,大陆的分布及其构造,山岭的形状和位置,或者小而至于植物和动物界里的有机组织等等,而是联系着一个最高智慧的理念将大自然的这个系统性统一当成是完全普遍的,则上述的错误就可避免。因为在这个时候,我们已符合着种种普遍的规律将自己安置在这样一个目的性上,没有任何特殊的自然装置会构成这个目的性的例外,毋宁只是这目的性在各装置那里的可以认识程度对我们而言或大点或小点而已;而且此时,我们已拥有了一条规范性原理,即,一种目的论的联结方面的系统性统一,但目的论的联结不是我们得以先行规定的,毋宁只可对它寄予期望,我们只可在对目的论的联结的期望中按照种种普遍的规律去探索物理力学的联结。只有这样,目的性的统一这条原理才能随时随地扩大理性在经验中的使用,而不会在任何情况下使之遭受损害。

因误解上述系统性统一原理而产生的第二个缺点是使理性颠倒*。系统性统一的理念只应该作为规范性原理帮助我们按照普

---

* 颠倒了的理性,verkehrte Vernunft (perversa ratio, ὕστερον πρότερον rationis)。——译者注

遍的自然规律去在事物的联结中寻找这系统性统一,而且人们在这条经验性道路上找到属于系统性统一的东西愈多,就相信该理念的使用已愈接近于圆满,虽然实际上圆满是永远达不到的。可是人们不此之图,却反其道而行之,一开始就将目的性的统一这一原理视为确凿无疑的现实,设置之为根据,并以人神比拟的办法对这样一个本身完全不可思议的最高智慧作出概念上的规定;然后,就粗暴地独断地将种种目的强加给自然,而不以合理的方式沿着物理的自然探索的道路去寻找这些目的;于是,本来只为帮助我们按照普遍规律以补全自然界的统一性的那种目的论,现在却起了取消自然统一的作用,而且不仅如此,理性本身也为此而放弃了它固有的目的,不再遵循普遍规律从自然方面去证明这样一个明智的最高原因的实际存在了。这是因为,如果人们不能预先设定自然里先天就有最高的目的性,即是说,如果不能预先设定这最高目的性是属于自然之本质的,那么人们如何竟会义不容辞地定要寻找它并沿着它的阶梯定要向着一个创始者的圆满性(作为一种绝对必然的、从而先天可认识的圆满性)去逐步接近呢?规范性的原理要求人们基于事物之本性直截了当地把系统性的统一预先设定为自然[本有]的统一,而自然的统一则不仅是经验上认识了的,并且也是以尚不确定的方式先天地预设下来的。但如果人们一开始就捧出一个能够为所欲为的最高本质当作根据,那么自然的统一事实上就被取消了。因为此时自然的统一就成了对事物的本性[自然]而言外来的偶然的东西,因而也就不能根据自然的普遍规律被人们认识了。由此可见,这里出现的是一个论证上的恶性循环,人们预先设定了恰恰应该去论证的那种东西。

A 693
B 721

自然的系统性统一这条规范性原理如果被当成一条建构性原理,而且,只在理念里充当始终一致的理性使用之根据的那种东西如果被当成实存的东西(hypostatisch)而预先设定为一个原因,那就只能意谓着理性陷于混乱。研究自然的科学是沿着符合于自然普遍规律的自然因果锁链走它自己完全独立的道路;诚然自然科学也符合着一个宇宙创始者这样的理念,但这不是为了从宇宙创始者那里推论出科学研究一直在追踪的那个目的性,毋宁是为了从这个目的性中认识到一个宇宙创始者的实际存在;而这个目的性是要在自然事物的本质里寻求的,如果可能的话也要在所有的一般事物的本质里寻求,既然目的性在一般事物的本质里,则寻求目的性也就认识到了宇宙创始者的实际存在的必然性。但不管这后一意图,即从目的性中认识创始者的实际存在的必然性能否实现,理念本身始终总是正当的,而且如果理念之使用的条件是限定理念为一条单纯规范性原理,则理念的使用也就同样总是正当的。

完全的、目的性的统一(简单明了地说)就是完满。我们如果不是在构成经验之整个对象的亦即构成我们一切客观有效知识之整个对象的那些事物的本质中,从而如果不是在普遍而必然的自然规律中发现了这样的统一,那我们怎么会想根据这种统一来迳直地推论有作为一切因果关系之起源的一个原初本质的最高而又绝对必然的完满这样的理念呢?最大的系统性的统一,因而还有目的性统一,乃是人类理性使用的培训学校,甚至可说是最大可能的理性使用之所以可能的基础。最大的系统性统一的理念因而是与我们理性的本质紧密相连不可分割的。于是,这系统性统一的理念对我们而言就有了立法的性质,从而承认有一个与这立法性遍的自然规律去在事物的联结中寻找这系统性统一,而且人们在这条经验性道路上找到属于系统性统一的东西愈多,就相信该理念的使用已愈接近于圆满,虽然实际上圆满是永远达不到的。可是人们不此之图,却反其道而行之,一开始就将目的性的统一这一原理视为确凿无疑的现实,设置之为根据,并以人神比拟的办法对这样一个本身完全不可思议的最高智慧作出概念上的规定;然后,就粗暴地独断地将种种目的强加给自然,而不以合理的方式沿着物理的自然探索的道路去寻找这些目的;于是,本来只为帮助我们按照普遍规律以补全自然界的统一性的那种目的论,现在却起了取消自然统一的作用,而且不仅如此,理性本身也为此而放弃了它固有的目的,不再遵循普遍规律从自然方面去证明这样一个明智的最高原因的实际存在了。这是因为,如果人们不能预先设定自然里先天就有最高的目的性,即是说,如果不能预先设定这最高目的性是属于自然之本质的,那么人们如何竟会义不容辞地定要寻找它并沿着它的阶梯定要向着一个创始者的圆满性(作为一种绝对必然的、从而先天可认识的圆满性)去逐步接近呢?规范性的原理要求人们基于事物之本性直截了当地把系统性的统一预先设定为自然[本有]的统一,而自然的统一则不仅是经验上认识了的,并且也是以尚不确定的方式先天地预设下来的。但如果人们一开始就捧出一个能够为所欲为的最高本质当作根据,那么自然的统一事实上就被取消了。因为此时自然的统一就成了对事物的本性[自然]而言外来的偶然的东西,因而也就不能根据自然的普遍规律被人们认识了。由此可见,这里出现的是一个论证上的恶性循环,人们预先设定了恰恰应该去论证的那种东西。

自然的系统性统一这条规范性原理如果被当成一条建构性原理,而且,只在理念里充当始终一致的理性使用之根据的那种东西如果被当成实存的东西(hypostatisch)而预先设定为一个原因,那就只能意谓着理性陷于混乱。研究自然的科学是沿着符合于自然普遍规律的自然因果锁链走它自己完全独立的道路;诚然自然科学也符合着一个宇宙创始者这样的理念,但这不是为了从宇宙创始者那里推论出科学研究一直在追踪的那个目的性,毋宁是为了从这个目的性中认识到一个宇宙创始者的实际存在;而这个目的性是要在自然事物的本质里寻求的,如果可能的话也要在所有的一般事物的本质里寻求,既然目的性在一般事物的本质里,则寻求目的性也就认识到了宇宙创始者的实际存在的必然性。但不管这后一意图,即从目的性中认识创始者的实际存在的必然性能否实现,理念本身始终总是正当的,而且如果理念之使用的条件是限定理念为一条单纯规范性原理,则理念的使用也就同样总是正当的。

完全的、目的性的统一(简单明了地说)就是完满。我们如果不是在构成经验之整个对象的亦即构成我们一切客观有效知识之整个对象的那些事物的本质中,从而如果不是在普遍而必然的自然规律中发现了这样的统一,那我们怎么会想根据这种统一来迳直地推论有作为一切因果关系之起源的一个原初本质的最高而又绝对必然的完满这样的理念呢?最大的系统性的统一,因而还有目的性统一,乃是人类理性使用的培训学校,甚至可说是最大可能的理性使用之所以可能的基础。最大的系统性统一的理念因而是与我们理性的本质紧密相连不可分割的。于是,这系统性统一的理念对我们而言就有了立法的性质,从而承认有一个与这立法性的理念相对应的立法性的理性(intellectus archetypus),也成了非常之自然的事情,至于自然界的系统性统一,作为我们理性的对象,那该是可从这个立法性的理性中推演出来的。

在讨论纯粹理性的二律背反时我们说过,纯粹理性提出的一切问题都必定是绝对可以解答的,而且如果以我们知识的局限性为借口表示不能回答,那么这在许多自然科学问题里虽然既是难免的也是合理的,但在这里却不能允许,因为这里我们面临的不是关于事物性质的问题,而是完全由理性的本性提出来的纯属理性内部结构的问题。现在,我能就纯粹理性最感兴趣的两个问题证实这个初看起来十分冒失的主张,并由此而整个完成我们有关纯粹理性的辩证的讨论。

那么,假如人们联系着一种先验的神学①,首先问道:有没有既有别于世界而又包含着世界秩序之根据和合乎普遍规律的世界关联之根据的某种东西呢?我会回答说:毫无疑问,有。这是因为,世界是众现象的一个总和,因而这些现象必定有某一个先验的,即是说,某一个只可由纯粹知性予以思维的根据。如果第二个问题是,这个本质[根据]是否就是最大实在性、必然性,等等的实体呢?那我就回答说,这个问题根本没有含义。因为,我试图就这样一种对象[根据]构成一个概念时所凭借的那一切范畴,都不能有别的用处,只可作经验性使用,而它们如果不被应用于可能经验

---

① 我以前论述心灵学的理念及其固有使命时已说到过仅只充当理性使用之规范性原理的那个东西,因此在这里我无需乎再度详尽地专门讨论内在感官的杂多东西的系统性统一之所以被当成实存事物的那种超验幻象了。这里采取的办法与批判神学理想时所用的办法非常类似。——康德原注

的客体上亦即感官世界上，就完全没有意义了。出了这个领域，它们只是些概念的空衔，人们虽可容许有这些空具头衔的概念，但凭借这样的概念人们什么也不能理解。第三个问题如果是说：这个与世界不同的本质是否我们可以（至少说吧）类比于经验的对象予以思维呢？那么回答是：当然可以，不过这可以思维的并不是实在里的对象，毋宁只作为理念里的对象，即是说，只作为世界设置中的系统性统一、秩序、目的性等等的一种未为我们所认知的依托*，才可予以思维，因为理性在其自然研究中必须以系统性统一等等作为自己的规范性原理。而且不仅如此，理念里不仅可以有这种作为规范性原理的对象，我们还能无所畏怯、不受谴责地容许这个理念里另外还有有助于上述规范性原理的某些拟人论的东西。这是因为，这里说的始终只是一个理念，而理念绝对不会直接与不同于世界的本质发生关联，毋宁只与世界的系统性统一这样的规范性原理发生关联，但是，要与这样的规范性原理发生关联就只有以世界的系统性统一的一个图式（Schema）作为媒介，也就是说，只有以一个按照明智意图行事的世界创始者亦即一个最高智慧为媒介才行。在这里，说以一个最高智慧为媒介，当然并不能因此就说世界统一性的这个初始根据自身是什么东西已被我们思维过了，我们思维了的毋宁只是，对比于理性在世界事物方面作出的系统性使用，我们应如何使用这个世界统一的初始根据，或者更确切地说，我们应如何使用初始根据这个理念而已。

但如果人们继续追问道：照这样说法，我们是否还能承认有一

---

* Substratum，基体。——译者注

个全知全能的世界创始者呢？那我就答：毫无疑问；我们不止能够，而且毋宁必须预设这样一个世界创始者。但这样一来，我们岂不是把我们的知识扩大到可能经验的领域以外了吗？决不会的。这是因为，我们诚然只预设了一个我们对其自身是什么毫无概念全不理解的本质（一个先验的对象），但是，联系着我们研究大自然时必须预设的那个有系统有目的的世界秩序，我们已经将我们并不认识的那个本质类比为一个最高智慧（智慧乃是一种经验性概念）从而对它进行过思维了，这就是说，由于目的和完满等等属性都以这个我们并不认识的本质为根据，那么我们思维这个本质时就是已按我们的理性条件把恰恰能够含有系统性统一的根据所含的那些属性赋予该本质了。因此，这个理念，就我们的理性在世界方面的使用而言，是建立得完全有根有据的。但假如我们想迳直地赋予它以客观有效性，那我们就是忘记了它只是我们所思维的一个理念中的本质，而且，既然此时我们是从一个根本不能凭世界考察来予以规定的根据那里开始，我们就不再能以适合于理性之经验性使用的方式，应用这一原理了。

A 698
B 726

但如果人们进一步问我，说照这样说法我还能在合乎理性的世界考察中使用一个最高本质的概念并作一个最高本质的预先设定吗？能！真正说来这个理念也正是为了进行合理的世界考察当初才由理性提出来作为其根据的。但我还可以把种种似有目的的安排看成种种真有目的的意图，从而从神的意志中（当然借助于特地为此而在世界上建立起来的种种设置）推导出这些似有目的的安排吗？可以，你们也可以这样做；但这样做有一个条件，那就是，不管人们说神的智慧把一切都按它的最高目的这样安排了的也

A 699
B 727

好，或者说最高智慧这个理念是探讨大自然时的一条规范性原理并且是大自然的系统性和目的性统一之所以符合于普遍自然规律的一条原理也好（即使在你们觉察不到自然界的统一时），你必须认为两说具有同样多的含义；换句话说，当你们觉察到大自然的统一时，无论说这是上帝明智地愿意如此，或者说这是大自然明智地如此安排，你们都必须觉得这完全是同一回事。这是因为，你们的理性当初要求你们以之作为规范性原理以充当一切自然考察之根据的那个最系统而又最合乎目的的统一，恰恰也就是授权你们把最高智慧这样一个理念作为规范性原理的一个图式以充当自然考察之根据的那同一个东西；所以你们，按照上述原理，在世界上发现的目的性愈多，你们就愈加证实了你们的理念的合法性。但一方面，由于上述原理的唯一意图在于寻找必然而又最大可能的世界统一，因而只要找到了世界的统一，我们就不能不把世界的统一归功于最高本质这一理念；而另一方面，由于最高本质这个理念当初被设定为根据，只是为了据以探寻自然界的普遍规律，以便把自然界的这种目的性从根源上看成是偶然的超自然的，因而，我们又不能无视自然界的普遍规律，否则我们就自相矛盾了，因为，我们不曾有权承认有一个超出于自然之上而又具有上述种种自然属性的本质，毋宁只曾有权设定关于这样一个本质的理念作为根据，以便比照着一种因果规定，把众现象看成是彼此系统地联结着的。

　　基于同一道理，我们也有权去思维理念里的世界原因。我们不仅可以按照拟人论的精巧方式（除以拟人论的方式外，世界原因是根本不可思维的）将它思维为一个具有理解能力和喜怒哀乐以及与此相应的欲望和意志等等的本质，而且还有权赋予它以无限

第二部　先验逻辑学

的完满性,其完满程度远比我们通过对世界秩序的经验性认识所能赋予的更高。因为,系统性统一这条规范性原理,要求我们研究自然时应持这样的态度:仿佛在最大可能的繁杂多样的东西那里,系统性和目的性的统一是无处不在,无穷无尽,总会碰到的。这是因为,尽管我们将只找出或达到这个世界完满性的很少一点,但我们到处去寻找它和揣测它,却是我们理性的立法所要求的,而且按照这条原理来安排自然考察,对我们而言,任何时候都必有好处决无坏处。但在这样表述那被设定为根据的一个最高创始者的理念时,字里行间有一点也就表述清楚了,那就是*,我所设定为根据的,并不是这样一个本质的实际存在以及对此本质的认识,毋宁只是这个本质的理念,因此真正说来,我并没有从这个本质那里推导出任何东西,毋宁只从这个本质的理念,也就是说,只按这样一个理念,从世界上事物的本性**那里有所推导。同时也表述清楚了的看来是:历代哲学家们所以用语审慎而适当,乃是由于他们对我们这个理性概念的真正用途有了一定的、虽然尚属初步的意识,因为他们在谈论自然的智慧和谋略,谈论神的智慧等等时,两者被当成同义词使用,甚至在涉及纯思辨理性时他们还更爱使用前一术语,即自然的智慧这个词,因为这个词能防止人们妄自作出比人们有权作出的更大的主张,同时还能指引理性返回于其自己固有的领域、自然那里去。

A 701
B 729

于是,纯粹理性一开始时显得好像要大有作为,许诺了很多,

---

* Es ist aber unter dieser Vorstellung, der zum Grunde gelegten Idee eines höchsten Urhebers, auch klar: daß. ——译者注

** Natur,自然。——译者注

至少也要把认识扩大到一切经验界限以外去，可是经过正确理解，它只包含了一些规范性原理而已；诚然，这些规范性原理所要求达到的统一远比知性的经验性使用能达到的统一大得多，但正因为它们把知性所力求接近的目标后推得那么遥远，这就使知性得以通过系统性统一达到其最高程度的自身内在一致；但是，如果人们错误理解了它们，视它们为超验知识的建构性原理，则它们凭借其的确华丽然而虚假的外表，就产生出耸人听闻的主张和自以为是的知识，从而引起永恒的矛盾和无穷的争辩。

* * *　　* * *　　* * *

这样说来，人类的一切知识开始时都是直观，后来有了概念，最终又有理念。就这三种要素而言，人类知识确实具有先天的知识来源，初看起来似乎大可以蔑视一切经验的界限，然而，一经彻底批判，人们就确信，理性在其思辨的使用中，连同这三种知识要素，永远不能超出可能的经验领域以外去，而且这种最高的认识能力的真正使命只在于利用一切方法及其原理，以便依照一切可能的统一原理，包括其中最重要的目的性的统一原理，去探索自然直至其最内在的东西，但永远不能飞越自然的界限，自然界限以外对我们而言只是空无所有的空间。在先验分析论里，我们对能够扩大我们知识到现实经验以外去的一切命题所作的批判研究，已经足够使我们确信，决没有哪个命题能得出比可能经验更多的什么东西；假如不是人们对最明晰的抽象而又普遍的种种论题（Lehrsätze）持怀疑态度，假如不是动人而虚假的种种前景诱使我们拒斥最明晰的抽象而又普遍的论题所具有的强制[说服]力，那我们本是可以不去操心劳神听取超验理性为其僭妄主张提出的一切诡辩证词的;这是因为,我们事先早已深信无疑地知道,超验理性的一切大话,也许说时是严肃认真的,但必定是全无根据的空话,因为它所传递的是一种从来没有人能得到的情报。不过,如果人们不深入到即使最理性的人也会受骗的那种假象背后找出真正的原因,则这类大话终究不会停止,而且,将我们的超验知识分解成为它的种种要素,这项工作(作为对我们内在本性的一项研究)自身虽无多大价值,但对哲学家而言,却甚至可以说是一种义务。因此,我们当初不仅认为有必要去追溯思辨理性的这整个的有名无实的论辩过程直至其最初源头,而且,由于诡辩的*假象不仅现在,就判断而言,具有欺骗性,并且就我们对判断的兴趣而言,具有吸引力,甚至在任何时候这都是很自然的,将来也会始终如此,所以我们当初就认为,最好是将这个过程详尽地撰录成档案那样的东西,存放在人类理性的文献库里,以防将来重犯类似的错误。

B 372
A 704

---

* dialektische,辩证的。——译者注

A 705
B 733

先验方法论

引论

如果我们把纯粹思辨理性的所有知识整体,看作是一座我们至少对它具有理念的建筑,那么我可以说,在先验原理论中我们已经概算了它的材料,并确定了这些材料能够建成什么样的高度与强度的建筑。我们确实已经发现,尽管我们原先打算建造一座直耸云霄的高塔,然而这些材料却只够建造这么一座住所,其宽度仅能容纳我们经验水平上的事,其高度也仅够俯视这些事。因此,我们原来的大胆计划,由于缺乏材料是注定要失败的,更不用说由于言语的混乱,会不可避免地在建造者中产生关于该计划的争执,并最终使他们分散于世界各地,按照各人的计划为自己营造建筑物。不过现在我们所关心的主要是计划,而不是材料。由于我们尽管已被告诫过不要在可能会超出我们一切能力之外的盲目计划上随意冒险,但仍不能情愿放弃为自己建造牢固住所的做法,所以我们现在必须按照给予我们的、并且适合于我们需要的材料,来对一座建筑物进行估算。

因此,我把先验方法论理解为纯粹理性完整体系的形式条件的规定。为此目的,我们将讨论纯粹理性的训练、法规、建筑术、以及最后,它的历史,并且从先验的立场上提供与一般知性的运用有关的、经院派在实践逻辑的名义下试图做出但却做得很糟的东西。

因为,由于普通逻辑并不被限制在任何一种特殊的知性知识上(例如,不被限制在纯粹的知性知识上),并且也不被限制在某些对象上,因而它若不从其它学科里借取知识,它所能做的就不过是阐明可能的方法的名目,以及在所有各种学科里为了系统化的目的而使用的那些术语,以便使初学者事先识得名称,至于它们的意义和用途,他只能在以后学得。

第一章 纯粹理性的训练

那些不仅按其逻辑形式、而且按其内容说是否定的（negativ）判断，在人们的求知欲那里得不到任何特别的注意。它们倒是被看作我们不断努力扩展知识的动机的妒忌之敌。即使为了使人们容忍它们，几乎就已经需要辩解，更不用说使之得到人们的宠爱与高度重视了。

A 709
B 737

人们可以随意把任何语句在逻辑上表达为否定的。不过就我们一般知识的内容而言，不论这知识是被一个判断所扩展还是所限制，否定判断的特殊任务都只是要防止谬误。因此，意在防止错误知识的否定句，假如那里并不可能有任何错误，那么它们虽然确实是真的，但却是空洞的，就是说，完全不适合于它们的目的，并且正因此而常常是可笑的。例如经院哲学家的这个命题：亚历山大要是没有军队，是不可能征服任何国家的。

不过，在我们可能知识的界限非常狭窄、而作出判断的诱惑又很大的地方，当呈现出来的假象极富欺骗性，并且由错误而来的害处又极明显的时候，那种仅用于使我们防范错误的否定性的指导（Unterweisung），比起许多可能使我们增进知识的肯定性的教导来说，甚至还要重要得多。我们把这种对偏离某些规则的经常性的倾向加以限制、并最终予以根除的强制，叫作训练。训练与教养

(Kultur)不同,后者仅仅意在获得某种熟巧,而不消除另一种已有的与之相反的熟巧。因此,为了培养一个已有自我表现冲动的有才能者,训练将提供一种否定性的贡献①,而教养与教诲将提供肯定性的贡献。

我们的禀性及各种倾向于让自己自由地无拘无束地活动的才能(诸如想象力与机智),在许多方面需要训练,这一点容易为大家承认。不过对于其本来的责任就是要对其它一切努力规定某种训练的理性来说,它本身也需要一个这样的训练,这一点却会显得奇怪。事实上,理性之所以至今能够逃脱这样的羞辱,正是因为它所扮演的庄重体面的角色,使得没有人能够轻易地去怀疑它用想象代替概念,用言词代替事实的轻率把戏。

对于理性的经验的运用是无须批判的,因为在这一领域里,它的原理要接受经验的试金石的不断检验。在数学中也无须批判,因为理性的各种概念在那里必须立刻在纯粹直观中具体展现,因而其中一切无根据的、任意的东西,就会马上暴露出来。然而,在既无经验的直观、也无纯粹直观得以把理性保持在可见轨道中的地方,也就是说,当理性在仅仅依据概念作先验的使用时,它就极其需要进行训练,以限制它超越了可能经验的狭窄界限的扩展趋向,防止它的放纵及错谬,乃至于纯粹理性的全部哲学都只和这种

---

① 我清楚地知道,在经院派的术语里,"训练"一词通常都用作"指导"(Unterweisung)的同义语。然而,在许多其它的情况下,作为"管教"(Zucht)的"训练"是同作为"教导"(Belehrung)的"指导"有严格区别的,并且事情本身的性质也要求我们保持唯一适合于这一区别的表达,因此我希望"训练"一词永远只能容许在否定性的意义上使用。——康德原注

第一章 纯粹理性的训练

否定的功用有关,个别的失误能够通过检查来弥补,并且它们的原因可以通过批判来纠正。不过如同在纯粹理性的情况里那样,当涉及一个由错觉与假象密切联结、并在某些共同原理下结合而成的完整系统时,这看来就需要一个相当独特的否定性的立法,它以训练的名义,仿佛是从理性的本性及其纯粹运用的对象的本性中,建立起一个防范与自我检查的系统。在这个系统面前,没有任何虚幻玄想的假象能够成立,而必然会立即暴露自己,不管它们以何种理由来粉饰自己。

应当注意的是,在这一先验批判的第二个主要部分里,纯粹理性的训练所针对的并不是纯粹理性认识的内容,而只是它的方法。前者在先验原理论中已经论述过了。理性的使用方式,不论其对象如何,总有相当多的类似性;然而同时,它的先验使用在本质上与其他一切使用却又是如此不同,以至于假如没有为此目的而特别提出一种训练,作为警告性的否定规范,我们就不能避免犯错误,这些错误一定会由于不恰当地遵循了这样的方法而必然产生出来,这些方法尽管对于理性来说适合于其它地方,但在此先验的范围内却不适用。

A 712
B 740

第 1 节 纯粹理性独断使用中的训练

数学提供了纯粹理性无须经验之助而有幸扩展自身的光辉范例。例子是有传染性的,特别是这种能力的例子,它自然而然地会自诩自己在某个领域里部分获得的成功也能在其它领域同样得到。因而纯粹理性希望就像在它的数学运用中所成就的那样,也能在先验运用中成功地全面扩展其领域,特别是当它运用了在数

A 713
B 741

学中已是如此卓有成效的方法时。因此对我们来说,极为重要的是弄清这种达到无可置辩的确定性的、在近代科学中被称之为数学的方法,与我们在哲学中用来寻求同一个确定性、并似乎在这里必须称之为独断的方法,这两者是否相同。

哲学的知识是得自概念的理性知识,数学的知识则是由构造概念而来的理性知识。但构造一个概念,指的是把符合于这一概念的直观先天地展现出来。因此为了构造概念,我们需要某种非经验的直观。这种非经验的直观作为直观,当然是个别的对象;然而作为一个概念(一个普遍表象)的构造,它必须一丝不苟地在其表象中表达出一种对属于该概念的所有可能直观都适用的普遍有效性。这样我在展现一个符合于三角形概念的对象时,就在构造一个三角形,这或者是仅仅通过想象力在纯粹直观中来表现,或者还进一步把它在经验的直观中表现于纸上。但在这两种情况下,概念的构造都是完全先天的,无须从任何经验中借取图样。我们所画的单个图形是经验的,但它却用以表现概念而不损害它的普遍性。因为在这一经验的直观里,我们一直考虑的只是构造概念的活动,有许多规定(例如边与角的大小等)对于这个概念是无关紧要的,因而那些不改变三角形概念的差别就被抽掉了。

因此,哲学的认识仅仅在普遍中考虑特殊,而数学的认识则在特殊中、甚至在个别中考虑普遍,尽管这仍是先天的,并且是借助理性进行的。这样一来,正如这种个别是在某些普遍的构造条件下被规定那样,概念(与之相符的这一个别仅仅作为其图式)的对象也必须思考为普遍地被规定的。

第一章 纯粹理性的训练

因此,这两种理性知识的本质区别,正在于这一形式上的不同,而不在于它们质料上或对象上的不同。那些认为哲学仅以质为对象数学仅以量为对象,以此来区别哲学与数学的人,是误以结果为原因。数学为什么会被完全限制在量的方面,原因在于数学知识的形式。因为只有大小的概念才可以被构造,就是说,能够被先天地展现在直观里;而质除了经验的直观外,不能在其它直观里展现。因此,质的理性知识只有通过概念才是可能的。所以,除了从经验以外,没有人能从其它地方获得与实在的概念相应的直观,它决不可能先天地从我们自身中、也不可能先于经验意识而被分享。我们能够无须任何经验的帮助,仅根据概念而在直观中形成锥体的形状,然而这一锥体的颜色却必须事先在这种或那种经验中给予我们。除了举经验提供的事为例外,我不能以任何方式在直观中表现一般的原因概念,其它的概念也一样。此外,哲学与数学相同,也要讨论量,例如,总体性、无限性等等。数学同样也研究质,研究作为异质的空间的线与面之区别,以及作为它的性质之一的广延的连续性。不过,尽管在这类情况下它们有共同的对象,但理性处理这对象的方式在哲学与数学的考察中是完全不同的。哲学坚持只讨论普遍的概念,而数学仅仅通过概念则一无所成,所以立即奔向直观,在直观中具体地考察概念,但毕竟不是经验地考察,而只是在它所先天展现的直观、亦即它先天地构造而成的直观中考察,并且在这种直观中,凡是从这种构造的普遍条件中得出来的东西,必定也是对所构造的概念的对象普遍有效的。

假如把一个三角形的概念给予哲学家,让他以自己的方式找出它的角之和与直角的关系,那么他所能得到的只是一个为三条直线所包围的图形的概念,并从这图形得到与直线同样多的角的概念。不论他对这个概念思索多久,他也决不会产生任何新的东西。虽然他能够把直线、角或者数字"3"等概念分离出来并加以说明,但他却不能得到其他一些不包含在这些概念中的性质。现在让几何学家来处理这些问题。他立刻开始构造一个三角形。因为他知道两直角的和正好等于从直线上的一点所能构成的一切邻角之和,所以他延长三角形的一边,得到两个邻角,它们的和等于两个直角。然后他引一直线与该三角形的对边平行,以分割这两个角中的外角,由此看到他已得到与内角相等的外邻角,等等。通过不断由直观引导的一系列推理,他就以这种方式达到了对问题的十分清楚的、同时又是普遍性的解决。

但数学不仅构造了几何学中那样的量(Quanta),而且也构造代数学中那样的纯量(Quantitatem)。在代数学中,按照这种量的概念应当想到的那个对象的性质完全被抽象掉了。然后它选择一定的符号来标志一般的量(数目)的各种构造,诸如加、减,等等,又如开方。在按照不同的量的关系,用符号表示了量的普遍概念之后,代数学在直观中根据某些普遍的规则,展现出使量产生和改变的各种演算。例如,当某个量被另一个量除时,它们的符号按照除法特有的形式放在一起,等等。因此代数学借助于符号的构造,就和几何学根据明确的或几何式的构造(对象自身的构造)一样,达到了推论的知识单纯借助于概念永远不能得到的结果。

既然这两种理性的行家[哲学家与数学家],前者按照诸概念行事,后者按照他先天地展示为合乎概念的那些直观行事,那么,

第一章　纯粹理性的训练

可能造成他们如此不同处境的原因是什么呢？在我们前面论述的先验原理论里，这一原因是清楚的。这里问题并不取决于分析命题，这种命题只要通过辨析概念就能产生出来，在这里，哲学家无疑要比数学家占优势，而是取决于综合命题，并且正是那种应被先天认识的综合命题。因为我不应当着眼于我在我的三角形概念里实际思想到的东西（这不过是个单纯的定义而已），反而必须超越这个概念，达到那些并不包含在该概念之中、然而却属于它的性质。这除非我按照经验直观的条件或是按照纯粹直观的条件，来规定我的对象，否则是不可能的。但前者只会是经验的命题（通过测量它的角），这种命题既不会含有什么普遍性，更不包含任何必然性，因此它完全不是我们所要讨论的。后一种处理方式则是数学的构造，在这个例子中是几何学的构造。借助于这种构造方法，我在纯粹直观中，如同在经验直观中所做的那样，添加上属于一般三角形图式、因而也属于三角形的概念的杂多，但却必须使普遍的综合命题由此而构造起来。

因此，对三角形做哲学的思考，亦即对它进行推论性的深思，而不由此至少超出我固然是正当地必须作为出发地的单纯定义，这是劳而无功的。虽然有一种先验综合是来自单纯概念的，这种综合又只有哲学家才能完成，不过它只涉及在哪些条件下能够使物的知觉从属于可能的经验。但是，在数学的任务中就完全没有这方面问题，而且一般说来，也根本没有关于存在的问题，而只有对象自身的性质问题，并只是在将这些性质与对象概念联结起来时成了问题。

在上面的例子里，我们力求弄清楚的只是，理性依据概念的推论的使用,同理性借助于构造概念的直观的使用之间,存在着何等巨大的区别。这自然导致这样的问题,什么是必然造成理性这种双重使用的原因,以及在什么条件下我们能够认识到,所进行的只是理性的第一种使用,还是也有第二种使用。

我们的一切知识最终与可能的直观相关,因为只有通过直观,对象才会给予我们。一个先天的概念,即非经验的概念,要么已经在它自身中包含有纯粹直观,它于是能被构造起来;要么只包含可能直观的综合,这些直观并未先天地给予,而这样一来,我们倒是能够用它来作出先天综合判断,不过这只是依据概念推论作出的,而从来不是通过构造概念直观地做出的。

在一切直观之中,只有一种直观是先天给予的,这就是现象的单纯形式——空间和时间。空间和时间作为量的概念,能够在直观中先天地展现,或者说构造,这要么是同时与它们的质一起(构成它们的形状)、要么是仅仅通过数目来构成它们的量(构成同类杂多的单纯综合)。但使得事物在空间和时间中给予我们的那些现象的质料,却只能在知觉中表现,因此是后天的。先天地表现诸现象的这一经验内容的唯一概念,是事物一般(Ding überhaupt)的概念,并且这个事物一般的先天综合知识,能够给予我们的也只是对知觉所能后天提供的东西进行综合的单纯规则。它决不能先天产生实在对象的直观,因为这种直观必定是经验的。

有关事物一般的综合命题是先验的,它的直观却完全不能先天地给定。因此先验命题决不能通过构造概念来形成,而只能依据先天概念来产生。它们包含的只是这样的规则,按照这种规则,

第一章　纯粹理性的训练

那些不能先天直观地表现的东西（即知觉），应当从经验中去寻求其某种综合的统一。但它们不可能在任何一种情况下先天地展现它们的任何一个单独的概念，而只能借助那按照这些综合原理才是可能的经验而后天地做到这一点。

如果我们要对某个概念综合地进行判断，那么我们必须超出这个概念，也就是进到它由之而被给予的直观。因为，假如我们停留于概念所包含的东西里，那么这一判断只是分析的，只是就实际包含在概念里的东西对思想作出解释。然而我却能够超出这个概念达到与概念相应的纯粹的或经验的直观，以便在这种直观中具体地考虑概念，先天或后天地去认识属于这一概念的对象的东西。先天的知识是通过构造概念而来的合理的或数学的知识，后天的知识仅仅是经验的（力学的）知识，它不可能产生必然的、无可争辩的命题。因此，我能够分解我关于黄金的经验概念，但由此得到的只是我在这个概念上所实际想到的一切可以列举的东西。这虽然从逻辑上改进了我的知识，但并没有增加或补充任何东西。然而，现在我持有名之为黄金的物质材料，伴随而来的是将各种综合的、但却是经验的命题传递给我的诸知觉。这时我构造的将会是一个三角形的数学概念，即先天地在直观中给出它，以这种方式获得综合的、而又是合理的知识。但如果给予我的是实在性、实体、力等等先验概念，那么它们表示的既不是经验的、也不是纯粹的直观，而仅仅是对各种经验直观（它们是不能先天地给予的）的综合。由于这种综合不能先天地到达与之相应的任何直观，因此从这种概念中也不能产生任何规定性的综合命题，而只能产生对可能的经验直观进行综合的原理①。因此,先验命题是依据单纯概念的综合的理性知识,因而是推论性的知识,因为它使经验知识的一切综合统一首次成为可能,但它并不先天地给予我们任何直观。

这样一来,理性就有双重的使用,这两种使用尽管在它们知识的普遍性以及先天起源上是彼此共同的,但在其他方面却是极为不同。之所以如此,是因为在所有对象都由之被给予我们的现象中有两部分,一是直观的形式(空间和时间),这是能够完全先天地认识与规定的;一是内容,这指的是某种在空间与时间中遇到的、因而包含着某种定在并与感觉相应的东西。就这种除了经验地给予之外,不能以任何其它确定的方式给予的内容而言,我们所能先天拥有的东西无非是对可能的感觉进行综合的不确定概念,只要这些概念属于(可能经验中的)统觉的统一。就形式方面而言,我们能够在先天直观中规定我们的概念,这是由于我们在空间和时间中凭借同一形态的综合,而创造出诸对象本身,并且这些对象仅被看作是量。前一种叫作依照概念的理性使用,在其中我们所能做的只是按照实在的内容,把诸现象带到概念之下。因此这些概念只能经验地、即后天地(然而是依照那些作为经验综合的规则的概念)被规定。后一种叫作通过构造概念而来的理性使用,因为这里的概念已经针对着先天的直观,也正因为如此,它们能够以被规

---

① 借助于原因概念,我确实超出了某种给定性(某件事在此发生)的经验的概念,然而我并没有到达具体展现原因概念的直观,而只是到达一般的时间条件,这种时间条件在经验中能够被发现是依据这一原因概念的。因此,我仅仅在根据概念行事,而不能通过构造概念来行事,因为这种概念是对知觉进行综合的规则,这些知觉不是纯粹直观,因而不能被先天地给予。——康德原注

第一章　纯粹理性的训练

定在纯直观中的方式先天地给出，而无须有任何经验材料。对一切存在之物（存在于空间和时间中的事物）加以考虑，探寻是否以及在什么程度上存在着量；我们必须把一个定在（Dasein）表现为量，还是表现为量的缺乏；在什么程度上，这个（充满于空间与时间中的）某物是始基、抑或仅仅是某种规定；它的定在对其它某物的关系是作为原因还是作为结果；最后，就其定在而言，它是孤立的、还是与其它定在有着相互依存关系的，以及探寻这一定在的可能性、现实性和必然性，或者与之相反的东西：这一切都属于由概念而来的理性知识，它们被称为哲学的知识。但空间中先天直观的规定（形状），时间的划分（延续），或仅仅去认识时间空间中同一事物的综合中普遍的东西，以及由此产生的一般直观的量（数），这些是由构造概念而来的理性事务，被称之为数学的知识。

　　理性依靠数学所取得的巨大成功，很自然地引起了这样的猜测，以为即使不是数学本身至少也是它的方法，可以在量以外的其它领域内也获得同样的成功。因为数学已把它的一切概念引达它所能先天给出的直观，因而可以说，它由此成为了自然的主人；相反地，纯粹哲学使用先天的推论概念在自然中左冲右突，既不能使这些概念的实在性成为先天直观到的，又正因此而无法确证它们。即使对于数学专家们来说，他们似乎也没有对自己缺乏上述信心，而普通民众看来也对这门技艺抱有极大的期望，假如他们从事有关它的研究的话。因为他们几乎没有想过要对数学作哲学思考（这是一个困难的任务！），所以有关理性的两种使用之间的特殊区别，他们从来也没有想到和考虑过。他们把从普通理性那里借来的通行的、经验地被使用的规则，当作是公理。对于他们（作为唯

A 725
B 753

一本源的量)所研究的空间和时间概念可能从哪里得来的问题,他们一点也不感兴趣。同样,在他们看来,研究纯粹知性概念的起源,以及由此而规定它们的有效性的范围,似乎都是多余的,只要利用这些概念就行了。所有这些都是正确的,只要他们不超越指定给他们的界限,即自然的界限。然而他们漫不经心地从感性的地盘误入纯粹的乃至先验的概念的危险之地,此地*既不容许他们立足,也不容许他们游泳。他们只能跟跄而行,而其痕迹也转瞬即逝。反之,在数学中,他们的行进开辟出一条阳关大道,那些最晚出的子孙后代仍能满怀信心地踏上这一坦途。

我们已经把精密而确切地规定纯粹理性在先验使用中的界限,作为我们的责任。不过这样一种追求却有一个特点,即尽管有最明确有力的警告,人们却总是一再地为希望所诱惑,直到他们放弃超越经验界限进入智性的诱人地域这一企图。因此,还必须像拔掉最后一条锚链那样对待这种虚假的希望,指明在这种知识里,遵循数学的方法是得不到任何好处的,除了从将更清楚地表露出这种方法本身的不足之外;指明测量术(Meßkunst)**与哲学是两种完全不同的东西,尽管它们在自然科学中携手前进,但彼此的操作方法却是不能模仿的。

数学的精密性基于定义、公理和证明。我将满足于指出,它们在数学家所理解的意义上,没有一个能被哲学所实行与模仿,而在哲学中,测量专家(Meßkünstler)运用他的方法只会造成许多空中

---

* instabilis tellus, innabilis unda,动荡之地,不渡之海。——译者注
** 指数学。——译者注

第一章 纯粹理性的训练

楼阁,在数学中哲学家运用自己的方法也只会导致空谈。当然哲学之所以存在,正在于认识到它的界限。甚至对于数学家来说,如果他的天才尚未从自然得到限制并局限于他的专业中,他就不能无视哲学的警告,把它当作耳边风。

1. 关于定义。下定义,有如这一术语本身表达的,本来只是指把一个事物的概念在该事物的界限之内,详尽地原原本本地展现出来①。按照这样的要求,一个经验的概念是完全不能被定义的,而只能被阐明(expliziert)。因为我们在经验概念中发现的,只是某一种类感性对象的一些特征。因而这决不保证我们在使用一个词来表示同一个对象时,不会有时想到较多的特征,有时则想到较少的特征。这样,一个人在"黄金"的概念中,除了它的重量、颜色、坚韧性以外,可能还想到它的不生锈的属性,而另一个人对此可能就一无所知。人们只是在某些特征足以做出区别的范围内使用它们。新的发现排除了某些特征,又增加了一些特征,因而概念永远不会保持在稳固的界限之内。而且我们对一个这样的概念下定义又有什么用,因为,例如在谈到水及其属性时,我们不会停留在由水这个词所想到的东西之上,而且着手从事实验。语词连同附加于其上的少数特征,只应当构成某种符号,而不是事物的一个概念。因此所谓定义不过是语词规定。其次,准确地说,没有任何先天给予的概念,诸如实体、原因、权利、公正等,能够被定义。因

---

① "详尽"是指诸特征的明白与充分;"界限"指精确性,即除了属于详尽概念的那些特征以外,不再有其它特征;"原原本本的"则是指,这个界限的规定不是从任何地方推导出来的,因而不再需要一个证明,因为证明会使得所假定的解释不能立于有关一个对象的所有判断的终端。——康德原注

为我绝不能肯定某个给予的(尚属混乱的)概念的清楚表象已被详尽地展示出来了,除非我知道它符合于对象。不过由于对象的概念是给定的,因而可能包含许多模糊的表象,是我们在分析时没有注意到的,尽管我们在运用时经常需要它们。所以,我的概念分析的详尽程度总是可疑的。只有通过多种多样的适当的例子,才能使之成为或然的,但却决不是无可辩驳的。我宁可用一个总还是持谨慎的保留态度的词"说明"(Exposition)来代替"定义"这一术语,在这个词上,批评者在某种程度上可以承认其详尽性,但又可以在详尽性方面还保持怀疑。这样,由于不论经验的概念还是先天给予的概念都不能被定义,这就只剩下任意构想的概念。能为这种技术*一试刀锋了。这样的概念我总是能够定义的。我毕竟不会不知道我本来要思考的东西,因为它既不是由知性的本性、也不是由经验给予我的,而是我自己有意制造出来的。然而我却不能由此说,我已定义了一个真实的对象。因为,假如这概念基于经验的条件,例如"船上时钟"的概念,那么对象及其可能性还没有因这一任意概念就被给予;我甚至无法从这个概念知道它是否随时都有一个对象。我的解释与其说可以称作一个对象的定义,不如说可称之为(对我的设想的)声明。因此,除了那些包含有一种能被先天构造出来的任意综合的概念之外,就不再留任何适合定义的概念了。所以只有数学是具有定义的。因为数学把它所思维的对象也先天地展现在直观中,并且这一对象包含的,不多不少,正是概念中所包含的东西。因为这一对象概念是通过界说

---

* 技术,指下定义。——译者注

第一章 纯粹理性的训练

(Erklärung)* 而本源地给予的,即无须从其它地方引出这一界说**。对于[拉丁语中的]这四个词:说明(Exposition),阐明(Explikation),声明(Deklaration)与定义(Definition),德语只有一个词:界说(Erklärung),因此我们必须对这一要求的严格性有所放松,因为我们已经拒绝给予哲学界说以定义的尊称;我们要把对此的全部注释限制于这一点,即表明哲学的定义只是给定概念的说明,而数学定义则是对本源地由我们制作出来的那些概念的构造。前者借助于概念的辨析(其完备性决不是无可辩驳的),只是分析地来完成;后者则综合地产生,因而它造成概念本身,这与前一种定义仅仅界说概念正好相反。由此得出如下结论:

a. 在哲学里,除了仅仅作为某种尝试之外,我们决不可仿效数学从定义开始的作法,因为定义是对给定的概念的辨析,因此这些概念必须先已产生,哪怕还只是混乱的;并且不完备的说明要先于完备的说明。这使得我们在达到完全的说明即定义之前,能够从某些由不完备的辨析得到的特征中,预先推论出一些东西来。总之,在哲学中,准确明晰的定义应当是我们工作的结束,而不是它的开始①。反之,在数学中,我们并没有任何先天定义的概念,

---

*　这里的"界说",指的是定义。——译者注
**　这里的"界说",指的是定义。——译者注

① 哲学充满了有缺陷的定义,尤其是那种虽然真实地包含有某些构成定义的因素,但仍是不完全的定义。假如只有在对一个概念定义之后才能使用概念,那么所有哲学的处境将会糟糕透顶。但由于通过辨析所得到的因素,总是在它所能及的范围内仍可以有正确安全的使用,所以即使是不完善的定义,即那种本来还不是定义,然而却不失为真实的、因而接近于定义的命题,也能够非常有效地得到运用。定义在数学中属于实存的东西(ad esse),在哲学中则属于超实存的东西(ad melius esse)。达到一个真切的定义是件乐事,但往往很困难。法学家们至今还在探求关于权利概念的定义。——康德原注

而只是通过定义,概念才首次产生出来。因此,数学必须并且有可能总是由定义开始。

b. 数学的定义决不能有错误。由于概念通过定义才产生出来,所以它包含的正是定义想要通过它来思考的东西。但尽管从内容上说,没有任何不正确的东西能被引入定义之中,但它在表达形式上,亦即就其精确性而言,有时仍有缺陷,尽管这样的情况很少。例如通常有关圆的界说:"圆是一条曲线,其上所有的点都与同一点(中心)距离相等",就具有缺陷,其中的"曲"这一规定是以不必要的方式引入的。因为这必须要有另一条从定义中推出、并且容易证明的特殊定理,即,任何一条线,如果它所有的点皆与同一点等距离,那么这条线为曲线(其中没有任何部分是直的)。反之,分析的定义则可能以各种各样的方式出错。这或是由于引入了并不真正属于概念的特征;或是由于缺乏构成一个定义的本质属性的完备性,因为我们无法完全肯定我们的辨析已经完成。由于这些原因,在哲学中下定义不允许模仿数学的方法。

2. 关于公理。假如这些公理是直接确定的,它们就是先天综合的原理。不过一个概念不能既是综合地、同时又是直接地与其它概念相联结,因为若要超出一个概念,就必须要有作为中介知识的第三者。因此,由于哲学仅仅是依据概念而来的理性知识,因而它所具有的原理,没有一个称得上公理。反之,数学能具有公理,因为借助于概念的构造,它能够既先天又直接地在对象的直观中联结起对象的宾词。例如,"三点总是处于平面上"。与之相反,仅从概念而来的综合原理决不会是直接确定的。例如,"一切发生的事物都有原因"这一命题。这里我必须寻求一个第三者,即经验中

第一章 纯粹理性的训练

时间规定的条件。我无法直接、当下地仅仅从概念中获得这种原理的知识。因此，推论性的原理与直觉性的原理（即公理）是非常不同的。前者总是需要演绎；而后者则可以完全没有演绎，并且正由于这个缘故而是自明的。哲学的原理，不论其确定性多大，也决不能僭称有这种自明性。因此，纯粹、先验的理性之任何一个综合命题，都远远不会像"2 乘以 2 得 4"这种命题那样显而易见（尽管有人固执地认为是这样）。在"分析论"中，我的确曾把某些直观的公理纳入纯粹知性的原理表来考虑，但那里所运用的原理本身却不是公理，而只是用来说明一般公理的可能性原则的，并且它自身也不过是由概念而来的原理，因为数学的可能性本身也必须在先验哲学中得到指明。因而，哲学没有公理，并且也决不允许以这样一种判断的方式来要求它的那些先天原理，而不得不花力气进行彻底的演绎来证明它的先天原理的权限。

A 734
B 762

3. **证明**。只有一种无可置辩的论证（Beweis），就其是直觉的而言，才能称之为证明（Demonstration）。经验固然告诉我们某物存在，但却不能告诉我们它只能这样存在。因此，经验的论据不能产生任何无可置辩的论证。但从（论证的知识的）先天概念里，却决不可能产生直观的确定性，即自明性，不论这个判断在其它方面是如何地不容置辩。因此只有数学包含证明，因为它不是从概念，而是从构造概念、即从能够与概念相应地先天给予的直观中获得知识的。代数通过归约而从方程式中得出正确答案及其论据。它的这种演算连同其方程式虽然不是几何学的构造，但仍然是一种特有的构造，在其中，人们借助于符号而把概念、尤其是量的比率的概念展示在直观中。撤开其启发式的好处不说，这种演算方式还通过把每一步推理置于眼前,从而防止了所有的推理错误。反之,哲学的认识必然缺少这种好处,因为它必须总是在抽象中(借助概念)来考虑普遍,而数学则能够在具体中(在个别的直观中)、但同时又通过纯粹的先天表象来考虑普遍,这就使任何错误步骤得到暴露。因此我宁可把第一种*称为讨论性的(akroamatische)(推论的)论证,而不叫作证明。因为讨论的论证可以仅仅通过纯粹的语词(思维中的对象)来进行;而证明,有如这一术语本身已表明的,是通过对象的直观进行的。

从以上这些,我们可以引出这样的结论:充斥以独断的程序,冠饰以数学的头衔和绶带,这完全不适合于哲学的本性,特别是在纯粹理性的领域中。哲学尽管有种种理由希望与数学有兄弟般的联结,但毕竟不该得到数学的勋章,所有这些都是虚骄的僭妄,永远也实现不了,反倒必然会使哲学抛弃它的目的,即揭露理性由于认识不到其界限所产生的幻觉,以及通过充分界说我们的概念,把思辨的自负引回到谦虚而彻底的自知。因此,理性在它的先验尝试中,不能如此自信地向前瞻望,好像它已走过的道路会笔直地通向目标似的。理性对于它所当作基础的前提不能过于信赖,似乎无须频频回首,并留意是否可以在推理的过程中发现某些缺陷。这些缺陷是在原理中被忽略了的,现在有必要更进一步规定这些原理,或者完全改变它们。

我把所有无可置辩的命题(不论它们是通过证明确定的还是直接确定的)划分为断言式的(Dogmata)与数理式的

---

* 指哲学认识的证明。——译者注

(Mathemata)两种。由概念而来的直接综合命题为断言式,反之,由构造概念而来的同类命题*为数理式。分析判断关于对象所告诉我们的,其实只不过是在我们关于对象的概念中已经包含的东西。它们并未把我们的知识扩展到超出作为主词的概念之外,而只是使这一概念明晰起来。因此它们没有理由称为断言式(这个词也许可译为学理(Lehrsprüche))。按照通常的语言习惯,在提到的这两种先天综合命题中,只有那些属于哲学认识的命题可以称为断言式,至于算术或几何学的命题,则难以这样称谓。因此,语言的这种习惯用法证实了我们上面的界说,即只有来自概念的判断,而不是来自构造概念的判断,才可以称为断言的。

现在,整个纯粹理性在它的只是思辨使用的范围内,不包含任何一个由概念而来的直接综合判断。因为,如同我们已经指出的,纯粹理性通过理念不可能作出任何具有客观有效性的综合判断。当然,它通过知性概念确实建立了一些可靠的原理。不过这完全不是直接由概念而来的,而总是只能间接地由这些概念与某种完全偶然之物的关系、即与可能经验的关系而建立起来。当这种可能的经验(作为可能的经验之对象的某物)被作为前提时,这些原理当然是确定无疑的。但是,它们自在的本身却完全不可能先天地被认识。所以,没有一个人能仅仅从给定的概念中识透这个命题:所有发生的事物都有它的原因。因此,它不是一条断言式,尽管从另一种观点,即从它的可能运用的唯一领域——经验——的观点来说,它也完全能很好地、无可置疑地得到证明。不过尽管它

---

* 指直接的综合命题。——译者注

需要证明,它却是原理,而不是定理,因为它具有这种特殊的品格,这就是它使它的证据(即经验)本身首先成为可能。并且在此经验中,它必须总是被作为前提条件。

因此,假如在纯粹理性的思辨使用中,即使从内容方面看也完全不存在断言式,那么所有独断的(dogmatische)方法,不论它们是从数学家那里借来的,抑或是独具一格的,本身都是不恰当的。因为它们仅仅用来掩盖缺陷与错误,以及用来蒙骗哲学。而哲学的真正目的,本来是要最清楚地展现理性的每一个步骤。但它的方法总还是可以系统化的,因为我们的理性(从主观上说)本身就是一个系统,不过在理性的纯粹使用中,凭借的只是概念,它就只是一个根据统一性原理[来进行]研究的系统,这个统一性的材料只能由经验提供。这里我们不能讨论先验哲学的特有方法,因为我们涉及的只是对我们的能力状况进行一个批判,看看我们是否能够到处营建,以及使用我们拥有的材料(纯粹先天的概念),我们大概能够建造多高的建筑。

第 2 节　纯粹理性在运用于争辩方面的训练

理性在它的一切活动中,必须服从批判。因此它不能以任何禁令来中断批判的自由,而不殃及它自身,并把对自己不利的怀疑引向自身。在目前,无比神圣、从利害上考虑也无比重要的是,应当有权免除那种毫不懂得尊重人的盘查式的检查。理性的存在正是建立在这种自由上,因为理性没有专制的尊严,它的裁决总是出于自由公民的同意。这些公民中的每一个人,都必须能够无保留地表达他的怀疑甚至否决。

第一章 纯粹理性的训练

但理性虽然决不应该拒绝批判，却任何时候都没有理由害怕它。不过，纯粹理性在它独断的（非数学的）使用中，并没有完全有意识地对其最高法则进行最细致的考察，这使得它并无必要在某个更高的司法理性批判审视面前表现出羞愧，也似乎不必完全放弃它所僭越的一切独断的尊严。

如果理性面对的不是法官的审查，而是与它平等的那些理性要求；并且它之所以反对这些要求，只是为了替自己辩护时，情形就完全两样了。因为这些要求不论是肯定的或是否定的，都同样要成为独断的，所以就产生了按照人的标准（$\varkappa\alpha\tau'\ \alpha\nu\theta\rho\omega\pi o\nu$）来进行的辩护，这种辩护能够安全地对付任何损害，并取得一块不怕任何外来的非分要求的合法领地，尽管按照真理的标准来说（$\varkappa\alpha\tau'\ \alpha\lambda\acute\eta\theta\epsilon\iota\alpha\nu$），这种权利并不能被充分地证明。

我在这里所谓纯粹理性的争辩的使用，指的是纯粹理性命题在对它的独断否定面前为自己所作的辩护。这里问题的关键不在于是否它的主张或许有可能也是错误的，而仅在于任何时候都没有人能以无可置辩的确定性（甚至不能以更大程度的幻相）来断言相反的主张。因为，虽然我们的领地并没有得到充分的合法性，但我们毕竟不是经过请求才居住在这一领地中的，而有一点是可以完全肯定的，即永远没有人能够证明这一领地的非法性。

纯粹理性总是有它的二律背反，并且作为所有争论的最高法庭，它本身也要陷入与自身的争论之中，这真是一件使人忧虑而沮丧的事。在前面我们虽曾提出过这种虚假的背反，不过我们也指出，这种对立基于一种误解，就是说，人们按照通常的偏见，把现象

A 740
B 768

当作是物自身，然后以这样那样的方式，要求对它们的综合的绝对完全性（但这不论以哪一种方式都是不可能的），而这种综合又完全不指望从诸现象那里得到。因此，我们在那里指出，"自身被给予的现象系列有一个绝对最初的开端"，与"这一系列是绝对的，在它自身中没有任何开端"，这两个命题并不存在理性的真实的自相矛盾。因为这两个命题完全可以共存，现象就其定在而言（即作为现象），本身完全是无物，即某种自相矛盾的东西。所以，这一前提自然一定会把一矛盾的结论引向自身。

不过我们却不能以上述的误解为借口，来解决理性的冲突，例如，一方面是有神论的主张：有一个最高本质；另一方面是无神论的主张：没有一个最高本质。或者如同在心理学中，有的主张：一切思维的东西都具有绝对恒常的统一性，因而与所有短暂的、物质的统一体不同。而反对者则主张：心灵不是非物质的统一体，因而不能摆脱暂时性。因为这里探讨的对象摆脱了所有异质的、与它的本质相矛盾的因素，知性讨论的只是物自身，而不是现象。所以只要纯粹理性能够从否定的方面说出某种近乎一方主张之根据的东西，那么这里自然就会出现真正的冲突。至于对主张独断肯定的人的证据所提出的批判，我们可以有很好的理由给他这种批判，而无须因此放弃这些完全不能为对方所援引、但至少对理性本身有利的原理。

我不能同意某些优秀的、思想深邃的人（例如苏尔策(Sulzer)）在意识到至今所采用的论证的弱点之后，所经常表达的如下看法：即认为人们可以希望有朝一日还会找到对我们纯粹理性的两个基本命题——上帝存在，来世存在——的清楚明白的证

第一章　纯粹理性的训练

明。与此相反,我则确信这是决不可能的。因为,对于这种与经验的对象及其内在可能性不发生关系的综合主张,理性将从什么地方去取得它的根据呢?不过同样无可置疑的是,肯定任何时候也不会有人出来,哪怕能以最少的凭证、更不用说能独断地,去断言相反的东西。因为他只能通过纯粹理性来阐明这个反命题,这样一来他就不得不设法证明:一个最高的本质,以及作为纯粹理智的我们自身中的思维主体,是不可能的。然而,他得从哪里获得这样一些知识,能够授权他对超出一切可能经验之外的事物进行这样的综合判断呢?因此我们可以完全不用操心有一天会有谁向我们证明这一反命题;因而我们正因此也用不着在有条理的论证上绞尽脑汁,而至少可以采纳这样一些命题,这些命题与我们的理性在经验使用中的思辨利益紧密相关,此外又是把思辨利益与实践的利益结合起来的唯一手段。对于我们的反对者(他在这里必须不仅仅被看作批判者),我们准备以"问题不清楚"(non liquet)来回敬,这必定会使他陷入慌乱。同时我们也不拒绝他以此相回报,因为我们总是保有理性的主观准则,而这必然是我们的反对者所缺乏的。在这一准则的保护下,我们能够平静超然地看待他所有的无效攻击。

在这种方式之下,纯粹理性本来就没有任何二律背反。因为这种背反的唯一战场将要到纯粹神学与心理学的领域里去寻找,而在这一基地上并没有装备齐全并操可怕武器的战士。他只能以嘲讽与自吹出场,而这适足以成为儿戏而贻笑于人。这是给理性恢复勇气的一种安慰性的说明。因为,否则的话,当理性仅仅以排除一切错误为天职,而它本身又被自己所破坏,不能希望拥有一块宁静平和的领地时,那又要它去信赖什么呢?

　　自然本身所安排的一切事物,对于某种目的来说都是善的。甚至毒药也有它的用处,用来制服产生于我们体液内的其它毒物,因而在一间完备的药房(配药室)中是不可缺少的。对我们纯粹思辨理性的雄辩与自负所作的那些反驳,正是自然交给这个理性本身的任务,因此必定有它们的正当使命及目的,不可当作耳边风。为什么天意要将有些对象提得如此之高,以至尽管它们与我们的最高利益密切相关,我们却几乎只被允许在模糊的、连我们自己都怀疑的知觉中碰到它们,而这使得凝神守望的目光与其说得到了满足,不如说受到了刺激——在这种意图方面冒险进行大胆的规定,不论是否有益,至少也是值得怀疑的,或许甚至是有害的。但肯定无疑的是,让理性(不论是探究性的还是审查性的)处于完全自由的状况,使之能够不受干扰地处理自己的利益,这是有益的。这一利益通过理性为自己的认知设立界限,与通过扩展这些认知相比,可以同样好地得到促进。但是,当外部的影响进行干预,要使理性根据某些强制的目的偏离自己的自然道路,那么这一利益总是受到损害。

　　因此,叫你的反对者只谈理性,并且只以理性的武器与他作战吧。此外,不要由于善的事业(实践的利益)而担心吧,因为在单纯思辨的争论中,它是决不受影响的。于是,这种争论揭示的只不过是理性的某种二律背反,由于这种二律背反基于理性的本性(自然),所以必须加以倾听和审视。这一争论通过从两方面考虑理性的对象,来对理性加以培植,并且通过它所作的这种限制来校正理性的判断。这里所争论的不是事实(Sache),而是说法(Ton)。因

第一章　纯粹理性的训练

为,尽管你们必须放弃认识的语言,但剩下的仍足够让你们使用在最敏锐的理性面前经过辩护的、坚定信仰的语言。

假如我们向冷静的、生性喜欢持平之论的大卫·休谟发问,是什么促使你通过殚精竭虑的怀疑,去推翻对于人类是如此感到慰藉与有益的信条,即他们的理性认识足以主张最高本质的存在并规定其概念? 那么休谟会这样回答:无非是为了把理性进一步引向它的自我认识,同时也是出于对人们想要对理性加以强制感到不满,他们一方面夸大理性的作用,同时又妨碍它对自己的弱点作出坦率的承认(理性只要自己检查一下,就会发现这些弱点)。相反,假如我们问问普里斯特莱*,一位只服从理性的经验使用原理、而厌恶一切超验思辨的人,是什么动机使他要(身为一位虔诚热忱的宗教导师)摧垮所有宗教的两大支柱——我们的心灵自由与不死(对他来说,来世生活的希望不过是对复活奇迹的期待),那么他只能回答说是为了理性的利益;假如我们想要使某些对象摆脱物质自然的法则,即我们所能精确认识与规定的唯一法则,那么就失去了理性。谁要是诋毁这个懂得将他似非而是的(paradoxe)主张与宗教目的结合起来的人,并且因为他一旦超出自然学说领域之外就迷失了方向、找不到路径,而使一位善于思考的人遭受痛苦,这看来是不公正的。这种宽容也同样必须加惠于并不更拙于思维、而在道德品格上无可挑剔的休谟,他之所以不能放弃自己的抽象思辨,是因为他有理由认为,这种思辨的对象完全处于自然科

---

* Joseph Priestley(1733-1804),英国教士、政论家、教育家和科学家,因同情法国大革命于 1794 年被迫移居美国。——译者注

学的边界之外，而在纯粹理念的领域之中。

那么，在这里，尤其是在考虑到似乎要因此而危及人们共同的利益时，我们应当怎么办呢？没有什么比你们由此所能够做出的决定更自然、更合理的了。放手让这些人去干，只要他们显示了才能，显示了深入而新颖的研究，一句话，只要他们显示了理性，那么理性总是胜利者。但如果你们不是诉诸不受羁绊的理性，而是采取其它手段；如果你们高喊叛逆的罪名，以此来召集完全不懂得这种细致研究的普通民众，好像要去扑灭火灾一样，那么你们是就使自己成为笑柄。因为这里所谈的并不是，在这种情况下什么是有利或有害于人们共同利益的东西，而仅仅是，理性在其抽掉一切利益的思辨中到底能走多远，以及一般说来我们能对这种思辨有所指望呢，还是为了实践的利益，而不得不宁可抛弃它。因此你们无须手执利剑参战，而不如站在批判的安全地带静观这场争斗。这场争斗对于斗士们来说很艰苦，对于你们则是一种观赏，它的不流血的结果必定会增进你们的见识。因为一方面期待着理性的启蒙，另一方面却事先规定它必须偏向哪一边，这确实有些荒唐。此外，理性已经被它自身很好地约束于自身并保持在自身的界线内，这样你们也就完全没有必要派出巡逻队，以便用民众的阻挠来对抗使你们感到危险而不安的优势一方。在这种辩证法里，没有任何你们会有理由感到担心的胜利。

理性甚至也很需要这样一种争论，而这就会有希望使这种争论尽早得到不受限制的公众同意的引导。因为在这种情况下，成熟的批判能尽快地产生出来；一旦这种批判出现，所有这些争来吵去自然必将消失，因为争论各方会认识到使他们不一致的假象与

第一章　纯粹理性的训练

偏见。

人类天性中有某种不坦诚的因素，但它们像所有产生于自然的东西一样，最终必定包含有趋向于善的目的之素质，即倾向于掩饰我们真实的意向故意表现出一些我们当作是善与光彩而假定的意向。无疑地，人类这种掩饰自己与表现出某种有利于自己的假象的爱好，不仅使人类得到了文明开化，而且在某种程度上使人类逐渐道德化起来。因为不曾有人能够看穿这种诚实、正直、庄重的外衣，因而人就在周围所看到并被以为是真正善的那些榜样上，发现了一所改善自己的学校。不过这种把自己表现得比他实际的更好、表现自己并不具有的意向的素质，只能仿佛是临时性地起作用，以将人从粗野的状态中带出来，让他首先至少接受他眼里的善的仪表。但到后来，当真正的原则一旦发展出来，并转化为思维方式时，那就必须一步步加强与这种虚伪性的斗争。否则的话，它就会腐蚀人心，并使善良的意向在美丽假象的杂草荆丛之下无法萌生。

遗憾的是，甚至在表现思辨的思维方式时，我也看到了同样的不坦诚、伪装和伪善，当然，这很少能阻碍人们光明正大地、毫无隐瞒地表露和承认自己的思想，而且也没有任何好处。连单纯的思想都以虚假的方式来传达，隐瞒我们对自己的主张所感到的怀疑，或者给我们自己也不满意的证据饰以清楚明白的外表，——还有什么比这更会有害于理解的呢？然而，当引起这些诡秘伎俩的原因只不过是个人虚荣心时，（这在既无特殊的利益、又不容易达到无可置辩的确定性的思辨判断中，是常有的情况，）这种虚荣毕竟会被其他人借大家公认来抗衡。因此，事情的结果最终将与通过最高尚正直的思想所可能造成的相同，而且要快得多。当普通民众认为那些钻牛角尖的玄想家的目的，只不过是要动摇公共福利的基础时，那么采取如下的做法就显得不仅是明智的，也是可以允许的，而且甚至确实是值得称赞的，这就是，宁可做假证来帮助善的事业，也不让我们视为善的敌人的一方得到半点好处，不压低我们的腔调来减弱单纯实践上的确信，以免被迫承认我们缺乏思辨的无可置辩的确定性。然而我本应当想到，在世界上再不会有什么比奸诈、伪装、欺骗，与坚持善的事业这一目的更不相容的了。使事情建立在理性的权衡之上，一切都必须诚实地交付给纯粹思辨，这正是我们能够要求的最起码的东西。但哪怕我们只要能够对这一点有起码的确信，那么思辨理性有关上帝、（灵魂）不朽和自由这些重要问题的争论，不是早就已经解决了，就是即将很快结束。因此，信念的纯粹往往与事业本身的慈善成反比，这个事业也许能在反对者中发现比在其辩护者中更多的正直诚实的人。

因此，我假定读者不希望以不正当的方式来为正当的事业辩护。对他们来说可以断言的就是按照我们的批判原则，假如不着眼于已发生的东西，而着眼于按理应当发生的东西，那么本来必定不会有纯粹理性的论战发生。因为对于双方都不能在现实的、甚至只是可能的经验中表现其实在性的事，两人怎么能够进行一种争论呢？他们只不过是对其理念苦思冥想，以便从中产生某种多于理念的东西，即对象本身的现实性罢了。既然他们都不能使自己的论题成为可直接理解与确定的，而只能攻击、驳难对方的论题，那他们能有什么手段来结束这种争论呢？因为，这正是纯粹理性所有主张的命运：由于它们超越了所有可能经验的条件，而在这

第一章 纯粹理性的训练

些条件之外,任何地方都不可能找到真理的证明,但同时却又必须运用知性的法则,这些法则只是为经验的使用规定的,离开它们,综合的思维便寸步难行。这些主张总是向对方暴露出自己的弱点,并且可以互相利用它们对方的弱点。

纯粹理性的批判可以看作是纯粹理性所有争论的真正法庭,因为当这些争论直接与对象有关的时,它并不卷入其中,而是被建立为按照它进行最高授权的那些原则,来规定与判定一般理性的权利。

没有这种批判,理性就仿佛处于自然的状态中,只有通过战争才能使自己的主张与要求生效或得到保障。反之,批判则从自己所使用的基本规则中得出所有的裁决,没有人能够怀疑这些裁决的权威。批判为我们保障了立法状态的和平。在这种状态下,我们的所有争论都只能通过合法的程序来进行。在前一种状态下,争论以双方都宣称自己的胜利而结束,其结果往往是作为调停者的当局所促成的不稳固的和平;在后一种状态下,争论通过司法判决来解决。这种判决切中冲突的根本,因而必然能保证永久的和平。甚至一个单纯独断的理性,其无休止的争论最终也不得不在对这个理性本身的某种批判中、在基于这种批判之上的立法里寻求解决。如同霍布斯断言的,自然状态是一种非正义与暴力的状态;我们不得不被迫放弃这种状态,服从法律的强制;然而法律对我们自由的限制,是为了使它能与每个他人的自由、并正因此与所有人的利益共存。

A 752
B 780

属于这种自由的也有这样一种自由,也就是将自己的思想、将自己无法解决的疑虑提交公开的讨论,而不因此被责骂为不安分的危险公民的自由。这是人类理性的天赋权利之一,它唯一承认的法官本身就是每个人在其中都有自己声音的普遍人类理性。由于我们状态的一切可能的改进都必定由此而来,所以这一权利是神圣而不可贬损的。甚至把冒失的主张或对已经为民众的绝大部分及其优秀分子所赞同的主张所进行的大胆攻击,斥责为危险的,这种做法也是非常不明智的,因为这意味着给予它们一种本来完全不配得到的重要性。如果我听说某个非凡的学者已经否证了人类意志的自由、来生的希望,以及上帝的存在,我就急着要读这本书,因为我希望藉助他的天才来增进我的见解。不过我预先已完全肯定地知道,他对于这一切将会一无所获。这并不是因为我相信自己对这些重要的命题具有无可辩驳的证明,而是因为那向我揭示出我们纯粹理性所有资源的先验批判,已经完全使我确信,就像理性完全不足以在这一领域中得到肯定的主张一样,理性同样也没有能力,甚至更没有能力来提出有关这些问题的某种否定的主张。因为,所谓的自由思想家将从哪里获得他的知识,例如"不存在最高本质"的知识?这一命题处于可能经验的领域之外,因而也超出了所有人类的眼界。至于在这些敌人面前为善的事业作独断辩护的人,我决不读他们的书。因为我早已知道,他之所以要攻击别人的虚假论证,仅仅是为了搞到自己的入场券。况且一个日常的证据,是不能像一个构思得新奇而又意味深长的证据那样,为新闻评论提供如此之多的谈话资料的。反之,宗教的反对者尽管在他自己的方式里也是独断的,然而他却可以做出我的批判所希望的那种研究,并能导致对这一研究的原理作进一步的校正,而丝毫不必因为他而害怕什么。

第一章　纯粹理性的训练

对于那些被送到大学里受教育的年轻人,是否应当让他们在这类著作面前至少保持警戒,并在他们的判断力成熟之前,或者不如说,直到我们要在这些命题中证明的那个学说牢固生根,使得他们能有力地抵制不论来自什么地方的一切反面说教之前叫他们不要过早接近这种危险命题的知识?

假如我们在纯粹理性的事业中,不得不停留于独断的方法上,不得不以真正的论战来对付对方,也就是不得不参加论战,用证明相反的主张作为武器,那么,这种把年轻人的理性在一段时期内置于监护之下、并至少在此期间保护年轻人不受诱惑的作法,对目前来说自然是再有利不过的,但对长远来说又是无比空疏无益的。在后来,当好奇心或时尚使他们受到这类著作潜移默化的影响时,他们年轻的信念那时还能经受得住考验吗?一个只握有独断的武器在对抗其论敌的攻击,而又不懂得发挥出在他自己心中与在他对手心中同样隐藏着的辩证法的人,他把那些以新奇见长的虚假论证,看作与那些不再新奇反倒令人怀疑是滥用了青年人的轻信的虚假论证相对立的。他相信,能够表明他已长大成人的最好办法,莫过于扔掉那些善意的警告了,并且,由于他已习惯于独断论,他就将独断地败坏自己原则的毒药一饮而尽。

A 755
B 783

在大学教育里,我们应当采取的正好是与人们在此推荐的相反的途径,当然,这是以在纯粹理性的批判中的透彻讲授为前提的。因为,为了使这一批判的原则能尽快地得到实行,也为了显示它们甚至在辩证的幻相达到极点时亦是充分有效的,那么将独断论者感到如此可怕的攻击,用来对准学生的虽还脆弱、但已被批判所启蒙的理性,并让学生尝试按照批判的原则去逐一检查对方那些没有根据的主张,这是绝对必要的。对学生来说,使这些主张烟消云散不会是什么难事,这样他就能较早地自觉到自己完全有防范这种害人的把戏的能力,而必将使这些把戏在他眼里最终失去一切幻相。至于他的这样一种打击虽然摧毁了敌人的建筑物,他本身是否同样也不得不将他自己的思辨大厦加以摧毁,假如他想建造这样一座大厦的话:那么他对此完全没有什么可担心的,因为他根本不需要栖身于其中,却仍然在实践领域中指望着某种前途,在那里他可以希望找到一块坚实的地面,以之为基础来建立起自己合理的、有益的体系。

因此,在纯粹理性的领域里并没有什么真正的论战,双方都是向空击剑,与自己的影子相周旋。因为他们已超出了自然之外,在那里并没有什么可以捕捉到的东西让他们独断地把握。他们好一场恶战;砍碎的阴影转瞬间重又愈合,就像沃哈拉①的英雄一样,为的是能继续在这些不流血的战斗中取乐。

但纯粹理性也不允许任何一种在其一切争论中可称之为中立原则的怀疑的使用,挑动理性与自己相冲突,给双方提供武器,然后袖手旁观,冷眼嘲笑其白热化的战斗,这从独断论的观点看来并不光彩,而会得到幸灾乐祸和本身心怀叵测的名声。不过,假如我们着眼于那些玄想家们的顽冥不化与自我吹嘘,以致不愿以任何批判来修正自己,那么实在也没有别的办法,只有使一方的大话与另一方基于同等权利之上的大话对簿公堂,这至少会使理性由于敌对一方的反对而有所震惊,从而对自己的僭越产生某些怀疑,并

---

① Walhalla,北欧神话中的沃丁(Odin)神接待战死者英灵的殿堂。

倾听批判的声音。但仅仅停留在这种怀疑上,满足于相信和承认自己的无知,不只是将其作为治疗独断的自负的药方,而是要同时作为结束理性自相冲突的方式来向人推荐,这就完全是徒劳之举,决不能给理性带来安宁,而充其量只能作为一种手段,以把理性从独断的美梦中唤醒,引导它更仔细地检查自身的状态。然而,既然这种怀疑手法从理性的麻烦争执中脱身出来,仿佛真的是一条达到哲学的永久和平的捷径,至少是为那些想要通过嘲笑和蔑视一切这样的研究方式来装扮出一副哲学家面孔的人所乐于选择的宽广大道,所以我认为有必要描述出这种思维方式的本来面目。

陷于内在冲突的纯粹理性不可能有怀疑性的满足

A 758
B 786

当我意识到我的无知,而没同时认识到我之无知乃是必然的时,这意识不会终止我的研究,反而是激发我进行研究的真正原因。一切的无知,要么是对事物的无知,要么是对我的认识的规定(性质)与界限的无知。现在,如果无知是偶然的,那它在第一种情况下就必定驱使我对种种事物(对象)进行独断性的探索,在第二种情况下,就必定驱使我对我的可能认识的界限进行批判性的探索。但是,要说我的无知是绝对必然的,因而我已不必再作任何进一步的研究,那就不能是凭经验性观察、而只能是根据对我们认识的本源的批判性论证的。因此,我们理性的边界是只能按照根据来先天地划定的;但理性的限制(Einschränkung),这虽然仅仅是对我们永远无法完全去除的无知的一种不确定的认识,则也能后天地认识,也就是说,通过我们认知了一切之后还余存下来有待我们去认知的那种东西来予以认识。于是,前一种,即只凭理性批判自身来认识其无知的那种可能认识,乃是科学知识(Wissenschaft);后一种只不过是知觉(Wahrnehmung),我们不能说知觉自身的终结会有多么辽远。当我把地球表面按其感性的样子想象为一个圆盘子时,我并不知道地球表面会扩展多远。但是,经验告诉我:不论我走到哪里,我永远看到我四周有一个空间,而且我可以向那空间继续前进;因此,我每一次都能认识到有关大地的实际认识的局限性(Schranken),但我并不认识有关大地的一切可能知识的边界(Grenzen)。可是,如果我竟然达到了这样的地步,已知大地是一个球,它的表面是一个球面,那么我也就能根据它的一小部分,例如一个圆度的大小,按照先天原理确切地认识它的直径,并通过直径进而知道它的总体面积;而且,虽然我对这个平面上包括的种种对象是无知的,但对这个平面的圆周、大小及其界限我却并非无知。

我们的认识的一切可能对象的总和,在我们看来,好像是一个平面,这一平面具有它貌似的视野,即,涉及它的整个范围的那个东西;我们已用无条件总体这一理性概念来称呼这个视野。要想经验地穷尽这个视野是不可能的,而且,按某一原理去先天地规定它的一切企图,也已证明是徒劳的。然而,我们纯粹理性的所有问题,却都涉及存在于这个视野之外、或许也存在于它的边界线之上的那种东西。

著名的大卫·休谟属于人类理性的这类地理学者中的一位,他以为只要把这些问题放到人类理性的视野之外,就已经是充分处理过它们了,而这视野却是他无法确定的。休谟特别详细论述了因果律,他完全正确地看到,因果律的真理(甚至一个一般的有

第一章　纯粹理性的训练

效原因的概念的客观有效性)根本不是建立在洞见(Einsicht)*、即先天认识上的,因此因果律的全部声名也丝毫不在于它有必然性,而只在于它在经验过程中具有普遍的适用性(Brauchbarkeit)和相应的、他称之为"习惯"的主观必然性。于是他从我们理性在越出经验之外来使用这一原理方面的无能,就推论出理性自以为能够超越经验以外去的一切僭妄要求的根本无效。

我们可以把这样一个过程,即把理性的事实交付检查,该责备的就责备之,称之为理性的审查。这种审查无疑必导致对原理的所有超验使用的怀疑。不过这仅仅是第二个步骤,绝不会因此就结束研究工作。纯粹理性事宜中的第一个步骤是独断的,它标志着理性的孩提时期。第二步是怀疑的,它表示经验已经使我们精明的判断力更加谨慎。至于必然的第三步,这是只有完全成熟的判断力才能采取的,并且是以已被证明为普遍性的确定的准则(Maximen)为基础的。它不是把理性的事实,而是把理性本身(就它的整个能力范围,以及对纯粹先天知识的适合性)交付评估。这不是理性的审查,而是它的批判。通过它,不仅理性的界线,而且还有它的确定的界限;不仅它在某一部分的无知,而且是它在有关某一种类的所有可能问题上的无知,都要由原理来证明,而不是仅仅猜测到。因此怀疑论是人类理性的休息处,在那里它能反省自己独断的徘徊,对自己的处身之地作一番盘算,以便将来能够更确定地选择自己的道路。不过这不是可以永久居住之处,因为这种永久之地只能这样找到,它必须对对象自身,以及我们有关对象的

A 761
B 789

A 762
B 790

---

* Einsicht 的德文原意,除"洞见"外尚有理智、认知、判断等意思。——译者注

一切认识都包含在内的界限,有着完全确定的认识。

我们的理性决不是一个无限扩展的、人们只能一般认识其界线的平面,而是必须被比作一个其半径能够通过表面弧形的曲线来规定的球面(也就是说,能够由先天综合命题的性质来规定),其体积与界线也同样能确定地指明。在这个范围(经验的领域)之外,没有任何东西是理性的对象,甚至那一类假定的问题,也仅仅与主观的原理有关,这种原理一般地规定那些能够在经验的范围内归属于知性概念之下的关系。

我们实际上具有先天综合的知识,就像预先推定经验的知性原理所展示的那样。假如谁难以理解这些原理的可能性,那么他开始的时候,可以怀疑它们是否实际上先天地存在我们之中,但他却不能因此而宣称这些原理超出知性的能力之外,从而把理性在这些原理引导下所采取的一切步骤冒称为无效的。他所能说的不过是,假如我们能够洞见这些知识的起源与真实性质,那就可以确定我们理性的范围与界限;但是在我们能有这种洞见之前,任何有关理性的界限的主张都是盲目的。以此为根据对于一切独断的哲学(这种哲学的发展没有经过理性本身的批判)加以普遍的怀疑,是完全有理由的。然而我们却不能因此就否定理性有采取继续前进的步骤的权利,假如我们通过更彻底的基础准备工作,已经准备并保障了这种前进道路的话。因为纯粹理性呈现给我们的一切概念、甚至一切问题,在经验里并没有它们的来源,而仅仅存在于理性自身中,因此它们必定能被解决,其有效性或无效性也能被确定。我们没有权利回绝这些问题,好像它们的解决实际上依赖于事物的性质;并且我们不能以没有能力为借口,拒绝对它们作进一

第一章 纯粹理性的训练

步的研究。因为只有理性才产生这些理念,所以它有义务对它们的有效性或辩证的假象作出说明。

所有怀疑的论争,本来应仅针对独断论者,因为独断论者对其基本的客观原理,从来没有加以怀疑,即未加任何批判,就神气十足地朝自己选择的道路前进。怀疑的论争仅仅用来使他摆脱原先的思路,回到自我认识上来。对于决定什么是我们能认识的、什么是我们不能认识的这一点而言,这种论争本身是没有用处的。理性的一切不成功的独断企图都已是事实,因此把它们送交审查总是有益的。但是对于理性的这些期望——希望在它未来的企求中有更好的成就,以及在这基础上提出主张来说,这种单纯的审查却不能决定什么,因而它并不能了结有关人类理性权利的争论。

休谟也许是所有怀疑论者中最有才智的一位,就怀疑的方法在唤醒理性从事彻底的自我反省这方面所产生的影响来说,他无疑是最杰出的人物。因此,在与我们的目的可能有关的方面,我们很值得搞清楚这位敏锐可敬的人在推理上的思路与错误。他的这一推理过程,在开始时肯定是处于真实的轨道上。

休谟大概已经想到,在某些类型的判断中,我们超出了我们的对象概念,尽管他从来没有展开这一点。我把这类判断称之为"综合的"。对于我如何能够借助经验,超出我先前已有的概念这一点,[在理解上]是没有困难的。经验自身是这么一种知觉的综合,通过它,我由知觉中已获得的概念,经过添加其它的一些知觉而得到增加。不过我们也认为能够先天地超出我们的概念而扩展认识。我们或者通过纯粹知性(着眼于某种至少能够是经验的客体),或者通过纯粹理性(它所涉及的事物的性质、甚至这种对象的存在，是不可能出现在经验之中的）来企求做到这一点。我们的怀疑论者*并没有区别这两种他本应区别的判断，而是简单地把概念的自我添加、或者说我们知性（还有理性）的自我产生，看作是不可能的。因此，他把这些能力的所有假定的先天原理都看作是一种空想，并且得出结论说，它们不过是由经验及其法则中所产生的习惯，所以仅仅是经验的，就是说，它们本身是一些偶然的规则，是我们赋予它们以假定的必然性和普遍性。为了维护这一令人吃惊的断定，他引用了普遍承认的原因与结果之间关系的原理。由于没有任何知性能力能使我们从一事物的概念，引达由此而普遍、必然地给定的其它某物的存在，因此他相信能够得出这样的结论：在缺乏经验的情况下，我们没有任何能够增长我们的概念、以及合法地提出一种能够先天地自我扩展的判断的东西。对于阳光会融化白蜡，然而又会使土地晒硬的事实，没有任何知性能够由我们先前对这些事物所已有的概念中得出，更不用说由法则来推论这类事实。只有经验才能教给我们这样的法则。不过，如同我们已经在先验逻辑中发现的那样，虽然我们无法直接超出给定的概念的内容，然而却能够在与某个第三者、即可能的经验相关时，完全先天地认识它与其它诸事物相联结的法则。因此，假如先前硬的蜡块现在融化了，我能够先天地知道某个事物必定在此之前发生（例如，阳光的发热），而"融化"则按固定的规律随之而来；尽管在经验之外，我不能先天地以任何特定的方式，来确定地认识是原因出自于结果，还是结果出自于原因，因此，休谟错误地从我们按照法则

---

* 指休谟。——译者注

来规定的偶然性，推论出法则本身的偶然性。他把超出事物的概念到达可能的经验（这是先天发生的，它构成了概念的客观现实性），与现实经验的对象的综合（这总是经验）相混淆。这样他就把处于知性之中的、有着必然的联结的亲和性原理，与仅仅存在于摹拟的想象力中的、只能展现偶然的、非客观的联结的联想律相混淆。

A 767
B 795

这位最为锐敏的思想家的怀疑论的错误，来自与所有独断论者所共有的缺点，即对属于知性的所有各种先天的综合没有进行一种系统的考察，否则他就会发现（这里仅举其中一例），恒久性原理是一个与因果性原理相同的预先推定经验的原理。这样一来，他就会对知性与纯粹理性所由以先天地扩展自身的活动，规定其确定的界限。然而，他却只是限定知性，并不去规定它的界限；他产生出普遍的不信任，但对于那些我们必不可免的无知，却不能提供任何确定的知识。因为他虽然审查某些知性的原理，但却没有批判地检验知性的整个能力。他正确地否定了知性不能真正提供的东西，但却进而否定了知性先天地扩展其自身的一切能力，尽管他从来也没有考察过知性的所有能力。因而使一切怀疑论陷于绝境的东西，现在又降临到休谟头上，这就是，他本身成了怀疑的对象。因为他否定的理由依据的仅仅是偶然的事实，而不是那些能够迫使独断论的主张必然放弃其权利的原理。

A 768
B 796

此外，他并没有在知性的有充分根据的主张与理性的辩证的僭越要求之间作出区别，尽管他攻击的主要是后者。因此，理性特有的冲动并没有丝毫得到抑制，而只是暂时受到阻碍。它并没有感到自己试图扩展的范围已被封闭，所以尽管在某些地方受到阻滞，但它并没有完全停止冒险。相反，这种攻击只会导致抵抗，而使人更顽固地坚持自己的主张。然而，对于理性能力的全面考察，以及由此获得的有关它的范围的有限性、僭越主张的空虚性的确定信念，能够结束这种冲突，而使理性安于虽然有限，然而却是没有争议的所有。

对于那些没有考察他的知性的范围，从而也没有按照原理来决定他的可能的认识界限的非批判的独断论者来说，这些怀疑论的攻击不仅是危险的，而且甚至是毁灭性的。因为他并不能预先知道自己的力量能够扩展多远，而只是确信它们的界限能够为简单的尝试所发现。所以，一旦他被找出某个自己无法合理辩护的主张，或者某个无法用原理来说明的假象，他的所有主张就会受到怀疑，不论它们表面上看来如何可信。

因此，怀疑论者是促使独断的推论者对知性和理性进行完满的批判的教师。当他已经走到这一步时，他并不用害怕进一步的攻击，因为他已经把属于自己的所有，同完全超出这一范围、他对之既不能提出要求也不能卷入争论的东西区别开来。这样，虽然怀疑的过程对理性的问题无法做出令人满意的回答，然而它对于促使理性慎重行事，以及指明理性用以保证自己的合法所有的根本手段方面，却是一个预先的训练。

第3节　纯粹理性关于假设的训练

由于我们经过理性的批判，最终已经认识到，仅凭理性的纯粹与思辨的使用无法得到任何知识，那么这是否为假设打开了一个较为广阔的领域？因为在我们不能有所断定的地方，是否我们至少可以提出意见和想法？

假如想象力并不是纯然幻想的，而是在理性的严格监督下为创造的，那就必定总是事先存在某种完全确定的，而不仅仅是被创造或作为意见提出的东西，即对象自身的可能性。既如此，那么关于对象的现实性，就可允许求助于意见。这种意见如果不是没有根据的话，就必定与实际给定的并因此是确定的东西相联结，作为对这一给定者进行解释的基础。在这种情况下，意见才叫作假设。

由于我们对力学的联结的可能性无法先天地形成丝毫概念，并且由于纯粹知性的范畴不足以用来设想这样的概念，而只用作在经验中相遇时来理解它，因此，我们无法根据这些范畴，对那些并不在经验中给出的任何新的性质，创造地想象某个对象，从而无法在任何合法的假设中使用这样的对象。否则，我们就是使理性依据空想，而不是依据事物的概念。所以，不允许发明任何新的、本源的力量，例如，无须感性的帮助即能直观对象的知性，或无须任何接触即能吸引的力，或存在于空间之中而非不可入的任何新种类的实体等。此外，也不允许非法地设定不同于任何经验中所给予的实体的联系，以及不在空间中的所在，非时间的延续，等等。总之，我们的理性只能以可能经验的条件作为事物的可能性的条件，而不能完全脱离这些条件来形成事物的概念。这样的概念虽然并不自相矛盾，但是却没有对象。

如我们已说过的，理性概念仅仅是理念，它没有任何能在经验中见到的对象。此外，这并不意味着它们指涉想象出的、被假定为可能的对象。它们仅仅被设拟性（或然）地（problematisch）思维以便能够借助它们(作为启发性的构设),在经验领域中建立起知性的系统使用的规范性(regulativ)原理。除了这种联系以外,它们仅仅是思想物,其可能性是无法证明的,并且它们也不允许以假设的名义用于解释实际的现象。把"心"思维为单纯的,这是很可允许的,为的是按照这个理念,以心的所有能力的完全和必然的统一,作为说明它的内在现象的原理,尽管这种统一是不能具体看到的,不过,假定心是单纯的实体(一个超验的概念),这就不仅是一个无法证明的(就像许多物理的假设的一样)而且是一个十分盲目和任意的命题。因为单纯的东西是在任何经验中也见不着的,并且,假如"实体"在这里指的是感性直观的永恒客体,那么单纯的现象的可能性是完全无法觉知的。理性并不提供任何充分的根据,作为意见来假定单纯理智的(intelligibel)存在,或感性世界中的事物的单纯理智的性质,虽然(就像我们没有任何有关它们的可能性与不可能性的概念一样)我们也无法要求有更好的洞见来独断地否认它们。

在解释给定的现象时,除了那些被发现为按照已知的现象法则与给定的现象相联结的事物以外,没有其它的事物或解释的根据能够被引证。仅用理性的理念来解释自然存在的先验假设,实际上完全没有解释,因为它是用我们完全不理解的某种东西,来解释我们由已知的经验原理所不能充分理解的东西。此外,这种假设的原理最多只是用来满足理性,而不是用来推进知性在对象方面的使用。自然中的秩序及合目的性,必须用自然的根据,按照自然法则来解释。即使最荒诞的假设,只要它们是物理的,也比那些仅仅为解释而解释的超物理的假设,例如诉诸神的创造,要可容忍得多。因为这种超物理的假设,是懒惰的理性(ignava ratio)的原理,它们略去所有那些其客观实在性、至少其可能性能在经验过程中被认识的原因,为的是安歇在单纯的理念里(这种理念对于理性来说是很舒适的)。至于这些原因系列的解释基础的绝对总体,就自然客体来说并不存在任何问题,因为这些客体不过是现象,我们无须为它们在条件系列的综合里寻求任何完全性。

理性的思辨使用的先验假设,以及在缺乏物理的解释根据时用超物理的来代替,这些都是绝对不允许的。因为一则理性由此不能有丝毫的推进,反而断绝了自己运用的一切通路,二则这种许可最终必将夺去理性在自己的真正领域,即经验领域中所获得的一切成果。因为在自然的解释发生困难的地方,我们手上总是有某种免除我们进一步研究的先验的解释根据,从而使我们的探究不是通过洞察而结束,而是借助这么一种原理来结束,这种原理的构成使得它必然包含"绝对元始者"的概念。

允许假设的第二个要求,是它先天地规定那些给定的结果的充分性。如果我们为了这个目的必须求助于辅助的假设,那就会产生它们仅仅是虚构的怀疑。因为它们同基本的假设一样,每一个都需要证明其正当性,因而无法产生可依赖的证据。如果我们假定一个绝对完善的原因,来解释在自然中展现的合目的性、秩序、广袤等,这并不会有什么毛病。但对那些至少按照我们的概念来看显然是不正或邪恶的东西,我们就需要有其它新的假设,以此来反驳异议,解救原来的假设。假如用人类心灵的单纯自足性来说明它的现象,那么在面对与物质的变化相同的现象时(生长与衰亡),就会遇到困难,这使它需要有新假设的帮助;这些新假设并非没有可信之处，但除了假定的意见（这一意见本身还需要辩护）所提出的主要理由外，其余的都是没有任何凭证的。

假如这里我们引用来作为理性的主张的例子（心灵的非物质的统一，以及最高存在者的存在），不能看作是假设，而应当作为先天证明的断说（Dogmate），那么我对此将不再论究。在这种情况下人们必须注意的是，证明应具有演证的必然确定性。因为，去把这种理念的实在性弄成仅仅是可能的，这就像把一个几何命题证明为仅仅是可能的一样荒谬。理性在离开经验的一切运用中，要么是能够完全先天地、必然地认识，要么是完全不可认识。因此它的判断决不会是意见。它或者必须放弃一切判断，或者必须在判断中具有必然的确定性。与事物有关的意见和可能的判断，只能作为对实际给定东西的解释而提出，或者作为这样一种结果，它按照经验的法则产生于实际给定的东西的根据方面。因此，它们只涉及经验对象的系列。在此范围之外形成的意见，只是一种思想的游戏。因为在一条不安全的判断之路上，我们所能得到的只是意见，但却想在它里面找到真理。

在论究纯粹理性的纯然思辨的问题时，虽然我们在假设之上建立不起命题，但它们却完全可以用来维护命题，这就是说，它们不可以运用于任何独断的方式，只可以有论辩的使用。这里的"维护命题"，我指的并不是为它们的断定增加新的根据，而只是指把我们的对手所称的否定了这一论断的精心论证加以击破。纯粹理性的一切综合命题都有这样的特点：虽然我们在断定某个理念的实在性时，无法有充分的知识来给出我们命题的确定性，但我们的对手同样不可能确认相反的命题。在思辨的知识类型里，人类理

第一章　纯粹理性的训练

性的命运的平等性,并不偏袒其中的任何一方,结果使这里成了永不休止的战场。不过如同就要展示的那样,理性在其实践的使用中,有权利设定在纯然思辨的领域中若无充分的证明就无权假定的东西。因为,这样的假定虽然侵害了思辨的完整性,但实践的利益与这种完整性却毫不相关。在实践的领域里,理性是所有者;对这种所有权它不需要提供证明,并且事实上也无法提供证明。因此,需要做出证明的反倒是它的论敌。不过,由于后者在试图证明这一被怀疑的对象并不存在时,它对于这对象所知道的,同理性(它主张这一对象的实在性)所知的一样少,所以显然,对于主张把某种东西作为实践的必然假定的理性来说,就占据有利的地位*。因为,就像自卫者一样,为了维护它的善的事业,它能够自由地使用它的敌手用以反对这一事业的手段,即假设。但这不是用来加强它的论题的证明,而仅仅是用来指出:由于对手对所争论的问题毫不理解,所以在思辨的洞见上,它不得自夸有任何优越之处。

因此,在纯粹理性的领域里,假设只能用作战斗的武器。它仅用于捍卫权利,而不是用于建立权利。我们必须总是在自身中寻找对手,因为思辨理性在其先验的使用中,本身总是辩证的。我们必然担心的反驳,就在我们自身中。我们必须像对待一种虽已年久,但却不会失效的权利一样,把它们搜寻出来,使它们无效,使得我们可以建立永久的和平。表面上的平静只是一种假象,诘难的根源却在人类理性之中,对此我们必须加以根除。但是,除非我们给它以自由,甚至培育它,使之长出枝芽,暴露在我们面前,否则如

---

* melior est conditio possidentis,所有者占有利的地位。——译者注

何能完全摧毁它们？因此，我们必须设想至今还未出现的驳难，予论敌以武器，让它占据可能得到的最有利的位置。对于这一切，我们不但无须害怕，反而寄以希望，就是说，我们可以获得一种不会再受攻击的所有。

因此，为了全面地武装起来，你们也需要纯粹理性的假设。虽然这种假设由于未经经验法则的锻炼，不是一种精良的武器，但它们像敌手们所能用来攻击我们的武器一样，是有效的。所以，如果假定了（在非思辨的考虑下）心灵的非物质的性质，以及它不属于物质的变化，你们就会遇到这样的困难，即经验似乎证明我们精神力量的振拔与萎损，都是我们器官的变状。对此，你们可以用如下的假定来削弱这一反对意见的力量，这就是，身体仅仅是一种基本的现象，它在现存状态下（在生命中）是我们全部感性的和思维的能力的条件。与肉体的分离是我们知识能力的感性使用的结束，智性的使用之开始。这样，肉体就不应当看作是思维的原因，而只能看作是思维的限制条件，因此，它虽然促进了感性的、动物的生活，但实际上更多地是纯粹的精神生活的障碍。动物的、感性的生活对肉体状态的依存性，并不能证明我们所有生活都依存于我们的器官状态上。你们甚至可以更进一步去发现从未提出过的、或者没有充分发挥的新的反对意见。

人类生育的偶然性，同无理性的动物一样取决于机遇，或经常取决于怡养，执掌者的心境与兴念，乃至常常取决于恶习。因此，这使得假定这么一种其生命产生于如此微贱的状况、完全取决于我们的选择的造物，却有着永恒延续的存在，成为十分困难的事情。不过，对于该种类作为整体的延续性（在地球上），这个困难可以忽视,因为个别情况下的偶然性仍然从属于普遍的规律。然而,就每个个体而言,要由如此轻微的原因来期待这么重要的结果,却是很可疑的。在这方面,你们可以提出一个先验的假设,这就是,所有的生命严格说来都仅是理智的,都不承受时间的变化,既不以生而始,也不以死而终;生命只是一种现象,即只是纯粹的精神生活的感性表现;全部感性的世界,不过是在我们当前的知识状态中浮现于我们面前的图画,它像梦境一样,本身并没有任何客观实在性。假如我们能够如其所是地直观我们自身和事物,那就能在精神存在的世界里观照我们自己。我们与这一精神世界的唯一真正的关联,既不由生而始,也不以死而终。生与死都只不过是现象。

我们对所有这些都毫无知识,只能借用假设的形式来对付攻击,而不是实际主张它们。因为它甚至不是理性的理念,而只是为了自卫才构想出的概念。我们的论敌错误地把缺乏经验的条件,当作是等于证明了我们的信念的完全不可能性,并从而假定他已穷尽了所有的可能性。所以,我们正在做的不过是指出,正如我们不能在经验之外得到有关理性任何有根据的东西一样,他们也不可能仅仅通过经验的法则包容整个可能事物的领域。我们必定不要把任何使用这种假设的防卫手段,以反驳敌手狂妄的否定的人,当作是他真正以这种假设为自己的意见;实际上只要他一解决掉论敌的独断主张,就会马上放弃它们。因为,尽管对他人的主张持一种单纯否定的态度,可以显得并不为过,但如果把对某种主张的反对意见当作是对相反主张作出的证明,那就如同肯定的主张要求人们接受的一样,同样是骄狂无理的。

因此,在理性的思辨使用中,作为意见的假设本身并没有任何有效性，而只是在与论敌一方超验的僭越主张相关时，才有相对的效用。因为把可能经验的原理当作一般事物的可能性的条件，这就同主张[超验的]概念（其对象只能在所有可能的经验的界限之外见着）的客观实在性一样，都是超验的过程。纯粹理性所肯定地断定的东西，必定（像理性认识的一切事物一样）是必然的；否则它就什么也没断定。所以，纯粹理性事实上不含有任何意见。上面所论及的假设，只是一种设拟的判断，尽管它们确实无法有任何证明，但至少也不能被驳倒。因而它们决不是一些个人的意见*。对于易于产生的担心来说，它们是不可缺少的武器；甚至对于保障我们内在的安宁，也是必不可少的。我们必须使它们保持这种特征，谨慎地防止将它们视为能证明自己的真实性、并具有绝对有效性的假定，否则的话，它们会使理性陷于空想与幻觉。

第4节 纯粹理性关于证明的训练

先验的综合命题的证明与产生先天的综合知识的其它一切证明的区别在于，在前者中，理性不能直接运用概念于对象，而是必须首先建立概念的客观有效性与它们的先天综合的可能性。这不仅由于慎重的考虑而成为必要的规则，而且对于证明本身的可能性也是本质性的。假如我要先天地超出某个对象的概念，就得有这一概念以外的某种东西来引导。在数学中，引导我的综合的是

---

* 在哈滕斯泰因（Hartenstein）版中，此处的"决不是"（keine）为"只是"（reine）。——译者注

第一章　纯粹理性的训练

先天的直观,因而一切结论都能直接从纯粹直观中得出。在先验的知识中,就我们仅涉及的知性概念而言,引导我们的是经验的可能性。这种证明并不显示给定的概念(例如,某物发生的概念)直接导至其他概念(原因概念),因为这种转移是一种无法辨明的飞跃;这种证明所显示的是,经验本身以及经验的客体,如果没有这种联结是不可能的。因此,证明同时还必须指明综合地、先天地到达并不包含在概念中的关于事物的某种认识的可能性。除非符合这一要求,否则证明就会像决堤的洪水一样任意泛滥,随联想的潜流之所欲而无所不往。那种依靠联想的主观原因和被看作是对自然亲和性的洞见的表面信念,并不能抵消由这种冒险的进程所必定产生的担忧。由于这个原因,行家们公认所有要证明充足理由律的企图都是徒劳的。在先验的批判之前,由于这一充足理由律是不能放弃的,因此宁可大胆地诉诸人类的常识(这是一种权宜之计,它总是表明理性的事情已处于无望的境地),而不要试图进行新的独断的证明。

但是,假如要证明的命题是纯粹理性的一种主张,并且我由此借助纯然的理念以超出我的经验的概念之外,那么综合中的这一个步骤(假定它是可能的)作为任何试图证明此命题的先决条件,就是越发必要的。所以,有关我们所有思维的实体的单纯性质,由统觉的统一而来的所谓证明,不论显得如何可信,却都面临一个不可避免的困难。因为绝对的单纯性不是一个能直接与知觉相关的概念;作为理念,它只能被推论。这样,就无法理解纯然的意识(它包含于、或至少能够包含于所有的思维之中),如何能够把我们引至有关某个事物(只有思维才能被包含在这一事物中)的意识与知识,尽管这一纯然的意识确实是个单纯的表象。假如我表现运动中的物体的力,它对我来说便是绝对的统一,并且我关于它的表象是单纯的,因此我能够以点的运动来表现这一表象;因为这一物体的容积在这里与问题无关,所以能够不损及运动的力,而任意把它思维为极小,甚至视为仅存于一点之中。然而我却不能因此得出结论说,假如给予我的只有物体的运动的力,这物体就能被思维为单纯的实体,因为它的表象抽象掉了这一物体容积的大小,从而是单纯的。这种由抽象而来的单纯,与客体中的单纯完全不同。在抽象的意义上,"我"能够在自身中不包含任何杂多;但在客体的意义上,它意味着心灵本身,因此能够是一个极为复杂的概念,如同它自身中所包含的、以及所表示的许多事物一样。这样我在这些论证里发现了一种错误推断。为了预防这种错误推断(假如没有先行检察,我们是不会对此证明有所怀疑的),不断备有那些综合命题(它们意在证明比经验所能给予的还要多的东西)的可能性的标准,是完全必要的。这一标准就是:证明不应当直接推进到拟议的宾词,而只能借助这么一个原理来引达,它论证了先天地把我们给定的概念扩展至理念、以及实现这些理念的可能性。假如我们经常持这种谨慎态度,并且在试图作出任何证明之前,细密地思考在什么基础上,以及以何种方式,我们可以期望有通过纯粹理性的扩展,以及在这种情况下,这一并非来自概念、且在与任何可能经验相关时皆无法预测的洞见,是从什么地方获得的,那么我们就可以免却许多困难而又无效的劳动,不再期待理性有显然超越其能力的作为,或者宁可使它从事一种自我约束的训练,因为当理性为思辨地扩展其范围的强烈欲望所冲动时,是不容易被限制的。

第一章 纯粹理性的训练

因此,第一条规则是:只有在充分地考虑了证明所依据的原理是来自何处,以及我们用以期待推论的有效结果的理由是什么之后,我们才能尝试进行先验的证明。如果这些原理是知性的(例如因果性原理),则企图借助它们来达到纯粹理性的理念的做法是徒劳无益的;这些原理只对可能经验的对象有效。假如它们是纯粹理性的原理,那也同样是劳而无益的。理性确实有它自己的原理,但是[如果]作为客观的原理,它们就都是辩证的,并且没有任何有效性,除了作为在经验中使用的规范原理,用以使经验达到系统的关联。假如有人提出了这种所谓的证明,那么我们必须用成熟的判断力的回答:此问题不清楚(non liquet),来对付它的迷惑性。虽然我们或许不可能发现其中的幻象,但却完全有权利要求对这种证明中运用的原理作出演绎。假如这些原理纯是来自理性,这一要求便无法得到满足。因此,我们不须探究每个无根据的幻象的特殊性质,也无须一一加以驳斥。在执守法律的批判理性的法庭面前,这种变幻多端的辩证法能够被一举击破。

先验的证明的第二种特性是:每一先验命题只能有一种证明。假如我不从概念、而是从符合于概念的直观推论,那么不论是数学中的纯直观,或自然科学中的经验的直观,它们作为推论基础的直观,为我提供了综合命题的种种材料;我能够在多种方式里联结这些材料,因为我的出发点可以不止一个,所以能够通过不同的途径达到同一个命题。

然而在先验的命题中,我们总是只从一个概念出发,并且按照这个概念来断定对象的可能性的综合条件。由于在此概念之外,没有其它能用以规定对象的东西,因而只能有一个证明的根据。

这种证明所能包含的，只是依据这个概念而来的对一般对象的规定性。例如在先验的分析论中，我们从唯一使普遍的"发生"概念得以客观地可能的条件（即通过指出时间中的某一事件的规定，以及这一属于经验的事件，因此只有在从属力学规律的情况下才是可能的），获得"所有发生的事物都有其原因"这一原理。这是证明的唯一可能的根据，因为所表象的事件之具有客观有效性，即真理，仅当该对象是通过因果律由概念来规定的。这一原理的其它诸种证明，确实也已有人尝试过，例如由［所发生的事物的］偶然性来证明。但是，如果仔细地检查这一证明，那么除了"发生"以外（即先前不存在的对象现在存在），我们不能发现任何偶然性的标记，这样就又回到了以前的相同的证明根据。同样，如果要证明"凡是思维者都是单纯的"这一命题，那么我们注意的并不是思维中的多样性，而是紧紧把握住单纯的、所有思维皆与之相关的"自我"概念。上帝存在的先验证明也是这样，它仅仅根据最实在的存在者与必然的存在者的概念的一致，而不能从其它地方寻求证明。

这种审慎的说明，使得对理性的主张的批判归约至很小的范围。当理性仅仅借助概念而活动时，只能有一种可能的证明，假如能够有任何可能的证明的话。所以，如果我们看到独断论者提出十种证明，我们便能相当确定地知道他实际上一种也没做成。因为，假如他像纯粹理性的事务所必然要求的那样，已经做出了一个真实的证明，那他何必又提出其它的？他这样做的目的，不过是与议会中的辩者一样，对不同的群体提出不同的论证，以便利用那些听众的弱点。这些听众并不深入事情本身，却想尽快了结它，所以就抓住能够首先吸引他们的东西，并依此做出决定。

第一章 纯粹理性的训练

纯粹理性特有的第三条规则是(就其有关先验证明的训练而言)，它的证明决不能是间接的，而应总是明示的。在任何一种知识里，直接的即明示的证明，是一种真理的信念与对真理之源泉的洞察相结合的证明；反之，间接的证明，虽然能产生确定性，但却不能使我们在真理与其可能性的根据这一联结中来把握真理。因此后者毋宁是一种权宜之计，而不是一种满足理性的一切要求的证明程序。不过，比起直接证明来，它却有着明证性(Evidenz)的优点，因为矛盾比起最好的联结来，在表象里带有更多的明晰性，因而接近于演证的直观的确定性。

间接的证明之所以运用于各种科学的真正理由似乎就在于此。当某种知识赖以得出的根据过多或过于隐蔽时，人们可以尝试是否能通过其结果来达到它。这种肯定式(modus ponens)，即从结果的真推出知识的真的推论，只在它的所有可能的结果都真的情况下，才是可以允许的。因为在那种情况下，这些推论的可能的根据，只有一个，因此这一根据也是真的。不过这一过程是不可行的，因为要发现任一给定的命题的所有可能的结果，这并非我们的能力所能及。然而，假如我们要努力证明某种事物仅仅是假设，我们便可诉诸这种推论方式，尽管它确实需要某种[条件的]放宽，这就是承认由类比而来的结论，即依据如下的理由：如果我们所检查的许多结果，皆符合于某个假定的根据，那么所有其它可能的结果也会与之相符。不过，若要以这种方式使假设变为证明了的真理，却是绝不可能的。由结果推进到它们的根据的否定式(modus tollens)推理，不仅是一种相当严格，同时也是极为容易的证明方式。因为，甚至只要从某个命题中能引出一个错误的结果，这命题本身就是错误的。所以,我们不必像明示的证明那样,通过完全洞见命题的可能性,来检查能够把我们引向命题的真理的整个根据系列,而只须指出从其反命题中引出的某个结果是假的,以证明这一反命题本身是假的,从而表明我们所要证明的命题是真的。

不过,间接的证明方法,仅在那些不会错误地以我们表象中的主观的东西来代替客观的事物(即对象方面的知识)的科学中,才是可以允许的。假如出现这种代替的话,就必定会经常发生如下情况:某个给出的命题的反命题,仅与思维的主观条件相矛盾,而不是与对象相矛盾,或者两命题仅在错误地被当作是客观条件的主观条件下相矛盾;条件一旦错了,则两个命题都会是错的,这就无法从一命题之假来推断另一命题之真。

数学中不可能有这种错误的替代,所以间接的证明在数学中有其真正的地位。在自然科学中,我们的一切知识都建立在经验的直观上,所以能够通过重复观察的比较,来防止这种错误的替代。不过在这一领域中,此种证明方法大多是不重要的。至于纯粹理性的先验的尝试,总是在辩证假象的范围内进行的,也就是说,在主观的领域里进行;这种主观的东西在前提中对理性表现为客观的,甚至强使理性接受为客观的。因此,在这一领域中,在与综合命题有关的范围内,是不能通过否定反命题来证明正面主张的合法性的。因为这种反驳或者不过是对立的意见与我们理性理解事物的主观条件相冲突的单纯表现,它对于否证事物本身并没有任何用处(这样我们看到,例如,一存在者存在的无条件的必然性,完全不是我们可以设想的,因此,某个必然的最高存在的思辨证明,在主观的理由上应当加以反对,但我们却没有权利否定这一元始存在者自身的可能性);或者不论采取肯定立场或否定立场的双方,都为先验的假象所欺骗,而使他们的主张建立在一个不可能的对象概念上。在这种情况下,我们能够运用这条规则:不存在的事物不具有任何性质(non entis nulla sunt praedicata),即不论对此对象作出肯定或否定的断定,都是错误的,因而我们无法通过反驳对立的主张,间接地达到真的知识。例如,假定感性世界本身以其总体给予我们,因而断定它必定在空间中要么是无限的,要么是有限的、限定的,这是错误的,两个对立的主张都是错误的。因为现象作为单纯的表象,却要作为客体在自身中给予,这是不可能的;并且这一想象的总体的无限性,虽然是无条件的,但由于现象中的任何事物都是有条件的,因此它与概念中所假定为前提的量的无条件规定相矛盾。

间接的证明方法也是一种幻象,独断的理性的赞美者们总是要上当。它可以被比作一位斗士,这种斗士为了证明其政党的名誉与不容置疑的权利,不惜与任何对此表示怀疑的人开战。然而这种自我吹嘘并不能解决任何问题,而只是表明了争战双方各自的力量,并且[实际上]仅仅表现了进攻者的力量。旁观者看到双方轮流胜负,常常会产生对论争对象的怀疑。但他们并没有看出问题的关键所在,实际上只需提醒交战者这句话就够了:时间本身不须辩护者(non defensoribus istis tempus eget)。每个人必须以合法的证明直接维护其主张,这种证明伴有它所依据的根据之先验演绎。只有这样,人们才能决定他的主张在什么程度上能得到合理的论证。假如某个论敌依据的是主观的根据,那就容易驳倒他。但独断论者却不能享有这种便利,因为他的判断通常也是依据这类主观的理由,所以同样会被他的对手陷入窘境。不过,如果双方都采取直接的方法,那么他们或者会很快发现难于、甚至不可能指出他们的主张的根据,因而最终只能求助于惯常的例则;或者我们的批判会容易地发现独断的假象,从而迫使理性放弃它在思辨领域中的过分的无理要求,退回到它的真正领域——实践原理的领域中。

第二章　纯粹理性的准则

　　人类理性在它的纯粹运用中一无所就,并且确实需要训练以抑制它的放纵,以及防止由放纵而产生的假象,这是理性的耻辱。但另一方面,假如理性发现下面的事实,即自己能够且必须进行这种训练,不必服从任何其它的检查者;它被迫设定起来的思辨使用上的界限,同样限制了它的所有论敌的精巧伪装的无理要求;它能够对付任何的攻击,确保在先前过分的要求中可以保留下的一切东西,那么理性就会振作起来,获得自信。因此,纯粹理性哲学的最大、或许唯一的用途,只是否定的。它不是作为扩展理性的工具,而是作为限制理性的训练;不是用于发现真理,而是只有防止错误的普通功劳。

　　不过,必定存在属于纯粹理性领域、其所发生的错误只是由于误解,但实际上仍然形成理性努力之目标的某个肯定的知识源泉。否则怎么能说明我们难以抑制的、在经验范围之外寻求坚固的立足点的欲望?理性预感到这样的对象,它对于理性有着极大的利益。但当理性追寻思辨的道路来接近它们时,这些对象便不翼而飞。或许理性可以在仍然为它开放的另一条唯一道路,即实践运用中寻求更好的运气。

　　关于"准则",我看作是某种知识能力正确使用的先天原理的总和。这样,普通逻辑在分析部分里,是一般知性理性的准则,不过这仅仅涉及它们的形式,因为它抽去了一切的内容。先验分析论同样已被表明为纯粹知性的准则,因为只有知性能够有真正的先天综合知识。假如知识能力不可能有正确的使用,也就不存在准则。正如我们先前的证明已指出的,纯粹理性在它的思辨使用中,完全不可能有任何综合的知识。所以,不存在理性思辨使用的准则,这种使用完全是辩证的。在这方面,所有的先验逻辑都只是训练。这样,如果有着纯粹理性的任何正确的使用,在这种情况下就必有其使用的准则。这种法则涉及的并不是理性的思辨使用,而是它的实践的使用。往下我们将进而研究理性的实践的使用。

第 1 节　理性纯粹使用的最终目的

理性为它的天然倾向所驱使,要超出经验使用的领域,冒险从事纯粹的使用,仅仅借助理念达到一切知识的最后界限,并且只当完成了它的行程,建立起一个自足的、系统的知识总体,才肯甘休。是否这种努力只是理性的思辨利益的产物?或者不如说是完全根据于理性的实践的利益?

现在,我暂且不论纯粹理性在思辨的企求中的成功,而专门探讨这么一些问题,它们的解决构成了理性的最终目的,不论这是否能达到;并且对这些问题来说,所有其它的目的只能被看作是手段。按照理性的本质,这些最高目的必须有某种统一,以便能够推进并不从属于其它更高利益的人类利益。

理性思辨在它的先验使用中所指向的最终目的,与这三个对象相关：意志自由、灵魂不灭以及神的存在。理性的单纯思辨的利益与所有这三个对象无甚关系。假如只是为了这种利益，我们几乎不可能从事先验研究的这种令人疲劳而又无休止的工作。因为不论我们能得出什么发现，也无法在任何具体有用的方式上、即在自然研究中运用它们。如果意志是自由的，那么这只与我们的意志力有关。对于意志的外部表现的现象，即我们的行为，我们必须按照一种不可违逆的公则（Grundmaxime，没有这种公则，理性完全无法有经验的使用），以同所有其它自然现象一样的解释方式，即按照不变的法则来解释它们。其次，假如我们能够洞见心灵的精神本质及其不灭的性质，我们也不能依此来解释这一生命或未来状态的特殊性质。因为我们的非物质的本质概念只是否定性的，一点儿也不扩展我们的知识，并且也不提供任何可资推论的合适材料，除了那些仅仅是虚构的、决不被哲学认可的东西之外。第三，假如证明了最高理智者的存在，我们虽然可以由此使世界的组构与秩序中的合目的性成为普遍可理解的，但却完全不能从它那里得出任何特殊的安排与秩序，也不能在无法知觉之处冒失地推论这样的东西。因为这些是理性思辨使用的规则：不可忽略自然的原因，不可放弃可从经验中学到的东西，而去从某种完全超越我们的认识的某种东西中进行推演。总之，这三个命题对于思辨理性来说总是超验的，不允许有内在的使用（即与经验对象相关），因而在某种方式上是对我们有利的使用；它们本身是完全无用的，只会加重我们理性的负担。

这样，假如这三个基本命题完全不是知识所需要的，但却强烈地由理性举荐给我们，那么真正说来，它们的重要性必定只与实践有关。

我所说的"实践",指通过自由而可能的一切东西。不过,当行使我们自由意志的条件是经验的时候,理性对此只能有规范的使用,且只能用于产生经验法则的统一。例如在处世的学说中,理性的全部任务在于把我们欲望所追求的所有目的都联结在一个唯一的目的——幸福中,以及在于调整种种手段以便达到它。因此,在这一领域中,为了达到感性所要求我们的目的,理性只能提供自由行动的实用法则。它无法为我们产生纯粹的、完全先天地规定的法则。后一种类型的法则,即纯粹实践的法则,其目的完全由理性先天地给出,并且不是在受经验条件所限制的方式里,而是在绝对的方式里命令我们,它们是纯粹理性的产物,这类法则是道德的法则,因而只有它们属于理性的实践运用,并且允许有法则。

在可称为纯粹哲学的训练中,理性的所有准备实际上都是为了上述三个问题的。而这些问题本身又有它们进一步的目标,即,假如意志是自由的,上帝存在,并且有未来世界的话,我们应当做什么。由于这关系到我们对最高目的的态度,因而显然,自然所明智地为我们准备的最终目标,在我们理性的结构中,仅仅是道德的。①

不过,当我们把注意力转向不同于先验哲学的对象时,我们必须小心,不能只抓住局部而损害了体系的统一;另一方面,也不能

---

① 所有实践的概念都与满足或不满足的对象(即快乐与痛苦)相关,因此,至少间接地,与我们情感的对象相关。但由于情感不是我们用以表象事物的能力,而是处于我们所有的认识能力之外,因此我们的判断的因素,在它们与快乐或痛苦相关时,为实践判断的因素,故不属于只与纯粹先天的知识相关的先验哲学。——康德原注

第二章　纯粹理性的准则

由于论述不够,而缺乏明晰性或说服力。我希望尽可能地保留先验的因素,完全抛开可能伴随着的心理学的、即经验的因素,以此来避免这两方面的危险。

首先我必须说明的是,现在我只在实践的意义上使用自由概念,至于那种不能被用来作为经验地解释现象的根据,且本身对于理性来说是一个问题的先验意义(如同前面指出的),暂且搁置一边。仅由感性冲动(即病态地)决定的意志,是纯粹动物性的意志(arbitrium brutum);能脱离感性冲动,因而只由理性所表现的动机决定的意志,是自由意志(arbitrium liberum)。与这种意志相关联的一切,不论作为原因或结果,都叫作实践的。实践的自由能够通过经验来证明,因为人类意志并非仅由刺激它的、即直接影响感官的东西来决定。我们具有克服作用于感性欲望能力之上的印象的能力,这是通过设想它们可能产生的利弊来做到的。就我们的整体状态来说,有关什么是我们可以欲求的,即什么是善和有用的这方面的考虑,依赖于理性。因此理性给予我们作为命令的道德法则,即自由的客观法则,它告诉我们什么是应当发生的,尽管或许它永远也不会发生。这类道德法则不同于自然法则,后者仅仅与发生的东西有关。因此道德法则应叫作实践的法则。

在制定法则的行为里,是否理性本身还受到其它影响的制约,以及在与感性冲动相关时,我们称之为自由的东西是否在与更高更远的作用因相联系时仍是自然的,这在实践领域里是与我们无关的问题,因为我们要求理性的只是行为的准则。上面这些只是思辨的问题,在我们来考虑什么是应当或不应当做的时候,它们是可以放置一边的。虽然我们通过经验知道实践的自由是一种自然

A 802
B 830

A 803
B 831

的原因,也就是说,是决定意志的理性的因果性,但先验的自由要求这一理性(就其开始一个现象系列的因果性而言),独立于感性世界的所有决定的原因。因此,先验的自由显得与自然法则以及所有可能的经验相反,并留存为一个问题。但这一问题并不属于理性实践运用的领域,所以在纯粹理性的准则中,我们只研究两个与纯粹理性的实践利益相关的问题,并且对它们来说,必定可以有理性运用的法则。这两个问题就是:是否有上帝存在? 是否有来生? 先验自由的问题仅仅与思辨的知识有关,当我们研究实践的问题时,可以把它当作无关的东西不予理会。在纯粹理性的二律背反中,我们对它已作了充分的讨论。

第 2 节 作为纯粹理性最终目的决定根据的至善理想

理性在思辨的使用中,引导我们通过了经验的领域,由于它在那里不能完全得到满足,就把我们引至思辨的理念,而这些理念最终又把我们带回经验中来。在这样做的时候,理念虽然已经实现了它们的目的,但却是在一种尽管有用,却并没依照我们所期待的方式里进行的。现在留给我们的还有另一种研究方向:即是否也能找到在实践运用中的纯粹理性,这方面的纯粹理性是否引达我们前面所说过的作为纯粹理性最高目的的理念,因而,理性出于实践利益的观点,是否能提供给我们在思辨利益的立场上根本拒绝向我们提供的东西。

我的理性的所有利益,包括思辨的与实践的,都总括在如下的

第二章 纯粹理性的准则

三个问题里：

1. 我能够认识什么？
2. 我应当做什么？
3. 我可以希望什么？

第一个问题是纯粹思辨的。我可以自夸的是，我们已经穷尽了有关这个问题的一切可能的回答，并且最终找到了理性必然会满意的答案，即使理性不着眼于实践方面，也是有理由感到满意的。但是对于纯粹理性的全部努力真正所针对的那两大目的，我们仍然离之甚远，就好像从一开始我们就耽于安逸，拒不从事这一工作似的。因此，在问题涉及知识时，这一点至少是确定无疑的，这就是，我们永远也得不到有关那两个问题的知识。

第二个问题是纯粹实践的。它本身虽然可以隶属于纯粹理性，但即使如此，它也不是先验的，而是道德的，所以它本身不能成为本批判探讨的主题。

第三个问题为：假如我做自己应当做的事，那么我可以希望什么？它既是实践的又是理论的。作为实践的，它仅仅被当作一个引子，引导我们回答理论的问题，充其量回答思辨的问题。因为所有的希望都指向幸福，它们与实践的和道德律的关系，正如认知和自然法则在事物的理论知识方面的关系一样。前者最后导致这么一个结论，即某物存在（它规定了最终可能的目的），因为某物应当发生；后者导致的结论则是：某物存在（它作为最高原因起作用），因为某物发生了。

幸福是我们一切愿望的满足，（就其多样性而言，满足广泛的愿望，就其程度而言，满足强烈的愿望，就其持续性而言，也满足长久的愿望。)由幸福的动机而来的实践法则,我称之为实用的法则(明智的规则);但除了"值得幸福的价值"之外别无其它动机的法则(假如有这种法则的话),我称之为道德的(道德法则)。前者劝导我们的是,如果我们要谋求幸福,须得做什么;后者则命令我们,仅仅为了配得上幸福我们应当如何行动。前者根据的是经验的原理,因为如不通过经验,我就既不能知道有哪些需要满足的愿望,也不能知道有哪些能够满足这些愿望的自然事物;后者不考虑愿望以及满足这些愿望的自然手段,而只考虑一般理性存在者的自由,以及这种自由与按原则分配幸福相协调的唯一必要条件。因此,后一种法则至少能够立足于纯粹理性的纯理念之上并被先天地认识。

我认为纯粹的道德法则是实际存在的,它们不考虑经验的动机,即幸福,而完全先天地规定行为举止,即规定一般理性存在者的自由之使用。这些法则以绝对的方式(并非仅仅以其它经验的目的为前提来假定的)下命令,因此在一切方面都是必然的。我有权预设这一原理,不只是因为我援引最开明的道德学家的论证,而且是援引每个人的道德判断,假如他想要清楚地思考这类法则的话。

因此,纯粹理性虽不是在思辨的使用中,但却是在某种实践的、也就是道德的使用中,包含着经验的可能性之原理,即那种按照道德的规范有可能在人类历史中见及的行为之原理。因为,由于理性命令这类行为应当发生,所以它们也必定能够发生。因此,一种特殊类型的系统统一,即道德类型的系统统一,必定是可能的。但与此同时,自然的系统统一是不能按照理性的思辨原理来

第二章　纯粹理性的准则

证明的，因为理性尽管对一般自由具有因果关系，但并不对整个自然界具有因果关系；而理性的道德原则虽然能产生自由的行动，但却不能产生自然法则。因此，纯粹理性的原理在其实践的、尤其是道德的使用中，具有客观的实在性。

假如一个世界与一切道德法则相符合（正如它按照理性存在者的自由而能够存在，按照道德的必然法则而应当存在那样），我便把这样一个世界称之为道德世界。这里，由于我们撇开道德在这世界中的一切条件（目的）、甚至一切阻力（人类本性的弱点或不纯净），因此这一世界只能被思考为智性的（intelligible）世界。所以就此而言，它就只是一个理念，但毕竟又是一个实践的理念；它实际上能够并且应当具有对感性世界的影响，以尽可能地使感性世界符合理念。可见，道德世界的理念具有客观的实在性；这并不是说这种客观实在性似乎与某种理智直观的对象（我们完全不可能思维这样的对象）相关，而只是与感性世界相关，但这感性世界是作为纯粹理性在实践运用中的对象，作为理性存在者在感性世界中的奥体（corpus mysticum）*，因为理性存在者的自由意志在道德法则下，具有既与它自身、又与每个别人的自由处于普遍系统统一中的特点。

这就是对纯粹理性有关实践利益的两个问题中第一个问题的回答：你要这样做，使得你成为配享幸福的。第二个问题是问：如果我现在的做法使我并非不配得到幸福，我是否还可以希望能够

---

*　基督教神学教会论用语，原指教会而言，意即教会是基督的超自然的身体。此处康德借用来表示感性世界的超感性意义。——译者注

由此获得幸福？要回答这一问题，取决于那些先天规定法则的纯粹理性原理，是否也必然地将这一希望与这法则相联结。

所以我认为，正如依照理性的实践使用，道德原理是必然的，同样，即使依照理性的理论的使用，也必然可以假定，每个人都有理由希望得到他在自己的行为中使自己配得的那种程度的幸福，因而道德体系是与幸福的体系密不可分地结合着的，但这只是在纯粹理性的理念里。

于是，在智性的、即道德的世界中（在此世界的概念里，我们撇开道德的一切障碍，即愿望），这样一个与道德成比例地联结着的幸福的体系也能够被设想为必然的，因为，那部分为道德法则所鼓动，部分又为其所限制的自由，甚至那一般幸福的原因，因而那处在这些原理引导下的理性存在者本身，这时将成为他们自己以及他人的持续福利的创造者。但这种自相酬报的道德的体系仅仅是一种理念，它的实现依赖于这么一个条件，即每个人做他应当做的事情，亦即理性存在者的一切行为都如此进行，仿佛是由一个使一切个人意志包含在它自身中、或在它之下的最高意志中产生出来的。不过，由于道德法则在每个人具体使用他的自由时，即使其他人都不按这一法则行动，也仍然保持着约束力，因此，不论是世上事物的自然本性，还是行为本身的因果关系以及行为与道德的关系，都无法决定这些行为的结果如何与幸福相关。得到幸福的希望与使自己配得幸福的不懈努力之间的上述必然联系，如果仅以自然作为基础的话，是无法通过理性来认识的；而只有当某个按照道德法则发布命令的最高理性，同时被作为自然的原因置于基础的地位时，才能希望有这种联系。

第二章 纯粹理性的准则

使道德上最完善的意志与作为一切尘世幸福（就其与配享幸福的道德性处于精确比例中而言）的根源的最高福祉联结起来的那种智性，其理念我称之为最高的善的理想。因此，纯粹理性只有在这最高的、本源的善的理想里，才能找到最高的派生的善的两个要素间实践上必然的联结的根据，即智性的、也就是道德的世界的根据。既然感性向我们展示的不过是一个现象世界，而我们必须通过理性才使自己表现为属于道德世界，因此我们必须假定，道德世界乃是我们在那个并没有向我们呈现出这种联系的感性世界中的行为的结果，假定它对于我们是一个未来的世界。所以，上帝与来世的生活是两个前提，它们根据纯粹理性的原理，是与该纯粹理性托付于我们的责任不可分离的。

道德本身自成体系，但幸福则不如此，除非它与道德按精确的比例分配。但这只有在智性的世界里，在一个睿智的创造者与统治者之下才有可能。一个这样的统治者，连同在我们必须视为未来的这样一个世界中的生活，在理性看来是不得不为自己假定的，否则的话，道德法则就会被看作是空洞的幻想。因为，如果没有这个设定，那么，被理性与这些法则联结在一起的必然结果肯定会被取消。所以，每个人也把道德法则看作是命令。但是，假如道德法则不是先天地把适当的结果与它们的规则联结起来，从而本身具有期许与威胁作用，那么道德法则就不会成为命令。但道德法则要做到这一步，如果它们不是存在于唯一使这样的合目的的统一成为可能的、作为至善的必然存在者之中，那也是不可能做到的。

当人们在一个世界中仅仅关注理性存在者，关注他们在至善的统治下按照道德法则建立的相互联系时，这么一个世界，莱布尼茨称之为恩宠之国,以与自然之国相区别。在自然王国中,理性存在者虽然处于道德法则之下,但他们并不期待自己的行为有什么别的结果,而只有按照我们感性世界的自然进程所产生的结果。因此,把自己看作置身于恩宠之国,在那里除非我们因自己不配享福的行为而限制了自己应得的份额之外*,一切幸福都在等待我们,这是一个实践上必要的理性理念。

实践的法则,在它们同时又是行为的主观根据(即主观的原理)的限度内,称为格律(Maxime)。有关道德的纯洁性与结果的评判,依靠理念进行,而对于道德法则的遵守,则依据格律进行。

我们整个生活的旅程都服从道德的格律,这是必要的。但同时,理性如果不将某种起作用的原因联结到纯为理念的道德法则之上,要做到这一点又是不可能的;这种起作用的原因对依据道德法则的行为,将规定一种精确地符合我们最高目的的结果,不论在这种或那种生活中皆如此。因此,假如没有上帝、没有我们现在不能见到但却被期望的某个世界,那么崇高的道德理念虽是一个欢呼赞美的对象,却不是我们的意向与实行的动力。因为对于每一个理性存在者来说都是自然的,并由同一个纯粹理性先天规定的那个必要的目的,道德理念并不能将它完全实现出来。

对于我们的理性来说,单纯的幸福远远不是完满的善;除非它与值得幸福的功德(即道德的善行)相一致,否则理性不会认可它,不论人们如何想望它。但单单道德本身,以及与道德一起,仅仅值

---

* 原文直译为"除非我们因……而不限制自己应得的份额",意思相抵牾,疑原文多出一"不"字(nicht),兹据蓝公武译本更正。——译者注

第二章 纯粹理性的准则

得幸福的功德,也还远不是完满的善。要使善成为完满的,那么尽管一个人的行为并不比幸福更没有价值,他也必须能够有希望成为幸福的享有者。甚至摆脱了一切私人目的的理性,假如它处于不考虑一己的利益而分配所有幸福给其他人的这么一个存在者的地位,它也不会做出其它的判断;因为在实践的理念里,道德与幸福这两方面本质上是联结在一起的,尽管它们联结的方式是,道德信念是使分享幸福成为可能的条件;而不是相反,幸福的展望才使道德信念首次成为可能。因为在后一种情况里,信念将不是道德的,因此也不配得到完全的幸福;完全的幸福在理性面前不知道有什么其他限制,除了由于我们自己的不道德的行为所带来的限制以外。

A 814
B 842

所以,幸福只有在与理性存在者的道德精确地成比例,使得理性存在者成为配享幸福的时,才构成一个世界的最高的善,这一世界是我们依照纯粹但又是实践的理性的命令而绝对必须置身于其中的。当然,这个世界仅仅是一个智性的世界,因为感性世界并不许诺我们从事物的本性中产生这样一种系统的目的统一。这种统一的实在性也只能建立在一个最高的本源的善的前提上。因为,具备最高原因的全部充分性的自主的理性,依据着最完美的合目的性,建立、保持、并完成着事物的普遍秩序,尽管这种秩序在感性世界中,对我们来说是极其隐秘的。

这种**道德神学**比起思辨神学来,所具有的特殊优点是,它势必引至一个唯一的、尽善尽美的、有理性的原初存在者的概念,而思辨神学甚至连从客观的根据向我们暗示出这一点都做不到,更不用说能使我们确信它了。因为不论在先验神学或自然神学中,也不论理性在其中能引导我们走多远,我们都没有找到一个说明问题的根据,来假定某个唯一的存在者,使我们有充分理由将它置于一切自然原因之前、并使这些自然原因在一切方面都依赖于它。相反,假如我们从道德统一这一世界的必然法则的观点,来考虑唯一能给予这一法则以适当结果,从而也能给予我们以约束力的原因,那就必须有一个包含了这一切法则在内的唯一的最高意志。因为,在各不相同的意志之下,我们又如何能够达到目的之完美统一?这一意志必须是全能的,以便使整个自然及其与尘世道德的关系服从于它;它必须是全知的,以便知道我们最内在的信念及其道德的价值;它必须是全在的,以便直接贴近尘世最高利益所追求的一切需要;它必须是永恒的,以便使自然与自由永不会缺乏时间来达到和谐,等等。

不过,在这一智性世界中——这一世界作为单纯的自然,仅仅是一个感性的世界,但作为自由的体系,则能称为智性的、即道德的世界(恩宠之国,regnum gratiae)——,诸目的的这种系统的统一,势必也会引至依据普遍自然法则而构成这一大全的一切事物的合目的的统一,就像前一种统一是依据普遍必然的道德法则一样,从而使实践理性与思辨理性结合起来。世界必须被表现为产生于理念,如果它应当与理性的这样一种使用相协调的话;这就是理性的道德的使用,它本身是完全建立在最高善的理念上的,若无这种使用,我们自身将仍然是不配有理性的。由此,所有自然的研究都有了一个指向目的系统形式的方向,它的最高度的扩展,便是自然神学。但这种自然神学,由于它毕竟是从道德的秩序、从基于自由的本质而不受外部命令的偶然支配的统一中出发的,它就给

第二章　纯粹理性的准则

自然的合目的性提供了一些必然先天地与事物的内在可能性不可分割地结合着的根据,从而导向先验神学,这种先验神学以最高本体论的完美理想作为系统统一的原则,这种原则按照普遍必然的自然法则来联结一切事物,是由于一切事物在一个唯一的原初存在者的绝对必然性中都有其根源。

如果我们不对自己预设一些目的,那么甚至在经验方面,我们又怎能使自己的知性有某种使用呢? 但最高的目的是道德目的,只有纯粹理性才能将它们提供出来给我们认识。具备了这些目的,以它作为指导,如果自然不是本身表现出合目的性的统一,我们也不能在认识方面对自然知识本身作合目的性的使用。因为若无这种统一,我们甚至会没有理性,这是由于我们将不会有理性的学校,也不会有通过那些为这样一类概念提供材料的对象所造成的教养。然而,前一种[道德世界的]合目的的统一是必然的,它建立在意志自身的本质上,因而后一种[自然的合目的的]统一,由于它包含着意志的具体运用的条件,必定也是同样[必然的]。因此,对我们的理性知识的先验提升,不会是纯粹理性加在我们身上的实践合目的性的原因,而只会是它的结果。

A 817
B 845

因此,我们甚至在人类理性的历史中也发现:在道德概念未经充分纯化及规定、以及在依据这些概念从必然原理出发来理解目的的系统统一之前,对自然的知识乃至许多其它科学中程度相当可观的理性教养,都只能一方面产生一些粗陋的、漫无目标的神性概念,另一方面令人惊异地完全听凭人们对这个问题漠不关心,对道德理念的某种更广泛的研究必将通过我们宗教的最纯粹的道德法则来进行;而这将使理性对于对象更为敏锐,因为利益将迫使理性去把握对象。此外,道德理念即不借助于自然知识的扩展,也不借助于先验洞见(这在任何时代都不曾有过),而曾经产生了我们今天视为正确的神性存在者的概念;我们之所以认为这概念是正确的,并不是由于思辨的理性使我们相信这一点,而是因为它与理性的道德原则完全一致。因此,最终只有纯粹理性,而且仅在它的实践运用中,才具有这样的功劳,即在我们的最高利益上连接以这么一种知识,这种知识是纯粹思辨只能猜测,而不能使之有效的;这样一来,这种知识虽然没有被弄成一种经过证明的断言式,但对于理性的根本目的来说毕竟成了一个绝对必要的前提。

但如果说实践理性已经达到了这一高度,即达到了作为至善的唯一原初存在者的概念的话,那么它决不可贸然以为,自己就已经超出了使用中的所有经验条件,飞升到对另一些对象直接认知,因此能够从这一概念出发,由之推出道德法则本身。因为,正是这些法则,其内在的实践必然性曾经引导我们去预设某个独立的原因或贤明的世界统治者,以便使这些道德法则产生出效果。所以,我们不能重又把道德法则按照这个概念看作是偶然的、由其纯粹意志推出来的,特别是我们对这样的意志根本不会有任何概念,假如我们不先依据这些法则来构成这一概念的话。在实践理性有权利引导我们的范围内,我们将不会由于行为是神的命令才把它们看作是负有义务的,而是由于我们对它们有内在的义务,我们才把这些行为看作是神的命令。我们将在根据于理性原理的那个合目的性统一之下来研究自由,而且如果我们把理性由行为本身的自然性质所教示我们的道德法则视为神圣的,并认为只有通过促进我们和他人的尘世利益才有助于道德法则,那么我们就会相信这

第二章　纯粹理性的准则

是符合神的意志的。因此,道德的神学只有内在的使用,即实现我们在这尘世上的使命;这就要求我们去适应一切目的的那个系统,而不要狂热地、甚至狂妄地放弃道德上立法的理性在良好生活方式中的引导作用,来使这种生活方式直接与最高存在者的理念挂钩。这种做法会得出一种超验的使用,但那就正像纯粹思辨的超验使用一样,必将颠倒理性的最终目的,使它们招致破灭。

第3节　意见、认知与信仰*

断定某事物为真,这是我们知性中的事情,它可以是建立在客观的根据上,但也要求有作这个判断的人心中的主观原因。如果该判断对于每个人皆有效,只要他具有理性的话,那么它的根据是客观上充分的,这样断定它为真,就可称为确证(Überzeugung)。如果它的根据只具有主观的特殊性质,则可叫作雄辩(Überredung)。

雄辩是一种单纯的假象,因为判断的根据仅仅在主观中而被当作是客观的。因此这种判断也只有私人的效力,这样的断定为真是不可传达的。但真理建立在与客体的一致之上,就此而言,每一个人的知性的判断也必定彼此相一致(consentientia uni tertio, consentiunt inter se)**。所以,对某事物为真的断定是属于确证还是只是雄辩,其标准是外部的,这就是能否相互传达以及能否认为它对每个人的理性都有效。因为在这种情况下至少有这么一个

---

* Glaube,有信仰、信念、相信之意。以下分别按其语境,译为"信仰"与"信念"。——译者注

** 拉丁文,意为"凡与第三者符合者,彼此也相符合"。——译者注

猜测，所有判断相互符合的根据(尽管主体各不相同)，都基于一个共同的根据，即客体，因而它们全都与客体相符合，判断的真实性也由此得到证明。

所以，假如主体把断定为真仅仅看作是他心情的现象，那么雄辩就无法在主观上与确证区别开来，但我们把断定某物为真的那些根据当作一个试验，用以检验其他知性，看这些对我们有效的根据是否对于别人的理性也会产生与我们相同的效果，那么这种试验倒是一种手段；尽管它只是主观的手段，不能产生出确证，但毕竟是揭示出某个判断只具有私人有效性，即揭示出某物只属于雄辩的手段。

此外，如果我们能够阐明被我们当作是判断的客观根据的主观原因，因而能够把这种骗人的断定为真解释为我们心情中发生的事，而不必为此提供客体的性质，那么我们就揭露了这种幻相，不再为它所欺骗，尽管当幻相的主观原因与我们的天性有关时，我们就总还是会在某种程度上受到它的蛊惑。

除非由确证而来，否则我不能做出任何断定，即说出一个对每个人必然有效的判断。只要我乐意，我就可以保留对自己的雄辩，但我不能够、也不应当企图使它在我之外发生效力。

断定某事物为真，或判断在它与确证(此为同时是客观有效的)相关时的主观有效性，具有如下三个阶段：意见、信念和认知。意见断定某事为真，是意识到这不仅主观上不充分，客观上也不充分。如果这种断定仅是主观上充分，但同时被看作是客观上不充分的，这就叫作信念。最后，如果有关事物为真的断定，不仅主观上，而且客观上也是充分的，它就是认知。主观的充分性称为确证

第二章　纯粹理性的准则

（对我自己而言），客观的充分性称为确定（对于所有人而言）。我不再在解释这么容易理解的概念上耽误时间了。

假如不是至少对本身尚有疑问的判断借以同真理相联结（这种联结虽然不完全，但比任意的虚构要强）的某物有所认知，我决不可贸然提出意见。此外，这种联结的法则必须是确定的。因为，假如我对于这一法则也只有意见，那一切就都只是一种想象的游戏，与真理没有丝毫联系。在出自纯粹理性的判断里，是绝不允许有意见的。因为这些判断不是依赖经验的根据；它们都是必然的，因而都应当被先天地认识，所以这种联结的原则要求普遍性与必然性，因而要求完全的确定性，否则在真理上就没有任何引导了。因此，在纯粹数学里提出意见是荒谬的；我们必须认知，要么就放弃一切判断。在道德原理中的情况也是一样，在那里我们不可以仅仅根据关于某物有可能的意见来冒险行动，而是必须认知它。

A 823
B 851

相反，在理性的先验使用中，意见当然是远远不够的，但认知又太过分了。因此在纯然思辨的范围内，我们不能做出任何判断。因为我们断定某事物为真的主观根据，如同能够产生信念的那些根据一样，在思辨的问题那里是不能博得任何赞赏的；因为它们一离开所有经验的支持，就无法维持，并且也无法以同样的尺度传达给他人。

但在任何地方，只有从实践的立场上，我们才能把理论上不充分地断定某事物为真[的做法]称之为信仰。这种实践的观点要么是技能上的，要么是道德上的，前者涉及任意的、偶然的目的，后者则关系到一些绝对必然的目的。

目的一旦被预设，达到它的条件就被假定为必然的。这种必然性是主观的、却又只具有相对的充分性,假如我完全不知道达到这一目的的其它条件的话。但假如我确切地知道没有人能够认识到引达这一目的的其它条件,那么它就是绝对的、对每个人都是充分的必然性。在前一种情况下,我的预设以及我对某些条件为真的断定都只是偶然的信念;在后一种情况下则是必然的信念。医生对病危者必须作出某种诊治,但他并不认识疾病。他观察各种症状,由于不知道有别的更好的说法,他就诊断为肺结核。即使在医生自己的这个判断中,他的信念也只是偶然的,其他医生或许可以得出比这更好的结论。但这种偶然的信念却在某些行为中构成手段的实际使用的基础,我把这叫作实用的信念。

通常用以检验某人所断定的仅仅是他的雄辩,还是至少是他主观上的确证(即他坚定的信念)的试金石,是打赌。经常有人以充满信心和不可动摇的固执态度提出一些命题,就好像完全不用担心犯错误似的。打赌则使他产生疑虑。有时会表明,他所具有的雄辩虽足以被估价为一个杜卡登*,但却不能够估价为十个杜卡登。因为对于前者,他还很愿意冒一冒险,但在十个杜卡登上,他才意识到了以前所没有发觉的东西,即他很可能最终是错的。我们如果在思想中想象一下,我们会在打赌中输掉自己一生的幸福,那么我们判断的得意调门,就会大大降低,我们将会极其谨慎,这样才发现,我们的信念远不是充分的。因此,实用的信念所具有的程度,只是随着赌赛时的利益之不同而可大可小。

不过,尽管我们在涉及某个客体时完全不能有所为,因而对某

---

* Dukaten,14 到 19 世纪欧洲通用的金币名。——译者注

第二章 纯粹理性的准则

物为真的断定只能是理论上的,然而在许多情况下,我们却能够在思想的把握中有一种作为并能够想象出,一旦有了构成事物确定性的手段,我们将会以为自己在何种作为上有充分的根据。因此,甚至在纯粹理论的判断里,也有与实践的判断相类似者,这类断定为真的判断也适合用"信念"这个词,我们可以称之为学说上的信念,假如有可能通过任何一种经验来判别,我愿倾我所有来赌这么一个信念,即我们所见到的行星中,至少有一个是有人居住的。所以我说还有别的世界也有人居住,这不仅仅是一个意见,而是一个很强的信念(为它的正确性我已准备冒损失我生活中的许多利益的风险)。

现在我们必须承认,有关神的存在的学说属于学说的信念。因为,虽然就理论的世界观而言,没有任何东西可以规定,什么是这些观念的必然前提,什么是我们解释这个世界的现象的必要条件,相反,一切都有赖于这样来运用我的理性,好像单纯的自然界就是一切似的;然而,合目的性的统一毕竟是应用理性于自然界的一个重要条件,我们不能忽视这一点,尤其是在经验已为我们提供了这方面极为丰富的例证之后。但是,在这种统一性上了除了我预设一个最高智性依照最明智的目的来安排世上万物,我并不知道还有其它条件可使这一统一为我们的自然研究提供指导。因此,预设一个睿智的世界创造者,这就是为了引导自然研究这一必不可少的、虽然也是偶然的目的之条件。我的研究结果也往往证实了这一预设的有用性,并且没有什么东西可被用来从根本上反对这一说法:即如果我想把我这一断定为真的做法仅仅说成是意见,那我就说得太不够了。相反,甚至在这种理论的关系中,我也

A 826
B 854

能够说我在坚定地信仰一位神。但在这时,这种信仰在严格的意义上并不是实践的,它只能称之为学说上的信仰(信念),是自然神学(物理神学,Physikotheologie)在任何地方都必定会导致的结果。正是在这种神学智慧方面,当考虑到人类天性在素质上的优越与生命的短促是如此地不相适合时,我们同样能够找到足够的根据,来建立对人类灵魂来世生活的某种学说上的信仰或信念。

在这种情况下,从客观的立场看,信仰这一表达是一种谦恭的表达;但若从主观的立场看,它同时又是我们信心的坚定性的表达。即使我在这里只是想把这种纯粹理论上的断定为真称为我有正当理由采用的假设,我就已经因此而自告奋勇地对于世界原因的性质,以及另一个世界的性质,提出了比我实际上所能指明的更多的概念。因为,即使我只是把什么东西作为一种假设来采纳,我至少也必须根据它的属性知道,我可以设想的不是它的概念,而只是它的定在。但"信仰"这一术语只是指向理念给予我的引导,以及对促进我的理性活动方面——这种促进使我执着于理念,尽管我不可能从思辨的立场上对它作出说明——的主观影响。

但纯然学说的信仰却具有某种不稳定性,我们经常会由于思辨中遇到的困难而失去这种信仰,尽管我们总是会不可避免地返回到它。

道德信仰则完全不同。因为在那里,有一件事不能不发生,它是绝对必然的,这就是:我必须在所有方面都遵守道德法则。这里,目的不可避免地确立起来,这一目的得以同一切其它目的相关联、因而获得实践的有效性的条件,据我所知只有一个是唯一可能的,这就是神与来世的存在。我也十分肯定地知道,没有人会知悉

第二章　纯粹理性的准则　　651

在道德法则下导致这样一种目的统一性的别的条件。所以，既然道德规范同时也是我的格律（正如理性命令它应当如此的那样），那么我就不可避免地会相信神的存在和来世的生活，并确信什么也不能动摇这一信仰，因为若一动摇，我的道德原则本身就会被推翻，我也不能放弃这些道德原则而不使自己在我自己的眼里变得可憎。

这样，甚至在理性左冲右突要超越一切经验界限的所有的虚荣的企图遭到破灭之后，我们仍然还是以使我们有理由对实践的立场中剩下的东西感到满足。当然，没有人能够自诩：他知道上帝存在和有来生；因为，假如他知道这一点，那么他就正是我长期以来所寻找的人。一切知识（如果它们与纯然理性的对象有关）都是能够传达的，于是我就能够希望看到，在他的教导下使我的知识能以这种值得惊叹的规模得到扩充。不，我的确证并非逻辑的确定性，而是道德的确定性；并且由于它建立在主观的（道德意向的）根据之上，我甚至都不要说，神的存在等等，这是道德上确定的，而要说，我是在道德上确定神的存在等等的。这就是说，对神以及另一世界的信仰，是与我的道德意向交织在一起的，因此，就像我并不冒失去道德意向的危险一样，我同样也没有理由担心我会在任何时候被夺去这些信仰。

在这里，唯一有疑问的是这种理性的信仰是建立在道德意向的前提上这一点。假如我们撇开这一前提，而接受一个完全与道德法则无关的信念，则理性所提出的这一问题就成为单纯思辨的课题，并且这样一来，它虽然还能从类比中找出有力的根据而得到支持，但并不能由那种本身将使最顽固的怀疑癖都屈服的根据来

A 829
B 857

支持①。然而在这些问题上,没有一个人能摆脱一切利益。因为,虽然由于缺乏善的意向,他也许会与道德利益相分离,不过即使在这类情形中,也仍然留有足以使他害怕神的存在与来世生活的东西。对于这一点不需要别的,只要他至少不能借口说肯定不会有这样的存在与来生就够了。因为要确定这一点就必须通过纯粹理性来做出无可置辩的证明,所以他将不得不阐明这两件事的不可能性,但这是任何有理性的人都肯定做不到的。这将成为一种消极的信仰,它虽然不能产生道德与善的意向,但毕竟能产生与它们类似的东西,也就是说,它能够有力地遏制恶的意向的发作。

不过,或许有人会问,纯粹理性通过展望超出经验界限之外的远景,所取得的难道总共只有这些吗?难道没有别的,只有这两个信条吗?这无须求教于哲学家,普通的知性本来也能很好地做到这些的啊!

我不想在这里褒扬哲学通过其批判的艰苦努力为人类理性所做出的贡献,姑且假定这种功绩最终也将被发现仅仅是否定的;因为在下一章里我们对此还要有所论及。但是,难道你们竟然要求与所有人都有关的知识去超越普通知性,并且只应由哲学家揭示给你们吗?你们所指责的东西,恰恰是对我们前述观点的正确性的最好证实。因为这揭示出人们在刚开始时不能预见的东西,即

---

① 人类的情感(正如我相信在所有理性存在者那里都必然会发生的那样)在道德方面要求某种自然的利益,尽管这一利益并不是不可分的、实践上占主要的。如果我们加强并扩展这种利益,就会发现,为了使哪怕是思辨的利益与实践利益统一起来,理性也是很容易教会的,甚至还更容易被理解。不过,如果你不注意使自己一开始就做一个好人(至少在不完全的程度上),那你也决不可能使自己成为具有真诚信仰的人!——康德原注

在一视同仁地赋予人的禀赋中,不能指责大自然在分配它的赠品时有什么偏袒,并且就人类本性的基本目的而言,最高级的哲学所能成就的,也不会超过自然原来给予哪怕最普通的知性的引导。

第三章 纯粹理性的建筑术

我把建筑术理解为[构建]体系的技术。由于体系的统一是首次使普通知识上升为科学的东西，即由知识的单纯汇集而构建成一个体系的东西，因此建筑术是我们全部知识的科学性的(Szientifischen)学说，所以它必然属于方法论的范围。

在理性的治理下，我们的全部知识都不允许是什么狂想曲，而必须构成体系，只有这样，它们才能支持和推进理性的基本目的。但我把一个体系理解为各种知识在一个理念下的统一。这一理念是有关整体形式的理性概念，它不仅先天地规定多样性内容的范围，而且还先天地确定各部分相对的位置。因此，这一科学性的理性概念包含了目的以及与此目的相一致的整体的形式。这种目的的统一使所有部分都与目的相关、又在目的的理念里互相关联，它使得任何一部分都不会在其他部分的知识那里遗漏掉*，也不会有任何偶然的增加，或是对完整性施以不具先天规定之边界的任何不确定的尺度。因而整体是肢节分明的(articulatio)，而不是堆积起来的(coacervatio)。它虽然可以内在地(per intus susceptionem)

---

* 原文直译为"每一部分都会在其他部分的知识那里遗漏掉"，与文意相悖，据Hartenstein版和Görland版改正。——译者注

(自内部开始)增长,但却不能外在地(per appositionem)(由于外加而)增长。它就像动物的身体一样,其成长并不使肢体增加,而是在不改变它们的比例的情况下,使每一肢体对于它的目的变得更强健、更有效能。

理念的实现需要一种图式,这就是先天地依照目的原则所规定的基本的多样性及各部分的秩序。这个图式并非依照理念,即理性的主要目的所设计,而是经验地、按照偶然表现出的意图(人们无法预先知道它们的数目)所设计的,它产生的是技术的统一;反之,仅仅依据理念而产生的图式(在那里理性先天地提出目的,而不是等待经验来提出目的),则建立起建筑术的统一*。凡是我们称之为科学的,其图式都必须依照理念、即先天地包含纲要(monogramma)与整体到部分的划分,并且必须准确无误地按照原则,把这一整体同一切其它的整体区别开来。这种科学,并不是由于其多种内容中的相似性,或由于偶然地使用具体知识于各种任意的外在目的上,就能技术地产生出来;而是由于亲和性,由于导源于某个使整体首次成为可能的唯一最高内在的目的,才能建筑术地产生出来的。

任何人除非把某个理念作为自己的基础,否则不会尝试去建立一门科学。不过在创建科学时,其图式乃至他一开始给此门科学下的定义都很少与他的理念相符合。这是由于这一理念包含于理性之中,就像一个胚芽,其中各个部分还重重包裹着、隐藏不露,

---

* 建筑术的(architektonisch)和技术的(technisch)有共同的词根(technic,技巧、技术),但前者更含有"原创性"(前缀 archi 有原始、最高之意)的意思。——译者注

即使放在显微镜下观察也很难辨认。因而,由于一切科学都毕竟从某种普遍利益的立场出发设想出来的,我们就不能根据其创立者对它们的描述来解释与规定它们,而必须根据理念,这个理念是人们从收集到的那些部分的自然统一中发现出来,并被发现是立足于理性本身之中的。因为这时我们会发现,其创立者、甚至经常还有他的最远的追随者,为一个他们自己并没有搞清楚的理念而东奔西走,因而他们也就不可能规定这门科学的真正内容、结合方式(系统的统一)和界限。

糟糕的是,只有当我们指出了潜藏在我们心中的理念之后,在花费许多时间,以行吟诗人的方式收集了许多与之相关的知识来作建筑材料,甚至在整个漫长时期内从技术上把这些材料复合起来之后,这时我们才有可能瞥见理念的真面目,并按照理性的诸目的从建筑术上来规划一个整体。体系的构成,似乎像蠕虫一样,只是从所搜集到的概念的汇合中自然发生(generatio aequivoca)出来的*,似乎它起先是残缺的,尔后才逐渐完备起来。不过所有的体系在其单纯自我展开的理性中都有自己的图式作为其原始的胚芽,因此,不仅每一体系本身是依据某个理念来划分肢节的,而且它们同时也作为一个整体中的诸环节,全都合目的地相互统一在人类知识的系统里,因而可以有一种对所有人类知识的建筑术。这种建筑术目前由于已汇集了大量材料、或者能从已倒塌的旧体系的废墟中取得大量的材料,将不仅是可能的,而且甚至也不会是

---

* 自然发生或"自生"论是当时的机械论自然观提出的一种解释生命起源的学说,康德借用来说明了科学体系不是机械拼凑,而要有内在的理念作为目的,才真正是有机系统。——译者注

第三章　纯粹理性的建筑术

很困难的了。这里,我们只限于完成这样的任务,即仅仅勾划出来自纯粹理性的一切知识的建筑术;我们将仅仅从这一点出发,即对我们的认识力的共同根基加以划分,列出其两大来源,其中一个就是理性。但在这里,我把理性理解为高级认识能力的总和,因而使理智同经验相对立。

如果我撇开从客观上看的一切知识内容,那么从主观方面看,所有的知识要么是历史的,要么是理智的。历史的知识是由授予得来的知识(cognitio ex datis),理性的知识则是由原理得来的知识(cognitio ex principiis)。一种知识尽可以是原初给予的,但即使它由此而来,如果具有这一知识的人所认识的程度和范围只是从外部给予他的那样,这或许是通过直接的经验,或者是讲述,甚至是通过教授(普遍的知识)而给予他的,那么这种知识在他那里就仍然只是历史的知识。因此,一个本来就学得了某种哲学体系、例如沃尔夫的体系的人,哪怕他把所有的原理、界说和证明,连同整个学说体系的章节划分,统统都装进头脑里,对一切都了如指掌,但他所具有的,充其量也不过是对沃尔夫哲学的完备的历史知识。他所知道、所判断的,只是曾经给予他的东西。如果一个定义与他相冲突,那么他就不知道应当从哪里去得到另一个定义。他曾按照别人的理性来教养自己,但摹仿*能力并非创造的能力,也就是说,知识在他那里不是从理性中产生出来的,因此,虽然从客观上说,它确实曾经是一种理性知识,然而从主观上说,却毕竟只

A 836
B 864

---

* 此处"摹仿的"(nachbildende)与前面"按照……教养"(bildete...nach...)结构相同,无法用中文表达。——译者注

是历史的知识。他很好地把握并熟记了那一知识，也就是学会了它，但他不过是某位活人的石膏模型。理性知识就其是客观的而言（也就是就开始时只能从人自己的理性中产生出来而言）；只有在一种情况下才能也从主观的意义上冠以此名，就是这些知识是从普遍的理性源泉中吸取出来，即从原理中创造出来的，从这里面还能够产生出批判，乃至摒弃已学到的东西。

一切理性知识或来自概念，或来自概念的构造。前者称为哲学的，后者称为数学的。在[先验方法论的]第一章中，我已经论述过这两种知识的根本区别所在。因此，知识能够客观上为哲学的，然而主观上是历史的，这对于大多数的初学者，以及对于所有那些眼光永远不会超出学校之外而终生只能成为学徒的人来说，皆为如此。然而不同寻常的是，数学知识一旦被学得，它也能从主观上被看作是理性知识，因此在数学中并没有我们在哲学知识中所作出的那种区别。其原因在于，数学教师所唯一能汲取其知识的源泉，只能存在于理性的根本的、真正的原理之中，因而学生无法从任何其它地方获得这些源泉，这些源泉也不会引起任何争论；而这又是由于理性在这里的运用只是具体的，尽管同样是先天的，即在纯粹的、正因此是没有错误的直观里进行的，这就排除了所有的幻觉与谬误。所以，在所有理性的（先天的）科学中，只有数学是可以学习的；而哲学（除非以历史的方式）是决不能学习的，而顶多只能学习对有关理性的东西作哲学的探讨（philosophieren）。

一切哲学知识的体系也就是哲学。如果我们把它理解为评判所有进行哲学探讨的尝试的蓝本，它应当用来评判每一种在结构上往往如此多样和多变的主观哲学，那么我们就必须客观地对待它。以这种方式,哲学是关于某个可能的科学的单纯理念,它在任何地方都不以具体的方式存在,但却是我们由种种不同的道路去努力接近的,直到最后揭示出一条为感性所完全掩盖了的唯一道路,直到在人类所获得的范围内迄今未遇的摹本成功地与这一蓝本相同一为止。在达到那个时候之前,我们不能学习哲学;因为,哲学在哪里,谁拥有哲学,它凭什么可以被认识?我们只有学习进行哲学的探讨,这就是,按照理性的普遍原理,在一些现有的有关哲学的尝试上磨炼理性的天禀,不过总是要保留理性在这些尝试的源泉中研究、验证或抛弃这些尝试本身的权利。

但迄今为止的哲学概念,只是一个学术概念,即它具有一个只是被作为科学来追求的知识体系,而不具有除了这种知识的系统统一之外,从而除了知识的逻辑完善性之外的任何目的。不过还有一种世界概念(conceptus cosmicus),它总是构成"哲学"这一命名的基础,特别是当它好像被拟人化了,并在哲学家的理想中被想象为某种蓝本的时候。从这种观点看,哲学是关于一切知识与人类理性的基本目的(teleologia rationis humanae)的关系的科学,哲学家并不是理性技师,而是人类理性的立法者。在这种意义上,假如有人自称是哲学家,自以为与仅仅存在于理念中的那个蓝本相等,那真是大言不惭。

数学家、博物学家和逻辑学家,不论前两者*在理性的知识领域中,后两者**尤其在哲学的知识领域中,有多么出色的推进,但

---

* 前两者,原文为 die ersteren。——译者注
** 后两者,原文为 die zweiten。——译者注

仍然只是理性的技师。还有一种理想中的导师,他运用所有这一切,把它们用作促进人类理性基本目的的工具。只有他才能称为哲学家,但由于在任何地方也见不到他本身,而他的立法的理念却在每个人的理性那里随处可见,因此我们要紧紧把握这一理念,更精确地去规定哲学按照这种世界概念①从目的的立场上为系统统一所示范出来的东西。

因此,基本目的还不是最高目的,最高目的(对于理性的完全的系统统一来说)只能是唯一的目的。因此,基本目的或是最终目的,或是作为手段必然隶属于最终目的的从属目的。前者不是别的,正是人的全部使命,研究这方面的哲学叫作道德哲学。由于道德哲学优越于所有其它的理性工作,因此古人在使用"哲学家"一语时,也总是同时指、并且特别指道德学家。甚至在今天,一个人看起来显得是有理性而自制的,就使得人家根据某种类比把他称为哲学家,而不论他的知识是多么有限。

于是,人类理性的立法(哲学)有两个对象:自然与自由,因而不仅包含有自然的法则,而且还有道德的法则,它们一开始是在两个不同的体系中,但最后则包含于一个唯一的哲学体系里。自然哲学研究一切存在的事物,道德哲学则只研究一切应当存在的事物。

但一切哲学或是自纯粹理性而来的知识,或是自经验原则而来的理性知识。前者称为纯粹哲学,后者称为经验哲学。

纯粹理性的哲学或是入门性的(准备性的),它从一切先天纯

---

① 这里所说的世界概念,是指那种涉及与每个人的利害必然相关的东西的概念,因而如果一门科学只被看作是实现某些任意目的的熟巧中的一种熟巧,我就按照学术概念来规定它的目的。——康德原注

粹知识方面研究理性的能力，这叫作批判；或是纯粹理性的体系（科学），它在系统关联中研究出自纯粹理性的整个哲学知识（真与假的），这叫作形而上学。尽管"形而上学"这一名称也可用于包括批判在内的整个纯粹哲学，以便既能概括关于每次可被先天认识的一切东西的研究，又能概括关于构成这类纯粹哲学知识体系、但又与理性的经验的乃至于数学的一切使用不同的东西的描述。

形而上学分为纯粹理性的思辨的使用与实践的使用两种，因此它要么是自然形而上学，要么是道德形而上学。前者包含来自纯然概念的（因而排除了数学）、有关一切事物的理论知识的所有纯粹理性原理；后者包含先天地规定我们的行为举止并使之成为必然的那些原理。道德性就是行为的唯一能够完全从原理中先天导出的合规律性，因此，道德的形而上学是真正纯粹的道德哲学，无须以任何人类学（任何经验的条件）作为基础。在更严格的理解中，人们现在通常把思辨理性的形而上学称为形而上学。但由于纯粹道德学说同样也属于自纯粹理性而来的人类知识即哲学知识的特殊核心部分，所以我们要为它保留"形而上学"之名称。不过由于它不属于我们现在的目的，我们在这里姑且将它搁置一边。

将那些在类别与起源上与其他知识不同的知识分离出来，小心地防止它们与另一些在使用中通常与它们相联系的知识混合在一起，这是最重要的事情。化学家在分析物质时，以及数学家在其纯粹量的学说里所做的，是哲学家应当要做得更多的事情，这样他才能确切地规定在知性的各种运用方面某种特殊知识的应得部分，以及它的特殊价值和影响。因此人类理性自开始思考、或不如说开始反思以来，从来不可能没有形而上学；但同样也从来不可能

A 842
B 870

单凭完全摆脱所有外部因素杂质就获得形而上学。这样一种科学的理念,是同思辨的人类理性一样古老的。不论是以学院的方式还是通俗的方式,哪有理性不思辨的? 不过必须承认,我们知识的两个要素,其中一个是完全先天地属于我们的能力范围,另一个是只能后天地从经验中得到的,这一区别甚至在职业的思想家那里仍然是很不清楚的,这就使他们从未能做到对特殊种类知识进行界限规定,从而也无法产生人类理性研究得如此之久、如此努力的真正的科学理念。当人们说形而上学是有关人类知识的第一原理的科学时,他们并没有由此发现一种完全特殊的知识类型,而只是看出了在普遍性方面的一个等级,因而这并不足以使形而上学同经验的东西清楚地区别开来。因为即使在经验的原理中,也有某些原理比其它原理更普遍、因此也更高,它们处在这样一种等级序列之中(在那里人们无法将完全先天认识到的原理同只能被后天认识到的原理区别开来),我们从哪里去做一种截然划分,把第一部分同最后部分、把最高环节同隶属环节区别开来呢?假如在纪元时,我们只能这样来标明世界历史阶段,即将它们划分为最初的世纪同后来的世纪,那人们会怎么说呢?人们将会问,第五世纪、第十世纪等等是否也属于最初的世纪呢?同样,我也会问,"广延"概念是属于形而上学的吗?你们回答,是的!噢,还有"物体"的概念呢?是的!而"液体"的概念呢?这时你们开始犯疑了;因为这样问下去的话,一切事物都会属于形而上学了。由此可见,单纯的隶属等级(使特殊处于普遍之下)无法规定科学的界限;在我们的情况下,只有起源上的完全不同类性与差异性才能做到这一点。但是,还有从另一方面遮蔽了形而上学的根本理念的东西,这就是,作为先天的知识,它显出与数学的某种同类性。无疑,就先天的起源而言,它们是相互类似的;至于形而上学从概念出发的认识方式,与数学仅由先天构造概念来下判断的方式相比,因而就哲学认识与数学认识的区别而言,那就显出这样一种根本的不同类性了。这种不同类性人们虽然似乎一直都感觉到了,但却从来未能以清楚的标准加以界定。由此产生了这样的情况,由于哲学家们甚至都不去发展他们各门科学的理念,所以他们在探讨这些科学时就无法有明确的目的和可靠的准绳。他们尽管有任意制定的规划,却不知道应当走的道路,每个人想在自己的道路作出一些发现,并总是为此而相互争吵,这就使他们的科学先是遭人蔑视,最后甚至遭到自己的蔑视。

因此,所有纯粹的先天知识,由于它所唯一能由之产生的特殊知识能力,本身具有一种特殊的统一;形而上学就是这样一种哲学,它要在此种系统的统一中阐述那种纯粹先天知识。它的思辨部分特别适合于这一名称,这部分即我们称之为自然形而上学的哲学,它从概念出发先天地考虑一切存在之物(而非应当存在之物),现在我们将这部分分类如下。

A 845
B 873

在严格理解中所谓形而上学,是由先验哲学和纯粹理性的自然学(Physiologie)组成的。前者只研究知性,并研究一切与一般对象相关但并不假定客体已被给予(本体论)的概念与原理的一个体系中的理性本身;后者研究的是自然,即被给予的对象的总和(不论这是给予感性,或假如人们愿意的话,给予某种其它的直观),从而是自然学,尽管只是理论性的(rationalis)。但理性在这种理论性的自然研究中的使用,要么是物理的,要么是超物理的,或不如说,要么是内在的,要么是超验的。前者涉及的是自然,只要这个自然的知识能在经验中（具体的）运用；后者涉及的是超越一切经验而对各个经验对象的联结。因此，这种超验的自然学要么是以内在的联结、要么是以外在的联结为其对象，但两者都超出可能的经验。研究内在联结的，是自然总体的自然学，即先验的世界知识；研究外在联结的是自然总体与超自然的存在者之间的关系的自然学，即先验的上帝知识。

与此相反，内在的自然学把自然看作是一切感官对象的总和，因而看作是恰如它所给予我们的那样，但它只能依照一些先天的条件，唯有在这些条件下它一般地说才能给予我们。然而这样的对象只有两种。1.外感官的对象及其总和，即物的本性，2.内感官的对象，即心灵，以及依据我们一般有关心灵的概念，思维的本性。物的本性的形而上学称为物理学，但由于它只应包含有关物的本性的先天知识的原理，所以是理论性的（rational）物理学。思维的本性的形而上学称为心理学。由于与上面相同的理由，在此应被看作只是有关思维的本性的理论性的知识。

形而上学的整个体系因此由四个主要部分组成：（1）本体论；（2）理性的自然学；（3）理性的宇宙论；（4）理性的神学。第二部分，即纯粹理性的自然学说，包含两个分支：理性的物理学（physica rationalis）[①]和理性的心理学（phychologia rationalis）。

――――――――――
[①] 不要以为我在这里所说的"理性物理学"就是指通常称为"普通物理学"（physica generalis）的东西，后者宁可说是数学，而不是自然哲学。因为自然形而上学完全与数学不同，它也远不能象数学那样扩大我们的知识，但在批判可以运用于自然的一般纯粹知性认识方面，却仍是非常重要的。因为如果缺这种批判，甚至数学家们由于依赖于某些通常的、其实倒是形而上学的概念，也会不自觉地以假设来干扰他们的自然学说，这些假设通过对这些原理的批判会消失，结果丝毫不会损及数学在这领域里的运用（这种运用是不可缺少的）。——康德原注

第三章　纯粹理性的建筑术

纯粹理性哲学的本原的理念规定了这一划分本身，因此这种划分是建筑术上的，它根据的是理性的基本目的，而不仅仅是技术上的，即依据偶然知觉到的相似性而仿佛是凭好运气提出的。正因为如此，这种划分是不变的，具有立法的性质。不过，这里还有几点可能会引起疑虑的，它们也许会削弱我们对于这种划分的合法性的信念。

首先，对象是给予我们感官的，因此是后天给予的，但我们怎么能指望有关于这些对象的先天知识、因而有关于它们的形而上学呢？我们怎么能够依据先天的原理，来认识事物的本性并达到某种理性的自然学呢？回答是：我们从经验那里得不到别的，只有在给予我们外感官以及内感官以一个客体时所必要的东西。外感官的客体通过单纯的物质概念（不可入性，无生命的延扩）而来，内感官的客体通过一个思维存在者的概念（在经验的内在表象里就是：我思）而来。此外，在有关这些对象的整个形而上学中，我们将不得不完全抛弃所有那些还想为概念增加任何一种经验，以便由此对这些对象有所判断的经验原理。

其次，究竟在什么地方还有那种向来主张在形而上学中占有自己的位置的经验心理学呢？并且在我们的时代，在人们已经放弃了达到某种先天有效的东西的希望之后，人们所期待从中发现对说明形而上学具有重要性的东西的那种经验心理学又置于何处呢？我的回答是，它应当被归于本义上的（经验的）自然学说所必须归属的地方，即归于应用哲学方面，这种应用哲学的先天原理则包含在纯粹哲学中。因此纯粹哲学与应用哲学是有联系的，但不应被混在一起。这样，经验心理学就必须从形而上学中完全驱逐

A 848
B 876

出去，并且它已经通过形而上学的理念而被完全排除在形而上学之外了。不过，按照经院派的用法，我们还得允许它在形而上学中留有一小块地方（尽管只是作为某种插曲），这是从[思维]经济的动机来考虑的，因为它虽不足以独立构成一个研究的主题，但毕竟是很重要的，所以不应完全把它排除，或把它塞在另外一个比起在形而上学中来它更难找到相似性的地方。因此，经验心理学只是一个被长期接纳的外乡人，我们允许它再逗留一段时间，直到它能够在一个完备的人类学（经验的自然学说的姐妹篇）里，找到自己的归宿为止。

这也就是形而上学的普遍理念。由于人们最初对它怀有的希望，超出所能公平地要求于它的，并在一段时期里为这种快意的期望所陶醉，所以它最终落得个受人普遍的蔑视，因为人们发现在这种期望中自己受骗了。从我们的批判的整个进程出发，人们将足以确信，尽管形而上学不能是宗教的基础，但它任何时候都必须作为宗教的堡垒保留下来；人类理性由于它的自然倾向已使它具有辨证性质，它决不能没有这样一门科学，这门科学约束理性，并且通过科学性的、极其清楚的自我认识，防止无法无天的思辨理性，本来会在道德与宗教领域内不可避免地造成的荒废。所以我们可以肯定，尽管形而上学会遭到那些不知道由科学的本性，只知道由它的偶然结果来判断一门科学的人的冷遇与轻视，但我们总是会回到它那里，就像回到一位曾经与之有过争执的情侣那里一样。因为理性在这里牵涉它的一些基本目的，它必须不遗余力地工作，要么使自己的见解彻底化，要么就摧毁那些已经现存的好见解。

所以，不仅自然的还有道德的形而上学，特别是对凭自己的羽翼冒险飞翔的理性所进行的批判,作为一种先行的预习(入门):它们所构成的本来只是我们能在真正意义上来称呼的哲学。它们全都与智慧有关,但却通过科学这条唯一的道路来寻求智慧,这条道路一旦被开辟,就决不会被阻塞,且不允许误入歧途。数学、自然科学、甚至人的经验知识,作为绝大部分用来达到人类偶然目的、但最终毕竟是用来达到必然的基本目的的手段,具有高度的价值。但它们要达到这一点,只有借助于由单纯概念而来的理性知识,这种知识人们可以任意称呼它,但它实际上无非是形而上学。

　　根据同样的理由,形而上学也是人类理性一切教养(Kultur)的完成。它是不可或缺的,尽管人们可以忽略它作为科学对某些确定目的的影响。因为它是根据理性的基本要素和最高格律来探讨理性的,这些要素和格律本身必然构成统一诸科学的可能性基础以及一切运用的基础。形而上学作为单纯的思辨,是用来防止谬误,而不是用以扩大知识的,但这并没有损害它的价值,相反,还使它得到了尊敬和威望,因为它的审查职能保障了普通学术事业的共同秩序、和睦与福利,不让这一事业的那些勇敢无畏而富有成果的探索离开全人类的幸福这一主要目的。

A 851
B 879

第四章　纯粹理性的历史

　　在这里提出这一题目，只是为了表明体系中尚留存有这一部分，它有待将来的人们去完成。我只满足于从一个单纯先验的观点，即从纯粹理性的本性中，对至今在这方面所进行的全部探讨投之以匆匆一瞥。它们在我眼里虽结构俨然，但只表现为一堆废墟而已。

　　值得充分注意的是（当然事情也不可能以其它方式进行），人们在哲学的童年时代开始起步的地方，也是我们现在更希望在此结束的地方，即首先研究有关神的知识，以及研究对彼岸世界的希望、乃至研究彼岸世界的性状。不论由古代的风习（它们又是人类群体野蛮状态的遗留物）带来了多么粗糙的宗教概念，这并不妨碍更为开化的人们从事于有关这一对象的自由研究，并且我们很容易看出，除了善的生活方式以外，再没有什么更彻底、更可靠的方式，可以取悦统治这个世界的不可见的力量，以便至少可以在彼岸世界得到幸福的了。因此，神学与道德，是促使后来的人们总是不断地致力于一切抽象的理性研究的两个动机，或不如说，两个关节点。但真正一步步吸引纯粹思辨理性从事于后来在形而上学的名义下变得如此著名的工作的，则是神学。

　　现在，我并不想区分形而上学中发生这样那样变化的那些历

第四章 纯粹理性的历史

史时期,而只想简略地概述一下[在形而上学中]曾引起那些最主要的革命的各种理念。于是我发现在这一争论的舞台上曾经导致了最显著变化的有三类问题。

1. 在我们一切理性知识的对象方面,有些人是单纯的感觉论哲学家,另一些则是单纯的唯理论哲学家。伊壁鸠鲁可视为最杰出的感性哲学家,柏拉图则是理性哲学家中的杰出代表。这两种学派之间的区别,虽然如此细致,但从最早的时代已经开始,并且长期不间断地保持下来。感觉论派主张只有在感官对象里才有真实性,其余的一切都是幻觉;反之,唯理论派宣称感官中只有幻相,唯有知性才认识真实的事物。但感觉论者并不因此而否定知性概念的实在性,只是这种实在性对他们来说仅仅是逻辑的,而在唯理论者那里,这种实在性却是神秘的。前者承认智性的概念,但只接受感性的对象。后者要求真实的对象只应是理智的,主张通过那不从任何感官中导出的纯粹知性而具有一种直观。感性在他们看来,只会使这种纯粹知性产生混乱。

A 854
B 882

2. 在纯粹理性知识的起源方面,这些知识是来自经验,还是不依赖经验而在理性中有它们的源泉。亚里士多德可看作是经验论者的领袖,柏拉图则是唯灵论者(Noologist)的主要代表。在近代,追随亚里士多德的洛克,与追随柏拉图的莱布尼茨(虽然他与柏拉图的神秘体系保持相当的距离),在这种冲突中都还未能达到任何解决。至少,伊壁鸠鲁的感觉论体系,要比亚里士多德和洛克(尤其是洛克)的一贯得多(因为他从来没有凭借他的推论超出经验界限之外)。洛克在从经验中得出所有的概念和原理之后,在运用它们时走得如此之远,以致主张我们可以像任何一个数学命题那样清楚明白地证明神的存在和灵魂不灭(虽然这两个对象都完全处于可能经验的界限之外)。

3. 在方法方面。假如要把某种东西叫作方法,那它必须是一种根据原理而来的行为方式。现在我们可以把目前在自然科学这一研究领域中占统治地位的方法分为自然主义的和精密科学的(szientifisch)两种。纯粹理性的自然主义者所采取的原理是,通过普通理性(他们称之为健全的理性),而无须科学,他就能够对那些构成形而上学任务的最高级的问题,获得比通过思辨可能得到的还要多的结果。这样他主张我们能够通过肉眼来决定月球的大小与距离,其可靠性胜过数学的劳神费力。这不过是把对理论的厌恶(Misologie)提升为原理罢了。这是最荒唐的事,即把对一切人为手段的忽视,誉为扩展我们知识的一种特有方法。至于自然主义者缺乏进一步的眼光这方面,那么我们没有什么理由可以责备他们。他们追随普通理性,而并不把自己的无知夸耀为一种方法,并未自称这种方法包含着从德谟克利特的深井中汲取真理的秘诀。Quod sapio, satis est mihi; non ego curo, esse quod Arcesilas aerumnosique Solones, Pers. (我安于我的所知,既不想作阿尔采西拉斯*,也不想作忧患备尝的梭仑**——柏修斯),这是他们的座右铭,据此他们可以过着欢愉和值得称赞的生活,既不费心于科学,也不搅扰它的事务。

---

* 古希腊哲学家,雅典中级柏拉图学园的创始人(约公元前 315-241 年)。——译者注

** 传为古希腊"七贤"之一。公元前 594 年任执政官,曾制订法律,实行政治改革。——译者注

至于精密科学方法的研究者,那么他们在这里有一个选择,要么是独断地进行,要么是怀疑地进行。不过无论在什么情况下,他们都有责任要系统地进行。我这里可以举著名的沃尔夫为独断论的代表,举大卫·休谟为怀疑论的代表。根据我现在的计划,我不用再举其他例子。批判的道路,是唯一还没有人走的道路。如果读者乐意并且有耐心伴随我一起沿着这条道路作了一次漫游的话,那么他现在就可以作出判断,即如果他愿意帮助使这条道路成为宽阔大道的话,那是否能在本世纪结束之前完成许多世纪以来未能成就的事业,这就是:使人类理性在它的求知欲一直都在探讨、但至今尚无结果的事情上,得到完全的满足。

家属附记

这部《纯粹理性批判》译著是父亲王玖兴先生2003年1月去世前没有全部完成的遗作。此译著由王玖兴先生主译,王太庆、王树人、陈嘉明等先生参译。全书由王玖兴先生统稿校改。各位译者分担的部分如下:

王玖兴先生翻译了题词,献词,第二版序言,第二版引论,先验要素论第一部引论、第二部第一分部第二卷、第二部第二分部第二卷的第一章的一部分、第二章和第三章的全部等;

王太庆先生翻译了第一版序言,第一版引论,先验要素论第一部第1节和第2节、第二部引论、第二部第一分部第一卷第一章(第二章共两节缺失);

王树人先生翻译了先验要素论第二部第二分部引论、第一卷全部、第二卷的第一章的一部分;

陈嘉明先生翻译了先验方法论。

父亲生前明确交待:"原译稿全部经过改译、校对,文责由王玖兴负责。"

* * *　　* * *　　* * *

这部《纯粹理性批判》译著凝聚了父亲晚年全部心血,翻译工作历时二十余载。2001年6月,父亲被诊断患有急性粒细胞性白血病。也正在此时,他发现手稿缺失已故王太庆先生负责翻译的先验要素论第二部第一分部第一卷第二章的两节译稿。在生命的最后时间里,父亲一直希望由自己来补译缺失的内容,但终因病重未能如愿。原著第二版删除了第一版的一些段落,父亲在译稿中已经标注要翻译删除的部分,放在脚注里供读者参考,其中有一部分未来得及完成。在他临终前和2003年1月去世后,他本人、家属及有关方面曾努力试图寻找失稿或补译这些内容,但也未能如愿。

* * *   * * *   * * *

2015年11月,商务印书馆决定出版这部缺失了小部分内容的译著,以纪念父亲王玖兴先生的百年诞辰,我们无比欣慰和感激。在商务的指导下,自2016年11月,我们对父亲改译、校对过的手稿进行了认真整理和誊录校对,以努力保持译著手稿的原貌。

衷心希望这部《纯粹理性批判》译著的出版,可以告慰父亲王玖兴先生的在天之灵。告慰起初合作者王太庆先生以及关注并促成此书出版的叶秀山先生的在天之灵。

同时,我们也向关心和支持这部译著工作的中国社会科学院哲学研究所、商务印书馆等有关部门的领导和专家表示衷心感谢!向所有曾参与这部译著手稿的电脑录入,和参与原译文手稿(包括德文、拉丁文引文)的整理和校对工作的学者和朋友们表示衷心的感谢!我们特别要感谢商务印书馆陈小文副总编,是他始终如一的信任,持守承诺的耐心等待,鼎力的支持鼓励和辛勤工作的付出，才使这部《纯粹理性批判》译著得以在商务印书馆建馆120周年之际正式出版，得以惠泽学界。

  由于此部译著是王玖兴先生的遗作，虽经校对整理，疏漏和差错之处仍在所难免，敬请学界和读者包容原谅。

王玖兴子女

2017年春

图书在版编目(CIP)数据

纯粹理性批判/(德)康德著;王玖兴主译.—北京:商务印书馆,2018(2021.7 重印)
ISBN 978-7-100-15845-9

Ⅰ.①纯… Ⅱ.①康… ②王… Ⅲ.①认识论 ②先验论 Ⅳ.①B081.2 ②B516.31

中国版本图书馆 CIP 数据核字(2018)第 028941 号

权利保留,侵权必究。

纯粹理性批判
〔德〕康德 著
王玖兴 主译

商 务 印 书 馆 出 版
(北京王府井大街 36 号 邮政编码 100710)
商 务 印 书 馆 发 行
北京通州皇家印刷厂印刷
ISBN 978-7-100-15845-9

2018 年 5 月第 1 版　　开本 880×1230　1/32
2021 年 7 月北京第 5 次印刷　印张 21½
定价:96.00 元